उत्तर योगी

श्री अरविन्द : जीवन और दर्शन

"तुम युद्ध से कैसे बच पाओगे, यदि दूसरा व्यक्ति लड़ने पर ही आमादा हो? तुम इससे बच सकते हो यदि तुम उससे ज्यादा शक्तिशाली हो, या ऐसे लोगों से मिलकर जो उससे अधिक शक्तिवान् हों या फिर उस तरह जैसा गांधीजी कहते हैं यानी सत्याग्रह से उसका हृदय परिवर्तन करके। यहाँ भी गांधीजी को यह कहने के लिए विवश होना पड़ा है कि उनका कोई भी अनुयायी सत्याग्रह का सही तरीका नहीं जानता। वस्तुतः सिर्फ उन्हें छोड़कर ऐसा कोई है ही नहीं, जो सत्याग्रह के बारे में पूर्ण ज्ञान रखता हो। यह सत्याग्रह के लिए कोई बहुत आशाजनक बात तो नहीं है, खास तौर से तब, जब सत्याग्रह को पूरी मानवजाति की समस्याओं का समाधान बनाने का इरादा हो।

"मुझे लगता है कि गांधी इस बात को नहीं जानते कि जब कोई आदमी अहिंसा और सत्याग्रह को स्वीकार करता है तब उसकी स्थिति क्या होती है। वे सोचते हैं कि आदमी इससे पवित्र होता है। लेकिन जब कोई आदमी इच्छापूर्वक दुःख सहन करता है या दुःख में अपने को डालता है तब उसका प्राणिक शरीर सशक्त होता है। ये चीजें केवल प्राणिक व्यक्तित्व को ही प्रभावित करती हैं, अन्तर की चीजों को नहीं। बाद में होता यह है कि जब तुम अत्याचार का विरोध नहीं कर पाते तब तुम दुःख सहने का निश्चय करते हो। यह दुःख सहन प्राणिक (Vital) है, अतः इससे शक्ति मिलती है। ऐसे दुःख से गुजरने वालों को जब सत्ता मिलती है; तब वे बदतर अत्याचारी बन जाते हैं।"

—इसी पुस्तक से

शिव प्रसाद सिंह

उत्तर योगी

श्री अरविन्द : जीवन और दर्शन

लोकभारती पेपरबैक्स

प्रथम पेपरबैक संस्करण : 2008
तीसरा पेपरबैक संस्करण : 2024

लोकभारती पेपरबैक्स : उत्कृष्ट साहित्य के लोकप्रिय संस्करण

लोकभारती प्रकाशन
पहली मंजिल, दरबारी बिल्डिंग, महात्मा गाँधी मार्ग,
प्रयागराज-211 001

वेबसाइट : www.lokbhartiprakashan.com
ईमेल : info@lokbhartiprakashan.com

शाखाएँ : 1-बी, नेताजी सुभाष मार्ग, दरियागंज, नई दिल्ली-110 002
- अशोक राजपथ, साइंस कॉलेज के सामने पटना-800 006 (बिहार)
- 1, अनमोल सोराबजी संतुक लेन, मरीन लाइंस, मुम्बई-400002

आस्था पेपर कन्वर्टर
प्रयागराज द्वारा मुद्रित

मूल्य : ₹ 395

UTTAR YOGI
Life and works of Shri Aurobindo
by : Shiv Prasad Singh
ISBN : 978-81-8031-246-5

"I have been digging deep and long
Mid a horror of filth and mire
A bed for the golden river's song
A house for the deathless fire."

Sri Aurobindo

त्रास भरे इस कीच बीच में खोद रहा मैं,
पतली लम्बी एक दरार।
उतरे जिससे स्वर्ण नदी का गीत मनोहर,
मृत्युहीन ज्वाला का घर॥

सत्य को जीतना बड़ा कठिन और दुःसाध्य है। इस जीत के लिए मनुष्य को सच्चा योद्धा होना होगा—ऐसा योद्धा जो किसी चीज से भय नहीं करता, न तो शत्रुओं से और न तो मृत्यु से, क्योंकि यह संघर्ष सबके साथ और सबके विरुद्ध, शरीर के सहित और शरीर के बिना चल रहा है और इसका अन्त परम विजय में होगा।

—श्री अरविन्द

अनुक्रम

''भारत स्वाधीन और अखंड होगा। माँ अपने बच्चों को अपने चारों ओर इकट्ठा करके उन्हें एक महान् संगठित और शक्तिशाली राष्ट्र में बदल देगी।''

—श्री अरविन्द

श्री अरविन्द की सहयात्रिक
श्रीमाँ
को—

''जिन परिवर्तनों को हम आज संसार में देख रहे हैं वे अपने आदर्श और अभिप्राय में बौद्धिक, नैतिक और भौतिक हैं। आध्यात्मिक क्रान्ति अपने समय की प्रतीक्षा कर रही है और इस बीच अपनी लहरें जहाँ-तहाँ उछाल रही है। जब तक यह आ नहीं जाती तब तक अन्य सबका मर्म भी समझ में नहीं आ सकता, तब तक वर्तमान स्थिति को सभी व्याख्यायें तथा मनुष्य की भवितव्यता विषयक भविष्यवाणियाँ निरर्थक हैं क्योंकि इस क्रांति को प्रकृति, शक्ति और क्रिया ही हमारी मानवता का आगामी युगचक्र निर्धारित करेगी।

—श्री अरविन्द

पुरोवाक

हर मनुष्य के मानस में नचिकेताग्नि सुषुप्त है, हर मनुष्य के चिदाकाश में एक नीला चाँद है जिसे उसके ही संशय और सन्देहों के बादलों ने ढँक दिया है। आदमी के लिए रोटी का गोल टुकड़ा एकान्त सत्य है इसे इन्कार करना असलियत से किनाराकशी करना है; पर क्या आदमी सिर्फ रोटी ही चाहता है या उसी से जीवित रह सकता है, यह प्रश्न है जो आदिम जमाने से आज तक मनुष्य के साथ लगा है और शायद हमेशा लगा रहेगा। रोटी का गोल टुकड़ा और गोल नीला चाँद यदि परस्पर विरोधी मान लिये जाएँ, जैसा कि अब तक होता रहा है, तो मनुष्य की पूरी मानसिक क्षमता ही गण्डगोल हो जाती है। ये दोनों वर्तुल पदार्थ वस्तुतः उसकी अभीप्सा या चाहत के ही दो छोर हैं। पहले और निचले छोर पर है रोटी और मानसिक सीढ़ी के सबसे ऊँचे छोर पर है दिव्य चेतना का नीला चाँद। दोनों को जोड़ना और दोनों को पाना आदमी की आदिमेच्छा है, अन्तिमेच्छा भी कहता; पर मुझे इन्सान की निरन्तर विकास-प्रक्रिया में इतना अटूट विश्वास है कि मैं नीले चाँद से भी आगे "जहाँ और भी है" को संभावना की सूची से खारिज (Delete) नहीं करना चाहता। मैंने कम पढ़ा है। पर जितना पढ़ा है, उसके आधार पर कह सकता हूँ कि रोटी और नीले चाँद को मिलाने की असली कोशिश अब तक जितने लोगों ने की, उनमें मुझे श्री अरविन्द ने अपनी व्यावहारिकता से सबसे अधिक प्रभावित किया।

श्री अरविन्द की जीवनी लिखना असंभव कार्य है। यह जानते हुए भी सत्य की जलती अग्नि को छूने की कोशिश करना माननीय दुर्बलता है। इसमें गरमाहट भी मिली है, जलन भी; पर सब कुछ करते एक असीम शान्ति और क्रियार्थकता का बोध भी हुआ है जो लेखक की सर्वोत्तम उपलब्धि है। नये से नये आदमी के लिए श्री अरविन्द एक चुनौती है और जो भी सत्य के लिए जरा भी अभीप्सा रखता है, इस चुनौती को दर किनार नहीं कर सकता।

यह सारा प्रयत्न, जैसा भी बन सका है, संभव न हुआ होता यदि श्री माधव पंडित और केशवमूर्ति का स्नेह न मिलता; श्री नीरद वरण का सहारा न मिलता, श्री रवीन्द्र और अनुबेन पुराणी का सौहार्द न मिलता। मुझे तो आज क्रिस्तीनी लाज़ के चौकीदार अब्दुल तक की याद आ रही है जो अपनी सिपाहियाना हिन्दी में कहता था—"जाओ सी-वीच पर घूमो। थक गया है।" मुझे आश्रम के अनेक बन्धुओं से जो निर्हेतुक प्यार मिला, उसे इस मौके पर अभिधा में बाँधने की कोशिश नहीं करूँगा।

श्री अरविन्द पर हिन्दी में पहली पुस्तक सुप्रसिद्ध पत्रकार झावर मल्ल से १९२१ (?) में 'अरविन्द चरित' नाम से लिखी। उन्होंने 'काराकाहिनी' का अनुवाद भी परिशिष्ट में दे दिया है। शेष सभी अनुवाद मैंने स्वयं किये हैं, इसलिए उनके लिए स्वयं को उत्तरदायी मानता हूँ। अनुवाद की अशक्यता की स्थिति में मूल देखें, यह आग्रह है। अनुक्रमणिका शोधछात्रा सुश्री मन्दाकिनी गोकर्ण ने तैयार की है, उन्हें धन्यवाद देना औपचारिक होगा।

—शिव प्रसाद सिंह

उत्तर योगी

स्तोमो वै तरः

ऋग्वेद ८।३।३

मैं उस [उत्] तर [जो पार हो गया है] की वन्दना करता हूँ।

"आपके न होने पर मेरी साधना का निदेशक कौन होगा?"

दक्षिण के प्रसिद्ध योगी नगाई जप्ता से श्री के० वी०आर० आयंगर ने पूछा। नगाई जप्ता को अन्तर्दृष्टि से यह आभास मिल गया था कि अब उनके शरीर-त्याग का समय बहुत निकट आ गया है। श्री आयंगर के प्रश्न पर नगाई एक क्षण चुप रहे; फिर उन्होंने कहा—"कुछ वर्षों बाद एक उत्तर योगी इधर आयेंगे। तुम अपनी साधना में उनसे सहायता लेना।"

उत्तर के योगियों की दक्षिण या दक्षिण के योगियों की उत्तर-यात्रा कोई नयी बात नहीं है। पुराकाल से आसेतु-हिमालय यह देश ऐसे योगियों के परिव्रजन से, उनके उपदेशों से, प्रेरणाओं से मानसिक समृद्धि पाता रहा है। अगस्त्य के आगे विन्ध्य की दुर्गम चोटियाँ झुक गयी थीं। शंकराचार्य के आगे भी ये चोटियाँ मार्गावरोध का कारण न बन सकीं। इनकी परम्परा में अनेक नाम पहले और बाद में अटूट क्रम से जुड़ते रहे हैं, जुड़ते जाएँगे।

"जाने प्रतिवर्ष कितने उत्तर योगी दक्षिण भारत में आते हैं। मैं उस उत्तर योगी को पहचान कैसे पाऊँगा?" अपने गुरु नगाई जप्ता से श्री आयंगर ने पूछा। प्रश्न स्वाभाविक था।

योगी पुनः एक क्षण ध्यानस्थ हुए, बोले—"वे दक्षिण भारत में शरण खोजते आयेंगे। वे अपने बारे में तीन विचित्रताओं का उल्लेख करेंगे, जिनसे तुम सहज ही उस उत्तर योगी का पता लगा सकते हो।"

श्री के०वी० रामस्वामी आयंगर इसी भविष्यवाणी से प्रेरित होकर पाण्डिचेरी में श्री शंकर चेट्टी के घर श्री अरविन्द से मिले। श्री अरविन्द ने स्वयं इस घटना का उल्लेख इस प्रकार किया है—"उत्तर योगी (उत्तर से आने वाला योगी) मेरा ही नाथ था जो मुझे एक प्रसिद्ध तमिल योगी की बहुत पहले की भविष्यवाणी के आधार पर दिया गया। उनकी भविष्यवाणी यह थी कि ३० वर्ष बाद (मेरे पाण्डिचेरी पहुँचने के समय से यह संगत है) उत्तर से एक योगी भाग कर दक्षिण में आयेगा और यहाँ पूर्णयोग का अभ्यास करेगा और यह भारत की आनेवाली स्वतंत्रता का एक चिह्न होगा। उन्होंने उस योगी की पहचान कर सकने के लिए लक्षण के रूप में तीन वचन कहे (तीन पागलपन)—वे तीनों ही मेरी पत्नी के नाम मेरे पत्रों में पाये गये।"[१]

---

१. **श्री अरविन्द : अपने तथा श्री माताजी के विषय में, पृ० १९७-१९८। श्री अरविन्द सोसायटी, पाण्डिचेरी, १९६५।**

श्री अरविन्द ने श्री आयंगर की सहायता से एक पुस्तक 'यौगिक साधना' प्रकाशित करायी। बाद में उन्होंने इसका प्रचलन रोक दिया; क्योंकि "इसको लिखते समय सदा ही राममोहनराय की आकृति उपस्थित होती रही।"[१] उस समय श्री अरविन्द स्वत:चालित लेखन (Automatic-Writing) का अभ्यास कर रहे थे।

इस पुस्तक के अन्त में एक सम्पादकीय परिशिष्ट भी संलग्न है जिसे 'उत्तर योगी' ने हस्ताक्षरित किया है। अर्थात् उस समय 'उत्तर योगी' शब्द श्री अरविन्द को भी प्रिय था और इस पुस्तक के अन्त में यह श्री अरविन्द के समनाम के समान प्रयुक्त हुआ है।

श्री अरविन्द के जीवन के सबसे बड़े मोड़ की सूचना देनेवाला उनका 'उत्तर पाड़ा अभिभाषण' है। उत्तर पाड़ा कलकत्ते का एक प्रसिद्ध क्षेत्र है। उनके जीवन का आध्यात्मिक मोड़ इसी अभिभाषण में घोषित हुआ और यह क्या मात्र आकस्मिक है कि इस भाषण का नाम 'उत्तर क्षेत्र का भाषण' पड़ गया। यहाँ भी 'उत्तर' शब्द ने अपनी रहस्यात्मक उपस्थिति कायम रखी।

मैंने जब भी श्री अरविन्द के बहुकोणिक व्यक्तित्व पर सोचा है, मुझे सदा ही इस 'उत्तर' शब्द ने अपनी अनेकोन्मुखी अर्थगर्भिता के जाल में लपेट लिया है। मैं यह मानने को तैयार अवश्य हूँ, कि इस शब्द के आकर्षण के पीछे मेरी अपनी स्वप्निल भावनाओं का भी पूरा हाथ हो सकता है; पर 'वाक्' की असीम सत्ता को अस्वीकार करने की शक्ति मुझमें नहीं है।

उत्तर शब्द के 'आप्टे संस्कृत-अंग्रेजी कोश' में निम्नलिखित आठ अर्थ प्राप्त होते हैं: १. दिक्प्रान्त सूचक जैसे उत्तर भारत; उत्तरी ध्रुव आदि; २. उच्च, जैसे अवनतोत्तरकायम् (रघु० ९।६०।३); ३. बाद का, जैसे उत्तरमेघ, उत्तर मीमांसा; ४. श्रेष्ठ; ५. अधिक; ६. संयुक्त, जैसे 'राज्ञा तु चरितार्थता दु:खोत्तरैव (शाकुं० ५); ७. भविष्य; और ८. जवाब।

●

श्री अरविन्द उत्तर योगी थे, अर्थात् वे उत्तर भारत के थे। उत्तर का यह दिक्प्रान्त-सूचक अर्थ श्री अरविन्द के संदर्भ में पूर्णत: निरर्थक हो जाता है। यह सही है कि उनका जन्म बंगाल में हुआ जो उत्तर भारत का एक क्षेत्र है। उनकी शैशव-शिक्षा उत्तर में हिमालय की उपत्यका में स्थित दार्जिलिंग में हुई। उनका पाण्डिचेरी जाने के पहले का जीवन गुजरात से बंगाल तक फैले उत्तर भारत में व्यतीत हुआ; परन्तु उनके जीवन का अधिकांश समय दक्षिण में बीता। दिक्प्रान्त-सूचक इस अर्थ से क्या सचमुच उनके व्यक्तित्व पर कोई प्रकाश नहीं पड़ता? अगस्त्य के बाद संभवत: वह उत्तर भारत के पहले व्यक्ति थे जिन्होंने दक्षिण भारत को अपनी साधना और उसके प्रचार-प्रसार का केन्द्र चुना। कहा जाता है कि पाण्डिचेरी (पुद्दुचेरी) वैदिक शिक्षा का प्रसिद्ध केन्द्र था। अगस्त्य की तपोभूमि था। कौन जानता है कि आज जहाँ आरोवील वन रहा है, कभी वहीं विराट् आश्रम रहा हो, जहाँ से दक्षिण-पूर्व एशिया के लिए मानवधर्म का संदेश लेकर अगस्त्य के शिष्य रवाना हुए हों। 'समुद्रपान' का आधुनिक दृष्टि से दूसरा अर्थ हो भी क्या सकता है? जो भी हो, पाण्डिचेरी को अपनी साधना और उसकी

---

१. **लाइफ ऑफ श्री अरविन्द्रो, ए०बी० पुराणी, पृ० १४५। प्र० सं० १९५८, श्री अरविन्द आश्रम, पाण्डिचेरी।**

उपलब्धियों के प्रसार का केन्द्र बनाकर श्री अरविन्द ने अपने द्वारा निर्धारित योगमार्ग के एक महत्त्वपूर्ण पक्ष की पुष्टि की। उनका योगमार्ग जाति-धर्म, उत्तर-दक्षिण, रंग-रूप की पूर्वनिर्मित सीमाओं को स्वीकार नहीं करता। वस्तुत: पाण्डिचेरी को साधना-केन्द्र बनाने के जिस दैवी आदेश का वे उल्लेख करते हैं, उसकी यह प्रथम प्रतिपत्ति रही होगी कि उनकी साधना, जो बृहत्तर पृथ्वी-चेतना के विकास के लिए संकल्पित है, ऐसे प्रदेश में होनी चाहिए जो पृथ्वी का सर्वाधिक नहीं तो कम से कम पर्याप्त अन्धतमस् से घिरा हुआ क्षेत्र हो। उस समय पाण्डिचेरी क्या था, इसे हम आगे देखेंगे। दूसरी प्रतिपत्ति यह भी हो सकती है कि ऐसी साधना को, जो जीवन की संकुचित क्षेत्रीयताओं को स्वीकार नहीं करती, अन्तर्राष्ट्रीय सम्बन्धों से सम्पर्क रखने वाली भूमि में प्रतिष्ठित होना चाहिए।

बंगाल आधुनिक भारतीय पुनर्जागरण का केन्द्र रहा है। साम्प्रतिक भारत के अनेक आन्दोलन, राजनीतिक और आध्यात्मिक दोनों ही, इसी शस्य श्यामला भूमि से अंकुरित हुए। उन्नीसवीं शताब्दी के बंगाल ने एक साथ राममोहन राय, केशवचन्द्र सेन, रामकृष्ण परमहंस, विजय गोस्वामी, विवेकानन्द, रवीन्द्रनाथ-जैसे व्यक्तियों को उत्पन्न करके भारतीय संस्कृति को एक नयी दीप्ति प्रदान की। भारतीय पुनर्जागरण पर अब तक बहुत-कुछ लिखा गया है और इन सांस्कृतिक अग्रदूतों के व्यक्तित्व और उनके कार्यों का विस्तृत विवेचन भी होता रहा है। परन्तु मुझे यह देखकर बड़ी परेशानी होती है कि इतनी बड़ी सांस्कृतिक गतिविधि और इतने अधिक प्रतिभाशाली व्यक्तियों को प्राय: ही एक पंक्ति में, समूहबद्ध रखकर अध्ययन की इयत्ता मान ली जाती है। पुनर्जागरण के दौर की ये या दूसरी अनेक प्रतिभाएँ कुछ बिन्दुओं पर अवश्य सादृश्य रखती हैं। परन्तु इनमें एक बहुत विशिष्ट क़िस्म का अन्तर भी है। श्री राममोहन राय, रवीन्द्रनाथ, सुरेन्द्रनाथ बैनर्जी, विपिन पाल आदि अंग्रेजी पद्धति से प्रभावित थे। रवीन्द्रनाथ, कलात्मक क्षमता में अद्वितीय थे और बहुत दूर तक वे भारतीय संस्कृति के उद्घोषक भी कहे जा सकते हैं। पर ये सभी नरम दल के कांग्रेसी नेताओं की तरह शान्तिप्रिय और उदारतावादी थे। रामकृष्ण परमहंस स्वभावत: ही जीवन के बहुविध क्रियाकलापों से अलग रहे। यही स्थिति विजय गोस्वामी या ब्रह्मसमाज के दूसरे लोगों की भी थी। इसके ठीक विपरीत दयानन्द, बंकिमचन्द्र, तिलक तथा किंचित पूर्ववर्ती विवेकानन्द भारतीय परम्परा में आस्था रखने वाले सक्रिय उग्रवादी विचारधारा को माननेवाले लगते हैं। इनमें विवेकानन्द और तिलक का अंग्रेजी-ज्ञान भी अप्रतिम था; परन्तु ये सभी लोग देश की पराधीनता से सिर्फ दुखी ही नहीं थे, बल्कि अत्याचारों का खुला विरोध करने की प्रवृत्ति इनकी मूल चेतना का अंग थी। ये लोग अत्याचारों से लड़ना अपना धर्म समझते थे। श्री अरविन्द इसी कोटि के व्यक्तित्व थे। ये बंगाल की धरती की उपज थे; पर विचारधारा में वे तिलक, दयानन्द आदि के अधिक निकट प्रतीत होते हैं। बंगाल के विषय में स्वभावत: उनके मन में अनुराग था; पर वे जिस प्रकार का 'मिशन' लेकर आये थे, उसकी संसिद्धि शायद बंगाल में रहकर नहीं हो सकती थी। वे अनेक रूपों में बंगाली व्यक्तित्व के अतिरेकों से, अर्थात् स्वप्निल भावुकता आदि से बिलकुल अछूते थे।

श्री अरविन्द का पाण्डिचेरी-गमन क्षेत्रीयता की संकुचित सीमाओं के ध्वंस का प्रतीक है। ये देशकाल में बँधी खंडश: विभक्त मानवता के प्रतिनिधि बनने नहीं, बल्कि परस्पर सहयोग से पृथ्वी पर अवतरित होनेवाले दिव्य जीवन के निदेशक थे, इसलिए उनके प्रत्येक कार्य मनुष्य को विभाजित करने वाली आसुरी शक्तियों के षड्यंत्र को असफल बनाने के उद्देश्य से

परिचालित रहे।

अनेक लोगों ने श्री अरविन्द के पाण्डिचेरी-गमन को राजनीति से अथवा सक्रिय जीवन से संन्यास की संज्ञा दी है। ऐसे लोग प्राय: यह भूल जाते हैं कि कर्म की गति बड़ी गहन होती है। सक्रियता के बीच रहने वाले न तो सभी कर्मठ ही होते हैं और न तो ईमानदार ही। उस समय यह बात भले ही न स्पष्ट हुई हो, आज का भारतीय जानता है कि किस प्रकार पिछली जेल-यात्राओं को गलत-सही प्रमाणपत्र उपस्थित करके लोगों ने अपने और अपने सम्बन्धियों के लिए अधिक से अधिक राजसिक सुविधाएँ प्राप्त करने की कोशिश की। श्री अरविन्द के जीवन को गहराई से देखने वाला प्रत्येक व्यक्ति आसानी से कह सकता है कि पाण्डिचेरी के योगी श्री अरविन्द तथा बड़ौदा और कलकत्ते में कार्यरत श्री अरविन्द में कोई तात्त्विक अन्तर नहीं है। यह एक ही व्यक्तित्व का सहज विकास मात्र है।

श्री अरविन्द ने बंगाल इसलिए छोड़ा कि वे बंगाल की तात्कालिक सीमाओं में बँधकर संकुचित क्षेत्रीयता का शिकार नहीं होना चाहते थे। जीवन के खतरे और जोखम भरे सभी कार्य उन्होंने बंगाल में शुरू किये। पर बंगाल से बँधे नहीं। वे बंगाल छोड़कर इसीलिए गये, क्योंकि वे बंगाल के प्रति असीम अनुराग रखते थे। अपने लघु-भ्राता वारीन्द्र के नाम लिखे पत्र में उन्होंने कहा है—"हमारी सभ्यता हो गयी है अचलायतन, धर्म, बाहर का कट्टरपन, अध्यात्म हो गया है एक क्षीण आलोक अथवा क्षणिक उन्मादना की तरंग। यह अवस्था जितने दिन तक रहेगी, भारत का स्थायी पुनरुत्थान असंभव है। बंगदेश में ही दुर्बलता की चरम अवस्था है। बंगाली की बुद्धि क्षिप्र है। उसमें विचार-क्षमता है। अदृश्य ज्ञान शक्ति (Intuition) भी है। इन सब गुणों में वह भारत में श्रेष्ठ है। ये सभी गुण आवश्यक हैं, पर ये ही यथेष्ट नहीं हैं। इनके साथ ही यदि चिन्तन की गंभीरता, धीर शक्ति, वीरोचित साहस, दीर्घ परिश्रम की क्षमता, साथ ही आनंद भी हो तो बंगाली भारत का ही क्यों समग्र संसार का नेता हो जायेगा। पर बंगाली यह नहीं चाहता। सहज में काम चलाना चाहता है, चिन्तन न करके ज्ञान चाहता है, परिश्रम न करके फल चाहता है, सहज साधना से सिद्धि चाहता है।"[१]

श्री अरविन्द का व्यक्तित्व मानो महत् बंगाली व्यक्तित्व को अपूर्णता की पूर्णता प्रदान करने वाला प्रतीक है। क्षेत्रीय अहं और रूमानी साधना के चाकचिक्य से श्री अरविन्द जो इस कदर अछूते रह गये, बल्कि इनके प्रति जो निरन्तर समझौता-रहित और अडिग बने रहे, वह सब-कुछ उनके व्यक्तित्व को बंगाली पुनर्जागरण से हटाकर एक दूसरी ही महत्त्वपूर्ण भूमिका में उपस्थित करता है। एक ओर जहाँ बंगाल की धरती ने उनके व्यक्तित्व में मृदुता, संस्कारिता, संकल्प, क्षमता और कलात्मकता की सुगन्ध घोल दी, वहीं श्री अरविन्द के व्यक्तित्व में अन्तर्राष्ट्रीयता, दृढ़ता, शूरता और अप्रतिम बौद्धिकता तथा तर्क-कर्कश निर्मम सत्याचारिता का समावेश हुआ जो उन्हें विवेकानन्द के बाद आधुनिक भारत का सबसे अधिक आकर्षक व्यक्ति बनाने में सहायक हुआ।

●

श्री अरविन्द उत्तर योगी थे निश्चय ही उच्चता के अर्थ में। मैं जानता हूँ कि इस शब्द में अतिव्याप्ति का दोष स्वयमेव आसानी से संलग्न हो जाता है। उच्चता एक पकड़ में न आने

---

१. **७ अप्रैल, १९२० का लिखा पत्र।**

वाला ध्रुवांक है; फिर भी इसे लक्ष्य बनाकर श्री अरविन्द के व्यक्तित्व को समझने की कोशिश की जा सकती है। कभी-कभी उच्चता भी अबूझ हो जाती है। श्री विश्वनाथ नरवणे ने अपनी पुस्तक 'आधुनिक भारतीय चिन्तन'[१] में श्री अरविन्द के विषय में लिखा है—''श्री अरविन्द का दर्शन भारतीय चिन्तन की नदी में एक सुन्दर किन्तु कुछ-कुछ अगम्य द्वीप के समान है।... इस द्वीप में बहुत से गौरवशाली शिखर हैं, जहाँ से क्षितिज के भव्य दृश्य दीख पड़ते हैं। इन शिखरों पर चढ़नेवालों को लगता है कि मार्ग ऊबड़-खाबड़ है, और वे उसके विरलित वायुमण्डल में हाँफने लगते हैं, किन्तु एक बार अनुकूलन होने के बाद शुद्ध वायु उनके प्राणों को उदात्त बनाती है। खेद की बात है कि नदी में यात्रा करनेवाले बहुत से लोग तो इस द्वीप से बचकर निकल जाते हैं और कुछ लोग द्वीप में ऐसे प्राणियों से सामना होने के कारण जिनकी भाषा समझ में नहीं आती, शिखरों पर चढ़े बिना ही लौट जाते हैं।''

यह अंश यदि श्री अरविन्द को पढ़ने के लिए दिया जाता, तो कौन जाने वे क्या उत्तर देते। पर इसी से मिलते-जुलते एक प्रश्न के उत्तर में श्री अरविन्द ने नीरद वरण से कहा था—''यह योग मार्ग किसी के लिए भी ग्रैंड ट्रंक रोड नहीं था, क्ष, त्र, ज्ञ किसी के लिए भी नहीं, न तो मेरे लिए ही, न श्री माँ के लिए ही। (सुविधाजनक रास्ते की) ये बातें रूमानी भ्रम जाल हैं।''[२]

यहाँ के गौरवशाली शिखरों को देखकर भी लोग लौट जाते रहे तो इसका मूल कारण 'वह सहज सुविधा वृत्ति' ही है, जिसके द्वारा आसानी से सिद्धि पाने की कामना की जाती है। हर नया दर्शन अपनी पारिभाषिक नूतन शब्दावली लेकर आता है। दूसरी चीज यह भी कि दर्शन की शाब्दिक ज्ञानवाली प्रणाली में और श्री अरविन्द की साधनापरक पद्धति में कुछ अन्तर करना जरूरी है। सिद्धान्त प्रयोग से अलग होकर कोई विशेष महत्त्व नहीं रखते। प्रयोग की कष्टसाध्य स्थिति ही लोगों को लौटने के लिए विवश करती रही। श्री अरविन्द इस चीज को जानते थे, इसीलिए वारीन्द्र के नाम लिखे अपने पत्र में उन्होंने कहा था—''प्रचलित गुरुगिरी पर मेरी आस्था नहीं है। लाख-लाख शिष्य नहीं चाहता। एक सौ अहंकार वर्जित, पूरे तैयार मनुष्य भागवत् यंत्र के रूप में कार्य करनेवाले मिल जायें, यही यथेष्ट है।''[३]

मैं जिस उच्चता की बात कर रहा हूँ वह 'गौरवशाली शिखरों' से भिन्न स्तर की है। यह उच्चता भौतिक और बाहरी नहीं; बल्कि उन मानव-मूल्यों के द्वारा आँकी जा सकती है, जो किसी भी व्यक्तित्व को सामान्यता से अलग करके उच्चता में उच्च बनाते हैं।

श्री अरविन्द ने राजनेता के रूप में 'पूर्ण स्वराज्य' की माँग की। श्री गाँधी के दक्षिण अफ्रीका से भारत आगमन के काफी पहले 'असहयोग आन्दोलन' का सूत्रपात किया। कलकत्ते के नेशनल कॉलेज के प्रिंसिपल के रूप में एक नयी शिक्षा-पद्धति की बात कही। 'वन्देमातरम्' और 'कर्मयोगी' के संपादक के रूप में भारतीय आत्मा को स्पष्ट करनेवाली नयी पत्रकारिता का सूत्रपात किया। उग्रपंथी विचारधारा को स्वीकार करते हुए भी विरोधी के प्रति

---

१. **आधुनिक भारतीय चिन्तन, श्री विश्वनाथ नरवणे, राजकमल प्रकाशन, दिल्ली, पृ० २३१।**

२. **कॉरेसपाण्डेंस विद श्री अरविन्दो, नीरद वरण, पृ० ६९। फर्स्ट कम्बाइण्ड एडीशन अरविन्द आश्रम, पाण्डिचेरी, १९६९।**

३. **७ अप्रैल, १९२० का लिंखा पत्र।**

सदाशय रहने का आग्रह किया। सत्य तो यह है कि स्वतन्त्रता-पूर्व भारतीय राजनीति के सभी मूलभूत आदर्श, राष्ट्रीयता, स्वदेशी प्रेम, विदेशी वस्तु का बहिष्कार, जनसंगठन और राष्ट्रीय शिक्षा-प्रणाली का आग्रह जैसे तत्त्व, जो बाद में गान्धीजी के नेतृत्व में कांग्रेस के प्रेरणा स्रोत बने, श्री अरविन्द के महान् व्यक्तित्व की देन है। श्री जवाहरलाल नेहरू ने ठीक ही लिखा है—"बंग-भंग के विरुद्ध उत्पन्न आन्दोलन ने अपने सभी सिद्धान्त और उद्देश्य श्री अरविन्द से प्राप्त किये और इसने महात्मा गान्धी के नेतृत्व में होने वाले महान् आन्दोलनों के लिए आधार तैयार किया।"[१] जेल यातना को अपनी आत्मिक निष्ठा और कष्टसहिष्णुता के बल पर योगसाधना में बदल लिया। जेल से सम्मान मुक्ति मिलने पर देश की जनता के एकमात्र राजनेता होने के अधिकार को स्वीकार करने के बदले आन्तरिक पुकार को, अन्तरात्मा के आदेश को, मान कर पाण्डिचेरी की यात्रा की। निरन्तर साधना के द्वारा जो दिव्य शक्ति प्राप्त की, उसे सम्पूर्ण पृथ्वीचेतना के विकास के लिए अर्पित कर दिया। इस दुर्लभ और अब तक की श्रेष्ठतर सिद्धि को प्राप्त कर के भी अपने को परात्पर शक्ति का सिर्फ यन्त्र मात्र मानकर सतत विश्व मानवता के कल्याण के लिए प्रयत्नशील रहे। स्वाधीनता और साधना के मार्गों पर चलते हुए जिस अदम्य साहस का परिचय दिया, वह अश्रुतपूर्व था। श्री अरविन्द के इस उच्च व्यक्तित्व के बारे में सोचते हुए अचानक कालिदास की ये पंक्तियाँ याद आती हैं:—

सर्वातिरिक्तसारेण सर्वतेजोभिभाविना।
स्थितः सर्वोन्नतेनोर्वीं क्रान्ता मेरुरिवात्मना॥
आकारसदृशप्रज्ञः प्रज्ञया सदृशागमः।
आगमैः सदृशारम्भ आरम्भसदृशोदयः॥

(रघुवंश १।१४-१५)

वे दृढ़ता में सब से दृढ़, तेज में सब से उद्दीप्त, उच्चता में सब से उच्च, व्यापकता में सब से व्यापक मेरु सदृश आत्मा वाले थे। जैसा उच्च व्यक्तित्व था, वैसी ही प्रज्ञा थी, जैसी प्रज्ञा थी, वैसी ही शास्त्रज्ञता, जैसी शास्त्रज्ञता थी, वैसा ही कार्यारम्भ होता था, और होती थी वैसी ही महत् उपलब्धि।

ऐसे ही प्रसंग में इंग्लैंड के आदरास्पद पादरी ई०एफ०एफ० हिल का यह कथन याद आता है :

"श्री अरविन्द आज के सबसे बड़े दार्शनिक और अब तक के सबसे बड़े रहस्यविदों के बीच महान् रहस्यविद् हैं।"[२]

●

इस संक्षिप्त विवरण से ही स्पष्ट हो जाता है कि श्री अरविन्द श्रेष्ठता के अर्थ में भी पूर्ण उत्तरयोगी थे। श्रेष्ठ शब्द में परत पर परत कई अर्थ निहित हैं। श्रेष्ठता एक स्वतः सिद्ध वस्तु

---

१. **प्रॉफेट ऑफ इण्डियन नेशनलिज्म, डा० कर्णसिंह, भूमिका—पृ० (९), भारतीय विद्याभवन, बम्बई, १९६७।**

२. **Aurobindo is the greatest contemporary philosopher and great in the company of the greatest mystics of all times."—World-Review, October 1947.**

हो सकती है; पर श्री अरविन्द के लिए श्रेष्ठता सदा सापेक्ष्य शब्द रही है। अमरकोश 'श्रेष्ठ' की व्याख्या करते हुए इसे श्रेयस् से जोड़ता है। श्रेया श्रेष्ठ:। श्वः श्रेयसं शिवं भद्रं कल्याणं मंगलम् शुभम्।"

कठोपनिषद् में प्रयुक्त इस शब्द का तत्त्वार्थ स्पष्ट करते हुए एक बार उन्होंने कहा था—"यदि तुम सांसारिक अभ्युदय से आसक्त हो तो तुम श्रेयस् को प्राप्त नहीं कर सकते। इसलिए यदि इस प्रेयस् को जो अग्नि की लपटों में डाल नहीं सकता, उसे श्रेयस् यानी शाश्वत की प्राप्ति नहीं हो सकती।"[१] उन्होंने अपने जीवन की समूची सुख-सुविधाएँ, उपाधि, नौकरी, राजनीतिक नेतागिरी सभी को अग्नि की लपटों के हवाले कर दिया।

श्री अरविन्द का पूरा व्यक्तित्व जैसे इस श्रेयस् के लिए संकल्पित था। श्रेयस् स्वयं अपने तक भी सीमित हो सकता है। पर श्री अरविन्द के लिए सारा जीवन स्वनिरपेक्ष था। उन्होंने आरम्भ से ही, राजनीति में प्रवेश लेकर महासमाधि में प्रवेश तक जो भी किया, वह कभी भी अपने लाभ के लिए नहीं था। उनकी श्रेष्ठता आत्मोपलब्धि या चेतना की उच्चतम विभूति को सिर्फ अपने लिए उपलब्ध करने में नहीं थी। इंग्लैंड से लौटकर भारतीय भूमि पर पैर रखने के साथ ही भारतमाता की जो छवि उनकी आँखों में उभरी, उसी के चरणों में उन्होंने अपने को निवेदित कर दिया।

भारत उनकी समूची सक्रियता का केन्द्र बिन्दु था। उन्होंने स्वयं लिखा है—"प्रेम का राजनीति में महत्त्वपूर्ण स्थान है। यह देश के प्रति प्रेम है, देशवासियों के प्रति प्रेम है, देश के गौरव के प्रति प्रेम है। जाति की महत्ता और उसकी खुशियों के लिए अनुराग, अपने देशवासियों के लिए आत्मबलिदान की आकांक्षा, उनके दुःखों के परिहार से मिलने वाले आनन्द के प्रति प्रसन्नता, देश की स्वतंत्रता के लिए अपना रक्त बहते देखने की लालसा, और मृत्यु के बाद पूर्वजों से मिलने की खुशी में यह प्रेम प्रकट होता है। मातृभूमि की मिट्टी, समुद्रों से उठने वाली हवा, भारत के पर्वतों से निकलने वाली नदियों के स्पर्श से, भाषा, बोलियों, संगीत और कविता के श्रवण से, विभिन्न वेश-भूषा और आचार-व्यवहार को देखकर उसमें सहज भौतिक आनन्द की अनुभूति इस प्रेम की जड़ें हैं। अतीत के गौरव, वर्तमान के दुःख, भविष्य की आकांक्षा इसकी शाखाएँ हैं। आत्मबलिदान, आत्मविस्मरण, महान् सेवाभाव, असीम सहनशक्ति, इसके फल हैं और वह उर्वराशक्ति, जो इस वृक्ष को जिलाये रहती है वह है अपने देश का देवताओं की जन्म भूमि के रूप में बोध, धरतीमाता की प्रतीति और इस मातृशक्ति का अनवरत ध्यान, भक्ति और सेवा का भाव।"[२]

इंग्लैण्ड से लौटने पर श्री अरविन्द को बम्बई के अपोलो बन्दरगाह पर पैर रखते ही मातृशक्ति का जो अनुभव हुआ, वह उनके सम्पूर्ण व्यक्तित्व का ध्रुव बिन्दु है, जो उनके भविष्यत् क्रिया-कलापों का प्रेरणास्रोत है। भवानी मन्दिर की स्थापना के पीछे भी यही रहस्य है। उन्होंने स्वतंत्रता प्राप्ति के लिए जो भी प्रयत्न किये उनके पीछे यही मूर्ति सदैव

---

१. इवनिंग टाक्स, प्रथम भाग, पृ० १३८।

"श्रेयश्च प्रेयश्च मनुष्यमेतस्तौ सम्परीत्य विविनक्ति धीरः।
श्रेयो हि धीरोऽभि प्रेयसो वृणीते प्रेयो मन्दो योगक्षेमाद् वृणीते।"
कठोपनिषद द्वितीय वल्ली, २।

२. डॉक्ट्रिन ऑफ पैसिव रेसिस्टैंस, १९६६, संस्करण, पृ० ५९।

विराजमान है। जेल की यातना के दिनों में भारतमाता की छवि उनके सिर पर आशीष बनकर छायी रही। जेल से मुक्त होने पर उत्तरपाड़ा के प्रसिद्ध अभिभाषण में उन्होंने कहा—"पूरी मानवता की मुक्ति के लिए यही धर्म है जिसे इस देश ने अतीत काल से विकसित और सुरक्षित कर रखा है। इसी धर्म को विश्व को देने के लिए भारत का उदय हो रहा है। भारत का उत्थान वैसा ही नहीं है, जैसा दूसरे देशों का होता है। अपने लिए या शक्ति पाकर दूसरों को पददलित करने के लिए यह नहीं उठ रहा है। यह जागरण सारे संसार के लिए उस शाश्वत प्रकाश के दान के लिए हो रहा है जो इसे पुराकाल से सौंपा गया है। मानवता के लिए ही भारत का अस्तित्व रहा है अपने लिए नहीं, मानवता के लिए ही, उसे महान् होना है अपने लिए ही नहीं। यही उसकी स्वतन्त्रता का अर्थ है।"[१]

बचपन में पाँच वर्ष की आयु से महासमाधि पर्यन्त श्री अरविन्द का एक प्रकार से उस वातावरण से बिछोह ही रहा जिसे परिवार कहते हैं। भारत लौटने के बाद उन्होंने पाया कि पिता नहीं रहे। माँ ऐसी अस्वस्थ थीं कि पहचान भी न सकीं। इस तरह परिवार, प्रांत, मातृभाषा सबसे अलग होकर रहने के अभ्यस्त बने। यह मुक्ति स्वयं में एक शक्ति थी। भारत के प्रति प्रेम ने आई०सी०एस० बनने से रोका। बड़ौदा के सुविधापूर्ण, सम्मानयुक्त सुखद जीवन को छोड़कर कलकत्ते आये; क्योंकि परतन्त्र भारतमाता की दुर्दशा देखी नहीं गयी। कलकत्ते में यातनाओं की भीड़ थी। पर उनकी निर्भीक, आत्मतेजोद्दीप चेतना कहीं से आहत नहीं हुई।

कारागार में एक नये सत्य की प्रतीति हुई। वासुदेव की रहस्यात्मक अनुभूति ने उनके व्यक्तित्व को आमूल बदल दिया। अहम् का पूर्ण विसर्जन हो गया।

श्री अरविन्द ने उत्तरपाड़ा के भाषण में निःसंकोच कहा—"मैं (वासुदेव) इन्हें स्वतन्त्रता दे रहा हूँ ताकि ये संसार की सेवा कर सकें। मैंने तुम्हें दिखाया है कि मैं सर्वत्र विद्यमान हूँ। मनुष्यों में, पदार्थों में, इस आन्दोलन में हूँ। मैं सिर्फ उन्हीं के भीतर क्रियाशील नहीं हूँ जो देश के लिए कार्य कर रहे हैं बल्कि उनके भीतर भी, जो उसका विरोध कर रहे हैं और उनके रास्ते को रोक रहे हैं।"[२]

जिस समय वे कारागार से मुक्त हुए, निःसंदेह वे देश के सर्वसम्मानित और सर्वाधिक लोकप्रिय राजनेता थे। किन्तु वे हमेशा से ही पर्दे के पीछे रहकर कार्य करने के आदी थे। सम्मान, गौरव और प्रतिष्ठा के लिए दौड़ने वाले लोगों से उनकी प्रकृति भिन्न थी। उन्होंने सक्रिय राजनीति से अलग होने का निश्चय किया और देश के नाम अपने अन्तिम पत्र में लिखा—

"सभी महान् आन्दोलनों को अपने ईश्वर प्रदत्त नेता की प्रतीक्षा होती है, क्योंकि वही ईश्वरी शक्ति की अभीप्सित प्रणाली बन सकता है और जब वह सामने आ जाता है, तभी उनकी विजयपूर्ण संसिद्धि भी होती है। जिन लोगों ने अब तक नेतृत्व किया वे दृढ़, महान्, प्रतिभासम्पन्न, नेतृक्षमता से युक्त व्यक्ति थे, फिर भी वे इस विश्वव्यापी आन्दोलन की मूल धारा के लिए पर्याप्त नहीं थे। इसलिए राष्ट्रीय दल (कांग्रेस) को जिसके हाथों में भविष्य की धरोहर सौंपी गयी है, निश्चय ही उस व्यक्ति की प्रतीक्षा करनी होगी, जो आनेवाला है।"[३]

---

१. **स्पीचेज़ ऑफ श्री अरविन्दो, पृ० ६३।**

२. **उत्तरपाड़ा अभिभाषण।**

३. **स्पीचेज़ ऑफ श्री अरविन्दो, पृ० १३७।**

अनेक व्यक्तियों ने इसे गान्धीजी के आगमन के प्रति श्री अरविन्द की स्पष्ट भविष्यवाणी कहा है। बहुत से लोग इसे राजनीतिक सक्रियता से पलायन समझते हैं। कुछ लोगों को लगता है कि श्री अरविन्द ने अपने को नियति-निर्धारित नेता के रूप में स्वीकार करना छोड़ दिया था, बशर्ते कभी वे अपने को ऐसा मानते रहे हों।[१] डॉ० कर्णसिंह का यह निष्कर्ष गलत नहीं है, पर इसके दूसरे पहलू पर भी ध्यान देना चाहिए था। इस देश में कितने राजनेता हैं या हुए हैं, जिन्हें किए-अनकिये अनेक कार्यों का श्रेय दिया जाता है, जो सही मौके पर यह सत्य स्वीकार करके राजनीति से संन्यास ले लें कि अब निर्दिष्ट कार्य के लिए उनकी उपयोगिता नहीं रह गयी है।

सम्पूर्ण आधुनिक राजनीति में एकमात्र श्री अरविन्द ही ऐसे व्यक्ति हैं जिनके भीतर इतनी ईमानदारी और आत्मशक्ति थी कि वे इस तरह का निर्णय ले सकें। स्वयं महात्मा गान्धी ने स्वतन्त्रता के बाद इसी तरह का कार्य किया था और इसे कौन अस्वीकार करेगा कि गान्धी का नेतृत्व मात्र राजनीतिक नहीं था, वह सर्वत्र आध्यात्मिकता की शक्ति से ओतप्रोत था।

भारत का उदय हो जायेगा, उसे स्वतन्त्रता मिल जायेगी, यह विश्वास लेकर श्री अरविन्द ने पाण्डिचेरी की यात्रा की। श्री अरविन्द की जीवनी के किसी भी पाठक को इस बात से बहुत आश्चर्य होगा कि न केवल उत्तरपाड़ा अभिभाषण में बल्कि अनेक लोगों के साथ बातचीत में , पत्र-व्यवहारों में (१९२६ ई० के एकान्तवास के बाद तक) उन्होंने भारत के शीघ्र ही स्वतन्त्र होने की बात कही। उनके ही शब्दों में 'यह दैवी आज्ञा' जारी हो चुकी है, उसके क्रियान्वयन में विलम्ब नहीं होगा। जब शंकालु चित्त लोग उनकी बातों पर तर्क-वितर्क करते उस समय रहस्यगर्भी ढंग से वे उन्हें पूर्ण आश्वस्त करते।[२]

भारत की स्वतन्त्रता के अवसर पर ऑल इण्डिया रेडियो से उनका संदेश प्रसारित हुआ:—

"१५ अगस्त मेरा जन्मदिन है। यह मेरे लिए कृतज्ञता स्वीकार का दिन है कि इस तिथि को ऐसा व्यापक महत्व प्रदान किया गया। मैं इसे आकस्मिकता न मानकर ईश्वरीय शक्ति के विधान की मुद्रांकित प्रामाणिकता कहना चाहता हूँ, जिसके निर्देश पर मैंने अपने कार्यों को शुरू किया था। यह उन्हीं कार्यों की सफलता की शुरुआत है।"[३]

इस संदेश में एक और बहुत सूक्ष्म बात कही गयी हैं जो प्रकारान्तर से उनके उत्तरपाड़ा वाले भाषण के एक कथन को नया अर्थ प्रदान करती है। उन्होंने भारतीय स्वतन्त्रता संग्राम के लिए 'एक ऐसे व्यक्ति के आगमन' की बात कही थी जो 'विश्व व्यापी आन्दोलनों की' मूल धारा से जुड़ा हो। वे भारत की स्वाधीनता को विश्वव्यापी स्वाधीनता-आन्दोलनों से सीधा जुड़ा हुआ देखना चाहते थे। एशिया और अफ्रीका के अनेक देश अपनी स्वाधीनता को यदि आज भारतीय स्वाधीनता से जोड़ते हैं, तो इसे भी हम श्री अरविन्द की भविष्यदर्शिता ही मानेंगे।

भारत की स्वतन्त्रता के बारे में पूर्ण आश्वस्त होकर उन्होंने पाण्डिचेरी में साधना आरम्भ की। यह साधना भी सिर्फ भारत के अभ्युदय के लिए नहीं थी, सिर्फ विश्व मानवता ही

---

१. प्रॉफेट ऑफ इण्डियन नेशनलिज्म, पृ० १६२।

२. इवनिंग टॉक्स् प्रथम भाग, पृ० २३, कॉरेस्पाण्डेन्स विद श्री अरविन्दो, नीरद वरण, पृ० १७।

३. पायनियर ऑफ सुप्रामेण्टल एज, परिशिष्ट, पृ० १७३। उनका भारतीय स्वतन्त्रता दिवस पर दिया गया भाषण।

इसकी परिधि में नहीं आती; बल्कि यह साधना भविष्यत् मानवता को भी दृष्टि में रखकर आरम्भित होती है।

श्री अरविन्द का पूर्ण योग इसी विराट् मानवता के श्रेयस् के लिए, मंगल के लिए निवेदित है। उन्होंने अपनी साधना और पूर्णयोग का उद्देश्य बताते हुए स्पष्ट लिखा है कि 'वे मनुष्य के भीतर दिव्यता को अवतरित देखना चाहते हैं, क्योंकि बिना उसके मानव-एकता की बात करना विचारों और सिद्धान्तों के भँवरजाल में पड़ना है। मानव-एकता के अनेक प्रयत्न हुए, किन्तु विशुद्ध बौद्धिक और भावनात्मक मानव-धर्म हमारे मनोविज्ञान में इतना बड़ा परिवर्तन लाने के लिए पर्याप्त नहीं है।[१] कारण हमें इन सभी प्रयत्नों में असफलता मिली है। आन्तरिक जीवन प्रणाली और मानव प्रकृति में जब तक रूपान्तरण नहीं होता, ये प्रयत्न बुदबुद की तरह उठने और विलीन होने के लिए अभिशप्त हैं। संसार में मानव-बुद्धि के सभी प्रयत्न, धर्म, विज्ञान, कला साहित्य सभी इस प्रयत्न में असफल हुए हैं। इसीलिए उनके सामने हिन्दू, मुसलमान, ईसाई, बौद्ध आदि विभिन्न धर्मों का कोई खास महत्त्व नहीं है। ये आरम्भिक मार्ग हैं, साधन हैं, यात्रा खत्म होने पर नयी शुरू करनी होगी, पुरानी का बोझ ढोना व्यर्थ है।

श्री अरविन्द मानव एकता के उच्च आदर्शों को पूर्णतः समर्पित थे। वे किसी भी प्रकार की संकुचित सीमा को स्वीकार नहीं करते। 'मानव-एकता का आदर्श' उनका बहुत ही सुचिन्तित और भविष्योन्मुखी विचार-सार है। उन्होंने इस पुस्तक में एक स्थान पर लिखा है कि—''स्वतन्त्रता, समानता और भ्रातृभावना आत्मा की तीन दिव्यताएँ हैं, ये वस्तुतः समाज की बाह्य मशीनरी द्वारा अथवा मनुष्य के द्वारा, जब तक कि वह वैयक्तिक और सामाजिक अहंभाव में निवास करता है, चरितार्थ नहीं हो सकते।''[२]

इसके लिए आवश्यक है आन्तरिक मानव-प्रकृति का पूर्ण रूपान्तर। यही रूपान्तर उसे सही श्रेयस् की ओर, मंगल की ओर ले जा सकता है। अब तक की सारी साधनाएँ वैयक्तिक निःश्रेयस् को अपना उद्देश्य मानती रही हैं। श्री अरविन्द पूरी मानव जाति के लिए नयी विचारधारा और नयी योग-साधना लेकर आये। उन्होंने स्पष्ट कहा—''मैं अपने बड़प्पन के लिए अतिमानस को नीचे उतारने की कोशिश नहीं कर रहा हूँ। मुझे मानवीय अर्थों में बड़प्पन और छुटपन की तनिक भी परवाह नहीं है। मैं पृथ्वी-चेतना में आन्तरिक सत्य, प्रकाश, सामंजस्य और शान्ति के तत्त्वों को उतारने का प्रयत्न कर रहा हूँ ताकि मनुष्य की प्रकृति आधे अँधेरे आधे उजाले में न रहे।''[३]

●

वे निश्चय ही उत्तर योगी थे क्योंकि उनका पूर्ण योग विगत की प्रणालियों की नयी रूप-सज्जा मात्र नहीं है, वह उससे अधिक है। वे विवेकानन्द की इस धारणा को स्वीकार करते हैं कि योग एक ऐसा साधन माना जा सकता है, जो व्यक्ति के विकास को शारीरिक जीवन के

---

१. मानव-एकता का आदर्श, पृ० ३१६।

२. वही, पृ० ३१७।

३. श्री अरविन्द : अपने तथा श्रीमाताजी के विषय में, पृ० १२३।

अस्तित्व के एक ही जीवन-काल में, या कुछ वर्षों में यहाँ तक कि कुछ महीनों में ही साधित कर दे। भारतवर्ष में प्रचलित राजयोग, हठयोग, भक्तियोग, ज्ञानयोग सभी इस धारणा को स्वीकार करके ही चले और इसमें संदेह नहीं कि इन विभिन्न पद्धतियों का अनुसरण करने वालों में ऐसे अनेक लोग हुए जिन्होंने अपने जीवन-काल में 'उक्त विकास' को प्राप्त किया; किन्तु उपर्युक्त सभी प्रणालियाँ अपनी सीमाएँ और अन्ध खाइयाँ भी रखती हैं, जिनसे उन मार्गों पर चलनेवाले अनेक व्यक्तियों को बचाया नहीं जा सका।

जिन्होंने सफलता प्राप्त भी की, वे अपने वैयक्तिक निःश्रेयस् की सिद्धि से संतुष्ट हो गये। उनके लिए उन्हीं के साथ इस धरती पर अन्धतमस् में डूबे हजारों-हजार लोगों के दुःखों का कोई अर्थ नहीं था, था भी तो उनके लिए उस ऊँचाई से उतरकर नीचे पड़े लोगों की सहायता करना कठिन हो गया। क्योंकि नीचे उतरने में स्वयं के भी गिरने की आशंका थी, या तो ऊपर जाकर नीचे उतरने की क्रिया से वे अपरिचित थे। इसी कारण भारतवर्ष में साधना और सामान्य जीवन के बीच एक अपाटनीय खाई उपस्थित हो गयी।

श्री अरविन्द के सामने उपर्युक्त प्रत्येक प्रणाली की अच्छाइयाँ और बुराइयाँ प्रत्यक्ष थीं। वे उनके अन्धमोड़ से भी परिचित थे। वे आज के मनुष्य के प्रति असीम बन्धुत्व और सहकारिता का भाव भी रखते थे, परन्तु इन सभी प्रत्यवायों के बीच से राह बनाना सुगम नहीं था, तो भी, ऐसी स्थितियों के बीच उनका यह अदम्य साहस भरा स्वर गूँजता है : "समस्त जीवन ही योग है।"

उनके जैसा उत्तर योगी ही—जिसने मानव की मानसिक और बौद्धिक सभी प्रकार की देशकालातीत क्षमताओं का सम्यक् विश्लेषण किया था, जिसने पूर्व और पश्चिम की सम्पूर्ण प्रज्ञा की थाह ले ली थी, जो विज्ञान और मनोविज्ञान की समस्त उपलब्धियों से भलीभाँति परिचित था और जो बिना तर्कपूर्ण बुद्धि और सत्यासत्य विवेक के एक पग भी आगे रखने को तैयार नहीं था, जो अपने समस्त चिन्तन-मनन को पाश्चात्य प्रणाली में दक्ष होने के कारण पूर्णतः वैज्ञानिक और ठोस व्यावहारिक धरातल पर परीक्षित किये बिना प्रचारित करना अनुचित मानता था—इस निर्भीकता और विश्वास के साथ कह सकता था :

"यदि मुझसे बड़े लोगों के सामने यह दृष्टि नहीं थी, और यह आदर्श न था तो यह कोई कारण नहीं कि मुझे भी अपनी सत्य भावना और सत्य दृष्टि के अनुसार काम नहीं करना चाहिए। मुझे जरा भी परवाह नहीं है, यदि मानव-बुद्धि मुझे इस बात के लिए मूर्ख ठहराये कि मैं एक ऐसा काम करने की कोशिश कर रहा हूँ जिसके लिए श्री कृष्ण तक ने प्रयत्न नहीं किया। यह भगवान् की इच्छा है या नहीं, मैं उस सत्य को नीचे उतारने या उसके लिए मार्ग खोलने या कम से कम अवतरण को ज्यादा संभव बनाने के लिए भेजा गया हूँ या नहीं, इसमें क, ख या किसी और का तो सवाल ही नहीं है। यह तो मेरे और भगवान् के बीच की बात है। दुनिया चाहे तो मेरा मज़ाक उड़ाती रहे, मेरी इस धृष्टता से जहन्नुम टूटा पड़ता है तो टूट पड़े, मैं विजय प्राप्त करके रहूँगा या मर मिटूँगा। इसी भावना से अतिमानस की खोज कर रहा हूँ, अपने लिए या दूसरों के लिए बड़प्पन की लालसा से नहीं।"[१]

जो लोग यह सोचते हैं कि जीवन के मामूली खतरों से डरकर श्री अरविन्द ने राजनीति से किनाराकशी कर ली, उन्हें उपर्युक्त कथन का तेवर देखना चाहिए; और मुझे पूरा विश्वास

---

१. श्री अरविन्द : अपने तथा श्रीमाताजी के विषय में, पृ० १२४।

है कि मात्र भौतिक पदार्थों की उपलब्धि को ही जीवन का उद्देश्य नहीं मानते, उन्हें योगी अरविन्द में भवानी मंदिर के उग्रपंथी देशभक्त अरविन्द का विकसित रूप ही दिखेगा। वही दृढ़ता, वही बलिपंथी वाली संकल्पशक्ति और उद्देश्य को प्राप्त करने की अदम्य इच्छा शक्ति।

जीवन को ही अतिमानसिक योग में बदलना श्री अरविन्द का उद्देश्य था। जीवन से अलग होकर योग का कोई अर्थ नहीं। किन्तु जीवन में योग उतरेगा कैसे? श्री अरविन्द का पूर्ण योग जीवन को ईश्वरीय कार्य के लिए ईश्वरीय यंत्र में बदल देना चाहता है। वे मानते हैं कि दिव्य-चेतना की उपलब्धि, दिव्य-चेतना द्वारा मानवीय चेतना का स्वीकरण, शान्ति, प्रकाश, प्रेम, शक्ति और आनन्द की प्राप्ति और सब के ऊपर अपने को ईश्वरीय इच्छा-शक्ति और क्रिया के लिए पूर्ण तैयार यंत्र के रूप में ढाल देना ही इस योग का उद्देश्य है।

निरन्तर अपने आन्तरिक पुरुष को दिव्य चेतना की ओर उन्मुख रखना इस योग की पहली शर्त है। इस सतत उन्मुखता से, जिसे श्री अरविन्द आन्तरिक चेतना का खुलना (Opening) कहते हैं, चैत्यपुरुष (Psychic) धीरे-धीरे अवचेतन से ऊपर आकर जीवन के नियंत्रण का कार्य अपने हाथों ले लेता है, फिर मनुष्य के वातावरण और संस्कार निर्मित मन-बुद्धि के स्थान पर दिव्य चेतना के प्रतिनिधि चैत्यपुरुष का शासन आरम्भ होता है। बिना ईमानदारी, अहं-विसर्जन और पूर्ण समर्पण के चैत्यपुरुष का उदय असंभव है। चैत्यपुरुष के उदय के बाद सम्पूर्ण जीवन ईश्वरीय निर्देशन में उसी के द्वारा निर्धारित कार्यों को पूरा करने का यन्त्र बनने लगता है। ज्यों-ज्यों यह साधना आगे बढ़ती है, बौद्धिक, मानसिक, प्राणिक सभी स्तरों पर जन्म-जन्मातरों का जमा हुआ तमस् विदीर्ण होने लगता है और यदि साधक निष्ठा और आस्था से प्रत्यवायों के बीच निरन्तर दिव्यचेतना की ओर उन्मुखता बनाये रहता है तो एक दिन उसके शारीरिक स्तर का भी परिष्करण आरम्भ हो जाता है। इन स्तरों का कोई नियमित क्रम नहीं है, साधक की अपनी आन्तरिक बनावट के अनुसार किसी एक स्तर पर रूपान्तरण की क्रिया आरम्भ हो जाती है, किन्तु जब तक सभी स्तर पूर्णतः रूपान्तरित नहीं हो जाते, दिव्य चेतना का चरमोत्कर्ष अप्राप्य ही रहेगा।

जाहिर है कि श्री अरविन्द जिस साधना और योग की बात करते हैं, उसमें मनुष्य व्यक्तित्व का कुछ भी त्याज्य नहीं है। स्थूलतम भौतिक से लेकर सूक्ष्म चैतन्य तक सभी इसके लिये साधन हैं। जीन हर्बर्ट का यह कथन सत्य है कि "श्री अरविन्द की शिक्षा की एक विशिष्टता यह है कि वे जीवन के किसी भी पक्ष को, यहाँ तक कि पौद्गलिक भौतिक तत्व की भी उपेक्षा करना स्वीकार नहीं करते। उनका कथन है कि दिव्यशक्ति को सबसे निचले स्तर तक उतरना पड़ेगा और सब कुछ का आध्यात्मिक रूपान्तरण करना होगा, क्योंकि सभी उसकी क्रिया सही अर्थों में पूर्ण हो सकती है।..."[१]

यह साधना एकाग्र ध्यान और आन्तरिक उपलब्धियों तक सीमित नहीं है। भौतिक तत्वों का, प्राणिक शक्ति का रूपान्तरण सिर्फ जीवन के संघर्ष और दैनंदिन क्रिया व्यापारों में ही संभव है और उसी से परीक्षित भी किया जा सकता है, इसलिए श्री अरविन्द योग सारे जीवन को यहाँ तक कि बाह्य जीवन को भी अपेक्षाकृत अधिक महत्त्व देता है। जीवन की बनी-बनाई आदतें, शारीरिक और प्राणिक आकांक्षाएँ अपने ऊपर दिव्यता का अनुशासन सहज ही

---

१. **पायनियर ऑफ सुप्रामेण्ट एज, सम्पादक जय स्मिथ, श्री अरविन्द आश्रम, दिल्ली शाखा, १९५८ पृ० ६०।**

स्वीकार नहीं कर लेतीं, उसी कारण दोनों के बीच संघर्ष स्वाभाविक है। चंचल गतिवाले मन, प्राण और शरीर का नियमन हठपूर्वक संभव नहीं है। इसके लिए सतत अभीप्सा, दिव्यता का आह्वान और अपने चैत्यपुरुष के निर्देशन में, असफलताओं की बिना परवाह किये निरन्तर प्रयत्न करते रहना आवश्यक है।

इस अत्यन्त संक्षिप्त विवेचन से ही स्पष्ट हो जायेगा कि श्री अरविन्द एक भिन्न प्रकार के क्रान्तिकारी योगी हैं, जो आज की स्थिति में रहने वाले मानव के लिए, जो पहले की अपेक्षा कहीं ज्यादा विकसित बुद्धिवाला, किन्तु संशयग्रस्त है, एक नयी साधन-प्रणाली लेकर आये।

इस विराट् अभियान को देखकर कौन चकित नहीं होता। स्टेनफोर्ड यूनिवर्सिटी के प्रोफेसर फ्रेडरिक स्पीलवर्ग ने लिखा है कि "१९४७ में मैंने जब श्री अरविन्द का 'लाइफ़ डिवाइन' पढ़ा तो भौंचक्का रह गया। मैंने आज तक कभी ऐसा दार्शनिक नहीं जाना जिसे अपने तत्त्वचिन्तन में इस तरह सब-कुछ को समेट लेने की अपूर्व क्षमता प्राप्त हो। उनके पहले के किसी भी दार्शनिक को सत्य की ऐसी प्रतीति नहीं हुई।"[१]

सुप्रसिद्ध समाजशास्त्री और मनीषीचिन्तक, हर्वर्ड विश्वविद्यालय के समाजशास्त्र के प्राचार्य श्री पित्रिम सरोकिन ने श्री अरविन्द के विचारों को संपूर्ण पश्चिमी ज्ञान-विज्ञान के अधूरेपन की पूर्णता प्रदान करनेवाला अपूर्व चिन्तन कहा। उन्होंने लिखा—'वैज्ञानिक और दार्शनिक दृष्टि से, श्री अरविन्द की कृतियाँ पश्चिम के अर्धवैज्ञानिक, मनोविज्ञान, मनोचिकित्सा और शैक्षणिक, कला आदि के लिए प्रबल विरोधी जीवनी-शक्ति (Antidote) हैं। श्री अरविन्द का 'लाइफ़ डिवाइन' और योग सम्बन्धी दूसरे चिन्तनग्रन्थ हमारे समय के दर्शन, नीतिशास्त्र और मानवादि शास्त्रों के क्षेत्र में सर्वाधिक महत्त्वपूर्ण अवदान हैं। श्री अरविन्द स्वयं हमारे समय के सर्वोच्च जीवित ऋषियों में एक ऋषि हैं और वे हमारे युग के सबसे बड़े नैतिक नेता हैं।"[२]

●

सब कुछ को समेटने की जिस अपूर्व क्षमता की बात डॉ० स्पीलवर्ग ने की है, वह श्री अरविन्द को उस उत्तर योगी की भूमिका में प्रतिष्ठित करती है जो पुराकाल से लेकर आज तक के सम्पूर्ण मानव चिन्तन के सारतत्त्वों का मन्थन करके उन्हें समरस सम्वादी पदार्थ में बदल देता है। श्री अरविन्द ने बार-बार कहा है कि मैंने गीता, उपनिषद् और वेद से ही सब कुछ प्राप्त किया। वे अतीत के ऋषियों के प्रति अद्भुत कृतज्ञता का भाव रखते थे। अतीत ही क्यों, अर्वाचीन युग के अनेक महापुरुषों के प्रति भी उनके मन में वैसा ही आदर का भाव था।

श्री अरविन्द के कुछ पहले ही श्री रामकृष्ण परमहंस का अवतार हुआ और उन्होंने समूचे बंगाल को अपने अद्भुत दिव्य व्यक्तित्व से आच्छादित कर लिया। उनके शिष्य विवेकानन्द ने भारतीय अद्वैत दर्शन को नयी विश्वव्यापी पीठिका प्रदान की। दक्षिण में करीब-करीब उन्हीं के समकालिक महर्षि रमण हुए, जिनकी अद्वैतवादी साधना से समूचा दक्षिण भारत परिप्लावित हो गया।

---

१. **'पायनियर ऑफ सुप्रामेण्टल एज' के, पृ० ६४ पर उद्धृत।**
२. **वही, पृ० ६४ पर उद्धृत।**

श्री अरविन्द किसी प्राचीन मतवाद को पुनरुज्जीवित करने नहीं आये थे। प्राचीन साधना-प्रणालियों को नये युग के अनुरूप बनाना भी उनका उद्देश्य नहीं था, हालाँकि खुद में ये कोई कम महत्त्वपूर्ण उद्देश्य नहीं हैं। उनके 'योग समन्वय' का अर्थ विभिन्न प्रणालियों का घाल-मेल भी नहीं है।

श्री अरविन्द का पूर्ण योग वैश्विक विराट् अस्तित्व (Cosmic Existence) को यथार्थ और सत्य मानता है और इसका उद्देश्य सत्य-चेतना या दिव्य अतिमानसिक चेतना में प्रवेश है, जहाँ के कर्म और निर्माण अज्ञान और अपूर्णता के परिणाम नहीं; बल्कि सत्य, प्रकाश और नित्य आनन्द की अभिव्यक्ति हैं। इसकी प्राप्ति के लिए नश्वर बुद्धि, जीवन और शरीर का उच्चतर चेतना के प्रति समर्पण आवश्यक है। श्री अरविन्द सिर्फ सामान्य अज्ञ विश्वचेतना से निकलकर दिव्य चेतना में प्रवेश को ही अपना उद्देश्य नहीं मानते, बल्कि उस अतिमानसिक चेतना को नीचे उतारकर उसके माध्यम से मन, बुद्धि, प्राण और शरीर का परिष्करण करके उन्हें दिव्य चेतना को धारण करने योग्य यन्त्र में बदल देना चाहते हैं। उनका उद्देश्य भौतिक जगत् में दिव्यता को उतारकर प्रतिष्ठित कर देना है।

गीता में कर्मयोग की बात थी, पर गीता ईश्वर के प्रति कर्म के समर्पण को ही रेखांकित करती है। वह कर्म, ज्ञान और भक्ति के समन्वय से मनुष्य को ईश्वर के साथ तादात्म्य-प्राप्ति का उपदेश देती है। श्री अरविन्द अतिमानसिक दिव्यता को ही नीचे ले आकर मानवीय प्रकृति का सामूहिक रूपान्तरण करना चाहते हैं। गीता इसलिए उनका एक प्रस्थान तो बनती है, अभीष्ट नहीं। श्री माधव पण्डित ने लिखा है—"इस योग में भी हम धारणा, अभीप्सा और समर्पण को महत्त्व देते हैं; किन्तु साथ ही हमें निम्न प्रकृति को अस्वीकृत भी करना है। इस निम्न प्रकृति से चेतना को छुड़ाकर, उच्च प्रकृति की स्वतन्त्र सत्ता में प्रवेश जरूरी है; क्योंकि यदि यह दुहरी प्रक्रिया न हो तो संभव है कि हम अपनी प्रकृति का तामसिक अथच असत्य समर्पण ही करते रह जायेंगे।"[१] गीता वेदान्तिक परम्परा में ईश्वर-तत्त्व पर ज्यादा जोर देती है, वहाँ मातृशक्ति का कम विचार है। तन्त्र मातृशक्ति पर पूर्णतः आश्रित हैं, वे ईश्वर-पक्ष पर उतना ध्यान नहीं देते! श्री अरविन्द जब परम पुरुष की दिव्य-चेतना की बात करते हैं, तो वस्तुतः इन दोनों मार्गों की अपूर्णता को समझते हुए उचित समन्वय का प्रयत्न करते हैं।

उसी प्रकार पूर्ण योग में हठयोग की प्रणालियाँ किसी स्तर पर उपयोगी हो सकती हैं, पर वे अपरिहार्य नहीं हैं। हठयोग की गहरी खन्दकों से प्रायः लोग परिचित हैं। राजयोग मनोवैज्ञानिक धरातल की सूक्ष्मताओं में अपेक्षाकृत कम प्रवेश करता है और वह गीता के उद्देश्य से भिन्न किसी महत् वस्तु की अपेक्षा नहीं करता। कालान्तर में राजयोग संन्यस्त जीवन की वरेण्यता में विश्वास करने वाला आन्दोलन तो बना, मानवीय साधना के नये प्रयोग उसके लिए आकर्षण की वस्तु नहीं रहे।

श्री अरविन्द ने अपने समय तक की प्रचलित सभी योग-प्रणालियों का पूर्ण अवगाहन किया था। उन्होंने उनकी अव्यावहारिक और अनुपयोगी बातों को छोड़कर, तथा सारतत्त्वों को आत्मसात् करके एक नये क्षितिज का उद्घाटन किया।

---

१. डिक्शनरी ऑफ श्री अरविन्दोज योग, सं० माधव पुण्डलीक पण्डित, दीप्ति प्रकाशन, श्री अरविन्द आश्रम, पाण्डिचेरी, १९६६, पृ० १२९।

श्री माधव पण्डित ने श्री अरविन्द के पूर्णयोग की अन्य योग-प्रणालियों से भिन्नता निरूपित करते हुए जो विशेषताएँ बतायी हैं, उनसे बहुत से प्रश्नों का उचित समाधान हो जाता है।

१. चूँकि यह योग संसार से परे के किसी मोक्ष या निर्वाण को अपना उद्देश्य नहीं मानता, इसीलिए इसका मुख्य उद्देश्य जीवन और अस्तित्व का परिवर्तन है, अपने आप घटित होनेवाला आकस्मिक परिवर्तन नहीं, बल्कि मुख्य केन्द्रीय उद्देश्य के रूप में प्रयत्नपूर्वक लाया हुआ परिवर्तन।

२. चूँकि इस योग का उद्देश्य व्यक्तिगत लाभ के लिए वैयक्तिक उपलब्धि या दिव्य साक्षात्कार नहीं है, बल्कि पृथ्वी-चेतना के लिए दिव्यता की उपलब्धि है, इसलिए वह वैश्विक उपलब्धि (कॉस्मिक) पर जोर देता है, सिर्फ परा-वैश्विक (Supra-Cosmic) उपलब्धि पर ही नहीं।[१]

श्री अरविन्द सही अर्थों में उत्तर योगी थे क्योंकि उन्होंने आज के संत्रस्त, दिशाहीन, मूल्यमूढ़ता से आक्रान्त और बौद्धिक संकट और संत्रास से अवसन्न मानवता की मूलभूत समस्याओं का समाधान प्रस्तुत किया। दिग्भ्रमित मानवता के सभी प्रश्नों का उनके जीवन और कर्मों में उत्तर ढूँढ़ा जा सकता है, बशर्ते हम स्वयं ही अनुत्तरित रहने को ही सुखद नियति मानकर निष्क्रिय नहीं हो जाते।

आज सर्वत्र एक विचित्र प्रकार की अबूझ जड़ता और थथम-भरी निश्चेष्टता से जीवन संत्रस्त दिखाई पड़ता है। अब तक के बनाये हुए आदर्श ढह गये हैं। मूल्य निरर्थक आवरण हो गये हैं। संस्थाएँ मृत व्यक्तियों का समूह मात्र रह गयी हैं। एक आत्महत्या-प्रधान समूह-संचरण के अलावा कोई चेतना नजर नहीं आती। सच तो यह है कि हम एक ऐसी भाषातीत स्थिति में पड़ गये हैं जिसे स्पष्ट ढंग से बता पाना भी कठिन हो गया है। आधुनिक विश्व की इस गड़बड़ स्थिति से श्री अरविन्द खूब परिचित थे। वैसे, बहुत से लोग बालकों की तरह यह सोचते हैं कि संसार के इस संकट से, जिसके भीतर से वे गुजर रहे हैं, पाण्डिचेरी आश्रम में एकान्तवास करनेवाले श्री अरविन्द से क्या वास्ता? उन्होंने १७-७-४५ के अपने एक पत्र में लिखा—"दशा जरूर बुरी है, अधिक बुरी होती जा रही है, और किसी भी समय अत्यन्त बुरी हो सकती है! और कोई बात कैसी भी असम्भव-सी क्यों न हो, वर्तमान विक्षुब्ध जगत् में संभव-सी प्रतीत होती है।" २-६-१९४६ के एक दूसरे पत्र में उन्होंने लिखा—"सभी जगह गड़बड़, दुःख, अराजकता, उलटा-पलटी, यही आज की सर्व-सामान्य वस्तुस्थिति है। जो अच्छी चीजें प्रकट होने को हैं, वे परदे के पीछे तैयार या विकसित हो रही हैं, तथा सभी जगह बुरी चीजों का बोलबाला है। एकमात्र आवश्यकता इस बात की है कि जब तक प्रकाश की घड़ी न आ जाय तब तक हम अडिग और अटल रूप से प्रयत्न में लगे रहें।"[२]

इस स्थिति को आज के भिन्न-भिन्न चिंतक भिन्न-भिन्न नामों से पुकारते हैं। इसे सार्त्र नासिया, उबकाई की स्थिति कहते हैं। उनके हिसाब से "मनुष्य एक व्यर्थ का इन्द्रियबोध है। वह नैतिक अलगाव की इन्तहा में कुछ न कर सकने के लिए विवश है और इसी

---

१. डिक्शनरी ऑफ श्री अरविंदोज योग, पृ० १३१।

२. श्री अरविन्द के पत्र, पृ० २९३।

विवशता के प्रति उत्तरदायी अनुभव कर सकता है और कुछ नहीं।''[१] सार्त्र की दृष्टि से मनुष्य चेतना 'नास्तिभाव' का पर्याय बन जाती है। ऐसी स्थिति में अपनी 'आन्तरिकता' (सब्जेक्टिविटी) के प्रति सचेत होने और अपनी स्वतन्त्रता से प्रतिबद्ध होने के अलावा कोई चारा नहीं। सारा विश्व काफ्का के 'कासल' में कैद है और हर कोई अपने अनकिये अपराध के लिए निरर्थक-से लगनेवाले 'ट्रायल' के बीच से गुजर रहा है।

कामू ने गम्भीरता से लिखा था कि ''यदि सवाल पूछा जाय कि ''क्या एक आदर्श न्याय के लिए हमें बेहूदगियों (एब्सर्डिटीज) से समझौता करना ही होगा। कोई जवाब देगा—'हाँ',—बहुत सुन्दर। कोई कहेगा—'नहीं'—ईमानदार।'' जहाँ 'हाँ' और 'ना', 'बहुत सुन्दर' और 'ईमानदार' का खिताब पाकर भी निरर्थक होने के लिए अभिशप्त हैं, वहाँ कामू को लगता है कि ''हम अपनी समस्याएँ खुद नहीं चुनते। समस्याएँ एक के बाद एक करके हमें चुनती हैं। हमें इस प्रकार से चुने जाने को स्वीकार करना चाहिए।''[२] उसका 'मिथ ऑफ 'सिसिफस' सत्य और न्याय से जूझने वाली निरर्थकता की कारुणिक कहानी है। रिकोला वर्दिएफ इन दोनों से भिन्न स्तर पर सोचता है। वह उखड़े हुए इन्सान की आत्मपीड़ा के भीतर से जीवन को पदार्थ के रूप में बदलते हुए देखता है।[३] वह वेदना, भय, त्रास और क्लान्ति की पूरी व्याख्या करके इस नतीजे पर पहुँचता है कि बिना इनके सत्य की अनुभूति संभव नहीं।

चूँकि वर्दिएफ, मार्सल आदि क्रिश्चियन अस्तित्ववादी हैं, इसलिए उनके भीतर अपेक्षाकृत कम निराशा और दिशाहीनता दीखती है। पर घूम-फिर कर वे 'ग्रेस' (ईश्वरीय कृपा) के आगे बढ़ नहीं पाते।

दूसरी ओर पश्चिम में ऐसे समाजशास्त्री चिन्तक भी हैं जो पश्चिमी संस्कृति की म्रियमाण स्थिति से चिन्तित हैं और उसे बचाने की ईमानदार चेष्टा में लगे हुए हैं।

पित्रिम सरोकिन जिन्होंने आज के आधुनिक युग की पीड़ा और निरर्थकता को रेखांकित करते हुए भी आदर्शवादी आध्यात्मिक प्रेम के द्वारा (Altruistic love) जो क्रिश्चियन भावना का ही आधुनिक रूप है, एक नये समन्वित जीवन (Integral life) की कल्पना की है; अपनी प्रसिद्ध पुस्तक 'क्राइसिस ऑफ आवर एज़' में पश्चिमी संस्कृति का विश्लेषण करते हुए इस नतीजे पर पहुँचे कि—

''इन्द्रियबोध-परक यह संस्कृति युद्ध और खूनी क्रान्तियों के लिए सर्वाधिक उर्वर भूमि है, और पश्चिम में व्याप्त यह बीमारी यदि शीघ्र नष्ट होकर तर्कमूलक विचार प्रधान संस्कृति (Ideational Culture) में बदल नहीं जाती तो २०वीं शताब्दी का उत्तरार्द्ध भयानक युद्धों और नरमेध का अध्याय बन जायेगा। यह सर्वाधिक खूनी शताब्दी का सर्वाधिक खूनी संकट है। युद्ध, क्रान्ति, बिखराव, आत्महत्या, मानसिक रोग, गरीबी, अकाल इस संकट के लक्षण और यही इसके परिणाम हैं। इन्द्रिय बोधपरक कला सतही, शारीरिक सस्ते इन्द्रिय बोधों से प्रेरित और बीमार मन का प्रलाप है। इन्द्रियबोधात्मक कला प्रायः स्नायविक उत्तेजना तक सीमित है। तीसरी व्याधि यह है कि कीटाणुग्रस्त (पैथॉलॉजिकल) व्यक्तियों के अस्वस्थ जीवन को

---

१. सिक्स एक्जिस्टैंशियलिस्ट थिंकर्स, एच०जे० ब्लाखम; लंदन १९६१, पृ० १४७।

२. 'ल ओम रिवौल्त', पृ० १५।

३. ड्रीम एण्ड रियलिटी, पृ० ३३।

ही यह अपना ध्येय मानती है।''[१] श्री सरोकिन ने स्पष्ट घोषणा की—''जितना ही अधिक हम अपनी कुछ न सीखने की जिद पर अड़े रहेंगे और जितना ही अधिक स्वतंत्र रूप से इच्छापूर्वक बदलने से हम इनकार करेंगे, उतना ही अधिक पीड़ामय शोषण का दौर होगा, उतना ही कष्टकर अग्नि स्नान का अनुभव होगा और उतनी ही निर्मम परिवर्तनकारी शक्ति की चपेट होगी।''[२]

स्पैंगलर के समाजशास्त्री विश्लेषण भी इसी धारणा की पुष्टि करते हैं। उनकी प्रसिद्ध पुस्तक 'द डिक्लाइन ऑफ वेस्ट' इस बात का प्रमाण है। अठारह सौ वर्षों की पश्चिमी सभ्यता के विनाश की घोषणा करते हुए उन्होंने कहा—''संस्कृति और सभ्यता, आत्मा का जीवित शरीर और मृत रूपान्तर (ममी)—१८०० वर्षों के पश्चिमी अस्तित्व के दोनों छोर पर इन्हें देखिए—एक छोर पर है समृद्ध जीवन और उसकी विश्वस्तता, जो अपनी अन्तर्निहित विकास-शक्ति पर अवलम्बित है, जो गाथिक शैशव से गेटे और नीत्शे तक फैली है; जबकि दूसरे छोर पर बड़े शहरों में पतझड़ग्रस्त कृत्रिम, उखड़े हुए लोगों का, बौद्धिकता के द्वारा, फैशनमूलक ढर्रे पर निर्मित जीवन का रूप है।''[३]

स्पैंगलर ने पश्चिमी संस्कृति की दयनीयता देखी थी। पूरब में कोई बहुत आशा बच रही हो, यह सोचना ही व्यर्थ है। पर हमारे और उनके परिवेश में बहुत अन्तर था। श्री अरविन्द यह अच्छी तरह जानते थे कि हजार वर्षों की गुलामी के कारण भारतीय बौद्धिक की मनीषा या तो मर चुकी है या बन्धक हो चुकी है। आज का भारतीय बौद्धिक अध्यात्म के नाम से ही चौंक उठता है। उसके लिए आध्यात्मिक का अर्थ है पुराने दकियानूस अन्धविश्वासमूलक विचारों की शरण लेना, जो आधुनिकता के लिए नितान्त अनावश्यक हैं। वह सोचता है कि अध्यात्म की बातें करके लोग सद्य: स्वतन्त्र भारत को फिर अतीत की सड़ी-गली धर्म-परम्परा की ओर ले जाकर उसे आधुनिक विकास के साधनों से वंचित करना चाहते हैं। श्री अरविन्द कहते हैं—''इस सन्देह से भी हमें टकराना है जो सोचता है कि भारत के सामने इस आदर्श (अध्यात्म जीवन) को उपस्थित करके हम उसे तात्त्विक चिन्तन (Metaphysical) की ओर ले जाकर आधुनिक गत्वरता से अलग कर रहे हैं या उसमें रहस्यवादी अबौद्धिक धार्मिकता के जीर्णशीर्ण अन्धविश्वासमूलक प्रतिक्रियावादी सिद्धान्तों का प्रवेश करा रहे हैं और इस तरह भारत को तर्क और आधुनिकता के रास्तों से हटा रहे हैं जिन पर उसका चलना अनिवार्य है, क्योंकि उसे आधुनिक जगत् के धक्कों से सँभलने के योग्य एक संगठित और सक्षम राष्ट्र बनना है।''[४]

श्री अरविन्द ने बड़े विस्तार के साथ ऐसे तथाकथित बौद्धिक लोगों के सन्देहों और तर्कों का विश्लेषण किया है। वे मानते हैं कि इस तरह के नकलची आधुनिकों की आवाजें यूरोपीय पद्धति की अनुगूँज मात्र हैं, जो यह मानती रही हैं कि धर्म और आध्यात्मिकता तथा बौद्धिकता और व्यावहारिक जीवन, दो अलग-अलग चीजें हैं। ऐसे ही लोगों के लिए बहुत स्पष्ट भाषा में उन्होंने कहा—''हम अपने से कुछ भी अलग नहीं कर रहे हैं। हम जीवन के

---

१. क्राइसिस ऑफ आवर एज, पृ० ३०-७९।
२. वही, पृ० ३२६।
३. डिक्लाइन ऑफ़ द वेस्ट, १।३१।३१०।
४. श्री अरविंदोज ऐक्शन, पाण्डिचेरी अरविन्दाश्रम से प्रसारित, पृ० ३।

महत् उद्देश्यों, आधुनिक युग की कोई भी समस्या, मानव सक्रियता का कोई भी पक्ष, विकास, विस्तार तथा शक्ति, आनन्द, प्रकाश, बल, पूर्णता की आकांक्षा करनेवाली मानवीय आत्मा की सामान्य या आनुवंशिक लक्षणों में व्यक्त किसी भी कामना को हम अलग करना नहीं चाहते। मनुष्य बिना बुद्धि की आत्मा या बिना शरीर की आत्मा नहीं कहा जा सकता, इसलिए मानवीय अध्यात्म कभी भी बुद्धि, जीवन, शरीर को अपदार्थ नहीं मान सकता या उनका महत्त्व कम नहीं कर सकता।

भारत को अपनी आत्मा का अपने ढंग से अन्वेषण करना होगा। योरोप की नकल से कोई लाभ न होगा क्योंकि ''योरोप खुद अपनी धारणाओं में तेजी से परिवर्तन कर रहा है और पूर्वीय चिन्तनों से प्रेरणा लेकर अपने को पुनरन्वेषित करने का प्रयत्न कर रहा है; पर हम भारतीय योरोपीय जीवन और चिन्तन के फेंके हुए पुराने वस्त्रों को बटोर रहे हैं और उसके चक्कों से उठी गन्दी धूल में लोंट-पोट रहे हैं जिसे योरोप कल फेंक देता है उसे हम आज उठाकर धारण कर लेते हैं।''[१]

१९५५ में जब कॉलिन विल्सन ने 'आउट साइडर' लिखा, भारतीय बौद्धिकों को जैसे अपनी सभी समस्याओं को नाम दे लेने की कुंजी मिल गयी। इस पुस्तक का ऐसा प्रभाव हुआ कि जिधर देखिए बाहरी आदमी (Outsider),निरर्थकता (Abserdity), मोहभंग (Disillusionment), क्रुद्ध नयी पीढ़ी (Angry Youngmen),बीमार व्यक्ति (Sickman), एकाकीपन (Lonlyness), अजनबी (Stranger) मृत्यु, संत्रास, संकट आदि शब्द वातावरण में परवाज करते हुए दिखाई पड़ने लगे और आज तक भी चिन्तन के क्षेत्र में कोल्हू के बैलवाली वही स्थिति जारी है। कॉलिन विल्सन को 'आउटसाइडर' के अन्त में रामकृष्ण परमहंस की भावात्मक समर्पण-मूलक अस्तित्वहीनता की स्थिति में एक नया अर्थ दिखा था। भारतीय बौद्धिक के लिए रामकृष्ण परमहंस अपने थे, इसलिए उनकी ओर देखना उसे आधुनिकता से अलग होना प्रतीत हुआ। अत: वह कॉलिन विल्सन द्वारा प्रस्तुत स्थितियों के दरिद्र और 'नान्य: पन्था:' वाली विश्लेषण-पद्धति के भीतर ही चक्कर लगाता रहा।

पर किसे मालूम था कि ठीक एक दशक बाद कॉलिन विल्सन खुद शीर्षासन की मुद्रा में उल्टा खड़ा होकर अपनी पुरानी धारणा को स्वयं गलत साबित करेगा। पर उसने १९६५ में 'बियण्ड आउटसाइडर' लिखकर यही कार्य किया। 'आउटसाइडर' में अस्तित्ववादी दृष्टिकोण का उसने खुलकर समर्थन किया था, यद्यपि उस समर्थन के पीछे एक शिकायत भी रहती थी कि अस्तित्ववाद 'घोर वैयक्तिक चेतना' से हटकर, जो उसका केन्द्रबिन्दु है, अन्य सामाजिक प्रत्यवायों के चक्कर में फँस रहा है। इस पुस्तक तक आते-आते उसे लगने लगा—''मैं अपने को उस गणितज्ञ की तरह अनुभव करता हूँ जिसे एक ऐसा सवाल दे दिया गया हो, जिसे अनेक पीढ़ियों के गणितज्ञ हल करने में असफल रहे हों। इस पूरे हिसाब के नीचे मोटे अक्षरों में लिखा था—हल करना संभव नहीं है। ऐसी स्थिति में मैं यह स्वीकार करके चला कि इस समय किसी प्रकार का रचनात्मक चिन्तन संभव नहीं है।''[२] और अब कॉलिन विल्सन ने एक रचनात्मक चिन्तन आरम्भ किया है। 'आउटसाइडर' में सारी निरर्थक विवेचनाओं के बीच उन्हें दक्षिणेश्वर के संत रामकृष्ण के व्यक्तित्व में कुछ समाधान दिखा

---

१. श्री अरविन्दोज एक्शन, पृ० ८।
२. बियंड आउटसाइडर, पृ० १५।

था; क्योंकि तब वे अस्तित्ववादी वैयक्तिकता को बहुत महत्त्व देते थे; अब उन्होंने नयी प्रगति की है और अब उन्हें विश्व की समस्याओं का सारा समाधान रूसी साम्यवाद और पश्चिमी लोकतन्त्र के समन्वय में दिखाई पड़ने लगा है। उसने 'बियण्ड आउटसाइडर' के अन्त में लिखा है—'अपनी एकदम नयी पुस्तक 'क्रिटीक ऑफ डायलेक्टिकल रीज़न' में सार्त्र ने आग्रह किया है कि मार्क्सवादी दर्शन को अपने उन्नीसवीं शताब्दी के पुराने ढाँचेवाले भौतिकतावाद को छोड़कर अपनी सामाजिक आशावादिता के आधार के रूप में अपेक्षाकृत अधिक यथार्थपरक अस्तित्ववादी मनोविज्ञान को स्वीकार कर लेना चाहिए। मैं पहले ही कह चुका हूँ कि यह प्रस्ताव वैसा क्रान्तिकारी नहीं है जैसा ऊपर से लगता है। यदि रूस सार्त्र की बात मानकर अस्तित्ववादी धारणाओं को अपने सामाजिक आशावादी तत्त्वों से जोड़ लेता है तो निश्चय ही हमारे युगानुरूप एक नयी सांस्कृतिक जाति का जन्म होगा। फिर भी इसके आधार पर यह कहना संभव नहीं है कि यह अन्तिम समाधान बनेगा। अमेरिका के मेरे निजी अनुभव इस बात के प्रमाण हैं कि वहाँ अद्‌भुत बौद्धिक क्षमता है, जो सामान्य स्नायविक दौर्बल्य से थम गयी है।..''[१] उसे भी इस अस्तित्ववादी यथार्थवाद में समेटना चाहिए। इस तरह अस्तित्ववाद, रूसी यथार्थवाद और अमेरिकी स्नायविक दौर्बल्यपीड़ित बौद्धिक शक्तिवाद के एक त्रैराशिक समन्वय द्वारा नयी जाति के उदय का स्वप्न कॉलिन विल्सन द्वारा उपस्थित किया गया है। ज़ाहिर है कि पश्चिम में होने वाले इन विराट् चिन्तनों में एशिया और अफ़्रीका की विशाल जनसंख्या वाली मानवता के लिए कोई खास कार्यक्रम नहीं है। उसे उपर्युक्त त्रितात्त्विक दर्शन को, जो गोरे लोगों की महत् बुद्धि से निःसृत है, स्वीकार करके अपने को धन्य कर लेना होगा। यहाँ पर अचानक पश्चिमी बौद्धिक जगत् के चिन्तक शिरोमणि बर्टेण्ड रसेल की बातें याद आती हैं। उन्होंने अपनी पुस्तक 'कामनसेंस ऐंड न्यूक्लियर वारफेयर' में स्पष्ट रूप से एशिया की उपेक्षा की है; क्योंकि उनकी दृष्टि से इसे बचाने से कोई लाभ नहीं होगा। संस्कृति का क्षेत्र योरोप और अमेरिका हैं। इसलिए चीन के विरुद्ध क्षेत्रीय झगड़ों में अमेरिका और ब्रिटेन को कम से कम हिस्सा लेना चाहिए। आणविक युद्ध से पश्चिम को बचाना है। एशिया, बुभुक्षितों का विराट् भूखंड बचा तो न बचा तो, कोई खास महत्त्व नहीं। इसलिए उनका आह्वान है—'अमेरिका, योरोप और रूस भी पूरब के, एशिया के भुक्खड़ों के इस सम्भावित आक्रमण से अपनी रक्षा के लिए अभी से जागरूक हों तो ज्यादा अच्छा है।''[२]

एशिया-अफ़्रीका की हालत तो खराब है ही। सभी महान् प्राचीन धर्म—हिन्दू, बौद्ध, इस्लाम, यहूदी और ख्रिष्टीय, सभी इस धरती से फूटे थे, पर आज यही भूखंड सर्वाधिक अज्ञान, जहालत और जड़ता से ग्रस्त है। प्रकाश को जन्म देनेवाले आदिम सभ्यताओं के ये देश अंधकार के क्षेत्र (Area of Darkness) में बदल चुके हैं। आधुनिक युग में इन प्रदेशों में बड़ी से बड़ी विभूतियाँ उदित हुईं; परन्तु एक-एक करके उनके सिद्धान्त निष्फलता के समुद्र में डूबते गये। श्रीकृष्ण, बुद्ध, कन्फ्यूशस, जरथुष्ट्र, मुहम्मद, ईसा की बात ही अलग, क्योंकि वे पुराने हो गये; नयों में सनयात सेन, माओ, कमालपाशा, गान्धी, विनोबा और भी अनेक क्या परिवर्तन ले आये या ले आ पायेंगे, कहना कठिन है।

इस विश्वव्यापी विचार-व्यर्थता और चिंतन-दरिद्रता के पीछे छिपे मूलभूत कारण पर

---

१. **बियंड आउट साइडर, पृ० २४८।**

२. **कामनसेंस एण्ड न्यूक्लियर वारफेयर, पृ० ६४।**

जब तक विचार नहीं किया जाता, रोग ज्यों का त्यों बरकरार रहेगा, और हालत बद से बदतर होती जायेगी।

दर्शन और चिन्तन की शाब्दिक महत्ता से कोई ठोस परिणाम नहीं निकलता। सवाल मनुष्य की चेतना से, उसकी आन्तरिक बनावट से जुड़ा है। हमें आगे बढ़ने के लिए मनुष्य के भीतर ही परिवर्तन लाना होगा। चिन्तन को व्यवहार में बदलने वाले मनुष्य यंत्र की ही परीक्षा करनी होगी अर्थात् हमारे लिए महत् दर्शनों की नहीं, सटीक और त्रुटिहीन मनोविज्ञान की आवश्यकता है।

मानव-मन की समुद्रयात्रा में फ्रायड का वही स्थान है जो कोलम्बस का आधुनिक दुनिया की खोज में था। फ्रायड ने निस्सन्देह क्रान्तिकारी विचारधाराएँ प्रस्तुत कीं; किन्तु जैसा आन्द्रे मालरो ने लिखा है—"पिछली अर्द्धशताब्दी से मनोविज्ञान मानव में शैतान की प्रतिष्ठा करने के लिए लगातार कोशिश करता रहा है, मेरा विश्वास है कि अगले पचास वर्षों में वह मानव के भीतर पुन: देवताओं की प्रतिष्ठा के लिए प्रयत्नशील होगा।"[१]

फ्रायड के अन्धकारपूर्ण निष्कर्षों को, कि मानव अवचेतन पाशविक बर्बरता से बोझिल है, उसी का शिष्य युंग स्वीकार नहीं करता और अब तो मनोविज्ञान धीरे-धीरे प्राचीन पुराकथाओं, धार्मिक विश्वासों और पराभौतिक तत्त्वों के अन्वेषण के द्वारा उस कक्ष का उद्घाटन भी करने लगा है जहाँ दिव्यता की, हल्की और धूमिल ही सही, झलक दिखाई पड़ने लगी है।

समाज मनोविज्ञान, अपराध मनोविज्ञान, चिकित्सा मनोविज्ञान आदि विभिन्न शाखाओं ने मिलजुलकर सम्मिलित प्रयत्न से न केवल बाह्य जीवन के क्रियाकलापों पर आन्तरिक जीवन की वरीयता स्थापित कर दी है; बल्कि उच्चतर मानव-मूल्यों के स्रोत के रूप में वैयक्तिक मनों के भीतर व्यापक पृष्ठभूमि के रूप में कार्य करनेवाले वैश्विक मन के अस्तित्व को भी प्रमाणित करना आरम्भ कर दिया है। श्री अरविन्द इस मनोविज्ञान की प्रगति से पूर्ण परिचित थे। उन्होंने इसी कारण इसकी सारी त्रुटियों और सीमाओं पर ध्यान देते हुए लिखा—"आधुनिक मनोविज्ञान अभी शैशव स्थिति में है। इसी कारण वह उद्धत, टटोल-टटोलकर चलनेवाली भोंड़ी पद्धति से ऊब नहीं सका है। सभी बचपना भरे विज्ञानों की ही तरह, विश्व मस्तिष्क की यह आदत है कि वह अंशत: सत्य या स्थानिक सत्य को अकारण व्यापक सिद्धान्त का रूप देता है और प्रकृति के पूर्ण परिवेश को अपने संकुचित पारिभाषिक शब्दों में बाँधने की, विश्लेषित करने की कोशिश करता है। फ्रायड का मनोविज्ञान प्रकृति के अन्धतम, सबसे अधिक खतरनाक, सर्वाधिक अस्वस्थ निम्न प्राणिक अवचेतन स्तर को लेकर, उसमें से सबसे अधिक जुगुप्सित घृणोत्पादक घटनाओं को चुनकर अनुचित और नामानुकूल ढंग से उनके सही स्वरूप के विरुद्ध उनमें तरह-तरह की विशेषताएँ नियोजित करने का भ्रामक प्रयत्न करता है। ऐसे अंशों को बिना ठीक अवसर के उघाड़ने और उन पर अन्वेषण करने से मानव-मन के चेतन अंशों के भी अन्धकारमय गन्दे तत्त्वों के प्रभाव से जहरीले बन जाने का खतरा पैदा हो जाता है।"[२]

---

१. द एडवेंचर ऑफ कान्सियसनेस, पृ० २ पर उद्धृत। लेखक सत्प्रेम, मूल फ्रेंच से अंग्रेजी में अनूदित और पाण्डिचेरी में प्रकाशित, १९६८।

२. ऑन द योग टोम टू, पृ० ६८६।

श्री अरविन्द आधुनिक मनोविज्ञान की परवर्ती धाराओं को भी अच्छी तरह जानते थे, उनके प्रयत्नों को भी और प्रत्यवायों को भी। उन्होंने अपने एक पत्र में लिखा—"मैं युंग और अन्य मनोवैज्ञानिकों के विचारों को भी विशेष महत्त्व नहीं देता, पर शायद देना चाहिए; क्योंकि अर्द्धज्ञान महान् शक्तिशाली वस्तु है, क्योंकि वह वास्तविक सत्य के मार्ग में एक बड़ी रुकावट बनकर आ सकता है...वे अपनी क ख ग रूपी वर्णमाला को रहस्यपूर्ण प्रच्छन्न अहंभाव (Super Ego) के साथ जोड़कर उसे ही पूर्णज्ञान का आधार मान बैठे हैं। वे नीचे से ऊपर की तरफ देखते हैं, परन्तु इन वस्तुओं का आधार ऊपर है नीचे नहीं। **उपरि बुध्ना एषम्**। ऊर्ध्व चेतन ही आधार है अध: चेतन नहीं। समय आ रहा है जब अन्धकार में टटोलना विलुप्त हो जाएगा।"[१] श्री अरविन्दयोग एक सम्पूर्ण समन्वित आत्ममनोविज्ञान नहीं तो और क्या है।

वर्ल्ड रिव्यू में श्री अरविन्द के बारे में लिखते हुए श्री ई०एफ०एफ० हिल ने स्पष्ट कहा—"श्री अरविन्द की मनोवैज्ञानिक अन्तर्दृष्टि इतनी तीव्र और स्पष्ट है और जिस सृष्टि का वह अन्वेषण करना चाहती है वह इतनी विराट् और व्यापक है कि उसकी तुलना में पश्चिमी मनोविज्ञान फ्रायड की कृतियाँ तक, उनकी महत्ता को पूरे माप में स्वीकार करते हुए भी, अन्धकार में टटोल-टटोल कर चलनेवाले बच्चे जैसी लगती हैं।"[२] खुद योरोप में फ्रायड के मनोवैज्ञानिक सिद्धान्तों से अलग भिन्न-भिन्न स्तरों पर नये ढंग से कार्य हो रहा है। अस्तित्ववादी मनोविज्ञान इस दिशा में नये ढंग से विचार करता है। वैसे तो अस्तित्ववादी मनोविज्ञान किसी अतिक्रान्तक (Tras cendental) सत्ता को स्वीकार नहीं करता, किन्तु सार्त्र द्वारा निर्धारित कुछ व्यापक मानव-मूल्य अतिक्रान्तक तत्त्व जैसे ही प्रतीत होने लगते हैं। उदाहरण के लिए सार्त्र द्वारा परिभाषित स्वतन्त्रता शरीर को अतिक्रान्त करनेवाली वस्तु मानी गयी है। क्रिश्चियन अस्तित्ववादी मानव अस्तित्व के बिखराव का मूल कारण ईश्वर से अप्रतिबद्ध होना बताते हैं, जब कि सार्त्र जैसे नास्तिकतावादी मानव अस्तित्व के बिखराव का मूल कारण मनुष्य की उस अक्षमता में ढूँढ़ते हैं जो अपने आकस्मिक, सीमित, मृत्युग्रसित जीवन की निरर्थकता पहचान नहीं पाती तथा अपनी निजी स्वतन्त्रता और 'वरण के अधिकार' का प्रयोग नहीं कर पाती। डॉ० श्रीनिवासन ने अस्तित्ववादी मनोविज्ञान की सीमा बताते हुए श्री अरविन्द दर्शन से उसके स्पष्ट अन्तर को बखूबी रेखांकित किया है : "अस्तित्ववाद में मनुष्य की कालसीमित अवस्थिति और अतिक्रान्तक सत्ता (जिस रूप में भी वह वहाँ दिखती है) से विच्छिन्नता पर ज्यादा जोर है, जबकि श्री अरविन्द मानव के वैयक्तिक अस्तित्व की शाश्वत स्थिति को स्वीकार करते हैं और उसे हमेशा दिव्यता से जुड़ी हुई मानते हैं।"[३]

यदि अस्तित्व को बिखराव और संत्रासों से बचना है तो निश्चय ही उसके विकास के लिए कुछ उच्च मूल्य मानने होंगे। उसे स्वतंत्रता, प्रतिबद्धता, नाम दें या कोई और। और यदि ये मूल्य समूहगत निर्वैयक्तिक हैं तो इनके व्यापक रासायनिक स्वरूप को भी स्वीकार करना पड़ेगा। अन्यथा मानव अस्तित्व कभी भी अग्रसरित हो नहीं पायेगा। इस व्याप्ति को, जो वैयक्तिक मूल्यों का स्रोत है, भले ही ईश्वर से न जोड़ें, दिव्यता न कहें, यह व्यक्ति चेतना को

---

१. महापुरुषों के साथ, पृ० २६२-६३।
२. पायनियर ऑफ सुप्रामेण्टल एज, पृ० ६५।
३. एक्जिस्टैंशियलिज्म एण्ड हिन्दू फिलॉसफ़ी, पृ० २४७।

अतिक्रान्त करके स्थित होती है। व्यापक रूप से सक्रिय हो सकने के लिए उसका अतिक्रान्त तत्त्वों से जुड़ना अनिवार्य है। इतना अवश्य मानना होगा।

श्री अरविन्द इसे दिव्यता कहते हैं। दिव्य जीवन का बीजांकुर कहते हैं।

इस समष्टिगत वस्तु की सहायता से यदि जीवन को, उसकी आन्तरिक बनावट को परिष्कृत और रूपान्तरित नहीं किया जाता, वर्तमान युग में मानवता के सामने उपस्थित संकट हटाये नहीं जा सकते। इसी प्रसंग में पित्रिम सरोकिन का यह कथन नाना संकेतों से भरा हुआ लगता है कि "श्री अरविन्द की कृतियाँ पश्चिम के अर्द्ध वैज्ञानिक मनोविज्ञान, मनोचिकित्सा आदि की विरोधी जीवनी शक्ति हैं।" ये उनका विरोध करती-सी लगती हैं, किन्तु पश्चिमी चिन्तन इसी विरोध से अपनी जीवनी-शक्ति पा सकता है; क्योंकि उसके प्रश्नचिह्नाहत चिन्तन के आगे कोई दूसरी दिशा नहीं है।

इस विवेचन से स्पष्ट हो जाता है कि श्री अरविन्द दर्शन के साथ किसी नये पुराने दर्शन की तुलना का प्रश्न ही नहीं उठता। श्री अरविन्द यह मानते हैं कि "जो लोग वस्तुओं के बाह्य रूप को ही देखते रह जाते हैं, वे प्रायः बिना किसी अन्तिम लक्ष्य-प्राप्ति के बौद्धिक तर्कों द्वारा परस्पर संघर्षरत रहते हैं। वह जो उनके असली स्वरूप को देखता है, उनके हृदय तक अन्तर्भेदी दृष्टि द्वारा प्रविष्ट हो जाता है।"[१] उसे ऊपरी स्तर की चीजों पर विवाद करने की फुरसत कहाँ होती है।

श्री अरविन्द का दर्शन किसी एक देशकाल की समस्याओं से बँधा हुआ चिन्तन तत्त्व नहीं है, वह चिन्तन करनेवालों और उसे प्रयोग में लानेवालों की आन्तरिकता को ही अपने अध्ययन का क्षेत्र मानता है और स्पष्ट रूप से मनुष्य को महत् मनुष्य बनने के लिए प्रेरित करता है। भले ही कोई इस प्रयोग में पूर्ण सफल न हो, वह पहले से बेहतर मनुष्य तो अवश्य ही हो जायेगा और फलस्वरूप वह जिस भी चिन्तनधारा को मानता हो, उसे ज्यादा सूक्ष्म और सही ढंग से समझ सकेगा; और यदि उसका वह दर्शन एकांगी भी हुआ तो भी उसमें से जो सारतत्त्व है, उसको ग्रहण करने में पहले की अपेक्षा अधिक सक्षम हो सकेगा। इस दृष्टि से श्री अरविन्द का चिन्तन दूसरे चिन्तनों का कहीं से विरोधी नहीं, आन्तरिक रूप से उनकी मूलवर्तिनी शक्ति का व्यापक स्रोत बन जाता है। इस प्रसंग में मुझे ५ दिसम्बर, १९५७ की रात्रि के आकाशवाणी से प्रचारित समाचारदर्शन (News Real) का एक प्रसंग याद आ रहा है—

मेल्वे डे मेलो ने अमेरिकी प्राध्यापक डॉ० जय स्मिथ से पूछा—"डॉ० स्मिथ, क्या आप संक्षेप में बतायेंगे कि वह क्या चीज थी जिसके कारण आप श्री अरविन्द के शिष्य हुए?"

डॉ० स्मिथ ने कहा—"मिस्टर डे मेलो, यह धर्म-परिवर्तन जैसी कोई चीज नहीं, जैसा लोग समझते हैं। न तो इसे मेरा हिन्दू हो जाना ही कहना ठीक होगा; क्योंकि जिस चीज ने मुझे श्री अरविन्द की ओर सबसे अधिक आकृष्ट किया, वह था यह तथ्य कि चाहे आपका कोई भी धर्म हो, प्रतिबद्धताएँ हों, इसका कोई महत्त्व नहीं। महत्त्वपूर्ण बस सिर्फ यह है कि क्या एक व्यक्ति के रूप में आप सब प्रकार से मात्र ईश्वर के लिए या दिव्यशक्ति के लिए अपने को सौंप देने को तैयार हैं? क्या आप ऐसे योग मार्ग में प्रवेश करने को तैयार हैं, जो कठोर

---

१. **दिलीप कुमार राय की पुस्तक 'महापुरुषों के साथ', राजकमल प्रकाशन, दिल्ली, पृ० १८५-१८६।**

आत्मानुशासन के द्वारा दिव्यता से जोड़ने-जुड़ने का साधन बताता है। क्या आप अपनी व्यक्ति-चेतना को अधिक से अधिक ईश्वरीय चेतना के प्रकाश में बदलते देखना चाहते हैं? मैंने श्री अरविन्द में उन सभी प्रश्नों का उत्तर पा लिया है, न सिर्फ अपनी आत्मा के गम्भीरतम प्रश्नों का, बल्कि इस विश्व के बारे में उठनेवाले सर्वाधिक उलझे हुए प्रश्नों का भी। मैं अरसे से विश्वशान्ति के कार्यों में लगा हूँ। मैं अन्तर्राष्ट्रीय सम्बन्धों पर अध्यापन करता हूँ। मुझे श्री अरविन्द में व्यक्ति के लिए, राष्ट्रों के लिए, बल्कि यों कहिए पूरे विश्व के लिए नये सत्यवचन (गास्पेल) मिले। मैं १९३० में यह विश्वास लेकर आया था कि मेरे पास भारत को सिखाने के लिए बहुत-कुछ है, किन्तु १९५३ में एक विनम्र शिष्य बन कर लौटा।''[१] जो भी ईमानदारी से श्री अरविन्द दर्शन को जानने का प्रयत्न करता है उसे आज भी पीड़ित और सन्त्रस्त मानवता के प्रश्नों का उत्तर मिल जाता है और यही 'उत्तर योगी' के सर्वाच्छादक व्यक्तित्व का रहस्य भी खुल जाता है।

•

उनके व्यक्तित्व और चिन्तन का यह रहस्य सिर्फ बीसवीं शताब्दी की मानवता के लिए ही सीमित नहीं है। सम्भवतः यही एकमात्र चिन्तनधारा है जो अपने प्रयोगों का फल सुदूर भविष्य में निहित मानकर निःस्वार्थ भाव से कार्यरत है। श्री अरविन्द स्पष्ट शब्दों में घोषणा करते हैं—''पशु एक जीवित प्रयोगशाला है जिसमें प्रकृति ने, कहा जाता है, मनुष्य को निर्मित किया। मनुष्य स्वयं भी उसी तरह की एक जीवित सोचने-समझनेवाली प्रयोगशाला हो सकता है जिसमें, और जिसके सहयोग से प्रकृति महत् मानव, देवता, निर्मित करने की इच्छा रखती है।''[२]

श्री अरविन्द भविष्य में निर्मित होनेवाले इस महत् मानव की विकास-प्रक्रिया को मानवीय सहयोग द्वारा और तीव्र बनाना चाहते हैं। यह धारणा प्रकृति की विकसनशील प्रवृत्ति का परिणाम है। यह सीधी वैज्ञानिक निष्पत्ति है।

उन्हें यह भलीभाँति मालूम था कि वह जिस योग प्रणाली का निर्देशन कर रहे हैं वह जादूगर की तरह रातों-रात महत् मानवों की सृष्टि नहीं कर सकती। उन्होंने निरन्तर आधुनिक युग की कठोर वस्तुस्थितियों और भविष्य की तार्किक सम्भावनाओं को दृष्टि में रखकर अपने विचारों का प्रतिपादन किया। एक पत्र में उन्होंने लिखा—''पुराने योगों का प्रयोजन है जीवन त्याग कर भगवान् को पाना, अतः स्पष्ट ही (उनके मत से) हमें कर्म छोड़ देना चाहिए। इस नये योग का प्रयोजन है भगवान् को पाना तथा जो कुछ उपलब्ध हो, सारे का सारा जीवन में उतारना। अतः कर्मों द्वारा योग (कर्मयोग) अनिवार्य है। तुम कहते हो कि कर्म चेतना को नीचे के स्तर में उतार लाता है, तुम्हें अन्तश्चेतना से बहिश्चेतना में ले आता है, हाँ, पर यदि तुम्हीं अन्दर से काम करने के स्थान पर कर्म में अपने को बहिर्मुख करना स्वीकार कर लो। ऐसा नहीं करना ही तो व्यक्ति को सीखना है। विचार और भाव इसी प्रकार व्यक्ति को बहिर्मुख कर

---

१. **पायनियर ऑफ द सुप्रामेंटल एज, पृ० १९।**

२. **द लाइफ़ डिवाइन, पृ० ४, १९५५ प्रथम यूनिवर्सिटी संस्करण, श्री अरविन्दाश्रम, पाण्डिचेरी।**

सकते हैं। यहाँ तो अन्तश्चेतना में निवास करते हुए शेष सारी सत्ता को उसका यन्त्र बनाकर विचार, भाव तथा कर्म को दृढ़तापूर्वक उस चेतना से जोड़ देने का प्रश्न कठिन है? पर भक्ति ही कहाँ सुगम है और निर्वाण तो बहुत से लोगों के लिए उससे भी कठिन है।''[१]

इस पत्रांश से स्पष्ट है कि वे पुराने ढंग से सिर्फ अन्तश्चेतना में निमग्न रहकर जीवन से अलग रहने की प्रवृत्ति को कितना गलत मानते थे।

यदि इस प्रकार के भविष्योन्मुखी मानवता के सही विकास को देखकर तदनुकूल विचारणा प्रस्तुत करनेवाले लोग होते तो शायद आध्यात्मिकता के विरुद्ध वैसे गलत वातावरण का निर्माण नहीं होता, जैसा आज दिखाई पड़ता है।

बहुत से व्यावहारिक समाजशास्त्रियों का ख्याल है कि आज के लिए आध्यात्मिकता जैसी चीज व्यर्थ की बकवास है। धार्मिक सुधार या समन्वय की सारी कोशिशें बेकार हैं। फिलिप टॉयन्वी ने लिखा है—'ये सभी महिमा-मण्डित वचन कहने के प्रयत्न, सभी तरह के बहुवादी दर्शन समन्वय के रूप, आधुनिक मनुष्य के लिए विज्ञापित धर्मों और स्वतन्त्र मनुष्य की उपासना के ख्याल उतने ही व्यर्थ हैं जितनी प्राचीन धार्मिक रूढ़ विश्वासों को आधुनिक बनाने की कोशिशें। मनोवैज्ञानिक प्रभाववाले पादरियों और ईसाइयत से प्रभावित मार्क्सवादियों तथा वाश से प्रेरित जीव-वैज्ञानिकों और मानवतावादी कैथोलिकों तथा रहस्यवादी ज्योतिषियों के रहस्यवादी तपिश में अन्तर्निहित किसी अन्य नियम को समझानेवाले औपन्यासिकों के ये सभी समन्वय—मुझे किसी सर्वपरिचित डेल्टा में धँसे से लगते हैं, जहाँ कीचड़, समुद्र और आकाश (जो कितना भी नीला ही क्यों न हो) सभी प्रकृति की भूरी और बादामी जड़ता में निमग्न से हो गये लगते हैं।''[२] श्री टॉयन्वी को ऐसा काव्यात्मक व्यंग्यमूलक सन्देह क्यों हुआ? स्पष्ट ही आज के युग में धार्मिक संघटन परोपजीवी आकाशबेलि की तरह हो गये हैं जो मनुष्य की आन्तरिक प्रगति के साधन न होकर आर्थिक दृष्टि से निरुद्यमी हिस्सेदार और बौद्धिक दृष्टि से उसकी जीवात्मा को संशयग्रस्त और कमजोर बनाने का धन्धा करने लगे हैं।

इस संदर्भ में मैं एक छोटी-सी मिसाल पेश करना चाहता हूँ। टाइम्स ऑफ इण्डिया ८-११-७० की साप्ताहिकी (Times weekly) में के० आर० सुन्दरराजन का एक रिपोर्ताज छपा था, जिसका शीर्षक था 'हरे कृष्ण, हरे कृष्ण'। इसमें ए० सी० भक्तिवेदान्त स्वामी के अमेरिकी शिष्यों की, जो कृष्णचेतना में विश्वास रखते हैं और चैतन्य की परम्परा में कीर्तन करते हुए सड़कों पर फेरी देते हैं, गाथा वर्णित थी। इस पर पाठकों की अद्भुत प्रतिक्रियाएँ ६ दिसम्बर, १९७० के अंक में आयीं। सबसे मजेदार प्रतिक्रिया ए० करीम शेख की थी—''भारत की ही तरह पश्चिम में भी इन साधुओं को दूसरों की दी हुई भिक्षा पर रहना होगा और उन्हें अपनी अनेक महँगी वैयक्तिक आवश्यकताओं को छोड़ना पड़ेगा। निश्चय ही अमेरिकी राष्ट्र को आनेवाले वर्षों में उस तरह की राष्ट्रीय समस्या का सामना करना होगा, जिसके पाये की

---

१. श्री अरविन्द के पत्र, पृ० ९८।

२. टॉयन्वी से अन्तर्वार्ता का एक अंश, रेलिजस फेथ ऐण्ड ट्वेण्टिएथ सेंचुरी मैन, पृ० ११ पर उद्धृत।

समस्या का शायद ही उन्हें कभी अनुभव हुआ हो।"[१] नरेन्द्र के० अनेजा भारतीय गरीबी की बात कहकर 'भावुकता' को कोसते हैं, प्रकाश जे० गाडगिल साधु मात्र को प्रवंचक कहते हैं। श्री एम० के० राव सिद्धों की प्रामाणिकता पर ही सन्देह करते हैं। जाहिर है कि ये सभी खासे पढ़े-लिखे पाठक हैं। बल्कि यह कहें तो अनुचित न होगा कि ये आज के औसत हिन्दुस्तानी या किसी भी देश के मध्यवर्गीय व्यक्तियों के सही प्रतिनिधि हैं।

श्री अरविन्द इसी कारण अपनी साधना को किसी मठ या मध्यकालीन ढंग के सम्प्रदाय-मूलक आश्रमों में कैद करना नहीं चाहते थे। उन्होंने आश्रम के बारे में स्पष्ट कहा था—

"यह आश्रम दूसरे आश्रमों जैसा नहीं है। आश्रमवासी संन्यासी नहीं हैं। यहाँ के योग का अनन्य लक्ष्य मोक्ष नहीं है। यहाँ जो कुछ किया जा रहा है, कर्म की तैयारी है—उस कर्म की जो यौगिक चेतना तथा योगशक्ति पर प्रतिष्ठित होगा।"[२]

आश्रम, सच पूछिए तो, संन्यासियों का मठ नहीं—श्री माँ और श्री अरविन्द की प्रयोगशाला है। यहाँ की कार्यविधियों पर विचार करते हुए डॉ० आयंगर का एक अनुभवपरक विवरण सुनिये—"चाहे कोई आश्रम के वृक्षों के फूलों के बीच गुजरता हो, या शाम के शान्त ठंडे वातावरण में बैठा हो, या अनिलवरण, पुराणी, नरेन बैनर्जी या दीक्षित द्वारा श्री अरविन्द की कृतियों की शैक्षिक पाठ-प्रक्रिया से गुजर रहा हो, या मधुर संगीत के स्वरों के लिए दिलीप के आवास पर गया हो, या नलिनी, अमृता, पृथ्वी सिंह, प्रेमानन्द से सांकेतिक शब्दों का विनिमय कर रहा हो, या सिर्फ साधकों को कार्यरत देख रहा हो, चाहे वे चटाइयाँ बटोर या बिछा रहे हों, या फूल चुन रहे हों या तश्तरियाँ, प्याले और चमचों को धोकर सजा रहे हों, या और कुछ न करके दरवाजे पर ड्यूटी कर रहे हों, आपको बरबस होरेस की ये पंक्तियाँ याद आयेंगी, "यदि सत्य की खोज करनी है तो अकेडेमस (Academus) बगीचे में जाओ।"[३]

पाण्डिचेरी का श्री अरविन्दाश्रम जीवन के हर क्षेत्र में शारीरिक, बौद्धिक, कलात्मक तथा तकनीकी उन्नति की आधुनिक सापेक्षता के बीच नये प्रयोगों के लिए संकल्पित है। इसने अपनी अतिविस्तृत लक्ष्य-दृष्टि के कारण जाति, धर्म, राष्ट्रीयता आदि की सीमाएँ तोड़कर आनेवालों के लिए कर्म की एक नई दीक्षा दी है। कोई भी कर्म छोटा, बड़ा या नीच या उच्च नहीं होता।

श्री माँ ने कर्म का महत्त्व बताते हुए जो वाक्य कहा है वह भविष्यत् मानवता के लिए जैसे मन्त्र है—

"कर्म शरीर की ओर से ईश्वर के लिए की गयी प्रार्थना है।" श्री अरविन्द योग कर्म के लिए, ईश्वरीय यन्त्र के रूप में कर्म करने के योग्य बनाने के लिए आवश्यक शक्ति का साधन

---

१. **"As in India, so in the west, the Sadhus will have to live on alms given by others and will have to forego many of their luxurious personal needs. The coming years are therefore going to create for Uncle Sam a national problem of a magnitude the like of which had not seen before". टाइम्स ऑफ इण्डिया वीकली, ६ दिसम्बर, १९७०, पृ० ५।**

२. **श्री अरविन्द के पत्र, पृ० १६५।**

३. **श्री अरविन्दो, के० आर० श्रीनिवास आयंगर, आर्य पब्लिशिंग हाउस, कलकत्ता, १९५०, पृ० ३६३।**

है। उन्होंने राष्ट्र के लिए अपने को संकल्पित करते हुए कहा था—

"यदि तू है, तो तू मेरे अन्तर को जानता है। मैं किसी भी ऐसी चीज की कामना नहीं करता, जो दूसरे चाहते हैं। मैं सिर्फ शक्ति चाहता हूँ ताकि इस देश के लोगों को ऊँचे उठा सकूँ जिन्हें मैं प्यार करता हूँ। मैं इनके लिए जीवित रहने और कर्म करने की अनुमति चाहता हूँ। मैं इन्हें प्यार करता हूँ। अतः प्रार्थना करता हूँ मेरा जीवन इन्हीं के लिए अर्पित हो।"[१]

बीसवीं शताब्दी के तकनीकी परिवेश में आधुनिक व्यक्ति की टूटती हुई आस्था का संकट आज विश्व में सर्वत्र अनुभव किया जा रहा है। मानवीयता की गरिमा में विश्वास करनेवाले अनेक वैज्ञानिक, समाजशास्त्री, दार्शनिक तथा धार्मिक व्यक्ति इस संकट से मानवता को बचाने के लिए प्रयत्नशील भी हैं, किन्तु जगत् और मनुष्य की चेतना के बीच उत्पन्न आज की भयानक खाईं को पाटने में वे प्रायः कर्तव्यविमूढ़ से लगते हैं।

फिर भी इस दिशा में होनेवाले प्रयत्नों को नजरअन्दाज नहीं किया जा सकता। जे० वॉश तथा इ० के० नाटिंघम, तथा जे० एम० इंगर जैसे लोगों ने धार्मिक समाज शास्त्र का एक नया रूप सामने उपस्थित किया है, जिसका मूल उद्देश्य है समाज में नैतिक मूल्यों की प्रतिष्ठा बरकरार रखने के लिए धर्म को महत्त्व देना और उसके आधुनिक रूप को अधिक से अधिक स्वीकार्य बनाने का प्रयत्न करना। हीगेल, काम्टे, स्पेंसर आदि दार्शनिकों ने अपने ढंग से आधुनिक मनुष्य के लिए नयी चिन्तनधारा उपस्थित करने का प्रयत्न किया। इसमें सबसे महत्त्वपूर्ण भूमिका शायद क्रिश्चियन वैज्ञानिकों और समाजशास्त्रियों की रही है।

इनकी मुख्य स्थापना यह है कि विज्ञान की उन्नति के कारण अनेक ऐसी समस्याएँ पैदा हो गयी हैं, जो मनुष्य की भौतिक समृद्धि के बावजूद उसकी अन्तरात्मा की शान्ति, सुख और सुरक्षा को नष्ट करने का कारण बनी हैं। जी० डी० यारनाल्ड ने अपनी पुस्तक 'द स्पिरिचुअल क्राइसिस ऑफ सायंटिफिक एज' में बड़े विस्तार के साथ इस स्थिति का विश्लेषण किया है। उन्होंने मानव जीवन में उत्पन्न विभिन्न परिवर्तनों के कारण इस प्रकार गिनाये हैं—[२]

१. प्राकृतिक विज्ञान ने मनुष्य को ऐसी शक्ति दे दी है कि वह प्रकृति पर, वस्तुओं पर, शासन करने लगा है जबकि वैज्ञानिक विकास के पहले वह इसका स्वप्न भी नहीं देख सकता था। वह अब हर वस्तु पर जो समझी जा सकती है, आधिपत्य स्थापित करने की स्थिति में हो गया है।

२. औद्योगिक विकास के कारण वस्तुओं के व्यापक स्तरीय-उत्पादन ने व्यक्ति को मशीन का पुर्जा बना दिया है, जब कि वह उसके पहले एक व्यक्तित्व रखनेवाला निर्माता था, जो स्वतंत्र दृष्टिकोण रख सकता था।

३. अणुशक्ति के आविष्कार ने एक ऐसी शक्ति का उद्घाटन कर दिया है जो अब तक की सभी अर्जित शक्तियों में महत्तम है। इसके ऊपर नियन्त्रण के प्रश्न ने राष्ट्रों के भीतर भारी वैमनस्य और अलगाव तथा शंका का भाव पैदा कर दिया है। ये सारी समस्याएँ वैज्ञानिक ज्ञान के व्यावहारिक लाभ के लिए व्यापक पैमाने पर किये जानेवाले प्रयोगों के कारण उत्पन्न हुई हैं।

---

१. स्पीचेज ऑफ श्री अरविन्दो, पृ० १०१।

२. द स्पिरिचुअल क्राइसिस ऑफ सायंटिफिक एज, पृ० १६२-१६५।

इस विश्लेषण से बहुत दूर तक सहमत हुआ जा सकता है, पर प्रश्न है कि क्या समाधान के लिए हम घड़ी की सुइयों को पीछे कर सकने में सफल हो सकते हैं? शायद नहीं। अतः इन समस्याओं का किसी भिन्न स्तर पर समाधान ढूँढ़ना होगा। ये सभी विद्वान् इन समस्याओं का समाधान नैतिक पुनर्जागरण में ढूँढ़ना चाहते हैं जो उन्हें ईसा मसीह और ईसाई चर्च (थोड़ा आधुनिक) के माध्यम से ही संभव प्रतीत होता है।

यारनाल्ड ने स्पष्ट लिखा है कि, "यदि मानव जाति ईश्वरीय नियम का विरोध जारी रखती है, जो कि ईसा के जीवन में अभिव्यक्त हुआ है, तो वह पूर्णतः ध्वंस के लिए अभिशप्त है।" डॉ० ज़ेनर जो इधर के वक्त में बहुत बड़े दार्शनिक का स्थान या खिताब पाने लगे हैं इसी प्रकार से ईसाइयत के पूर्वग्रह से त्रस्त हैं, उनकी कृतियों पर हम आगे विचार करेंगे।[१]

श्री एफ़० सी० हैपोल्ड ने अपनी पुस्तक 'रेलिजियस फेथ एण्ड ट्वेण्टिएथ सेंचुरी मैन' में भी इसी स्तर का बड़ा विशद् विश्लेषण किया है। उनका भी निष्कर्ष इसी तरह का है, यद्यपि उन्होंने इसे और भी अधिक व्यापक बनाने का प्रयत्न किया है, क्योंकि वे एक ईसाई की अपेक्षा एक रहस्यवादी की भूमिका अदा करना चाहते हैं। इसी कारण वे धार्मिक संकोच की दीवार तोड़ सके हैं। इस पुस्तक के अन्तिम परिशिष्ट में समस्या और समाधान को बड़े जोरदार शब्दों में रखने का प्रयत्न किया गया है। वे भी मानते हैं कि "इस दुनिया में कुछ हो रहा है। मानव जाति ने अपना खेमा बटोर लिया है और वह एक बार पुनः चलायमान हुई है। राजनीतिक, सामाजिक और आर्थिक संस्थान; धार्मिक और धर्मनिरपेक्ष विचारधारायें; और तरह-तरह के दृष्टिकोण—सभी गड्डमड्ड हो रहे हैं। पुरानी नीवें हिल गयी हैं, और पुराने आदर्श थोथे पड़ गये हैं, नयी आध्यात्मिक शराब अब पुरानी बोतलों में नहीं भरी जा सकती।"[२]

हैपोल्ड की पुस्तक बड़ी चर्चित हुई। शायद इसलिए कि यह बड़ी ही सरल भाषा में आधुनिक युग के आस्था-विदीर्ण व्यक्ति के लिए एक रहस्यवादी आध्यात्मिकता का संदेश देती है। इस पुस्तक की अनेक धारणाएँ श्री अरविन्द के चिन्तन का सरलीकरण प्रतीत होती हैं।[३]

उदाहरण के लिए एफ० सी० हैपोल्ड का यह निष्कर्ष देखें, "आधुनिक स्थितियों के हमारे विश्लेषण से यह मालूम होता है कि हम उस क्रांतिकारी आध्यात्मिक और मानसिक विकास के उस दौर से गुजर रहे हैं, जो हमें बहुत ऊँचा बनाने के लिए आया है। ऐसे दौर इतिहास में पहले भी आ चुके हैं। जो कुछ हमारे चतुर्दिक हो रहा है, वह मानव चेतना का विस्तार है, वह मानव समूह आत्मा के भीतर घटित होनेवाली प्रज्ञा का विस्तार और स्वाभाविक विकास है।"[४]

हैपोल्ड के इस प्रसिद्ध सूत्र—"जो ईश्वर को सब जगह नहीं देखता, यह उसे सत्य ही कहीं नहीं देखता है" का मूलवक्ता आध्यात्मिक संत भी हमारा जाना-पहचाना है। उन्होंने गीता के कर्मयोग की पुष्कल प्रशंसा की है। इस अध्यात्म समन्वय को, जिस वे 'इण्टर सेक्शन सिद्धान्त

---

१. द स्पिरिचुएल क्राइसिस ऑफ सायंटिफिक एज, पृ० १९५।
२. रेलिजियस फेथ एण्ड ट्वेण्टिएथ सेंचुरी मैन, पृ० १७१।
३. यह पुस्तक १९६६ में प्रकाशित हुई।
४. रेलिजियस फेथ एण्ड ट्वेण्टिएथ सेंचुरी मैन, पृ० १७७।

कहते हैं, एकदम ताजा दृष्टिकोण कहा जाये या नहीं, जैसा कि पुस्तक के आवरण पृष्ठ पर कहा गया है, यह प्रश्न शायद उत्तर की अपेक्षा नहीं रखता।

प्रश्न समन्वय का उतना नहीं है जितना आधुनिक मनुष्य की आन्तरिक शक्तियों के सही विश्लेषण और उनके रूपान्तरण के व्यावहारिक प्रयोग का है। श्री अरविन्द हमें 'समन्वय' ही नहीं देते, हम वहाँ विभिन्न तत्त्वों का कुछ-न-कुछ अंश देखकर समन्वय मान लेते हैं, वस्तुतः यह प्राचीन चिन्तन की पीठिका पर उपस्थित किया हुआ आधुनिक मनुष्य के लिए जीवन का पूर्ण, जीवन्त, अतः नितान्त मौलिक स्वभाव का एक अलग दर्शन है, जिसे पुस्तकीय समाधान के रूप में नहीं, व्यवहार में उतारकर उन्होंने परखा, देखा था और बिना परीक्षण के उसे स्वीकार कर लेने से लोगों को मना किया था। यह मानवता की एक नयी 'यात्रा' या 'चलायमान स्थिति' का दर्शन नहीं, बल्कि मानव चेतना में दिव्य चेतना के पूर्णतः अवतरित कराने के प्रयत्न की सुनियोजित दिव्य सहयात्रा है। यह मानवता का नया आनन्दपूर्ण अभियान (Adventure) है, जो एक नयी तरह की गत्वरता और सहकारिता (Intersection) का आह्वान देता है।

इस सन्दर्भ में १० दिसम्बर, १९७० के 'टाइम्स ऑफ इण्डिया' का 'क्या यह समाप्ति है' शीर्षक अग्रलेख बड़ा महत्त्वपूर्ण है। मानव-स्थितियों के निरीक्षक इधर भविष्य के बारे में बहुत निराशाजन्य धारणा बनाने लगे हैं। कुछ कहते हैं कि तीस वर्षों में ही अन्तिम क्षण आनेवाला है। यार्क से पादरी डॉ० डोनाल्ड कागैन सातवें दशक की विराट् समस्या बन गये हैं। ऐसे लोगों का कहना है कि आणविक संकट नयी पीढ़ी को ध्वंस की ओर जाने के लिए प्रेरित कर रहा है। अज्ञात के इस भय ने लोगों को बेचैन होकर इधर-उधर दौड़ने के लिए विवश कर दिया है।

डॉ० एलक् वेडलर, जो खुद एक प्रसिद्ध विद्वान् और श्री मालकोम मुगेरिज के मित्र हैं, सोचते हैं कि हम लोग एक ऐतिहासिक प्रक्रिया में इस कदर फँस गये हैं जो हमें सर्वनाश की ओर तेजी से ले जा रही है। इनकी यह निराशापूर्ण धारणा किसी तिक्तता के कारण नहीं, बल्कि हमारे चतुर्दिक छाये संकट की शान्त दिमाग से की गयी समीक्षा से उत्पन्न हुई है। 'पतझड़ी संस्कृति के लक्षण' के हिसाब से समाज पर तकनीकी आधिपत्य, सत्तालोभ, निरन्तर बढ़ती हुई अनैतिक और अनाध्यात्मिक अराजकता, मनुष्य की सुरक्षा के प्रति बढ़ते हुए खतरों में, जो केवल आणविक युद्ध से ही नहीं, बल्कि वायुमंडल के निरन्तर जहरीला होते रहने और अन्तर्नाक्षत्रिक साधनों के अनुचित शोषण से पैदा हुए हैं, देखे जा सकते हैं।

अन्धकार के इन भविष्यवक्ताओं से सम्पादक ने पूछा है, "क्या ऐसा नहीं कि चूँकि मानव-मूल्यों में तेजी से परिवर्तन आ रहा है इसलिए भविष्य अनिश्चित-सा लगने लगा है? इफेसस के हेराक्लिटस ने कहा था कि हर चीज अस्थिर स्थिति में है। नदी उसी वक्त बदल जाती है, जब वह बहना शुरू करती है, पर नदी तो वही होती है यद्यपि उसकी भँवर में फँसा व्यक्ति हमेशा सोचता है कि वह डूब जायेगा। सर्वनाश के इन भविष्यवक्ताओं के पास सभी चीजों के उत्तर हों ही, कोई जरूरी नहीं। ऐसी हालत में अनन्त जगत् और शाश्वत चेतना के बारे में सोचना कहीं अच्छा है। यदि यह जाति नष्ट भी हो गयी, तो निश्चय ही कालान्तर में, एक महत् मानवों (Homo superior) की जाति जन्म लेगी। इसी आशा में विवेक और बुद्धिमत्ता भी है।" श्री अरविन्द के लिए यह सिर्फ आशा की नहीं, पहले से बेहतर परिवर्तन की अनिवार्य स्थिति है। इस संकट को उन्होंने उषा के पहले का अन्धकार कहा था, जिसके

भीतर से महत् मानव उदित होनेवाला है। उनका चित्त एक क्षण के लिए भी इन संकटों से संशयग्रस्त नहीं हुआ, ऐसा कहना तो उनके जीवन्त व्यक्तित्व का मूल्य घटाना होगा। उन्होंने खुद लिखा है, "तो तुम सोचते हो कि मेरे भीतर कभी सन्देह नहीं हुआ, निराशा नहीं हुई या इस तरह के दूसरे प्रत्यवाय नहीं आये—मैंने हर खतरे का सामना किया, जो मनुष्य को भोगने होते हैं अन्यथा मैं उन्हें यह आश्वासन देने में असमर्थ होता कि "इन पर भी विजय पाई जा सकती है।"[१] इसी विश्वास में उनकी आशा और आस्था का रहस्य निहित है। श्री अरविन्द हमारे लिए या किसी भी आधुनिक बौद्धिक के लिए एक चुनौती हैं। आप उन्हें अस्वीकार कर सकते हैं, दरकिनार नहीं।

अपनी इसी विचित्रता के कारण वे लोगों को 'अबूझ' लगते हैं। वे क्रान्तिकारी थे, राज्याधिकारी नहीं, वे महान् विद्वान् थे पर अहंकारी नहीं, वे बहुत बड़े चिन्तक थे, चिन्तित नहीं, वे परम गम्भीर थे, पर उन्हें व्यंग्य-विनोद से चिढ़ नहीं थी, वे योगी थे, पर संन्यासी नहीं थे। वे आध्यात्मिक थे पर चमत्कारी नहीं, वे कवि थे, पर प्रचारी नहीं, वे अनेक शिष्यों से घिरे थे, पर सर्वाधिकारी नहीं, वे प्राचीन की सारी विभूतियों को बटोर कर वर्तमान में स्थित हो उन्हें विकसित करते रहे और अन्ततः भविष्य में अतिक्रान्त कर गये। इसी अर्थ में वे सचमुच के उत्तर योगी थे।

■

---

१. **कॉरेस्पाण्डेंस विद श्री अरविन्दो, पृ० ५७।**

जन्म से प्रवासी

विभिद्वी चरत एकया सह प्र प्रवासेव वसतः
ऋग्वेद ८/२९/८

दो में विभक्त होकर एक साथ चलते हुए भी वह हमेशा प्रवास में ही रहता है।

आधुनिक विचारधारा में विश्वास रखनेवालों को 'प्रवास' शब्द आजकल बहुत आकृष्ट करने लगा है। इसी के समानान्तर, कभी-कभी कुछ अर्थभेद के साथ, अज्ञातवास, निर्वासन, एकान्तवास, अलगाव, विभक्ति, एकाकी आदि दूसरे शब्द भी प्रचलित हो गये हैं। 'प्रवास' के भीतर सिर्फ एकाकीपन या 'एकया सह' का ही नहीं, अपने स्वकीय स्थान को छोड़कर दूर रहने का ही नहीं, बल्कि घर में रहते हुए, समाज में सक्रिय होते हुए भी उनसे अलग और भिन्न होने का भाव भी समाहित हो गया है। अस्तित्ववादी विचारकों ने इसे आधुनिक स्थितियों में एक दार्शनिक दृष्टिकोण की गरिमा प्रदान कर दी है। आज के मनुष्य का परम्परा प्रथित आदर्शों, अर्जित मानव-मूल्यों, निजी वातावरण, पारस्परिक विचार-विनिमय, आचार-व्यवहार से, यहाँ तक कि अपने व्यक्तित्व और मानसिक जगत् से प्रवास हो गया है।

कीर्केगार्द का 'अहंपूर्ण एकान्त' इसी प्रवास का एक भेद है। उन्होंने कहा था, "मैं चीड़ के उस वृक्ष की तरह हूँ जो अहम्मन्यतापूर्वक सबसे अलग ऊपर सिर उठाये खड़ा है। इससे किसी को छाया नहीं मिलती। इन शाखाओं में सिर्फ जंगली बत्तख अपने नीड़ बनाते हैं।"[१] नीत्शे की 'इच्छा, नास्तिभाव की, जीवन विरोध की, जीवन के सर्वाधिक मौलिक मूल्यों को नकारने की इच्छा "प्रवास बोध को जगाती है।"[२] यास्पर्स ने पूर्वस्थापित दर्शन के प्रति यह कहकर कि "ये महान् महल आश्चर्यकारी हैं, पर इनमें कोई रह नहीं सकता"[३]—इसी 'प्रवास' की पुष्टि की थी। मार्टिन हिडेगर का यह भय कि मनुष्य अपने व्यक्तिगत अस्तित्व को सुरक्षित और गृहस्थित सौख्य से भरा हुआ सोचते-सोचते अचानक देखता है कि सामने का अर्थमय जगत् सहसा लुप्त हो गया है और वह शून्यता के खारे समुद्र में डूब रहा है,[४] वस्तुतः 'प्रवास' की ही पीड़ा को प्रकारान्तर से व्यक्त करता है। ईसाई नैतिकता में आस्था रखनेवाले ग्रेब्रिल मार्सल के लिए ईश्वर में विश्वास (Fidelity) मूल बिन्दु है; किन्तु इसे अनुभव करने के मार्ग में सबसे बड़ी बाधा है व्यक्ति के ऊपरी भौतिक और आन्तरिक आध्यात्मिक जगत् के बीच अतलान्तक (Metaphysical Atalantis) अलगाव, असम्बद्धता।[५] काफ्का के बाहर

---

१. एच० जे० ब्लाखम, सिक्स एक्जिस्टेंशियलिस्ट थिंकर्स, पृ० १।
२. द जेनिओलॉजी ऑफ़ मॉरल्स, तीसरा निबन्ध, पृ० २८।
३. सिक्स एक्जिस्टेंशियलिस्ट थिंकर्स, पृ० ४४।
४. वही, पृ० १०५।
५. मार्सल, इन्वोकेशन, पृ० १२४।

और भीतर के अलगाव या विदीर्णता, विभक्त होना[१] जैसे भावों में इसी की अभिव्यक्ति है।

"गरीबी में एकान्त का जीवन बोध है"—अलबेयर कामू ने अपनी ही तल्ख जिन्दगी की व्याख्या करते हुए लिखा है, "यह एक ऐसा बोध है, जो हर वस्तु को उसका सही मूल्य दे देता है।"[२] बिना अलगाव के "मैं" की अनुभूति असम्भव है। "मैं" को अपने चारों ओर के वातावरण से प्रवास लेना ही होगा। सार्त्र ने कहा, "मैं उदास हूँ या रेस्तराँ का वेटर हूँ, मुझे अपने को कुछ स्थितियों से अलग करके ही वह होना होगा जो मैं हूँ।"[३]

ऊपर के संक्षिप्त विवेचन से लगता है कि अस्तित्ववादी चिन्तक जीवन के बोध के लिए उसका पूर्वनिर्मित वातावरण के प्रति अहंपूर्ण अलगाव (कीर्केगार्द), अस्वीकृत (नीत्शे), निर्वासन (यास्पर्स), नास्तिभाव और शून्यता का भय (हिडेगर), विदीर्णता, विभक्ति (काफ्का), मूल्यदायी एकान्त (कामू) तथा बोधपूर्ण अलगाव (सार्त्र) का दृष्टिकोण रखना आवश्यक मानते हैं। कीर्केगार्द और मार्सल ईश्वरीय सत्ता में आस्था रखने के कारण इन स्थितियों का मूल कारण वस्तुजगत् और आन्तरिक सत्ता के बीच उत्पन्न असंगति में ढूँढ़ते हैं। इनमें ऊपर से अन्तर जैसा भी हो, या दिखे, ये मानते हैं कि जब मनुष्य किसी भी कारण से प्रवास, निर्वासन या अलगाव की स्थिति में आता है, तभी वह अपने जीवन के सही रूप का अन्वेषण कर पाता है।

श्री अरविन्द इनमें से नीत्शे को छोड़कर किसी से भी परिचित नहीं थे। नीत्शे का जिक्र भी उन्होंने एकाध स्थलों पर ही किया है, वह भी 'खतरनाक जिन्दगी जीनेवाली' उसकी धारणा के सन्दर्भ में।[४] ऊपर से देखने से पर कुछ लोगों को श्री अरविन्द के महत् मानव (Superman) और नीत्शे के 'सुपरमैन' में समता का भ्रम हो सकता है। नीत्शे का 'सुपरमैन' श्री अरविन्द की धारणा से बिलकुल मेल नहीं खाता, बल्कि विरोधी लगता है, इस पर हम यथास्थान आगे विचार करेंगे। प्रसंगवश यहाँ मैं इतना ही कहना चाहता हूँ कि द्वितीय विश्वयुद्ध के बाद उत्पन्न और विकसित अस्तित्ववादी दृष्टिकोण से श्री अरविन्द का कोई सम्बन्ध नहीं था। हम सिर्फ पश्चिम के इस सर्वाधिक चर्चित दर्शन के माध्यम से श्री अरविन्द के व्यक्तित्व के कुछ पक्षों को समझने की कोशिश कर सकते हैं। यद्यपि उनके सम्पूर्ण व्यक्तित्व को समझने के लिए अस्तित्ववाद पर्याप्त है।

उदाहरण के लिए उपर्युक्त 'प्रवास' की धारणा को ही लीजिए। लौकिक संस्कृत में इस शब्द का सर्वत्र गृह छोड़कर बाहर जाने और रहने के अर्थ में प्रयोग हुआ है। किसी प्रयोग में उपर्युक्त दार्शनिक दृष्टि का संस्पर्श तक नहीं है। किन्तु यह कितने आश्चर्य का विषय है कि ऋग्वेद की शीर्षोद्धृत ऋचा में प्रवास शब्द एक विलक्षण दार्शनिक अर्थ में प्रयुक्त हुआ है। मैं ऋग्वैदिक 'प्रवास' को अस्तित्ववादी 'प्रवास' से जोड़ नहीं रहा हूँ, दोनों में विराट अन्तर है। पहला प्रयोग उस सत्ता की सूक्ष्म क्रिया पद्धति के एक निगूढ़ पक्ष से सम्बद्ध है जिसे हम अतिमानसिक, परब्रह्म या सर्वोपरि चैतन्य का मानव शरीर में रहते हुए भी प्रवासी जैसा होना

---

१. लेटर्स टू मिलेना, पृ० २०४।

२. १६१७ की डायरी से जर्मा ब्रे द्वारा अपनी पुस्तक 'कामू' में उद्धृत।

३. सिक्स एक्ज़िस्टेंशियलिस्ट थिंकर्स, एच० जे० ब्लाख़म, पृ० ११४।

४. नीरद वरण, कॉरेस्पाण्डेंस विद श्री अरविन्दो, पृ० १५।

कह सकते हैं जबकि अस्तित्ववाद उस तरह की सत्ता का ही विरोध करता है।[१]

ऋग्वेद की उपर्युक्त ऋचा एक ओर जहाँ विराट सत्ता की बात करती है, वहीं वह उससे विभक्त होकर मानव सत्ता में प्रवासित होने का संकेत भी देती है। प्रकारान्तर से मानव अस्तित्व और कुछ नहीं, परब्रह्म का एक विशिष्ट ढंग से अभिव्यक्त रूप है—जो मानवयन्त्र में बद्ध होकर प्रवासी का जीवन व्यतीत कर रहा है। मुझे वैदिक ऋषियों और अस्तित्ववादियों की दृष्टि में एक प्रीतिकर साम्य दिखाई पड़ता है। निरावृत मानव अस्तित्व के इस सूक्ष्म 'प्रवासीतत्त्व' को पहचानने में अस्तित्ववादी दार्शनिक इसलिए सफल हुए क्योंकि उन्होंने नाना मत-मतान्तरों और धारणाओं की खोल का विरोध करते हुए अपनी व्यक्तिगत अनुभूति को वरीयता दी और उसी के भीतर से इसे समझने का प्रयत्न किया। इसी प्रकार की, बल्कि इससे भी अधिक स्पष्ट और सघन अन्तरानुभूति में वैदिक ऋषि भी निवास करते थे। इसीलिए वे मन्त्रद्रष्टा हुए। सत्य को अद्‌भुत वैयक्तिक ढंग से देख सके।

प्रवासी-तत्त्व की एक विलक्षणता यह होती है कि वह अपनी इस नियतिजन्य परिस्थिति को अपनी आत्मशक्ति के विकास के अमोघ साधन में बदल देता है। राम, कृष्ण, बुद्ध सभी के व्यक्तित्व के विकास में इस प्रवासी तत्त्व का अद्‌भुत योगदान है। राम को वनवास या प्रवास पिता की आज्ञा से मिला। सुब्रह्मण्यम्, कार्तिकेय माता-पिता के पक्षपात से चिढ़कर प्रवासी बने। कृष्ण जन्म से ही प्रवासी बने। बुद्ध ने स्वयंकृत निर्णय से प्रवास ग्रहण किया। श्री अरविन्द के व्यक्तित्व में निहित प्रवासतत्त्व श्रीराम और श्रीकृष्ण द्वारा अंगीकृत प्रवास का समन्वय जैसा लगता है। उन्होंने आरम्भिक प्रवास श्रीराम की तरह पिता की आज्ञा से स्वीकार किया, किन्तु उसका रूप श्रीकृष्ण द्वारा जन्म से ही प्रवासी होने और उसके भीतर से अपने को विकसित करने की स्थिति के समानान्तर लगता है।

●

१५ अगस्त १८७२ कलकत्ता अभी निद्रित था। वैसे भारत के तमाम नगरों में सम्भवतः कलकत्ता को ही सर्वाधिक उ़न्निद्र और कोलाहल-कवलित होने का सौभाग्य प्राप्त है। १८७२ कलकत्ते के लिए एक विशिष्ट वर्ष था, क्योंकि इसी वर्ष बंगदर्शन का प्रकाशन हुआ। इसी वर्ष श्री अरविन्द के मातामह श्री राजनारायण बोस के साथ मिस एक्राएड का मिलना हुआ।

एक्राएड की सहायता से स्त्री-शिक्षा का प्रारंभ भी इसी वर्ष हुआ। राजनारायण बोस और मिस एक्राएड में अंग्रेजी और भारतीय तौर-तरीकों पर गरमागरमी भी इसी वर्ष हो गयी।[२] कौन जानता था कि उनके जामाता एक दिन इन्हीं महिला का नामांश अपने पुत्र के साथ जोड़ेंगे। इसी वर्ष अंग्रेजों की पारिवारिक जीवन-पद्धति से मुग्ध केशव चन्द्रसेन ने 'भारत आश्रम' की स्थापना की।[३] अंग्रेजों के विस्तृत सम्पर्क और घनिष्ठ अनुकरण के कारण तरह-तरह के मूल्यों के टकराव में वृद्धि हुई। १५ अगस्त १८७२ की सुबह कलकत्ते से प्रकाशित 'डेली इण्डियन न्यूज' के सम्पादकीय में 'नैतिकता' पर एक विलक्षण टिप्पणी छपी। प्रश्न है कि क्या अंग्रेज़ों

१. क्रिश्चियन अस्तित्ववादियों को छोड़कर।
२. राजनारायण बसु का आत्मचरित, पृ० १९४-१९५।
३. पण्डित विश्वनाथ शास्त्री, रामतनु लाहिड़ी ओ तत्कालीन बंगसमाज, पृ० ३०२।

के सम्पर्क से भारतीयों की नैतिकता भ्रष्ट हुई है? सम्पादक का कहना है कि नैतिकता दो तरह की होती है—एक वह जो किसी नियम पर आधारित वायवी आदर्श के औचित्य में सख्ती से विश्वास करने के कारण पैदा होती है, दूसरी नैतिकता वह है जो अपनी अन्तरात्मा के आदेशों के अनुसार स्वीकृत होती है और जो सभी बाहरी आदेशों से अपने को स्वतन्त्र रखती है। इस तरह स्पष्ट है कि व्यावहारिक रूप से घनघोर अनैतिकता के बावजूद कृत्रिम नैतिकता प्राप्त की जा सकती है, क्योंकि पहली प्रकार की नैतिकता के आधार निरंकुश नियम हैं जो अपूर्ण हो सकते हैं, दूसरी नैतिकता का आधार जो व्यक्तिगत अन्तरात्मा है, वह भ्रष्ट हो सकता है।[१]

प्राचीन धर्मों द्वारा स्थापित नियमों की अपूर्णता और व्यक्ति की अन्तरात्मा की भ्रष्टता के बीच आखिर नैतिकता के लिए जगह कहाँ है? इस गुत्थी का सम्पादक के पास कोई उत्तर नहीं। वस्तुतः यह सम्पादकीय भविष्यत् मानवता के बीच उत्पन्न होनेवाले इस भयानक मूल्यगत संकट का संकेत है जिसमें पड़कर आज का मनुष्य 'नान्यः पन्थाः' वाली स्थिति में ऊभ-चूभ कर रहा है।

'द डेली इण्डियन न्यूज' के सम्पादक अंग्रेजों और भारतीयों की नैतिकता के द्वन्द्व से परेशान हैं। वे इस बात को स्पष्ट करने के लिए शास्त्रानुमोदित नैतिकता और अन्तरात्मिक नैतिकता का अन्तर बताते हैं। किन्तु दोनों की ही सीमाएँ देखकर समस्या को अधर में छोड़कर चुप हो जाते हैं। प्रश्न उठता है कि क्या १८७२ से १९७२ तक आते-आते सौ साल पहले इतने गम्भीर ढंग से उठायी हुई समस्या का रूप ज्यों का त्यों है या कुछ बदला है? क्या भारत में अंग्रेजों के सम्पर्क के न रहने पर नैतिकता बढ़ी है या घटी है? क्या खुद इंग्लैण्ड में नैतिकता के बारे में दृष्टिकोण बदला या वही पुराना ज्यों का त्यों बरकरार है? इंग्लैण्ड की पार्लियामेन्ट समलिंगी सम्बन्धों के औचित्य पर कानून पास कर चुकी है और भारतीय संसद गर्भपात में छूट देने का कानून। सारे विश्व में तथाकथित नैतिकता का सर्वत्र ह्रास ही दिखाई पड़ता है। आज का इन्सान स्पष्टतः पूछ सकता है—इसे ह्रास कहने का आधार क्या है? आज के मानवीय संकटों के मूल में सम्भवतः ऐसे ही बौद्धिकों की संशयग्रस्त बुद्धि का त्याग ज्यादा जरूरी है जो न तो सही रोग पहचान पाते हैं और न तो उनका ठीक निदान कर पाते हैं। ऐसे में यदि रोग बढ़ता जाय, ज्यों-ज्यों दवा होती रही, तो इसमें आश्चर्य क्या?

'द डेली इण्डियन न्यूज' के सम्पादक को क्या पता था कि उसी दिन, जब उनका अखबार प्रेस से निकल रहा था, प्रातःकाल साढ़े चार बजे सूर्योदय के पहले कलकत्ते के थिएटर रोड के बैरिस्टर मनोमोहन घोष के मकान में, जिनकी पत्नी का नाम भी स्वर्णलता था,

---

१. **Any deliberation on the question whether contact with Englishmen has improved or corrupted the morality of the natives of this country, must to be of any practical use, he preceded by a clear understanding as to what constitutes morality for while on the one hand morality may consist in a rigid adherence to some abstract standards of propriety which affects to be based on some code of law, on the other it may simply mean conformity with the dictates of conscience, regarded as an internal arbiter which is independent of all external dictations. And in either case it is easy to see that a high degree of artificial morality may be attained, consistently with the prevalence of much practical immorality. since in the one case the despotic code may be imperfect and in the other the individual conscience may be corrupt.—The Daily Indian News, 15th Aug. 1872, Editorial.**

एक दूसरी स्वर्णलता ने एक ऐसे बालक को जन्म दिया है, जो आधुनिक मानवता के सम्मुख उपस्थित अनेक समस्याओं का उत्तर देगा और आगे चलकर उत्तर योगी के रूप में विख्यात होगा। जो अंग्रेजों के आधिपत्य को उखाड़ फेंकने का कार्य करेगा, पर अंग्रेज और भारतीय या दुनिया की किसी भी जाति के मनुष्य-मनुष्य के बीच कोई पार्थक्य स्वीकार नहीं करेगा।

'द इण्डियन न्यूज' के सम्पादक ने ठीक ही कहा है कि नैतिकता का प्रश्न बड़ा जटिल है। इस प्रश्न के महत्त्व को वे नकारने की शक्ति नहीं रखते क्योंकि जैसा श्री अरविन्द ने कहा था, "ईसाइयों के लिए नैतिकता और आध्यात्मिकता में कोई अन्तर ही नहीं होता।"[१] क्योंकि अधिकांशत: योरोपीय मन कभी भी आत्मा + शरीर के सिद्धान्त के आगे जा ही नहीं पाता। सामान्यतया मन को आत्मा (Soul) में जोड़ देता है और शरीर के अलावा सब-कुछ को मन में सम्मिलित कर लेता है।"[२] नैतिकता के बारे में धारणाएँ सामाजिक नियमों के प्रतिबन्धन के संदर्भ में बनायी जाती हैं। वे जो अपनी वासनाओं की पूर्ति सिर्फ इसलिए नहीं करते क्योंकि समाज से डरते हैं, सम्माननीय हो सकते हैं, मैं उन्हें शुद्ध नहीं मान सकता।[३]

फिर क्या श्री अरविन्द नैतिकता को नहीं मानते? ऐसी बात नहीं है कि वे नैतिकता का विरोध करते हैं। वे असल में समाज में प्रचलित थोथी और ऊपरी नैतिकता के विरुद्ध थे। उन्होंने स्पष्ट कहा है, "नैतिकता से तुम ज्यादा मानवीय बनते हो, पर मनुष्य से आगे नहीं बढ़ सकते। नैतिकता ने मनुष्य को बहुत लाभ पहुँचाया है; पर शायद उसने हानि भी काफी पहुँचायी है। सवाल है कि क्या तुम नैतिकता द्वारा मनुष्य से ऊपर उठ सकते हो? भारतीय संस्कृति नैतिकता का मूल्य जानती थी और अनैतिकता का भी। उपनिषद् और गीता इसलिए स्पष्टत: नैतिकता से आगे जाने की खुली घोषणा करते हैं।"[४]

श्री अरविन्द विकास की वैज्ञानिक प्रक्रिया को देखते हुए जिस दिव्य मनुष्य-जीवन की स्थापना करना चाहते हैं, उसमें प्रधानता न तो शास्त्रों की रूढ़िवादिता की है, न किसी उच्च जातिवादीय आदर्श की है, न अहंप्रेरित 'कांसिएन्स' की है, जो प्राय: गलत हो सकता है, बल्कि सम्पूर्ण मानव-मन के रूपान्तरण की है, जिसके होने पर अनेक समस्याएँ जो असत्य या अर्द्धसत्य को ही सत्य माननेवाली बुद्धि से उपजी हैं, अपने-आप समाधान पा जाती हैं।

●

कलकत्ते से सिर्फ ग्यारह मील दूर हुगली जिले में एक गाँव है कोन्नगर। पता नहीं कब और कहाँ से घोष परिवार के पूर्वज यहाँ आकर आबाद हुए। बंगाल के अनेक परिवारों की ही तरह इनके पूर्वपुरुष भी किसी समय पश्चिमोत्तर या मध्य-देश से आकर यहाँ आबाद हुए होंगे।[५]

---

१. इवनिंग टाक्स, प्रथम भाग, पृ० ७९।

२. सत्ता के विभिन्न अंग और लोक-लोकान्तर, पृ० ६९-७०।

३. इवनिंग टाक्स, दूसरा भाग, पृ० १४३।

४. वही, प्रथम भाग, पृ० ७९।

५. श्री अरविन्द के मझले ज्येष्ठ भ्राता श्री मनमोहन घोष ने अपने मित्र लारेंस विन्योन को एक पत्र में लिखा था, "घोष परिवार के लोग अफगानिस्तान से सटे पंजाब के सीमा-

कोन्नगर ने बांग्ला पुनर्जागरण में अपने प्रशंसनीय अवदान द्वारा काफी महत्त्वपूर्ण भूमिका निभायी है, शिवचन्द्र देव, जिन्होंने ब्रह्मसमाज के प्रचार-प्रसार के लिए काफी प्रयत्न किया, इसी गाँव के थे।

श्री अरविन्द के पिता डॉ० कृष्णधन घोष के समय तक आते-आते घोषों का पुश्तैनी रुतबा और प्रभाव करीब-करीब नष्ट हो चुका था। डॉ० कृष्णधन घोष की आर्थिक स्थिति बहुत अच्छी नहीं थी। डॉ० कृष्णधन घोष के पिता थे श्री कालीप्रसाद घोष और माता थीं श्रीयुक्ता कैलाश कामिनी घोष। जब डॉ० कृष्णधन घोष सिर्फ बारह वर्ष की वय के थे, उनके पिता का देहावसान हो गया। उनकी माँ कैलाश कामिनी ने काशीवास ले लिया। इस तरह किसी की देखरेख के न रहने के कारण कोन्नगर में घोषों का पूर्वज-गृह प्राय: उजड़ गया। श्री वारीन्द्र कुमार घोष ने लिखा है, "हमारा पैतृक वास कोन्नगर में था। वह मकान सुना है अब भी है। पर मैंने अपनी आँखों से उसे अभी तक नहीं देखा। मेरे पितामह की मृत्यु के बाद बाबा (पिता) और काका अपने-अपने कार्यक्षेत्र में चले गये। पितामही ने काशीवास ले लिया। इस तरह हमारा कोन्नगर निवास समाप्त हो गया।"[१] परन्तु डॉ० कृष्णधन घोष के व्यक्तित्व में परिस्थितियों से जूझने की असीम क्षमता थी। श्री मनमोहन घोष ने लिखा था, "मेरा परिवार अब दुखद पतन की स्थिति में आ गया है। पूर्वजों का भवन या कोठी, जो बहुत ही महान् थी और कलकत्ते से कोई खास दूर भी नहीं है, खण्डहर हो गयी है। मेरे पिता तब बच्चे थे, बहुत गरीब थे। मित्रों की सहायता से जीवन चलाते रहे और यह उनके अतिमानवीय साहस का परिणाम है कि हम लोगों ने उस विगत यश को थोड़ा-बहुत पुन: प्राप्त कर लिया है।"[२]

कृष्णधन घोष के बारे में मनमोहन घोष ने १८८७ में विन्योन के नाम एक और पत्र में लिखा था, "मेरे पिता एक ऐसे चरित्र के इन्सान हैं जिसे 'मुकम्मल' (Thorough) कहा जा सकता है। वे खुद कठिनाइयों से लड़ते हुए भी हमें अच्छी शिक्षा दिलाना चाहते हैं, वे लौह स्नायु के आदमी हैं। मैं तुमसे उसका आधा-तिहा भी नहीं बयान कर सकता, जितना उन्होंने सहा है। वे कहा करते हैं, "मेरे मस्तिष्क की ही तरह मेरा शरीर भी उतना ही सख्त है कि मैं वे तमाम कष्ट सह सका।"[३]

इस संकेत से श्री कृष्णधन घोष के व्यक्तित्व के अनेक पक्ष उजागर हो जाते हैं।

वस्तुत: वे अपनी धारणाओं में अडिग रहनेवाले व्यक्ति थे। यह अडिगता अक्सर जिद लगे तो भी आश्चर्य नहीं; पर वह उनमें थी, और उन्होंने कभी भी इसके लिए पश्चात्ताप नहीं किया।

श्री कृष्णधन घोष अंग्रेजी शिक्षा और रहन-सहन पर बुरी तरह लट्टू थे, यद्यपि वे प्रसिद्ध देशभक्त नेता श्री राजनारायण बोस के जामाता थे। राजनारायण बाबू हिन्दुत्व में विश्वास रखनेवाले तेजस्वी नेता थे। १८६७ में आयोजित होनेवाले 'हिन्दू मेला' के साथ उनका नाम

क्षेत्र से बंगाल आये। घोष का अर्थ यश-घोषणा (fame) है और कहना न होगा कि ये लोग अभिमानी योद्धा जाति (Warrier caste) के थे।—लाइफ़ ऑफ श्री अरविन्दो : ए० वी०, पुराणी, पृ० १२।

१. आत्मकथा, पृ० १२।

२. लाइफ़ ऑफ श्री अरविन्दो, पृ० १२।

३. वही, पृ० १३।

जुड़ा हुआ है। हालाँकि उक्त मेले के प्रेरक और संस्थापक महर्षि देवेन्द्रनाथ टैगोर थे। गणेन्द्रनाथ टैगोर मन्त्री और गोपाल मित्र सहायक मन्त्री थे। इस मेले का प्रमुख उद्देश्य था स्वदेशी वस्तुओं के निर्माण और प्रयोग को वरीयता देना, अपनी भाषा और शरीर-विज्ञान के विकास का प्रयत्न करना।[१] श्री राजनारायण बोस ने १८६१ में ही इन उद्देश्यों की वकालत करते हुए ओजस्वी शब्दों में कहा था, "क्या तुम लोग इतने मन्द बुद्धि हो कि यह भी समझ नहीं सकते कि ये विजेता मानव सुहृदों के समूह नहीं हैं। वे तुम्हारे हित के लिए नहीं, बल्कि अपने स्वार्थ-साधन के लिए आये हैं। क्या तुम सोचते हो कि ये अपने वर्किंघम और मनचैस्टर से उदासीन होकर तुम्हारी कला और उत्पादन को प्रश्रय देंगे? पददलित जाति के लोग, ध्यान रखो, उन्नति की इच्छा करनेवालों को स्वयं प्रयत्न करना होता है।"

राजनारायण बोस ने राष्ट्रीय भावनाओं के प्रचार-प्रसार के लिए बहुत प्रयत्न किया। अंग्रेजियत का सब प्रकार से विरोध उनका व्रत था। अंग्रेजी भाषा, वेशभूषा, अंग्रेजी पद्धति के खानपान के स्थान पर बांग्ला भाषा, हिन्दू रीति-रिवाज, खान-पान, खेल व्यायाम के प्रचार के लिए नेशनल सोसायटी की स्थापना हुई। १८७१ तक राजनारायण बोस भी ब्रह्मसमाजी विचारधारा के समर्थक थे, पर अंग्रेजियत के ये भक्त नहीं थे। उन्होंने २७ नवम्बर कार्नवालिस स्ट्रीट भवन में नेशनल सोसायटी की सभा में 'हिन्दू धर्म की श्रेष्ठता' पर अपना इतिहास-प्रसिद्ध भाषण दिया। उस दिन की सभा भवन की स्थिति का विवरण केशवचन्द्र सेन के प्रमुख शिष्य पंडित शिवनाथ शास्त्री ने अपनी पुस्तक 'रागतनु लाहिड़ी ओ तत्कालीन बंग समाज में' इन शब्दों में प्रस्तुत किया, "हिन्दू धर्म की श्रेष्ठता शीर्षक भाषण ने लोगों की दृष्टि को इस तरह आकृष्ट किया, ऐसी तरंग जगायी, जैसी शायद ही कभी देखी गयी हो।"[२]

स्वयं राजनारायण बाबू ने लिखा, "उस भाषण के दिन सभाभवन लोकारण्य लगता था। महर्षि देवेन्द्रनाथ ठाकुर ने सभापति का स्थान ग्रहण किया। डॉ० राजेन्द्रलाल मित्र प्रभृति अनेक लोग उपस्थित थे। विख्यात बंगाली खृस्तान रेवरेंड लाल बिहारी दे ने कहा कि श्रीहट्ट और मेदिनीपुर से लाये हुए चूने की सफेदी ने हिन्दू धर्म की कालिमा पोंछ दी।...केशव बाबू ने उस भाषण के विरुद्ध कलकत्ते में दो, और इलाहाबाद में एक भाषण दिये। पंडित शिवनाथ शास्त्री ने भी उसके विरोध में भाषण दिया। प्रत्येक दिन प्राय: 'मिरर' (समाचार पत्र) खोलते ही मुझे दी गयी गालियों के दर्शन होते।"[३]

इस भाषण के ऐतिहासिक महत्त्व को प्राय: सभी ने स्वीकार किया।[४]

गिरिजाशंकर राय चौधरी का यह कथन पता नहीं कहाँ प्रामाणिक है कि उक्त भाषण के समय श्री अरविन्द को मातृगर्भ में आये एक मास हो चुका था।[५]

राजनारायण बाबू का यह परिवर्तन निश्चय ही बंगाल के पुनर्जागरण में विशिष्ट महत्त्व रखता है। क्योंकि वे ब्रह्मसमाजी थे। उन्होंने १८६५ ई० में अपनी कन्या स्वर्णलता का विवाह

---

१. स्टडीज इन द बंगाल रेनेसाँ, पृ० १५७।
२. रामतनु लाहिड़ी ओ तत्कालीन बंग समाज, पृ० ३२२।
३. आत्मचरित, पृ० ८७।
४. डॉ० रमेशचन्द्र मजुमदार, ब्रिटिश पैरामाउण्टैंसी एण्ड इण्डियन रेनेसाँ भाग २, पृ० ४७२।
५. श्री अरविन्द ओ बांगलार स्वदेशी युग, पृ० १५।

भी ब्राह्म पद्धति से ही किया था। उन्हीं के शब्दों में, "इस विवाह में केशवचन्द्र ने प्रधान आचार्य का, विजयकृष्ण गोस्वामी ने तथा मेदिनीपुर के परमोत्साही ब्राह्मण और जिला स्कूल के हेड पण्डित भोलानाथ चक्रवर्ती महाशय ने आचार्य कर्म तथा अयोध्यानाथ पाकड़ाशी ने पुरोहित कर्म किया।"[१]

डॉ० कृष्णधन घोष के चित्त में भारतीयता के प्रति सामान्य आदर जगाने का श्री राजनारायण बाबू ने हमेशा प्रयत्न किया। १८६९ में जब डॉ० कृष्णधन घोष उच्चतर शिक्षा के लिए इंग्लैण्ड की यात्रा पर केशव चन्द्र सेन के साथ रवाना हुए तभी राजनारायण बाबू ने उन्हें बहुत चेतावनी दी। उन्होंने स्वयं लिखा है, 'मेरे ज्येष्ठ जामाता डॉ० कृष्णधन घोष जब चिकित्सा-विद्या के विकास के लिए विलायत जाने लगे तो मैंने अंग्रेजी में चार चतुर्दशपदियाँ (सॉनेट्स) लिखीं। कुछ पंक्तियाँ इस प्रकार हैं[२]—

साहसी यात्री की तरह जाओ प्रिय पुत्र—
तू वह नहीं है जिसे सिन्धु बनाता है डरपोक[३]
मैं तुम्हारी स्वतन्त्रता की करता हूँ कद्र
पर अतिवाद की प्रायः ही रोक-टोक।[४]
उन बन्दरों की तरह न जा
जो बदल लेते हैं वेश और तौर-तरीके।
जबान तक...
जो बेशर्मी से कहने लगते हैं इंग्लैण्ड को अपना घर
और मानने लगते हैं मातृभूमि और अपनी भाषा को बदतर[५]
जाओ, बिना अपने को खोये पश्चिम से अर्जित करो विद्या शुभ्रतर[६]

श्री राजनारायण बोस के इन उपदेशों का डॉ० कृष्णधन घोष पर कोई अच्छा असर नहीं हुआ। वे कलकत्ता विश्वविद्यालय से चिकित्सा की डिग्री पा चुके थे और उन्होंने स्काटलैण्ड के एवरडीन विश्वविद्यालय से एम० डी० की डिग्री प्राप्त करने के लिए विदेश यात्रा की। वे १८७१ में डिग्री लेकर वापस लौटे। इस यात्रा के बाद उनका अंग्रेजी रहन-सहन के प्रति पहले से ही अनुरक्त मन पूर्णतः विलायती हो गया।

उनके श्वसुर श्री राजनारायण बोस की अपेक्षा शायद इन परिवर्तनों का सही साक्ष्य दूसरा कोई न दे सके। श्री राजनारायण बाबू ने बड़े दुःख के साथ लिखा है, "१८७१ ई० में मेरे ज्येष्ठ

---

१. **आत्मचरित, पृ० ८०।**

२. **आत्मचरित, पृ० १६० और आगे—**

३. **Go son beloved as pilgrim bold.**
Thou art not one who fears to cross sea.

४. **Thy freedom I esteem thought thy excess I check off.**
But not like apes who change their manners and dress.
And Language...
The England their home do shameless call

५. **And reckon motherland tounge as gall.**

६. **Go losing not yourself Learn from the west.**

जामाता विलायत से लौट आये। मैंने अपने अंग्रेजी में लिखे सॉनेटों में आशा व्यक्त की थी, ताकि उन्हें याद रहे कि वे विलायत निवासकाल में अपने देशीय भावबोध को नष्ट होने से बचायें। किन्तु दुःख का विषय यह है कि वे पूर्णतः अंग्रेज होकर आये हैं। विलायत जाने के पूर्व वे एक निष्ठावान् उत्साही ब्राह्मण थे, विलायत से लौटने पर मैं उनमें ऐसे विपर्यय देख रहा हूँ। देखता हूँ कि संशयवादिता उनके भीतर कितने परिमाण में प्रविष्ट हो गयी है। 'धर्मतत्त्वदीपिका' जब मैंने उन्हें अर्पित की थी, तब मैंने उत्सर्ग-पृष्ठ पर लिखा था कि वे डॉक्टर होकर जिस रूप में लोगों के शारीरिक रोग दूर करेंगे, वैसे ही धर्मोपदेश द्वारा लोगों के आध्यात्मिक रोगों का भी निवारण करेंगे। अपनी आशा के विफल होने से मैं मर्माहत हूँ। ...उनमें अनेक साधारण गुण हैं। वे आर-पार भद्र हैं। अमायिक और परोकारी हैं। विलायत आवास में ये गुण नष्ट नहीं हुए। उनका मन अतिशय मधुर है। वही माधुर्य उनकी मुखश्री से प्रतिफलित होता है। जब मैं कानपुर में था तो वहाँ के अंग्रेजी पल्टन के पादरी रेवरेण्ड मिल साहब ने कहा था, 'I have never seen such a sweet face as his' (मैंने आज तक कभी भी ऐसा मधुर चेहरा नहीं देखा, जैसा इनका है)।"[१]

वे १८७१ में इंग्लैण्ड से लौटे तो तत्कालीन प्रथा के अनुसार पण्डितों ने प्रायश्चित के लिए जोर दिया। विदेश-यात्रा को हिन्दू कर्मकाण्ड में अभी हाल तक पापकर्म कहा जाता रहा। जिन आर्यों ने समुद्र की अभ्यर्थना की, जिनकी सन्ततियों ने कालान्तर में दक्षिणपूर्व एशिया के विराट् भू-भाग पर नौ-सेना के द्वारा आधिपत्य स्थापित किया, उन्हीं के वंशधरों के लिए किसी जमाने में समुद्रयात्रा करना वर्ज्य कर्म या पाप हो गया—

समुद्रयात्रास्वीकारः कमण्डलुविधारणम्।
द्विजानामसवर्णासु कन्यासूपयमस्तथा॥

(वृ० नारदपुराण २४/१३)

द्विजातियों के लिए समुद्र यात्रा, कमण्डलुधारण और असवर्ण कन्या के साथ विवाह वर्ज्य हो गया। निर्णय सिन्धु जैसे ग्रन्थों ने इस तरह के वर्ज्य कर्मों की पूरी सूची तो दी ही, प्रायश्चित के दुःसह कर्मकाण्डीय विधान भी बताये।

डॉ० कृष्णधन घोष इस समुद्रयात्रा के पाप से मुक्ति पाने को तैयार न हुए। उन्होंने स्पष्ट ढंग से शुद्धि-विधानों को अस्वीकार कर दिया। उनके इस इन्कार के पीछे आर्थिक कठिनाई वगैरह का कारण नहीं था। यह उनकी अपनी तर्कमूलक मान्यता का सीधा परिणाम था।

उन्होंने प्रायश्चित नहीं किया। उन्होंने ग्राम छोड़ देना मंजूर किया, पर नैतिक साहस छोड़ना नहीं। उन्होंने अपनी जायदाद घाटा सहकर बेंच दी। सब-कुछ के बावजूद उनकी अपनी परम्परानुरक्त माँ के प्रति अपूर्व भक्ति थी। इसी कारण उन्होंने माँ की मृत्यु के बाद उनकी अन्तिम इच्छा की पूर्ति के लिए काशी में और्ध्वदैहिक क्रिया में करीब हजार रुपये खर्च कर दिये।[२]

---

१. आत्मचरित, पृ० १९१-१९२।

२. सहयोगी आर० आर० दिवाकर, पृ० २३।
इस प्रसंग में श्री गिरजाशंकर राय चौधरी ने 'श्री अरविन्द ओ बंगलार स्वदेशी युग' में लिखा है कि 'उन्होंने अपनी माता की इच्छानुसार काशी विश्वनाथ मन्दिर के कलश के लिए १००० रुपये व्यय करके एक स्वर्णपत्र बनवा कर दिया था। पृ० २।

डॉ० कृष्णधन घोष सरकारी डॉक्टर के रूप में भिन्न-भिन्न स्थानों पर कार्य करते रहे। आरम्भिक हिन्दी के विशिष्ट पत्रकार श्री झावर मल्ल ने अपनी पुस्तक 'श्री अरविन्द चरित' में लिखा है, "डॉ० घोष में यह विशेषता थी कि रंगढंग से साहब बन जाने पर भी उनका हृदय कविवर माइकेल मधुसूदन दत्त की भाँति बंगाली था। उनके प्राण दुःखियों के दुःख देखकर रो उठते थे। दीनों की सहायता करना उनका नित्य का साधारण काम था। उनकी इस परदुःख कातरता और परोपकार-प्रधान उदारता के कारण उन्हें स्वयं ही नहीं, उनके पुत्रों को भी विदेश में अर्थकष्ट सहन करना पड़ता था। उनकी उदारता और स्वार्थ-त्याग के गीत आज भी पूर्व बंगाल के रंगपुर, खुलना और यशोहर (जैसोर) आदि जिलों में बड़ी कृतज्ञता के साथ गाये जाते हैं।"[१]

उनकी नौकरी का अधिकांश भाग खुलना में बीता। वैसे रंगपुर में एक नहर का नाम उनके नाम पर आधारित है। खुलना में एक स्कूल का नामकरण भी उनकी स्मृति में हुआ। ये सारी बातें इस बात का प्रमाण उपस्थित करती हैं कि डॉ० घोष बहुत ही योग्य, उदार डॉक्टर थे और जनता में काफी लोकप्रिय थे।

श्री राजनारायण बोस ने अपने जामाता श्री कृष्णधन घोष को बहुतेरा समझाया, पर वे न माने और उन्होंने अपने तीनों बच्चों को दार्जिलिंग के लौरेटो कॉन्वेण्ट स्कूल में भरती करा दिया। यह स्कूल भारत में नौकरी करनेवाले अंग्रेज अफसरों के बच्चों की शिक्षा के लिए खोला गया था। उस समय श्री अरविन्द सिर्फ पाँच साल के थे। पाँच वर्ष की उम्र से अरविन्द को परिवार से अलग रहने का अभ्यास होता गया। बीच में छुट्टियों के समय वे अपने माता-पिता के साथ रहने खुलना आया करते और वहीं से अपने नाना राजनारायण बोस के यहाँ देवघर भी आना-जाना होता रहता। उनके सभी जीवनी लेखकों का कहना है कि दार्जिलिंग के इस कॉन्वेण्ट स्कूल में बिताये दो वर्षों के बारे में बहुत कम सूचनाएँ मिलती हैं। उनका शुरू-शुरू में अपनी मातृ-भाषा बांग्ला से सम्पर्क तक न हो पाया। "मेरे पिताजी के घर में केवल अंग्रेजी और हिन्दुस्तानी बोली जाती थी। मैं बांग्ला नहीं जानता था।"[२]

दार्जिलिंग आवास काल के श्री अरविन्द द्वारा बाद में बताये गये दो दिलचस्प संस्मरणों की अवश्य चर्चा होती है। श्री अरविन्द की व्यंग्यविनोद में अद्‌भुत रुचि थी और अत्यन्त बचपन में घटी ये विनोदात्मक घटनाएँ उन्हें आजन्म याद रहीं। लौरेटो कॉन्वेण्ट (दार्जिलिंग) से सम्बद्ध शयन-कक्ष में बच्चे सोये थे। एक लेट-लतीफ ने रात में दरवाजा खटखटाना शुरू किया और साँकल खोलने को कहा। श्री अरविन्द के अग्रज मनमोहन ने उत्तर दिया, "नहीं खोल सकता भाई, सो रहा हूँ।"[३]

दूसरी घटना छुट्टियों में घटी जब बच्चे के नाना के यहाँ देवघर में थे। एक साथ वे उनके साथ घूमने गये। बूढ़े नाना काफी पिछड़ गये थे। इसलिए बच्चे उन्हें साथ ले आने के लिए मदद करने पीछे लौटे। लौटकर देखा तो हैरत से ताकते रह गये, नानाजी खड़े-खड़े सो गये थे।[४]

---

१. **श्री अरविन्द चरित, झावर मल्ल, पृ० २। पुस्तक संभवतः १९२१ ई० में छपी।**

२. **श्री अरविन्द अपने तथा श्रीमाताजी के विषय में, पृ० ६।**

३. **लाइफ ऑफ श्री अरविन्दो, पृ० ४।**

४. **वही पृ० ४।**

कहा जाता है कि शैशव निश्चिन्तता की अद्‌भुत अवस्था है, जिसमें खुशियाँ ही खुशियाँ होती हैं। किन्तु श्री अरविन्द ने अपने शैशव की, जब वे लौरेटो कॉन्वेण्ट में पढ़ते थे, एक बड़ी ही दारुण स्थिति का भी वर्णन किया है और कहना न होगा कि यह छोटी-सी घटना, श्री अरविन्द के भविष्यत् विकास और मानवता के लिए किए गए उनके महत् प्रयत्नों की बड़ी गूढ़ार्थ-व्यंजक पृष्ठभूमि प्रस्तुत करती है। श्री अरविन्द ने स्वप्न-स्थिति का वर्णन करते हुए कहा, ''मैं सो रहा था कि मैंने देखा कि एक विराट अँधेरा मेरी ओर झपट रहा है। वह मुझे और विश्व को पूरी तरह ढँक लेता है। उसके बाद मुझे निरन्तर यह बोध होता रहा कि यह तमस् लगातार मेरे ऊपर इंग्लैण्ड के पूरे आवास काल तक लटकता रहा। मैं सोचता हूँ कि अँधेरा कहीं न कहीं तमस् से जुड़ा है, जो मुझमें आया। भारत आने पर ही मैं इससे मुक्त हो सका।''[१]

सन् १८७९ में डॉ० कृष्णधन घोष अपनी पत्नी स्वर्णलता और चार-संततियों के साथ पुनः इंग्लैण्ड के लिए रवाना हुए। विनयभूषण, मनमोहन, अरविन्द और सरोजिनी। सभी पर्याप्त छोटी उम्र के थे। डॉ० घोष पूरे परिवार को इंग्लैण्ड में छोड़कर अकेले खुलना में नौकरी करने के लिए लौट आये।

इस बीच उनकी पाँचवीं सन्तति का आगमन हो चुका था। वारीन्द्र का जन्म इसी यात्रा में हुआ। दिनेन्द्रनाथ राय ने लिखा है, ''उनके छोटे भाई बमकाण्ड के मुकदमे के प्रधान अभियुक्त वारीन्द्र इंग्लैण्ड यात्रा के समय इंग्लैण्ड के समीपवर्ती समुद्रवक्ष में जहाज पर भूमिष्ठ हुए। इसलिए उनका नाम वारीन्द्र कुमार हुआ।''[२] क्रायडान, लन्दन के जन्म पंजीकरण पत्र (Birth Register) में उनका नाम 'इमैनुएल घोष' लिखा है।''[३]

कुछ समय इंग्लैण्ड में रहने के बाद सरोजिनी और वारीन्द्र को लेकर श्रीमती स्वर्णलता घोष भारत लौट आयीं और वे अपने पति के कर्मस्थान खुलना पहुँचीं। डॉ० घोष ने दोनों बच्चों के साथ उनके रहने की व्यवस्था अपने से अलग, देवघर के समीपस्थ रोहिनी में की, क्योंकि उनकी दृष्टि से स्वर्णलता के साथ रह सकना मुश्किल हो गया था। श्रीमती घोष की मानसिक स्थिति बिगड़ती जा रही थी और उनमें पागल होने के सभी लक्षण प्रकट होने लगे थे।

स्वर्णलता के मानसिक रोग की शुरुआत बहुत पहले हो गयी थी। एक दिन वे बहुत गुस्से में थीं। वे चीख-चिल्ला रही थीं और मनमोहन को निर्दयता से पीट रही थीं। ''श्री अरविन्द जो वहाँ उपस्थित थे, भयभीत होकर, पानी पीने के बहाने कमरे से बाहर भाग गये।''[४]

विलायती शिक्षा ने डॉ० कृष्णधन घोष को भारतीय 'भेड़ियाधसान वृत्ति' से अलग रहने की अपूर्व क्षमता प्रदान की, किन्तु इस बौद्धिक स्वावलम्बिता का एक कुप्रभाव भी पड़ा, जो

---

१. लाइफ ऑफ श्री अरविन्दो, पृ० ४।
२. श्री अरविन्द प्रसंग से उद्‌धृत।
३. लाइफ ऑफ श्री अरविन्दो, पृ० ५।
दिनेन्द्रनाथ राय के विवरण से भिन्न श्री वारीन्द्र ने लिखा है—'मुझे गर्भ में लिये ही माँ विलायत पहुँची। उसी स्थान पर क्रिस्टल पैलेस के सामने लन्दन के उपकण्ठ में नारऊड (Norwood) में मेरा जन्म हुआ।'—आत्मकथा, पृ० १८।
४. लाइफ ऑफ श्री अरविन्दो, पृ० ४।

उनके कई व्यवहारों में प्रत्यक्ष परिलक्षित होता है। शायद उन्होंने अपने बचपन के दिन बहुत संकट में गुजारे थे, इसी कारण उनके व्यक्तित्व में एक खास तौर की कठोरता भी आयी। जो भी हो, उन्होंने स्वर्णलता से अलग रहने की अपनी जो व्यवस्था की, वह उतनी खटकनेवाली चीज नहीं, जितनी अपने बच्चों को विदेश में किसी अन्य की देख-रेख में छोड़ना। इसे भी हम उनकी कठोर वत्सलता मान ले सकते हैं। हो सकता है कि उनके मन में भावुकतापूर्ण पुत्रस्नेह की अपेक्षा दूरदर्शितापूर्ण उत्तरदायित्व का भाव रहा हो, किन्तु आगे चलकर हम देखेंगे कि उन्होंने अपने पुत्रों के लिए आर्थिक सहायता भेजना भी बन्द कर दिया। तीनों पुत्र बहुत लम्बे काल तक भाग्य के आसरे जीवन व्यतीत करने के लिए विवश हुए।

डॉ० कृष्णधन घोष के तीनों बड़े बच्चे इंग्लैण्ड में पादरी विलियम एच० ड्रुएट के परिवार के साथ मैनचेस्टर में रहते थे। रंगपुर के मैजिस्ट्रेट श्री जार्ज ग्लेजियर के ये सम्बन्धी थे। डॉ० घोष को ड्रुण्ट के विषय में जानकारी इन्हीं श्री 'ग्लैजियर' से मिली थी और इन्हीं की सलाह पर उन्होंने विनयभूषण, मनमोहन और अरविन्द को उनकी देख-रेख में रखने का निश्चय किया।

ड्रुएट स्टाकपोर्ट रोड चर्च के पादरी थे, जो आजकल आक्टागोनल चर्च के नाम से जाना जाता है। विनयभूषण और मनमोहन मैनचेस्टर के ग्रैमर स्कूल में भरती किये गये, क्योंकि उनकी स्कूल जाने की उम्र हो गयी थी, पर श्री अरविन्द छोटे होने के कारण ड्रुएट के घर पर ही रहते। पादरी ड्रुएट और उनकी पत्नी ने उन्हें घर पर ही पढ़ाना-लिखाना शुरू किया। ड्रुएट लैटिन भाषा के अच्छे विद्वान् थे। उन्होंने श्री अरविन्द को अंग्रेजी और लैटिन पढ़ाना शुरू किया। श्रीमती ड्रुएट उन्हें इतिहास, भूगोल, गणित और फ्रेंच पढ़ाती थीं। आरम्भिक भाषा-ज्ञान के बाद श्री अरविन्द ने खाली समय में बायबिल तथा शेक्सपियर, शेली, कीट्स आदि की कृतियों का अध्ययन शुरू किया। बचपन में ही पुस्तकों के प्रति उनका जो आकर्षण पैदा हुआ, वह निरन्तर बढ़ता रहा, और पुस्तकें श्री अरविन्द के जीवन का अविभाज्य अंग बन गयीं।

सात वर्ष की अवस्था में श्री अरविन्द को लन्दन के सेण्ट पॉल स्कूल में प्रवेश मिला। डॉ० वाल्कर ने परीक्षा ली। लैटिन और दूसरे विषयों में उनकी योग्यता सन्तोषजनक मानी गयी, पर ग्रीक भाषा में उन्हें कमजोर पाया गया और डॉ० वाल्कर ने स्वयं व्यक्तिगत रुचि लेकर उन्हें ग्रीक पढ़ाना शुरू किया। डॉ० वाल्कर की यह स्वभावगत विशेषता थी कि वे प्रतिभाशाली छात्रों को तुरन्त पहचान लेते और उन पर हमेशा अतिरिक्त ध्यान देते रहते। सेण्ट पॉल स्कूल में श्री अरविन्द पाँच साल रहे। उन्होंने साहित्य में वुटेवर्थ तथा इतिहास में वेडफोर्ड पुरस्कार प्राप्त किया। स्कूल की साहित्य-परिषद् की गोष्ठियों में भी वे सक्रिय रहे और ५ नवम्बर १८८९ के दिन 'स्विफ्ट के राजनीतिक विचारों की असंगति' विषय पर आयोजित वाद-विवाद प्रतियोगिता में विशेष योग्यता प्रदर्शित की।

एक ओर उदीयमान प्रतिभा अपने पूरे विकास की प्रक्रिया में थी, दूसरी ओर नाना प्रकार की कठिनाइयाँ प्रत्यवाय बनकर खड़ी होने लगी थीं। डॉ० कृष्णधन घोष ने धीरे-धीरे आर्थिक सहायता भेजना कम किया और बाद में एकदम बन्द कर दिया। लारेंस विन्योन को लिखे मनमोहन घोष के पत्रों से यह स्थिति बहुत स्पष्ट हो जाती है।

पादरी डब्ल्यू० एच० ड्रुएट १८८२ के आस-पास इंग्लैण्ड छोड़कर आस्ट्रेलिया चले गये। उस समय उन्होंने घोष-बन्धुओं को किसी एक्रायड नामक सज्जन की देख-रेख में छोड़

दिया। आरम्भिक दिनों में श्री अरविन्द के नाम के साथ जुड़े एक्रायड शब्द के पीछे भी एक रहस्य है। दिसम्बर १८७२ में एक्रायड उपाधिधारी एक महिला कलकत्ते आयी थीं और वे श्री अरविन्द के नाम-संस्कार के अवसर पर डॉ० घोष के परिवार में उपस्थित थीं। अंग्रेजियत के प्रेमी डॉ० घोष ने सम्भवत: उन्हीं महिला के पिता के नाम की यह वंश-उपाधि अपने पुत्र के साथ जोड़ दी थी और श्री अरविन्द घोष 'श्री अरविन्द एक्सरायड घोष' नाम के भी अनायास अधिकारी बन गये।[१]

एक्रायड परिवार से इंग्लैण्ड में घोष-बन्धुओं का कोई बहुत निकट का सम्बन्ध नहीं रहा। पादरी ड्रुएट की अनुपस्थिति में उनकी माँ ने इनके लिए लन्दन में ठहरने आदि का स्थान तय किया था। शुरू-शुरू में वे वृद्ध महिला इनके साथ ही, ४९ स्टीफेंस एवन्यू में रहती थीं। लन्दन निवास के छह वर्षों में इन्हें तीन-चार स्थान बदलना पड़ा। इसका मुख्य कारण आर्थिक तंगी ही थी। डॉ० घोष यह आकांक्षा रखते थे कि श्री मनमोहन "अपने छोटे भाई और बहन के लिए लन्दन में ठहरने का इन्तजाम करने में सफल होंगे ताकि वे दोनों भी अच्छी शिक्षा पा सकें।"[२] जब कि लन्दन में उपस्थित तीनों घोष-बन्धु आर्थिक कठिनाइयों से बुरी तरह जूझ रहे थे। श्री अरविन्द की स्थिति थोड़ी बेहतर थी, क्योंकि जब उन्होंने किंग्स कॉलेज, केम्ब्रिज में प्रवेश लिया, सेण्टपॉल से स्कालरशिप पाते रहे और आई० सी० एस० की तैयारी के दिनों में भी अस्सी पौंड का वजीफा मिलता रहा, पर यह रकम तीनों भाइयों के खर्च के लिए अपर्याप्त थी। इन कठिनाइयों के बावजूद अरविन्द अध्ययन में लगे रहे। साहित्य उनका मनपसन्द विषय था। वे अंग्रजी साहित्य, कविता, कहानी, फ्रांसीसी साहित्य तथा यूरोप के मध्यकालीन और आधुनिक इतिहास सम्बन्धी कृतियों का अध्ययन करते रहे। उन्होंने इसी समय इतालवी भाषा भी सीखी, थोड़ी जर्मन और कुछ-कुछ स्पेनी भी।

सेंटपॉल स्कूल के अन्तिम दो वर्षों के अध्ययन-काल में ही श्री अरविन्द आई० सी० एस० के उम्मीदवार के रूप में स्वीकृत हो गये थे। उनके पास पैसा नहीं था कि वे दूसरे उम्मीदवारों की तरह व्यक्तिगत शिक्षक रखकर पढ़ सकें। उन्होंने सारी तैयारी अपने बलबूते की। किंग्स कॉलेज में ट्राइपोस (तृवर्षीय बी० ए० क्लासिक्स) की डिग्री के लिए, साथ ही आई० सी० एस० परीक्षा के लिए एक साथ तैयारी करना मामूली श्रम की बात नहीं थी। ट्राइपोस के प्रथम खण्ड की परीक्षा में उन्होंने प्रथम श्रेणी प्राप्त की। अपने पिता के नाम लिखे एक पत्र में श्री अरविन्द ने कैम्ब्रिज के सुप्रसिद्ध अध्यक्ष (Don) आस्कर ब्राउनिंग की चर्चा की। आस्कर ने इस परीक्षा में सफल होने पर श्री अरविन्द से कहा था—"तुमने एक असाधारण उच्च परीक्षा उत्तीर्ण की है। मैं लगातार तेरह परीक्षाओं की उत्तर पुस्तिकाएँ जाँच चुका हूँ, पर इस अवधि में मैंने आज तक ऐसे उत्कृष्ट उत्तर नहीं पढ़े, जैसे तुम्हारे थे।"[३] साधारणतया इस प्रथम खण्ड में पास होने पर ही बी० ए० की उपाधि दी जाती है। परन्तु उनके पास केवल दो वर्ष का समय था। इसलिए उन्हें यह परीक्षा कैम्ब्रिज में द्वितीय वर्ष में ही पास करनी पड़ी। प्रथम खण्ड की उपाधि तभी प्राप्त होती है जब परीक्षा तृतीय वर्ष में दी जाये, किन्तु यदि कोई प्रथम खण्ड द्वितीय वर्ष में पास कर ले तो उपाधि के लिए चतुर्थ वर्ष में

१. लाइफ ऑफ श्री अरविन्दो, पृ० ११-१२।
२. श्री मनमोहन घोष का लॉरेन्स विन्योन को लिखा १८८७ का पत्र।
३. द ओरिएट, कलकत्ता, २७-२-४९ का अंक।

द्वितीय खण्ड की परीक्षा देनी होती है। यदि वे प्रथम खण्ड की उपाधि प्राप्त करना चाहते तो प्रार्थनापत्र दे सकते थे और वह उन्हें मिल जाती; पर उन्होंने उसकी परवाह नहीं की। उन्हीं के शब्दों में—"अंग्रेजी की उपाधि की महत्ता उसी के लिए होती है जो अध्यापक का जीवन अपनाना चाहता हो।"[१] आई० सी० एस० की परीक्षा में उनको ग्यारहवाँ स्थान मिला, जो किसी भी भारतीय के लिए अभूतपूर्व सफलता कही जायेगी।

सेंट पॉल स्कूल में श्री अरविन्द की शैक्षिक योग्यताओं का विवरण इस प्रकार लिखा है—

घोष, अरविन्द एक्रायड (१५ अगस्त १८७२) ४९, सेंट स्टीफेन्स एवेन्यू, स्टेपर्डबुश।

आई० सी० एस० कक्षा जुलाई १८९० में त्यक्त। वेटरवर्थ (द्वितीय पुरस्कार) १८८९, किंग्स कॉलेज कैम्ब्रिज के स्कॉलर १८९० प्रथम श्रेणी (तृतीय वर्ग), क्लासिकल ट्राइपोस पार्ट १(१८९२) रावले पुरस्कार (ग्रीक) १८९२, इण्डियन सिविल सर्विस परीक्षा (११वाँ स्थान) १८९०; नियुक्ति जुलाई १८९२।

पादरी ड्रुएट को डॉ० कृष्णधन घोष ने दो हिदायतें दीं—पहली यह कि 'इन लड़कों को किसी भारतीय से परिचय न करने दिया जाये और न उन पर किसी तरह का भारतीय प्रभाव पड़ने दिया जाए।' श्री अरविन्द ने स्वीकार किया है कि इन निर्देशों का अक्षरशः पालन किया गया और वे भारतवर्ष, इसकी जनता और इसके धर्म एवं संस्कृति से पूर्णतया अनभिज्ञ रहते हुए ही बड़े हुए।' दूसरी हिदायत इन लड़कों के धार्मिक निर्णय के सम्बन्ध में थी। डॉ० घोष ने पादरी ड्रुएट को स्पष्ट कर दिया था कि—"जब तक बच्चे उस वय को प्राप्त न कर लें कि अपनी धार्मिक निष्ठा के बारे में सही निर्णय ले सकें, इस विषय में कुछ न किया जाये।"[२]

तो भी एक गलत अफवाह यह फैलायी गयी कि श्री अरविन्द ने क्रिस्तानी धर्म में दीक्षा ली थी। उन्होंने इस मिथ्या धारणा को निरस्त करते हुए पूरी घटना का स्वयं वर्णन किया है—"जब हम इंग्लैण्ड में थे, एक बार कम्बरलैण्ड में अनुनवर्ती (Non-Conformists) मत के पादरियों की एक छोटी सभा हुई। पादरी ड्रुएट की बूढ़ी माँ मुझे वहाँ ले गयीं। प्रार्थना खत्म होने पर सभी चले गये, कुछेक भक्तों को छोड़कर, जो थोड़ी देर और रुके रहे। ऐसे ही समय में धर्म-दीक्षाएँ हुआ करती थीं। मैं पूरी तरह बोरियत का अनुभव कर रहा था। तभी एक पादरी मेरे पास आया और उसने कुछ पूछा। मैं कुछ न बोला। तभी सब मिलकर चिल्ला उठे—'इसका कल्याण हो गया।' और सभी मेरे लिए ईश्वर से प्रार्थना करने और कृतज्ञता प्रकट करने लगे। मुझे कुछ नहीं मालूम था। पादरी मेरे पास आया और उसने ईश्वर की प्रार्थना करने को कहा। मुझे प्रार्थना की आदत न थी। मगर किसी तरह मैंने उसी प्रकार प्रार्थना कर दी जैसे बच्चे सोने के पहले दिखावे के लिए किया करते हैं। बस, इतना भर हुआ था। मैं चर्च नहीं जाता था। मैं उस वक्त सिर्फ दस साल का था।"[३]

न सिर्फ भारत में बल्कि सारे विश्व में धर्म के नकली गौरव के लिए जाने कितना झूठ बका जाता है। श्री अरविन्द रामकृष्ण मिशन में भी दीक्षित हुए थे—उन्हें और न जाने कितने गुरुओं का शिष्य बताने की बाद में कोशिशें हुईं। विभिन्न मतवादी इतना भी ख्याल नहीं करते

---

१. **श्री अरविन्द : अपने तथा श्रीमाताजी के विषय में, पृ० २।**

२. **लाइफ ऑफ श्री अरविन्दो, पृ० ८।**

३. **वही, पृ० ८।**

कि धर्म के प्रति आस्था कोई भौतिक लेबल नहीं है कि वह किसी के ऊपर चिपका दिया जाये। यह तो अपनी आन्तरिकता का सहर्ष समर्पण है, जिसे उनके द्वारा स्पष्ट स्वेच्छया स्वीकृत किये जाने पर ही प्रामाणिक कहा जा सकता है। ऐसी चीजों में प्रधानता व्यक्ति की स्वीकृति को मिलनी चाहिए, अवांछित आरोपण को नहीं।

श्री अरविन्द के मन में उक्त वृद्ध महिला के प्रति कोई दुर्भाव न था; पर अचानक एक छोटी-सी घटना के कारण जब उनके साथ रहने से सहसा मुक्ति मिल गयी तो निश्चय ही श्री अरविन्द बहुत प्रसन्न हुए—"पादरी ड्रुएट की वृद्धा माँ के साथ पारिवारिक प्रार्थना में या बाइबिल पाठ में तीनों भाइयों को भाग लेना पड़ता। एक दिन प्रार्थना के समय मनमोहन खीझे हुए थे और उन्होंने कहा—"जनता ने मूसा के आदेश को ठुकराकर उचित काम किया।" वृद्धा यह सुनकर इतनी चिढ़ीं कि उन्होंने कहा—"मैं ऐसे विधर्मियों के साथ एक ही छत के नीचे नहीं रह सकती क्योंकि यह कभी भी टूटकर गिर सकती है।' ऐसा कहकर वृद्धा अन्यत्र रहने चली गयीं। हमें मुक्ति मिली और मैं मन-ही-मन दादा के प्रति कृतज्ञता से भर गया। उनके बेटे (पादरी ड्रुएट) कभी ऐसे मामलों में नहीं पड़ते थे, क्योंकि वे बहुत दृढ़ व्यावहारिक बुद्धि के व्यक्ति थे। तब वे आस्ट्रेलिया में थे। उन दिनों मैं बड़ा कायर था। उस समय कोई कल्पना भी नहीं कर सकता था कि मेरे जैसा आदमी कभी फाँसी के तख्ते के सामने भी अडिग रह सकता था अथवा क्रान्तिकारी आन्दोलनों का संचालन कर सकता था।"[१]

इंग्लैण्ड प्रवास का उनका जीवन अटूट कष्टों की लम्बी कहानी है। वे खुद इतने संकोची थे कि उन घटनाओं को, जो उनके संकटों से सम्बद्ध थीं, सुनाना नापसन्द करते थे, पर ऐसे अनेक दस्तावेज उपलब्ध हैं जो उनकी तत्कालीन परिस्थितियों को बहुत स्पष्ट ढंग से उद्घाटित कर देते हैं। लॉरेन्स विन्योन को लिखे मनमोहन घोष के पत्रों से घोष बन्धुओं की स्थिति का बहुत-कुछ अनुमान लगाया जा सकता है। वृद्धा ड्रुएट के साथ की इस घटना के बाद ४९ स्टीफेन एवेन्यू के मकान को छोड़कर तीनों भाइयों को दूसरे आवासों की व्यवस्था करनी पड़ी। यह इनके इंग्लैण्ड प्रवास का सबसे कष्टकर समय था। इन्हीं स्थितियों के बीच श्री अरविन्द अपनी बी० ए० की परीक्षा तथा आई० सी० एस० की प्रतियोगी परीक्षा की तैयारियाँ करते रहे।

श्री पुराणी ने लिखा है कि कैम्ब्रिज में श्री अरविन्द के तीन क्रियाकलाप थे—ट्राइपोस और आई० सी० एस० परीक्षाओं की तैयारी, इण्डियन मजलिस नामक संस्था के कार्यों में सक्रिय भाग लेना और कविताएँ लिखना। पुराणी के विवरणों से पता चलता है कि उस समय आर्थिक तंगी के कारण इन्हें बार-बार आवास बदलने पड़े। विनयभूषण जैम्स कॉटन के व्यक्तिगत सहायक के रूप में कार्य करके एक सप्ताह में पाँच शिलिंग उपार्जित करते। जैम्स कॉटन केनसिंग्टन लिबरल क्लब के सेक्रेटरी थे। वहीं एक कमरे में विनयभूषण के साथ श्री अरविन्द रहते। न तो कमरे को गर्म करने की व्यवस्था थी, न शरीर को शीत से बचाने के लिए गरम कपड़े। बगल में ही रेलवे लाइन थी जिस पर निरन्तर धड़धड़ाती गाड़ियाँ गुजरती रहतीं—इन्हीं के बीच रहकर श्री अरविन्द को परीक्षाओं के लिए तैयारी करनी थी। उन्होंने स्वयं भी कहा है—"पूरे वर्ष प्रात:काल सैण्डिविच के एक दो टुकड़े और मक्खन तथा एक प्याला चाय और शाम को एक आने का कबाब—यही हमारा भोजन था।" एक बार तो किंग्स

१. लाइफ ऑफ श्री अरविन्दो, पृ० १५।

कॉलेज के एक वरिष्ठ अध्यापक ने डॉ० घोष को एक बहुत ही कड़ा पत्र लिखा कि यदि वे शीघ्र पैसे नहीं भेजते तो श्री अरविन्द को दूकानदारी उधारी चुकता न करने के लिए जुर्म में कचहरी ले जायेंगे। डॉ० घोष ने पैसे तो भेज दिये, पर श्री अरविन्द को फिजूलखर्ची के लिए करारी डाँट भी सुननी पड़ी। बाद में, बात चलने पर पाण्डिचेरी में श्री अरविन्द ने हँसते हुए कहा—"उस वक्त फिजूलखर्च बनने के लिए साधन ही कहाँ था?"[१] वस्तुतः डॉ० घोष आरम्भ में पादरी ड्रुएट को ३६० पौण्ड वार्षिक भेजा करते थे। यह सिलसिला कुछ वर्षों तक चला। बाद में रकम में कटौती होती गयी और अन्ततः खर्चा आना एकदम बन्द हो गया।

इन्हीं दिनों श्री अरविन्द के पास उनके पिता 'बंगाली' नामक अंग्रेजी अखबार भेजने लगे। डॉ० कृष्णधन घोष को अब अंग्रेजी शासन की क्रूरताओं से घृणा होने लगी थी। श्री अरविन्द ने एक बार मजाक में कहा था—"मेरे पिता खुलना में अत्यन्त लोकप्रिय थे। वे जहाँ भी जाते, बड़ा प्रभाव रहता। जब वे रंगपुर में थे, उनकी अंग्रेज कलेक्टर से मित्रता थी। हम लोग उनके भतीजे ड्रुएट के साथ इंग्लैण्ड में ठहरे। पर जब नया कलेक्टर आया तो उसे पता चला कि यहाँ डॉक्टर के सामने किसी की कुछ चलती ही नहीं। बस, उसने सरकार से शिकायत की और डॉक्टर का खुलना के लिए तबादला कर दिया गया। मेरे पिता को इस व्यवहार से बड़ा दुःख हुआ। तभी से वे राष्ट्रीय हो गये। यानी तब से उन्हें अंग्रेजी शासन नापसन्द हो गया, उसके पहले हर विलायती चीज ही अच्छी लगती। वे चाहते थे कि उनके सभी लड़के महान् बनें और उस वक्त महान् होने का मतलब ही आई० सी० एस० अफसर होना था।"[२]

डॉक्टर घोष 'बंगाली' के अंकों में ऐसे हर स्थान पर, जहाँ अंग्रेजों की कठोरता और दुर्व्यवहार का समाचार होता, निशान लगा देते। अपनी चिट्ठियों में भी ब्रिटिश सरकार को हृदयहीन सरकार कहकर निन्दा करने लगे थे। इन समाचारों ने श्री अरविन्द को भविष्य के लिए अपने कर्त्तव्यों के प्रति जागरूक बनाने में बड़ी सहायता पहुँचायी। "ग्यारह वर्ष की अवस्था में ही उन्हें इस बात का तीव्र अनुभव हो गया था कि जगत् में एक सार्वभौम उथल-पुथल और महान् क्रान्तिकारी परिवर्तनों का समय आ रहा है और स्वयं उनका भी उसमें भाग लेना दैव निर्दिष्ट है।...कैम्ब्रिज जाने के पहले ही वे ऐसा निश्चय कर चुके थे और वहाँ भारतीय मजलिस के एक सदस्य तथा कुछ काल तक मन्त्री के रूप में उन्होंने अनेक क्रान्तिकारी भाषण भी दिये। बाद में उन्हें पता चला कि भारत की सिविल सर्विस से उन्हें अलग रखने के अधिकारियों के निर्णय में इन भाषणों का भी हाथ था।"[३]

उसी समय लन्दन में रहने वाले कुछ भारतीय विद्यार्थियों ने एक गुप्त संस्था की स्थापना के उद्देश्य से एक बैठक बुलायी। उन्होंने उक्त संस्था के लिए एक रूमानी नाम तलाश किया—'कमल और कटार।' श्री अरविन्द भी अपने भाइयों के साथ इसके सदस्य बने। किन्तु यह संस्था कुछ खास कार्य न कर सकी।

श्री अरविन्द आई० सी० एस० की परीक्षा में उत्तीर्ण हुए, किन्तु घुड़सवारी में असफल होने के कारण सिविल सर्विस में नहीं लिये गये। उनके जीवनीकार श्री पुराणी ने अकाट्य

१. **पुराणी, इविनिंग टाक्स, तीसरा भाग, पृ० ११०।**

२. **टाक्स विद श्री अरविन्दो, प्रथम भाग, पृ० १९।**

३. **श्री अरविन्द : अपने तथा श्रीमाताजी के विषय में, पृ० ४।**

प्रमाणों के आधार पर यह सिद्ध कर दिया है कि श्री अरविन्द जानबूझकर घुड़सवारी इम्तहानों के मौकों पर अनुपस्थित होते रहे और इस तरह उन्होंने सर्विस में जाने से इनकार की जगह, जो उनके पिता को नापसन्द होता, अपने को उसके अयोग्य बना लिया।

अनेक शुभेच्छुओं के आग्रह और अधिकारियों से लिखा-पढ़ी के बाद उन्हें घुड़सवारी के इम्तहान का दुबारा मौका दिया गया, पर उन्होंने उस वक्त को लन्दन की गलियों में घूमकर गुजार दिया और इम्तहान के स्थान पर तब पहुँचे जब घोड़ा और परीक्षक दोनों आकर लौट गये थे।

इस सिलसिले में श्री जैम्स एस० कार्टन और कैम्ब्रिज के प्राध्यापक जी० एम० प्रोथेरो ने श्री अरविन्द के लिए काफी कोशिशें कीं। श्री प्रोथेरो ने कॉटन के नाम २० नवम्बर १८९२ को लिखा—''मुझे सुनकर बड़ा दुःख हुआ है कि घोष घुड़सवारी में असफल होने के कारण इण्डियन सिविल सर्विस की अन्तिम परीक्षा में अस्वीकृत कर दिया गया है। यहाँ के दो वर्षों की अवधि में लगातार उनका आचरण अत्यन्त उदाहरणीय रहा है। क्लासिक में खुली प्रतियोगिता में (आई० सी० एस० की प्रथम परीक्षा उत्तीर्ण करने के पहले) उन्होंने 'फाउण्डेशन स्कालरशिप' प्राप्त की। उनकी आर्थिक स्थिति ने, आई० सी० एस० परीक्षा के लिए उम्मीदवार चुने जाने के बाद भी, इस वजीफे को न छोड़ने के लिए मजबूर किया और वजीफे के नियमों के कारण उन्हें क्लासिक की पढ़ाई में अधिक समय देना पड़ा, जिससे कुछ हद तक आई० सी० एस० परीक्षा की तैयारी में भी बाधा पड़ी होगी। इस निर्णय के अनुसार इस व्यक्ति ने, जहाँ तक कालेज का सम्बन्ध है, अपने कार्य को अत्यन्त सम्माननीय ढंग से पूरा किया और द्वितीय वर्ष में क्लासिक ट्राइपोस परीक्षा में प्रथम श्रेणी में उच्च स्थान प्राप्त किया।

उन्होंने अपनी अंग्रेजी-दक्षता और साहित्यिक योग्यता का परिचय देते हुए अनेक विश्वविद्यालयीय पुरस्कार भी जीते। इस आदमी ने ऐसा कर दिखाया है जो अधिकांश स्नातकों के लिए काफी से भी अधिक है और साथ ही आई० सी० एस० की तैयारी भी करते जाना निश्चय असाधारण श्रम और क्षमता का प्रमाण है। क्लासिक में पाये जानेवाले वजीफों के अतिरिक्त, इन्होंने अंग्रेजी साहित्य का ऐसा ज्ञान प्राप्त किया है जो सामान्य नवयुवक अंग्रेज स्नातकों की पहुँच के बाहर है तथा ये जैसी शैलीबद्ध अंग्रेजी लिखते हैं वह अधिकांश अंग्रेज नवयुवकों से कहीं अच्छी है और ऐसी योग्यता के आदमी को भारतीय शासन सिर्फ इसलिए कि वह घोड़े की पीठ पर बैठने में सफल नहीं हुआ या निश्चित वक्त पर वहाँ पहुँचा नहीं, यदि खो दे तो इसे, क्षमा न करेंगे, मैं अधिकारियों की इसे ऐसी अदूरदर्शिता ही मानूँगा, जिसका कोई जवाब नहीं है।

इस आदमी में सिर्फ योग्यता ही नहीं चरित्र है। इन्हें पिछले दो वर्षों से बड़ी सख्त चिन्तायुक्त जिन्दगी बसर करनी पड़ी है। घर से आनेवाली सहायता प्रायः पूर्णतः बन्द हो गयी और इन्हें अपने साथ अपने दो भाइयों की भी देखभाल करनी पड़ी, तो भी कभी इनका साहस और सहनशीलता डिगी नहीं। मैंने कई बार इनके पिता को लिखा; पर अक्सर असफलता हाथ लगी। अभी हाल में इनके पिता से किसी कदर इतनी रकम निकाल पाया कि दुकानदारों का बकाया चुकाया जा सके। वरना ये दुकानदार उनके पुत्र (श्री अरविन्द) को जिला कचहरी में खींच ले गये होते। मुझे विश्वास है कि ये आर्थिक परेशानियाँ घोष की किन्हीं फिजूलखर्चियों का परिणाम नहीं हैं, क्योंकि इनकी जिन्दगी का तरीका, बिल्कुल साधारण और अतिवादी रूप से कम खर्ची का है, और उससे फिजूलखर्ची का तो कोई मेल ही नहीं है। ये स्थितियाँ उनके

वश के बाहर के कारणों का परिणाम हैं। किन्तु इन जैसी परिस्थितियों ने निश्चय ही इन्हें कई प्रकार से विवश किया होगा और इन्हें घुड़सवारी सीखने के लिए आवश्यक व्यय से भी रोका होगा। मुझे पूरा विश्वास है कि घुड़सवारी के इम्तहान के लिए निश्चित मौके पर बूलविच न पहुँच सकने के पीछे पैसे का अभाव मूल कारण रहा होगा।

आखिर में मैं आशा करता हूँ कि श्री घोष को चुने हुए उम्मीदवार के रूप में स्वीकृत किये जाने की आपकी कोशिश सफल होगी। क्योंकि यदि उन्हें अन्ततः झटक दिया गया, तो यह भले ही कानूनी तौर से जायज माना जाये, यह उनके प्रति नैतिक अन्याय और भारत सरकार का वास्तविक नुकसान सिद्ध होगा। शायद यह कहना भी उचित हो कि ऐसे योग्य हिन्दू को, इस बिना पर छाँट देना कि वह घोड़े पर नहीं चढ़ सकता, भारत में भयानक गलतफहमी पैदा करेगा।''

प्रोथेरो ने घुड़सवारी के इम्तहान के मौके पर बूलविच न पहुँच सकने का कारण धन का अभाव बताया। धन का अभाव निस्सन्देह था, पर उस मौके पर श्री अरविन्द जानकर नहीं पहुँचे क्योंकि उन्हें 'उस प्रशासकीय नौकरी' से कोई दिलचस्पी नहीं थी। दूसरी ओर अंग्रेजी सरकार मजलिस के कार्यों से यह भलीभाँति जान गई थी कि श्री अरविन्द उनके लिए विकट पहेली बन सकते हैं और उनकी इस मान्यता को निराधार नहीं कहा जा सकता। उन्होंने पाण्डिचेरी में एक बार विनोद के साथ कहा था—''मैं अब सोचता हूँ कि यदि कहीं मैंने भारतीय सिविल सर्विस में नौकरी कर ली होती तो क्या होता? शायद वे मुझे आलसी बताकर काम पूरा न कर सकने के कारण निकाल बाहर करते।''[१]

प्रवास का यह पहला दौर बीतने को आया। श्री अरविन्द ने १८९३ में भारत लौटने का निश्चय किया।

आई० सी० एस० परीक्षा में चुने न जाने का समाचार डॉ० घोष को नहीं मालूम था। वे जानते थे कि उनका पुत्र आई० सी० एस० हो चुका है। इसलिए डॉ० घोष अपने पुत्र के स्वदेश-आगमन की उत्सुक प्रतीक्षा कर रहे थे। श्री ब्रजेन्द्र नाथ डे के संस्मरणों से पता चलता है कि डॉ० कृष्णधन घोष ने एक महीने की छुट्टी ले रखी थी ताकि वे बम्बई जाकर अपने पुत्र का स्वागत कर सकें, पर दैव-दुर्विपाक से यह सम्भव न हुआ। डॉ० घोष को उनके बैंकर्स 'ग्रिडले ऐण्ड कम्पनी' ने गलत सूचना दी कि अरविन्द अमुक दिन अमुक जलयान से लौट रहे हैं। उन्होंने जिस जहाज की सूचना दी थी, वह पुर्तगाल के पास समुद्र में डूब गया। डॉ० घोष ने खबर पढ़ी और उन्होंने विश्वास कर लिया कि अरविन्द उसी जहाज में थे, अतः डूब गये होंगे। बम्बई से उनके एजेंट ने तार दिया कि उनके लड़के का नाम उस सूची में नहीं है जो उस जहाज से आनेवाले हैं। इससे उनकी आशंका और भी पक्की हो गयी। श्री अरविन्द बाद में ''कारथेज़' नामक एक छोटे से समुद्री जहाज से आये। यह १८९३ की फरवरी के किसी दिन बम्बई पहुँच गया।

ब्रजेन्द्रनाथ डे ने डॉक्टर की मृत्यु का विवरण देते हुए लिखा है कि ''उस रात पुलिस सुपरिण्टेण्डेण्ट के साथ डॉक्टर मेरे यहाँ खाने पर आने वाले थे। सुपरिण्टेण्डेण्ट तो आ गये, पर डॉक्टर का पता नहीं था। कुछ देर प्रतीक्षा करने के बाद मैंने एक अर्दली को भेजा कि वह डॉक्टर को याद दिला दे। अर्दली ने आकर बताया कि डॉ० बहुत बीमार हो गये हैं। हम

१. **इविनिंग टाक्स, तृतीय भाग, १६ जनवरी, १९३९ की वार्ता।**

तुरन्त वहाँ पहुँचे। तार की बात वहीं मालूम हुई और हमने डॉक्टर को सख्त बीमार और बेहोश पाया। दूसरे डॉक्टरों ने पूरी कोशिश की। मैंने भी, जो कर सकता था, किया; पर बेचारे डॉक्टर एक या दो दिन तक मुश्किल से खिंच सके और फिर चल बसे।''[१] मरते वक्त डाक्टर के होंठों पर श्री अरविन्द का नाम था।

श्री अरविन्द भारत लौटे। पिता थे नहीं। बड़ौदा में तुरन्त नौकरी पर जाना था। वहाँ से वे कलकत्ते गये अपने परिवार के लोगों से मिलने। उनकी बहन सरोजिनी ने उस वक्त श्री अरविन्द की आकृति का वर्णन करते हुए लिखा—''सेज दा (अरविन्द) का चेहरा अत्यन्त कोमल था, लम्बे अंग्रेजी काट के बाल थे। वे बड़े लज्जालु व्यक्ति थे। माँ ने उन्हें पहचाना नहीं। वे कहती रहीं—'मेरा आरो इतना बड़ा नहीं था। वह छोटा था।' उन्हें समझाया गया कि वे इंग्लैण्ड से बहुत वर्षों के बाद शिक्षा पूरी करके आ रहे हैं।''[२] पिता रहे नहीं, माँ ने पहचाना नहीं। जिन्दगी का वह ऐसा मोड़ था जहाँ श्री अरविन्द प्रवास से लौटकर भी प्रवासी ही रह गये। पश्चिम छोड़कर चले तो उनके मन में इंग्लैण्ड के प्रति कोई मोह नहीं रहा।[३] भीतर और बाहर दोनों से प्रवास, दोनों से मुक्ति।

■

---

१. रेमिनिसेन्सेज़ ऑफ ऐन इण्डियन मेम्बर आफ आई० सी० एस०; द कलकटा रिव्यू १९५४।

२. लाइफ ऑफ श्री अरविन्दो, पृ० ५६।

३. श्री अरविन्द : अपने तथा श्री माताज़ी के विषय में, पृ० ७।
''अंग्रेजी भाषा और योरोपीय विचार एवं साहित्य से प्रेम था, पर देश के रूप में इंग्लैण्ड से वहाँ, जैसा मनमोहन ने कुछ समय के लिए किया था, उन्होंने कोई नाता नहीं जोड़ा था और न इंग्लैण्ड को अपना वृत देश (Adopted Country) ही बनाया था। इसके विपरीत यदि द्वितीय देश के रूप में योरोप के किसी प्रदेश से आसक्ति थी तो वह बौद्धिक और हार्दिक रूप से उस प्रदेश से थी जिसे उन्होंने न तो देखा था, और न जिसमें वे रहे ही थे, अर्थात् इंग्लैण्ड नहीं, बल्कि फ्रांस।

परिवेश की पहचान

अहं राष्ट्री संगमनी वसूनां चिकीतुषी प्रथमा यज्ञियानाम्।
तां मा देवा व्यदधुः पुरुत्राभूरिस्थात्रां भूर्यावेशयमन्तीम्।

ऋग्वेद १०/१०/१२५

मैं राष्ट्र की अधीश्वरी, समृद्धियों का संगम, परब्रह्म से अभिन्न तथा सभी देवताओं में प्रधान हूँ। पूरे परिवेश में मैं ही स्थित हूँ। नाना स्थानों में रहनेवाले देवता जो भी करते हैं, वह मुझे जानकर ही करते हैं।

चौदह वर्ष पर्यन्त मातृभूमि से दूर, भारतवासियों से दूर रहकर जब श्री अरविन्द स्वदेश लौटे, तो बम्बई के अपोलो बन्दरगाह पर जहाज से उतरते ही एक विचित्र प्रकार की आत्मीयतापरक अनुभूति ने उन्हें पूरी तरह अपने आगोश में ले लिया। मातृभूमि के प्रति, उससे दूर रहने के कारण, स्वाभाविक आकर्षण और उत्कंठा की भावना के कारण ही ऐसा नहीं हुआ। एक विचित्र प्रकार की 'विशाल शान्ति' भौतिक से कुछ अधिक अर्थ रखती है। वे स्वयं कहते हैं कि इस शान्ति ने उन्हें सब ओर से व्याप्त कर लिया और "कई महीनों तक बनी रही। इसे वे अप्रत्याशित ढंग से प्राप्त प्रथम अनुभव कहते हैं। उस समय उन्होंने न तो योग शुरू किया था और न तो योग के विषय में यही जानते थे कि यह क्या होता है।"[१] वे विदेश में शिक्षित पूर्णतः आधुनिक बुद्धिवादी व्यक्ति से कतई भिन्न न थे।

आज का बौद्धिक पाठक ऐसी अनुभूतियों को रहस्यवादी भावावेश कहकर टाल सकता है; पर हमें यह कभी नहीं भूलना चाहिए कि मनुष्य की मेधा से विश्लेषित न हो सकने वाली ऐसी अनेक घटनाएँ अक्सर होती रहती हैं और कभी-कभी वे सामान्य व्यक्तियों को मनुष्य जाति का पूरा इतिहास बदलने की क्षमता वाले महापुरुषों में परिवर्तित कर देती हैं।

आई० सी० एस० की परीक्षा में घुड़सवारी में असफल कहकर, एक मामूली बहाने से अंग्रेजी सरकार ने अरविन्द को अस्वीकृत कर दिया। उन्हीं दिनों बड़ौदा नरेश सयाजीराव गायकवाड़ विलायत-यात्रा कर रहे थे। वे निर्विवाद रूप से उन दिनों के भारतीय नरेशों में अपेक्षाकृत अधिक जागरूक और प्रबुद्ध थे। विभिन्न क्षेत्रों से निश्चित कार्यों के लिए योग्य व्यक्तियों को चुन-चुन कर ले आना उनकी इसी प्रबुद्धता का द्योतक है। इसी कारण निकट अतीत में बड़ौदा भारतीय रजवाड़ों में सर्वाधिक सुव्यवस्थित सरकारी तंत्र वाला राज्य माना जाता रहा।

"बड़ौदा के बारे में मैं जब भी सोचता हूँ, मेरे दिमाग में गायकवाड़ से सम्बन्ध ताजे हो जाते हैं। यह कैसा विचित्र है कि परिस्थितियों के बीच घटनाएँ अपने आप एक रूप ले लेती हैं। मैं आई० सी० एस० में फेल होने के कारण जब किसी नौकरी की खोज में था, गायकवाड़

---

१. **श्री अरविन्द : अपने तथा श्री माताजी के विषय में, पृ० ४५।**

उन्हीं दिनों लन्दन आए हुए थे। मुझे मालूम नहीं कि वे हमारे यहाँ आये या हम उनसे मिलने गये, पर एक वृद्ध सज्जन, जिनसे हम लोगों ने राय-बात की, २०० रु० मासिक का प्रस्ताव रखने को पूर्णतः तैयार थे, क्योंकि वे मानते थे कि १० पौण्ड प्रति माह खासी अच्छी रकम है। गायकवाड़ ने इसे मान लिया और सबसे कहते रहे कि मैंने २०० रु० माहवार पर एक आई० सी० एस० (सिविलियन) रखा है। अचंभा है कि २०० रु० प्रतिमास की रकम पर अधिकारी भी खूब संतुष्ट थे। मैंने बात-चीत करने का सारा दायित्व अपने बड़े भाई पर छोड़ दिया था; क्योंकि जिन्दगी के बारे में मेरा कोई खास ज्ञान नहीं था।''[१]

श्री अरविन्द ने ८ फरवरी, १८९३ के दिन बड़ौदा की नौकरी आरम्भ की। शुरू-शुरू में उस कार्य का व्यावहारिक ज्ञान प्राप्त कराने के उद्देश्य से उन्हें भूमि-व्यवस्था विभाग में रखा गया। उसके बाद ''स्टाम्प्स आफिस' में, फिर केन्द्रीय राजस्व कार्यालय में तथा मंत्रालय (सेक्रेटेरिएट) में कार्य करना पड़ा। वे बड़ौदा महाराज के व्यक्तिगत मंत्री के पद पर कभी नियुक्त नहीं हुए जैसा कि श्री गिरिजाशंकर राय चौधरी ने लिखा है।[२] वे सचिवालय में अवश्य इसीलिए रखे गये थे कि चिट्ठी-पत्री आदि का मसविदा तैयार करा सकें। श्री अरविन्द स्वयं लिखते हैं—''इस बीच कभी जब महाराज आवश्यक समझते थे, चिट्ठियाँ लिखने, भाषण तैयार करने, या अनेक प्रकार के सरकारी कागजों का, जिनके शब्द-विन्यास में विशेष सावधानी की आवश्यकता होती, मसविदा बनाने के लिए बुला भेजते थे। व्यक्तिगत मंत्री के पद पर नियुक्ति नहीं हुई थी। एक बार महाराज कश्मीर यात्रा में मंत्री के रूप में साथ ले गये; परन्तु यात्रा-काल में दोनों के बीच बहुत मतभेद उठ खड़ा हुआ और इसीलिए वह परीक्षण पुनः नहीं दुहराया गया।''[३]

इसी यात्रा में श्री अरविन्द को एक और अप्रत्याशित विशेष अनुभूति हुई, जिसका उन्होंने जिक्र किया है। 'तख्त-ए-सुलेमान' नामक पर्वत-शृंखला पर भ्रमण करते हुए उन्हें शून्य अनन्त का मार्मिक बोध हुआ।[४]

श्री अरविन्द स्वयं इन घटनाओं के पीछे स्थित किसी तर्कपूर्ण आधार को खोजने का प्रयत्न करते हैं। वे आँख मूँदकर इस तरह की रहस्यवादी चीजों को स्वीकार कर लेने के पक्ष में प्रतीत नहीं होते। उन्होंने इन पर चर्चा के सिलसिले में कहा था—''ऐसी घटनाएँ या तो प्राचीन संस्कार या रक्त में छिपे कारणों से उत्पन्न होती हैं या फिर किसी विशिष्ट स्थान के सम्पर्क से। मैक्समूलर के द्वारा अनूदित वेदान्त पढ़ते वक्त अचानक मैंने आत्मा के विषय में सोचा कि यह ऐसी सच्ची चीज है जिसे उपलब्ध करना चाहिए। उस वक्त मैं बहुत कुछ भौतिकतावादी या कहो तो नास्तिक था। इसे तुम जगह का असर नहीं कह सकते। यह मेरे रक्त में था, या कह सकते हो कि पूर्वजन्म का संस्कार था। अपोलो बन्दरगाह पर पैर रखते ही मैंने जिस विराट शान्ति और नीरवता का अनुभव किया वह निश्चय ही स्थान-सम्पर्क की देन है। ऐसी ही अनुभूतियाँ स्थान-सम्पर्क से उत्पन्न कही जा सकती हैं, जैसे शंकराचार्य पहाड़ी पर कश्मीर में मैंने अनन्त सत्ता का अनुभव किया या पूना की पार्वती पहाड़ी का अथवा

---

१. इविनिंग टाक्स : तृतीय भाग, १६-१-१९३९।

२. श्री अरविन्द ओ बांग्लार स्वेदशी युग, पृ० ५३।

३. श्री अरविन्द : अपने तथा श्रीमाताजी के विषय में, पृ० ९।

४. वही, पृ० ४५।

कर्नाली मन्दिर में विभिन्न देवताओं का अनुभव स्थान-सम्पर्क से हुआ।"[१]

गायकवाड़ और उनके सम्बन्धों से प्रतीत होता है कि वे धीरे-धीरे प्रशासकीय कार्यों से अलग होकर शिक्षा के क्षेत्र में जाने को उत्सुक हुए। इन्हें बड़ौदा कालेज में हफ्ते में छह घण्टे फ्रेंच पढ़ाने का कार्य दिया गया। उस समय उनको अपने मुख्य सेवा विभागों से अस्थायी रूप से फ्रेंच पढ़ाने के लिए भेजा जाता था। बाद में कालेज के और कार्य भी जुड़ते गये। प्रिंसिपल ने महाराजा से प्रार्थना की कि श्री अरविन्द को अंग्रेजी के प्रोफेसर-पद पर नियुक्त किया जाए। तब उनकी कालेज में अंग्रेजी के उपाध्याय के रूप में स्थायी नियुक्ति हुई। वे धीरे-धीरे उपाचार्य (वाइस प्रिंसिपल) के पद पर पहुँचे। एक बार प्रिंसिपल के अवकाश पर होने पर कार्यवाही प्रिंसिपल का भी कार्य किया।

बड़ौदा राज्य की नौकरी उन्होंने ८ फरवरी १८९३ को स्वीकार की थी और वहाँ से १८ जून, १९०७ को त्यागपत्र देकर वे सेवामुक्त हुए। इस तरह बड़ौदे में उनका कुल आवासकाल १३ वर्ष ५ महीने १७ दिनों का रहा।

उपर्युक्त समय को देखते हुए एक बड़ी विचित्र बात सामने आती है वह यह कि करीब-करीब जितने वर्ष इंग्लैण्ड में रहे, कुछ कम करीब-करीब उतने ही वर्ष बड़ौदे में। इंग्लैण्ड में रहकर उन्होंने आर्थिक तंगी और अन्य परेशानियों के बीच पश्चिमी सभ्यता, संस्कृति और जीवनपद्धति का अर्थात्, एक शब्द में पूरे पश्चिमी परिवेश को सही ढंग से जानने-पहचानने का प्रयत्न किया तो बड़ौदे में रहकर भारतीय परिवेश को।

उन दिनों उनके साथ श्री दिनेन्द्र नाथ रहते थे। वे उन्हें बांग्ला सीखने में सहायता करते थे। उन्हें बांग्ला सिखाने के एकाध और दावेदार रहे हैं, परन्तु उन्होंने स्पष्ट कहा है—'मेरे एकमात्र बांग्ला शिक्षक दिनेन राय थे।'[२] इन्हीं दिनेन्द्र नाथ ने अरविन्द प्रसंग में उनके बड़ौदा-जीवन पर काफी विस्तार से लिखा है। दिनेन्द्र नाथ के इस विवरण में कतिपय स्थानों पर तथ्यात्मक भूलें भी हैं,खास तौर से, जहाँ उन्होंने परोक्ष में घटित बातों पर अनुमान लगाने की कोशिश की है। अन्यथा प्रत्यक्ष देखी हुई घटनाओं, स्थितियों और दिनचर्या आदि का उन्होंने बहुत ही प्रामाणिक वर्णन प्रस्तुत किया है। उनके द्वारा प्रस्तुत विवरण से कुछ विशेष बातें नीचे दी जा रही हैं—

(१) वे प्रतिदिन प्रातःकाल एक गिलास इसबगोल-मिश्रित जलपान करते थे। इसबगोल के बिना उनका एक दिन भी नहीं चलता था। बड़ौदा के बाजार में उसका अभाव होने पर दूसरी जगह से मँगाते थे। व्यायाम में उनकी विशेष रुचि नहीं थी; किन्तु प्रतिदिन सन्ध्यापूर्व एक घण्टा बरामदे में पदचारी करते थे। वे संगीतानुरागी थे; पर गाना-बजाना नहीं जानते थे।

(२) रात्रि में बड़ी देर तक काव्यालोचन में लगे रहना नित्य का कार्य था। इसीलिए सबेरे उठने में उन्हें बड़ी देर हो जाती थी। चार-पाँच रुपये की एक खुले मुँह की घड़ी हर समय उनके पास रहती और पढ़ने की टेबिल पर एक छोटी टाइमपीस। अरविन्द प्रातःकाल चाय पीकर कविता की कापी खोल कर बैठ जाते। इस समय वे महाभारत का अनुवाद करते थे। बंगभाषा अच्छी तरह न

---

१. टाक्स विद श्री अरविन्दो, प्रथम भाग, पृ० ३७८-३७९।

२. वही, द्वितीय भाग, पृ० १८९।

समझ पाने पर भी संस्कृत में रामायण-महाभारत खूब अच्छी तरह समझ लेते थे।[१]

श्री अरविन्द ने हिन्दी कभी नहीं पढ़ी; परन्तु संस्कृत तथा अन्य भारतीय भाषाओं में अभिज्ञ होने के कारण उन्होंने हिन्दी बिना किसी नियमित अध्ययन के ही आसानी से सीख ली। जब वे हिन्दी पुस्तकें या समाचार पत्र पढ़ते तो उनको समझने में उन्हें कठिनाई नहीं होती थी। संस्कृत उन्होंने सीधे संस्कृत ग्रंथों से अथवा अंग्रेजी द्वारा सीखी।

बड़ौदा में रहते हुए श्री अरविन्द ने संस्कृत के अभ्यास के लिए महाभारत और रामायण का अंग्रेजी अनुवाद आरंभ किया। इन्हीं दिनों भवभूति और कालिदास की रचनाओं का अध्ययन और कतिपय अंशों का अंग्रेजी अनुवाद भी चल रहा था। १८९८ ई० में सुप्रसिद्ध बंगाली इतिहासकार, अनुवादक और सरकारी मुलाजिम श्री रमेशचन्द्र दत्त बड़ौदा आये। वे श्री अरविन्द से मिले। उन्होंने अरविन्द से महाभारत के कुछ अंशों का अनुवाद बहुत आग्रह करके सुना। और कहा—"मैंने यदि तुम्हारे अनुवाद पहले देख लिये होते तो व्यर्थ ही अपनी शक्ति का क्षय न करता और अपने अनुवाद हर्गिज प्रकाशित [एवरी मैन्स लाइब्रेरी इंग्लैण्ड से प्रकाशित] न करता। रमेशचन्द्र दत्त सरकारी कर्मचारी होते हुए भी स्वतंत्रता के लिए संघर्ष करने वालों के प्रति छिपे तौर से काफी सहानुभूति रखते थे। श्री अरविन्द ने उनकी मृत्यु के बाद लिखे अपने एक लेख में—"उन्हें कम से कम मौलिक किन्तु प्रचण्ड अध्यवसायी और परिश्रमी व्यक्ति कहा है।"[२] एक बार मज़ाक में उन्होंने कहा—"उन दिनों बंगालियों को रोने में बड़ा मज़ा आता था। रमेशदत्त ने महाभारत से सावित्री का अनुवाद किया और उसे हमेशा रुदन्ती या रोवनी बनाये रखा। महाभारत में उसके रोने का कोई प्रसंग ही नहीं आता। जब उसका हृदय विदीर्ण हो रहा था तो भी उसकी आँखों में आँसू नहीं आये। उसे रोने वाली नारी के रूप में चित्रित करके रमेशदत्त ने वह समूची शक्ति ही गायब कर दी जिससे सावित्री बनी थी।"[३]

एडवोकेट धार० एन० पाटकर ने, जो बड़ौदा में श्री अरविन्द के विद्यार्थी थे, एक चर्चा में रमेशदत्त को श्री अरविन्द के सामने महाकवि कहकर याद किया। श्री अरविन्द ने कहा, "तुम क्या रमेशदत्त को कवि मानते हो? तुम उन्हें अधिक से अधिक 'तुक्कड़' कह सकते हो, कवि नहीं। जो लोग पद्य लिखते हैं, वे सभी कवि नहीं होते, जब कि एक गद्य लेखक भी यदि काव्यात्मक क्षमता रखता है, कवि हो सकता है।"[४]

(३) पुस्तकों के प्रति श्री अरविन्द का अद्‌भुत प्रेम था। उनके वेतन का अधिकांश पुस्तकों में खर्च हो जाता। दिनेन्द्र राय ने लिखा है कि बड़ौदा में अवस्थान में बम्बई के प्रसिद्ध पुस्तक व्यवसायी 'मेसर्स राधाबाई आत्माराम सेगुण', मेसर्स थैंकर स्पिंक एंड कम्पनी से प्रायः पुस्तकों के पार्सल आते रहते। महीने के महीने या कभी-कभी प्रति सप्ताह नई पुस्तकों की तालिका अरविन्द के पास पहुँच जाती थी। उसमें से अपनी पसन्द की पुस्तकों के नाम चुनकर वे आर्डर भेज देते थे।

---

१. श्री अरविन्द प्रसंग, बांग्ला में लिखित, पृ० ३८-३९।
२. 'बंकिम दयानन्द तिलक' का अन्तिम निबन्ध, पृ० ७६-७७।
३. इविनिंग टाक्स : प्रथम भाग, पृ० २९४।
४. लाइफ ऑफ श्री अरविन्दो, पृ० ७५।

वेतन पाते ही ५०-६० रुपये या उससे **भी अधिक रुपये पुस्तक विक्रेताओं के** पास मनीआर्डर कर दिये जाते। '**डिपाजिट एकाउण्ट**' प्रणाली **से वे पुस्तकें** मँगाते।

इसी सिलसिले में बांग्ला 'गल्प भारती' में श्री अरविन्द की मौसेरी बहन बसन्ती (कृष्णकुमार मित्तर की कन्या) ने उनका संस्मरण लिखा है—वह छुट्टियों में देवघर आया करती। चतुर्दिक फैली पहाड़ियों की सुन्दरता सबको आकृष्ट करती। श्री अरविन्द पूजा की छुट्टियों में आते। सभी बच्चे जोगेन्द्र मामा के आसपास बैठकर कहानियाँ सुनते। बसन्ती ने लिखा 'आरो दा दो या तीन बड़े-बड़े बक्से लेकर आते। हम सोचते कि इनमें महँगे सूट और दूसरी आलंकारिक इत्यादि चीजें होंगी; किन्तु जब वे उन्हें खोलते तो हम देखकर आश्चर्य से ठगे रह जाते। यह क्या? कुछ माश्ली कपड़े और बाकी किताबें, किताबें और कुछ नहीं, सिर्फ किताबें। क्या आरो दा यह सब पढ़ना पसन्द करते हैं। हम अवकाश का आनन्द लेने आते हैं और ये क्या छुट्टी को भी पढ़ने में बिता देंगे?

इसी संदर्भ में मुझे अचानक फ्रांस के प्रसिद्ध दार्शनिक लेखक सार्त्र की याद आती है। उन्होंने पुस्तकों के बारे में लिखा है, "मैंने किताबों से जिन्दगी शुरू की और इसमें सन्देह नहीं, उन्हीं में खत्म होगी। मेरे नाना श्वाइतज़र के अध्ययन कक्ष में चारों ओर किताबें ही किताबें थीं। मुझे उन्हें वर्ष में एक दिन के अलावा कभी साफ करने की भी अनुमति नहीं मिली। यद्यपि मैं उन्हें पढ़ना नहीं जानता था, पर मैं उन खड़े पत्थरों को, सीधे या झुके हुए, एक के साथ एक सटे ईंटों की तरह या, भद्र ढंग से आलमारी के खानों रूपी गलियों में कतारबद्ध खड़ा देखकर श्रद्धा से झुक जाता था।"[१]

श्री अरविन्द के लिए किताबें जीवन थीं, पर उन्हें बहुत पढ़ंकू होने का गर्व तक छू न गया था। उन्होंने स्वयं लिखा है—"मैंने अपेक्षाकृत कम पढ़ा है। सिर्फ मैंने उस कम पढ़े से ज्यादा कमाया है। भारत में ऐसे कई लोग हैं जो हमसे पचास गुना या सौ गुना ज्यादा पढ़े हुए हो सकते हैं।"[२]

(४) छोटे आकार के ग्रे-ग्रेनाइट रंग के चिट्ठी लिखने वाले कागजों पर कविताएँ लिखते थे। प्रायः ही काटाकुटी नहीं करते थे। लिखने के पहले ही सिगरेट पीते-पीते सोचते रहते और उसके बाद उनकी लेखनी-मुख से मन्दाकिनी प्रवाहित हो जाती। वे जल्दी लिखना शुरू नहीं कर देते थे। उस बीच में कोई उनसे कुछ पूछ दे तो विरक्त हो जाते, किन्तु उस विरक्ति को दूसरा भाँप नहीं सकता था।

(५) प्रायः दस बजे तक लिखकर अरविन्द स्नानागार में प्रवेश करते। स्नान के बाद फिर कापी लेकर बैठ जाते। सुबह लिखे हुए की उस वक्त आवृत्ति करते दो तीन बार पढ़ने पर कभी दो एक शब्द बदल देते! उसी समय मेज पर खाना लगाया जाता। खाना खाते-खाते वे अखबार देख लेते। बड़ौदा राज्य का खाना हमें रुचता न था। किन्तु अरविन्द उसके अभ्यस्त हो गये थे। किसी-किसी दिन खाना ऐसा कदर्थ होता था कि वह मुँह से लगाया भी नहीं जा सकता था, परन्तु

---

१. **द वर्ड्स, पृ० २५।**

२. **कारेस्पांडेंस विद श्री अरविन्दो, पृ० ९।**

अरविन्द अकुण्ठित भाव से उसे गले के नीचे उतार लेते। रसोइये से इस पर उन्होंने एक दिन भी असंतोष व्यक्त नहीं किया।

(६) श्री अरविन्द के पास एक तांगा (विक्टोरिया गाड़ी) था। घोड़ा तो खूब बड़ा था, पर चलने में गधे का भी दादा था। चाबुक लगाने पर भी उसकी गति में वृद्धि नहीं होती थी। गाड़ी कितनी पुरानी थी, यह तो जानना भी कठिन है। अरविन्द का सब कुछ विचित्र था। जैसी वेशभूषा वैसी ही गाड़ी, वैसी ही बाड़ी (वैह)।

(७) ग्रीष्मकाल के दुःखद रौद्र घाम में खपड़ा तप कर आग जैसा हो जाता। जाड़े के शीतकाल में ऐसा सर्द कि हृदय का रक्त जम जाये। किन्तु अरविन्द ग्रीष्म शीत में समान भाव से निर्विकार रहते। क्या ग्रीष्म क्या शीत, कभी भी उन्हें एक दिन भी कातर नहीं देखा। इस बंगले में दिन में मक्खी और रात में मच्छरों के उपद्रव से मैं अस्थिर हो जाता। घर की खपरैलें पुरानी हो गयी थीं। वर्षा में अक्सर टुप-टुप करके पानी घर में चूता रहता। घर बहुत दिनों से बिना मरम्मत पड़ा था। हमारे देश के अनेक लोगों की गोशालायें भी इससे अच्छी होती हैं। किन्तु ऐसे कदर्थ गृह में वास करने में मैंने अरविन्द के मन में बिन्दुमात्र कुंठा या आपत्ति नहीं देखी। इसी जीर्ण गृह गें वे दीर्घकाल तक रहे। अरविन्द रात्रि में एक बजे तक मशकदंश की उपेक्षा करते हुए टेबल से लगी कुर्सी पर बैठे हुए लैम्प की रोशनी में साहित्य का अध्ययन करते रहते। उन्हें मैं पुस्तक पर आँख गड़ाये घण्टों इसी तरह बैठा पाता। वे योग-निमग्न तपस्वी की तरह बाह्यज्ञान-शून्य लगते। अरविन्द इसी प्रकार नाना भाषाओं के जाने कितने ग्रंथों, काव्य, उपन्यास, इतिहास, दर्शन आदि का पाठ करते, उनकी संख्या बताना मुश्किल है। उनके पाठागार में नाना भाषाओं के ग्रंथ स्तूपीकृत रखे रहते। फारसी, जर्मन, रशियन, अंग्रेजी, ग्रीक, लैटिन, हिब्रू[१] प्रभृति भाषाओं की किस प्रकार की पुस्तकें हैं, उनका परिचय मैं नहीं जानता।

(८) बड़ौदा मरु-सन्निहित स्थान कहा जाता है, अतः वहाँ गर्मी और सर्दी कड़ाके की हुआ करती; किन्तु माघ मास के शीतकाल में भी अरविन्द को किसी दिन रजाई का उपयोग करते नहीं देखा। कम्बलवन्तः खलु भाग्यवंतः। अरविन्द अल्पमूल्य के कम्बल से रजाई का अभाव दूर करते। पाँच रुपये मूल्य का एक नीला आलवान उनका शीत-वस्त्र था। जितने दिन उनके साथ एकत्रवास किया उन्हें ब्रह्मचर्य निरत, परदुःख कातर, आत्मत्यागी संन्यासी से भिन्न कुछ मानने का जी नहीं होता। ज्ञान संचय ही उनका व्रत था। इसी व्रत के उद्यापन के लिए वे कर्म कोलाहल मुखरित संसार में रहकर कठोर तपस्या में मग्न रहते।[२]

दिनेन्द्रनाथ राय के इस वर्णन से श्री अरविन्द की न सिर्फ दिनचर्या स्पष्ट होती है; बल्कि

---

१. **प्रमोद सेन ने भी अपनी पुस्तक श्री अरविन्द की जीवनी में उन्हें हिब्रू का जानकार बताया था जिस पर मजाक करते हुए उन्होंने कहा कि क्यों नहीं मैं अम्हेरी और दूसरी अफ्रीकी भाषाएँ जानता हूँ, यह भी लिख दिया। इविनिंग टाक्स, प्रथम भाग, पृ० १२१।**

२. **अरविन्द प्रसंग (बांग्ला में लिखित), पृ० २८-२९।**

उनके सदाचारी जीवन और स्वाध्याय-निरत व्यक्तित्व का बहुत निकट से परिचय मिलता है। उनकी दूसरी गतिविधियाँ दिनेन्द्रनाथ के परोक्ष चलती थीं, इसलिए उन पर पूर्ण विश्वास करना ठीक न होगा।

श्री अरविन्द ने बहुत थोड़े समय में, किन्तु गहरे और कष्टसाध्य अध्यवसाय के द्वारा भारतीय परिवेश को क्रमबद्ध रूप से आत्मसात् किया। वे अपने पश्चिमी ज्ञान-विज्ञान से शाणित दृष्टिकोण के द्वारा भारतीय वाङ्मय को पुनः परीक्षित कर सके और पुराकाल से लेकर तब तक का भारतीय परिवेश जीवन्त प्राणवान् सत्ता के रूप में उनका सहचर बन गया।

भारतीय पुनर्जागरण

उस वक्त का भारत क्या था? आज तक का कोई भी इतिहासकार १८५० से लेकर १९०० के भारतीय परिवेश को कोई भी सर्वसार्थक और बहु-आयामी नाम नहीं दे सका है। एच० सी० जकरिया की 'रिनासेंट इण्डिया' (१९३३), अमित सेन का 'नोट्स आन बेंगाल रिनेसाँ' गुप्त की 'स्टडी इन बेंगाल रिनेसाँ' सी० एफ० एण्डूज की 'रिनेसाँ इन इण्डिया', जेम्स एच० कजिन्स की 'रिनेसाँ इन इण्डिया' [मद्रास १९१८] आदि पुस्तकों में बार-बार 'रिनेसाँ' का प्रयोग हुआ है। भारतीय पुनर्जागरण या 'इण्डियन रिनेसाँ' कहने से एक गुरु गंभीर शब्दार्थ का बोध भले होता हो, पर पश्चिम से उधार लिया हुआ यह शब्द तत्कालीन भारतीय परिवेश को उसकी सम्पूर्ण गरिमा में समेट पाने में असमर्थ है। यह मात्र धार्मिक पुनर्जागरण नहीं था, न तो सुधारवाद तक ही सीमित था, बल्कि इसमें एक साथ बौद्धिक पुनर्जागरण, धार्मिक सुधार, औद्योगिक विकास तथा सर्वोपरि स्वतंत्रता की अभीप्सा और राष्ट्रीयता की भावना का पूर्ण संपुजन था। हम इस बहुविध परिप्रेक्ष्य वाले इस काल को तब तक ठीक से जान न पायेंगे जब तक इस चतुरायामी विकास को सम्यक् रूप से देखने और समझने का प्रयत्न नहीं करते।

यों तो विश्व के सभी महान् धर्म हिन्दू, बौद्ध, क्रिश्चियन, इस्लाम सभी एशिया महाद्वीप की ही देन हैं, किन्तु अनेकानेक कारणों से एशिया इस्लाम और ईसाई धर्मावलंबियों द्वारा बेतरह प्रताड़ित होता रहा है। ईसाई धर्मावलम्बी शासकों ने एशिया को जहाँ एक ओर वैज्ञानिक और तकनीकी दृष्टि और उपकरण दिये, वहीं यह कहना भी अनुचित न होगा कि इस पूरे महाद्वीप के आर्थिक शोषण का सबसे बड़ा उत्तरदायित्व भी उन्हीं के मत्थे जाता है। शासक-वर्ग हमेशा ही शासित जातियों को अपनी तुलना में असभ्य, असंस्कृत और निर्बल मानता रहा है। शायद यह उचित न हो, स्वाभाविक तो था ही। इन्हीं परिस्थितियों की प्रतिक्रिया में उत्पन्न रिनेसाँ को भिन्न-भिन्न दृष्टिकोणों से देखने का प्रयत्न किया गया। इस शब्द का व्यवहार करने वाले अनेक विद्वान् इसे इटली के बौद्धिक चिन्तकों द्वारा यूनान और रोम की संस्कृति के पुरामूल्यों की खोज के प्रयत्नों के समानान्तर रखकर प्राचीन भारतीय संस्कृति का पुनरन्वेषण करना चाहते हैं। अर्थात् उनकी दृष्टि से पुनर्जागरण और पुनरुत्थान एक जैसी चीजें हैं। दूसरी ओर ऐसे विचारक मिलेंगे जो भारतीय पुनर्जागरण को नवीनता और आधुनिकता का पर्याय मान लेने में संकोच का अनुभव नहीं करते। इस अध्ययन की समग्रता के लिए हमें इन दोनों ही अतिवादी छोरों से बचकर चलना होगा।

इस तरह भारतीय पुनर्जागरण को समझने के लिए उसके उपर्युक्त चारों पहलुओं को, पुनरुत्थानवादी अथवा अति आधुनिकताग्रही दृष्टिदोषों से बचकर विश्लेषित करने की आवश्यकता है।

वस्तुत: जब हम भारतीय रिनेसाँ कहते हैं तो हमारा दिमाग बहुत करके तत्कालीन धार्मिक आन्दोलनों या राजनीतिकों पर केन्द्रित हो जाता है। इस दिशा में सर्वप्रथम पहल करने वालों में शीर्षस्थ नाम राजा राममोहन राय का लिखा जाता है। निकल मैकनिकल ने उन्हें "सत्य के नये महाद्वीप के अन्वेषण में भारतीय कोलम्बस"[१] की उपाधि दी है। रवीन्द्रनाथ ने उन्हें "मानव जाति की सार्वभौमिकता का आदर्श रखकर भारत को बाकी दुनिया से जोड़ने वाला व्यक्ति कहा है।"[२] इसी समारोह, में, राधाकृष्णन् और विपिनचन्द्र पाल ने भी उन्हें श्रद्धांजलि अर्पित की थी। राजा की प्रमुख देन ब्रह्म समाज की स्थापना थी जो १८२८ में हुई। मैक्समूलर ने इसके विषय में कहा था—"यदि भारत में कभी कोई नया धर्म होगा तो मुझे विश्वास है वह अपने जीवन-संचार के लिए राममोहन राय और उनके योग्य शिष्य देवेन्द्रनाथ टैगोर और केशवचन्द्र सेन को अवश्य याद करेगा।"[३]

ब्रह्मसमाज एक उत्कट तथा निकट अतीत का प्रेरणादायी आन्दोलन था जो मात्र बंगाल में सिमट कर रह गया। राममोहन राय ने पटने में फारसी और अरबी का, बनारस में संस्कृत का तथा ईसाई धर्म को समझने के लिए अंग्रेजी के अलावा हिब्रू, लैटिन और यूनानी भाषाओं का अध्ययन-मनन किया। परम्परा-वादिता का विरोध करते हुए उन्होंने मूर्तिपूजा, कर्मकाण्ड आदि का खंडन किया। उन्होंने हिन्दू, इस्लाम और ईसाई धर्मों के समन्वय का प्रयत्न किया। मोनियर विलियम्स ने ठीक ही कहा था कि वे "हिन्दुस्तान में तुलनात्मक धर्मविज्ञान के पहले अनुसंधानकर्त्ता थे।" सच्चे ईश्वर का सिद्धान्त सभी धर्मों का सामान्य तत्त्व है। यही तत्त्व मानव-जाति के सामान्य धर्म का मूलभूत अंश कहा जा सकता है। इस सार्वभौम धर्म का उपयोग सदा क्षेत्रीय और राष्ट्रीय वातावरण के अनुसार होगा। मनुष्य की सेवा ही ईश्वर की सेवा है।[४] सती प्रथा का विरोध, प्रेस की स्वाधीनता का आन्दोलन जैसे संवैधानिक कार्यों में भी वे सक्रिय रहे। वे अंग्रेजों द्वारा पर्याप्त समादृत हुए। हाउस आफ लार्ड्स में उन्हें जाने का अवसर मिला, पेरिस में लुई फिलिप के अतिथि रहे और उसी यात्रा में १८८३ में ब्रिस्टल में स्वर्गवासी हुए।

सच्चे धर्म की खोज के ऐसे प्रयत्न ने राममोहन राय के शिष्य देवेन्द्रनाथ ठाकुर [१८१७-१९०५] को तत्त्वबोधिनी सभा के निर्माण के लिए प्रेरणा दी। इसे बंगाल के साहित्यिक और आध्यात्मिक इतिहास में नये युग के सूत्रपात का सूचक कहा गया। उन्होंने 'तत्त्वबोधिनी' पत्रिका भी प्रकाशित की। इसमें ईश्वरचन्द्र विद्यासागर और राजेन्द्रलाल मित्र जैसे लोगों के लेख निकलते थे। ब्राह्मधर्म की शिक्षा के लिए तत्त्वबोधिनी पाठशाला खुली। संस्कृत के प्रामाणिक ग्रंथों, विशेषत: वेदों को मूलरूप में देखने की इच्छा से बनारस आये।[५] उन्होंने ब्रह्मसमाज की ओर से वेदों की अमोघता का खंडन किया। यद्यपि उनकी दृष्टि में राममोहन राय की अपेक्षा ईसाई धर्म के प्रति श्रद्धा कम थी। वे सूफीमत के प्रति आकृष्ट थे। हाफिज को

---

१. निकल मेकनिकल : राममोहन राय, पृ० २९।
२. भारत पथिक राममोहन राय, १८३३ में शताब्दी समारोह का भाषण।
३. बायोग्रैफिकल एसेज़, पृ० ८३।
४. शिवनाथ शास्त्री : हिस्ट्री ऑफ ब्रह्मसमाज।
५. वे १८४७ में काशी आये थे और वेदों के त्रुटिहीन अमोघ होने के पक्ष-विपक्ष में प्रमाण-संग्रह करते रहे।

'श्रद्धेय पागल' कहकर हृदय से प्यार करते थे। इन्हीं कारणों से बंगाल के कट्टरपंथी टैगोर परिवार को 'पिराली' ब्राह्मण कहकर निन्दित करते थे।[१] विपिनचन्द्र पाल ने स्पष्ट लिखा है कि उनकी उपनिषदों की व्याख्या, न वेदान्ती, न वैष्णव मुख्यतः इस्लामी है। इस्लामी भक्ति में ईश्वर की धारणा विषयक मतों से वे बहुत प्रभावित थे। बाद में पूर्णतः रहस्यवादी होते गये। १९०५ में अपनी मृत्यु के समय तक वे एकान्तवास में रहे। अण्डरहिल ने उनकी 'आत्मकथा' में मिलनेवाले समन्वय-बोध को रहस्य चेतन की सर्वोत्तम उपलब्धि कहा है।[२]

केशवचन्द्र सेन [१८३८-१८८४] ने हिन्दू कालेज में शिक्षा पाई। देवेन्द्रनाथ की प्रेरणा से वे ब्रह्मसमाज में आये। प्रचारकार्य का ऐसा उत्साह जगा कि उन्होंने 'बैंक आफ बेंगाल' की नौकरी छोड़ दी। १८६१ में उन्होंने 'इंडियन मिरर' नामक पत्रिका शुरू की। १८६४ में पश्चिमी और दक्षिणी भारत की विस्तृत यात्रा की। उसी वर्ष उन्होंने धर्मतत्त्व पत्रिका का, जो प्रायः दर्शन और धर्म-विषयक सामग्री प्रस्तुत करती थी, आरम्भ किया। १८६९ में अपने किंचित उग्र सिद्धांतों के कारण आदि ब्रह्मसमाज से उन्होंने सम्बन्ध तोड़ लिया और 'ब्रह्म समाज आफ इंडिया' की स्थापना की। १८७० में उन्होंने इंग्लैण्ड की यात्रा की जिसका अत्यन्त रोचक और दिलचस्प विवरण डॉ० जे० कारपेण्टर ने प्रस्तुत किया है।[३] उन्होंने ग्लेड्स्टन, डिजराइली, मैक्समूलर, न्यूमेन, मार्टिनो और जान स्टुअर्ट मिल से मुलाकात की। वे मलिका विक्टोरिया से भी मिले। केशवचन्द्र सेन का 'मानव कैथोलिकवाद' बहुत कुछ समन्वयवादी मुरब्बा जैसा ही लगता है। डॉ० शर्मा का यह कथन बहुत कुछ सत्य लगता है कि ''उनका धर्म ब्राह्मतर्कवाद, वैष्णव भावुकता, ईसाई अतिप्रकृतिवाद और वेदान्त के रहस्यवादी तत्त्वों का मिला जुला ढेर। इन सबको एक व्यापक संवादितापूर्ण संगति और समन्विता देने की उनमें क्षमता न थी।''[४]

केशवचन्द्र सेन की सबसे बड़ी विशेषता उनके उन प्रयत्नों में दिखाई पड़ती है जिनमें उन्होंने योरप की जगह एशियाई संस्कृति के महत्त्व को पुनरुज्जीवित करने का प्रयत्न किया। केशवचन्द्र सेन नें लिखा—''मैं एशिया का बेटा हूँ। उसके दुःख मेरे दुःख हैं, उसका आनन्द मेरा आनन्द है। मुझे इस बात का गर्व है कि एशिया के एक छोर से दूसरे छोर तक मेरा विराट् घर है। इसमें व्यापक राष्ट्रीयता और आत्मीयता मौजूद है।''[५] इसी भूमिका पर खड़े होकर वे हिन्दू, इस्लाम और ईसाई धर्म को एशिया की प्रसूति मानकर उनके समन्वय का प्रयत्न करते हैं। उनके हिसाब से ईसाई धर्म की स्थापना और विकास एशियावालों ने एशिया में ही किया। जीसस मेरे पौरस्त्य स्वभाव के समीप हैं। गास्पेल की बिम्ब योजनाओं, रूपकों, प्राकृतिक वर्णनों, रीति-रिवाजों को योरपवासियों की अपेक्षा एशियावासी कहीं अधिक दिलचस्पी और शक्ति तथा सुन्दरता के साथ समझ सकते हैं।[६] केशव इसीलिए ईसाइयों को समझाते हुए कहते हैं—''यह ठीक नहीं है कि ईसाई धर्म भारतीयों को राष्ट्रीयताहीन बनाये। हमें ईसाई मत की

---

१. कृष्ण कृपलानी, रवीन्द्रनाथ टैगोर—बायोग्राफी, अध्याय २।

२. देवेन्द्रनाथ की आटोबायोग्रॉफी की भूमिका।

३. केशवचन्द्र सेन ऐण्ड इंग्लैण्ड, २४ नवम्बर, १९०७ का भाषण।

४. हिन्दूइज्म थ्रू ऐजेज, पृ० ७८।

५. एशियाज मेसेज टू योरप, पृ० १८८३।

६. ब्रह्मानन्द केशव, पृ० १८७।

भावना को पाश्चात्य सभ्यता के फैशनों से अलग करके समझना चाहिए।"[१]

यह सब होते हुए भी वे अपने को ईसूदास कहे जाने में संकोच का अनुभव नहीं करते थे। साथ ही वे हिन्दू धर्म के महत्त्व को भी कम करना नहीं चाहते थे। यही द्विविधाग्रस्त बोध पूरे ब्रह्मसमाज का अन्तर्विरोध है जो उसे पूरी तरह खा गया। हालाँकि उसकी सामयिक देन को नकारा नहीं जा सकता।

ब्रह्मसमाज के समानान्तर या कुछ समय बाद श्री रामकृष्ण और उनकी परिषद् सम्भवत: सर्वाधिक आकर्षण का केन्द्र बनी। श्री रामकृष्ण (१८३६-१८८६) परमहंस को बचपन में मिट्टी के खिलौनों को रंगने-सजाने का शौक था, और कहना न होगा कि उन्होंने अपने इस कौशल का प्रयोग आगे चलकर अपने शिष्यों के व्यक्तित्व को सँवारने में भी खूब किया। पढ़ने-लिखने में खास रुचि न थी। २० वर्ष की आयु में अपने भाई रामकुमार के साथ कलकत्ते रहने लगे। भाई दक्षिणेश्वर में कालीमंदिर के पुजारी थे, वहीं उनकी मृत्यु के बाद पुजारी नियुक्त हुए। श्री रामकृष्ण के व्यक्तित्व में हम श्री अरविन्द के शब्दों में—"अतिमहान् आध्यात्मिक सामर्थ्य देखते हैं, जो पहले तो दिव्य साक्षात्कार तक सीधे वेग से जा पहुँचती है, मानो जबर्दस्ती स्वर्गलोक अधिकृत्य कर लेती है और फिर एक के बाद एक कितनी ही योग-पद्धतियों को पकड़ती है, तथा अविश्वसनीय शीघ्रता के साथ उनमें से सारतत्त्व को निचोड़ लेती है। ऐसा वह सदा ही सम्पूर्ण विषय के हृदय में वापस आने के लिए, प्रेम की शक्ति द्वारा, जन्मजात आध्यात्मिकता को नानाविध अनुभवों के रूप में विस्तारित करके तथा संबोधिजन्य ज्ञान की स्वत: स्फूर्त क्रीड़ा के द्वारा भगवान् को प्राप्त करने तथा अधिकृत करने के लिए करती है।"[२] उन्होंने भैरवी ब्राह्मणी से तन्त्र, भ्रमणशील वैष्णव साधु से वैष्णवप्रेम, तोतापुरी से ज्ञानमार्ग, इस्लामी पद्धति से सूफीचिन्तन, शम्भुचरण मल्लिक आदि से ईसाइयत और बाइबिल सीखा। वे अन्तत: केशवचन्द्र के सम्पर्क में आकर ब्रह्मसमाज और अंग्रेजी शिक्षा से उत्पन्न स्थितियों को भी भलीभाँति जान सके। केशव की मृत्यु पर श्री रामकृष्ण ने कहा था—मेरा अर्धांश मर गया है।[३] अपने अनुभूतिजन्य ज्ञान को सहजात सहज ढंग से और परम आत्मीयता के साथ व्यक्त करने के कारण श्रीरामकृष्ण निरन्तर लोकप्रिय होते गये। उनके इर्द-गिर्द श्रद्धालुओं और जिज्ञासुओं के दल मँडराने लगे। वे ईश्वर को प्रेम से पाने की शिक्षा देते। कोई दर्शन या ज्ञान बघारना उनका न उद्देश्य था न मनपसंद विषय। वे विनय की, अनुशासन की, संयम की शिक्षा देते। कंचन-कामिनी से दूर रहने का आग्रह करते। श्रीरामकृष्ण ने मनुष्य जीवन के सामाजिक पक्ष पर ज्यादा बल नहीं दिया, कारण वे अपनी वैयक्तिक साधना से समय नहीं निकाल पाये। वे समाज सुधारकों में बहुत आस्था भी नहीं रखते थे। एक बार उन्होंने कहा—"यदि तुम ईश्वर से कभी मिलोगे तो क्या यह कहोगे कि मुझे शक्ति दो कि मैं

---

१. **जीसस : क्राइस्ट योरप एण्ड एशिया।**

२. **योग विचार, पृ० २७।**

३. **केशवचन्द्र सेन और रामकृष्ण में से किसने किसे प्रभावित किया, यह विवाद व्यर्थ है। मैं समझता हूँ कि मैक्समूलर की पुस्तक 'राममोहन टु रामकृष्ण' इस विचार को स्पष्ट करने वाला प्रामाणिक परन्तु साभिप्राय ग्रन्थ है। मृत्यु के समय केशवचन्द्र सेन के मुख से 'माँ माँ' की रट श्रीरामकृष्ण के प्रभाव को स्पष्ट कर देती है लाइफ ऑफ रामकृष्ण— रोमाँ रोलाँ, पृ० १८१।**

नहरें खुदवा सकूँ, स्कूल बनवा सकूँ, अस्पताल स्थापित कर सकूँ?''[१] वस्तुतः रामकृष्ण स्वकीय साधना के बल पर इतने उच्च स्तर पर उठे हुए आदमी थे कि उनका व्यक्तित्व ही प्रकाश स्तम्भ बन गया। उनके सिद्धान्तों का समाजीकरण तो विवेकानन्द ने किया।

विवेकानन्द [१८६३-१९०२] कुल चालीस वर्ष तक इस संसार में रहे, किंतु अपने सक्रिय दीप्त व्यक्तित्व, अटूट विश्वास और तूफानी कार्यक्रमों के द्वारा उन्होंने भारत को ही नहीं, पूरे विश्व को झिंझोड़कर रख दिया। यदि यह कहा जाये कि वे भारतीय पुनर्जागरण की सर्वाधिक महत्वपूर्ण विभूति थे तो अनुचित न होगा। श्री अरविन्द ने उन्हें एक वाक्य में भगवान् शिव का परमदीप्त कटाक्ष कहा था।[२] वे ध्यानस्थ चित्रों में शिव के तुल्य प्रतीत होते हैं, शान्त, गम्भीर, निर्विकार, पर जब सक्रिय जीवन में उतरते हैं तो उनके पैरों में ताण्डव की गत्वरता सर्वत्र दिखाई पड़ती है और उनकी कविता 'श्यामा नाचे' याद आने लगती है। पश्चिमी ज्ञानविज्ञान से पूर्ण परिचित वे युवावस्था में १८८१ में श्री रामकृष्ण के सम्पर्क में आये। तब से लेकर मृत्यु-पर्यन्त भारतीय राष्ट्र, उसकी संस्कृति, उसके दर्शन को पुनरुज्जीवित करने में निरन्तर लगे रहे। 'अभय बनो'—उनका उपदेश था। 'जागो'—उनका संदेश था। 'अपने को पहचानो'—उनका मंत्र था। ''वेदान्त के ज्ञान को गुफाओं से निकालकर समाज तक पहुँचाना चाहते थे।''[३] वे रहस्यवादी ढंग-ढर्रों के विरुद्ध थे। वे बीस करोड़ देवताओं में अंधश्रद्धा के बदले नास्तिक हो जाना बेहतर समझते थे। वे भारतीय अध्यात्म को छोड़कर पश्चिमी पद्धति की नकल के जितने विरोधी थे, उतने ही जीवन की दीनता के भी। उन्होंने कहा था—''संसार में डूबकर कर्म का रहस्य जानो। संसार-यंत्र के पहियों से भागो मत। भीतर जाकर देखो कि यह कैसे चलता है, और विश्वास करो तुम्हें इससे निकलने का रास्ता मिल जायेगा।'' वे गरीबी और जहालत के सख्त विरोधी थे। उन्होंने बड़े तैश से कहा था—''मैं वैसे ईश्वर में विश्वास नहीं करता जो मरने के बाद स्वर्ग में अनन्त आनन्द देगा, पर इस जगत् में मुझे रोटी भी नहीं दे सकता।''[४] वे भारतीय स्वतन्त्रता के पूर्ण समर्थक थे, क्योंकि उनकी दृष्टि से ''स्वाधीनता का संघर्ष मनुष्य को ब्रह्माण्ड से जोड़ता है।''[५] उन्होंने श्री रामकृष्ण मिशन को संगठित करके दरिद्र नारायण की सेवा का अभियान आरम्भ किया।[६]

विवेकानन्द की शिष्य बहन निवेदिता ने भी भारतीय पुनर्जागरण में अपनी शक्ति के अनुसार महत्वपूर्ण योगदान दिया।

---

१. गास्पेल ऑफ रामकृष्ण, पृ० ४२७।

२. थाट्स एण्ड अफोरिज्म पृ० २६—एक दूसरी जगह उन्होंने उन्हें शिव का अंश कहा है। मदर इण्डिया, सम नोट्स ऑफ १९२२-२६, भाग २२ सं० ६, पृ० ३३३।

३. रोमाँ रोलाँ, लाइफ़ ऑफ विवेकानन्द, पृ० २१९।

४. लेक्चर्स फ्राम कोलम्बो टु अल्मोड़ा, पृ० ५४।

५. ''उन्नति की पहली शर्त है स्वाधीनता। मनुष्य को जिस प्रकार विचार और वाणी की स्वाधीनता मिलनी चाहिए वैसी ही उसे खान-पान, रहन-सहन, विवाद आदि हर बात की स्वाधीनता होनी चाहिए। इसके लिए आवश्यक है शक्ति की उपासना। क्षात्र धर्म की प्रतिष्ठा।'' स्वाधीन भारत : जय हो (विवेकानन्द), पृ० २६।

६. जो जाति रोटी के लिए तरस रही है उसके हाथ में दर्शन और धर्मग्रन्थ रखना उसका मजाक उड़ाना है।

राममोहन राय के द्वारा संस्थापित ब्रह्म समाज का प्रभाव बंगाल के बाहर यदि कहीं दिखाई पड़ा तो वह प्रदेश है महाराष्ट्र। १८६४ में केशवचन्द्र ने महाराष्ट्र की यात्रा की। उनके बाद प्रतापचन्द्र मजूमदार, गौर गोविन्दराय, अमृतलाल वसु आदि ने वहाँ का दौरा किया। १८६७ में आत्माराम पांडुरंग की अध्यक्षता में बम्बई में प्रार्थना समाज की स्थापना हुई। १८७२ में थीइस्टिक समाज की स्थापना हुई। महादेव गोविंद रानाडे [१८४२-१९००] प्रार्थना समाज के प्रमुख स्तम्भ थे। उन्होंने १८७३ में महाराष्ट्र की आर्थिक स्थिति पर सरकार को अपनी रिपोर्ट दी। सार्वजनिक सभा की स्थापना ही ऐसे कार्यों के लिए हुई थी। रानाडे का मत उनके 'ईश्वरवाद का दर्शन' शीर्षक निबन्धों में अच्छी तरह उभरा है। ईसाई धर्म के प्रति उदारता बरतने वाले वे पहले महाराष्ट्री व्यक्ति थे। उनके शिष्य भंडारकर ने उनके आन्दोलनों और विचारों को आगे बढ़ाया। इस दिशा में न० जी० चन्द्रवारकर और रमाबाई का भी महत्त्व है। रानाडे के इन उदारतावादी समझौतापरक विचारों का तिलक ने खुला विरोध किया और 'एज आफ कान्सेन्ट विल' को लेकर चलने वाला उनका विरोध १८९५ ई० में इस सीमा पर पहुँचा कि तिलक ने रानाडे को अपदस्थ करके 'सार्वजनिक सभा' पर अधिकार कर लिया।

भारतीय पुनर्जागरण को बहुत दीप्त भूमिका प्रदान करने में स्वामी दयानन्द सरस्वती (१८२४-१८८३) का स्थान प्रमुख है। वैदिक साहित्य के प्रति वे इतने श्रद्धालु और निष्ठावान थे कि पूरी हिन्दूजाति को आर्यधर्म की ओर लौटाना उनका उद्देश्य बन गया। वेदों के प्रति उनकी भक्ति बहुतों को दुराग्रह लग सकती है, किन्तु दयानन्द ने शुद्ध राष्ट्रीय पुनर्जागरण की एक नई धारा को समानान्तर उपस्थित करके बहुत बड़ा कार्य किया। इसमें सन्देह नहीं। वे इसी कारण यदि ब्रह्मसमाज, प्रार्थनासमाज या ईसाईमत पर आक्रामक दृष्टिकोण रखते थे तो इसे अतिवादी कहकर टाला नहीं जा सकता, क्योंकि दयानन्द के आर्यसमाजी आंदोलन ने दो विचारधाराओं के टकराव [इनकाउण्टर] की स्थिति खड़ी करके बहुतों को आत्मपरीक्षण का अवसर भी दिया। दयानन्द ने अपने धार्मिक आंदोलन को पूर्ण सामाजिक पीठिका भी प्रदान की। वर्णव्यवस्था की प्रगतिशील व्याख्या, एंग्लो वैदिक स्कूलों की स्थापना, नारी शिक्षा की आयोजना, रूढ़िवादी संस्कारों का विरोध, सामाजिक कुरीतियों पर प्रहार उनकी रचनात्मक प्रतिभा की देनें हैं। उन्होंने सर्वसंघ समन्वय के प्रयत्नों द्वारा पुनर्जागरण को संगठित गम्भीरता देने का भी असफल प्रयत्न किया।

१८७२ में कलकत्ते की यात्रा के अवसर पर उनकी केशवचन्द्र से मुलाकात हुई थी। केशव ने कहा था कि "अफसोस है कि वेदों का अद्वितीय विद्वान अंग्रेजी नहीं जानता अन्यथा इंग्लैण्ड जाते समय मेरा इच्छानुकूल साथी होता।" दयानन्द ने तपाक से उत्तर दिया—"शोक है कि ब्रह्मसमाज का नेता संस्कृत नहीं जानता और लोगों को उस भाषा में उपदेश देता है जिसे वे समझते ही नहीं।"[१] दयानन्द ने गुजराती होते हुए भी अपने सारे आन्दोलन के लिए हिन्दी भाषा को चुना जिसे वे आर्यभाषा कहा करते थे। आर्य समाज ने पूरे पश्चिमोत्तर भारत को अपने क्रांतिकारी कार्यक्रमों से जिस प्रकार प्रभावित किया, वैसा प्रभाव अन्यत्र शायद ही किसी आन्दोलन का पड़ सका।

इसी समय उत्तर भारत में थियोसोफिकल आन्दोलन भी आरम्भ हुआ। श्रीमती एनीबेसेण्ट १६ नवम्बर १८९३ को भारत आयीं। वे १८८९ में ही मदाम ब्लेवातस्की की शिष्या

---

१. श्रीमद्दयानन्द प्रकाश, पृ० ५०७।

हो चुकी थीं। कर्नक ओल्काट और श्रीमती व्लेवातस्की १८७९ ई० में ही भारत आ गये थे और उन्होंने दयानन्द से वार्ता करके दोनों आन्दोलनों को एक में मिलाने का प्रस्ताव भी किया, पर असफल हुए। मदाम व्लेवातस्की रहस्यवादी थीं। श्री अरविन्द ने उनके बारे में कहा था, "कुछ यथार्थ तो है, पर कल्पना (Romance) भी कम नहीं है। जितना सत्य उतनी ही कल्पना। निवेदिता थियोसोफिस्टों को 'रुई भरे माथे' वाले लोग कहा करती थी।[१] थियोसोफी आन्दोलन एनीबेसेंट के आगमन के पहले से चल रहा था, क्योंकि यह एक अन्तर्राष्ट्रीय आन्दोलन का हल्का रूप ले चुका था, परन्तु भारत में इसे पूर्ण व्यवस्थित करने का श्रेय एनीबेसेंट को ही प्राप्त होता है। हिन्दू, बौद्ध और तिब्बती लामा गुह्य साधना के समन्वय पर खड़ा यह आन्दोलन रहस्यवादी साधनाओं के कारण कुछ लोगों को अपनी ओर आकृष्ट करने में सफल भी हुआ, किन्तु इसे पूर्ण व्यापकता एनीबेसेंट ने दी। एनीबेसेंट भारतीय संस्कृति, रहन-सहन और राष्ट्रीय आत्मा की भक्त थीं और उनकी ओजस्वी वाणी में एक जादू था। भारत को अपनी मातृभूमि कहती थीं। उन्होंने भारतीयों को निद्रा त्याग कर आगे बढ़ने की प्रेरणा दी। काशी के एक पण्डित ने उन गुणों से मुग्ध होकर इन्हें 'सर्वशुक्ला सरस्वती' की उपाधि दे डाली। हिन्दू स्कूल की स्थापना उनके हिन्दूधर्म के प्रति प्रेम का प्रमाण है। 'वेक अप इण्डिया' के व्याख्यान निश्चय ही प्रेरणाप्रद हैं। उन्होंने अपने दो अखबारों 'कामन वील' और 'न्यू इण्डिया'[२] के माध्यम से होमरूल आन्दोलन को बड़ी शक्ति दी।

इन विशिष्ट व्यक्तियों के विवरण से यह समझने की गलती नहीं होनी चाहिए कि ये ही व्यक्ति मात्र पुनर्जागरण से संबंधित थे।

बंगाल के ईश्वरचन्द्र विद्यासागर को भुलाया नहीं जा सकता, वे निश्चय ही प्रगतिशील समाज-सुधारक थे। स्त्री-शिक्षा के क्षेत्र में उनका अप्रतिम योगदान है। बहुविवाह और बाल-विवाह के विरोध में भी वे सक्रिय थे। विधवा-विवाह का उनका आन्दोलन बहुत बड़ा ऐतिहासिक महत्त्व रखता है। उनके इस आन्दोलन का पुरातनवादी हिन्दुओं ने राधाकान्त देव के नेतृत्व में खुला विरोध भी किया। बंकिमचन्द्र का इस पुनर्जागरण में ऋषि तुल्य स्थान है क्योंकि उन्होंने वन्देमातरम् के मंच से राष्ट्रीयता की दीक्षा दी थी। पर सुरेन्द्रनाथ बनर्जी मुख्यत: राजनीतिक रंगमंच पर कार्य करते रहे। वे उदारवादी नेता थे। अपने 'बंगाली' पत्र के माध्यम से वे कभी-कभी सरकारी कुकृत्यों का हल्का सा विरोध भी करते थे। उन्होंने १८८३ में अपने देशभक्ति पूर्ण कार्यों के लिए दो महीने का कारावास दण्ड भी सहर्ष स्वीकार किया। १८७६ में उन्होंने इंडियन एशोसिएशन की स्थापना की।

हिन्दू पुनर्जागरण के साथ ही साथ देश में मुस्लिम पुनर्जागरण भी चल रहा था। सर सैयद अहमद खाँ (१८१७-१८८८) अंग्रेजों के कृपापात्र और मुसलमानों के सुधारवादी नेता थे।

---

१. टाक्स विद श्री अरविन्दो, प्रथम भाग, पृ० २८।

२. मांटेग्यू चेम्सफोर्ड सुधार पर कुछ कहने के लिए एनीबेसेंट ने अरविन्द से बहुत आग्रह किया। उन्होंने 'न्यू इण्डिया' में एक भारतीय राष्ट्रवादी के नाम से लेख लिखा—"ये सुधार चीनी पहेली की तरह हैं। चीनी पहेली भी सुलझायी जा सकती है, पर इन्हें सुलझा पाना कठिन है, सरकार के द्वारा दी हुई हर चीज छायामात्र थी, और ये सुधार तो महाछाया हैं"—इवनिंग टाक्स, द्वितीय भाग, पृ० २२।

१८५५ में वे बिजनौर में नियुक्त हुए वहीं उन्होंने गदर के समय अंग्रेजों की रक्षा की। १८५८ में गदर पर उन्होंने एक पत्र लिखा जिसमें उनका कारण जनता की अज्ञानता बतायी गयी। १८६३ में गाजीपुर में वैज्ञानिक सभा की स्थापना की और अंग्रेजी ग्रंथों का उर्दू में अनुवाद कराया। उन्होंने 'सोशल रिफार्मर' नामक पत्र निकालकर मुसलमानी समाज में सुधार के प्रयत्न किये। उनकी सबसे बड़ी देन मुस्लिम यूनिवर्सिटी अलीगढ़ है, जिसे वे इस्लामी कौम की बौद्धिक राजधानी बनाना चाहते थे।

भारतीय पुनर्जागरण के उपर्युक्त बिवेचन से स्पष्ट हो जाता है कि यह आन्दोलन पूरे भारत में, खासतौर से उत्तर भारत में बहुत व्यापक रूप ले चुका था और इसके परिणामस्वरूप देश में बौद्धिकता, नवीनता और आत्मविश्वास की एक लहर पैदा हो गयी थी, पर यह आन्दोलन अपने भीतर के विरोधाभासों से मुक्त नहीं था। इन विरोधाभासों को श्री अरविन्द अच्छी तरह समझते थे और उन्होंने अपनी पुस्तिका 'रिनेसाँ इन इंडिया' में इसका सविस्तार विश्लेषण किया।

पुनर्जागरण : श्री अरविन्द की दृष्टि

ईस्वीय १८५७ में भारत अनेक प्रयत्नों के बावजूद अंग्रेजी शासन से मुक्ति न पा सका। यह वर्ष भारतीय इतिहास में बहुत ही महत्त्व का स्थान रखता है, चाहे भिन्न-भिन्न दृष्टिकोण वाले लोग इसे स्वतन्त्रता का प्रथम संग्राम कहकर इसकी अभ्यर्थना करें, चाहे सिपाही-विद्रोह कहकर इसका अवमूल्यन। पंडित जवाहरलाल नेहरू ने इसे सिपाही विद्रोह से कुछ ज्यादा महत्त्वपूर्ण लोकप्रिय विद्रोह और भारतीय स्वतन्त्रता के संग्राम की संज्ञा दी है।[१] उनका यह कहना भी ठीक है कि 'असमय फूट पड़ने के कारण' इस विद्रोह ने संचालकों की योजनाओं में उथल-पुथल पैदा कर दी।[२] स्वतंत्रता संग्राम या लोकप्रिय विद्रोह असफल हुआ किन्तु यह भी सही है कि इसने विदेशी सत्ता से त्राण पाने के लिए जनता के भीतर जो शक्ति-मंथन पैदा किया वह निरर्थक नहीं गया। राजनीतिक रंगमंच पर असफल होने के कारण जनचेतना ने अपने प्रवाह की प्रणाली में परिवर्तन किया और वह धार्मिक जागरण, समाज सुधार के नये-नये आन्दोलनों और राष्ट्रीयता को ज्यादा सुसंगठित करने वाले प्रयत्नों में नये उत्साह के साथ प्रवाहित होने लगी।

बंगाल नि:संदेह इस धार्मिक पुनर्जागरण या रिनेसाँ का अग्रदूत रहा। श्री अरविन्द ने लिखा है—'इस विषय पर जेम्स एच० कजिन्स ने बहुत ही आलोकदायी निबंध लिखे हैं और भी अनेक लोगों ने इसके अनेक पहलुओं पर विचार किया है। यह रिनेसाँ, भारत में नवीनता का यह जन्म, निश्चय ही भारत के लिए और विश्व के लिए भी बहुत बड़े महत्त्व की चीज है। भारत के लिए, इसलिए कि समय प्राप्त प्राचीन अन्तरात्मा और मूल्यों की पुनरुपलब्धि या उसमें परिवर्तन हो सकेगा और विश्व के लिए, इसलिए कि भारत की शक्ति के पुनर्जागरण से, जो दूसरी शक्तियों से अनेक मामलों में भिन्न हैं और जिसका स्वभाव और प्रतिभा बल उस शक्ति से अलग है जो इस समय विश्वमानव का नियंत्रण कर रही है। भारतीय नवजात शक्ति भविष्य में नियंत्रण कर सकनेवाली शक्ति से संभवत: करीब होगी, इसलिए उससे अनेक

---

१. डिस्कवरी ऑफ इण्डिया, पृ० ३२४।

२. वही, पृ० ३३४।

संभावनायें और अपेक्षाएँ हो सकती हैं।[१]

श्री अरविन्द की दृष्टि से भारतीय रिनेसाँ का मुख्य उद्देश्य प्राचीन जीवित मूल्यों की पुनरुपलब्धि, जीर्ण मूल्यों का नवीन में परिवर्तन और इनके माध्यम से भारतीय राष्ट्रात्मा का विश्व के विकास में अपेक्षित सहयोग दे सकना था या होना चाहिये।

श्री अरविन्द ने बड़े ही विस्तार से कजिन्स के निबन्धों का विश्लेषण किया। वस्तुतः तब तक श्री कजिन्स की पुस्तक ही प्रकाशित हो सकी थी, जिसके साथ 'रिनेसाँ' शब्द जुड़ा था।[२] वे स्वयं पूछते हैं कि क्या इसे रिनेसाँ कहा जाये, जिस अर्थ में योरप में कहा जाता है। वे योरोपीय रिनेसाँ की अपेक्षा आयरलैंड के पुनर्जागरण को भारतीय रिनेसाँ के ज्यादा करीब पाते हैं। वे इस विषय पर तीन बिन्दुओं पर विचार करना चाहते हैं—[१] भारतीय संस्कृति और जीवन का गौरवमय अतीत जो आज निराशा और तमिस्र में डूबा है। [२] पश्चिमी सभ्यता के सम्पर्क का पूर्वार्द्ध, जिस काल में यह संस्कृति पूर्णतः म्रियमाण होकर नष्ट होने की प्रक्रिया में थी और [३] दो दशकों से चलने वाला पुनर्जागरण जो पुनः ऊर्ध्व की ओर गत्वर हुआ है और जिसकी स्पष्ट अभिव्यक्ति दिखाई पड़ने लगी है।

कजिन्स कहते हैं कि भारत हमेशा से जाग्रत रहा है। पुनः जागरण का प्रश्न क्यों? श्री अरविन्द कहते हैं कि कजिन्स की दृष्टि यहाँ भारतीय आध्यात्मिकता पर केन्द्रित है जिसे वे जाग्रत रहने का सबूत मानते हैं और इस दृष्टि से वे ठीक भी हैं, क्योंकि इसी शक्ति ने प्रत्येक संकट में भारत को विनष्ट होने से बचाया है, किन्तु आत्मा भले ही थोड़ी बहुत जाग्रत रहती रही हो, शरीर जीर्ण-शीर्ण हो रहा है। इसलिए भारत को अपनी आत्मा को सुरक्षित रखते हुए अपने शरीर संगठन में संभावित परिवर्तन लाना होगा। उसे एक नये शरीर की संरचना करनी होगी। नवीन दार्शनिक, कलात्मक, साहित्यिक, सांस्कृतिक, राजनीतिक और सामाजिक रूपों में ढालना होगा। यद्यपि यह सब कुछ उसी आत्मा के पुनरुज्जीवन के माध्यम से होगा।

आध्यात्मिकता भारतीय जीवन की कुंजी है। किन्तु भारतीय आत्मा आध्यात्मिकता, वह भी पश्चिमी अर्थ में गुह्यवादिता तक सीमित नहीं थी। इसलिए हमें भारतीय आत्मा या चिति को ठीक से समझने की आवश्यकता है। भारतीय आत्मा (Spirit of India) को पहेली न रहने दिया जाये और यदि उसे विश्लेषित और परिभाषित करने का प्रयत्न किया जाये तो हम देखेंगे कि वह प्रायः कुछ निश्चित किस्म की गुणात्मक विशेषताएँ रखती है, जिसका परिणाम भारतीय समाज और इतिहास में निरन्तर मिलता है। श्री अरविन्द इन विशेषताओं को तीन श्रेणियों में रखना चाहते हैं। विदेशी चिन्तकों ने भारतीय आत्मा को समझने के दौरान उसे अध्यात्म और परलोकवाद तक सीमित कर दिया। श्री अरविन्द कहते हैं कि आध्यात्मिकता, सर्जनात्मकता और बौद्धिकता ये तीन खास विशेषताएँ हैं। भारत कभी भी भौतिक जगत की अस्वीकृति नहीं करता। वह भौतिक नियमों की महत्ता के प्रति जागरूक था। वह भौतिक शास्त्रों के महत्त्व को समझने की गहरी दृष्टि रखता था। वह जीवन के सामान्य पक्षों को व्यवस्थित करने की कला से खूब परिचित था, पर वह यह भी अच्छी तरह जानता था कि

---

१. द रिनेसाँ इन इण्डिया, पृ० १। श्री अरविन्द की यह पुस्तिका धारावाहिक रूप से अगस्त-नवंबर १९१८ के 'आर्य' में चार अंकों में छपी। इसका विश्लेषण यहाँ भारतीय पुनर्जागरण पर उनके विचारों से परिचय पाने के लिए किया जा रहा है।

२. द रिनेसाँ इन इण्डिया, जेम्स एच० कजिन्स, गणेश एण्ड कम्पनी, मद्रास १९१८ ई०।

भौतिक पक्ष कभी भी अपना सही अर्थ तब तक नहीं पा सकता जब तक वह अतिभौतिक (Supra Physical) से अपने सम्बन्धों को न जान ले। वह जानता था कि विश्व की पेचीदा निर्माण प्रक्रिया को आज के भौतिक मानवीय परिभाषाओं से समझाया नहीं जा सकता, न तो उसकी सतही दृष्टि से उसे देखा ही जा सकता है, क्योंकि उसके पीछे कुछ और शक्तियाँ कार्य कर रही हैं। उसके भीतर भी कुछ और कार्य चल रहा है, जिससे वह प्राय: सामान्यत: अनजाना ही रह जाता है, वह अपने बारे में भी अंशत: ही जान पाता है। वह जानता था कि अदृश्य दृश्य को, अज्ञेय ज्ञेय को उसी प्रकार घेरे हैं जैसे असीम ससीम को।[१] इसलिए भारत जीवन में निहित अदृश्य की बहुत ही विस्तृत और खुली व्याख्या करने में समर्थ हुआ। इससे ही पश्चिमी जगत् इसकी ओर आकृष्ट होता है।

पर क्या भारत ने इस अदृश्य के पीछे दीवाना होकर संसार की अवहेलना की? श्री अरविन्द कहते हैं—"जब प्राचीन भारत की ओर देखते हैं तो सर्वत्र एक विराट सिसृक्षा, कभी भी खाली न होने वाले जीवन का आनन्द और उसकी अकल्पनीय रचनाओं का प्रयत्न हमें आश्चर्यचकित कर देता है। कम से कम तीन हजार वर्षों तक निश्चय ही यह अवधि और लम्बी हो सकती है, वह निरन्तर, भरपूर मात्रा में, उदारखर्ची के साथ, अनन्त पहलुओं, ढंग और ढर्रों में बिखरे, लोकतंत्र, राज्य, साम्राज्य, दर्शन, विश्व प्रक्रिया के सिद्धान्त, विज्ञान, मत-मतान्तर, कला और काव्य, नाना प्रकार के स्मारक, महल-मंदिर, जन-कल्याण के कार्य, जातियों, समाज, धार्मिक शास्त्र, विधान, नियम, कर्मकांड, भौतिक विज्ञान, मनोविज्ञान तथा योगपद्धतियों, राजनयशास्त्र, व्यवस्था और शासन के सिद्धान्तों, आत्मिक और सांसारिक कलाओं, उद्योग धन्धों, व्यापार और उत्तम कला की वस्तुओं का निर्माण करता रहा। जाने यह सूची कितनी लम्बी हो सकती है और प्रत्येक क्षेत्र में आपको सक्रियता का ज्वार उमड़ता दिखेगा। वह रचता है। रचता जाता है, और थकता नहीं, उसे कहीं इसका जैसे अंत ही नजर नहीं आता, उसे सुस्ताने के लिए न स्थान चाहिए न समय।"[२]

अध्यात्म और नाना प्रकार की असीम सर्जनात्मक सक्रियता के बीच कोई वस्तु चाहिए जो इसे ठीक से, संतुलित और संयमित रखे और वह गुण था भारतीय बौद्धिता। इसके न होने पर शायद वह सब कुछ नीले आसमान के नीचे बिछी अव्यवस्थित शीतोष्णीय वनस्पतियों जैसा हो जाता। यह सब नहीं हुआ क्योंकि भारतीय चिति की तीसरी विशेषता सशक्त बौद्धिकता थी, एक साथ संयमित और समृद्ध, विराट् और क्रियान्वयन में बारीकियों के प्रति पूर्ण जिज्ञासु और कुतूहलपूर्ण बौद्धिकता।[३]

इसलिए यह सोचना बहुत गलत है कि गरीबी और जहालत में आध्यात्मिकता का विकास होता है। आधी मरी हुई जिन्दगी, और प्रताड़ित और लांक्षित बुद्धि यह सब कुछ नहीं रच सकती। इन स्थितियों में जो आध्यात्मिकता पनपती है वह सड़ी गली मुमूर्षु होती है और प्रतिक्रियावादी खतरों को निमंत्रित करती है। योरप में अभी-अभी अत्यधिक शक्ति और समृद्धि के विस्फोट के बाद जिस अध्यात्म का जन्म हुआ है या हो रहा है, वह उसकी बीमार जिन्दगी के डाक्टर जैसी प्राचीन आध्यात्मिकता से भिन्न है। प्राचीन भारत में स्वस्थ

---

१. द रिनेसाँ इन इण्डिया, पृ० ६।

२. वही, पृ० ८।

३. वही, पृ० ९।

और समृद्ध वातावरण में ही आध्यात्मिकता का जन्म हुआ था, उसे जिन्दगी के इनकार का परिणाम मानने वाले बौद्ध दृष्टिकोण से पूरे भारत को देखने की गलती करते हैं। बौद्धिकता को सही ढंग से पनपने के लिए पूर्ण स्वतन्त्रता चाहिए। इसलिए भारत की स्वर्णयुग वाली कल्पना का अर्थ ही था स्वच्छंद आध्यात्मिक अराजकतावाद। इसीलिए भारतीय बौद्धिक कह सकता था—''ओ राजन् तू क्या है, सिर्फ जनता का प्रधान नौकर ही न?'' भारतीय आध्यात्मिकता के अतिवाद ने कभी भी जीवन के व्यापक इन्द्रियात्मक क्षेत्रों की गहराई नापने और उससे आनन्द पाने से रोका नहीं और वहाँ भी वह प्रतिभा इन्द्रिय भोगों की गहराई को जानने और व्यक्त करने में अद्वितीय ऐन्द्रिक समृद्धि और उसके बारीक से बारीक ब्यौरे में सूक्ष्म से सूक्ष्म स्तर तक उतरती गयी, किन्तु यह सर्वदा ध्यान रखने की चीज है कि सर्वाधिक विरोधी अतिवादी दिशाओं की इस यात्रा ने कभी अव्यवस्था नहीं पैदा की और इसके सर्वाधिक भोग-लिप्सात्मक युग ने भी कभी उस अनियंत्रित भ्रष्टाचार को जन्म नहीं दिया, जिसे इस तरह की प्रवृत्तियों ने कई बार योरप में पैदा किया है। क्योंकि भारतीय मानस में न सिर्फ आध्यात्मिक और नैतिक है, बल्कि बौद्धिक और कलात्मक भी है और बुद्धि का अनुशासन और सौन्दर्य का छन्द कभी भी उच्छृंखलता के आत्मविरोधी के रूप को स्वीकार नहीं करता।''[१]

प्रश्न उठता है कि यदि भारतीय मानस के पास इस संकट में अपने को बचा लेने की ये क्षमताएँ प्राप्त थीं, तो वह आज इस हालत को प्राप्त क्यों हुआ? कहाँ गयी भारतीय आत्मा? कहाँ गया उसका आर्जव? इस पतन के लिए कई प्रकार के जिम्मेवार कारण ढूँढ़े जा सकते हैं, पर श्री अरविन्द ने मुख्यतः तीन कारण बताये हैं। १—प्राणिक शक्ति का ह्रास, जीवन में आनन्द और रचनात्मक प्रतिभा का बुझना २—प्राचीन बौद्धिकता का रुद्ध होना और वैज्ञानिक तथा समीक्षात्मक जागरूक मानस की मूर्च्छा। ३—आध्यात्मिकता का मृत न होते हुए भी जीवन को तेजोदीप्त करने के कार्य से अलग हो जाना।

यह सब मानव चक्र की स्वाभाविक गति प्रक्रिया में उपस्थित हुआ। ऊर्ध्वमुखी रेखा इस बिन्दु पर अधोमुखी हो रही थी, उसी समय योरोपीयों का भारत पर आक्रमण हुआ। परिणामतः एक विरोधी सभ्यता से संघर्ष पैदा हुआ। देश पराधीन बना। उसकी सम्पूर्ण आशा निराशा में बदल गयी। इस आक्रमण ने प्राचीन जीर्ण को धक्का देकर धूलिसात् कर दिया। नई रचनात्मकता सामने आयी, पर वह विदेशी संस्कृति की वाहिका थी। नतीजा हुआ कि हम अपने ऊपर मृत अतीत और विदेशी रचनात्मक क्रियाओं की नकल का दुहरा बोझ उठाने की कोशिश में गिर पड़े।

ऐसी स्थिति में पुनर्जागरण संभव कैसे हुआ? विदेशी सभ्यता और संस्कृति की टक्कर ने मूर्छित, सुषुप्त और क्षत भारतीयता को पुनरुज्जीवित होने की चुनौती दी। अध्यात्म, रचनाशीलता और बौद्धिकता को विदेशी संस्कृति के टकराव ने पुनः शक्ति सम्पन्न कर दिया। किन्तु बदलते हुए युग में प्राचीन तौर-तरीकों को अपनाये हुए ये विशेषताएँ उपयोगी नहीं हो सकती थीं, अतः भारतीय आत्मा की अपनी जीवनी शक्ति और संकट के अनुकूल अपने में परिवर्तन लाने की क्षमता ने इस चुनौती को सही ढंग से स्वीकार करने का निश्चय किया। इस प्रक्रिया में प्राचीन आध्यात्मिक ज्ञान-विज्ञान का पुनः अन्वेषण जरूरी हुआ। इस पूरे रिक्थ को

---

१. द रिनेसाँ इन इण्डिया, पृ० १४।

युगानुकूल दर्शन, साहित्य, कला, विज्ञान आदि में ढालना दूसरी आवश्यकता थी। किन्तु पुनर्जागरण की तीसरी अपेक्षा बहुत महत्त्वपूर्ण होती है। वह है नवीन समस्याओं का भारतीय मिजाज के अनुकूल मौलिक समाधान ढूँढ़ना और उनके साथ भारतीय आध्यात्मिक ढंग से गठित समाज का सही समन्वय स्थापित कर पाना। यह तीसरा कार्य बहुत पेचीदा और कठिन था। भारतीय पुनर्जागरण के प्रथम दौर ने उपर्युक्त दो उद्देश्यों की बहुत हद तक सफलतापूर्वक पूर्ति कर ली, पर वह तीसरी आवश्यकता को पूरा न कर सका।

श्री अरविन्द ने अपने द्वारा निर्धारित उपर्युक्त तीन मानदण्डों के अनुसार भारतीय पुनर्जागरण के ऐतिहासिक विकास की समीक्षा भी उपस्थित की। रिनेसाँ काल में उपस्थित संघर्ष और टकराव को उन्होंने दृष्टिकोण और कार्यप्रणाली तथा उपलब्धियों को देखते हुए दो वर्गों में विभक्त किया। पहला वर्ग वह था जो योरोपीय संस्कृति को स्वीकारते हुए अपने अतीत के मूल्यों का पुनः परीक्षण कर रहा था। इसने निःसंदेह जीर्ण-शीर्ण रूढ़ियों को नकारने का कार्य किया; परन्तु प्राचीन भारतीय संस्कृति के कुछ अत्यन्त प्राचीन और जीवन्त मूल्यों को भी नकारा तथा कुछ ने पूरी प्राचीन संस्कृति को नकारने की क्रांतिकारी कोशिशें भी कीं। हम इसे ही पीछे उदारतावादी दल या नरम दल कह आये हैं। दूसरा वर्ग वह था जो पश्चिमी संस्कृति के विरोध में भारतीय संस्कृति की प्रतिक्रिया को महत्त्व देता था, यह प्रायः पश्चिमी संस्कृति के प्रभावों को अस्वीकृत करने, प्रायः सब कुछ को अस्वीकृत करने के लिए उद्यत था। वह प्राचीन भारतीय संस्कृति के सभी आवश्यक तत्त्वों, यहाँ तक कि सख्त और रूढ़ तत्त्वों, को भी जिलाये रखना चाहता था। तीसरा पक्ष अभी (१९१८ तक) उभर रहा है जो प्रायः उस नवीन रचनात्मकता पर बल देता है जिसमें भारतीय आध्यात्मिक शक्ति प्रधानतः अपना स्वभावज रूप पा ले, अपने सत्यों को पुनः उपलब्ध करे और उनमें से जो ठीक और सारभूत हैं तथा नवीन विचारों और रूपों में अपने को ढाल लेने में सक्षम हैं, उन्हें ग्रहण कर ले। इन्हें इस ढंग से नियोजित किया जाये कि नवीनतम विचारों का ऐसा रूपान्तरण और भारतीयकरण हो जाये कि उनका विदेशीपन नष्ट हो जाये और ये भारतीय शक्ति, भारतमाता की अपनी मौलिक विशेषताओं जैसे बन जायें। पहले वर्ग ने एक सरलीकृत धर्म की जो तर्कपूर्ण हो खोज की, उसी पर आधारित पाश्चात्य विधाओं की नकल पर कुछ साहित्य सृजन भी किया। इस भद्दे स्वीकरण के भी कुछ अच्छे परिणाम निकले। इसने प्राचीन भारतीय बौद्धिकता को जागने का अवसर दिया। शुरू-शुरू में यह बौद्धिकता प्राचीन से बुरी तरह चिपकी रही; किन्तु अब वह धीरे-धीरे आधुनिक जीवन के परिवेश को ठीक से समझकर प्रायः सभी आवश्यक क्षेत्रों में अपनी रचनात्मक प्रतिभा का उपयोग कर रही है। इस अंध स्वीकरण का एक और अच्छा नतीजा सामने आया। प्राचीन मुमूर्षु संस्कृति के सामने एकदम नये विचारों को खड़ा करके इसने हमें तयशुदा प्राचीन दृष्टिकोणों से अलग नये ढंग से सोचने और तदनुरूप अपने को ढालने की प्रेरणा दी। तीसरा लाभ यह हुआ कि हम नये दृष्टिकोण से अपने अतीत को पुनः परीक्षित करने की दिशा में प्रयत्नशील हुए। इस प्रयत्न के द्वारा हम अपनी संस्कृति के मूलभूत स्वभाव के अनुरूप तथा नये रूपों को दृष्टि में रखकर नये प्रकाश को ढूँढ़ सके जिन्होंने प्राचीन सत्यों को नये पहलू और रचनात्मक तथा विकासशील नई क्षमताएँ प्रदान कीं। बंकिमचन्द्र इसी प्रकार की प्रतिभावाले व्यक्ति थे। उन्होंने अपने देश को पृथ्वी के एक टुकड़े की जगह जीवित भारतमाता का रूप प्रदान किया। श्री अरविन्द के ही शब्दों में—"जब तक मातृभूमि हमारी आँखों के सामने अपने को पृथ्वी के एक अंश या

व्यक्तियों के समूह से भिन्न एक देवता, एक मातृशक्ति के रूप में प्रकट नहीं करती, जिसका सौन्दर्य बुद्धि को आकृष्ट करे, हृदय पर अधिकार कर ले और छोटे-मोटे आत्मरक्षा के भय आदि भाव, मातृभूमि के प्रति प्रेम और सेवा के सामने विनष्ट हो जायें और ऐसी देशभक्ति जन्म ले जो अभिशप्त देश को बचा लेने के लिए आश्चर्यकारी करिश्मे कर दिखाये, तब तक राष्ट्र का जन्म नहीं होता।''[१] बंकिम ने 'वंदेमातरम्' मंत्र से यह सब कुछ संसिद्ध करके दिखा दिया। रचनात्मक क्षमता का एक और रूप टैगोर में प्रतिफलित हुआ। वह उस वर्ग के प्रतिनिधि रचनाकार हैं जो शुरू में विदेशी प्रस्तावों से बहुत भरा-भरा था; किंतु जिसने शीघ्र अनुभव कर लिया कि भारतीय सांस्कृतिक पुनर्जागरण के दबाव में ज़िदपूर्वक पश्चिम को पकड़े रखना सम्भव नहीं है। अतः इस वर्ग की बहुत बड़ी संख्या एक नई रचनात्मकता की ओर आकृष्ट हुई। यानी पश्चिमी आधुनिकता को पूरी तरह अपनाते हुए भी प्राचीन भारतीय अभिप्रायों और भावों को व्यक्त करना। पहले की अपेक्षा ज्यादा सुन्दर आन्तरिक दृष्टि के साथ इन लोगों ने भारतीय वस्तुओं और उनके स्वभावों का उद्‌घाटन किया। यहाँ भारतीय आत्मा की स्वीकृति पर ज्यादा जोर रहा, उसके पुराने कलेवर पर नहीं, इसलिए संस्कृति एक नई विशेषता से उद्‌भासित हो गई थी।

इसी के समानान्तर धार्मिक क्षेत्रों में प्रतिक्रियाएँ चलती रहीं। आरंभ में यह प्रतिक्रिया प्रत्येक भारतीय धारणा को सही साबित करने और उसकी पुनःस्वीकृति के लिए संघर्षरत रही। स्वामी दयानन्द इसी वर्ग के प्रतिनिधि थे। उनके बारे में श्री अरविन्द ने बहुत ही विस्तार से लिखा है—''यह वह व्यक्ति है जिसने अनुद्यत वस्तुओं के भीतर किसी भी बाहरी मिश्रण को स्वीकार नहीं किया पर इन वस्तुओं और व्यक्तियों पर अपनी ऐसी जबर्दस्त मुहर लगाई जिसे मिटा सकना असम्भव है। उनके सभी कार्य उनकी सच्ची सन्ततियाँ हैं, उनके आध्यात्मिक व्यक्तित्व की तरह ही दृढ़ और पुष्ट।''[२] स्वामी दयानन्द के महत् कार्यों को अपनी अशेष श्रद्धांजलि देते हुए श्री अरविन्द ने लिखा है—''ईश्वरीय उद्योगशाला में मैंने जब भी इस महान् कलाकार (Artisan) को देखा है मेरे सामने आकृतियों का एक ऐसा समूह खड़ा हो जाता है जो युद्धक्षेत्र में पले थे, उनका समूचा कार्य युद्ध और विजय के श्रम की सफलता से मंडित था। इसी संदर्भ में मैंने अपने से कहा, यह देखो, यह है ज्योति का सैनिक, ईश्वर का सिपाही, मनुष्यों को बनाने वाला मूर्तिकार, संस्थाओं का निर्माता, कठिनाइयों पर विजय पाने वाला सख्त चट्टानी और साहसी व्यक्ति, जिसने सब कुछ आत्मा के लिए दे दिया। सब कुछ मिलाकर वे मेरे ऊपर आध्यात्मिक व्यावहारिकता के शक्तिशाली प्रभाव छोड़ गये। भौतिक और आध्यात्मिक जगत् की सारी धारणाएँ, जो हमारे मन में इतनी अलग-अलग रहती हैं; एकाकार होकर मेरे लिए दयानन्द की परिभाषा बन गयीं।''[३] किन्तु दयानन्द ने भविष्य को, नवीन को उसका प्राप्य नहीं दिया।

इसलिए दयानन्द के कार्यों के प्रति अपनी समुचित श्रद्धांजलि अर्पित करते हुए भी श्री अरविन्द स्वीकार करते हैं—''अतीत और वर्तमान को स्वतंत्रतापूर्वक समझते हुए, नई रचनात्मकता द्वारा उन्हें सुरक्षित और विकसित करने के महान् प्रयत्न का उदाहरण है

१. **बंकिम, तिलक, दयानन्द, पृ० १४।**
२. **वही, पृ० ४९।**
३. **वही, पृ० ५०।**

विवेकानन्द का पूरा जीवन।"[१] अतीत और वर्तमान को ठीक से जोड़े बिना काम नहीं चलेगा।

किंतु पुनर्जागरण के इस समूचे विवेचन का निष्कर्ष हमें सन्तुष्ट नहीं कर सकता, क्योंकि भारतीय समाज आज भी सर्वाधिक अराजक स्थिति में पड़ा है। पुराने मूल्य टूट रहे हैं, वैचारिक और इच्छाशक्ति की जड़ता के कारण वह स्थिति नहीं पैदा हो रही है कि नये मूल्यों को जन्म दे सके। इसे अपने अभीष्ट को प्राप्त करने के लिए तीसरे चरण से गुजरना ही होगा जो श्री अरविन्द के अनुसार भारतीय आध्यात्मिक शक्ति का सही चरण होगा। उन्होंने बलपूर्वक उन गलत धारणाओं का निरसन किया है जो यह मानकर चलती हैं कि समाज, संस्कृति, कला, विज्ञान आदि से अध्यात्म का कोई सरोकार नहीं होता। ऐसे लोग इसे अध्यात्म का बेसुरा राग (Twang of Spirituality) कहते हैं क्योंकि उनके लिए अध्यात्म का अर्थ है जीर्ण-शीर्ण प्रतिक्रियावादी धारणाएँ, तर्कहीन, गुह्य रहस्यवाद, अन्ध विश्वासमूलक धार्मिक कर्मकांड, आधुनिकता का विरोध। श्री अरविन्द की दृष्टि से अध्यात्म का अर्थ न तो जिन्दगी से पलायन है, न जगत् का इन्कार, न आधुनिकता से घबराहट और न तो फैशन से परेशानी। अध्यात्म को मतवाद के रूप में देखने वाले खुद राजनीतिक मतवादों का रूढ़िग्रस्त लबादा ओढ़े कूपमंडूक की तरह टर्र-टर्र करने में अपनी शान का अनुभव करते हैं। श्री अरविन्द की आध्यात्मिकता एक पंक्ति में समझाने की चीज नहीं है। कहना चाहें तो उसे "जीवन का ऐसा ढाँचा कह सकते हें जिसमें मनुष्य अपनी निजी अन्तरात्मा के अनुसार विकास कर सके, जहाँ (अर्धसत्यवाले मानवीय वादों के स्थान पर) दिव्यता को जगह मिले, जहाँ मनुष्य बल्कि यों कहें कि पूरी मानव जाति प्रकाश, शक्ति, शांति, एकता, समन्विता आदि दिव्य गुणों को उपलब्ध कर सके, जिस ओर पूरी मानव जाति विकसित होने के लिए लगातार प्रयत्नशील है। यही, न कम न बेशी, हमारी आध्यात्मिकता का अर्थ है।"[२]

भारतीय पुनर्जागरण के इसी तीसरे चरण को, जो प्रक्रिया के अवरुद्ध हो जाने से विकसित न हो सका, उपलब्ध करना उत्तर योगी का असली मिशन था, उद्देश्य और संकल्प था।

बड़ौदा आए अभी छह महीने ही हुए थे। श्री अरविन्द देश की स्थिति का बड़ी बारीकी से अध्ययन कर रहे थे। बड़ौदा में खासीराव जादव उनके घनिष्ठ मित्रों में थे। जब भी वे बड़ौदा आते, श्री अरविन्द को अपने साथ रखने के लिए डाण्डिया बाजार स्थित अपने मकान पर ले जाते। श्री के० जी० देशपाण्डे श्री अरविन्द के इंग्लैण्ड में सहपाठी रह चुके थे। वे इंग्लैण्ड से लौटकर बम्बई में बैरिस्टर बने। 'इन्दुप्रकाश' पत्रिका के अंग्रेजी अंश का सम्पादन उनके जिम्मे था। इस पत्रिका का मराठी अंश भी हुआ करता था।

पुराने की जगह नये दीये

के० जी० देशपाण्डे ने इन्दुप्रकाश के ७-८-१८९३ के अंक में लिखा—

"हमने अपने पाठकों से कुछ समय पूर्व यह वादा किया था कि हम अपनी राजनीतिक प्रगति पर एक अत्यन्त सुयोग्य और आधुनिक परिवेश को सूक्ष्म दृष्टि से देखने में सक्षम व्यक्ति की लेखमाला प्रकाशित करेंगे। हमें अपने पाठकों के सामने लेखमाला की पहली किश्त उपस्थित करते हुए प्रसन्नता हो रही है। लेखमाला का शीर्षक है 'पुराने की जगह नये दीये'

---

१. द रिनेसाँ इन इण्डिया, पृ० २८।

२. वही, पृ० ४८-४९।

जो रूपकात्मक होते हुए भी संकेतगर्भी है। × × इस लेखमाला में अभिव्यक्त विचार प्राय: आज के राजनीतिज्ञों के विचारों से मेल नहीं खाते। इसीलिए वे ज्यादा महत्वपूर्ण हैं। हमें लगता है कि राजनीतिक प्रगति का हमारा प्रयत्न खंडित हो गया है और उसमें क्षमता का अभाव है। हमारे राजनीतिक आन्दोलनों में धोखेबाजी और आडम्बर का पाप छाया हुआ है। कुटिल और वक्र दृष्टिकोणों का फैशन चल रहा है। ऐसी स्थिति में, सच्ची तथ्यात्मक और ईमानदारीपूर्ण आलोचना की सख्त जरूरत है। हमारी संस्थाओं की नींव बड़ी कमजोर है और वे भहराकर गिर जाने की स्थिति में आ गई हैं। हमारी राजनीतिक प्रगति के लिए संकल्पित शक्ति यदि गलत दिशा में लग रही हो तो इन स्थितियों में चुप रहना, सुस्ती ही नहीं, भयानक अपराध माना जायेगा × × अत: हमने अद्‌भुत साहित्यिक प्रतिभा-सम्पन्न उदार सांस्कृतिक और काफी अनुभव तथा लेखनकला प्रवीण एक व्यक्ति की सेवाएँ प्राप्त की हैं। वे अपनी व्यक्तिगत असुविधाओं तथा अपने को गलत ढंग से समझे जाने के जोखम के बावजूद अपने विचारों को बिना संकोच और निश्चय के एक खास शैली में, जो उनकी बिलकुल अपनी है, प्रकट करेंगे। हम अपने पाठकों से लेखक की ओर से आग्रह करते हैं कि आप इस लेखमाला को लगातार अवधानतापूर्वक देखें और मैं आपको विश्वास दिलाता हूँ कि इन निबंधों में ऐसी सामग्री है जो आपको सोचने के लिए प्रेरित करेगी और आपकी देशभक्तिपूर्ण आत्मा को झकझोर देगी।

यह व्यक्ति और कोई नहीं, श्री अरविन्द थे। देशपांडे ने उनके लिए जिन विशेषणों का प्रयोग किया था, उसे लन्दन आवास में साथ रहकर चरितार्थ पाया था। लेखन-शैली और सत्यकथन में हर जोखम को स्वीकार करने वाले उस नवयुवक की प्रतिभा और ईमानदारी के वे कायल थे। इसीलिए, बिलकुल नये आदमी की—ऐसी लेखमाला जिसमें उसका नाम नहीं दिया जाता था, प्रकाशित करने का उन्होंने साहस किया।

पाठकों की आत्मा सिहरी, झकझोरित हुई या नहीं, यह तो कौन जाने; पर उस वक्त के बड़े-बड़े राजनेताओं की कुर्सी हिलने लगी और पैरों के नीचे की धरती खिसकने लगी। ७ अगस्त १८९३ से ६ मार्च १८९४ तक इन्द्रप्रकाश में ये कुल ग्यारह राजनैतिक निबन्ध धारावाहिक प्रकाशित होते रहे।[१] आरम्भ के सिर्फ दो निबन्धों ने ही भारतीय राष्ट्रीय कांग्रेस के बुजुर्गवार नेताओं को कम्पित कर दिया। इन निबन्धों के कुछ चुने हुए अंशों की बानगी देखें—

''कांग्रेस के बारे में मुझे कहना है कि इसके उद्देश्य गलत हैं, अपने उद्देश्यों की पूर्ति के लिए जिस भावना से वह चल रही है उसमें न तो ईमानदारी है, और न तो पूर्णता। इसके चुने हुए तरीके गलत हैं, जिन नेताओं को हमने अपना विश्वास सौंपा है, वे नेता होने लायक सही आदमी ही नहीं हैं, संक्षेप में यह कि हम अन्धनीत हैं, भले ही नेता अन्धे न हों, पर काने तो वे निश्चित ही हैं।[२]

ऐसा नहीं कि श्री अरविन्द कांग्रेस संस्था के विरुद्ध थे जैसा बहुत से लोग सोचते हैं। उन्होंने खुद कांग्रेस नाम के मादन का विवरण देते हुए लिखा था—''हमें ऐसे पारदर्शी शब्द कहाँ मिलेंगे जो हमारी उन ओसडूबी प्रभाती आशाओं को और वैशाख सूर्य जैसे प्रखर हमारे

---

१. **श्री अरविन्दोज पोलिटिकल थाट्स : हरिदास और उमा मुखर्जी, पृ० ६१-१२३। (नौ निबन्ध मात्र)**

२. **इन्दुप्रकाश, २८ अगस्त, १८९३।**

उत्साह को प्रकट कर सकें। कांग्रेस हमारे लिए वह सब कुछ थी जैसे किसी इन्सान के लिए उसकी सर्वाधिक प्रिय वस्तु होती है। सर्वोच्च, पवित्रतम, सहारा के रेगिस्तान से भी ज्यादा दारुण हमारे जीवन के मरुद्यान का यह जीवन जल भरा कुआँ थी, स्वतन्त्रता के महायुद्ध की विजयध्वजा थी, वह कौमों की एकता और मिल्लत का पवित्र मंदिर थी।''[१]

कांग्रेस के समूचे संगठन, कार्य-व्यापार और नेतृत्व से श्री अरविन्द इतने चिढ़े क्यों? यह चिढ़ना नहीं है बल्कि उदासमन से कांग्रेस की असफलता की जागरूक स्वीकृति है। मोहभंग का खुला दस्तावेज है। उदारदल के नेताओं को खुली चुनौती है और उनसे साफ-साफ कहा गया है कि ब्रिटिश राज्य से याचक की मुद्रा में दान माँगने से स्वतन्त्रता नहीं मिलेगी। श्री अरविन्द को कांग्रेस का पूरा कार्यक्रम अपूर्ण और दयनीय प्रतीत हुआ। असल में उस वक्त की कांग्रेस उन व्यक्तियों के नेतृत्व में चल रही थी जो प्रार्थनापत्रों की मुद्रा में शासन के सामने गिड़गिड़ाकर जनता के लिए कोई मामूली वैधानिक या छोटी-मोटी आर्थिक सहायता या लगान-मुल्तवी जैसी अतिसामान्य सुविधायें माँगकर और पाकर अपने होने के अहसास का सर्वत्र प्रचार किया करते थे। श्री अरविन्द का रोष उस कार्यप्रणाली पर था जो जनता की मूलभूत शक्ति से न जुड़कर अपने कार्यों के लिए विदेशी शासन से याचना कर रही थी। जनता का अर्थ मध्यवर्ग के कुछ सफेदपोश लोगों तक सीमित था। जो यह मानकर चलते थे कि मूक जनता के पास अपनी कठिनाइयों को व्यक्त करने के लिए शब्द नहीं हैं, सामर्थ्य नहीं है, और जब तक ऐसा नहीं होता वह काम हम करेंगे। श्री फिरोज शाह मेहता ने १८९० के कलकत्ता अधिवेशन में यह कहा था कि यदि जनता अपनी माँगों को शब्द दे सकने की स्थिति में आ गई है तो समय सलाहकार-समितियों का नहीं, प्रतिनिधि-समितियों का आ गया है; किन्तु जनता अभी ऐसा करने में समर्थ नहीं है, इसलिए यह कार्य उनके पढ़े-लिखे भाई-बन्धुओं के ऊपर आ गया है कि वे उनके दुःखं का अनुभव करें, समझें और उसे सरकार के सामने उपस्थित करें।''[२]

ऐसी ही मनोवृत्ति वालों को सम्बोधित करते हुए श्री अरविन्द ने ४ दिसम्बर, १८९३ के इन्दुप्रकाश के निबन्ध सं० ७ में लिखा है—''कांग्रेस एक मध्यवर्गीय संगठन बनकर रह गई है, स्वार्थी, जनकार्यों में पूर्णतः कपटी, अपने आदर्शों के प्रति खोखले और देशभक्ति से रहित लोगों का संगठन। श्री फिरोज शाह मेहता अपनी सावधानतापूर्ण प्रतिबन्धित और औसत दर्जे के तापमान वाली देशभक्ति की उदारता द्वारा हमें विश्वस्त करना चाहते हैं, बड़ी भद्रता के साथ समझाते हुए कि भारतीयों का अपने अज्ञान और दुःखों के प्रति जागरूक होने का कतई कोई महत्त्व नहीं है और इस दिशा में किया गया शक्ति का अपव्यय पूर्णतः नासमझी का परिणाम होगा। किन्तु मैं स्पष्ट कहना चाहता हूँ कि हमारे देश का सर्वहारा ही, जो कष्टों में पड़ा अज्ञान की जिन्दगी जी रहा है, मध्यवर्गीय लोगों के ईमानहीन, शक्ति और निर्णय की क्षमता से रहित सिद्ध हो चुकने पर, हमारी आशा का एकमात्र केन्द्र बिन्दु और हमारे भविष्य की एकमात्र संभावना बच रहता है, चाहे हम उसे पसन्द करें या नापसन्द। मुझे, जानता हूँ सिद्धान्त बघारने वाला बकवादी कहा जायेगा, परन्तु मैं साफ-साफ जोर देकर कहना चाहता हूँ

---

१. इन्दुप्रकाश, ७ अगस्त, १८९३।
२. प्राफेट ऑफ इण्डियन नेशनलिज्म में उद्धृत, पृ० ७५।

कि सर्वहारा का उत्थान और उनको जाग्रत बनाना हमारा पवित्रतम कर्त्तव्य है।''[१]

बहुत से पाठक भी संभवत: सर्वहारा (Proletariat) के प्रति श्री अरविन्द की उस हिमायत से चौंकेंगे। किन्तु ऐसा आश्चर्यकारी धक्का उन्हें ही लगेगा जो यह मानकर चलते हैं कि श्री अरविन्द धार्मिक महन्थों की कोटि की वर्ण-व्यवस्था, जाति-पाँति, यानी एक शब्द में मध्यकालीन बोध को ढोने वाले योगी थे। वे कट्टर क्रान्तिकारी और अनेक अर्थों में आर्थिक वैषम्य के विरुद्ध जेहाद बोलने वाले समाजवादी थे। उन्होंने अपने को अनेक बार आध्यात्मिक साम्यवादी (स्पिरिचुअल कम्युनिस्ट) कहा है।[२] श्री अरविन्द को पूँजीपतियों की रक्षा का कवच नहीं बनाया जा सकता, इसे जानकर ही, उनके झण्डे के नीचे आने की हिम्मत करनी चाहिए। वरना ऐसे लोगों को बाद में बड़ी निराशा होती है।

सर्वहारा क्या है? उसका महत्त्व क्या है? उसकी क्षमता और शक्ति क्या है? इसे आज भारत के लोग जानने लगे हैं। पर १८९३ में श्री अरविन्द ने लिखा था—''जैसा मैंने अब तक समझाने का प्रयत्न किया, सर्वहारा ही इन सारी समस्याओं की असली कुंजी है। वह अभी सुषुप्त है, निष्क्रिय है, वह अभी एक सचमुच की शक्ति नहीं लगता, किन्तु वह एक महान् छिपी हुई शक्ति है, और जो भी इस शक्ति को समझना और इस्तेमाल करना जान जायेगा, वह इसी तथ्यानुसार भविष्य का नियामक भी बन जायेगा। हमारी स्थितियाँ निश्चय ही बहुत कठिन और उलझी हुई हैं जिसकी कल्पना वैश्विक बुद्धि के सामर्थ्य के बाहर है, किन्तु इसमें जो चीज सबसे अधिक साफ और स्पष्ट है इसे हमारे जन प्रतिनिधियों को जान लेना चाहिए। उनके लिये मात्र सफल नीति जो भविष्य में सफलता की एकमात्र संभावना वाली नीति हो सकती है। वह अपने कार्यक्रमों में सर्वहारा को आधार बनाकर संचालित करने की ही हो सकती है। हमारे जननेताओं को जागना है, और राष्ट्र की समूची शक्ति को संगठित करना है। तभी उसे एक अनन्त महत्त्व और वैशिष्ट्य मिल सकेगा जिसके माध्यम से वह राजनीतिक और सामाजिक दोनों तरह के अधिकारों को उपलब्ध कर सकेगा।''[३]

''पुराने की जगह नये दीये'' शीर्षक लेखमाला में अंग्रेजी शासन व्यवस्था और अंग्रेजी नीतियों पर भी जमकर हमला किया गया। डॉ० कर्ण सिंह ने इस दृष्टि से श्री अरविन्द के महत्त्वपूर्ण योगदान को स्वीकार करते हुए लिखा है—''श्री अरविन्द के आने के पहले तक यह समीक्षा घुमा फिरा कर, दबे हुए स्वर में, तथा बुरी तरह छद्मशब्दावली की आड़ में इस तरह अभिव्यक्त होती थी कि शासन के क्रोध और दण्ड-विधान से बचा जा सके। श्री अरविन्द के 'इन्दुप्रकाश' के लेखों ने एक नयी तब्दीली पैदा की और प्रचलित डर से अलग एक सीधी और मुखर आलोचना का श्रीगणेश हुआ जिसने पूरे देश को एक नवीन तरह के भावोत्तेजन से भर दिया।''[४]

---

१. इन्दुप्रकाश : निबन्ध नं० ७, ४ दिसम्बर, १८९३।

२. इविनिंग टाक्स, प्रथम भाग, पृ० ३३, द्वितीय भाग १०३। ''वाद में वे किसी भी वाद को तन्निहित अपूर्णता के कारण स्वीकार करना उचित नहीं समझते थे क्योंकि किसी तयशुदा वाद के घेरे में उनका पूरा दर्शन समा नहीं पाता।'' रेमिनिसैंसेज एण्ड एनक्डोट्स, पृ० ६३।

३. इन्दुप्रकाश : निबन्ध : ११,.६, मार्च १८९४।

४. प्राफेट ऑफ इण्डियन नेशनलिज्म, पृ० ५२।

श्री अरविन्द की दृष्टि सिर्फ राजनीति पर ही केन्द्रित नहीं थी। वे पश्चिमी समाज और संस्कृति से परिचित थे। पूर्वी परिवेश रक्त में था जो हवा के लगते ही प्रज्वलित हो उठा। उन्होंने लिखा—"हम भारतवासी, जिनकी अनेक जातियाँ, जो आज के किसी भी प्रगतिशील आन्दोलन में आगे हैं, ज्यादातर फ्रांसीसी और एथेनियन के नजदीक हैं, अपेक्षाकृत एंग्लो-सेक्सन (इन्हीं में अंग्रेज जाति भी आती है) के, किन्तु अंग्रेजी पराधीनता की दुर्घटना के कारण हमारी बौद्धिकता शुद्ध अंग्रेजी खुराक पर पाली गई है। नतीजा यह हुआ कि हम अपनी स्वभावज विशेषताओं के अनुरूप बाहर से किसी राजनीतिक विचारधारा का ताम-झाम न खरीद कर, अपने अरंगनी पर अपनी मामूली और कम पोशाकों के साथ ही अपने अंग्रेज मालिकों की पुरानी चिथड़ी खंखड़ी उतरने लटकाये रहते हैं।"[१]

इस तरह की समाजशास्त्रीय व्यंग्यात्मक समीक्षा अंग्रेजों के लिए भी बड़ी सनसनीखेज प्रतीत होने लगी। श्री अरविन्द को अंग्रेज नौकरशाही से सख्त घृणा थी। उनकी सन्ध्या-वार्ताओं में कई जगहों पर अंग्रेज अफसरों के घिनौने कृत्यों पर धिक्कार सुनाई पड़ती है। उन्होंने 'इन्दुप्रकाश' में लिखा "मैं मानता हूँ कि ये अभद्र और घमंडी होते हैं। ये बुरी तरह शासन करते हैं। ये महान् या उदार भावनाओं से रहित हैं। इनका आचरण चतुर्दिक् फैले हुए दासों के देश में स्थित छावनियों के मालिकों से मिलता-जुलता रहता है। यह सब कहने का अर्थ यह है कि ये अत्यन्त मामूली लोग हैं जो गैरमामूली जगहों पर नियुक्त हैं। ये सचमुच के मामूली लोग हैं, न सिर्फ मामूली, बल्कि मामूली अंग्रेज यानी मध्यवर्गीय मामूली अंग्रेजों के नमूने, जिन्हें शिष्ट अंग्रेजों के मुहावरे में असंस्कृत और अभद्र (Philistines) कहा जाता है जो संकुचित दिमाग और व्यापारी बुद्धि के हुआ करते हैं।"[२]

इन निबन्धों ने कांग्रेस के उदारतावादी नेताओं की नींद हराम कर दी। श्री रानाडे ने, जो पत्र के संचालन से भी सम्बद्ध थे, देशपांडे का धमकी दी कि उन पर राजद्रोह का शीघ्र मुकदमा चल सकता है। देशपांडे ने श्री अरविन्द से आग्रह किया कि निबन्धों का स्वर थोड़ा मृदु कर दें। श्री अरविन्द ने खुद लिखा है—"यह निर्भीक और अकाट्य आलोचना एक नरमदल के नेता के कार्य के फलस्वरूप बन्द हो गई, जिन्होंने सम्पादक को भय दिखाया और इस तरह उस पत्र में उन विचारों को पूर्णरूप से विकसित नहीं होने दिया। उन्हें आगे के निबन्धों में कांग्रेस की प्रवृत्तियों को मध्यवर्ग के क्षेत्र से परे विस्तृत करने तथा उसमें सर्वसाधारण जनता को स्थान देने की आवश्यकता आदि सामान्य विषयों की ओर ध्यान देना पड़ा। अन्त में उन्होंने (श्री अरविन्द ने) इस प्रकार का सब सार्वजनिक कार्य बन्द कर दिया और १९०५ तक सिर्फ पर्दे के पीछे ही कार्य करते रहे।[३] असल में यह लेखमाला उनके विलायत से लौटने के बाद तुरन्त शुरू हो गई थी और इसमें जो बाधायें खड़ी हुईं, उन्हें देखते उन्होंने अध्ययन को ज्यादा प्रमुखता दी, ताकि परिवेश को ठीक से जान सकें।

श्री अरविन्द को उस व्यक्ति से मिलने का मौका भी मिला, जिसके कारण 'इन्दुप्रकाश' में चलने वाली लेखमाला का स्वर बदलना पड़ा था और बाद में उसे बन्द कर देना पड़ा था यानी महादेव गोविन्द रानाडे से। १८९४ में यह भेंट बम्बई में हुई। रानाडे इस अद्भुत प्रतिभाशाली

---

१. इन्दुप्रकाश, निबन्ध सं० ५, ३० अक्टूबर, १८९३।

२. वही, निबन्ध सं० २, २१ अगस्त, १८९३।

३. श्री अरविन्द : अपने तथा श्री माताजी के विषय में, पृ० २२।

व्यक्ति से मिलने के इच्छुक हुए। यह भेंट उनके लिए बहुत महत्त्वपूर्ण थी; क्योंकि वे इस आदमी को कांग्रेस पर प्रहार करके शक्तिक्षय करने की अपेक्षा सुधारवादी कार्यों में लगाना चाहते थे। उनके हिसाब से सबसे महत्त्वपूर्ण सुधारवादी कार्य जेलों की स्थिति का अध्ययन करना और उसमें कुछ विशेष तरह की सुविधाओं का प्रबन्ध करना था। श्री अरविन्द ने उनकी सलाह का तत्काल कोई उत्तर नहीं दिया। बाद में उन्होंने व्यंग्यपूर्वक लिखा—"रानाडे महोदय ने जेलप्रणाली के संशोधन का भार मेरे ऊपर देने की इच्छा प्रकट की थी। रानाडे महोदय की इस अचिन्तित युक्ति से मैं बहुत हैरान और असंतुष्ट हो गया था और उस भार को अपने ऊपर लेने से मैंने इनकार कर दिया था। उस समय मैं नहीं जानता था कि यह बात केवल दूर के भविष्य का आभास है। और एक दिन भगवान् स्वयं एक वर्ष के लिए जेल में रखकर इस प्रणाली की निठुराई और उसके संशोधन की आवश्यकता मुझे समझावेंगे।"[१]

इसी वर्ष १६ अगस्त से २७ अगस्त के 'इन्दुप्रकाश' के अंकों में उन्होंने बंकिमचन्द्र पर धारावाहिक लेख लिखा, जिनमें उनकी रचनाओं की साहित्यिक समीक्षा प्रस्तुत की गई। ये लेख इस बात के द्योतक हैं कि उन्होंने लिखित-प्रकाशित बांग्ला खूब सीख ली थी, पर बोलने का अभी ठीक अभ्यास नहीं हुआ था। १८९८ में उन्होंने दिनेन्द्रनाथ राय को वैतनिक बंगाली अध्यापक के रूप में रख लिया ताकि उनसे वे बंगाली मुहावरे और उच्चारण सीख सकें।

१८९९ में जब प्रो० लिटिलडेल छुट्टी पर गये तो श्री अरविन्द को फ्रेंच के साथ ही साथ अंग्रेजी पढ़ाने का कार्य भी सौंपा गया। इन्हीं दिनों उन्होंने बड़ौदा कालेज के एक समारोह में 'आक्सफोर्ड और कैम्ब्रिज' पर एक भाषण दिया। उस भाषण की कुछ पंक्तियाँ ध्यान देने की हैं, क्योंकि इनमें उनकी राष्ट्रीय शिक्षा पद्धति की बहुत सी धारणायें बीज-बिन्दु के रूप में विद्यमान हैं—

(१) अध्यापन का अर्थ सूचनाएँ देना नहीं, बल्कि मनुष्य की बौद्धिक और ऐसी ही दूसरी क्षमताओं को प्रकट करना या अभिव्यक्त होने के लिए अवसर प्रदान करना है, जिनके द्वारा मनुष्य मनुष्य बनता है।

(२) विश्वविद्यालयों (आक्सफोर्ड-कैम्ब्रिज) का वातावरण बुद्धि का विस्तार, चरित्र की दृढ़ता, सामाजिक शक्तियों का विकास करके किसी भी छात्र को तीन वर्षों में बालक से मनुष्य में बदल देता है। मस्तिष्क बड़े मस्तिष्कों के सम्पर्क से परिपक्व होता है, उसके पूर्वग्रह नष्ट होते हैं। असामाजिक और अहंकारपूर्ण दुर्गुण खत्म होते हैं।

(३) पुस्तकीय शिक्षा से ज्यादा महत्त्वपूर्ण वह सामाजिक शिक्षा है जो व्यक्ति को महान् समस्याओं पर सोचने की शक्ति देती है और उसे सुसंस्कृत समाज का अंग बना देती है, हमारे विश्वविद्यालयों को ऐसी सामाजिकता की शिक्षा देनी है कि हर विद्यार्थी अपने को समाज का हिस्सा और एक ही मातृभूमि का पुत्र समझे।

(४) विभागों में इस तरह की बड़ी मेधा वाले अध्यापक होने चाहिए, ऊँचे दर्जे के बौद्धिक, जो उस विद्यालय को क्षेत्रीय न रखकर अन्तर्राष्ट्रीय ख्याति का केन्द्र बना दें। तभी विद्यालय का गौरव स्थायी रह सकेगा।

---

१. **श्री अरविन्द चरित, काराकथा, अनु० झावरमल्ल, पृ० ५३-५४।**

(५) विश्वविद्यालय किसी भी व्यक्ति की शिक्षा को कभी पूरा नहीं कर सकते, वे केवल ऐसी सामग्री और पद्धति बताते हैं कि आप अपने जीवन में, जो पूरा करना चाहें कर सकें। किसी भी छात्र की योग्यता और आचरण ही उसके अध्यापक का प्रमाणपत्र होता है।[१]

इसी वर्ष सितम्बर १८९९ में श्री अरविन्द के नाना श्री राजनारायण बास का देहान्त हो गया। कहना न होगा कि श्री अरविन्द के मन में अपने नाना के प्रति काफी श्रद्धा का भाव था। उन्होंने उनकी मृत्यु पर एक शोक-कविता लिखी। वह कविता इस बात का प्रमाण है। वे उन्हें शक्तिशाली और चैतन्य आत्मा कहते हैं, जिसका स्वागत पुराने आनन्दों के स्वर्ग में नहीं, बल्कि शाश्वत विचारों के उस जगत् में होगा, जिसके वे अंश थे।[२]

प्राध्यापक के रूप में श्री अरविन्द की ख्याति निर्विवाद है। उनके अनेक शिष्य इस बात को खुलेआम स्वीकार करते हैं। कन्हैयालाल माणिकलाल मुंशी ने लिखा है—"मेरा सम्पर्क उनसे १९०२ में हुआ, जब मैंने मैट्रिक की परीक्षा उत्तीर्ण करके बड़ौदा कालेज में प्रवेश लिया। यद्यपि मैं व्यक्तिगत रूप से इसके पहले उनसे एकाध बार ही मिल सका था, परन्तु कालेज में अरविन्दीय निजंधरी कथाएँ (Legends) सर्वत्र व्याप्त थीं जिनसे उनके प्रति मेरे मन में भयमिश्रित श्रद्धा का भाव जग गया और जब भी वे अंग्रेजी प्राध्यापक के रूप में बोलते, मैं एक-एक शब्द पर आश्चर्य से टँगा रह जाता।"[३] श्री अरविन्द के व्याख्यान पूर्णतः अन्तः प्रसूत और मौलिक हुआ करते थे। इस प्रसंग में उन्होंने खुद कहा था, "मैंने कभी बाजारू कुंजियाँ नहीं देखीं। कभी-कभी मेरे द्वारा बताये हुए अर्थ कुंजियों में लिखे अर्थों से भिन्न होते। मैं अंग्रेजी प्राध्यापक था, कुछ काल के लिए फ्रेंच का भी। जो बात मुझे सर्वाधिक आश्चर्यचकित करती थी वह यह कि लड़के पंक्तिशः हर चीज लिखकर रट लेते थे। ऐसी चीजें इंग्लैण्ड में नहीं होतीं। बड़ौदा में मेरे व्याख्यानों के नोट्स लेने के अलावा लड़के किसी बम्बई के प्राध्यापक की भी कुंजियाँ खरीदते, खासतौर से यदि वह परीक्षक होता। एक बार मैं सादे के 'नेशनल के जीवन' पर व्याख्यान दे रहा था, तभी एक छात्र ने कहा—यह तो उस कुंजी में लिखी चीजों से मेल नहीं खाता। मैंने कहा—मैं कुंजियाँ नहीं पढ़ता जो हो, वे एकदम कूड़ा होती हैं।[४] उनके एक दूसरे विद्यार्थी, श्री आर० वी० चन्दवानी, जो सर्वेन्ट्स आफ़ द पीपुल सोसाइटी के सदस्य हैं, लिखते हैं—"हम तमाम विद्यार्थी जो दूसरे अध्यापकों का मज़ाक उड़ाते, श्री अरविन्द को भय और श्रद्धा से देखते। प्रिंसिपल घोष थोड़े मितभाषी और लज्जालु लगते। वे हमेशा सफेद सूट और साफा पहनते यद्यपि वे दाढ़ी नहीं रखते थे, पर शानदार मूँछ रहती थीं। सबसे अधिक आकर्षक उनकी आँखें थीं, जो रहस्य में डूबी लगतीं और उनका मस्तिष्क लगातार सक्रिय लगता। हमें वे अंग्रेजी पढ़ाते थे। बायाँ हाथ वे मेज पर रख देते। उस वक्त उनका अँगूठा किसी उँगली के सिरे को छूता रहता और वे गंभीरतम विचारों को

---

१. **बड़ौदा कालेज मिसलेनी, भाग ५, सं० ११, सितंबर १८९९, पृ० २८-३३। श्री पुराणी ने लाइफ ऑफ अरविन्दो के परिशिष्ट में पूरा भाषण प्रस्तुत किया है।**
२. **ट्रांजिट नान पेरिट, कलेक्टेड के पोयम्स एण्ड प्लेज, भाग १, पृ० ३४।**
३. **श्री दिवाकर, महायोगी की भूमिका (फोरवर्ड), पृ० १।**
४. **रेमिनिसैंसेज एण्ड एनक्डोट्स, पृ० १२२।**

धाराप्रवाह अभिव्यक्त करते जाते।"[१]

श्री अरविन्द एक सफल अध्यापक के रूप में आकर्षण और श्रद्धा के केन्द्र इस कारण हुए कि उनके व्यक्तित्व में एक साथ विद्वत्ता और सदाचारिता का अद्‌भुत समन्वय था। दूसरी ओर वे सम्पूर्ण शिक्षा तंत्र को भली-भाँति समझते थे, उसकी त्रुटियाँ और खामियाँ उनके सामने प्रत्यक्ष थीं, जिन्हें दूर करने के लिए उन्होंने भारतीय राष्ट्र के अनुकूल एक नवीन और युगान्तरकारी शिक्षा-पद्धति का निर्माण किया। इस दिशा में पहला महत्त्वपूर्ण कार्य बंगाल राष्ट्रीय महाविद्यालय द्वारा सम्पन्न हुआ और शिक्षा के सर्वथा नये क्षितिज का उद्‌घाटन श्री अरविन्दाश्रम के अन्तर्राष्ट्रीय शिक्षा केन्द्र द्वारा हो रहा है।

परिणीता में सहधर्मिणी की खोज

१७ अप्रैल १९३६ को श्री नीरदवरण ने श्री अरविन्द से शिकायत की—"पता नहीं, धर्मगुरुओं को विवाह की क्या पड़ी रहती है? बुद्ध ने शादी की, और उनकी पत्नी की कैसी हृदयविदारक स्थिति रही।" नीरद ने उपर्युक्त उद्धरण बांग्ला में लिखी कन्फ्यूशस की जीवनी से उपस्थित किया था, जिसमें आगे कहा गया था, "श्री अरविन्द ने भी जो यद्यपि धर्मगुरु नहीं हैं, धर्म पागल हैं, यही किया? कहिए श्रीमान्?" श्री अरविन्द ने उत्तर दिया—"आडम्बरपूर्ण नैतिक बनने के ढोंगी गधे की अपेक्षा (जैसा कि वह जीवनीकार है) धर्मपागल होना बेहतर है।" नीरद इतने पर ही छोड़ने वाले न थे—"यह विवाहित जीवन अध्यात्म के रास्ते में बाधक है तो इन्हें शादी करने की जरूरत ही क्या थी।" श्री अरविन्द ने लिखा—"निःसन्देह, सवाल उठता है। पर जब उन लोगों ने विवाह किये (बुद्ध, कन्फ्यूशस, रामकृष्ण, श्री अरविन्द आदि ने) तब इस प्रकार का सर्वकालिक ढंग से विद्यमान रहने वाला यह जीवनीकार गधा वहाँ नहीं था जो बताता कि तुम लोग जल्दी ही धर्मगुरु या धर्मपागल होने जा रहे हो। × × × इसमें आश्चर्य क्यों? क्या तुम सोचते हो कि बुद्ध, कन्फ्यूशस या मैं इस बोध के साथ जन्मे थे कि हम आध्यात्मिक जीवन स्वीकार करेंगे? जब तक कोई सामान्य चेतना में जीता होता है, वह साधारण लोगों जैसी जिन्दगी जीता है। जब जागरण होता है, नई चेतना विकसित होती है, वह उस जिन्दगी को छोड़ देता है, इसमें अचंभा कैसा।"[२]

श्री गिरिजाशंकर राय चौधरी ने श्री अरविन्द के विवाह को लेकर बड़े ही संकुचित चित्त से कुछ बातें लिखी हैं। श्री अरविन्द ने विवाह के लिए समाचार-पत्रों में विज्ञापन दिया था। इसमें आश्चर्य क्यों? कोई भी व्यक्ति, जो एक खास प्रकार की रुचि, शिक्षा और स्वभाव रखता है, जीवनसंगिनी के चुनाव में सतर्कता बरतेगा ही। "मैंने दिनेन्द्रकुमार राय से सुना कि इसी समय श्री अरविन्द विवाह के लिए उत्सुक हुए। (अरविन्द प्रसंग, पृ० ६२) और उन्होंने कागज में विज्ञापन दिया कि वे विवाह करेंगे अतः उसके लिए पात्री चाहिए। भूपाल बोस विलायत से लौटे हिन्दू और अरविन्द ब्रह्मसमाज भुक्त युवक थे। अतः श्वसुर और जामाता दोनों ने प्रायश्चित करके हिन्दुत्व स्वीकार किया।"[३]

गिरिजा शंकर मोशाय ने, श्री अरविन्द के साले डॉ० शिशिरकुमार बसु का अपने किसी

---

१. रेमिनिसैंसेज ऑफ श्री अरविन्दो एण्ड इंप्रेशन ऑफ हिज आश्रम, मदर इण्डिया १५ अगस्त १९७१, पृ० ४६८-४६९।

२. करेस्पांडेंस विद श्री अरविन्दो, पृ० १९९-२००।

३. श्री अरविन्द ओ बांग्लार स्वदेशी युग, पृ० २४०-२४१।

मित्र को राँची २५-११-४१ को लिखे पत्र का अविकल प्रस्तुतीकरण इस प्रकार किया है। पत्र अंग्रेजी में है, अनुवाद नीचे दिया जा रहा है—

(१) श्री अरविन्द ने विवाह योग्य कन्या के लिए पत्रों में विज्ञापन दिया। मेरे पिता के जीवनपर्यन्त मित्र, बंगवासी कालेज के भूतपूर्व प्रिंसिपल स्व० गिरीश चन्द्र बोस ने विवाह ठीक कराया। श्री अरविन्द ने मेरी बहन को गिरीश बाबू के मकान पर देखा था और उसे पसन्द किया।

(२) विवाह-संस्कार शुद्ध हिन्दू रीति से सम्पन्न हुआ। श्री अरविन्द ब्राह्मण थे और मेरी बहन विलायत से लौटे हिन्दू की पुत्री, अतः दोनों का विवाह के पहले प्रायश्चित द्वारा शुद्धीकरण आवश्यक था। मेरे चाचा ने कन्यादान किया था।

(३) उस समारोह के मुख्य अतिथि थे—लार्ड सिन्हा, व्योमकेश चक्रवर्ती, गिरीश चन्द्र बोस, सर जगदीश चन्द्र बसु आदि।

(४) स्थान—बैठक खाना रोड स्थित एक किराये का मकान।

(५) श्री अरविन्द की विवाह-तिथि १३ बैशाख १३०८ (अप्रैल, १९०१)। मेरी बहन ने उस वक्त करीब-करीब अपनी उम्र का १४वाँ वर्ष पूर्ण किया था। बहन की जन्म-तिथि ६ मार्च, १८८७ (२५ फाल्गुन १२९४)।

(६) विवाह के बाद श्री अरविन्द अपनी पत्नी के साथ देवघर, नैनीताल होते हुए बड़ौदा लौट आये। पति-पत्नी का लोकप्रिय फ़ोटोचित्र, नैनीताल में लिया गया था।

शिशिर बोस के पत्र में प्रायश्चित द्वारा शुद्धीकरण की बात है जब कि गिरिजा इसे 'हिन्दुत्व को स्वीकार करना' कहते हैं। शिशिर बोस का विवरण शुद्धीकरण वाले प्रसंग को छोड़कर काफी कुछ ठीक है। श्री पुराणी ने इन तथ्यों की जाँच करके लिखा था—"शुद्धीकरण की बात उठी, उसे श्री अरविन्द ने वैसे ही अस्वीकार कर दिया जैसे उनके पिता डॉ० कृष्णधन घोष ने किया था। अंत में मुंडन कराने को कहा गया, जब इसे भी अस्वीकृत कर दिया गया तो एक पुरोहित ने पैसे को दृष्टि में रखकर सारी बातें शास्त्रानुमोदित कहकर स्वीकार कर लीं।"[1]

विवाह के बाद श्री अरविन्द देवघर आये और वहाँ से वे २८-५-१९०१ को बहन सरोजिनी और पत्नी मृणालिनी के साथ नैनीताल गये। और कुछ दिनों तक वहाँ रहे जैसा कि श्री भुवन चक्रवर्ती को लिखे गये उनके पत्र से पता चलता है—

प्रिय भुवन बाबू,

मैं यहाँ २८ मई तक अपनी पत्नी और बहन के साथ नैनीताल में हूँ। यह स्थान बहुत रमणीय है; किन्तु मैं जितना सर्द समझता था, उसका आधा भी सर्द नहीं है। वस्तुतः दिन में, यदि बारिश न हो तो बड़ौदा से थोड़ा ही कम गरम लगता है। महाराजा यहाँ से शायद २४ को जायेंगे, यदि बड़ौदा में बारिश हो रही हो तो, किन्तु चूँकि वे रास्ते में आगरा, मथुरा महो

---

१. लाइफ ऑफ श्री अरविन्दो, पृ० ६२।

आदि जगहों में रुकेंगे इसलिए जुलाई के आरंभ में ही बड़ौदा पहुँचेंगे। मैं संभवतः अलग से यात्रा करूँगा और पहली जुलाई को बड़ौदा पहुँचूँगा। यदि आप चाहें तो कुछ पहले भी जा सकते हैं और वहाँ देशपाण्डे के साथ रह सकते हैं। मैंने माधवराव से कहा है कि मेरे नये मकान को सुसज्जित करा दें, मैं नहीं जानता कि उन्होंने इस बाबत अभी तक क्या किया।

आपका

अरविन्द घोष

श्री अरविन्द के ब्राह्म समाज के स्थान पर हिन्दुत्व ग्रहण के कारणों की खोज करने में गिरिजाशंकर राय ने व्यर्थ की माथापच्ची की है। बंकिम प्रसंग में उन्होंने हिन्दू नारी के हृदय की गंभीरता, एकनिष्ठा, मृदुता और सुन्दरता आदि विशेषताओं के चित्रण में बंकिम की प्रतिभा की जो प्रशंसा की है[१] अथवा बंगाली स्त्रियों द्वारा बंगाली साहित्य के संरक्षण और विदेशी भाषा के सामने आत्मसमर्पण न करने की उनकी दृढ़ता को जिस ढंग से रेखांकित किया है,[२] इससे यह अर्थ लगाना कि उन्होंने ब्रह्मसमाज छोड़कर हिन्दुत्व ग्रहण किया[३] शुद्ध प्रलाप है। उनके पिता ने ब्रह्ममत स्वीकार किया था। श्री अरविन्द ने नहीं। वे न सिर्फ हिन्दुत्व में आस्था रखते थे बल्कि अपने जीवन में चरम लक्ष्य की उपलब्धि के लिए हिन्दू शास्त्रों को अपना मार्गदर्शक मानते थे; किन्तु संस्कृति या भारतीय आत्मा के प्रति अमोघ श्रद्धा का निरन्तर भाव रखते हुए भी श्री अरविन्द धार्मिक सीमाओं के स्थूल भेद को स्वीकार करने वाले व्यक्ति नहीं थे। उनका लक्ष्य ब्रह्मसमाज, हिन्दूधर्म, ईसाई तथा बौद्ध, इस्लाम आदि की सीमाओं को अतिक्रान्त करने वाली दिव्य चेतना थी, न कि संकुचित मतवाद। वे निःसन्देह भारतीय नारी की, खास तौर से हिन्दू नारी की पतिपरायणता के प्रशंसक थे, क्योंकि इन्हीं गुणों के कारण वह मात्र पत्नी या भोग्या न होकर सहधर्मिणी बन सकने की क्षमता रखती है। वे उस समय भी, जैसा कि उन्होंने स्वयं कहा है, आध्यात्मिक चेतना में पूर्णतः जीवन व्यतीत करने वाली स्थिति में न होते हुए भी, ''विवाह के द्वारा अपने महत् कार्यों में, जिन्हें शालीनतावश वे तीन 'पागलपन' कहते हैं, जिनका संकेत श्रीमती मृणालिनी देवी के नाम लिखे उनके ३० अगस्त १९०५ के प्रसिद्ध पत्र में किया गया है,[४] सहयोग करनेवाली सहधर्मिणी की खोज में थे। सहधर्मिणी की प्राप्ति के इस प्रयत्न ने, नाना प्रकार के कष्टों को झेल सकने की योग्यता वाली और अपने जैसे 'पागल', किन्तु अद्‌भुत संकल्प वाले व्यक्ति की सहायिका बन सकने की क्षमता वाली नारी की अपेक्षा ने ही उन्हें विज्ञान द्वारा योग्य पात्री की खोज के लिए प्रेरित किया था। वे यह भी मानते थे कि चाहे कोई हजार ब्राह्मस्कूलों में शिक्षा-दीक्षा पाये, वह अपने भीतर बहने वाले हिन्दू रक्त को नकार नहीं सकता।'' यदि नानाधर्मों की सीमाओं को अतिक्रान्त करनेवाली चेतना को समझ पाना श्री गिरिजाशंकर के लिए कठिन था तो कोई बात नहीं, पर रक्त और आनुवंशिकता के अत्यन्त मामूली और कमजोर सिद्धान्त का अभिप्राय तो उनके लिए समझ में आने लायक चीज होना ही चाहिए था, जिसकी उन्होंने अपनी पुस्तक में

---

१. इन्दुप्रकाश १३ अगस्त, १८९४। [बंकिम पर लेख]

२. इन्दुप्रकाश २७ अगस्त, १८९४। [बंकिम पर लेख]

३. श्री अरविन्द ओ बांग्लार स्वदेशी युग, पृ० २४४।

४. श्री मृणालिनी देवी के नाम ३० अगस्त, १९०५ का पत्र।

अभ्यर्थना की थी।''[१]

चार बरस चार मास के विवाह काल के ठीक बाद यह पत्र लिखा गया था। उस समय श्री अरविन्द ने ३३ वर्ष पार करके ३४वें में प्रवेश किया था। पूरा पत्र श्री अरविन्द के संकल्पों और मनोभावों को समझने की कुंजी है।

प्रियतमा मृणालिनी,

३० अगस्त, १९०५

तुम्हारा २४वीं अगस्त का पत्र आया। तुम्हारे माता-पिता को फिर वही दुःख हुआ। कौन-सा लड़का परलोकगत हुआ है, यह तुमने नहीं लिखा। दुःख होने से क्या हो? संसार में सुख अन्वेषण करने से ही उस सुख में दुःख देखा जाता है। दुःख सदा सुख से लिपटा रहता है। यह नियम पुत्रकामना के सम्बन्ध में भी घटता है, सो बात नहीं। सांसारिक कामना का फल यही है। धीरचित्त से सुख-दुःख सबको भगवान् के चरणों में अर्पण करना ही मनुष्य के लिए एकमात्र उपाय है।

मैंने बीस रुपये न पढ़कर दस रुपये पढ़े थे, इसी से दस रुपये भेजने को लिखा था। पन्द्रह रुपये यदि आवश्यक हैं, तो पन्द्रह रुपये ही भेजूँगा। इसी महीने में सरोजिनी ने तुम्हारे लिये दार्जिलिंग में जो कपड़े खरीदे हैं उसके रुपये भेज दिये हैं। तुम जो इधर उधार लिए बैठी हो, मैं यह कैसे जानता? पन्द्रह रुपये लगे हैं, भेज दिये हैं और तीन-चार लगेंगे तो आगामी महीने में भेजूँगा। तुम्हें इस बार बीस रुपये भेजूँगा।

अब वही बात कहता हूँ। तुम, बोध होता है, इसी बीच में जान पायी होगी, कि जिसके भाग्य के साथ तुम्हारा भाग्य जुटा हुआ है, वह बड़ी विचित्र धारणा का आदमी है। इस देश में आजकल के लोगों का जैसा मन का भाव, जीवन का उद्देश्य, कर्म का क्षेत्र है, मेरा वैसा नहीं है। सभी विषय भिन्न हैं, असाधारण हैं। साधारण आदमी असाधारण मन, असाधारण चेष्टा, असाधारण उच्च आशा को जैसा समझते हैं, मैं समझता हूँ उसे तुम जानती होगी। इन सब भावों को पागलपन कहते हैं, परन्तु पागल को कर्मक्षेत्र में सफलता पाने पर उसको पागल न कहकर प्रतिभावान् महापुरुष कहा जाता है। किन्तु कितने आदमियों की चेष्टा सफल होती है? हजार आदमियों में दस असाधारण और उन दस में भी एक आदमी ही कृतकार्य होता है। अपने कर्मक्षेत्र में सफलता तो दूर की बात, पूरी तरह से उसमें अवतरण भी कर नहीं सका, अतएव लोग मुझे पागल ही समझेंगे। पागल के हाथ में पड़ना स्त्रियों के पक्ष में बड़ा अमंगल है, कारण स्त्री-जाति की सभी आशायें सांसारिक सुख-दुःख में ही आबद्ध होती हैं। पागल अपनी स्त्री को सुख नहीं देता, दुःख ही देता है।

हिन्दू धर्म के प्रणेता लोग इसे समझ सके थे। वे असामान्य चरित्र, चेष्टा और आशा को खूब प्यार करते थे। पागल हो या महापुरुष हो, असाधारण आदमी को वे बहुत मानते थे, किन्तु इन सबमें स्त्री की जो भयंकर दुर्दशा होती है, उसका क्या उपाय होगा? ऋषियों ने उपाय निश्चित किया। उन्होंने स्त्री-जाति से कहा कि तुम 'पतिरेको गुरु स्त्रीणाम्' इस मंत्र को ही स्त्री जाति का एकमात्र मंत्र समझना। स्त्री स्वामी की सहधर्मिणी है। वह जिस कार्य को भी स्वधर्म कहकर ग्रहण करेगा, उसमें स्त्री साहाय्य देगी, मंत्रणा देगी, उसको देवता कहकर

---

१. **लाइफ ऑफ श्री अरविन्दो में गिरिजा शंकर के उद्‌बोधन में प्रकाशित श्री अरविन्द की जीवनी पर लिखे निबन्धों की पुराणी द्वारा समीक्षा, पृ० ३५०।**

मानेगी। उसके सुख में सुख, दुःख में दुःख समझेगी। कार्य-निर्वाचन करना पुरुष का अधिकार है और उसमें सहायता तथा उत्साह देना स्त्री का अधिकार है।

अब बात यही है कि तुम हिन्दूधर्म का पथ पकड़ोगी या नये सभ्य धर्म का मार्ग ग्रहण करोगी? पागल के साथ विवाह किया है, यह तुम्हारे पूर्व जन्मांकित कर्म-दोष का फल है। अपने भाग्य के साथ एक प्रबंध करना अच्छा है। यह प्रबंध किस प्रकार होगा? पाँच जनों के मत का आश्रय लेकर तुम भी क्या उसको पागल कहकर उड़ा दोगी।

पागल तो पागलपन के रास्ते दौड़ेगा। दौड़ेगा ही, तुम उसे पकड़कर रख नहीं सकोगी। तुम्हारी अपेक्षा उसका स्वभाव ही बलवान् है। तब तुम क्या कोने में बैठ कर केवल रोओगी, अथवा उसके साथ ही दौड़ोगी, पागल के उपयुक्त पगली बनने की चेष्टा करोगी? जिस प्रकार अन्धे राजा की रानी दोनों आँखों पर वस्त्र बाँधकर स्वयं अन्धी बनी थी? चाहे हजार ब्राह्मस्कूल में पढ़ी हो, तो भी तुम हिन्दू घर की स्त्री हो, पूर्व पुरुषों का रक्त तुम्हारे शरीर में है, मुझे सन्देह नहीं तुम शेषोक्त पथ ही ग्रहण करोगी।

मेरे तीन पागलपन हैं : **पहला पागलपन** यह है कि मुझे दृढ़ विश्वास है कि भगवान् ने जो गुण, जो प्रतिभा, जो उच्च शिक्षा और विद्या, जो धन दिया है सब भगवान् का है। जो परिवार के भरण-पोषण में लगता है और जो नितान्त आवश्यक है, उसी को अपने लिए, सुख के लिए, विलास के लिये, खर्च करने का अधिकार है। जो बच रहे, उसे भगवान् को वापस देना उचित है। मैं यदि सभी अपने लिये, सुख के लिये, विलास के लिए खर्च करूँ तो मैं चोर हूँ। हिन्दू-शास्त्र कहता है, जो भगवान् के पास से धन लेकर भगवान् को नहीं देता, वह चोर है। अब तक भगवान् को दो आने देकर चौदह आने अपने सुख में खर्च कर, हिसाब चुराकर सांसारिक सुख में मत्त रहा हूँ। जीवन का अर्धांश वृथा गया, पशु भी अपना और अपने परिवार का उदर पूर्ण करके कृतार्थ होता है।

मैं इतने दिनों पशुवृत्ति और चौर्य वृत्ति करता आ रहा हूँ। यह समझ सका हूँ। समझने पर बड़ा अनुताप और अपने ऊपर घृणा हुई है। अब और नहीं। उस पाप को जन्म की भाँति छोड़ दिया है। भगवान् को देने का अर्थ क्या है? अर्थ है धर्मकार्य में व्यय करना। जो रुपये सरोजिनी व उषा को दिये हैं, उसके लिए कुछ अनुताप नहीं है। परोपकार धर्म है, आश्रित की रक्षा करना महाधर्म है, किन्तु केवल भाई-बहन को देने से हिसाब नहीं चुकता। इस दुर्दिन में समस्त देश मेरे द्वार का आश्रित है। मेरे बीस करोड़ भाई-बहन इस देश में हैं, उनमें अनेक अनाहार से मरते हैं, अधिकांश कष्टों और दुःखों से जर्जरित होकर किसी तरह बच रहे हैं, उनका हित करना होगा।

क्या कहती हो, इस विषय में मेरी सहधर्मिणी होगी? केवल साधारण आदमी की भाँति खाकर, पहनकर, जो ठीक-ठीक आवश्यक है, वही खरीदकर और सब भगवान् को दूँगा—यह मेरी इच्छा है। तुम्हारे सम्मति देने पर ही, त्याग स्वीकार कर सकने पर ही, मेरी अभिसंधि पूर्ण हो सकती है। तुमने कहा था, मेरी कोई उन्नति नहीं हुई—यह एक उन्नति का पथ दिखा दिया। क्या इस पथ पर चलोगी?

दूसरा पागलपन यही है कि किसी तरह भी भगवान् का साक्षात् दर्शन लाभ करना होगा। आजकल का धर्म है, भगवान् का नाम बात-बात में मुँह में लेना, सबके सामने प्रार्थना करना। लोगों को दिखाना कि मैं कैसा धार्मिक हूँ। मैं यह नहीं चाहता। ईश्वर यदि है तो उसका

अस्तित्व अनुभव करने का, उसके साथ साक्षात् करने का कोई न कोई रास्ता होगा। वह मार्ग कितना ही दुर्गम हो, मैं उस पर जाने का दृढ़ संकल्प करके बैठा हूँ। हिन्दू धर्म में कहा है, अपने शरीर में ही, अपने मन में ही वह मार्ग है। जाने के नियम दिखा दिये हैं, उन सबका पालन करना आरम्भ किया है। एक महीने में अनुभव कर सका हूँ कि हिन्दू धर्म की बातें मिथ्या नहीं हैं। जिन-जिन चिह्नों की बातें कही गयी हैं वे सब मिल रही हैं। अब मेरी इच्छा तुम्हें भी उसी पथ में ले जाने की है। ठीक से साथ-साथ जा नहीं सकोगी। कारण, तुम्हें इतना ज्ञान नहीं हुआ है; किन्तु मेरे पीछे-पीछे आने में कोई बाधा नहीं है। उस मार्ग में सबको सिद्धि मिल सकती है, किन्तु प्रवेश करना इच्छा पर निर्भर है। कोई तुम्हें पकड़कर नहीं ले जा सकेगा। यदि सम्मति हो तो इस सम्बन्ध में और भी लिखूँगा।

तीसरा पागलपन यह है कि अन्य लोग स्वदेश को एक जड़ पदार्थ, मैदान, क्षेत्र, वन, नदी समझते हैं किन्तु मैं स्वदेश को माँ कहकर जानता हूँ, भक्ति करता हूँ। माता की छाती पर बैठकर यदि एक राक्षस रक्तपान करने को उद्यत हो तो लड़का क्या करे? निश्चिन्त भाव से आहार करने बैठे, स्त्री-पुत्र के साथ आमोद करने बैठे अथवा माता का उद्धार करने को दौड़ जाये? मैं समझता हूँ इस पतित जाति का उद्धार करने का बल मेरे पाँवों में है। शारीरिक बल नहीं, तलवार या बन्दूक लेकर मैं युद्ध करने नहीं जाता हूँ। ज्ञान का बल है। क्षात्रतेज एकमात्र तेज नहीं है, ब्रह्मतेज भी है, वह तेज ज्ञान पर प्रतिष्ठित है : यह भाव नया नहीं है, आजकल का नहीं है। इस भाव को लेकर मैं जन्मा हूँ,यह मेरा मज्जागत भाव है। भगवान् ने इस महाव्रत का साधन करने के लिए मुझे पृथ्वी पर भेजा है। चौदह वर्ष की अवस्था में बीज अंकुरित होने लगा, अठारहवें वर्ष में प्रतिज्ञा दृढ़ और अचल हुई। तुमने न-मासी (चौथी मौसी) की बात सुनकर सोचा था, कहीं का बुरा आदमी मेरे सरल सत्पुरुष स्वामी को कुपथ में घसीटकर ले गया है। किन्तु तुम्हारे सत्पुरुष स्वामी ने ही उस आदमी को और सैकड़ों आदमियों को उसी पथ में—चाहे वह कुपथ हो चाहे सुपथ—प्रवेश कराया है और भी वह हजारों लोगों को प्रवेश करायेगा। कार्य-सिद्धि मेरे रहते ही होगी, यह मैं नहीं कहता, किन्तु होगी निश्चय ही।

अब कहता हूँ, तुम इस विषय में क्या करना चाहती हो? स्त्री स्वामी की शक्ति है। तुम उषा की शिष्या बनकर साहब—पूजा मन्त्र, जप करोगी? उदासीन होकर स्वामी की शक्ति कुंठित करोगी। किंवा सहानुभूति और उत्साह द्विगुणित करोगी? तुम कहोगी, इन सब महत् कार्यों में मेरे समान साधारण स्त्री क्या कर सकती है, मुझमें मन का बल नहीं, बुद्धि नहीं, इन सब बातों को सोचकर डर लगता है। किन्तु इसका सहज उपाय है। भगवान् का आश्रय लो, ईश्वर-प्राप्ति के पथ में एकबार प्रवेश करो, तुम्हारे जो जो अभाव हैं, उनको वे शीघ्र पूर्ण करेंगे। जिसने भगवान् का आश्रय लिया है, उसको धीरे-धीरे भय छोड़ देता है, और यदि मुझ पर विश्वास कर सको, दस जनों की बात न सुनकर यदि मेरी ही बात सुनो तो तुम्हें अपना बल दे सकता हूँ, उससे मेरे बल की हानि न होकर वृद्धि होगी। मैं कहता हूँ, स्त्री स्वामी की शक्ति है अर्थात् स्वामी स्त्री में अपनी प्रतिमूर्ति देखकर उससे अपनी महत् आकांक्षा की प्रतिध्वनि पाकर द्विगुणित शक्ति लाभ करता है।

बराबर क्या इसी भाव से रहोगी? मैं अच्छा कपड़ा पहनूँ, अच्छा खाना खाऊँ, हँसूँ, नाचूँ, सभी तरह के सुखों का उपभोग करूँ—मन की इस अवस्था को उन्नति नहीं कहा जाता। आजकल हमारे देश की स्त्रियों के जीवन ने यही संकीर्ण और अतिहेय आकार धारण कर लिया है। तुम यह सब छोड़ दो, मेरे साथ आओ। जगत् में भगवान् काम करने को आये हैं।

इस काम को आरम्भ करें।

तुम्हारे स्वभाव में एक दोष है। तुम बहुत ही सरल हो। कोई जो कुछ कहता है, उसे सुनती हो। इससे मन चिरकाल अस्थिर रहता है। बुद्धि विकास नहीं पाती, किसी कर्म में एकाग्रता नहीं होती। इसको सुधारना होगा। एक व्यक्ति की ही बात सुनकर ज्ञान-संचय करना होगा। एक लक्ष्य करके अविचलित चित्त से कार्य साधन करना होगा। लोगों की निन्दा और व्यंग्य को तुच्छ समझ कर स्थिर भक्ति रखनी होगी।

और एक दोष है। तुम्हारे स्वभाव का नहीं, काल का दोष है। बंगदेश में काल ऐसा आ गया है। लोग गंभीर बात को भी गम्भीर भाव से सुन नहीं सकते। धर्म, परोपकार, महत् आकांक्षा, महत् चेष्टा, देशोद्धार इत्यादि—जो गम्भीर, जो उच्च और महत् विषय हैं, सभी को लेकर हँसी-मजाक! सभी को हँसी में उड़ा देना चाहते हैं। ब्राह्म स्कूल में रहते-रहते तुममें यही दोष कुछ-कुछ आ गया है। थोड़े परिमाण में हम सभी इस दोष से दूषित हैं, देवघर के लोगों में तो आश्चर्यजनक वृद्धि हुई है। इस मन के भाव को दृढ़ता से हटाना होगा, तुम यह सहज में कर सकोगी। एक बार चिन्तन करने का अभ्यास करने से तुम्हारा असली स्वभाव विकसित होगा। परोपकार और स्वार्थ-त्याग की ओर तुम्हारा झुकाव है, केवल एक मन के बल का अभाव है, ईश्वर की उपासना से उस बल को पाओगी।

यही थीं मेरी गुप्त बातें। किसी के आगे प्रकाश न करके अपने मन में धीरचित्त से इन सब पर विचार करो। इनमें भय करने को कुछ नहीं है, किन्तु सोच-विचार के लिए अनेक चीजें हैं। पहले और कुछ करना नहीं होगा, केवल प्रतिदिन आध घण्टे भगवान् का ध्यान करना होता है। उनके प्रति प्रार्थना रूप से बलवती इच्छा-प्रकाश करना पड़ता है। मन क्रम-क्रम से तैयार होगा। उसके सामने सदा यही प्रार्थना करनी होगी कि मैं स्वामी के जीवन, उद्देश्य और ईश्वर-प्राप्ति के पक्ष में व्याघात न करके सर्वदा सहायक बनूँ, साधनभूत होऊँ। यह करोगी?

तुम्हारा—स्वामी

पत्नी को लिखे हुए इस पत्र से स्पष्ट हो जाता है कि श्री अरविन्द के लिए देशोद्धार यानी स्वतंत्रता के लिए संघर्ष करना, समता अर्थात् आर्थिक वैषम्य को दूर करना और भगवत्-साक्षात्कार—ये तीन प्रमुख उद्देश्य थे। लोग उनके योगी होकर पांडिचेरी में जाने की बातों को आश्चर्यकारी समझते हैं, उन्हें यह पत्र पढ़कर उनके दृढ़ व्रतों को जानने की कोशिश करनी चाहिए।

पहले पागलपन का दौर : त्याग और गरीबी का जीवन

प्रोफेसर अरविन्द घोष कालेज के अपने कार्यों को अच्छी तरह निभाते हुए अपने मूल उद्देश्यों की ओर निरन्तर ध्यानबद्ध रहे। विवाह के कुछ महीनों बाद एक दिन जब वे सोकर प्रातः उठे ही उठे थे कि देखा उनके छोटे भाई वारीन्द्रकुमार उपस्थित हैं। वारीन्द्र के हाथ में एक गन्दा कैनवस का झोला था और वैसे ही गंदे कपड़े। उन्होंने तुरन्त वारीन्द्र को स्नानघर में भेजा। देवघर आते-जाते श्री अरविन्द हमेशा वारीन्द्र को क्रान्तिकारी भावनाओं से उत्तेजित करते रहे। वारीन्द्र का बड़ौदा पहुँचना उन्हीं उपदेशों का जैसे नतीजा था। अब बड़ौदा के घर में श्री अरविन्द और मृणालिनी के अतिरिक्त सरोजिनी और वारीन्द्र भी हो गये। वैसे भी वे अपनी माँ के खर्चे और सरोजिनी की पढ़ाई के लिए हमेशा बाँकीपुर रुपये भेजते रहे थे। विनयभूषण और मनमोहन इंग्लैण्ड से लौटने के बाद धनोपार्जन कर रहे थे, किन्तु परिवार की

वे कोई सहायता नहीं कर पाते थे। उस समय तक श्री अरविन्द का विवाह नहीं हुआ था, पूछने पर वे कहते—"दादा कूचविहार में ऊँची सर्विस में हैं, अत: उसके अनुकूल जीवन-स्तर बनाना पड़ता है, मनमोहन ने विवाह कर लिया है और विवाह एक महँगा शौक है।"[१]

इस महँगे शौक के उठाने के बाद भी यह व्यक्ति अपने उपार्जित धन को मनमाने ढंग से खर्च करना पशुवृत्ति या चौर वृत्ति मानता था। यही नहीं, यह धन नाना प्रकार से राजनीतिक और व्यक्तिगत उपकारपूर्ण कार्यों में नि:संकोच खर्च किया जाता था।

इस संदर्भ में बड़ौदा के एडवोकेट श्री आर० एन० पाटकर के संस्मरण बहुत ही महत्त्वपूर्ण हैं। पाटकर लिखते हैं—"१९०६ के आस-पास शाम को वे कोई पकाया हुआ खाना नहीं लेते थे। केवल फल, खासतौर से केला और एक प्याला दूध। जब तक वे बड़ौदा रहे इस तरह का नियमित आहार वे लगातार करते रहे। जब मैं बड़ौदा आया मैं मामूली लड़का था, कुल सोलह वर्ष का, इसलिए सभी चीजों को सही ढंग से समझ नहीं सकता था; फिर भी मैंने कुछ चीजें, जो विशेष लगीं, नोट कर लीं। वे रहन-सहन में बहुत सामान्य थे। अपनी रुचियों में भी वे शौकीन नहीं लगते थे। उन्हें खाने-पीने या कपड़े-लत्ते की बहुत परवाह नहीं थी। वह कपड़े खरीदने बाजार नहीं जाते थे। घर में उन्हें हमेशा धोती और सदरी में देखा, बाहर निकलते तो सफेद सूट पहनते। वे कभी मुलायम गद्दे पर नहीं सोते थे, जैस हम लोग प्राय: करते हैं, बल्कि नारियल की रस्सी से बुनी चारपाई पर, जिस पर एक मालावारी घास की चटाई बिछी रहती जो शायद शय्यापरिच्छद का कार्य करती। उनकी एक और विशेष आदत थी कि वे पैसे में कोई रुचि नहीं लेते थे। वे तीन महीने का वेतन एक थैले में ले आकर टेबुल पर रखी ट्रे में उलट देते थे। वे कभी भी इन रुपयों को ताला-कुंजी के अन्दर नहीं रखते थे। क्या खर्च हुआ, उसका हिसाब भी नहीं रखते थे। मैंने एक बार पूछा—आप अपने रुपये इस तरह क्यों रखते हैं? उन्होंने कहा—"यह इस बात का सबूत नहीं है कि हम ईमानदार और अच्छे लोगों के बीच रह रहे हैं?" पर आप तो कोई हिसाब रखते ही नहीं, फिर कैसे दूसरों की ईमानदारी को प्रमाणित करेंगे? उन्होंने शान्त भाव से कहा—"मेरे बच्चे, भगवान् खुद मेरा हिसाब रखता है। वह उतना दे देता है, जितने की मुझे जरूरत होती है, शेष अपने पास रख लेता है। जो भी हो, वह मुझे अभाव में नहीं रखता, तो फिर मैं चिन्ता किस बात की करूँ?"

"वे पढ़ने में ऐसा तल्लीन रहते कि उन्हें किसी का कुछ ख्याल भी न होता। रसोइया आकर कहता—'साहब, खाना रक्खा है।' वे बिना सर हिलाये सिर्फ कहते—'अच्छा।' और फिर वैसे ही पढ़ने में लगे रहते। घण्टे भर बाद जब नौकर थाली वगैरह ले जाने आता तो उसे वैसी की वैसी देखकर आश्चर्य में पड़ जाता। अपने मालिक से कुछ कहने की उसकी हिम्मत न होती, तो वह मुझसे कहता। मैं उनके कमरे में जाकर खाना रखे होने की बात कहता, वे मुस्कराते। मेज के पास जाकर चुपचाप खाने लगते और बहुत जल्दी खा-पीकर पुन: पढ़ने में लग जाते।"[२]

दिनेन्द्रकुमार राय और पाटकर के संस्मरण उनके सादे जीवन और समन्वित रहन-सहन की साक्षी देते हैं। इस सदाचारिता या यों कहें कष्टपूर्ण जिन्दगी व्यतीत करने के पीछे उनके पहले पागलपन का हाथ था। यानी गरीब देशवासियों के बीच अमीरी का जीवन बिताना वे

१. लाइफ ऑफ श्री अरविन्दो, पृ० ५७।

२. लाइफ ऑफ श्री अरविन्दो में उद्धृत, पृ० ७३-७४।

चौर वृत्ति मानते थे। ये संस्मरण अपने को ऐसी वृत्ति से अलग रखने की उनकी दृढ़ता को रेखांकित करते हैं। इसे ही मैंने आरम्भ में श्रेयस् के लिए प्रेयस् को अग्नि की लपटों में सौंप देने वाली वृत्ति का उत्तरयोगी कहा है।

दूसरा पागलपन : आध्यात्मिक प्रयत्नों का दौर

श्री अरविन्द के व्यक्तित्व की मूल चेतना शुरू से ही आध्यात्मिक रही। भारत में आगमन के साथ ही साथ उनकी यह सुषुप्त चेतना (इंग्लैण्ड में वे हमेशा स्वयं कथित तमस् का अनुभव करते रहे) जाग्रत हुई और यही केन्द्रीय संचालिका शक्ति के रूप में उनके प्रत्येक कार्य में प्रतिफलित होती दिखाई पड़ती है। उनके व्यक्तिगत, नौकरी सम्बन्धी कार्यों के पीछे, क्रान्तिकारी संघटनों और उनके क्रियाकलापों के पीछे राजनीतिक गतिविधियों के पीछे और अन्त में योगी और दार्शनिक जीवन के प्रत्येक पहलू के पीछे यही गत्वर, आधुनिक और जीवन्त आध्यात्मिकता दिखाई पड़ती है। इसलिए उनके जीवन के अन्तिम रूप को लेकर उसे कर्ममय जीवन से पलायन मानने वालों ने उनके जीवन के इस मूल स्वर को समझने में सदा ही गलती की है।

मृणालिनी के नाम ३० अगस्त, १९०५ के लिखे पत्र से ही पता चलता है कि श्री अरविन्द ब्रह्म-साक्षात्कार को अपने जीवन का ध्रुव लक्ष्य मान चुके थे। वे उस समय तक महीने भर तक किसी मार्ग से साधना भी कर चुके थे और उन्हें ऐसे चिह्नों का साक्षात्कार भी हुआ था, जो हिन्दूशास्त्रों में साधना मार्ग से सम्बन्धित बताये गये हैं।

श्री अरविन्द को बम्बई बन्दरगाह पर प्रवास से लौटने पर तथा बाद में कश्मीर-यात्रा में शंकराचार्य पर्वत शृंखला पर दो आध्यात्मिक अनुभूतियाँ भी हो चुकी थीं।

इन सब तथ्यों से पता चलता है कि आध्यात्मिक साधना की ओर खिंचाव लगातार रहा। यह वृत्ति इंग्लैण्ड प्रवास-काल में कभी जाग्रत नहीं हुई। एक बार शिष्यों के पूछने पर कि वे इस ओर कैसे झुके, उन्होंने कहा—"भगवान् जाने इधर झुकाव कैसे हुआ। बड़ौदा में देशपांडे और कुछ दूसरे लोगों ने मुझे योग की ओर झुकाने का प्रयत्न किया। तब योग के बारे में मेरी धारणा थी कि इसके लिए पर्वत-गुफा में जाकर संन्यस्त होना होता है। मैं उसके लिए कैसे तैयार होता, क्योंकि मैं अपने देश की स्वतन्त्रता के लिए कार्य करना चाहता था।

तभी १९०५ में मैंने प्राणायाम का अभ्यास शुरू किया। बड़ौदे में स्वामी ब्रह्मानन्द का एक इंजीनियर शिष्य था। ब्रह्मानन्द से श्री अरविन्द मिले थे। बातचीत के सिलसिले में इस महान् योगी के बारे में उन्होंने कहा—"इसका कोई विवादरहित प्रमाण नहीं है। ब्रह्मानन्द की आयु का ४०० वर्ष होना एक अतिशयोक्ति है। यह सर्वविदित है कि वे नर्मदा तट पर (चांदोद) अस्सी वर्ष तक रहे। और जब ये इस तट पर आये तो उनकी उम्र ऐसी थी कि उसे प्रौढ़ावस्था का परिपक्वावस्था की ओर जाना कहा जायेगा। मैं उनकी मृत्यु के कुछ पहले उनसे मिला था। क्या अद्भुत शरीर था, बुढ़ापे का कोई चिह्न नहीं, सिर्फ सफेद दाढ़ी और केश को छोड़कर। काफी लम्बे, हृष्ट-पुष्ट जाने कितने मील प्रति दिन चल सकने में समर्थ, जबकि उनके नवजवान चेले उनके साथ चलने में थक जाते थे। भारी काया, शानदार चेहरा जैसा कि बहुत प्राचीन लोगों का हुआ करता था। उन्होंने कभी अपनी उम्र या अतीत जीवन पर, शायद एकाध बार कुछ शब्दों को छोड़कर, कुछ नहीं कहा। एक बार उनके दाँत में दर्द हुआ। उनके शिष्य बड़ौदा के सरकार मजुमदार कोई दाँत की दवा जो उन दिनों बहुत प्रचलित थी, लेकर उनके

पास गये। योगी ने दवा लेने से यह कहते हुए इन्कार कर दिया कि—'मेरी दवा तो नर्मदा का पानी ही है। जहाँ तक दाँत में दर्द का सवाल है यह मुझे भाऊ गर्दी के समय से होता आ रहा है। भाऊ गर्दी मराठा सेनापति था। सदाशिवराव भाऊ जो पानीपत की लड़ाई में गायब हो गया। बहुतों का ख्याल था कि ब्रह्मानन्द स्वयं भाऊ गर्दी थे, पर यह मात्र कल्पना है।''[१]

उन्हीं के इंजीनियर शिष्य ने मुझे प्राणायाम की सामान्य विधि बताई। मैंने इसे अपने ढंग से शुरू किया। इसके कुछ बड़े विशिष्ट नतीजे सामने आये। पहला तो यह कि मैं एक तरह की विद्युत शक्ति का अपने चतुर्दिक संचरण का अनुभव करता। दूसरा यह कि उसी दरम्यान कुछ छोटे दर्जे के आभ्यन्तरिक दृश्य (विज़न) दिखाई पड़े। तीसरा नतीजा यह हुआ कि कविता लिखने में मेरी गति आश्चर्यकारी ढंग से बढ़ गई। पहले मुझे कविता लिखने में कठिनाई होती। कभी भावतरंग तीव्र होती, कभी एकदम सूख जाती। इस बार वह आश्चर्यकारी शक्ति के साथ जाग्रत हुई। मैं गद्य और पद्य दोनों ही अद्भुत शीघ्रगति से लिखने लगा। और अब तक उसका प्रवाह कभी सूखा नहीं। यदि बाद में मैंने कुछ ज्यादा नहीं लिखा तो इसलिए नहीं कि प्रवाह में कमी थी; बल्कि इसलिए कि मुझे दूसरे कार्य करने थे। चौथा नतीजा यह हुआ कि मेरे शरीर पर मांस चढ़ा। मेरे शरीर की खाल चिकनी और अपेक्षाकृत साफ लगने लगी। इन शारीरिक परिवर्तनों का मूल कारण मेरे लार में उत्पन्न एक विचित्र प्रकार का द्रव पदार्थ था। दूसरी आश्चर्यजनक चीज मैंने यह देखी कि मैं जब भी प्राणायाम करने बैठता, एक भी मच्छर मुझे नहीं काटता था जबकि कमरा मच्छरों से भरा रहता। मैं लगातार प्राणायाम करता रहा; परन्तु इसके आगे कोई नतीजा नहीं दिखा।[२]

उन्हीं दिनों क्रान्तिकारियों के एक संगठन की योजना सामने आई 'भवानी मंदिर' नाम से। इस योजना के अनेक सुझाव वारीन्द्र कुमार के थे; परन्तु इसे पुस्तिका के रूप में उपस्थित श्री अरविन्द ने ही किया। वारीन्द्र भवानी मंदिर की स्थापना के लिए स्थान की खोज करने निकले। इसमें कोई सन्देह नहीं कि इस योजना को क्रियान्वित करने की उत्कंठा श्री अरविन्द की अपेक्षा वारीन्द्र में ज्यादा थी। वारीन्द्र ने स्वयं गिरिजा शंकर को इस योजना के बारे में बताया, उन्होंने अंग्रेजी में ही ज्यों की त्यों अपनी पुस्तक में उद्धृत किया है।

''मैं बड़ौदे से फरवरी या मार्च १९०६ में भवानी मंदिर की पांडुलिपि लेकर कलकत्ते आया। यह श्री अरविन्द की लिखी थी। यह गुप्त रूप से डी० गुप्त के प्रेस में कालीतल्ला में खुलना के सुधीर घोष तथा जोशी (मराठा) तथा मेरे निरीक्षण में प्रकाशित की गयी। यह एक १५-१६ पृष्ठों की पुस्तिका थी जिसमें भवानी के एक मन्दिर की स्थापना का प्रस्ताव था जो किसी दुर्लंघ्य पर्वतीय प्रदेश में बनाया जाता। यद्यपि कोई क्षेत्र सूचित नहीं किया गया था; किन्तु एक स्थान सोन नदी क्षेत्र में कैमूर पर्वत शृंखला में तै किया गया।[३] वारीन्द्र स्थान की खोज में पहाड़ों में गये थे और वहाँ से भयंकर पहाड़ी बुखार लेकर लौटे। श्री अरविन्द ने स्वयं कहा है—''योग से रोग दूर हो सकता है, इसका प्रथम अनुभव मुझे एक नागा साधु या संन्यासी के कार्य से हुआ। वारीन्द्र जब अमरकंटक की पहाड़ियों में घूम रहा था, ज्वरग्रस्त हुआ। संन्यासी ने एक ग्लास पानी मँगवाया और उसने एक चाकू से खड़ी और पड़ी लकीरें खींचकर

---

१. **रेमिनिसैंसेज एण्ड एनक्डोट्स, पृ० २५-२६।**
२. **टाक्स विद श्री अरविन्दो, प्रथम भाग, पृ० १६४-१६५।**
३. **श्री अरविन्द ओ बांग्लार स्वदेशी युग, पृ० ४१०-४११।**

पानी को चार भागों में बाँट दिया और बारीन से कहा कि पी जाओ तुम्हें कल से बुखार नहीं आयेगा। बारीन पी गया और उसे सचमुच दूसरे दिन से बुखार नहीं आया।''[१]

श्री अरविन्द इस क्रिया से प्रभावित हुए। उन्होंने इसका रहस्य जानने का भी प्रयत्न किया।

''उन्हीं दिनों वारीन्द्र ने स्वतः चालित लेखन का अभ्यास शुरू किया। एक बार एक आत्मा जो मेरे पिता की समझी गयी, आई और उसने कुछ भविष्यवाणियाँ कीं। आत्मा ने कहा कि वारीन्द्र को उन्होंने सोने की एक घड़ी दी थी। वारीन्द्र ने बहुत सोचा तो उसे याद पड़ा कि बात ठीक है। उस आत्मा ने यह भी कहा कि लार्ड कर्जन बहुत ही जल्दी भारत छोड़ देगा। वह आत्मा कर्जन को नीले समुद्र की ओर ताकते देख रही थी, उस समय तक कर्जन के भारत छोड़ने की कोई चर्चा तक न थी, पर बात सच निकली। कर्जन का लार्ड किचनर से झगड़ा हो गया और उसे भारत छोड़ना पड़ा। आत्मा ने यह भी कहा कि देवधर के मकान में एक दीवाल पर हनुमान् की तस्वीर थी। देवधर ने बहुत सोचा पर याद नहीं पड़ा। उसने वह बात अस्वीकार कर दी। जब वह घर गया और उसने अपनी माँ से पूछा तो उन्होंने बताया कि कभी यहाँ एक दीवाल पर जड़ी हनुमान् की तस्वीर थी; पर बाद में वह प्लाटर में दब गई। आत्मा ने यह भी कहा कि जब सभी हमारा साथ छोड़ देंगे तब जो आदमी साथ देगा वह हैं तिलक। यह भी प्रमाणित हुआ।

एक दूसरी बार रामकृष्ण परमहंस की आत्मा बुलाई गई। उन्होंने इतना ही कहा। 'मन्दिर गढ़ो।' उस समय हम भवानी मन्दिर की योजना बना रहे थे, इसलिए सोचा कि उसी के बारे में कह रहे हैं। पर बाद में मैंने उसका अर्थ निकाला कि अपने शरीर को भगवान् के मन्दिर के रूप में तैयार करो।

इन घटनाओं ने मुझे योग की ओर झुकने का, आखिरी आधार दे दिया। मैंने सोचा कि इतने बड़े लोग केवल भ्रमजाल के पीछे नहीं दौड़े होंगे और यदि सचमुच मानव से अधिक शक्तिशाली कोई चीज है तो उसे क्यों न प्राप्त किया जाये।[२]

श्री अरविन्द लेले से मिलने के पहले और बाद में भी बहुत दिनों तक इस 'प्लेनचेट' के रहस्योद्घाटन में लगे रहे। इसका बहुत ही प्रामाणिक वर्णन नलिनीकान्त गुप्त ने अपने संस्मरण में दिया है। इन कार्यों का प्रत्यक्ष देखा हुआ वर्णन सुरेशचन्द्र चक्रवर्ती की बांग्ला-पुस्तक स्मृति-कथा में भी मिलता है। श्याम बाजार के श्यामपुकुर लेन में मकान नं० ४ में कर्मयोगी (अंग्रेजी) और धर्म (बांग्ला) पत्रिकाओं का कार्यालय था, जिन्हें श्री अरविन्द ने जेल से छूटने के बाद शुरू किया। इसी मकान में ऊपरी तल्ले पर यह प्लेनचेट-प्रक्रिया चलती रहती थी। नलिनीकान्त लिखते हैं—''यहाँ हमारा एक भिन्न प्रकार का शिक्षण, एक नये तरह के अनुभव, आश्चर्यकारी अनुभव का शिक्षण शुरू हुआ। श्री अरविन्द ने हमें स्वतः चालित लेखन का तो दृश्य दिखाया ही, स्वतोद्भूत भाषणों का भी हमने अनुभव किया। बत्तियाँ बुझा दी गयीं। आठ बजे शाम को हम उन्हें घेर कर चारों ओर बैठ गए। तभी श्री अरविन्द के मुख से आवाज़ उठी, वह स्पष्ट ही उनकी आवाज़ नहीं थी। कभी अनेकानेक

---

१. **रेमिनिसैंसेज एण्ड एनक्डोट्स, पृ० ११३।**

२. **टाक्स विद श्री अरविन्द, प्रथम भाग, पृ० १६६-१६७।**

आवाज़ें उठतीं, प्रत्येक ध्वनि और स्वभाव में एक दूसरे से भिन्न। एक बार एक आवाज़ उठी, उसने शिक्षा, साहित्य और अपने देश की स्थिति पर बहुत अच्छी-अच्छी चीज़ें कहीं। हमने उनका नाम जानना चाहा। काफी देर तक इनकार के बाद उन्होंने नाम बताया बंकिमचन्द्र। वे अंग्रेजी में बोल रहे थे। उन्होंने एक शब्द का प्रयोग किया 'ओबफ्युस्केटेड (obfuscated) चूँकि हममें से कोई इसका अर्थ नहीं जानता था इसलिए अर्थ पूछा गया। उत्तर मिला—"अपने समय में हम लोग तुम लोगों से बेहतर अंग्रेजी जानते थे।" दूसरे दिन एक अन्य साहब आए और बड़ी कर्कश आवाज़ में अपना परिचय देते हुए बोले—"मैं डैन्टन हूँ, टेरर, रेड टेरर, [संत्रास, रक्त, संत्रास] वे फ्रांस की क्रांति में रक्तपात की उपयोगिता पर बोलते रहे। एक अन्य ने आकर अपने को प्राचीन यूनान का राजनीतिक 'थेरामेंनेस' बताया। वे बहुत धीमी और गंभीर आवाज़ में राजनीति पर भाषण देते रहे।"[१]

प्लेनचेट को श्री अरविन्द ने केवल उसके भीतर निहित रहस्य को जानने के उद्देश्य से स्वीकार किया था। बाद में उन्होंने इसी माध्यम से पांडिचेरी में यौगिक साधना नामक पुस्तक लिखी, जिसे अपनी चीज न होने से उन्होंने प्रकाशन से वापस कर लिया। उन्होंने प्लेनचेट प्रक्रिया पर अपने प्रयोगों के नतीज़ों को स्पष्ट करते हुए कहा था—स्वत:चालित लेखन या सन्ध्या की आत्माह्वानिक गोष्ठियाँ एक मिश्रित किस्म का प्रयोग थीं। कुछ अंश अवचेतन से, कुछ बैठने वालों के अवचेतन से आता है। किन्तु यह कहना सही नहीं है कि सब कुछ नाटकीय कल्पना और स्मरण शक्ति से आता है। कभी-कभी ऐसी चीज़ें आती हैं जिन्हें वहाँ बैठे लोगों में से किसी ने कभी नहीं जाना। कभी-कभी यद्यपि प्राय: कम ही, भविष्य की झलकें भी मिल जातीं। किन्तु ऐसी चीजें प्राय: ही बहुत निचले स्तर के लोक के प्राणिक जीवात्माओं या शक्तियों के सम्पर्क का परिणाम होती हैं जो खुद बहुत स्पष्ट, असंबद्ध वार्ता करने वाली और चालबाज होती हैं। और इसलिए इनसे सम्पर्क रखना या इनके प्रभाव में जाना खतरनाक होता है।"[२] अन्यत्र उन्होंने पुन: इस प्रक्रिया पर कहा—"बाहरी आत्माओं का सच्चे ढंग से उपस्थित होना प्राय: बिरल है। मृत व्यक्ति जीवित व्यक्तियों से वार्तालाप कर सकते हैं, यदि वे ऐसा चाहें। श्रीमाँ इस आत्माह्वानिक प्रक्रिया को जानती हैं। वे अपनी शक्ति से कमरे की मेज को इधर-उधर खिसकने के लिए बाध्य कर सकती हैं। किन्तु यह धारणा, कि सभी तरह के मृत लोग शताब्दियों से इसलिए लटके हुए हैं कि उन्हें मेज ठोंक कर बुलाया जायेगा, पूर्णत: बकवास है।"[३]

श्री अरविन्द अपने से उपलब्ध स्वकीय तरीके से साधना करते रहे। प्लेनचेट ही की तरह उनकी ज्योतिष में भी अभिरुचि हुई। पर इसके अध्ययन के बाद उन्होंने जाना कि यह पूर्णत: विश्वनीय विज्ञान नहीं है। हाँ, इसमें गति रखने वाले कभी-कभी बहुत सटीक भविष्यवाणियाँ कर सकते हैं—"कलकत्ते के नारायण ज्योतिषी ने मेरे राजनीतिक जीवन के बारे में कुछ भी न जानते हुए भविष्यवाणी की कि मेरा म्लेच्छों से संघर्ष होगा। मेरे विरुद्ध तीन मामले चलेंगे और तीनों बार मैं छूट जाऊँगा। उन्होंने मेरी कुंडली देख कर मेरी उम्र ६३

१. रेमिनिसैंसेज, नलिनीकान्त गुप्त, के० अमृता, श्री अरविन्दाश्रम पांडिचेरी, १९६७, पृ० ३७-३८।

२. श्री अरविन्दो द होप ऑफ मैन, पृ० ६३।

३. इविनिंग टाक्स, द्वितीय भाग, पृ० १७३।

वर्ष की बताई और कहा कि योग से उम्र बढ़ाकर पूर्णायु व्यतीत करेंगे।"[१] प्राणायाम और अन्य सामान्य साधनायें लगातार चलती रहीं; किन्तु राजनीतिक कार्यों के दबाव से साधनाक्रम टूट गया। उन्होंने कहा है—"उस समय मेरी साधना का क्रम टूट गया, क्योंकि कार्यों का भार बहुत अधिक था। साधना लेले के सम्पर्क में आने के बाद ही पुनः शुरू हो सकी।"[२]

अवधूत सम्प्रदाय के गुरु लेले से श्री अरविन्द की साधना-पद्धति का कोई मेल नहीं है। इस चीज को दृष्टि में रखकर शिष्यों के पूछने पर उन्होंने एक बार अत्यंत संक्षेप में साधना का क्रमिक रूप बताया था।

"मैंने लेले के साथ साधना नहीं शुरू की। मैंने अपने से सीखकर प्राणायाम शुरू किया। मैं साँस को सिर में चढ़ाने का अभ्यास करता था। इससे मुझे स्वास्थ्य, हल्कापन और सोचने का बल प्राप्त हुआ। साथ ही साथ कुछ आध्यात्मिक अनुभूतियाँ भी हुईं। बाद में राजनीतिक कार्यों के कारण ये चीजें बन्द कर देनी पड़ीं।

जब मैं सूरत कांग्रेस से लौटकर बड़ौदा आया तो वारीन्द्र ने लिखा था कि वह एक ऐसे योगी को जानता है जिनसे वह बड़ौदा में मेरा परिचय करायेगा। वारीन्द्र ने बड़ौदा से लेले को तार देकर बुलाया। वे आये। उस समय मैं खासीराव यादव के मकान में रहता था। हम लोग सरदार मजुमदार के स्थान पर गये। उस मकान के ऊपरी तल्ले पर हम तीन दिन अपने को बन्द किये रहे। लेले ने मुझसे कहा कि तुम कुछ मत करो सिर्फ तुम्हारे मन में जो विचार आयें उन्हें बाहर निकाल दो। तीन दिनों में मैंने ऐसा कर लिया। हम ध्यान करने साथ-साथ बैठे। मैंने उसी वक्त शान्त ब्रह्मचेतना का साक्षात्कार किया। मैंने सिर के ऊपर सोचना शुरू किया। तब से मैं लगातार वैसा ही करने का अभ्यस्त रहा। कभी रात में वह शक्ति आती और कुछ विचार लाती जिसे मैं ग्रहण कर लेता। प्रातःकाल मैं इन चीजों को कागज पर लिख लेता।

उसी शान्ति में, विचारहीनता की स्थिति में हम बम्बई गये। मुझे वहाँ नेशनल यूनियन में भाषण देना था। मैंने लेले से कहा अब मैं क्या करूँ। उन्होंने कहा प्रार्थना करो। लेकिन मैं तो नीरव ब्रह्म चेतना में खोया था, मैंने कहा प्रार्थना करने की मुझमें मनःस्थिति नहीं जग रही है। तब उन्होंने कहा कि दूसरे प्रार्थना करेंगे तुम सीधे सभा में जाओ और जनता को नारायण समझकर नमस्कार करना, एक आवाज तुम्हारे भीतर से बोलेगी। मैंने वैसा ही किया जैसा उन्होंने कहा। सभा-स्थल की ओर जाते वक्त किसी ने मेरे हाथ में पढ़ने के लिए एक समाचार-पत्र दिया। उसमें कुछ शीर्षकों पर मेरी आँखें पड़ीं और वे मेरे मन में रह गयीं। मैं जब सभास्थल पर भाषण देने के लिए खड़ा हुआ मेरे मस्तिष्क में विचार कौंधा और अचानक मेरे भीतर से कोई बोल पड़ा। यह लेले की सहायता से प्राप्त दूसरा अनुभव था। इससे यह भी पता चलता है कि लेले को दूसरों को यौगिक क्षमतायें प्रदान करने की सिद्धि थी।

जब मैं बम्बई में था, एक मित्र के मकान के छज्जे से मैंने सड़क पर बम्बई शहर की सारी व्यस्त गतिविधि को देखा जो मुझे सिनेमा की तस्वीर की तरह एकदम अयथार्थ प्रतीत हुई, जैसे सब कुछ छाया हो। यह एक वेदान्तिक अनुभव था। तब से मैंने मन की जो शान्ति पायी वह कभी मुझसे अलग नहीं हुई। संकट से संकटपूर्ण स्थितियों में भी मैं उससे अलग नहीं रहा। बम्बई से कलकत्ते लौटते वक्त मैंने यात्रा के बीच जितने भाषण दिये, वे सभी उसी तरह

---

१. **रेमिनिसैंसेज एण्ड एनक्डोट्स, पृ० १३।**

२. **टाक्स विद श्री अरविन्दो, द्वितीय भाग, पृ० २४७।**

की मानसिक नीरवता से उत्पन्न किस्म के भाषण थे, कुछ अंशों में शायद मानसिक विचारों का थोड़ा बहुत मिश्रण रहा हो।

लेले से विदा लेते वक्त मैंने कहा—"अब शायद ही हमारा मिलन हो, इसलिए मैं चाहूँगा कि आप मुझे साधना के लिए निर्देश दें। मैंने अपने हृदय से अचानक उठे हुए मन्त्रों की भी उनसे चर्चा की। वे मुझे निर्देशन दे रहे थे तभी अचानक उन्होंने पूछा—'क्या तुम उस पर पूर्णत: अपने को निर्भर कर सकते हो, जिससे तुम्हें मन्त्र मिला?" मैंने कहा—सर्वदा। लेले बोले—तब तुम्हें किसी निर्देश की जरूरत नहीं है। हम अपने-अपने गन्तव्य को चले गये। कुछ महीनों बाद लेले कलकत्ते आये। उन्होंने पूछा—"क्या तुम सुबह-शाम ध्यान करते हो? मैंने कहा —नहीं। उन्होंने सोचा किसी आसुरिक शक्ति ने मेरे ऊपर अधिकार कर लिया है और उन्होंने पुन: निर्देश देने शुरू किये। पर मैंने उनकी सलाहों पर ध्यांन नहीं दिया। मुझे भीतर से आदेश मिला कि अब मानव गुरु की आवश्यकता नहीं है। बेशक जहाँ तक ध्यान का प्रश्न है, मैं उनसे कहना नहीं चाहता था कि वह प्राय: निरन्तर पूरे दिन चला करता है। मैंने जो कुछ 'बन्दे मातरम्' या 'आर्य' में लिखा उसी स्थिति में लिखा। तब से मैंने लगातार भीतरी निर्देशन पर ही विश्वास किया है, यहाँ तक कि कभी-कभी यह लगा कि आदेश मुझे गलत दिशा में ले जा रहा है, तो भी। आर्य और उसके बाद का लेखन मस्तिष्क की उपज नहीं है, यह उसी आन्तरिक महाशक्ति की क्रिया थी। मैं अब उस तरीके का प्रयोग नहीं करता। मैंने उसे पूर्ण विकसित करके छोड़ दिया।"[१]

तीसरा पागलपन : क्रांतिकारी राजनीतिज्ञ

बंगाल जिस प्रकार पुनर्जागरण का जन्मक्षेत्र था, वैसे ही क्रान्तिकारी संघटनों और आन्दोलनों का भी। क्रांतिकारी संघटनों का आरंभ किस तिथि से हुआ यह तो कहना कठिन है, किन्तु यह निश्चित है कि स्वदेशी के प्रचार-प्रसार और अंग्रेजों के विरुद्ध उत्पन्न जनमत ने इसे पैदा किया। सेडिशन कमेटी ने अपने रपट में लिखा है कि—"बम्बई के सार्वजनिक 'गणपति पूजा', शिवाजी उत्सव और रयण्ड की हत्या से विप्लवी कार्यों की पहली सूचना मिलती है।"[२] मालूम होना चाहिए कि इनमें से प्रथम दो कार्यों के संगठन का श्रेय तिलक को दिया जाता है। श्री अरविन्द ने लिखा है—"अब केवल भारत के राजनीतिक मानस को ही पुनर्जाग्रत करने की जरूरत नहीं थी; बल्कि उसकी आत्मा को अतीत और भविष्य के समन्वय द्वारा जगाने की आवश्यकता थी। यह कार्य बहुत ही श्रमपूर्ण प्रचार द्वारा तिलक ने किया जिसकी चरमोपलब्धि शिवाजी और गणपति महोत्सवों के संघटन में दिखाई पड़ती है।"[३] 'भारते जातीय आन्दोलन' के लेखक ने स्वीकार किया है कि—"राजनारायण बोस, बंकिमचन्द्र, योगेन्द्रनाथ मुखर्जी (मजिस्ट्रेट) प्रभृति में विप्लववाद का प्रथम स्वर सुनाई पड़ता है, तिलक, विपिनचन्द्र पाल और श्री अरविन्द उस भाव के प्रवर्तक थे—ये थे विप्लव युग के दूसरे स्वर। विप्लव युग कां तृतीय कार्य था यथार्थ विप्लवी कर्म जो बाद में शुरू हुआ।"[४]

---

१. **इविनिंग टाक्स। द्वितीय भाग, पृ० ७२-७४।**

२. **भारते जातीय आन्दोलन, प्रथम संस्करण, पृ० १२ पर उद्धृत।**

३. **बंकिम, तिलक, दयानन्द, पृ० २०।**

४. **भारते जातीय आन्दोलन, पृ० १२७।**

सोमेन्द्रनाथ टैगोर ने लिखा है कि राजनारायण बोस द्वारा संचालित हिन्दू मेले के कारण नवयुवकों में आत्मविश्वास और स्वाभिमान की भावना उत्पन्न हुई। वर्नाक्यूलर एक्ट ने अपनी बात कहने-सुनने का मौका छीन लिया तथा 'आर्म एक्ट' ने अरक्षा की भावना जगाई। परिणामतः गुप्त समितियों की स्थापना हुई। रवीन्द्रनाथ ठाकुर ने इस प्रसंग में राजनारायण बोस की 'संजीवनी सभा' की चर्चा की है और अपने को तथा ज्योतिन्द्रनाथ टैगोर को इसका सदस्य बताया गया है। गोपाल हलदार ने लिखा है कि गम्भीर विचार वाले लोगों के लिए इन गुप्त समितियों की आवश्यकता अनिवार्य विवशता बन गई थी क्योंकि प्रतिष्ठा की रक्षा का अन्य विकल्प नहीं था।[१] राष्ट्रीय-स्वातन्त्र्य संग्राम के अस्त्र के रूप में राजनारायण बोस द्वारा उद्भावित आतंकवाद भारतीय युयुत्सु वर्ग द्वारा नैतिक सिद्धान्त के रूप में स्वीकार कर लिया गया था; तथापि इसे पूर्णतः क्रियान्वित होने में अभी विलम्ब था; क्योंकि श्री अरविन्द घोष, वारीन्द्र घोष और सत्येन बोस के नेतृत्व की प्रतीक्षा करनी थी।

श्री अरविन्द ने बंगाल की गुप्त समिति का परिचय देते हुए स्वयं लिखा है—"मैं न तो उसका संस्थापक था न संचालक। श्री पी० मित्तर और कुमारी घोषाल ने बैरोन ओकाकुरा की प्रेरणा से इस समिति की स्थापना की। मेरे बंगाल जाने के बहुत पहले इसे उन्होंने वहाँ गठित कर लिया था, मैं जब वहाँ पहुँचा तो मैं इसके बारे में जान सका।"[२]

वस्तुतः इसी तरह का एक संगठन और शायद बंगाली संगठनों से पहले से महाराष्ट्र में भी चल रहा था। जैसा कि सेडिशन कमेटी की रिपोर्ट से जाहिर है कि विप्लवी कार्यों का आरम्भ महाराष्ट्र से हुआ। इस संगठन का नेतृत्व उदयपुर के एक राजपूत सरदार रामसिंह के हाथ में था। श्री अरविन्द ने स्वयं लिखा है—"बड़ौदे और बम्बई का कोई भी मित्र उनकी ओर से बंगाल नहीं गया। उनका पहला गुप्तचर एक बंगाली युवक था। बड़ौदा सैन्य में काम करने वाले श्री अरविन्द के मित्रों की सहायता से घुड़सवार सेना में एक सैनिक के रूप में भरती हो गया था। तब तक भारत की किसी भी सेना में किसी बंगाली को भरती करना ब्रिटिश सरकार की ओर से मना था। इससे मालूम होता है कि बड़ौदे के क्रान्तिकारियों से श्री अरविन्द का मैत्री सम्बन्ध था।

इन सज्जन का नाम यतीन्द्रनाथ बैनर्जी था जो बाद में निरालम्ब स्वामी के नाम से जाने गये। श्री पुराणी ने लिखा है—ये बड़ौदा में सैनिक शिक्षा प्राप्त करने के उद्देश्य से १८९८ या ९९ में आये।[३] खासीराव जादव और माधव राव की सहायता से श्री अरविन्द ने इन्हें सेना में भरती कराने में सफलता पाई। वे यू० पी० के रहने वाले घोषित किये गये।[४]

श्री अरविन्द ने महाराष्ट्र गुजरात की गुप्त समिति की सदस्यता जिसके नेता उदयपुर के श्री रामसिंह (ठाकुर साहब) थे, १९०१ ई० में स्वीकार कर ली थी। शपथ (जिसका एक खास महत्त्वपूर्ण तरीका था) का कार्य माडवले ने पूरा कराया था। यह शपथोत्सव उस वक्त बहुत विशिष्ट समझा जाता था।[५] ठाकुर साहेब सम्पूर्ण आन्दोलन के नेता के रूप में सबसे ऊपर

---

१. इवोल्यूशन ऑफ स्वदेशी थाट : स्टडीज इन द बैंगाल रिनेसाँ, पृ० २९१।
२. टाक्स विद श्री अरविन्दो : प्रथम भाग, पृ० ५८।
३. श्री अरविन्द : अपने तथा माताजी के विषय में, पृ० १३।
४. लाइफ ऑफ श्री अरविन्दो, पृ० ६१।
५. वही, पृ० ६३।

थे जबकि कौंसिल (महाराष्ट्र-गुजरात) सम्पूर्ण महाराष्ट्र तथा मराठा राज्यों को संगठित करने में उनकी सहायता करती थी। वे स्वयं मुख्य रूप से भारतीय सेना को अपने साथ करने के लिए कार्य करते थे, जिसकी दो-तीन पलटनों को वे अपने पक्ष में कर भी चुके थे। इनमें से एक पलटन के भारतीय छोटे अधिकारियों एवं सैनिकों से मिलने तथा बात-चीत करने के लिए श्री अरविन्द ने मध्यभारत की विशेष यात्रा की थी।[१]

गिरिजाशंकर राय ने वारीन्द्र के कथनों का, कि "ठाकुर साहब तब जापान में थे और गुजरात गुप्त समिति के अधिपति बड़ौदा में थे जिनके आदेश से बड़ौदा सेना का कार्य छोड़कर यतीन्द्र को कलकत्ता भेजा गया—अर्थ लगाया है कि वारीन्द्र ने जानकर श्री अरविन्द का नाम छिपाया है।[२] गुप्त समितियों के सदस्यों तक के नाम छिपाये जाते थे तो यदि श्री अरविन्द जैसे वरिष्ठ व्यक्ति का नाम वारीन्द्र ने 'चॉप दिया', तो कौन-सा अनौचित्य हो गया? स्वयं उन्होंने स्वीकार किया है—"इस युवक ने जो अत्यन्त उद्योगशील और योग्य था, कलकत्ते में प्रथम दल का निर्माण किया जो बड़े वेग से विकसित हुआ और इसकी अनेक शाखाएँ स्थापित हुईं। पी० मित्तर और अन्य क्रान्तिकारियों से भी जो बंगाल में पहले से कार्य कर रहे थे, सम्पर्क स्थापित किया। पीछे वारीन भी जो इस बीच बड़ौदे आये थे, उससे जा मिले।[३]

यतीन को श्री अरविन्द ने कलकत्ते भेजा। उन्हें क्रान्तिकारी कार्यों को संगठित करने के लिए तैयार किया। यतीन कलकत्ते पहुँचे। १९०२ में वारीन्द्र के कलकत्ते आ जाने से कार्य की गति और भी अधिक बढ़ गई। कलकत्ते में इस संस्था का कार्य १०६, अपर सर्क्यूलर रोड में चल रहा था। यतीन, वारीन्द्र और अविनाश मुख्य कार्यकर्ता थे। यतीन प्राय: शिक्षित जनता में, वकील, डाक्टरों आदि के बीच कार्य करते और वारीन तथा अविनाश स्कूली छात्रों में। जब कभी इनको अवसर और स्थान मिलता ये नौजवानों को लाठी चलाना तथा घुड़सवारी आदि की भी शिक्षा देते। छह महीनों तक लगातार एक साथ कार्य करने के उपरान्त वे अचानक एक दूसरे से अलग हो गये। वारीन्द्र और अविनाश मदन मित्तर लेन में और जतीन सीताराम घोष स्ट्रीट में रहने लगे।

श्री अरविन्द ने इसी समय २२-२-१९०३ से २१-३-१९०३ तक अवकाश लिया। इसके बदले उन्होंने बंगाल-यात्रा से लौटने के बाद अतिरिक्त कक्षायें लेकर अपने अध्यापन कार्य को नियमित बनाया। श्री अम्बालाल पुराणी ने बंगाल के क्रान्तिकारी दल के टूटने की घटना के बारे में पूछे जाने पर जो कुछ श्री अरविन्द ने बताया उसका बहुत स्पष्ट विवरण दिया है। उनकी कलकत्ता-यात्रा का उद्देश्य ही इन सदस्यों के बीच उत्पन्न मतभेद को दूर करना था। ऐसा लगता है कि यतीन बड़ौदा की सैनिक शिक्षा के बाद बहुत सख्त अनुशासनवादी हो गये थे और वे हमेशा नवयुवकों पर सख्ती से अनुशासन कायम रखने का प्रयत्न करते थे। वारीन शायद वरिष्ठ नेताओं को छोड़कर किसी और की मातहती में कार्य करने की इच्छा नहीं रखते थे। यतीन अपनी सख्ती के कारण काफी अलोकप्रिय हो गये। कहा जा सकता है कि दोनों में नेतृत्व के लिए लड़ाई चल रही थी। श्री अरविन्द इसे दूर करने बंगाल पहुँचे। वे एक सरकारी कर्मचारी और क्रान्तिकारियों के प्रति शुभेच्छा का भाव रखने वाले योगेन्द्र विद्याभूषण के यहाँ

---

१. श्री अरविन्द अपने तथा श्री माताजी के विषय में, पृ० १५।

२. श्री अरविन्द ओ बांग्लार स्वदेशी युग, पृ० २७६।

३. श्री अरविन्द अपने तथा श्री माताजी के विषय में, पृ० १३।

रुके। देवव्रत, सुरेश समाजपति वारीन की ओर थे। हेमचन्द्रदास भी वारीन की ओर झुके लगते थे क्योंकि उन्होंने अपनी पुस्तक में लिखा है—"यतीन में कार्य करने की अदम्य इच्छा थी। इसके होते हुए भी चूँकि वह एक सैनिक थे, और बंगाली के लिए एक सैनिक हो जाना भी इतना अकल्पनीय लगता है कि वह सेनापति का स्वभाव रखने लगता है। यतीन अपने अधीन के नवयुवकों पर अपनी जरनेली को पूरी तरह लागू करना चाहता था।" श्री अरविन्द ने दोनों पक्षों की बातें सुनीं और निर्णय दिया कि यतीन वैसे ही कार्य करते रहेंगे। अन्तिम निर्णय का अधिकार न यतीन को मिलेगा न वारीन को। इसके लिए पाँच सदस्यों की एक कमेटी बना दी गई जिसमें पी० मित्तर और सिस्टर निवेदिता भी थीं।

वस्तुत: इन कार्यों को बहुत व्यापक रूप में संगठित करने का कार्य पी० पित्तर ने किया। उनके प्रयत्नों से हजारों हजार युवक क्रान्तिकारी भावनाओं से प्रेरित होकर संगठन में आये। इसी वर्ष १९०३ में श्री अरविन्द अविनाश भट्टाचार्य से मिले। यतीन के निवास पर जब वे और यतीन आपस में बात कर रहे थे, वारीन्द्र अविनाश को ले आए। उसे शपथ दिलाई गई। उसी वक्त श्री अरविन्द ने कहा कि यह बहुत अच्छा मौका है। बंगभंग के विरुद्ध अपने कार्य को और भी अधिक विस्तार दे सकते हो। हमें आन्दोलन के लिए बहुत से कार्यकर्ता मिल सकते हैं। इन्हीं दिनों श्री अरविन्द ने 'समझौता नहीं' शीर्षक एक पैम्फ्लेट लिखा जिसे कलकत्ते का कोई प्रेस छापने को तैयार नहीं हुआ। अंतत: महाराष्ट्र के एक क्रान्तिकारी कुलकर्णी के घर पर यह कम्पोज किया गया और रातों रात हाथ से कुछ हजार प्रतियाँ छापकर बाँटी गईं।"[१]

गिरिजाशंकर राय ने श्री अरविन्द के क्रान्तिकारी व्यक्तित्व को दो प्रकार से लांछित करने का प्रयत्न किया है। पहला तो यह कि वे उन्नीसवीं शताब्दी के न होकर बीसवीं शताब्दी के प्रधान पुरुष थे। किन्तु उनका प्रथम आविर्भाव प्रभात की सूर्य किरणों से उद्‌भासित नहीं था। बल्कि अंधकार से आच्छन्न, भयावह पथ पर गोपन पदक्षेप द्वारा उन्होंने प्रवेश किया। यह आविर्भाव नूतन, भयंकर अथच अद्‌भुत।[२] दूसरा आरोप भी ऐसा ही अद्‌भुत अथच भयावह और अभिप्रायप्रेरित है। वह यह कि पी० मित्तर या विपिन पाल गुप्त हत्या आदि से इतने घबड़ाते थे कि वे ऐसी संस्थाओं का नेतृत्व नहीं कर सकते, इसलिए इन संस्थाओं के इतिहास प्रदत्त नेतृत्व का उत्तरदायित्व श्री अरविन्द को स्वीकार करना चाहिए।[३] इसी के साथ-साथ एक लगातार किन्तु छद्म प्रयत्न इस लेखक का यह भी रहा है कि यदि क्रान्तिकारी कार्यों का कोई महत्त्व होता हो और वह भी लांछनों के साथ श्री अरविन्द को मिलने वाला हो, यानी भारतीय स्वतंत्रता में क्रान्तिकारियों का योग, तो वह उन्हें देना उचित नहीं; क्योंकि उनके साथ विवेकानन्द की प्रेरणा और निवेदिता का सहयोग हमेशा रहा।

गिरिजाशंकर राय 'पट्ट भी अपनी चित्त भी अपनी' वाली कौड़ीबाजी के माहिर लगते हैं। श्री अरविन्द ने कभी भी अपने को हिंसक या रक्तरंजित क्रान्ति का विरोधी नहीं घोषित किया। वे सम्पूर्ण भारत को हिंसक सशस्त्र क्रान्ति से ही स्वराज्य दिलाने के पक्षपाती थे। उन्होंने स्पष्ट लिखा है कि —"कहीं-कहीं यह धारणा फैली हुई है कि श्री अरविन्द का राजनीतिक दृष्टिकोण पूर्णरूप से शान्तिवादी था, सिद्धान्त और व्यवहार दोनों में वे हिंसा मात्र

---

१. **लाइफ़ ऑफ श्री अरविन्दो, पृ० ६९-७०।**

२. **श्री अरविन्दो ओ बांग्लार स्वदेशी युग, पृ० २७८।**

३. **वही, पृ० ४५०-४५१।**

के विरुद्ध थे और आतंकवाद और राजद्रोह आदि की यह कह कर निन्दा करते थे कि हिन्दूधर्म की भावना और उसके शास्त्र पूर्ण रूप से इसका निषेध करते थे। यहाँ तक कहा जाता है कि वे अहिंसावाद के अग्रदूत थे। यह सर्वथा असत्य है।''[१]

श्री अरविन्द अहिंसावादी नहीं थे, न तो पौरुषहीन नैतिकतावादी और न दुर्बल शान्तिवादी। उन्होंने अपने राजनीतिक कार्यों में वरीयता उग्र राष्ट्रवाद को दी। वे स्वराज्य को भारतीय अध्यात्म पर प्रतिष्ठित मानते थे, और आरंभ में संगठित सशस्त्र क्रान्ति द्वारा ही इसे प्राप्त करना चाहते थे। 'गोपनपद विक्षेप' क्रान्तिकारियों के लिए अवगुण कब से हो गया। गोपनीयता की तो शपथ ही दिलाई जाती थी। इसे अनैतिक कहने वाले पौरुषहीन नैतिकतावाद के शिकार और पाखण्डी हैं। जब उन्होंने देखा कि सशस्त्र क्रान्ति के लिए आवश्यक संगठन का अभाव है, या वह अभी पूर्णतः तैयार भी नहीं हुआ था कि दिशाहारा होकर ध्वस्त कर दिया गया है तब उनके सामने 'गोपन से प्रत्यक्ष' होने का विकल्प आया और वे प्रत्यक्ष हुए।

श्री गिरिजाशंकर ने यदि 'डाक्ट्रिन आफ़ पैसिव रेसिस्टैंस' का ठीक से अध्ययन किया होता जिसकी उन्होंने बार-बार चर्चा करके क्रान्तिकारिता और निष्क्रियता के ताल-मेल का मजाक उड़ाया है तो उन्हें पता लग जाता कि राष्ट्रीय कांग्रेस द्वारा स्वीकृत कार्यक्रम के अनुरूप निष्क्रिय प्रतिरोध का सिद्धान्त प्रतिपादित करते हुए भी उन्होंने कभी हतवीर्य कायरता और नपुंसक नैतिकता को प्रश्रय नहीं दिया है। इसका बहुत ही विस्तृत विश्लेषण अगले अध्याय में किया गया है, तो भी राय चौधुरी मोशाय की कृपा दृष्टि के सम्मुख उसकी कुछ पंक्तियाँ उपस्थित कर रहा हूँ—''नये दल की राजनीति को इस तथ्य को स्वीकार करना होगा कि एक सीमा के बाद निःशस्त्र प्रतिरोध या निष्क्रिय प्रतिरोध सहनशक्ति पर ऐसा दबाव डालता है, जिसे सहना संभव नहीं। ऐसी हालत में यदि यह स्थिति आ जाये तो हमें या तो अत्याचार के नीचे टूट जाना पड़ेगा या हिंसक क्रान्ति द्वारा अपने को इसके चंगुल से छुड़ा लेना होगा।''[२] यदि ऐसी स्थिति आती है तो एक क्षण के लिए भी निष्क्रिय रहने के लिए हम आबद्ध नहीं हैं। × × जहाँ ऐसा अत्याचार शुरू हो जाये निष्क्रिय प्रतिरोध समाप्त हो जाता है और सक्रिय सशस्त्र प्रतिरोध को शुरू करना हमारा धर्म हो जाता है।''[३]

रही बात विवेकानन्द के प्रभाव और निवेदिता के सहयोग की, तो मैं जानना चाहूँगा कि उसका श्री अरविन्द ने प्रतिवाद कब किया।

उन्होंने स्पष्ट कहा—''मनोरंजन गुहा ठाकुरता, जो विजय गोस्वामी के शिष्य थे, गुप्त समिति में मेरे सहकर्मी थे। ब्रह्मबान्धव उपाध्याय जैसे और भी जाने कितने लोग थे, रामकृष्ण और विवेकानन्द का प्रभाव भी पीछे से कार्य कर रहा था। स्वतंत्रता का आन्दोलन और गुप्त समितियों ने ऐसा व्यापक रूप ले लिया था कि किसी राजनीतिक अतीत वाले देश में फ्रांस की क्रान्ति जैसा कोई क़रिश्मा हो गया होता। सारे राष्ट्र की सहानुभूति हमारे साथ थी। दूकानदार तक 'युगान्तर' पढ़ा करते थे। मैं तुम्हें एक घटना बता रहा हूँ। श्याम बाजार में एक पुलिस अफसर को मारकर एक नव-जवान भागा। वह अपनी पिस्तौल फेंकना भी भूल गया। वह उसे वैसे ही हाथ में लिये था। तब तक एक दूकानदार ने देखा और चिल्लाया—''अपनी

---

१. श्री अरविन्द अपने तथा माताजी के विषय में, पृ० १९-२०।

२. डाक्ट्रिन ऑफ पैसिव रेसिस्टैंस, पृ० ४६।

३. वही, पृ० ४४।

पिस्तौल छिपा दो।'' इसी प्रसंग में श्री अरविन्द ने यतीन के बारे में कहा है—''वह एक आश्चर्यकारी आदमी था। वह कहीं भी मानवता की अग्रिम पंक्ति में रखा जा सकता है। सुन्दरता और शक्ति का ऐसा समन्वय मैंने कहीं नहीं देखा। वह एक योद्धा था।' जब शिष्यों ने श्री अरविन्द से पूछा—

''क्या वह ऐंडरसन था, जिसने बंगाल के विप्लव को कुचल दिया?'' ''कतई नहीं। इस आन्दोलन के पीछे की शक्ति ही नष्ट हो गई, लोग भ्रष्ट हो गए। उस तरह का नेतृत्व उसमें फिर पैदा ही नहीं हुआ।''[१] उन्होंने कहा था।

इसी सिलसिले में निवेदिता के बारे में भी विचार कर लेना चाहिए। निवेदिता की योग्यताओं को कभी श्री अरविन्द ने नकारा नहीं। निवेदिता विवेकानंद की सुयोग्य शिष्य, दृढ़ इच्छाशक्ति की भद्र महिला थी, जिसने भारत की भूमि को अपनी मातृभूमि मान लिया था। निवेदिता १९०२ में कुछ भाषण देने बड़ौदा आईं। महाराज की आज्ञा से श्री अरविन्द उसे लाने के लिए स्टेशन गये और उन्होंने उस स्थान तक पहुँचाया, जहाँ उसके ठहरने का प्रबन्ध था। ''मैं निवेदिता के साथ महाराजा से मिलने गया। निवेदिता ने यह मिलन-भेंट महाराजा से अपने लिए तै की थी।''[२]

एक बार कुछ शिष्यों ने निवेदिता के बारे में महात्मा गांधी के इस कथन को कि वह ''बड़ी अस्थिर और चंचल बुद्धि'' की थी, उद्धृत किया। इस पर श्री अरविन्द बोले—''निवेदिता और चंचल? बकवास है। वह दृढ़ कार्यकर्त्री थी। एक बार वह गायकवाड़ से मिली और उनसे क्रान्तिकारियों के साथ मिल जाने को कहा और फिर बोली—''इस विषय में और कुछ जानना हो तो कृपया श्री घोष (अरविन्द) से बात कर लें।'' गायकवाड़ ने मुझसे कभी राजनीति पर बात नहीं की। बाद में कलकत्ते के स्वदेशी आन्दोलन और पांडिचेरी के मेरे कार्यों को देखते हुए कहा था—''श्री घोष अब एक 'बुझा हुआ ज्वालामुखी' हो गये हैं। वे योगी हो गये हैं।''

निवेदिता के बारे में सिर्फ एक अबूझ पहेली मेरे सामने आई। वह गोखले के बारे में बड़ा प्रशंसापूर्ण भाव रखती थी। मैं नहीं समझ पाता कि कोई क्रान्तिकारी उन्हें कैसे पसन्द कर सकता है। एक बार गोखले के सामने उनकी हत्या का संकट उठ खड़ा हुआ। निवेदिता बड़ी परेशान हुई। वह मेरे पास आई और बोली—'श्री घोष, वह अपना तो कोई आदमी नहीं जो यह करने जा रहा है।' मैंने कहा—'नहीं।' उसने राहत की साँस ली और बोली 'तब कोई व्यक्तिगत हरकत है।'

जब वह मुझसे मिली, उसने कहा—''मैंने सुना है मि० घोष कि आप शक्ति के पुजारी हैं। वह अहिंसा में कत्तई विश्वास नहीं करती थी। उसकी दृष्टि में कला प्रियता भी थी। खासीराव यादव और मैं उसे स्टेशन से लाने गए। स्टेशन के पास की धर्मशाला देखकर उसने कहा—आह, कितना सुन्दर है। जब कि कालेज की इमारतें देखकर बोली—'ओह, कितनी बदसूरत हैं ये।' खासीराव ने मुझसे कहा—'यह थोड़ा पागल लगती है। × × रामकृष्ण मिशन के लोग उसकी कार्यवाहियों से थोड़ा भयभीत थे और उन लोगों ने कह रखा था कि वह अपने

१. **टास्क विद श्री अरविन्दो : प्रथम भाग, पृ० ४७-४८।**

२. **लाइफ ऑफ श्री अरविन्दो, पृ० ६७।**

राजनीतिक कार्यों को आश्रम के कार्यों से अलग रखे।"[१]

एक बार श्री पुराणी ने पूछा—"मैंने सुना है कि निवेदिता भी कुछ-कुछ क्रान्तिकारी थी?"

श्री अरविन्द ने कहा—"कुछ कुछ क्या? वह क्रान्तिकारियों के नेताओं में एक थी। वह लगातार अनेक स्थानों पर जा-जाकर जनसम्पर्क करती। वह खुले ढंग से, नि:संकोच स्वतंत्रतापूर्वक अपनी क्रान्तिकारी योजनाओं पर लोगों से बातें करती। जब भी वह क्रान्ति के बारे में कुछ कहती, उसकी पूरी आत्मा, पूरा व्यक्तित्व जैसे ऊपर आ गया हो। उसका सारा दिमाग और जीवन भी ऐसा ही स्पष्ट था। योग की बात अलग है, वह तो क्रान्तिकारी कार्यों के लिए ही जैसे आई हो। वह अग्नि थी। 'श्री माँ काली' शीर्षक उसकी पुस्तक बड़ी उत्प्रेरक और क्रान्तिकारी है और कतई अहिंसक नहीं है"[२]

स्वयं गिरिजाशंकर ने श्री अरविन्द और निवेदिता के मिलन के प्रसंग को इस प्रकार उपस्थित किया है—"भगिनी निवेदिता और श्री अरविन्द प्रथम साक्षात्कार के समय ही एक-दूसरे के प्रति आकृष्ट हुए और दोनों एक-दूसरे की शक्ति के समन्वय द्वारा एक ही उद्देश्य के लिए कार्य करने को प्रतिज्ञा-बद्ध हुए। भगिनी निवेदिता ने कहा—'कलकत्ते को आपकी जरूरत है?' श्री अरविन्द ने कहा—'नहीं, मैं पर्दे के पीछे रहूँगा। मेरा कार्य ऐसे आदमियों का निर्माण करना है।' भगिनी निवेदिता ने श्री अरविन्द के हाथ में अपना हाथ प्रस्तुत करते हुए कहा—'आप मेरे सहयोग का विश्वास करें, मैं आपकी सहकर्मी हूँ।"[३]

गिरिजा ने यह अंश भगिनी 'निवेदितार फरासी जीवन चरित' के पृष्ठ २३३ से उद्धृत किया है। जीवनीकार लिजेले रेमां ने स्पष्ट लिखा है—'भारत के इस स्वत: संभूत उत्साहपूर्ण वातावरण में, जो देश की अपनी जरूरतों से पैदा हुआ था, वह आवश्यक था कि क्रान्तिकारी आन्दोलन का संगठन बहुत सावधानी से किया जाय, उस वक्त जाने-अनजाने सभी आँखें एक व्यक्ति की ओर उठीं। वे थे श्री अरविन्द घोष। जिस योजना का उन्होंने सूत्रपात किया और जिस पर वे कार्य कर रहे थे, केवल उन्हीं को बताई जा सकती थी जिनका मस्तिष्क इन्हें स्वीकार करने में सक्षम हो।'[४] जीवनीकार ने यह भी स्पष्ट कर दिया है कि जब तक श्री अरविन्द १९०५ में बंगाल में नहीं आये, तब तक कार्य का संचालन पाँच सदस्यों की समिति करती थी, जिसमें निवेदिता, पी० मित्तर, यतीन, सी०आर० दास और सुरेन्द्र टैगोर थे।

क्या इससे स्पष्ट नहीं हो जाता कि बंगाल के क्रान्तिकारी आन्दोलन के संगठन में निवेदिता की प्रेरणा का श्री अरविन्द के लिए कोई प्रयोजन नहीं था। रही विवेकानन्द से प्रेरणा लेने की बात तो उसे पहले ही स्पष्ट कर दिया गया है कि उनकी आध्यात्मिक प्रेरणा पूरे भारत में जनान्दोलनों के पीछे कार्य कर रही थी; इसे अस्वीकार नहीं किया जा सकता।

असल में श्री अरविन्द ने बहुत पहले हिंसक क्रान्ति के माध्यम से स्वराज्य प्राप्त करने के लिये एक योजना बनायी। वे निश्चय ही पश्चिमी भारत की लुप्त संस्था के वरिष्ठ कार्यकर्ता

---

१. **टास्क विद श्री अरविन्दो : प्रथम भाग, पृ० २९३-२९४।**

२. **वही, पृ० २९२।**

३. **श्री अरविन्द ओ बांग्लार स्वदेशी युग, पृ० १८१।**

४. **द डेडिकेटेड, पृ० २८२।**

थे। उन्होंने प्रकारान्तर से महाराष्ट्र-गुजरात के क्रान्तिकारी आंदोलन और बंगाल की गुप्त समितियों को एक-दूसरे के नजदीक ले आने का प्रयत्न भी किया, ताकि एक व्यापक संगठित राष्ट्रीय स्तर का आन्दोलन छेड़ा जा सके। इसी उद्देश्य से उन्होंने बड़ौदा से कई बार अवकाश लेकर बंगाल की यात्रा की।

उनके जीवनीकार श्री पुराणी ने लिखा है—"१९०२ में मिदनापुर की यात्रा की। यहाँ वे हेमचन्द्रदास से मिले और उनके अधीन जंगल में रायफल से निशानेबाजी का अभ्यास किया। मिदनापुर की दूसरी यात्रा भी उन्होंने की और हेमचन्द्रदास को गीता और तलवार देकर शपथ दिलाने की रस्म अदा की।"[१]

रायफल छोड़ने के अभ्यास वाली घटना का बहुत ही मजेदार वर्णन श्री नीरदवरण ने अपनी वार्ता में उल्लिखित किया है।

चारुदत्त ने अपने "रेमिनिसेंसेज़ में लिखा है कि श्री अरविन्द ताश का केवल एक ही खेल जानते थे। उन्हें मैंने कई खेल सिखाये। श्री अरविन्द बोले—"हम ब्रिज खेल रहे थे और मुझे खेलना नहीं आता था। मैं और श्रीमती दत्त विरोधी दल द्वारा बुरी तरह पराजित हुए।" दत्त ने लिखा है कि हम लोग निशानेबाजी का अभ्यास कर रहे थे। उसी समय श्री अरविन्द आ गये। उनसे कहा गया कि जरा कोशिश करें क्योंकि वे तब तक बन्दूक पकड़ना भी नहीं जानते थे। उन्हें बताया गया और इसके बाद उन्होंने जितनी बार गोलियाँ दागीं, वे सब निशाने पर लगीं और निशाना भी क्या था। सलाई के काँटे का शिरा। श्री अरविन्द ने कहा—"यह सब निरा कपोल कल्पित है। सच्ची बात यह है कि मैं और वारीन मिदनापुर में कहीं बन्दूक की निशानेबाजी का अभ्यास करने गये। हाँ, यह बिल्कुल सही है कि मुझे बन्दूक पकड़ना नहीं आता था।"[२]

श्री अरविन्द सन्तुलित और आध्यात्मिक जीवन के आरम्भ से ही पक्षपाती रहे। वे चाहते थे कि स्वदेश स्वतंत्र हो और इसके लिए सामने संगठित सिर्फ एक संस्था दिखाई पड़ती थी, वह थी कांग्रेस, किन्तु कांग्रेस बुरी तरह उदारवादी नेताओं से आक्रान्त थी। उसी समय लार्ड कर्जन ने बंगाल में बढ़ते हुए राष्ट्रीय आन्दोलनों को कुचलने के लिए कूटनीतिक कदम उठाया। बंगाल को दो टुकड़ों में विभक्त कर दिया। श्री तिलक, विपिन चन्द्र पाल, लाजपतराय, श्री अरविन्द जैसे गरमदल वालों को कांग्रेस की यह ढुलमुल आत्मघाती नीति कतई पसन्द नहीं आयी; किन्तु वे अभी इस स्थिति में नहीं थे कि कांग्रेस पर आधिपत्य स्थापित कर सकें। बंगभंग के कारण न सिर्फ बंगाल बल्कि पूरा देश क्षुब्ध था। उस वक्त श्री अरविन्द ने कहा था, बंगभंग से कांग्रेस उदारवादी नेता पूर्णत: भौंचक्के रह गये। उनके नीचे से धरती खिसकती जान पड़ी। उन्हें पूरा विश्वास हो गया कि इस घटना ने गरमदल वालों को काफी शक्ति और सहारा दिया है। इसी को दृष्टि में रखकर रासविहारी घोष ने १९०७ के अपने अपठित अध्यक्षीय भाषण में लार्ड कर्जन पर तीखा प्रहार करने की आवश्यकता समझी थी। उन्होंने कहा था, हम इस लार्ड कर्जन को इस बात के लिए उत्तरदायी मानते हैं कि उन्होंने बंगाल को अग्नि की लपटों में सौंप दिया। यह लार्ड कर्जन हैं, सिर्फ लार्ड कर्जन, जो कांग्रेस के इस नये (गरम) दल के उत्थान में सहायक बने। उन्होंने जनता को निराशा की

---

१. द लाइफ़ ऑफ श्री अरविन्दो, पृ० ६५।
२. टाक्स विद श्री अरविन्दो : द्वितीय भाग, पृ० २११-२१५।

इन्तहा और पागलपन तक पहुँचा दिया है।[१]

इस घटना के परिप्रेक्ष्य में देखने पर श्री अरविन्द के क्रान्तिकारी कार्यों और बाद के कांग्रेस के नये दल के नेता के रूप में किये गये निःशस्त्र प्रतिरोध जैसे कार्यों में विरोधाभास कतई नहीं दिखेगा, बल्कि यह स्पष्ट हो जायेगा कि वे देशकाल की परिस्थितियों के अनुकूल स्वराज्य के उद्देश्य से भिन्न-भिन्न प्रणालियों के सिद्धान्त और उनके व्यवहार की तकनीक से पूर्णतः वाकिफ थे और वे दोनों प्रकार की रणनीति को साथ-साथ चलते रहने देने के पक्ष में थे; ताकि किसी एक के असफल होने पर दूसरी का प्रयोग किया जा सके। इस दृष्टि से वे उन्नीसवीं के समाप्तप्राय उत्तरार्द्ध और बीसवीं के प्रथम दशक के सर्वश्रेष्ठ रणनीति विशेषज्ञ, बुद्धिमत्तापूर्ण ढंग से आंदोलनों का संचालन करनेवाले राजनेता के रूप में हमारे सामने उपस्थित होते हैं।

२७ सितम्बर, १९०५ को बंगभंग एक ऐतिहासिक तथ्य के रूप में सामने आ गया। इसी समय १२ मार्च, १९०६ को अंग्रेजी साप्ताहिक 'युगान्तर' का जन्म हुआ। यह वारीन्द्र घोष का पत्र था। किन्तु वारीन्द्र ने इसके लिए श्री अरविन्द से अनुमति ली थी और पत्र का नियंत्रण सदा उन्हीं के हाथ में रहा। इस पत्र का उद्देश्य था खुले विद्रोह और अंग्रेजी राज्य के पूर्ण बहिष्कार का प्रचार करना। गुरिल्लायुद्ध की शिक्षा देनेवाली लेखमाला आदि निकालना।[२] इसमें श्री अरविन्द प्रायः क्रान्तिकारी विषयों और देश की स्थितियों पर निबन्ध लिखते रहे; किन्तु उन दिनों अभी वे बड़ौदा रियासत की नौकरी में थे; अतः ये रचनाएँ उनके नाम के साथ नहीं छपती थीं। १४ अप्रैल, १९०६ की वारीसल में 'बेंगाल प्राविंशियल कान्फ्रेंस' में भी श्री अरविन्द उपस्थित थे। उस सभा पर पुलिस ने हमला करके उसे भंग किया था। श्री मनोरंजन गुहा ठाकुरता वारीसाल के ही थे। उन दिनों उनके पुत्र चित्तरंजन अचानक पूरे बंगाल में हिंसक आन्दोलनों के प्रेरणा केन्द्र बन गये। नलिनी कान्त गुप्त ने उस वक्त का संस्मरण इन शब्दों में प्रस्तुत किया है,"बालक चित्तरंजन लगातार वन्देमातरम् का नारा लगाता रहा और पुलिस उसे लगातार निर्ममतापूर्वक पीटती रही। वह खून से लथपथ घायल होकर जमीन पर गिर पड़ा; किन्तु उसके मुँह से वन्देमातरम् का नारा बन्द नहीं हुआ। इस घटना ने पूरे देश को झकझोर दिया। क्रोधपूर्ण प्रतिवाद की लहर सारे देश में व्याप्त हो गयी। इस घटना ने आतंकवाद के लिए मानो प्रेरणा का कार्य किया।"[३]

इस प्रकार के अमानवीय अत्याचारों ने ही भावुक क्रान्तिकारियों को आतंकवादी बनने के लिए विवश किया। नलिनीकान्त ने ठीक ही लिखा है—'हम लोगों के लिए जो सशस्त्र प्रतिरोध के पक्ष में थे, इस तरह की सहनशीलता स्वीकार्य नहीं थी। इस घटना के बाद जब पत्रकार और कवि सामूहिक रूप से 'यशस्वी गुणों के प्रतीक वारीसाल की गाथा गाने लगे, उस समय हमने इसमें किंचित् व्यंग्य के साथ इतना और जोड़ दिया—"धन्यवाद, वारीसाल की पिटाई के लिए धन्यवाद।"[४]

---

१. **स्पीचेज़ आफ़ श्री अरविन्दो, पृ० ३६-३७।**

२. **श्री अरविन्द : अपने तथा श्री माताजी के विषय में, पृ० २२।**

३. **रैमिनिसैंसेज़ : गुप्त-अमृता, अरविन्द आश्रम : १९६९, पृ० २०।**

४. **वही, पृ० २०।**

स्थिति बदल रही थी। क्रान्तिकारी आन्दोलन आतंकवाद की ओर बुरी तरह झुकने लगा था। इसे हम राजनीतिक दृष्टि से गलत कह सकते हैं, क्योंकि इसके परिणामस्वरूप राष्ट्रीय आन्दोलन बदनाम हुआ; परन्तु अंग्रेजों के अमानुषिक अत्याचारों को देखते हुए क्रान्तिकारियों के भीतर बदले की भावना का उभड़ना अमानवीय नहीं कहा जा सकता।

श्री अरविन्द जिस प्रकार का क्रान्तिकारी संगठन चाहते थे उसकी बहुत विस्तृत रूपरेखा उन्होंने अपनी भवानी मंदिर पुस्तिका में प्रस्तुत की है।

■

भवानी मंदिर

ॐ नमः चण्डिकायै

पर्वतों में मंदिर बनाया जाने को है जो माँ भवानी को अर्पित किया जायेगा। माँ भवानी के तमाम पुत्रों का आह्वान किया जा रहा है कि वे इस पवित्र कार्य में सहायता करें।

भवानी कौन हैं

माँ भवानी कौन हैं और इनके लिए क्यों एक मंदिर बनाना चाहिए?

भवानी अनन्त शक्ति हैं। जगत् की अनन्त क्रान्तियों में, वे शाश्वत चक्र को शक्तिपूर्वक संचालित करने वाली, अनन्त ऊर्जा हैं, जो शाश्वत से उद्‌गमित होकर इन चक्रों का परिचालन करती हैं, जो व्यक्तियों की प्रतीति में नाना रूपों और अनगिनत पहलुओं में प्रकट होती हैं। हर पहलू एक-एक युग को निश्चित और निर्मित करता है। कभी वे ज्ञान हैं, कभी वैराग्य, कभी दया । यही अनन्त शक्ति भवानी हैं। वे ही दुर्गा हैं, वे ही प्रेमास्पद राधा हैं, लक्ष्मी हैं। वे हमारी माँ और जगत्-प्रसू हैं।

भवानी शक्ति हैं

आज के युग में माँ बल के रूप में प्रकट हुई हैं। वे शुद्ध शक्ति हैं।

सारा विश्व उन्हीं शक्ति से आपूर्ण होकर विकास कर रहा है

आँखें उठाकर देखिये इस विश्व को। जहाँ भी दृष्टि जाती है, हमारे सामने शक्ति के विराट समूह, आश्चर्यकारी सक्रिय और अविजित शक्तियाँ, दैत्याकार शक्ति की आकृतियाँ, शक्ति के भयानक तीव्रगामी दल सर्वत्र दीख पड़ते हैं। सभी कुछ व्यापक और महत् होता जा रहा है। युद्ध शक्ति, धन शक्ति, विज्ञान शक्ति जो पहले से दस गुनी बलपूर्ण और ऊर्जित, सौगुनी अधिक भयानकता से अपनी क्रिया में रत, हजार गुनी साधन सम्पन्न और समृद्ध। नाना प्रकार के अस्त्र-शस्त्र और यंत्रों से सुसंज्जित, जैसा कि इतिहास में कभी देखा नहीं गया। सर्वत्र माँ की क्रिया जारी है। उसके शक्तिशाली और आकृति प्रदान करने वाले हाथों से नाना रूपाकार राक्षस, असुर, देवता निकलते और विश्व के रणस्थल में उतर रहे हैं। हम लोगों ने धीमे किन्तु शक्तिशाली ढंग से विश्व के बलवान् साम्राज्यों को पश्चिम में उभरते देखा है। हमने जापान को जीवन की अतिशीघ्र, अनिवार्य समृद्धि को प्राप्त करते देखा है। कुछ म्लेच्छ शक्तियाँ हैं जो बादल की तरह कालिमा से घिरी हैं। एकदम कृष्णा या नीललोहित रंग की, तमस् या रजस् प्रधान। दूसरी आर्यशक्तियाँ हैं, जो वैराग्य और आत्मबलिदान की शुद्ध ज्वाला में स्नान किये हुए—पर सभी माँ की शक्तियाँ हैं। यह उसका नया रूप है, नया निर्माण और सृजन हैं। वह अतीत में नयी आत्मा डाल रही हैं। वह जीवन में नवीनता का वात्याचक्र लिए आ रही हैं।

हम भारत में शक्ति के अभाव में सर्वत्र असफल हुए

किन्तु भारत में प्राणशक्ति धीमी गति से चलती है, उसे पूर्णतः आने में विलम्ब लगता है। भारत, प्राचीन माँ, पुनर्जन्म के लिए प्रयत्नशील है। दुःख और अश्रु में प्रयत्न करते हुए भी वह सफल नहीं हो रही है। इतना महान् और विराट् भारत जिसे शक्तिशाली होना चाहिये था, दुखी है। क्या है दुःख इसका? निश्चय ही कोई भारी त्रुटि है, कुछ न कुछ बहुत जीवन्त चीज होनी चाहिये, जिसका अभाव हो गया है। उसे समझना भी कठिन नहीं है। हमारे पास सब कुछ है, पर हम शक्तिहीन हैं, ऊर्जा रहित हैं। हमने शक्ति को छोड़ दिया है, इसलिए शक्ति ने हमें छोड़ दिया है। माँ अब हमारे दिलों में नहीं है, हमारे मस्तिष्क में नहीं है, हमारी भुजाओं में नहीं है।

पुनर्जन्म की कामना हमारे भीतर प्रचुर मात्रा में है, वहाँ कमी नहीं है। जाने कितने प्रयत्न किये गए, जाने कितने आन्दोलन शुरू हुए, धर्म, समाज, राजनीति, सभी क्षेत्रों में; पर वही दुर्भाग्य सर्वत्र सामने आया या फिर आने को है। ये एक क्षण के लिए बढ़ते हैं, तभी प्रेरणा खत्म हो जाती, आग बुझ जाती है और यदि कुछ समय चलते रहे तो खाली शंख की तरह जिसमें से आत्मा निकल चुकी है अथवा उसके स्थान पर तमस् और जड़ता ने घर बना लिया है। हमारी शुरुआतें महान् होती हैं, पर न तो उनसे नतीजे निकलते हैं, न फल मिलते हैं।

अब हम एक नई दिशा में शुरुआत कर रहे हैं। हम एक नया औद्योगिक आन्दोलन चला रहे हैं जिसका उद्देश्य इस गरीब देश को समृद्ध करना और पुनर्जीवित करना है। अनुभव से अशिक्षित, हम यह भी नहीं जानते कि यह आन्दोलन भी पहले के प्रयत्नों की तरह निष्फल होगा, यदि हमने अत्यन्त आवश्यक चीज़ प्राप्त नहीं की, वह है शक्ति।

शक्ति के अभाव में हमारा ज्ञान मुरदा है

क्या हमारे अन्दर ज्ञान नहीं? हम भारतीय एक ऐसे देश में जन्मे और पले हैं जहाँ ज्ञान मानवजाति के आरंभ से ही भरा हुआ रखा है। हजारों वर्षों से परम्परा से एकत्रित यह ज्ञान हमारे लिए चारों ओर बिखरा है। ज्ञान के उच्चतम व्यक्तित्व आज भी हमारे बीच पैदा होते हैं जो उस राशि में कुछ न कुछ जोड़ रहे हैं। हमारी क्षमता खत्म नहीं हुई है, हमारी मेधा का पैनापन न तो धूमिल हुआ है न भोथरा। इसकी ग्रहणशीलता उतनी ही वैविध्यपूर्ण है जितनी प्राचीन में थी। पर ज्ञान मुरदा है, एक बोझ जो हमारी कमर तोड़ रहा है, एक विष जो हमें धीरे-धीरे मार रहा है। इसे हमें सँभालने का अवलम्ब और हमारे हाथों का हथियार होना चाहिए था; पर ऐसा नहीं हुआ, क्योंकि प्रत्येक महान् वस्तु के साथ ऐसा ही होता है कि जब वे प्रयुक्त नहीं होतीं या गलत तरीके से प्रयुक्त होती हैं, तब वे प्रयोक्ता का ही विनाश करती हैं।

हमारा ज्ञान हमारे तामसिक भार के नीचे जड़ता और नपुंसकता से अभिशप्त पड़ा हुआ है। हम सचमुच ही कल्पना करते हैं कि यदि हम विज्ञान जान जाएँ, तो हम ठीक हो जायेंगे। पहले हमें सोचना चाहिए कि उस ज्ञान से, जो हमें प्राप्त था, हमने क्या किया। या उन लोगों ने जिन्होंने विज्ञानशास्त्र का ज्ञान प्राप्त किया, भारत के लिए क्या किया? नकल करने के आदी और स्वतः प्रेरणा में प्रमादी, हम इंग्लैण्ड के तरीकों का अनुसरण करते हैं। हमारे पास शक्ति नहीं है, हम अब कहीं ज्यादा शक्ति-सम्पन्न जापान के लोगों की नकल करेंगे, तो क्या इससे

अच्छी सफलता मिल जायेगी? योरोपीय विज्ञान जिस महान् शक्ति को उत्पन्न करता है, वह शक्तिशाली के हाथ का शस्त्र है, वह भीमसेन की गदा है, एक सींकिया आदमी उसे लेकर अपने को कुचलने के अलावा और क्या करेगा?

शक्ति के बिना भक्ति हमारा कुछ उपकार नहीं कर सकती

क्या प्रेम, उत्साह, भक्ति की कमी है? यह तो भारतीय स्वभाव में जन्मजात पड़ी है। पर शक्ति के अभाव में हम एकाग्र नहीं हो सकते, उसका अभ्यास नहीं कर सकते और न तो उसकी रक्षा ही कर पायेंगे। भक्ति लपट है, शक्ति ईंधन है। यदि ईंधन ही कम है तो आग कब तक ठहरेगी?

जब स्वस्थ स्वभाव ज्ञान से दीप्त, कर्म से अनुशासित और विराट शक्ति से संयुक्त होता है, तभी वह ईश्वर के प्रति प्रेम से प्रेरित होता है। वह भक्ति है जो जीवात्मा को ईश्वर के साथ हमेशा जोड़े रहती है। पर कमजोर स्वभाव, बहुत अक्षम है कि वह पूर्ण भक्ति की महान् ताकत को सँभाल सके। वह एक क्षण को ऊपर तो उठता है; लपट स्वर्ग को छूने लगती है, पर वह पृथ्वी पर थका-हारा लौट आता है और पहले से भी दुर्बल हो जाता है। हर प्रकार के आन्दोलन जिनके उत्साह और भक्ति जीवन हैं, निश्चय ही असफल होंगे जब तक कि मानवीय भौतिक आधार, जहाँ से वे उठते हैं, कमजोर और सारतत्व से हीन हैं।

इसलिए भारत को केवल शक्ति ही चाहिए

ज्यों-ज्यों गंभीरता से हम विचार करें, पायेंगे कि केवल एक चीज़ जिसे हमें सबसे पहले प्राप्त करने का प्रयत्न करना होगा, वह है शक्ति। भौतिक शक्ति, मानसिक शक्ति, नैतिक शक्ति और सबसे ऊपर आध्यात्मिक शक्ति जो तमाम शक्तियों का अक्षय स्रोत है। यदि हमारे पास शक्ति है तो बाक़ी चीज़ें अपने आप हासिल हो जायेंगी। शक्ति के बिना हम स्वप्न देखते आदमी की तरह हैं, जो हाथ रखते हुए भी न कुछ पकड़ सकता है न कर सकता है, जो पैर रखते हुए भी चल नहीं सकता।

जीर्ण हुए भारत को इच्छाशक्ति जगाकर पुनः जन्म लेना होगा

जब भी हम कुछ करने चलते हैं, उत्साह का प्रथम वेग समाप्त हो जाता है और निस्सहायता का लकवा हमें गिरफ्त कर लेता है। हम अक्सर बूढ़े लोगों को देखते हैं कि उनका वर्षों का अनुभव और ज्ञान का अतिरेक ही उनकी कर्म-शक्ति और इच्छाशक्ति को जड़ बना देता है। कभी जब तीव्र भावावेश उभरता है। जब उन्हें उसके दबाव में कुछ करने को उद्यत होना पड़ता है, वे झिझकते हैं, सोचते हैं, तर्क-वितर्क करते हैं, कोई सामयिक उपाय कर लेते हैं ताकि प्रतीक्षा करने का मौक़ा मिले और उसमें से कोई सबसे आसान और खतरों से हीन रास्ता निकल आये। वे उसी क्षण सीधी कार्यवाही नहीं कर पाते और जब करते हैं, समय हाथ से गुज़र चुका होता है। हमारी जाति वैसे ही बूढ़े आदमी की तरह हो गई है, जिसके पास ज्ञान का भंडार है, अनुभव और इच्छा करने की क्षमता है, पर जो जराजन्य मन्दगति, भीरुता और दुर्बलता के पक्षाघात से पीड़ित है। यदि भारत को जीवित रहना है, उसे फिर से नवयुवक होना होगा, ऊर्जा का तीव्र खलखलाता वेग उसके भीतर भरना होगा, उसकी आत्मा को पुनः जैसी वह प्राचीन युग में थी , यानी इच्छानुसार हिल्लोलपूर्ण, व्यापक, पराक्रमी, शान्त, आन्दोलित यानी शक्ति और सक्रियता के समुद्र की तरह होना होगा।

भारत का पुनर्जन्म हो सकता है

हममें से बहुत से लोग जो तमस् से जड़ता के काले और भारी-भरकम राक्षस से पूर्णतः आक्रान्त हैं, कहते हैं भारत का पुनर्जन्म असंभव हैं क्योंकि वह पूर्णतः जीर्ण-शीर्ण, रक्तहीन, प्राणहीन, हो चुका है; अतः वह पुनः स्वास्थ्य लाभ करने में बिल्कुल अक्षम है अर्थात् हमारी जाति का विनाश निश्चित है। यह मूर्खतापूर्ण प्रलाप है। कोई भी व्यक्ति या राष्ट्र कमजोर नहीं रह सकता, यदि उसने वैसा रहने का ही निश्चय न कर लिया हो। कोई भी व्यक्ति या राष्ट्र विनष्ट नहीं हो सकता, यदि उसने ऐसा होने का ही निश्चय न कर लिया हो।

राष्ट्र क्या है? लाखों देशवासियों की शक्ति ही तो

राष्ट्र क्या है? हमारी जन्मभूमि क्या है? जमीन का एक टुकड़ा नहीं है, न तो एक शाब्दिक नाम है, न तो मन की कपोल-कल्पना है। यह एक विराट् शक्ति है जो लाखों-लाख लोगों की शक्तियों का जिनसे राष्ट्र बनता है, समुच्चय है, जैसे महिषासुरमर्दिनी भवानी लाखों-लाख देवताओं की सम्मिलित शक्ति से उद्भूत हुईं। वह शक्ति जिसे हम भवानी भारती कहते हैं, वह तीस करोड़ व्यक्तियों की सम्मिलित शक्ति का जीवन्तरूप है, पर वह निष्क्रिय, तमस् के जादुई चक्र में आबद्ध तथा अपने ही पुत्रों के स्वतः पसन्द अज्ञान और जड़ता में कैद है। इस तमस् से छुटकारा प्राने के लिए हमें अपने भीतर के ब्रह्म को जाग्रत करना है।

यह हमारे ऊपर है कि हम एक राष्ट्र बनते हैं या विनष्ट होते हैं

वह क्या चीज़ है। जिसका हजारों-हजार पवित्रात्माओं, सांधुओं और संन्यासियों ने अपने मौन जीवन द्वारा उपदेश किया है? वह क्या संदेश था जो भगवान् रामकृष्ण परमहंस के व्यक्तित्व से प्रकट हुआ? वह क्या था जिसने विवेकानन्द की वाग्मिता को वह सारतत्त्व प्रदान किया, जिसे उनके सिंहोपम हृदय ने प्राप्त किया और विश्व को हिलाकर रख दिया। वह यह था कि इन तीस करोड़ मनुष्यों में, राजा के सिंहासन से लेकर कुली के श्रम तक, संध्या करते हुए ब्राह्मण से लेकर दूसरों द्वारा अस्पृष्ट चांडाल तक सर्वत्र ईश्वर ही विराजमान है। हम सभी भगवान् हैं, निर्माता हैं, क्योंकि ईश्वरीय शक्ति हमारे भीतर है और पूरा जीवन ही उसकी सृष्टि है। नये रूपों का निर्माण ही सृजन नहीं है, प्राचीन की सुरक्षा भी सृजन है, ध्वंस खुद में सृजन है। यह हम पर निर्भर है कि हम कैसा सृजन चाहते हैं। यदि हम खुद ही नियति और माया के हाथ की कठपुतली बनना चाहते हैं तो बात दूसरी है, वरना हमें चुनना होगा कि हम क्या चाहते हैं, क्योंकि हम सर्वशक्तिमान के हीं अंश और रूप हैं।

भारत को पुनर्जन्म लेना ही होगा, क्योंकि विश्व के भविष्य के लिए इसकी माँग है

भारत नष्ट नहीं हो सकता, हमारी जाति खत्म नहीं हो सकती, क्योंकि मानवता के सभी समूहों में **यह केवल भारत के लिए निर्दिष्ट है कि वह सर्वोच्च और सुन्दरतम नियति को प्राप्त करे जो सारी मानव जाति के भविष्य के लिए अत्यावश्यक है। यह भारत ही है जो सम्पूर्ण विश्व के लिए भविष्य धर्म का अवदान देगा। सनातन धर्म सभी धर्मों को एकाकार करके, उनमें समस्वरता पैदा करके, दर्शन और विज्ञान को समन्वित करके विश्व में एकात्म की प्रतिष्ठा करेगा।** नैतिकता के क्षेत्र में उसी का दायित्व है कि

वह मानवता से म्लेच्छता और बर्बरता को निकाल कर विश्व को आर्य बनायेगा। ऐसा करने के लिए सबसे पहले उसे अपना आर्यीकरण करना होगा।

इसी महान् कार्य का, किसी भी जाति को सौंपे गये अब तक कार्यों में सर्वोच्च और आश्चर्यकारी कार्य का आरम्भ करने के लिए, भगवान् रामकृष्ण आये और विवेकानन्द ने उपदेश दिये। यदि वह संकल्पित कार्य आज पूरा नहीं हो पा रहा है तो सिर्फ इसलिए कि हमने एक बार पुनः तमस् के भयानक बादलों को, भय, सन्देह, संकोच और आलस्य को अपनी आत्मा पर छा जाने के लिए ढील दे दी है। हममें से कुछ ने भक्ति ग्रहण की, जिसे एक ने दिया, कुछ ने ज्ञान ग्रहण किया जिसे दूसरे ने दिया, पर शक्ति और कर्म के अभाव के कारण हम अपनी भक्ति को जीवन्त नहीं बना सके। हमें हमेशा ध्यान रखना चाहिए कि वह काली थी जो भवानी हैं, शक्ति, जो रामकृष्ण की आराध्या थी और जिसके साथ उन्होंने सायुज्य प्राप्त कर लिया था।

भारत की नियति व्यक्तियों की गलतियों और असफलताओं पर कृपा करके प्रतीक्षा नहीं करती रहेगी। माँ की माँग है कि हमें उसकी पूजा आरम्भ करने के लिए सन्नद्ध होना होगा और उसे सार्वभौम बनाना होगा।

शक्ति पाने के लिए हमें शक्ति की उपासना करनी होगी

शक्ति, और शक्ति, पुनः शक्ति—यही हमारी जाति की आवश्यकता है और हमें यदि यह शक्ति पानी है तो बिना शक्ति की पूजा के वह कैसे मिलेगी? वह अपने लिये यह पूजा नहीं चाहती, बल्कि इसलिए कि वह अपने को हममें संचरित कर सके और हमारी सहायता कर सके। यह अति काल्पनिक धारणा नहीं है। अन्ध-विश्वास नहीं है, बल्कि प्रकृति का साधारण नियम है। देवता, चाहें भी तो अभीप्साहीन जगह में नहीं आ सकते। शाश्वत ईश्वर भी मनुष्य के अनजाने में अवतरित नहीं होता। हर उपासक जानता है कि हमें ईश्वर की ओर मुड़ना होगा, उसकी उपासना करनी होगी, तभी दिव्य चेतना हमारे भीतर अनिंद्य सौन्दर्य और आनन्द से हमारी आत्मा को आप्लावित कर सकती है। जो शाश्वत ईश्वर के लिए सत्य है वही शक्ति के लिए सत्य है; क्योंकि वह उसी से निकलती है।

धर्म, सत्य मार्ग

जो लोग पश्चिमी विचारधारा से प्रभावित हैं वे शक्ति प्राप्त करने के प्राचीन तरीकों पर सन्देह करने लगते हैं, वे इन मौलिक बातों पर विचार करें।

जापान का उदाहरण

(१) पूरे इतिहास में, किसी भी देश के इतने आश्चर्यकारी और आकस्मिक उदय का उदाहरण नहीं मिलता, जैसा कि आधुनिक जापान का। इस उदय को व्याख्यायित करने के नाना सिद्धान्त और तरीके समझाये जाते हैं, पर अब स्वयं जापानी बौद्धिक बताने लगे हैं कि उनके उदय के मूल स्रोत क्या थे। वे धार्मिक स्रोत थे। वह 'ओमोई' के वेदान्तिक उपदेश थे, शिन्तो धर्म की पुनरुपलब्धि थी, जिसने जापान को 'मिकाडो' की मूर्ति के रूप में जापान की राष्ट्रीय शक्ति की पूजा करने के लिए प्रेरित किया और उसी कारण छोटे से द्वीप के इस राज्य ने पश्चिम के ज्ञान-विज्ञान को उसी तरह आसानी और कुशलता से प्रयुक्त किया, जैसे अर्जुन ने गांडीव को किया था।

भारत में आध्यात्मिक पुनर्जागरण की आवश्यकता है

(२) भारत के लिए धार्मिक स्रोत से शक्ति लेने की आवश्यकता जापान की अपेक्षा कहीं अधिक है। क्योंकि जापान को एक ऐसी शक्ति को पूर्ण और जीवन्त बनाना था, जो उसे उपलब्ध थी। हमें शक्ति लानी है, क्योंकि हमारे पास शक्ति है ही नहीं। हमें अपना स्वभाव बदलना है। हमें नये हृदय के नये मनुष्य बनना है, इसलिए पुनर्जन्म लेना है। यह कोई वैज्ञानिक प्रक्रिया नहीं है, मशीनी भी नहीं, शक्ति केवल आत्मा के शाश्वत और अनश्वर स्रोत से निकाल कर ही निर्मित की जा सकती है, क्योंकि यह शाश्वत की आद्याशक्ति का मूल स्रोत है जो सारे नवीन अस्तित्व का स्रोत है। लेने का मतलब कुछ नहीं सिर्फ अपने भीतर के ब्रह्म को जाग्रत करना है और यह आध्यात्मिक प्रक्रिया है, शरीर और बुद्धि का कोई भी प्रयत्न इसे प्राप्त नहीं कर सकता।

राष्ट्रीय मन के लिए धर्म ही सहज मार्ग है

(३) भारत के तमाम महान् जागरण, उसके सर्व-शक्तिमान् और वैविध्यपूर्ण ओज के काल धर्म के गंभीर जागरण के स्रोतों से संयुक्त रहे हैं। जब कभी भी धार्मिक जागृति पूर्ण महान् रही है, राष्ट्रीय शक्ति का विराट् और पराक्रमपूर्ण रूप सामने आया है। जब कभी धार्मिक आन्दोलन संकुचित और अपूर्ण रहे हैं, राष्ट्रीय आन्दोलन वैसे ही खंडित, अपूर्ण और अस्थायी हुए हैं। इस घटना की पुनरावृत्तियाँ ही इस बात का प्रमाण हैं कि यह हमारी जाति के स्वभाव में धँसी हुई चीज है। यदि तुम कोई भिन्न विदेशी तरीके के प्रयोग की कोशिश करते हो, तो हमें अपने उद्देश्य को बहुत धीमी गति से, दुःखपूर्ण ढंग से और अपूर्ण रूप में प्राप्त करना होगा या असफल होना होगा। फिर क्यों स्पष्ट ईश्वर और माँ के पथ को छोड़कर, जो तुम्हारे लिए तै है, अपने लिए धूमिल और भ्रान्त पथ चुनते हो।

हमारी अन्तरात्मा ही शक्ति का सच्चा स्रोत है

(४) हमारे भीतर का ब्रह्म, आध्यात्मिक शक्ति का एकमात्र अदृश्य समुद्र, वही है जिससे समूचा भौतिक और मानसिक जीवन उत्पन्न होता है। अब इसे पश्चिमी चिन्तक भी उसी प्रकार स्वीकार करने लगे हैं, जिस प्रकार पूरब के प्राचीन चिन्तक स्वीकार करते थे। यदि यह ऐसा ही है, तो स्पष्ट ही आध्यात्मिक शक्ति ही सभी शक्तियों का उद्‌गम है। वहीं हैं वे तमाम अमापनीय स्रोत, गहरे, अक्षय स्रोत। छिछले सतही स्रोतों तक आसानी से पहुँचा जा सकता है, पर वे जल्दी सूख जाते हैं। परिणाम ही श्रम का प्रतिदान होता है।

तीन चीजों की जरूरत

(१) भक्ति—माँ भवानी का मंदिर—हम तब तक शक्ति नहीं पा सकते जब तक माँ की उपासना नहीं करते। इसलिए हम गौरी भवानी के लिए एक मंदिर बनायेंगे। जो शक्ति प्रकट है, भारत माता है। हम इसे आधुनिक शहरों के संसर्ग से अलग, मनुष्यों द्वारा कम-से-कम पदाक्रान्त ऐसी जगह में बनायेंगे जहाँ शान्ति और शक्ति से भरपूर शुद्ध हवा बहती हो। वह मंदिर उसकी उपासना का वह केन्द्र होगा, जहाँ से उसकी पूजा सारे देश में फैलेगी। क्योंकि वह पर्वतों में पूजित अग्नि की तरह सभी दिलों और दिमागों में फैल जायेगी। माँ भवानी की आज्ञा है।

(२) कर्म-ब्रह्मचारियों का नया सम्प्रदाय—उपासना मृत और प्रभावहीन होगी, यदि इसे कार्य में उतारा न जाय; इसलिए हम एक ऐसा मठ बनायेंगे जिसमें नये ढंग के कर्मयोगी

होंगे, वे व्यक्ति जिन्होंने मातृसेवा के लिए अपने सब कुछ का त्याग कर दिया हो। इनमें से कुछ, यदि वे चाहते हैं तो पूर्ण संन्यासी भी हो सकते हैं। अधिकांश ब्रह्मचारी होंगे जो अपना नियत कार्य पूरा करके गृहस्थाश्रम में प्रवेश ले सकते हैं। सबको वैराग्य स्वीकार करना ही होगा।

(३) क्यों? कारण—(१) क्योंकि जितना ही अधिक हम अपनी शारीरिक वासनाओं और रुचियों से इन्द्रियभोगों, लिप्साओं, इच्छाओं, भौतिक जगत् के आकर्षणों से अपने को अलग कर देंगे, उतनी ही क्षमता से हम अपने भीतर की आध्यात्मिक शक्ति के निकट पहुँच सकेंगे।

(२) क्योंकि शक्ति के विकास के लिए पूर्ण एकाग्रता जरूरी है। मन पूर्णतः, अपने उद्देश्य की ओर उसी तरह परिचालित होना चाहिए जैसे कुन्त अपने निशाने की ओर जाता है। यदि दूसरी चिन्तायें और इच्छाएँ मन को अस्थिर कर देती हैं, कुन्त अपने सही रास्ते से हट जायेगा और निशाना चूक जायेगा। हम ऐसे व्यक्तियों का एक केन्द्र चाहते हैं जिनके भीतर शक्ति पूर्णतः विकसित हो चुकी हो, जिनके भीतर व्यक्तित्व का प्रत्येक अणु इससे प्लावित हो और वह इस तरह उच्छलित हो रही हो कि जमीन को उपजाऊ बना सके। ये लोग माँ भवानी की अग्निशिखा को अपने दिल और दिमाग में लिये हुए देश के कोने-कोने में यह ज्योति फैलाने का कार्य करेंगे।

ज्ञान, महान् सन्देश

भक्ति और कर्म पूर्ण और स्थायी नहीं हो सकते, यदि वे ज्ञान पर आधारित न हों। इस सम्प्रदाय के ब्रह्मचारी इस प्रकार से शिक्षित किये जायेंगे कि वे अपनी आत्मा को ज्ञान से दीप्त कर सकें और अपने सभी कार्य उनके सहारे सम्पादित कर सकें। इस ज्ञान का आधार क्या होगा। महान् मंत्र सोऽहं, वेदान्त के इस परम सूत्र के अलावा और आधार क्या हो सकता है? इस पुराने वचन को राष्ट्र के हृदय में व्याप्त करा देना है। ज्ञान, जो कर्म और भक्ति से संयुक्त होगा, वह मनुष्य को सभी भयों और दुर्बलताओं से मुक्त कर देगा।

माँ का सन्देश

इसलिए जब तुम पूछते हो कि भवानी कौन हैं, वे स्वयं उत्तर देती हैं—"मैं अनन्त शक्ति हूँ जो शाश्वत से निकल कर शाश्वत भाव से तुम्हारे भीतर विद्यमान हूँ। मैं विश्व-जननी, संसारों की प्रसूता और इस पवित्र भूमि आर्य भूमि की, जो मेरी ही मिट्टी से बनी है, मेरे ही सूर्य और हवाओं से पालित है, सन्ततियों के लिए मैं भवानी भारती हूँ, भारतमाता हूँ।

यदि तुम पूछते हो कि हम क्यों भवानी के लिए मंदिर बनायें, तो उसका उत्तर सुनो—"क्यों मैंने ऐसा आदेश दिया है, क्योंकि भविष्यत् धर्म के लिए केन्द्र बनाकर तुम शाश्वत प्रभु की तात्कालिक इच्छा की पूर्ति करोगे और उस गुण का अर्जन करोगे जो इहलौकिक जीवन को बलपूर्ण और पारलौकिक को महान् बनाता है। तुम एक राष्ट्र के निर्माण में सहायक बनोगे, एक युग के निर्माता होगे और विश्व को आर्य बना सकोगे। यह राष्ट्र तुम्हारा राष्ट्र है, यह युग तुम्हारा युग है और विश्व जमीन का वह खंड नहीं है जो पर्वतों और समुद्रों से घिरा है बल्कि यह लाखों-लाख लोगों की अपनी पृथ्वी है।

इसलिए आओ, माँ का आह्वान सुनो, वह तुम्हारे दिलों में बैठी तुम्हारी प्रतीक्षा कर रही है कि वह प्रकट हो, पूजित हो। अभी वह निष्क्रिय है; क्योंकि हमारे भीतर का ईश्वर तमस्

से घिरा है, उसकी निष्क्रियता से आहत है, दुखी है क्योंकि माँ के बच्चे अपनी सहायता के लिए उससे प्रार्थना नहीं कर रहे हैं। तुम यदि अपने भीतर उसकी प्रेरणा अनुभव करते हो, अहं का काला पर्दा चीड़ कर फेंक दो, सांसारिक आकर्षण की उन दीवारों को, जो तुम्हें कैद किये हैं, तोड़ दो। माँ की सहायता में उठो। जो भी तुम्हारी क्षमता हो, शरीर से, बुद्धि से, वाक् से, धन से, प्रार्थना से, उपासना से, जैसे भी संभव हो उसकी सहायता में खड़े हो। पीछे मत हटो, क्योंकि जिन्हें उसने पुकारा है और जिन्होंने पुकार नहीं सुनी, वे उसके आगमन पर ही उसका मूल्य समझेंगे, पर जो उसके आगमन में किंचित् भी सहायता करेंगे, उससे माँ का चेहरा कितना सुन्दर और देदीप्यमान् हो उठेगा।

इस आह्वान के नीचे एक 'परिशिष्ट' भी जुड़ा है जिसमें इस केन्द्र के कार्यकर्ताओं के लिए नाना प्रकार के नियम दिये हुए हैं। सामान्य नियम, जनता के लिये कार्य करने के ढंग, मध्यवर्ग में कार्य के तरीके, धनी वर्ग के साथ कार्य की विधि और अन्त में पूरे देश के लिए कार्यक्रम उपस्थित किया गया है। इस दस्तावेज के नीचे श्री अरविन्द के हस्ताक्षर हैं।[१]

भवानी मन्दिर के उपर्युक्त दस्तावेज से स्पष्ट हो जाता है कि १९०५ के आस-पास श्री अरविन्द ब्रह्मचारियों का एक ऐसा संगठन तैयार करना चाहते थे जो न सिर्फ देश की आत्मा को उसकी निजी आध्यात्मिक शक्ति से पुनरुज्जीवित कर सके, बल्कि वह उग्र राष्ट्रीयतावादी विचारधारा को आगे बढ़ाते हुए मातृभूमि को विदेशी शासन से मुक्त भी करा सके। इस दस्तावेज से स्पष्ट है कि इसे श्री अरविन्द ने वारीन्द्र आदि की राय से तैयार किया; क्योंकि क्रांतिकारियों पर पड़ने वाले रामकृष्ण और विवेकानंद के प्रभाव की यहाँ स्पष्ट स्वीकृति है। यह उनके आध्यात्मिक दृष्टिकोण का नहीं, राजनीतिक कार्य का दस्तावेज है। न्यायाधीश रौलेट की अध्यक्षता में १९१८ में राज्यद्रोह की तहकीकात करने के लिए एक कमेटी बनी। उसी रौलेट कमेटी ने अपने रपट में 'भवानी मंदिर' की इस योजना को बहुत खतरनाक बताया था और लिखा था—"यह पुस्तिका धार्मिक आदर्शों को राजनीतिक उद्देश्यों में बदलने की दुरभिसंधि का विशिष्ट उदाहरण है। यह निश्चय ही हिन्दू क्रांतिकारी आन्दोलन के संक्रामक कीटाणु से भरी है।" पी०सी० चक्रवर्ती ने अपने निबंध 'श्री अरविन्दो ऐण्ड इंडियन फ्रीडम मूवमेंट' में लिखा—"भवानी मंदिर का उद्देश्य धार्मिक आदर्शों को राजनीतिक मन्तव्यों में ढालना नहीं; बल्कि राष्ट्रीयता को एक धर्म के रूप में परिवर्तित करना और राजनीतिक संघर्ष को आध्यात्मिक पृष्ठभूमि प्रदान करना था।"[२] स्वयं श्री अरविन्द ने अपने शिष्यों से बातचीत में भवानी मंदिर की योजना के विषय में ये बातें कही थीं।

"इसमें और आनन्द मठ में काफी समानता है क्योंकि दोनों में आध्यात्मिक जीवन और राजनीति को एक साथ चलाने पर जोर है। भवानी मंदिर की स्थापना का उद्देश्य मातृभूमि के प्रति पूर्ण समर्पण का भाव जगाना था। यह राजनीतिक संन्यासी पैदा करने के उद्देश्य से स्थापित किया जाने को था। यह योजना क्रियान्वित नहीं हो सकी। मैं राजनीति में आ गया और वारीन्द्र क्रान्तिकारी संगठन में चला गया। वारीन्द्र ने विन्ध्याचल की पहाड़ियों में भवानी मंदिर के लिये उपयुक्त स्थान की तलाश भी की; पर वहाँ से पहाड़ी ज्वर

---

१. **लाइफ ऑफ श्री अरविन्दो, पृ० ७६-८८ पर उपस्थित मूल का लेखक द्वारा प्रस्तुत अनुवाद।**

२. **लविंग होमेज : श्री अरविन्दो पाठ मंदिर, कलकत्ता, १९५८, पृ० २७०-२९७।**

लेकर लौट आया।"[१]

बाद में श्री अरविन्द ने इन क्रान्तिकारियों से अपना सम्बन्ध पूर्णतः विच्छिन्न कर लिया। ऐसा उन्होंने क्यों किया? गिरिजाशंकर राय जैसे लोग यह कहना चाहते हैं कि उन्होंने कभी सम्बन्ध विच्छेद नहीं किया। उन्होंने श्री अरविन्द के चरित्र में एक साथ निष्क्रिय प्रतिरोध वाला रूप तथा दूसरी ओर हत्या और डाकेजनी करनेवाली गुप्त संस्था के निर्देशक वाले रूप का विरोधाभास देखने का अथक प्रयत्न किया है।[२] गिरिजाशंकर ने हेमचन्द्र कानूनगो की पुस्तक 'बांग्लाये विप्लव प्रचेष्टा' की सामग्री को आँख मूद कर ग्रहण कर लिया है। हेमचन्द्र के अनेक कथन कितने हास्यास्पद और निराधार रहे हैं, इसे विस्तार से अम्बालाल पुराणी ने लाइफ आफ श्री अरविन्दो में दिखाया है।[३] उन्होंने गिरिजाशंकर राय के श्री अरविन्दो : 'उद्‌बोधन' की भी तथ्यात्मक त्रुटियों की लम्बी तालिका उपस्थित कर दी है।[४] इसलिए इस विवाद में न जाकर मैं यहाँ श्री अरविन्द के मत को ही उद्‌धृत कर रहा हूँ:—

"वारीन्द्र ने अपनी पुस्तक में सारी स्थितियों का सच्चा रूप नहीं दिया है। मैं उक्त संस्था का न तो संस्थापक था और न चालक। वस्तुतः पी० मित्तर और मिस घोषाल ने वैरोन ओकाकुरा से प्रेरणा पाकर इसे शुरू किया। जब मैं बंगाल आया तो मैं इसके बारे में जान पाया। मैं सिर्फ इनकी गतिविधियों से अपने को वाकिफ बनाये रहता था। मेरी धारणा सम्पूर्ण भारत में सशस्त्र क्रान्ति की थी, उन्होंने उस वक्त जो किया या कर रहे थे वह बहुत बचपनापूर्ण था। किसी मजिस्ट्रेट की हत्या आदि। बाद में यह आतंकवाद में बदल गया और डाकेजनी आदि भी की गयी। ऐसी कभी भी न मेरी धारणा थी और न उद्देश्य ही। बंगाली बहुत भावुक होता है और हर चीज़ का जल्दी नतीजा देख लेना चाहता है, वह वर्षों की प्रतीक्षा के बाद पूर्णतः तैयार होना नहीं चाहता। हम पूरे देश में आत्म-जागरण के बाद एक छापामार तौर का आयरलैंड के सिनफिन (Sinn Fein) किस्म का युद्ध चलाना चाहते थे। अब तो आज के युद्धात्मक तौर-तरीकों में ऐसी चीज़ें व्यर्थ और असफल होने के लिये निश्चित-प्राय हो गई हैं।"[५]

नीरदवरण ने, जो सम्भवतः इस संदर्भ में गिरिजा जैसे लेखकों द्वारा उनके चरित्र पर वंचनात्मक दोष लगाने वाले लेखकों के आरोप से खूब परिचित थे, पूछा—"आपने आतंकवादी आन्दोलन को रोका क्यों नहीं?" श्री अरविन्द ने कहा—"किसी भी चीज़ को जो बहुत आगे बढ़ गई हो रोकना बुद्धिमानी नहीं होती। हो सकता है उससे कोई अच्छी चीज़ ही निकल आती।"[६]

श्री अरविन्द पूर्णतः तब तक उनके कार्यों से निराश नहीं थे। उनसे अलगाव तो बाद के कारनामों का परिणाम था। उस वक्त भी वे सिर्फ उन्हें सलाहें ही देते थे। इसी सिलसिले में उनके सहयोगी क्रान्तिकारी श्री नलिनीकान्त गुप्त के संस्मरणों का अपना विशेष महत्त्व है।

---

१. इविनिंग टॉस्क : प्र० भा०, पृ० १३४।

२. श्री अरविन्दौ बांग्लार स्वदेशी युग : विप्लवी अरविन्देर स्वरूप, पृ० ४४०-४४१।

३. लाइफ ऑफ श्री अरविन्दो, पृ० ३११-१४।

४. वही, पृ० ३०१-३११।

५. टाक्स विद श्री अरविन्दो : प्र० भा०, पृ० ४८।

६. वही : प्र० भा०, पृ० ५८।

नलिनी जब मानिकतल्ला के क्रान्तिकारी संगठन में सम्मिलित होने को उत्सुक हुए तो उनकी पेशी वारीन्द्र के सामने हुई।[१] पकड़े जाने के बाद की स्थिति का वर्णन करते हुए नलिनीकान्त गुप्त ने लिखा है :—श्री अरविन्द उदाहरण देकर कहते थे कि श्रीकृष्ण जरासंध द्वारा पकड़ा जाना पसन्द न करके द्वारका भाग गये ताकि शत्रु से दुबारा युद्ध करने की तैयारी करें। इसलिए श्री अरविन्द आवश्यक पलायन या पीछे हटने की पद्धति को कभी बुरा नहीं समझते थे। इसीलिए उन्होंने वारीन्द्र और उनके संगठन को आदेश दे रखा था कि पुलिस द्वारा पकड़े जाने पर उन्हें तुरन्त अपराध स्वीकार करने की जल्दीबाजी नहीं करनी चाहिए। उन्हें अपना मुँह बन्द रखना चाहिए और समय आने पर बाद में जो कहना हो, कहना चाहिए। पर यह सही है कि वारीन्द्र और दल के कुछ वरिष्ठ लोगों ने गिरफ्तारी के थोड़ी देर बाद ही पूर्णतः अपराध स्वीकार कर लिया। उन्होंने ऐसा अपने दल के लोगों को पूर्णतः नष्ट होने से बचाने के उद्देश्य से किया।[२] श्री अरविन्द यदि क्रान्तिकारी संघटनों को चतुराई और बुद्धिमत्तापूर्वक कार्य करने की सलाह देते थे, तो यह उनके चरित्र की 'कभी यह और कभी वह' वाली त्रुटि वैसे कही जा सकती है, जैसी कि गिरिजाशंकर राय ने किसी और नेता में नहीं देखी। यह कुछ लोगों को अबूझ भले लगे, गलत कहीं से नहीं है। क्या स्वयं महाभारत के कृष्ण ने नहीं कहा था—

न च वो हदि कर्तव्यं यदयं घातितो रिपुः।
मिथ्यावध्यास्तथोपायैर्बहवः शत्रवोऽधिकाः॥ *–महा० गदा० ।६२।६७।*

अपने अधिक शक्तिशाली शत्रु को मिथ्याचार से अर्थात् कूटनीति से मारने पर पश्चात्ताप नहीं करना चाहिए। हमेशा ही आसुरी शक्तियों से युद्ध करते हुए देवताओं ने इस मार्ग का अनुसरण किया है। इसलिए इस 'सद्भिश्चानुगतः' मार्ग का अनुसरण करने में कोई अनौचित्य नहीं है। इसी प्रसंग में नलिनी बाबू ने एक और आकर्षक प्रसंग का उद्घाटन किया है। पुलिस ने बार-बार श्री अरविन्द को समझाया, कुछ चापलूसी द्वारा पिघलाने के लिए या उत्तेजित होकर उनके कथनानुसार मान लेने के लिए कि आप जैसे एक शक्तिशाली, सच्चे स्पष्टवादी आदमी को छद्म ढंग नहीं अपनाना चाहिए या कुछ छिपाना नहीं चाहिए, वे एक ऐसे साहस वाले आदमी हैं, कि जिस कार्य को अपना धर्म और उचित समझकर किया है, उसे खुले आम मान लेना चाहिए; परन्तु श्री अरविन्द ऐसी चालबाजियों में फँसने वाले नहीं थे। उनके सामने उद्देश्य की सफलता का महत्त्व होता था। अपनी क्षमता और गुणों के प्रदर्शन द्वारा चरित्र की श्रेष्ठता प्रमाणित करने का नहीं।[३]

बहरहाल बंगाल में क्रान्ति आन्दोलन नष्ट हो गया। कुछ तो आतंकवाद के सस्ते और निष्प्रयोजन रास्ते को अपनाने के कारण और कुछ भावुक क्रान्तिकारियों की जल्दीबाजी के कारण। अतः श्री अरविन्द जैसे व्यक्ति के लिए स्पष्टतः राजनीति में आने के अलावा कोई रास्ता नहीं बचा। श्रीधनंजय कीर ने अपनी पुस्तक 'लोकमान्य तिलक' में ठीक ही लिखा है कि "श्री अरविन्द ने अपनी जन्मभूमि को ठीक उसी समय कर्मभूमि के रूप में चुना, जिस समय बंगाल को उनके जैसे उत्साहमय व्यक्तित्व की सख्त जरूरत थी।"[४] ■

---

१. **रेमिनिसैंसेज, पृ० ७।**
२. **वही. पृ० २५।**
३. **वही, पृ० २३।**
४. **लोकमान्य तिलक, पापुलर प्रकाशन, बम्बई, १९६९, पृ० २५४।**

स्वराज्य के बलिपंथी

सहस्रं साकममर्चत परिष्टोभत विंशतिः
शतैनमन्वनोनुवुरिन्द्राय ब्रह्मोद्यतमर्चन्ननु स्वराज्यम्॥

ऋग्वेद १।८०।९

'देशवासियो! सहस्त्रों मिलकर स्वराज्य की अर्चना करो। बीसियों मिलकर इसे नियंत्रित करो, सैकड़ों मिलकर स्वराज्य के लिए उद्यत बलिपंथी इन्द्र की स्तुति करो। सभी स्वराज्य के पुजारी बनो।

स्वराज्य के लिये प्रयत्न तो श्री अरविन्द ने बड़ौदा रहते ही आरंभ कर दिया था। क्रान्तिकारियों के संगठन का कार्यारंभ हो चुका था। वे कई बार बंगाल की इस उद्देश्य से यात्रा भी कर आये थे; किन्तु अभी तक प्रकट रूप से राजनीतिक मंच पर आने के लिए उचित समय की प्रतीक्षा थी। "यह निर्विवाद सत्य है कि उग्रवादी भारतीय स्वतंत्रता आन्दोलन के वे सर्वाधिक आकर्षक व्यक्तियों में से एक थे।"[१]

श्री अरविन्द का राजनीतिक क्रिया-कलाप तीन दृष्टियों से संगठित और संचालित हो रहा था। क्रान्तिकारी संगठनों द्वारा सशस्त्र क्रान्ति के माध्यम से स्वराज्य प्राप्त करने की योजना के सूत्रधार वे ही थे।[२] यह कार्य उन्होंने किसी भी योग्य राजनीतिक संगठन के अभाव में स्वीकार किया था। क्योंकि उनके उग्र राष्ट्रवाद को स्वीकार करने वाली कोई राजनीतिक संस्था न थी। इसी को लक्ष्य करके आयंगर ने लिखा था—"नरमदल वालों की साधुतावादी नीति से कांग्रेस ग्रस्त थी, राष्ट्र की नब्ज का तापमान काफी गिरा था, यहाँ तक कि उनके स्वयं के प्रान्त बंगाल में भी कोई खास जागृति न थी, अतः यह संभव न था कि वे बंगाल को अपने उग्रराष्ट्रवाद के अनुरूप बना पाते।"[३] जीवनी-लेखक आयंगर ने स्थिति का ठीक विश्लेषण किया है, किन्तु ऐसा नहीं कि इन स्थितियों में श्री अरविन्द चुप रहे, उन्होंने ऐसी स्थिति में अपने को गुप्त समितियों के साथ जोड़कर क्रान्तिकारी कार्यों को बढ़ाने का प्रयत्न किया, जिनका हम पीछे विस्तार से वर्णन कर चुके हैं। पूरे सुषुप्त भारत को, जो स्वतंत्रता-प्राप्ति को असंभव करिश्मा समझकर चुप्पी साधे पड़ा था, प्रचार और राजनीतिक उद्‌बोधन के लेखों-भाषणों आदि से जाग्रत करके, अपने को राष्ट्र के रूप में एक और अविच्छिन्न सत्ता के रूप में सोचने की शक्ति और क्षमता देने तथा स्वतंत्रता के लिये असीम अभीप्सा जगाने के कार्य के

---

१. द रिनेसाँ टु मिलिटैंट नेशनलिज्म इन इण्डिया, शंकर घोष, एलाइड पब्लिशर्स, १९६९, पृ० २२३।

२. आन हिमसेल्फ, लाइफ ऑफ अरविन्दो, पृ० २१९।

३. के०आर० श्री निवास आयंगार, श्री अरविन्दो, आर्य पब्लिशिंग हाउस, कलकत्ता, पृ० १०६।

आरंभकर्ता भी वे ही थे। जनता की ऐसी वैधानिक संस्थाओं के निर्माता भी वे ही थे जो सरकारी तन्त्र और अत्याचार का अवज्ञात्मक प्रतिरोध करने के लिए तत्पर हुईं। सच तो यह है कि उस पद्धति से, जिससे भारत ने स्वाधीनता प्राप्त की, यानी सविनय अवज्ञा आन्दोलन और निष्क्रिय या नि:शस्त्र प्रतिरोध की पद्धति के उद्‌भावक भी वे ही थे।

इसी बीच तिलक से उनकी प्रगाढ़ मैत्री हो चुकी थी। अहमदाबाद कांग्रेस में उनसे मिले थे। वे तिलक को क्रान्तिकारी-दल का एकमात्र संभावित नेता मानते थे। क्रान्तिकारी दल के कार्यक्रम में स्वदेशी की भावना के प्रचार को वरीयता दी गई थी, जो बाद में राष्ट्रीय कांग्रेस के कार्यक्रमों का आवश्यक अंग बन गयी। महाराष्ट्रीय क्रान्तिकारी सखाराम गणेश देवस्कर ने, जो बांग्ला के कुशल लेखक थे, श्री अरविन्द के कहने पर 'देशेर कथा' नामक पुस्तक लिखी, जिसमें अंग्रेजों द्वारा भारत के आर्थिक शोषण का बड़ा तथ्यात्मक वर्णन था। देवस्कर ने ही 'शिवाजी' पर लिखी अपनी जीवनी में पहली बार स्वराज्य शब्द का प्रयोग किया था। देवस्कर की 'देशेर कथा' उन दिनों तरुणों के लिए सबसे अधिक प्रेरणाप्रद पुस्तक थी।

तिलक के साथ श्री अरविन्द ने कलकत्ते के कांग्रेस अधिवेशन में भाग लिया था। इसकी चर्चा हम पहले कर चुके हैं। इस अधिवेशन में उग्रदल ने, अभी तक अल्पसंख्यक होते हुए भी तिलक के नेतृत्व में अपने राजनीतिक कार्यक्रम का कुछ भाग कांग्रेस पर लादने में सफलता प्राप्त की।[१] सुबोध मल्लिक ने, जो गुप्त कार्य में और तदनन्तर कांग्रेस के राजनीतिक कार्यों में श्री अरविन्द के एक सहयोगी थे, और जिनके घर में वे कलकत्ता-निवास-काल में प्राय: ही रहा करते थे, बंगाल राष्ट्रीय महाविद्यालय की स्थापना के लिए एक लाख रुपये दिये थे और यह शर्त रखी थी कि श्री अरविन्द को इस महाविद्यालय में १५० रु० के वेतन पर प्रिंसिपल का पद दिया जाये।''[२] श्री पुराणी ने लिखा है कि—'३ अप्रैल, १९०५ में जब वे प्रिंसिपल के रूप में बड़ौदा में कार्य करने लगे, उस समय उनका वेतन ५५० रु० + १६० रु० =७१० रुपये महीने था।[३] यह सब कुछ छोड़-छाड़ कर राष्ट्रीय महाविद्यालय में १५० रु० मासिक वेतन पर उन्होंने प्रिंसिपल का पद स्वीकार कर लिया। इसे क्या श्रेयस् का बलिदान नहीं कहा जायेगा।

हम पिछले अध्याय में ही यह दिखा चुके हैं कि आध्यात्मिक साधना के बल पर आत्म-साक्षात्कार की सिर्फ उनके मन में कल्पना ही नहीं जगी; बल्कि उन्होंने उस उद्देश्य के लिए सतत् प्रयत्न आरम्भ कर दिया था। मृणालिनी देवी के नाम लिखे पत्र से स्पष्ट हो जाता है कि हिन्दूधर्म ने ''शरीर में ही, मन में ही ईश्वर की ओर ले जाने का जो मार्ग'' बताया है, उस पर वे चल रहे थे। उन्होंने यह भी लिखा था कि ''एक महीने में अनुभव कर सका हूँ कि हिन्दूधर्म की बातें मिथ्या नहीं हैं।'' इस पत्र से यह भी स्पष्ट हो जाता है कि चाहे वह मार्ग कितना भी दुर्गम क्यों न हो वे उस पर जाने का दृढ़ संकल्प कर चुके थे।

---

१. **किस प्रकार तिलक और सुरेन्द्रनाथ के बीच मजेदार वार्तायें हुईं, इसका बहुत विस्तृत वर्णन 'रेमिनिसेंसेज ऐण्ड एनक्डोट्स एबाउट लोकमान्य तिलक' में मिलता है। देखिए—द्वितीय भाग, पृ० ५०९-५१०।**

२. **श्री अरविन्द : अपने तथा श्रीमाताजी के विषय में, पृ० २५।**

३. **लाइफ ऑफ श्री अरविन्दो, पृ० ८८।**

उत्तर योगी श्री अरविन्द की यह विशेषता है कि वे गुफा गह्वर में ब्रह्म को ढूँढ़नेवाले योगी नहीं, बल्कि योग की सबसे बड़ी शर्त स्वतंत्रता के लिए प्राणों को हथेली पर लेकर संघर्ष करनेवाले सेनानी भी थे। भारत के प्राचीन इतिहास में इस प्रकार का समन्वय सिर्फ श्रीकृष्ण के व्यक्तित्व में दिखाई पड़ता है जो एक साथ योगेश्वर, दार्शनिक, गुरु और राजनीतिज्ञ की कई भूमिकाएँ समन्वित ढंग से निभाते हैं।

श्री अरविन्द ने एक स्थान पर लिखा है—"जिस समय वैयक्तिक पूर्णता या मुक्ति लक्ष्य बन गया, साधारण कर्मों (सांसारिक अभ्युदयादि) से एक प्रकार का संबंध विच्छेद शर्त बन गयी, जीवन का त्याग अन्तिम उपलब्धि हो गया,"[१] भारत के पतन का आरम्भ हो गया। भारतीय पुनर्जागरण की यह एक विशेषता थी कि उस वक्त के आध्यात्मिक व्यक्ति प्राय: स्वतंत्रता-सेनानी या क्रान्तिकारी भी थे। एक बार बातचीत के सिलसिले में श्री अरविन्द ने कहा—"यह कितना आश्चर्यजनक है कि इतने अधिक संन्यासियों ने भारतीय स्वतंत्रता पर ध्यान दिया। विवेकानन्द का राजनीतिक कार्यों की ओर पूरा ध्यान था। क्रान्तिकारी ओज के उत्साहपूर्ण संवेग भी उनमें बराबर उठते रहे। उन्हें एकबार एक (विज़न) प्रतीति भी हुई थी जो बहुत कुछ मानिकतल्ला बगान से मिलती-जुलती कही जा सकती है। महर्षि रमण के नौजवान शिष्य क्रान्तिकारी थे, हमारे योगानन्द के गुरु (श्री युक्तेश्वर गिरि) भी क्रान्तिकारी धारणायें रखते थे। ठाकुर दयानन्द क्रान्तिकारी थे। नगाई जप्ता जिन्होंने उत्तरयोगी [श्री अरविन्द] के बारे में कहा था; वे भी क्रान्तिकारी थे।"[२]

यहाँ इतना जोड़ देना अप्रासंगिक न होगा कि श्री बंकिम को 'आनन्दमठ' की कल्पना ऐसे ही संन्यासियों को देखकर प्राप्त हुई। बंगाल का संन्यासी-विद्रोह तो अपना ऐतिहासिक महत्त्व रखता ही है, बंकिम की प्रेरणा भी वही था।

जिस प्रकार श्री अरविन्द का योग संन्यासियों की 'नकार' की तीव्र नकार है, उसी प्रकार उनकी क्रान्तिकारी और राजनीतिक गतिविधियाँ भी उपर्युक्त संन्यासियों की अतिवादिता से बिल्कुल भिन्न हैं। वे मात्र क्रान्तिकारी नहीं, क्रान्तिकारी आन्दोलनों के सूत्रधार थे। वे क्रान्ति के नाम पर छिटपुट हिंसात्मक कार्यों और डाकेजनी के सख्त खिलाफ थे, इसीलिए बाद में उन्होंने बंगाल के पथभ्रष्ट क्रान्तिकारियों से पूर्ण सम्बन्ध विच्छेद कर लिया। सभी प्रकार के राजनीतिक क्रिया-कलापों के लिये उन्होंने पर्दे की आड़ में रहकर जब बंगाल में भूमि तैयार कर ली, तभी वे कलकत्ते आये।

६ अगस्त, १९०६ को विपिनचन्द्र पाल ने 'वन्देमातरम्' नामक पत्रिका की घोषणा की। वे ही उसके सम्पादक थे। गिरिजा शंकर लिखते हैं,"आगे विप्लवेर मुख-पत्र युगान्तर परे निष्क्रिय प्रतिरोधेर मुखपत्र वन्देमातरम्। अरविन्द जीवन इतिहासे उठिक ताइ।"[३] गिरिजा शंकर श्री अरविन्द के व्यक्तित्व में क्रान्तिकारी और निष्क्रिय प्रतिरोधवादी का विरोधाभास देखते हैं।

"विपिनचन्द्र पाल ने, जो बहुत पहले से अपने साप्ताहिक पत्र में स्वावलम्बन और सहयोग की नीति का प्रतिपादन करते आ रहे थे, वन्देमातरम् नाम से एक दैनिक चलाना

---

१. **योग-समन्वय, पृ० २६।**

२. **टाक्स विद श्री अरविन्दो : प्रथम भाग, पृ० ३९४।**

३. **श्री अरविन्दो बांग्लार स्वदेशी युग, पृ० ४८१।**

आरम्भ किया, पर इसके बहुत दिन चलने की आशा न थी। क्योंकि इसे शुरू करते समय उनकी जेब में केवल ५०० रु० ही थे और भविष्य के लिए आर्थिक सहायता का कोई दृढ़ आश्वासन भी उन्हें प्राप्त न था। इस साहसिक कार्य में श्री अरविन्द से सहयोग के लिए उन्होंने प्रार्थना की तो उन्होंने तुरन्त स्वीकार कर लिया; क्योंकि उन्होंने देखा कि उन्हें अब अपने क्रान्ति के कार्य के लिए आवश्यक सार्वजनिक प्रचार आरम्भ करने का अवसर मिलेगा।''[१]

श्री अरविन्द ने न सिर्फ आर्थिक दृष्टि से भार स्वरूप 'वन्देमातरम्' को स्वीकार किया, बल्कि इसके निमित्त उन्होंने कलकत्ते के चरम पंथी का उग्रविचारधारा के कार्यकर्ताओं को एकत्र करके उन्हें महाराष्ट्र-गुजरात में तिलक द्वारा संगठित नये दल के साथ मिलकर एक शक्तिशाली दल बनाने की प्रेरणा भी दी, ताकि कांग्रेस के नरमदल का विरोध किया जा सके। ''मैंने बंगाल के नेताओं से कहा, ऐसे खिंचते चलने से कोई फायदा नहीं। हमें कांग्रेस पर कब्जा करना ही होगा। नरमदल के नेताओं को निकाल बाहर करना ही होगा। मैंने प्रस्ताव किया कि तिलक को अखिल भारतीय नेता मान कर हम उनका साथ दें। तिलक ने, जो उत्तरभारत में बहुत प्रसिद्ध नहीं थे; नेतृत्व स्वीकार कर लिया, वे निश्चय ही महान् और विशिष्ट व्यक्ति थे।''[२] 'वन्देमातरम्' इस उग्र दल का मुखपत्र घोषित हुआ और इसके आर्थिक पक्ष को मजबूत करने के लिए एक कम्पनी बना दी गयी। श्यामसुन्दर चक्रवर्ती, हेमेन्द्र प्रसाद घोष और विजय चटर्जी जैसे सुयोग्य लेखकों की सहायता से श्री अरविन्द के संचालन में (सम्पादक की जगह उनका नाम नहीं जाता था) 'वन्देमातरम्' धीरे-धीरे अखिल भारतीय स्तर का पत्र होने लगा। पाल स्वयं स्वराज्य के पक्षपाती थे; पर उन्होंने कभी इस शब्द को पूर्णतः परिभाषित करने का प्रयत्न नहीं किया। किया भी तो वह नरमदल वालों के स्वायत्तशासन के करीब का लग सकता था। इस स्वराज्य की अपने-अपने हिसाब से मनमानी व्याख्याएँ होती रहीं। दादा भाई नौरोजी ने कलकत्ते अधिवेशन में स्वराज्य शब्द की मनमानी व्याख्या करके इसे औपनिवेशिक स्तर की स्वायत्तता बताने की कोशिश भी की। श्री अरविन्द ने पूर्ण स्वराज्य की खुली घोषणा की और 'वन्देमातरम्' के पृष्ठों पर लगातार इसके लिए आग्रहपूर्ण निबंध लिखते रहे। गोखले जैसे लोगों ने बार-बार कहा—''पागलखाने से बाहर आया आदमी ही पूर्ण स्वराज्य की बात कर सकता है, अंग्रेजी शासन की जगह हमारे सामने कोई दूसरा विकल्प नहीं, सिर्फ अभी के लिए नहीं; बल्कि आने वाले समयों के लिए भी।''[३]

डॉ० कर्ण सिंह ने अपनी पुस्तक में इस प्रसंग में बहुत ही मौलिक प्रश्न उठाया है—''अब इस सवाल पर विचार करना चाहिए कि क्यों श्री अरविन्द अपने देश के लिए पूर्ण स्वराज्य से कम कोई दूसरी चीज स्वीकार करने को तैयार नहीं थे, जबकि उस समय पूर्ण स्वराज्य की धारणा लोगों को पूर्णतः अव्यावहारिक और उसकी प्राप्ति असंभव लगती थी।'' उन्होंने स्वयं इसका उत्तर देते हुए लिखा है—''पहला तो यह कि अपनी मूल आध्यात्मिक और आदर्शवादी धारणा के अनुकूल मातृभूमि को दिव्य शक्ति मानते थे जिसको स्वतंत्र करना उसकी सन्ततियों का वे पावन कर्तव्य मानते थे। साथ ही वे यह भी मानते थे कि भारत की स्वाधीनता भारत के लिए ही नहीं, विश्व मानवता के

---

१. **श्री अरविन्द, अपने तथा श्री माताजी के विषय में, पृ० २६।**

२. **टाक्स विद श्री अरविन्दो : प्रथम भाग, पृ० ६१।**

३. **स्पीचेज ऑफ श्री अरविन्दो, पृ० ११४८ पर उद्धृत ।**

लिए अत्यन्त आवश्यक है।"[१] दूसरा यह कि भारत का पुनर्निर्माण, यानी मुख्यत: आर्थिक, सामाज़िक, राजनीतिक या जो कुछ और विकास की दिशायें हो सकती हैं, बिना पूर्ण स्वराज्य के संभव नहीं।"[२]

'वन्देमातरम्' ३ मई, १९०८ के अंक में उन्होंने अपने इस स्वराज्य को पूर्णत: विश्लेषित करते हुए लिखा—"पूर्ण स्वराज्य राष्ट्रीय मानस के लिए जादू का-सा असर रखता है। मन की इस माँग को दबा पाना असंभव है, क्योंकि राष्ट्रीय मानस भारतीय भावना से ओतप्रोत एक ऐसी वस्तु है जो पाश्चात्य भौतिकवाद के स्थूल कल्मष से रहित है। योरोपीय धारणा का स्वराज्य यानी, व्यक्तिगत सत्ता के स्वीकरण के लिए राजनीतिक स्वराज्य भारत को जगा नहीं सकता। प्राचीन भारतीय जीवन की आधुनिक परिस्थितियों में चरितार्थता पाने के लिए राष्ट्रीय महत्ता के सतयुग की पुनरावृत्ति के लिये, भारत को पुन: विश्व के गुरु और निर्देशक की हैसियत से कार्यारंभ के लिए, और अन्त में वेदान्तिक आदर्श (समता) को राजनीति में उतार कर जनता को व्यक्तिगत स्वतंत्रता और चरम चरितार्थता दिलाने के लिए भारत को पूर्ण स्वराज्य चाहिए ही। विश्व के तमाम गर्वोन्नत देशों की एक परिणति पहले से ही निर्धारित है कि जब मानवता के कल्याण के लिये उनका निश्चित और सीमित कार्य पूरा हो जाता है, वे जीर्ण-शीर्ण होकर बिखर जाते हैं। किन्तु भारत का मुख्य कार्य है अपने शाश्वत स्रोत के विश्व को प्रकाश और पुनर्नवीकरण का अवदान देते जाना। जब भी शक्ति का प्रथम कार्य समाप्त होता है, जगत् थका-थका और वार्धक्य-ग्रस्त हो जाता है, भौतिकतावाद से लबालब भरा, समस्याओं से पूर्णत: जर्जर जिन्हें सुलझाने का कोई उपाय नहीं, तब भारत का कार्य शुरू होता है यानी जगत् को यौवन प्रदान करना तथा अमरता का आश्वासन देना। भारत अपने हृदय देश से प्रकाश भेजता है जो स्वर्ग और जगत् को पूर्णत: उद्भासित कर देता है और मानव जाति सेंट जार्ज की तरह जीवन के कूप में स्नान करके पुन: शक्ति और नई आशा प्राप्त करके अपनी यात्रा पर चल पड़ती है। आज वैसा ही समय आन पड़ा है। आज विश्व को भारत की, स्वतंत्र भारत की आवश्यकता है।"

इन पंक्तियों को यदि ठीक से पढ़ा जाय तो एक आश्चर्यकारी तथ्य सामने आता है। वे १९०८ में ही भारत के लिए जिस स्वराज्य की माँग कर रहे थे, वह भारत के लिए तो महत्त्वपूर्ण था ही, नई मानवता या अतिमानसिक दिव्य मानवता के लिये अनिवार्यता मानकर उसके लिये वे प्राणपण से लगे हुए थे। १९१० में उनका राजनीति से हटना और फिर अतिमानसिक समन्वित योग की प्रतिष्ठा करना एक ही मूल सूत्र की स्वाभाविक परिणति लगती है। क्योंकि उनके स्वराज्य का मुख्य लक्ष्य भौतिक समृद्धि ही नहीं, बल्कि आध्यात्मिक जागरण भी था। साथ ही भारतीय स्वाधीनता को वे विश्वमानवता के लिये एक उपयोगी वस्तु समझते थे। हम इस विषय पर "भारत : नई मानवता का अन्तरिक्ष यान" शीर्षक अध्याय में विस्तार से देखेंगे कि वे अपने राजनीतिक प्रयत्नों को किस सुदूर भविष्य को दृष्टि में रखकर संचालित करते थे।

'वन्देमातरम्' निरन्तर भारतीय राष्ट्र को अपने मूल उद्देश्य यानी स्वराज्य की प्राप्ति के लिए जाग्रत बनाने में जुटा रहा। विपिनचन्द्र पाल नये दल के कार्यक्रमों को समझाने के लिए

---

१. **प्रोफेट ऑफ इण्डियन नेशनलिज्म, पृ० ८४।**

२. **वही, पृ० ८८।**

जब जिलों का दौरा कर रहे थे, श्री अरविन्द ही उसकी व्यवस्थापक कम्पनी का संचालन कर रहे थे। विपिन पाल से कम्पनी के अन्य सदस्यों का वैचारिक मतभेद हो गया। परिणामतः विपिन पाल 'वन्देमातरम्' से अलग हो गये। इस तथ्य को भी लोगों ने कई दृष्टियों से उपस्थित किया है। इस घटना पर प्रकाश डालते हुए स्वयं श्री अरविन्द ने लिखा है—"वे कभी भी पाल के अलग होने को स्वीकार न करते क्योंकि वे पाल के गुणों को 'वन्देमातरम्' की महान् सम्पत्ति समझते थे। श्री अरविन्द की अनुपस्थिति में, जबकि वे ज्वर के भयानक आक्रमण से शनैः शनैः स्वास्थ्य लाभ कर रहे थे, पाल पत्र की सेवा से अलग हो गये'।[१]' स्वर्गीय श्री चारुचन्द्रदत्त ने बांग्ला पत्र 'उद्बोधन' के १९४४ के अंकों में प्रकाशित गिरिजाशंकर राय चौधुरी की श्री अरविन्द-लेखमाला पर कुछ प्रश्न पूछे थे। उत्तर में श्री अरविन्द ने लिखा—"हेमेन्द्र प्रसाद घोष और श्यामसुन्दर को भी सम्पादकीय विभाग में रखा गया था, पर विपिन बाबू के साथ इनकी निभ न सकी। अन्त में मुझे स्मरण नहीं, नवम्बर या दिसम्बर में, विपिन पाल को पत्र से अलग होना पड़ा। मैं स्वयं अत्यधिक रुग्ण था और सरपेंटाइन लेन में अपने श्वसुर के घर मरणासन्न सा पड़ा था। मुझे पता नहीं था कि वहाँ क्या चल रहा है। उन्होंने मेरी स्वीकृति के बिना ही सम्पादक के रूप में मेरा नाम दे दिया। इस पर मैंने मन्त्री की कुछ कड़े शब्दों में भर्त्सना की और आगे से अपना नाम देना बन्द करा दिया।"[२] इसे और भी अधिक स्पष्ट करते हुए उन्होंने एक संध्या वार्ता में कहा—"कुछ लोग उन्हें 'वन्देमातरम्' से निकालना चाहते थे। उन्होंने मेरा नाम भी जोड़ दिया। मैंने उप सम्पादक को बुलाकर काफी झाड़ा। किन्तु शरारत हो चुकी थी। पाल महान् वक्ता थे, उस वक्त उनके भाषण काफी प्रेरणाप्रद और उत्साहप्रद थे जैसे किसी ऊपरी शक्ति का अवतरण हुआ हो। बाद में वह शक्ति भी नष्ट हो गई।"[३]

असहयोग, निष्क्रिय प्रतिरोध, स्वदेशी, विदेशी-बहिष्कार, राष्ट्रीय शिक्षा तथा क्रान्ति का राजनीतिक दर्शन आदि कुछ ऐसे मुख्य विषय थे जिन पर 'वन्देमातरम्' में श्री अरविन्द लगातार लिखते रहे।

विदेशी शासन जिस ढंग से वैधानिक आड़ लेकर भारतीय जनता का शोषण करता था, उसका बहुत स्पष्ट ढंग से पर्दाफाश करना 'वन्देमातरम्' का उद्देश्य हो गया। श्री अरविन्द के इन लेखों ने तहलका मचा दिया। मजेदार बात यह थी कि ये लेख बहुत अधिक उग्र होते हुए भी कहीं से भी कानूनी पकड़ में आने लायक नहीं थे। स्टेट्समैन के सम्पादक की शिकायत थी कि "इस पत्र की प्रत्येक पंक्ति में राष्ट्रद्रोह की गंध आती है, पर ये ऐसी दानवी चतुराई से लिखे जाते हैं कि कोई कानूनी कार्यवाही नहीं की जा सकती।"[४]

इसी पत्रिका में श्री अरविन्द का धारावाहिक लेख डाक्ट्रिन आफ़ पैसिव रेसिस्टेंस प्रकाशित हुआ, जिसने सम्पूर्ण भारतीय राष्ट्रीय आन्दोलन को एक नई दिशा दी।

सिविल नाफरमानी अथवा अवज्ञात्मक आन्दोलन के उद्भावक

"आश्चर्य है कि तुम्हें यहाँ देख रहा हूँ।" प्रसिद्ध अमेरिकी चिन्तक एमर्सन ने जेल में

---

१. श्री अरविन्द : अपने तथा माताजी के विषय में, पृ० २६।

२. वही, पृ० ५४।

३. रेमिनिसैंसेज एण्ड एनक्डोट्स, पृ० १९१।

४. वही, पृ० १९१।

बन्द थोरो से कहा। थोरो गैरवाजिब सरकारी कानून की अवज्ञा के अपराध में जेल में बन्द किये गये थे।

"आश्चर्य है कि अब तक आप यहाँ नहीं हैं।" थोरो ने मुस्करा कर कहा था। थोरो के जीवनीकार हेनरी साल्ट को लिखे अपने एक पत्र में महात्मा गांधी ने कहा था कि "जहाँ तक मुझे याद है उनके विचारों से मेरा परिचय १९०७ में हुआ जब मैं दक्षिण अफ्रीका में भारतीयों की स्वतंत्रता के युद्ध में संलग्न था। थोरो के निबंध सिविल डिसओविडिएंस का मेरे ऊपर गहरा प्रभाव पड़ा और मैंने उसके कुछ अंशों का अनुवाद पाठकों के उपयोग के लिए 'इंडियन ओपीनियन' में प्रकाशित किया ।

आपको यह जानकार बड़ी प्रसन्नता होगी कि महात्मा गाँधी द्वारा दक्षिण अफ्रीका में हो रहे इस महान् प्रयोग की प्रत्येक गतिविधि को तत्कालीन राष्ट्रीय पत्र बड़ी मुस्तैदी से देख रहे थे और जनता के सामने उपस्थित कर रहे थे। ८ जून, १९०७ के 'वन्देमातरम्' के अंक में घोषणा की गयी—"श्री गांधी (सरकारी)नियम की अवज्ञा करेंगे। जेल जाने को पूर्ण रूप से तैयार।"

इसी 'वन्देमातरम्' के ९ अप्रैल से २३ अप्रैल १९०७ के अंकों में श्री अरविन्द का एक बहुत ही सुविचारित और भविष्योन्मुखी प्रभावकारी निबन्ध, जिसका शीर्षक था, 'डाक्ट्रिन आफ़ पैसिव रेसिस्टेंस' लगातार प्रकाशित हुआ। हमें यह जानना चाहिए कि 'वन्देमातरम्' उन दिनों पूर्ण स्वराज्य की माँग करने वाले गरमदल के नेताओं का मुखपत्र था और जब उसमें 'पैसिव रेसिस्टेंस' पर इस प्रकार धारावाहिक निबन्ध निकल रहा था, तो उसे निश्चिय ही तत्कालीन परिस्थितियों के अनुसार सर्वोत्तम रणनीति का सिद्धान्त मानकर ही प्रकाशित किया जा रहा था।

१९१४ ई० में महात्मा गांधी भारत आये। सविनय अवज्ञा और विदेशी बहिष्कार उनके द्वारा संचालित आन्दोलन के दो बड़े ही महत्त्वपूर्ण मुद्दे हैं। हमारी स्वतंत्रता की लड़ाई में गांधी की इस अहिंसक विचारधारा का ऐतिहासिक महत्त्व है। डॉ० लोहिया ने ठीक ही लिखा है कि "किसी भी व्यक्ति को सिर्फ अपने बलबूते, बिना किसी की सहायता के, अत्याचार का विरोध करने के योग्य बनाना , मेरी समझ से, गांधी के व्यक्तित्व और कर्मधारा की सबसे बड़ी विशेषता है।"[१]

विश्व के सामने गांधी एक अद्वितीय राजनेता और संत के रूप में इसीलिए सर्वाधिक चर्चित हुए कि उन्होंने इतने विशाल देश की असंगठित जनता को अहिंसक क्रान्ति के रास्ते तत्कालीन विश्व की सर्वाधिक शक्तिशाली साम्राज्यवादी शक्ति से टक्कर लेने के योग्य बनाया और अंत में इसी रास्ते उन्होंने देश को स्वतंत्रता भी दिलायी, जिसे प्राप्त करने में उनसे पहले और बाद के दिनों में अनेक पराधीन देशों को खून के सैलाब के बीच से गुजरना पड़ा।

हमारे आज के प्रबुद्ध पाठक इस दिशा में डॉ० राममनोहर लोहिया के योगदान को भी याद करते हैं, जिन्होंने स्वतंत्रता के बाद अपने ही देश की सरकार के विरोध में उसके काले कारनामों के विरुद्ध सिविल नाफरमानी के दर्शन को एक नई जीवनी शक्ति प्रदान की।

---

१. **मार्क्स, गांधी एण्ड सोशलिज्म, पृ० १२२।**

इन्हीं संदर्भों में श्री अरविन्द के उस प्रथम सिद्धान्तीकरण के पुनर्मूल्यांकन का प्रश्न उठता है ताकि हम यह जान सकें कि श्री अरविन्द की तत्कालीन अवज्ञात्मक प्रतिरोध सम्बन्धी विचारधारा का परवर्ती आन्दोलनों में क्या योग रहा या कि क्या हम आज भी इस विचारधारा की उपयोगिता के विषय में सोचते हुए उक्त निबन्ध के विश्लेषण से कुछ पा सकते हैं या नहीं। अभी बांग्ला देश की क्रान्ति के सिलसिले में शेख मुजीबुर्रहमान की सिविल नाफरमानी की असफलता का भी ज्वलन्त प्रश्न सामने है। बांग्ला देश में सिविल नाफरमानी के असफल होने से बहुत से समाजवादी युवजन इस सिद्धान्त की उपयोगिता पर ही सन्देह करने लगे हैं। ऐसी ही मन:स्थिति में मैंने 'डाक्ट्रिन आफ़ पैसिव रेसिस्टेंस' को दुबारा पढ़ा और मुझे यह कहते संकोच नहीं होता कि यदि यह पुस्तक गांधी के सविनय अवज्ञा आन्दोलन अथवा सत्याग्रह तथा लोहिया या मुजीब की सिविल नाफरमानी के समानान्तर पढ़ी जाती रही होती तो इस क़दर की निराशा न होती।

'डाक्ट्रिन आफ़ पैसिव रेसिस्टेंस' श्री अरविन्दाश्रम से एक छोटी पुस्तिका के रूप में प्रकाशित हो गया है। इसका अन्तिम निबन्ध 'बायकाट' यानी बहिष्कार भी उसी क्रम में प्रकाशित होने के लिए लिखा गया था; पर इसी बीच पुलिस ने 'वन्देमातरम्' कार्यालय पर छापा मारकर उस हस्तलेख को अपने कब्जे में ले लिया था, जिसे मई १९०८ ईस्वीय में अलिपुर षड्यन्त्र काण्ड के मुकदमे में सरकारी दस्तावेज के रूप में प्रस्तुत किया गया। वह निबन्ध भी इस पुस्तिका में ले लिया गया है।

निष्क्रिय प्रतिरोध के चिन्तन को उस वक्त सामने लाया गया जब कांग्रेस के कलकत्ते के अधिवेशन में काफी बहस के बाद भी स्वराज्य के रूप और उसकी उपलब्धि के तरीके पर कोई मतैक्य नहीं हुआ। उस वक्त उग्र राजनैतिक चेतना के कुछ व्यक्तियों ने यह सोचा कि चूँकि हमारे पास पूर्ण प्रतिरोध का साधन और सम्बल नहीं है इसलिए राष्ट्रीय आत्म विकास (National Self government) और राष्ट्रीय आत्म सहयोग (National Self help) के द्वारा ही हम अपने अभीष्ट की ओर बढ़ सकते हैं। श्री अरविन्द ने लिखा—"अपने निजी प्रयत्नों द्वारा उपलब्ध राष्ट्रीय आत्मविकास मुक्ति के लिए अनिवार्य वस्तु है, चाहे हम इसे शान्तिपूर्वक अन्त तक ले जा पायें अथवा नहीं, हम किसी भी दूसरे रास्ते से घातक पराधीनता से छुटकारा नहीं पा सकते। सौ वर्ष व्यापे अंग्रेजी नियंत्रण ने हमें निष्क्रियता और बेचारेपन की स्थिति में डालकर जकड़ रखा है।"[१] नये मत वालों की सारी बातें अभी तक कांग्रेस स्वीकार नहीं कर सकी थी। पर उसने स्वदेशी और राष्ट्रीय शिक्षा को अपने कार्यक्रम का अंग मान लिया था। बहिष्कार को सिद्धान्तत: स्वीकार कर लिया गया था; पर व्यवहार में उस पर अंकुश रखे गये थे। ऐसी स्थिति में, जो कुछ भी कारगर कार्यक्रम स्वीकृत हुए, उनके सामने विदेशी नौकरशाही सबसे बड़ी बाधा के रूप में खड़ी दिखाई पड़ी। ऐसे ही संदर्भ में श्री अरविन्द ने लिखा कि बचावात्मक या निष्क्रिय प्रतिरोध के अलावा हमारे सामने कोई रास्ता नहीं है।

बचावात्मक प्रतिरोध का उद्देश्य क्या है? पुस्तक का दूसरा अध्याय इसी को स्पष्ट करने के लिए लिखा गया है।

---

१. **पैसिव रेसिस्टेंस, पृ० ५-६।**

उन्नीसवीं शताब्दी का भारतीय आन्दोलन मुख्यत: छोटे-छोटे उद्देश्यों से प्रेरित रहा। कभी सख्त भूमिकर कानूनों के खिलाफ, तो कभी नौकरशाही के जुल्मों से बचने के लिए शासन और न्याय-पालिकाओं को अलग-अलग कराने के लिए, कभी इस्तेमरारी बन्दोबस्त को जल्दी से जल्दी लागू कराने के उद्देश्य से, कभी ब्रिटिश राजकीय सेवाओं में अधिक से अधिक हिन्दुस्तानियों के लिये जाने की प्रार्थना के रूप में ये आन्दोलन उठते और गिरते रहे। श्री अरविन्द ने स्वीकार किया कि ये सभी प्रश्न निश्चित ही जालिम नौकरशाही के कारण उत्पन्न होते हैं, जिसे न्यायपालिका की पूरी मदद मिलती है। किन्तु क्या गोरे शासक और गोरे न्यायाधीश कभी भी अलग-अलग किये जा सकते हैं जब कि दोनों एक हो विदेशी केन्द्रीय सत्ता के इशारे पर कार्य करने के लिए वेतनभोगी कर्मचारी के रूप में यहाँ भेजे गये हैं? इनमें से कुछेक स्थानों पर यदि हिन्दुस्तानी भी ले लिए जाते हैं तो क्या व्यवस्था में कोई खास परिवर्तन आयेगा? हिन्दुस्तानी अफसर अपेक्षाकृत अधिक निकृष्ट और अपने ही देशवासियों के कंधे पर रखे गुलामी के जुए को और कड़ा और भारी बनाने की कोशिश करेगा; क्योंकि वह अंग्रेज अफसरों की तरह शासक जाति का न होकर गुलाम जाति से सम्बद्ध होने के कारण हमेशा अपनी पदोन्नति के लिए, अपने मालिकों को खुश करने के लिए, उत्साह के अतिरेक का परिचय देने के लिए ज्यादा जुल्म करेगा। इन सारी स्थितियों को ठीक से न समझ सकने के कारण उन्नीसवीं शताब्दी के राजनीतिज्ञ अंग्रेजों से प्रार्थनायें करने में विश्वास करते रहे जिसका परिणाम हमेशा ही देश के लिए बुरा होता रहा। इसी संदर्भ में नये दल ने यह घोषणा की है कि वे जनता और राष्ट्र की अदम्य साहसिकता में पूर्ण विश्वास करते हैं और इसी विश्वास के कारण वे आन्दोलन के महत्तर उद्देश्य को यानी पूर्ण स्वराज्य की माँग को लेकर सामने आये हैं और उसे उपलब्ध करने के लिए बचावात्मक प्रतिरोध की राजनीति प्रस्तुत की जा रही है। उन्हीं के शब्दों में—"हमारे इस कार्यक्रम का एक ही उद्देश्य है—प्रतिरोध चाहे सक्रिय हो या निष्क्रिय, चाहे, आक्रामक हो या बचावात्मक—इसका एक ही सच्चा उद्देश्य है यानी स्वतंत्र लोकप्रिय सरकार का निर्माण और उसके लिए भारत की पूर्ण स्वीकृति।"[१]

इस प्रतिरोध की आवश्यकता क्यों? चूँकि हमारे पास सशस्त्र क्रान्ति की क्षमता और साधन नहीं हैं, फिर भी हम पराधीनता के संकट और घातक प्रभावों से मुक्त होना चाहते हैं, इसलिए हमें एक रास्ता चुनना है। श्री अरविन्द के शब्दों में "हमारी साम्प्रतिक समस्या तुरन्त बौद्धिक या पूर्णत: सब प्रकार से सभी चीजों को जाननेवाला राष्ट्र बनने की नहीं है, न तो धनी और औद्योगिक बनने की है, बल्कि अपने को राष्ट्र के रूप में मृत्यु-मुख में जाने से बचाने की है, इस श्वेत संत्रास से बचकर अपने अधिकारों की दृढ़तापूर्वक रक्षा करते हुए जीवित रहने की है।"[२] श्री अरविन्द इसी प्रसंग में आयरलैंड के क्रान्तिकारी पारनेल की प्रतिभा की चर्चा करते हैं, जिसने जनता को अत्याचारी शासन के विरुद्ध 'कर' न देने के लिए संनद्ध किया। वे वस्तुत: पारनेल से बहुत प्रभावित थे। उनकी एक मशहूर कविता, जिसे उन्होंने पारनेल और आयरलैण्ड को दृष्टि में रखकर लिखी, उनकी मनोभावना को बड़े सशक्त ढंग से व्यक्त करती है। पारनेल को आरयलैण्ड की जनता ने प्रवंचित किया, उसके प्रति समुचित आदर का भाव व्यक्त नहीं किया गया। १८९६ में श्री अरविन्द ने उक्त कविता लिखी। इसे अंशत: नीचे दिया

१. **पैसिव रेजिस्टेंस**, पृ० १५।

२. वही, पृ० २८।

जा रहा है—

तुम्हारे देवोपम हृदय में ताकत के बीच
अचानक वक्रगति आ गयी।
टूटते स्वास्थ्य के हाथों से छूट गया।
अनतिदूर लक्ष्य।
आखिर को देखना पड़ा घोर श्रम से
किये गये कार्य को होते हुए नष्ट।
पराधीनता में जकड़े रहने को अभिशप्त
कोई देश जब करता है अपने ही मुक्तिदाता।
को कलंकित अपनी ही बदसूरत गलतियों से
उसके विराट् श्रम की उपलब्धि की उपेक्षा,
जब स्वार्थ और सुविधा को
वरेण्य मानता है।
तब ऐसे ही सब कुछ गिरता है और
खत्म हो जाता है!

इसके विषय में उनकी भतीजी लतिका घोष ने ठीक ही लिखा है—"इस कविता में एक अद्‌भुत विचारोद्दीप्ति और आग है। श्री अरविन्द, जो पारनेल के बहुत प्रशंसक थे, आयरलैण्ड की उसके प्रति व्यक्त कृतघ्नता से स्तंभित रह गये। वे ऐसे कमजोर लोगों के प्रति घृणा का भाव व्यक्त करते हैं, जो उसके बाद आयरलैंड की व्यवस्था में उच्च पदाधिकारी हुए। इन पंक्तियों में गहरी राजनीतिक विचारवत्ता स्पष्ट है।"[१] श्री अरविन्द ने आयरलैंड का ही नहीं, इस संदर्भ में रूस का भी उदाहरण सामने रखा है। वे लिखते हैं—"हमने देखा कि किस प्रकार निहत्थी रूसी जनता के अदम्य साहस ने अपने समय के सबसे सख्त और निरंकुश तानाशाह को, उसकी क्रूर नौकरशाही को, जिसके पास जन-आन्दोलनों को कुचल देने के सभी साधन उपलब्ध थे, घुटने टेक देने के लिए मजबूर कर दिया है।"[२] इन उदाहरणों का साक्ष्य इसलिए देना पड़ा क्योंकि वे निष्क्रिय प्रतिरोध को स्वतंत्रता के लिए इस्तेमाल करने के पक्ष में थे, किसी छोटे-मोटे ध्येय की पूर्ति भर के लिए नहीं।

इसी संदर्भ में वे सशस्त्र क्रान्ति की भी चर्चा करते हैं। वे बचावात्मक प्रतिरोध के पक्ष में इसलिए नहीं थे कि वे रक्तपूर्ण क्रान्ति को गलत मानते थे; बल्कि इसलिए कि तत्कालीन स्थितियों में सशस्त्र क्रान्ति संभव नहीं थी। उन्होंने स्पष्ट लिखा है—'युद्ध के नीतिशास्त्र से शांति का नीतिशास्त्र बिलकुल अलग होता है। युद्ध की स्थिति में रक्तपात और हिंसा से विमुख होना निन्दनीय दुर्बलता का द्योतक है। इस मनोवृत्ति की वैसी ही प्रताड़ना जरूरी है जैसी कुरुक्षेत्र के युद्धक्षेत्र में अर्जुन को, अपने सगे सम्बन्धियों की व्यापक हत्या से विमुख होने

---

१. मनमोहन घोष की कनिष्ठा कन्या लतिका घोष द्वारा लिखित 'इण्डियन राइटर्स ऑफ इंगलिश वर्स' पृ० १२९।

२. पैसिव रेजिस्टेंस, पृ० २१।

पर श्रीकृष्ण ने दी थी। स्वतंत्रता किसी भी राष्ट्र के जीवन की साँस है, और जब उसे घोंटने की कोशिश की जाती है तो किसी भी प्रकार के हिंसात्मक झटके से मुक्त होने और आत्मरक्षा के लिए किये गये सभी कार्य जायज हैं : अत्याचार के दबाव की किस्म ही प्रतिरोध की किस्म का निर्णय करती है। रूस में स्वतंत्रता को दबाने और अस्वीकृत करने के लिए कानूनी हत्या और फाँसी का प्रयोग हुआ अथवा आयरलैण्ड में क्रूर बल का प्रयोग किया गया, तो वहाँ हिंसा के उत्तर में हिंसा अनिवार्य और पूर्णत: औचित्यपूर्ण थी। जहाँ भी स्वतंत्रता की तुरन्त आवश्यकता हो, और यदि वह राष्ट्र के जीवन-मरण का प्रश्न बन गई हो तो वहाँ रक्तिम क्रान्ति एकमात्र रास्ता होती है। किन्तु जहाँ शासन अत्याचार के लिए वैधानिक आवरण में सूक्ष्म तरीकों का सहारा ले रहा हो और जीवन, स्वतंत्रता, सम्पत्ति आदि के विषय में कुछ सम्मान बचा हो और वहाँ यदि अभी भी साँस लेने की गुंजायश हो, तो परिस्थितियों का तकाजा हो जाता है कि हम शान्तिपूर्वक; किन्तु दृढ़ प्रतिरोध का प्रयोग करें। यद्यपि यहाँ रक्तपात और आक्रामक उग्रता कम होगी; किन्तु यहाँ किसी भी प्रकार से कम शौर्य की जरूरत है; बल्कि व्यापक कष्टों के लिए विराट् सहनशक्ति की कहीं अधिक आवश्यकता है।''[१]

जाहिर है कि श्री अरविन्द बचावात्मक प्रतिरोध के लिए कुछ खास तरह की स्थितियों को अनिवार्य मानते हैं जो एक प्रकार की लाचारी है, वे स्वतंत्रता प्राप्ति के लिए रक्तपातमूलक क्रान्ति को किसी प्रकार से अनुचित या अमानवीय नहीं कहते। चूँकि भारत की परिस्थितियाँ सशस्त्र क्रान्ति के लायक नहीं थीं, इसलिए निष्क्रिय प्रतिरोध को उन्होंने तत्कालीन रणनीति के रूप में स्वीकार किया।

निष्क्रिय प्रतिरोध की पद्धति क्या हो सकती है? श्री अरविन्द इस संदर्भ में सक्रिय प्रतिरोध अथवा आक्रामक प्रतिरोध और निष्क्रिय बचावात्मक प्रतिरोध का अन्तर स्पष्ट करते हुए लिखते हैं—''पहले का उद्देश्य शासन को निश्चित रूप से क्षतिग्रस्त करना है जब कि दूसरे का शासन को किसी प्रकार की सहायता प्राप्त कर सकने से रोकना है। इस तरह व्यापक दृष्टि से उद्देश्य करीब समान हैं, पर रास्ते भिन्न हैं।''[२] निष्क्रिय प्रतिरोध का पहला सिद्धान्त है, जनता की संगठित शक्ति के असहयोग द्वारा शासन को पंगु बनाना; बहिष्कार, शासन का, विदेशी सामानों का, विदेशी सत्ता को सहायता पहुँचाने वाली सभी क्रियाओं का बहिष्कार। इस बहिष्कार द्वारा हम विदेशी सत्ता को इस गरीब देश का निरन्तर शोषण करते रहने से यथासंभव रोक सकते हैं। 'कर मत दो' यह बहुत ही महत्त्वपूर्ण नारा है, जिसे निष्क्रिय प्रतिरोध शीर्ष स्थान देना चाहता है। जैसा अनेक योरोपीय देशों में किया गया ; पर अभी हम इस कार्यक्रम पर तुरन्त अमल नहीं करना चाहते।''[३]

निष्क्रिय प्रतिरोध आन्दोलन की कुछ बाध्यताएँ हैं, जिनका पालन करना अनिवार्य है। पहली बाध्यता है—''सभी अमानवीय कानूनों की अवज्ञा। ऐसे कानूनों को बदलने की प्रार्थना के स्थान पर इन्हें खुले आम तोड़ना जरूरी है। यदि विदेशी सरकार हमारे कार्य को गैरकानूनी करार देती है, तो भी हमें अपना कर्तव्य करना है, झूठ बोलकर, कानून न तोड़ने की सफाई देना अपने को पतित बनाना है, अपने पौरुष को कलंकित करना है। इसके परिणामस्वरूप

---

१. पैसिव रेजिस्टेंस, पृ० ३।
२. वही, पृ० ३।
३. वही, पृ० २४।

नौकरशाही यदि जेल देती है तो हमें स्वेच्छा से और हममें यदि जरा भी भद्रता शेष है तो प्रसन्नतापूर्वक जेल जाना चाहिए।''[१] निष्क्रिय प्रतिरोध की एक और बाध्यता है। सशस्त्र क्रान्ति। गद्दारी का बहुत महत्त्व नहीं होता, क्योंकि अन्त में जो उच्चस्तरीय शस्त्रबल है वह विजयी हो ही जाता है; परन्तु निष्क्रिय प्रतिरोध में गद्दारी अक्षम्य है; क्योंकि ऐसी एक भी घटना यदि क्षमा कर दी जाती है तो भयानक रूप ले लेगी और हो सकता है पूरे आन्दोलन को तहस-नहस कर दे, इसलिए गद्दारों का सामाजिक बहिष्कार इस आन्दोलन की बहुत महत्त्वपूर्ण बाध्यता है।

गद्दारों से सावधान रहने की चेतावनी देकर ही वे संतुष्ट नहीं हो गये। वे जानते थे कि आदमी की सहनशक्ति की एक सीमा है। उसे हद से ज्यादा खींचने पर या तो गद्दारी पैदा होगी या निष्क्रियता हिंसा में बदल जायेगी। ऐसी स्थिति में वे गद्दारी के नहीं, हिंसा के पक्ष में थे। इन स्थितियों को पूर्णतः स्पष्ट करते हुए श्री अरविन्द इस प्रकार के आन्दोलन की सीमा पर भी हमारा ध्यान आकृष्ट करते हैं—''जब तक शासन की प्रतिक्रिया शान्तिपूर्ण ढंग की रहती है और लड़ाई के नियमों के भीतर कार्य चलने दिया जाता है, निष्क्रिय प्रतिरोध निश्चय ही शान्त रहेगा। किन्तु इससे भिन्न स्थिति आने पर निष्क्रियता को एक क्षण के लिए भी निष्क्रिय रहने की जरूरत नहीं है। अमानुषिक अवैधानिक अत्याचारों के आगे झुकना या समर्पण कर देना, देश की वैधानिक व्यवस्था के नाम पर अपमान और गुण्डागर्दी सह लेना कायरता है और देश के पौरुष को पतित करना है, यह कार्य हमारे, अपने और मातृभूमि के भीतर निहित देवत्व का अपमान है।''[२]

निष्क्रिय प्रतिरोध के अरविन्दीय चिन्तन में चार-पाँच मुद्दे बहुत ही स्पष्ट उभर कर सामने आते हैं—(१) प्रतिरोध वहीं चल सकता है जहाँ शासन वैधानिक छल-छद्म के द्वारा अपना बर्बर चेहरा छिपाये हुए जन-आन्दोलनों को कुचलने की साजिश करता है। जहाँ इस प्रकार की स्थिति न हो यानी सत्ता मानवता और विधान का सहारा या आवरण भी नहीं रखना चाहे वहाँ निष्क्रिय प्रतिरोध व्यर्थ है। (२) यह प्रतिरोध गैरवाजिब कानूनों की अवज्ञा और विदेशी माल के बहिष्कार को मुख्य कार्यक्रम मानता है। (३) इस आन्दोलन में धोखा देनेवाले गद्दारों का सामाजिक बहिष्कार होना चाहिए। (४) कानून तोड़ने वाले को हमेशा साहस और प्रसन्नता के साथ जेल जाने को तैयार रहना चाहिए। (५) यदि सत्ता निरंकुश और अमानवीय हो जाये तो निष्क्रिय प्रतिरोध छोड़ देना चाहिए और सक्रिय प्रतिरोध की तैयारी करनी चाहिए।

महात्मा गाँधी का सत्याग्रह जिन ध्रुवीय बिन्दुओं पर चलता है उससे अरविन्दीय चिन्तन का अन्तर स्पष्ट है। महात्मा गाँधी सत्याग्रह को घोर से घोर अमानवीय बल प्रयोग के सामने भी अहिंसक ही रखना चाहते हैं, उन्होंने स्पष्ट लिखा है—''मेरा पक्का विश्वास है कि हिंसा से कोई स्थायी वस्तु कभी निर्मित नहीं हो सकती।''[३] उन्होंने अहिंसा को पूरी जीव-जाति का नियम कहा। ''पशु शारीरिक बल के अलावा और कोई नियम नहीं जानता; परन्तु मनुष्य की

---

१. **पैसिव रेजिस्टेंस, पृ० ३६।**

२. **वही, पृ० ४४।**

३. **यंग इण्डिया, २ जुलाई १९३१।**

महिमा के लिए उच्चतर नियम का पालन जरूरी है।"[१] वे प्रत्येक अमानवीय अत्याचार को सहने के लिए प्रेरित करते हैं। उनके मतानुसार अहिंसा का अर्थ ही है सार्वभौम प्रेम। इसलिए—"प्रतिरोध और प्रेम में मेल नहीं हो सकता। प्रतिरोध को मान लेने पर प्रेम जीवन के नियम के रूप में नहीं रह सकता और तब एक ही नियम बन जाता है। वह है शक्ति का नियम।"[२] ताल्स्ताय के इस कथन से गांधी पूर्णत: सहमत थे। प्रश्न उठता है कि यदि विदेशी सत्ता बर्बरता का नग्न तांडव करे तो सत्याग्रही को क्या करना चाहिए। गांधी ने कहा कि बुरे से बुरे मनुष्य का हृदय-परिवर्तन हो सकता है। इसलिए अत्याचारी कभी भी हमारा शत्रु नहीं हो सकता, सिर्फ दोषी होता है। इसलिए वे अप्रतिरोध की बात करते हैं। हृदय-परिवर्तन की बात करते हैं। अपने विशुद्धतम रूप में "अहिंसा का अर्थ है अधिकतम प्रेम, अधिकतम उदारता। अहिंसा अनिष्टहीनता की नकारात्मक स्थिति नहीं है, बल्कि प्रेम की, बुराई करने वाले की भी भलाई करने की सकारात्मक स्थिति है।"[३] जाहिर है कि गांधीजी श्री अरविन्द के निष्क्रिय प्रतिरोध वाले चिन्तन से पूर्ण परिचित थे, इसीलिए उन्हें अपनी अहिंसा और सत्याग्रह वाली नीति के पक्ष में यह कहना जरूरी लगा कि "अहिंसा निष्क्रिय नहीं होती। वह कायरों की चीज नहीं है। असहाय चूहा अहिंसक नहीं हो सकता।"[४] अर्थात् भय पर विजय पाकर ही व्यक्ति अहिंसक हो सकता है।

श्री गांधी के हृदय परिवर्तन वाले सिद्धान्त को कोई भी व्यक्ति मानवतावादी ऊँचे आदर्श के अलावा कोई दूसरा महत्त्वपूर्ण स्थान शायद ही दे पाये। डॉ० लोहिया ने इस सिद्धान्त की बड़ी हमदर्दी से व्याख्या की और वे इस नतीजे पर पहुँचे—"गांधीजी एक साल तक स्मट्स, इर्विन और बिड़ला का हृदय परिवर्तन करते रहे—चालीस वर्षों तक वे लाखों व्यक्तियों में साहस का संचार करके उन्हें हृदय परिवर्तन के लिए प्रेरित करते रहे। उनके किसी भी कार्य के सापेक्ष्य मूल्य के घटाने या भुलाने का प्रयत्न एक गलती होगी। गांधी के इन कार्यों के पीछे सिर्फ उनकी यह भावना थी कि आदमी स्वभावत: अच्छा होता है जब कि कुछ परिस्थितियों में उसका बुरा होना प्राय: निश्चित सा है। भावना का क्या महत्त्व है? खासतौर से भारत से अंग्रेजों के निष्कासन में इसका कितना योगदान माना जाये? भारत की अहिंसक लड़ाई में करीब-करीब मरने वालों की संख्या हिंसक क्रान्ति में मरनेवालों के बराबर ही ठहरेगी। और यदि उसमें भारत-विभाजन की प्रक्रिया में मरनेवालों की संख्या भी जोड़ दी जाये, जैसा कि करना चाहिए तो बढ़ोत्तरी ही दिखेगी और फिर भारत से अंग्रेजों का हटना शायद मानवीय इतिहास की विडम्बनाओं में सर्वाधिक भ्रष्ट विडंबना के साथ जुड़ा है, यानी भारत विभाजन।"[५] विदेशी सत्ता से मुक्ति पाने में यह हृदय परिवर्तन जिस परिणाम को प्राप्त हुआ, उससे भिन्न स्थिति पूँजीवादियों के हृदय परिवर्तन के प्रयत्नों में नहीं दिखाई पड़ती। लोहिया के ही शब्दों में—गांधीजी एक भी पूँजीपति का हृदय परिवर्तन नहीं करा सके। अधिक से अधिक उसे वे आधा ट्रस्टी और आधा पूँजीपति ही बना पाये। यह

---

१. नेहरू आन गांधी, पृ० ४८।

२. ७ सितम्बर, १९१३ को गांधी के नाम पर लिखा ताल्स्ताय का पत्र।

३. यंग इण्डिया, जनवरी, १९२१।

४. वही, २ जुलाई, १९२१।

५. गार्क्स, गांधी एण्ड सोशलिज्म, पृ० १५६

संभव है भी नहीं।''[१]

हृदय परिवर्तन की इस अव्यावहारिक धारणा पर अपने विचार व्यक्त करते हुए श्री अरविन्द ने कहा था—

''तुम युद्ध से कैसे बच पाओगे, यदि दूसरा व्यक्ति लड़ने पर ही आमादा हो। तुम इससे बच सकते हो यदि तुम उससे ज्यादा शक्तिशाली हो, या ऐसे लोगों से मिलकर जो उससे अधिक शक्तिवान् हों या फिर उस तरह जैसा गांधीजी कहते हैं यानी सत्याग्रह से उसका हृदय परिवर्तन करके। यहाँ भी गांधीजी को यह कहने के लिए विवश होना पड़ा है कि उसका कोई भी अनुयायी सत्याग्रह का सही तरीका नहीं जानता। वस्तुतः सिर्फ उन्हें छोड़कर ऐसा कोई है ही नहीं, जो सत्याग्रह के बारे में पूर्ण ज्ञान रखता हो। यह सत्याग्रह के लिए कोई बहुत आशाजनक बात तो नहीं है, खास तौर से तब, जब सत्याग्रह को पूरी मानवजाति की समस्याओं का समाधान बनाने का इरादा हो।''[२]

श्री गांधी के इस अहिंसात्मक सत्याग्रह के बारे में, जिसमें पीड़ा सहने की शक्ति को बहुत गौरवान्वित किया गया है, श्री अरविन्द ने एक बार कहा था—''मुझे लगता है कि गांधी इस बात को नहीं जानते कि जब कोई आदमी अहिंसा और सत्याग्रह को स्वीकार करता है तब उसकी स्थिति क्या होती है। वे सोचते हैं कि आदमी इससे पवित्र होता है। लेकिन जब कोई आदमी इच्छापूर्वक दुःख सहन करता है या दुःख में अपने को डालता है तब उसका प्राणिक शरीर सशक्त होता है। ये चीजें केवल प्राणिक व्यक्तित्व को ही प्रभावित करती हैं, अन्तर की चीजों को नहीं। बाद में होता यह है कि जब तुम अत्याचार का विरोध नहीं कर पाते तब तुम दुःख सहने का निश्चय करते हो। यह दुःख सहन प्राणिक (Vital) है, अतः इससे शक्ति मिलती है। ऐसे दुःख से गुजरने वालों को जब सत्ता मिलती है; तब वे बदतर अत्याचारी बन जाते हैं।''[३] उनका यह कथन स्वतंत्रता के बाद की सरकारों के व्यवहार से प्रमाणित भी होता रहा। बात-बात में गांधीजी की शपथ लेने वाली सरकारें छात्रों, मजदूरों और दूसरे वर्ग की जनता के वैधानिक आन्दोलनों को कुचलने में जिस क्रूरता का परिचय देती रहीं, वह किसी से छिपा नहीं है। फिर क्या आज का भारत गांधी की अहिंसा को मानकर जीना चाहे तो जी सकता है? शायद नहीं। तीन-तीन युद्धों का भुक्तभोगी भारत ही जवाब दे।

श्री गांधी के बाद, जिस व्यक्ति ने बचावात्मक प्रतिरोध को एक नयी भूमिका दी, वह निश्चय ही डॉ० राममनोहर लोहिया थे। उन्होंने अपनी पुस्तिका 'सिविल नाफरमानी : सिद्धान्त और अमल' में लिखा है—''सिविल नाफरमानी किसी दिन हिन्दुस्तान को और दुनिया को खून और रक्तपात से बचायेगी। सिर्फ प्रचार और तर्क नपुंसक होते हैं। प्रचार और तर्क में ताकत तब आती है जब कि सिविल नाफरमानी उससे जुड़ जाती है। डॉ० लोहिया इस सिद्धान्त को विश्वजनीन पृष्ठभूमि देना चाहते हैं। सिविल नाफरमानी अथवा अन्याय से शान्तिपूर्वक लड़ना अपने आप में एक कर्त्तव्य है। कर्त्तव्य में आगा-पीछा या नफा-नुकसान नहीं देखा जाता।''[४] गांधीजी के हृदय परिवर्तन वाले कमजोर ढर्रे को छोड़ कर

---

१. मार्क्स, गांधी एण्ड सोशलिज्म, पृ० १४७।
२. पुराणी, इवनिंग टाक्स, प्रथम भाग, पृ० ११९।
३. वही : द्वितीय भाग, पृ० ५७।
४. सिविल नाफरमानी : अमल और सिद्धान्त, पृ० ७।

लोहिया ने अमली तरीका बताते हुए लिखा—"इसकी कसौटी विरोधी का दिमाग नहीं है, बल्कि सिविल नाफरमानी करनेवालों का दिमाग, उनके दोस्त, जानी-पहचानी, पड़ोसी और आसपास के रहने वालों का दिमाग। लोहिया ने गांधी के प्रेम वाले सिद्धान्त को अधूरा मानकर सत्याग्रह के दूसरे पक्ष पर जोर दिया यानी तेजस्विता पर, गुस्से पर। गरीबी, बेईमानी, बदमाशी और जुल्म से गुस्सा करो और उससे लड़ो।" लोहिया मानते हैं कि यदि बुरे को बुरा कहने वालों की तादाद बढ़े तो दुनिया बेहतर हो सकती है। वे सिविल नाफरमानी को व्यापक पृष्ठभूमि में जन-आन्दोलन का रूप लेते देखना चाहते हैं। उनका ख्याल था कि लाखों लोग यदि अपनी तकलीफ भूल कर अन्याय से लड़ने के लिए आमादा हो जायें तो सरकार झुक जायेगी। उन्होंने स्पष्ट लिखा—"उनका प्रण है कि सिविल नाफरमानी को संसार में फैला देना और सरकार चाहे गोली मारे, अपनी ओर से कंकड़ भी नहीं फेंकना है—मारेंगे नहीं, लेकिन मानेंगे नहीं।"[१] इस सिलसिले में लोहिया ने एक और बात कही—"सरकार प्रचार करती है लोग माफी माँग कर छूट रहे हैं।" यानी एक तरह की गद्दारी। लोहिया यहाँ श्री अरविन्द की तरह उनका सामाजिक बहिष्कार नहीं चाहते। वे कहते हैं—"कौन नहीं तकलीफ के सामने थोड़ी देर के लिए झुक जाया करता है। मैं सब लोगों से कहूँगा कि माफी माँगने वाले पर कभी ऐसा गुस्सा मत करना कि हमेशा के लिए उसकी जिन्दगी बिगाड़ दो। उसको प्रेम और अच्छे बर्ताव से दुबारा लड़ाई के लिए तैयार करना।"[२]

लोहिया का सिविल नाफरमानी पर लिखा यह 'सिद्धान्त और अमल' मुकम्मल नहीं लगता; क्योंकि एक बुनियादी प्रश्न को न तो उठाया है और न तो उसका माकूल उत्तर दिया गया है। प्रश्न है कि यदि सरकार का जुल्म सहनशक्ति से बाहर हो जाये तो? लोहिया कहते हैं, "ये बहुत बुरी चीजें हैं, लेकिन इसमें एक अच्छाई है कि सोशलिस्ट पार्टी तप रही है।"[३] असल में तपने से आत्मशक्ति के विकास की बात खुद में एक समाधान नहीं बन जाती। तपने तक गनीमत है, यदि बांग्लादेश जैसी तपिस आ जाये तो? लोहिया ने इस पर ध्यान नहीं दिया। हो सकता है, वे इस पर बाद में कुछ लिखते। यह भी हो सकता है कि उनके दूसरे दस्तावेजों में इस पर रोशनी डालने वाली बातें कहीं मौजूद हों। जो भी हो, उनके सिद्धान्त को यदि अमली रूप देना है तो उनके अनुयायियों को इसे खुद मुकम्मल करना ही होगा।

बांग्ला देश में मुजीब ने सिविल नाफरमानी शुरू की। वह आन्दोलन वैधानिक और शान्तिपूर्ण चलता रहा। कानूनों की अवज्ञा, 'कर' न देने का निश्चय, सामूहिक रूप से सरकारी जुल्मों के विरोध में सभायें। सभी कुछ ठीक-ठीक ढंग से चलता रहा। इसी बीच पश्चिमी पाकिस्तान की सैनिक तानाशाही ने बांग्ला देश का गला दबोच लिया। साँस का आना-जाना रुकने लगा। मुजीब पकड़ लिये गये। फौज ने अमानवीय बर्बरता और दमन का रास्ता अपनाया। यानी श्री अरविन्द के शब्दों में—"वह स्थिति जहाँ निष्क्रिय प्रतिरोध खत्म हो जाता है और सक्रिय के लिए तैयार होना अनिवार्य हो जाता है।" बांग्ला देश की पूरी लड़ाई निष्क्रिय प्रतिरोध के लिए सक्रिय प्रतिरोध में बदलने का प्रमाण है। इसे जो लोग गांधी के सत्याग्रह से प्रभावित बताते हैं, वे या तो मुजीब को गलत करार दे रहे हैं या गांधी को। बांग्ला

---

१. सिविल नाफरमानी : अमल और सिद्धान्त, पृ० २१।

२. वही, पृ० १९।

३. वही, पृ० १९।

देश की क्रान्ति बंगाली पुनर्जागरण के श्री अरविन्द जैसे चिन्तकों से प्रभावित है। रक्तिम क्रान्ति में परिवर्तन इसका प्रमाण है।

वैयक्तिक जीवन

आरम्भ में श्री अरविन्द सुबोध मल्लिक के १२ वेलिंग्टन स्ट्रीट वाले मकान पर रहते थे। अविनाश भी तब उनके साथ थे। कुछ महीनों बाद अविनाश को दूसरा मकान ढूँढ़ने के लिए कहा गया। ऐसा इसलिए करना पड़ा कि मृणालिनी और सरोजिनी श्री अरविन्द के साथ रहना चाहती थीं, दूसरे सुबोध मल्लिक का परिवार हर प्रकार के क्रान्तिकारियों को अपने परिवार में रखने को तैयार नहीं था।

उन्हीं दिनों की बात है। एक बहुत ही वैयक्तिक घटना हुई। इसका वर्णन श्री चारुदत्त ने "पुरानी कथार उपसंहार" में बड़े विस्तार से किया है। चारुदत्त की कई बातों को, इस प्रसंग को नहीं, क्योंकि इस पर उनसे किसी ने पूछा ही नहीं, श्री अरविन्द ने स्वयं अतिरंजित कहकर टाल दिया था। किन्तु इस प्रसंग की वर्णनशैली, स्थितियाँ और परिणाम कुछ इस कदर के हैं, हम इसे कपोलकल्पित नहीं कह सकते। यह पूरा नाटकीय वृत्तान्त पूर्णतः अरविन्दीय लगता है।

"उन दिनों श्री अरविन्द राष्ट्रीय आन्दोलन के मुख्य नेता के रूप में मुक्ति-संग्राम के अग्रद्वार पर खड़े थे। एक दिन श्री अरविन्द के श्वसुर भूपाल बोस उन्हें रात्रि भोजन का निमन्त्रण दे गये। यह भी कह गये कि उनकी कन्या मृणालिनी अरविन्द से मिलने कलकत्ते आई हैं, अतः उन्हें वहीं रात्रि-वास करना होगा।

सुबोध मल्लिक के घर की अन्तःपुरवासी महिलाओं में आनन्दोल्लास मुखरित हो उठा। पति-पत्नी के आसन्न मिलन का सम्वाद पाकर सबको बड़ी खुशी हुई। महिलायें अरविन्द की साज-सज्जा सजाने में जुट पड़ीं। दपदप धुला श्वेत कुर्ता, चुन्नटदार धोती, बेले के दो गजरे भी आ गये। अरविन्द यह सब देखते मुस्कराते खड़े रहे। चारुदत्त लिखते हैं—

"जब वह कमरे से बाहर निकले तो उन्हें सजे-धजे भव्य रूप में देखा। सबसे आकर्षक थी उनकी सलज्ज स्मिति-रेखा। हम सब तो बहुत पहले से उन्हें जमाई बाबू के वेश में देखने की प्रतीक्षा में खड़े थे।

लीलावती (चारु बाबू की पत्नी) ने आगे जाकर उनके हाथ में दोनों मालायें रख दीं। बोलीं—"एक माला आप दीदी के गले में डालेंगे। दूसरी माला आपको दीदी पहनायेंगी। भूलियेगा मत।"

अरविन्द ने मीठी हँसी हँसते हुए जवाब दिया—"आप जैसा कह रही हैं वैसा ही करूँगा। लीलावती जी।"

सुबोध मल्लिक ने भी बार-बार अरविन्द से अनुरोध किया कि उन्हें रात भर वहीं विश्राम करना होगा। उन्होंने दरबान से बुलाकर कहा, "देखो, फाटक बन्द कर रखना, घोष साहब आज की रात बाहर रहेंगे।"

दूसरे दिन सबेरे सबने विस्मय से देखा, अरविन्द नित्य की भाँति आज भी मल्लिक निवास में चाय की टेबुल के पास उपस्थित हैं। पिछली रात ही वे वापस आ गये थे। बाहर फाटक बन्द रहने के कारण चहारदीवारी फाँद कर वे अपने कमरे में चले आये थे।

उत्साही बन्धु-बान्धवियों ने प्रश्नों की झड़ी लगा दी। अंत में श्री अरविन्द ने कहा, "अच्छा सुनिये। अनेक विध चर्व्य चोष्य भोजन के बाद ग्यारह बजे रात को ही मैं वहाँ से चला आया और लीलावतीजी, आपने जो मालायें दी थीं, उस सम्बन्ध में मैंने आपकी आज्ञा का पूरा पालन किया।" सबने बड़ी व्यग्रता से कहा, "तो फिर आप मध्यरात्रि में ही क्यों भाग आये? ऐसी बात तो तै नहीं हुई थी?"

श्री अरविन्द के मुख और नेत्र सहास्य हो उठे। बोले, "मैंने उसको सारी बातें समझा दीं। उसने मुझे लौटने की अनुमति दे दी और मैं चला आया।"[१]

सरोजिनी और मृणालिनी के साथ श्री अरविन्द छाकू खानसामा रोड में एक मकान लेकर रहने लगे। तब उनके साथ अविनाश और वारीन्द्र भी थे। फिर २३ स्काटलेन में मकान लिया गया। वारीन मुरारिपोखर बगान चले गये। शेष श्री अरविन्द के साथ रहे।

अक्टूबर १९०६ में श्री अरविन्द बुरी तरह बीमार पड़े। उन दिनों वे अपने श्वसुर भूपालबाबू के सर्पेण्टाइन लेन वाले मकान पर थे। ४ नवम्बर को बुखार ने बहुत भयानक रूप ले लिया। नवम्बर अन्त में कुछ-कुछ हालत में सुधार हुआ; किन्तु दिसम्बर में बुखार फिर आने लगा। ११ दिसम्बर, १९०६ को वे फिर देवघर गये; इस आशा से कि शायद जलवायु-परिवर्तन से स्वास्थ्य में सुधार आये; पर उसी समय कलकत्ते में कांग्रेस का वार्षिक अधिवेशन होने वाला था, अतः वे २६ दिसम्बर को पुनः कलकत्ते आ गये।

निरन्तर टूटते हुए स्वास्थ्य की इस दारुण स्थिति में उन्होंने कलकत्ते कांग्रेस में तिलक के सहयोग से नरमदल वालों को गरमदल के कार्यक्रमों को स्वीकार करवाने में जो सफलता पायी, उसका संकेत पहले किया जा चुका है, परन्तु इस आपाधापी और कर्मरत व्यस्तता में शरीर की निरन्तर उपेक्षा भी चलती रही। श्री सुबोध मल्लिक के निवास-स्थान पर तिलक के नेतृत्व में गरमदल के प्रस्तावों को, जो स्वागत समिति द्वारा स्वीकृत हो गये थे, व्यापक राष्ट्रीय पृष्ठभूमि देने के लिए प्रान्तीय समितियों से समर्थन पाने का श्री अरविन्द ने लगातार प्रयत्न किया।

कलकत्ते कांग्रेस में गरमदल वालों की यह सफलता बहुत महत्त्व रखती है। किन्तु बहुत थोड़े से लोग जानते हैं कि इस कर्मकोलाहल में तल्लीन रहने के कारण उनकी पारिवारिक स्थिति क्या हो गयी। यह सही है कि दिसम्बर १९०६ में जब उन्होंने देवव्रत के साथ खुलना का दौरा किया तो सर्वत्र उनका शाही स्वागत हुआ। उनके पिता डॉ० कृष्णधन घोष ने खुलना के लोगों की जो सेवायें कीं और उनके पुत्र श्री अरविन्द राष्ट्रीय स्वराज के लिए जो कुछ कर रहे थे, उसके कारण वहाँ की जनता के लिए वह नितान्त आत्मीय और श्रद्धास्पद हो गये।

इसी वर्ष वे रवीन्द्रनाथ से रात्रि भोजन के लिए निमंत्रण पाकर उनके 'जोड़ासाँको' स्थित निवास-स्थान पर गये। एक जापानी कलाकार, सर जगदीश चन्द्र बोस और अन्य कई प्रतिष्ठित लोग वहाँ उपस्थित थे। रवीन्द्रनाथ अक्सर कृष्णकुमार मित्तर के 'संजीवनी'—कार्यालय चले

---

१. **श्री अरविन्द के अत्यन्त निकटवर्ती शिष्य ने मुझसे कहा था, "कि यह घटना मैंने श्रीमती दत्त के मुख से सुनी थी और श्रीमती दत्त कहानी गढ़ने वाली महिला नहीं थीं। अतः घटना सत्य है।" मैं उन सज्जन का नाम आदेशानुसार उद्धृत नहीं कर रहा हूँ।**

—लेखक

जाते, जहाँ उनसे श्री अरविन्द की भेंट होती। मनमोहन ने श्री अरविन्द की प्रशंसा करते हुए कहा था—"इस वक्त भारत में कुल ढाई आदमी हैं। एक श्री अरविन्द, दूसरे वारीन्द्र और आधे तिलक।"

सब कुछ हुआ; परन्तु मृणालिनी जो २६/३ छक्कू खानसामा लेन के मकान में रहती थीं, उनकी जीविका और अन्य आवश्यकताएँ प्राय: उपेक्षित रहीं। श्री पुराणी ने स्पष्ट लिखा है कि "२०/१२/१९०७ तक मृणालिनी देवी के लिए खर्च की कोई निश्चित व्यवस्था नहीं की जा सकी।"[१] इस प्रकार की स्थिति में वह महान् नारी बिना किसी शिकवे-शिकायत के अपना कार्य चलाती रही। ३/१२/१९०७ के अपने पत्र में मृणालिनी ने सूचित किया कि "अब अविनाश विवाह करने जा रहे हैं और विवाहोपरान्त आपके घर का कोई काम न कर पायेंगे।" अविनाश श्री अरविन्द के परिवार के साथ थे और घर के काम-काज में हाथ बँटाते थे। पत्नी के पत्र के उत्तर में श्री अरविन्द ने लिखा—

१७ फरवरी, १९०७

प्रिय मृणालिनी,

अनेक दिनों से चिट्ठी नहीं लिखी। यह मेरा चिरन्तन अपराध है। इसके लिए यदि तुम अपने निजी गुणों से क्षमा करो तो ही, वरना मेरे लिए और उपाय क्या है? जो मज्जागत है वह एक दिन में बाहर नहीं होता। इस दोष को सुधारने में मुझे जान पड़ता है, यह जन्म चला जायेगा।

८ फरवरी को आने की बात थी, आ नहीं सका, यह मेरी इच्छा से नहीं हुआ। जिस जगह भगवान् ले गये हैं, उसी जगह जाना पड़ा है। इस बार मैं अपने काम के लिए नहीं गया। उसी के काम में था। इस बार मेरे मन की अवस्था दूसरे ही प्रकार की हो गयी है। यह बात इस पत्र में प्रकाश नहीं करूँगा। तुम इस जगह आओगी, तब जो कुछ कहने को है सो कहूँगा। यहाँ केवल यही बात कह देनी पड़ती है कि इसके बाद मैं अपने इच्छाधीन नहीं रहूँगा। जिस जगह भगवान् मुझे ले जायेंगे, उसी जगह पुतले की तरह मुझे जाना पड़ेगा, जो करावेंगे, पुतले की तरह मुझे करना होगा। यहाँ इस बात का अर्थ समझना तुम्हारे लिए कठिन होगा। इसलिये बता देना आवश्यक है, नहीं तो मेरी गतिविधि तुम्हारे आक्षेप और दु:ख की बात हो सकती है। तुम मत समझना कि मैं तुम्हारी उपेक्षा करके काम करता हूँ, यह मन में मत लाना। अब तक मैंने तुम्हारे विरुद्ध अनेक दोष किये हैं, असन्तुष्ट हुई थी, यह स्वाभाविक है, किन्तु अब मुझे और स्वाधीनता नहीं है। इसके बाद तुम समझ सकोगी कि मेरे सब काम अपनी इच्छा पर निर्भर न होकर भगवान् के आदेश से ही हुए हैं। तुम आओगी तब मेरा तात्पर्य हृदयंगम कर सकोगी। आशा करता हूँ, भगवान् ने मुझे अपनी अपार करुणा का जो प्रकाश दिखाया है उसे तुम्हें भी दिखायेंगे, किन्तु यह उनकी इच्छा पर ही निर्भर है। तुम यदि मेरी सहधर्मिणी होना चाहो, तो वह तुम्हारी एकान्त इच्छा के बल से तुम्हें भी करुणा पथ दिखायेंगे। इस पत्र को किसी को भी देखने को नहीं देना, कारण जो बातें कहीं हैं वे बड़ी गोपनीय हैं। तुम्हारे सिवा और किसी को भी नहीं कहना, निषिद्ध है। आज यहीं तक।

तुम्हारा स्वामी

---

१. **लाइफ ऑफ श्री अरविन्दो, पृ० १००।**

पुनश्च : संसार की (घर की) बातें सरोजिनी को लिखी हैं। अलग तुम्हें लिखना अनावश्यक है सो पत्र देखकर समझोगी।

घर-परिवार की बातें सरोजिनी को लिखी गयीं। पत्र में पत्नी के प्रति अनचाही उपेक्षा की भावना से ही श्री अरविन्द का हृदय हिल जाता है, पर वे अपने पागलपनों से लाचार थे, जिनके सामने उन्होंने अपने को सभी भाँति समर्पित कर दिया था। श्रीपुराणी बताते हैं कि ६/१२/१९०७ को संभवतः मृणालिनी का पत्र मिलते ही उन्होंने, जो उस समय देवघर में थे, रुपये भेजे।[१]

काल कोठरी के काले पंजे का पहला आघात

'वन्देमातरम्' की गतिविधि तेज हो गई थी। अंग्रेज पत्रकार एस० के० रैट् क्लिफ ने, जो अनेक वर्षों तक 'स्टेट्समैन' से सम्बन्धित रहे, मैनचेस्टर गार्जियन के २६ दिसम्बर १९५० के अंक में लिखा था—"हम अरविन्द घोष को एक क्रांतिकारी के रूप में ही जानते हैं, तथा एक ऐसे पत्रकार के रूप में जिन्होंने एक प्रज्ज्वलित पत्र के माध्यम से भारत की दैनिक पत्रकारिता को नया स्तर प्रदान किया। कर्जन के हटने के तुरन्त बाद १९०६ में अरविन्द और उनके मित्रों ने 'वन्देमातरम्' का प्रकाशन शुरू किया। यह पूरे आकार का शीट था, जो बहुत स्पष्ट अक्षरों में हरे कागज पर निकलता था और उसमें सम्पादकीय और दूसरे निबंध ऐसी शक्तिशाली अंग्रेजी में लिखे जाते जिनकी झनझनाहट भारतीय पत्र-जगत् के लिए तब तक बिल्कुल अनजानी थी। वह उग्र राष्ट्रीयता का पत्र था।"

इसी 'वन्देमातरम्' में श्री अरविन्द का निष्क्रिय प्रतिरोध पर धारावाहिक लेख २३ अप्रैल, १९०७ को पूरा हो गया था। श्री अरविन्द अपने व्यस्त जीवन में किस प्रकार कार्य करते थे, इसकी एक झाँकी, सह-सम्पादक श्यामसुन्दर चक्रवर्ती ने प्रस्तुत की है।

"श्री अरविन्द स्काटलेन के अपने मकान में बैठे हुए थे। श्यामसुन्दर चक्रवर्ती आये और उन्होंने सम्पादकीय देने के लिए कहा। श्री अरविन्द ने सामने की मेज से कागजों के ढेर में से पैकिंग के लिए इस्तेमाल कागजों को खींचकर एक तरफ खाली हिस्से पर लिखना शुरू किया। पन्द्रह मिनट में लेख पूरा कर लिया। एक भी काटकूट नहीं, एक भी परिवर्तन नहीं और लिखने में एक क्षण का कहीं अवरोध नहीं। दूसरे दिन 'वन्देमातरम्' छपा। वही सम्पादकीय पूरे देश में फैले राष्ट्रीय विचार वाले हृदयों में देशप्रेम की अग्नि को धधका देता है।"[२]

१५ जुलाई, १९०७ को बांग्ला पत्रिका 'सन्ध्या' का जन्म हुआ।[३] गिरिजाशंकर राय चौधुरी ने 'सन्ध्या' का प्रकाशन-काल १९०५ का उत्तरार्द्ध बताया है। उपाध्याय ब्रह्म-बान्धव इसके संचालक-संपादक थे। ३० जुलाई, १९०७ को 'वन्देमातरम्'-कार्यालय पर पुलिस ने छापा मारा इसके पहले ही 'सन्ध्या' में तथाकथित राजद्रोहमूलक निबंध लिखने के अभियोग में विवेकानन्द के भाई भूपेन्द्रनाथ दत्त गिरफ्तार किये गये थे। भूपेन्द्रनाथ अपनी सुरक्षा के लिए अदालती कार्यवाही करना चाहते थे; परन्तु श्री अरविन्द ने इसे स्वीकार नहीं किया कि कोई क्रान्तिकारी विदेशी अदालत को न्यायाधिकरण मानकर उसके निर्णय को स्वीकृति दे।

---

१. लाइफ ऑफ श्री अरविन्दो, पृ० १००।

२. वही, पृ० ९८।

३. श्री अरविन्द ओ बांग्लार स्वेदशी युग, पृ० ३७१-३७३।

२४ जुलाई, १९०७ को बंगाल पुलिस ने 'वन्देमातररम्' के विरुद्ध मुकदमा दायर किया। श्री अरविन्द, विपिनचन्द्र पाल और कई अन्य अभियुक्त माने गये।

श्री अरविन्द ने २ अगस्त, १९०७ को राष्ट्रीय विद्यालय के प्रिंसिपल पद से त्यागपत्र देकर मुक्ति ले ली। १६ अगस्त को उनके पास 'वन्देमातरम्' के २७ जून, १९०७ के अंक में प्रकाशित एक पाठकीय पत्र 'इण्डिया फ़ार द इण्डियन्स' को देशद्रोहात्मक करार देकर गिरफ्तारी का परवाना आया। श्री अरविन्द ने १९ अगस्त को पुलिस के सामने आत्मसमर्पण किया।

'वन्देमातरम्' के २३ अगस्त, १९०७ के अंक में, बंगाल नेशनल कालेज और स्कूल के छात्रों और अध्यापकों की ओर से श्री अरविन्द के प्रति संवेदना प्रकट करते हुए जो प्रस्ताव पास किया गया, वह इस प्रकार छपा—

"बंगाल राष्ट्रीय महाविद्यालय के छात्रों और अध्यापकों की एक सभा श्रीयुत सतीशचन्द्र मुखर्जी, एम० ए०, बी० एल०, अवैतनिक प्रिंसिपल और निरीक्षक, बंगाल राष्ट्रीय महाविद्यालय की अध्यक्षता में श्री अरविन्द घोष, बी० ए० (कैण्टब), भूतपूर्व प्रिंसिपल के त्यागपत्र से उत्पन्न स्थिति पर हार्दिक अफसोस और उनके सामयिक संकट के प्रति अपनी पूरी सहानुभूति प्रकट करने के लिए हुई। कालेज के अस्तित्व में आने के प्रथम वर्ष तक उन्होंने प्रिंसिपल के गरिमामय पद पर जिस दुर्लभ योग्यता से वैयक्तिक त्यागपूर्ण ढंग से सेवा की तथा एक अध्यापक के रूप में उनके गुणों के वैशिष्ट्य के प्रति यह सभा अपनी हार्दिक कृतज्ञता प्रकट करती है।"

श्री अरविन्द की गिरफ्तारी ने पूरे बंगाल को सहानुभूति, क्षोभ और क्रोध की लपटों में समेट लिया। श्री रवीन्द्रनाथ ठाकुर ने इस अवसर पर अपने हृदय के उद्‌गारों को व्यक्त करते हुए निम्नलिखित कविता लिखी—

अरविन्द, रवीन्द्रर लहो नमस्कार! हे बन्धु, हे देशबन्धु, स्वदेश आत्मार।
वाणी मूर्ति तुमि! तोमा लागि लहे मान, नहे धन, नहे सुख, कोनो क्षुद्र दान॥
चाहो नाइ, कोनो क्षुद्रकृपा, भिक्षा लागि, बाड़ाओनि आतुर अंजलि! आछो जागि।
परिपूर्णतार तरे सर्व बाधाहीन, जार लागि नर-देव चिर रात्रि दिन॥

तपोमग्न, जार लागि कवि वज्ररवे, गेयेछेन महागीत, महावीर सबे।
गियेछेन, संकट यात्राय, जार काछे, आराम लज्जित शिर नंत करियाछे॥
मृत्यु भूलियाछे भय, सेई, विधातार, श्रेष्ठदान-आपनार पूर्ण अधिकार।
चेयेछो देशेर हे जे अकुंठ आशाय, सत्येर गौरव दृप्त प्रदीप्त भाषाय॥
अखंड विश्वासे! तोमार प्रार्थना आजि, विधाता के सुनेछेन? तार उठे बाजि।
जयशंखतार तोमार दक्षिण करे, ताइ कि दिलेन आज कठोर आदरे॥
दुःखेर दारुण दीप, आलोक जाहार, ज्वलियाछे, बिद्ध करि देशेर आँधार।
ध्रुवतारकार मत! जय तव जय! के आजि फेलिबे अश्रु के करिबे भय॥
सत्येरे करिबे सर्व कोन् कापुरुष, निजेरे करिते रक्षा! कोन अमानुष।
तोमार वेदना हेते ना पाइबे बल! मोछ्रे, दुर्बल चक्षु मोछ् अश्रुजल॥
देवतार दीप हस्ते जे आसिल भवे, सेइ रुद्रदूते, बलो कोन राजा कबे।
पारे शास्ति दिते! बंधन शृंखलतार, चरण वन्दना करि करे नमस्कार॥
कारागार करे अभ्यर्थना रुष्ट राहु, विधातार सूर्य पाने बाड़ाइया बाहु।

आपनि विलुप्त हय मुहूर्तेक परे, छायार मतन! शास्ति शास्ति तारि तरे॥
जे पारे ना शास्तिमये हइते बाहिर, लंघिया निजेर गड़ा मिथ्यार प्राचीर।
कपट वेष्टन,—जे नपुंस कोनो दिन, चाहिया धर्मेर पाने निर्भीक स्वाधीन॥
अन्यायेरे बलेनि अन्याय, आपनार, मनुष्यत्व, विधिदत्त नित्य अधिकार।
जे निर्लज्ज भये लोभे करे अस्वीकार, सभामाझे, दुर्गतिर करे अहंकार॥
देशेर दुर्दशा ले ये जार व्यवसाय, अन्नजार अकल्याण, मातृरक्त प्राय।
सेइ भीरु नतशिर चिरशास्तिर भारे, राजाकारा बाहिरेते नित्य-कारागारे॥
हेरिया तोमार बन्धनहीन आनन्दरे गान, महातीर्थ यात्रीर संगीत, चिरप्राण।
आशार उल्लास गंभीर निर्भय वाणी, उदार मृत्युर भारतेर वीणापाणि॥
हे कवि तोमार मुखे राखि दृष्टतार, तारे-तारे दियेछे न विपुल झंकार।
नाहि नाहि दुःखतान नाहि छुद्र लाज, नाहि दैन्य नाहि त्रास ताइ सुनि आज॥
कोथा हे ते झंझा साथे सिन्धुर गर्जन, अंधवेगे निर्झरेर उन्मत्त नर्त्तन।
पाषाण पिंजर टूटि वज्रगर्जरव, भेर मन्द्रे मेघ पुंज जागाय भैरव॥
ऐ उदात्त संगीतेर तरंग माझार, अरविन्द, रवीन्द्रेर लहो नमस्कार।
तार परे तारे नमि, जिनि क्रीड़ाच्छले, गड़ेन नूतन सृष्टि प्रलय-अनले॥
मृत्यु हे ते देन प्राण, विपदेर बूके, संपदेरे करने लालन, हाँसिमुखे।
भक्तेरे पाठाये देन कंटक कांतारे, रिक्त हस्ते शत्रुमाझे रात्रि-अंधकारे॥
जिनि नाना कंठे कन नाना इतिहासे, सकल महत् कर्मे, परम प्रयासे।
सकल चरम लाभे—"दुःख किछु वय, क्षत मिथ्या, क्षति मिथ्या, मिथ्या, सर्व भय॥
कोथा मिथ्या राजा, कोथा राजदण्ड तार, कोथा मृत्यु, अन्यायेर कोथा अत्याचार।
ओरे भीरु, ओरे मूढ़ तोलो तोलो शिर, आमि आछि, तुमि आछो, सत्य आछे स्थिर॥"

विभिन्न पत्रों ने इस मुकदमे पर अपनी प्रतिक्रियाएँ व्यक्त कीं। २२ अगस्त के 'वन्देमातरम्' ने अनेक प्रतिक्रियाओं को प्रकाशित किया। **मराठा समाचार** पत्र ने लिखा—"हमारा अंक अभी प्रेस में गया ही था कि हमें तार से समाचार मिला कि वन्देमातरम् में लेख लिखने के लिए श्री अरविन्द घोष गिरफ्तार किये गये हैं। श्री अरविन्द घोष ने आई० सी० एस० पास कर लिया था, पर घोड़े पर चढ़ नहीं पाये। आज वे जिस शासक की इजलास में कैदी रूप में दण्डनीय होकर खड़े हैं, यदि वे ठीक से घोड़े पर चढ़ गये होते तो यह न्यायाधीश हाकिम उनके अधीन निम्न कर्मचारी के रूप में कार्य करता होता।"। **इण्डियन पैट्रियट** ने लिखा "एक अत्युच्च सुसंस्कृत, सर्वप्रिय स्वभाव वाला यह मनुष्य कितना हँसमुख है। विनोद और व्यंग्य की क्षमता से उद्दीप्त इस व्यक्ति के साथ रहने में किसे आनन्द नहीं मिलता। इस आदमी के हृदय में एक महान् लक्ष्य के लिए निरन्तर अदृश्य देश-भक्ति की ज्वाला जलती रहती है।" **मद्रास स्टैंडर्ड** ने लिखा "बंगाल के बाहर बहुत थोड़े से लोग अरविन्द का नाम जानते थे। यहाँ तक कि लंदन टाइम्स जैसे पत्र में भी यह भ्रान्त धारणा चलती रही कि वन्देमातरम् का सम्पादन-संचालन सभी कुछ विपिनचन्द्र पाल कर रहे हैं। किन्तु पहली बार यह भ्रम टूटा है और सभी जान सके हैं कि इस पत्र के पीछे की शक्ति अरविन्द थे।"

सरकारी वकील श्री ग्रेगरी ने इजलास में कहा कि यह मुकदमा 'पोलिटिक्स फार इण्डियन्स' और 'इण्डिया फ़ार इण्डियन्स' नामक दो राजद्रोहमूलक निबन्धों के लिए चलाया

जा रहा है। उन्होंने इन दोनों निबन्धों का अपराध श्री अरविन्द पर डालने की पूरी कोशिश की। उन्होंने नज़ीर में भूपेन्द्रनाथ दत्त के मामले को पेश किया।

''ग्रेगरी ने बड़ी उत्तम वक्तृता दी।'' गिरिजाशंकर लिखते हैं—''किन्तु दुखेर विषय ए प्रबंधगुलिर दायित्व अरविन्देर स्कन्धे आरोप करिवार यथेष्ट प्रमान शेष पर्यन्त पाउया गेल ना। प्रमानाभावे अरविन्द खालास पाइलेन।''[१]

गिरिजाशंकर के इस दु:ख की जितनी भी प्रशंसा की जाये, थोड़ी है। श्री अरविन्द की खलासी यानी कारामुक्ति के प्रति खेद या दु:ख क्यों? याकि ग्रेगरी के भाषण की असफलता पर दु:ख हुआ?

इन्हीं दिनों जब श्री अरविन्द की मुक्ति का आनन्दोल्लास चल रहा था, श्री रवीन्द्रनाथ ठाकुर उनसे मिलने आए। १२ वेलिंग्टन स्ट्रीट वाले मकान पर राष्ट्रभक्तों की भीड़ थी। रवि बाबू ने श्री अरविन्द से आलिंगनबद्ध होकर बांग्ला में कहा—''आपने मुझे बड़ा धोका दिया।'' (जेल जाने की बात सोचकर कवि ने कविता लिखी थी)। श्री अरविन्द ने अंग्रेजी में उत्तर दिया—''बहुत दिनों तक नहीं, आपको ज्यादा प्रतीक्षा नहीं करनी पड़ेगी।''[२] उन्होंने श्री रवीन्द्रनाथ से जेल से बहुत दिनों तक बाहर न रहने की जो बात कही, वह सच्ची निकली जिसके बारे में आगे विचार किया जायेगा।

५ नवम्बर, १९०७ को बंगाल के गवर्नर सर एण्ड्रयू फ्रेजर की, जो रेलगाड़ी से यात्रा कर रहे थे, नारायणगढ़ के निकट खड़गपुर के पास बम फेंक कर हत्या का प्रयत्न किया गया। नवम्बर के प्रथम सप्ताह में श्री अरविन्द मिदनापुर में थे। उस समय वहाँ जिला कांग्रेस की सभा थी। श्री के० बी० दत्त उस सभा के लिए नरमदल द्वारा मनोनीत अध्यक्ष थे। किन्तु उन्हें सभा में बोलने नहीं दिया गया। ''गरमदल वालों ने ८ नवम्बर को एक अलग सभा बुलाई। श्री अरविन्द उसके अध्यक्ष चुने गए। इस सभा का उन्होंने सफलतापूर्वक संचालन किया। नरमदल के अनेक प्रस्ताव जो कलकत्ता कांग्रेस में स्वीकार हुए थे, बहुचर्चित हुए। जिला-सभा की ओर से इन प्रस्तावों को सूरत कांग्रेस के लिए भेजने का निर्णय भी लिया गया।''[३]

इस अवसर पर श्री अरविन्द क्रान्तिकारी सत्येन्द्र बोस और खुदीराम बोस से भी मिले।

नरमदल के नेता गुप्त क्रान्तिकारियों और प्रत्यक्ष गरमदल की कार्यविधि को एक साथ जोड़कर न सिर्फ उसमें से मन-माफिक निष्कर्ष निकालते थे; बल्कि इन घटनाओं द्वारा अपने भविष्य के बारे में भी चिन्तित रहते थे। गिरिजाशंकर इन्हीं बातों को अपने शब्दों में इस प्रकार कहते हैं—''अरविन्द दिवालोक ओ अन्धकार, निष्क्रिय प्रतिरोध ओ संग्रामवाद एइ उभय श्रेनीर राजनीतिक्षेत्रे एकइ समय नेतृत्व करितेछेन।''[४]

वस्तुत: गरमदल राजनीतिक विधानों के भीतर जिस लक्ष्य के लिए सचेष्ट था, क्रान्तिकारी अपने तरीके से उसी की सिद्धि के लिए प्रयत्नशील थे। जैसा कि पहले ही कहा गया, दोनों की ही गतिविधियों का नियमन श्री अरविन्द ही कर रहे थे, किन्तु वारीसाल में

---

१. **श्री अरविन्द ओ बांग्लार स्वेदशी युग, पृ० ६१४।**

२. **लाइफ ऑफ श्री अरविन्दो, पृ० ९९।**

३. **लाइफ वर्क ऑफ श्री अरविन्दो, ज्योतीशचन्द्र घोष, पृ० ३७।**

४. **श्री अरविन्द ओ बांग्लार स्वेदशी युग, पृ० ६७१।**

बालक चित्तरंजन पर होनेवाले अमानुषिक अत्याचार तथा इसी प्रकार के अन्य अपमानजनक अंग्रेजी कुकृत्यों ने क्रान्तिकारियों के भीतर प्रतिशोध का भाव भर दिया। लक्ष्य-सिद्धि के इन दोनों ही प्रयत्नों पर सुरेन्द्रनाथ बैनर्जी जैसे लोगों का ख्याल था कि वे दुरभिसंधिपूर्वक योजनाबद्ध चल रहे हैं। ''करीब-करीब उसी समय, उसी दिन जब फ्रेजर की हत्या का प्रयत्न किया गया, कांग्रेस के जिला-अधिवेशन को, जो मिदनापुर में आयोजित हो रहा था, भंग करने का प्रयत्न किया गया। इन भंजकों में कुछ ऐसे लोग भी थे, जिन पर अराजकतावादी आन्दोलन के सदस्य होने का पूरा सन्देह किया जा सकता है। किन्तु वहाँ जो कुछ हुआ, वह मेरे लिए चक्षु-उन्मीलक था, क्योंकि यह एक उपक्रम था। यह पूर्व सूचना उन सारे दृश्यों की थी, जो महीने भर बाद सूरत कांग्रेस के नाटक में रचाये जाने को थे। वैधानिक तरीकों द्वारा लक्ष्य-प्राप्ति का लोकप्रिय विश्वास हिल गया है। नवयुवक और प्राणपण से कार्य करने वाले लोग निराश होकर, देशसेवा के प्रति दृढ़ निष्ठा के कारण गैर कानूनी हिंसक और खतरनाक रास्तों पर चल पड़े हैं। उन्होंने अपने बुंजुर्गों की अनसुनी कर दी है।''[१] याद रखना चाहिए कि हत्या का प्रयत्न ५ नवम्बर को हुआ, अधिवेशन भंग ७ को किया गया; किन्तु सुरेन्द्रनाथ जैसे उत्तरदायी आदमी उन्हें एक ही दिन एक समय पर नियोजित कार्य मानते हैं।

श्री अरविन्द ने पांडिचेरी में एक बार सुरेन्द्रनाथ के बारे में कहा था, ''सुरेन्द्रनाथ बैनर्जी का व्यक्तित्व चुम्बकीय शक्ति रखता था। वे मधुरभाषी थे। वे किसी को भी अपने साथ मिला सकते थे। उनकी इच्छा थी कि वे बंगाल के विरोधहीन एकमात्र नेता मान लिये जायें। वे इसके लिए गरमदल वालों को तलवार के रूप में इस्तेमाल करना चाहते थे। वे व्यक्तिगत वार्ता में क्रान्तिकारी आन्दोलनों को स्वीकार कर लेने तक का साहस दिखाते थे। वारीन एक बार उनके पास एक बम लेकर गया और उन्होंने बड़ा उत्साह दिखाया। उसके पास सुरेन्द्रनाथ बैनर्जी का एक पत्र भी था। जब वह मानिकतला में गिरफ्तार हुआ, वह चिट्ठी भी थी। पुलिस ले गयी। किन्तु अदालत में जैसे ही नार्टन ने सुरेन्द्रनाथ का नाम लिया, मामला दबाकर रफा-दफा कर दिया गया।''[२]

ये थे असली सुरेन्द्रनाथ बैनर्जी जो क्रान्तिकारियों को कोसते हुए संकोच का अनुभव नहीं करते।

क्या क्रान्तिकारी और गरमदल के लोग किसी स्वार्थसिद्धि के लिए यह सब कर रहे थे? क्या अंग्रेजों के सामने याचक-मुद्रा में स्वायत्तता की माँग करने वाले नैतिक पवित्र और पुण्यात्मा थे और बाकी लोग जो जान हथेली पर लेकर देशसेवा के लिए विभिन्न कार्यक्रमों को, जो भले ही तथाकथित गैरकानूनी रहे हों, पूरा करने में प्रत्येक सुविधा, यहाँ तक कि कष्ट की इन्तहा और जानजोखम को भी उठा रहे थे, वे अनैतिक और निकृष्ट थे? आज का भारतीय नवयुवक अच्छी तरह जानता है कि नपुंसक और क्लीव पुरानी समझौतावादी पीढ़ी ऐसे मौकों पर युवा पीढ़ी को निराधार रूप से कलंकित करने के लिए क्या-क्या हथकंडे अपनाती है यदि ऐसा ही कृत्य निकट अतीत में दुहराया गया तो इसमें आश्चर्य क्या है।

श्री अरविन्द इन परस्पर-विरोधी खिंचावों के बीच परिवार की सारी असुविधाओं, पत्नी और बहन के गुजर-बसर का ठीक से इन्तजाम न कर पाने की आत्मग्लानि; पर देश के लिए

---

१. ए नेशन इन मेकिंग, पृ० २३५।
२. रेमिनिसैन्सेज एण्ड एनक्डोट्स, पृ० १८९।

सब कुछ को उत्सर्ग कर देने के प्रण के मिले-जुले भावबोध के बीच पत्नी के नाम अपने जीवन का आखिरी पत्र लिखते हैं। इस पत्र की भाषा, वस्तु सभी इस बात के प्रमाण हैं कि इस स्थिति में सामान्य शक्ति का कोई आदमी या तो पागल हो जाता या टूट कर बिखर जाता। मिदनापुर कांग्रेस अधिवेशन में वे उसी दिन गये।

६ दिसम्बर, १९०७

प्रिय मृणालिनी,

मैंने परसों चिट्ठी पायी थी। उसी दिन रैपर (अलवान) भी भेजा गया था। क्यों नहीं पहुँचा, सो समझ नहीं सका हूँ।...

मुझे यहाँ एक मुहूर्त भी समय नहीं है। लिखने का भार मुझ पर है। 'वन्देमातरम्' की गोलमाल मिटाने का भार मेरे ऊपर है। इसके सिवा मेरा निज का काम भी है, उसे भी छोड़ नहीं सकता।

मेरी एक बात सुनोगी क्या? मेरा यह समय बड़ी दुर्भावना का समय है। चारों ओर से टान पड़ रही है, पागल होने की बात है। इस समय तुम्हारे अस्थिर होने से मेरी भी चिन्ता और दुर्भावना बढ़ेगी। तुम्हारे उत्साह और सान्त्वनामय पत्र लिखने से मुझे विशेष शक्ति मिलेगी।

प्रफुल्ल चित्त से सभी विषाद और भय कों पार कर सकूँगा। मैं समझता हूँ, देवघर में तुम्हें अकेली रहने में कष्ट होता है, तथापि मन को दृढ़ करने एवं विश्वास पर निर्भर रहने से दुःख मन पर उतना आधिपत्य नहीं कर सकेगा। जब तुम्हारा मेरे साथ विवाह हो गया है, तब तुम्हारे भाग्य में यह दुःख अनिवार्य है। बीच-बीच में विच्छेद होगा, कारण मैं साधारण बंगाली की तरह परिवार या स्वजनों के सुख को जीवन का मुख्य उद्देश्य नहीं बना सकता। इस अवस्था में मेरा धर्म ही तुम्हारा धर्म है। मेरे निर्दिष्ट कार्य की सफलता को सुख समझने के अलावा तुम्हारे लिए दूसरा उपाय नहीं है। एक बात और। जिनके साथ तुम इस समय रहती हो, उनमें से अनेक तुम्हारे, मेरे गुरुजन हैं। उनके कड़ी बात कहने, अन्याय बात बोलने पर भी तुम बुरा न मानना और वे जो कहें, वे सभी उनके मन की बातें हैं और तुम्हें दुःख देने के लिए कही गयी हैं—यह विश्वास न करना। अनेक बार गुस्सा आने पर ऐसी अनिच्छित बातें निकल पड़ती हैं, उनको मन में रखना अच्छा नहीं। यदि अकेली नहीं रह सको तो मैं गिरीश बाबू को कहूँगा। मैं जितने दिनों कांग्रेस में रहूँगा, तुम्हारे दादा महाशय घर में रह सकेंगे।

मैं आज मेदिनीपुर जाऊँगा। लौटकर यहाँ की सब व्यवस्था कर सूरत जाऊँगा। सम्भवतः १५ या १६ को जाना होगा। जनवरी दूसरी तारीख तक लौट आऊँगा।

तुम्हारा...

सूरत कांग्रेस : विभाजन रेखा का अवतरण

सूरत कांग्रेस के अधिवेशन के आरंभ होने के पहले ही श्री अरविन्द अपने दल-बल के साथ महाराष्ट्र की यात्रा पर चल पड़े। उन्होंने २० दिसम्बर को 'वन्देमातरम्' में लाला लाजपतराय द्वारा सभापति होने से इनकार करने की घटना को 'भयानक भूल' कह कर प्रकाशित किया। सभापति डॉ० रासविहारी घोष चुने गये।

श्री अरविन्द ने २१ दिसम्बर को यात्रारंभ की। श्री वारीन्द्रकुमार ने लिखा है—"मैंने श्री अरविन्द और श्यामसुन्दर बाबू के साथ यात्रा की। बाम्बे मेल आई। मुझे स्टेशन पर खड़ा

देखकर अरविन्द ने बुलाया। जाने पर देखा, वे भी तृतीय श्रेणी में हैं, यानी नरक गुलजार किये हुए। प्रत्येक स्टेशन पर फूल-माला, पूड़ी-मिठाई और चाय। अनेक स्टेशनों पर तो बहुत से लोग निराश होकर लौट गये। किसी ने सोचा भी नहीं कि देश का इतना बड़ा नेता, गणमान्य मनुष्य प्रथम श्रेणी में नहीं, तो द्वितीय से कम में तो यात्रा क्या करेगा? उस रात्रि हमें नींद नहीं आयी, पेट में खाली स्थान नहीं था। सेजदा (सझले बड़े भाई) के गले की मालाओं से गाड़ी भरी थी।''[१]

इस यात्रा में अरविन्द नागपुर में उतर पड़े। २२ दिसम्बर को नागपुर के थिएटर हाल में श्री अरविन्द ने भाषण किया। वारीन्द्र कुमार ने लिखा है—''नागपुर में वक्तृता-स्थान पर अपार भीड़ थी। सेजदा को किसी तरह भीतर पहुँचाया गया। इतने बड़े मानव-समूह के भीतर भाषण का खूब अच्छी तरह सुनाई पड़ सकना मुश्किल था, तो भी हजारों हजार आदमी भीड़ जोड़े खड़े रहे।''[२] श्री अरविन्द ने एक बार कहा था—''सूरत कांग्रेस जाते वक्त हम नागपुर में रुके। मेरा भाषण थिएटर हाल में होने को था। अगली कतार में मोरोपंत जोशी बैठे थे, बगल में देशमुख। जोशी लगातार मुझे घूर-घूर कर देखते रहे।''[३]

सूरत कांग्रेस का भारत के आधुनिक राजनीतिक इतिहास में अद्भुत महत्त्व है। यह अपने तरह का अकेला अधिवेशन था, जिसमें नरम और गरम दल में रंगमंच पर खुले आम टकराहट हुई। २६ दिसम्बर १९०७ को अधिवेशन शुरू हुआ : किन्तु दोनों दलों के लोग हफ्ते भर पहले से अपने-अपने मोर्चे संभालने में व्यस्त थे। गरमदल के सामने दो लक्ष्य थे—(१) जहाँ तक हो सके, नरमदल से कांग्रेस का नेतृत्व छीनना। (२) और यदि यह संभव न हो तो कलकत्ता कांग्रेस में जिस नये कार्यक्रम को किसी तरह स्वीकार करवाने में सफलता मिली है, उसे और आगे बढ़ा सकने का पूरा प्रयत्न करना।[४]

इस अधिवेशन में श्री अरविन्द की सलाह पर बंगाल के अनेक क्रान्तिकारी भी कांग्रेस प्रतिनिधियों के रूप में आये थे। बंगाल का महत्त्वपूर्ण जत्था था। वारीन्द्र ने अरविन्द को पत्र लिखकर उग्रवादियों और गरमदल के प्रतिनिधियों से बातचीत का सुझाव दिया। तिलक, लाजपतराय तथा खरे, खारपडे आदि स्वयं या प्रतिनिधियों द्वारा इन लोगों से सम्पर्क-सूत्र बनाये रहे।

सूरत कांग्रेस में 'न्यू स्पिरिट इन इंडिया' के लेखक नेविन्सन विद्यमान थे और उन्होंने इसका आँखों देखा हाल बड़े विस्तार से लिखा है। ढाई बजे अपराह्न में अधिवेशन शुरू हुआ। सभापति का नाम प्रस्तावित हुआ। सम्मेलन में रखे जाने वाले प्रस्तावों की एक तालिका गोखले ने तिलक को दी। सभापति का नाम प्रस्तावित होने पर सुरेन्द्रनाथ बैनर्जी समर्थन करने उठे। बंगदेश के प्रतिनिधियों ने नारा लगाया—'मिदनापुर को याद रखो।' मध्यप्रदेश के प्रतिनिधि चिल्लाए—'नागपुर को याद रखो।' मध्यप्रदेश वालों की नाराजगी का कारण था फिरोज शाह मेहता की चालबाजी, जिसके कारण अधिवेशन नागपुर में न होकर सूरत चला

---

१. वारीन्द्र, आत्म-कहानी, पृ० १२-१७।

२. वही, पृ० १७-१९

३. लाइफ ऑफ श्री अरविन्दो, पृ० १००।

४. रिपोर्ट ऑफ द इण्डियन नेशनल कांग्रेस, १९०५, प्रस्ताव सं० १३।

गया। सुरेन्द्रनाथ क्या कह रहे हैं, यह किसी को सुनाई न पड़ा। स्वागताध्यक्ष मालवी ने गोलमाल बन्द करने के लिये बनारसी घंटी बजाई; पर सब बेकार गया। सभापति डॉ० रासविहारी घोष ने भाषण शुरू किया—प्रतिनिधि बन्धुओ, देवियो और सज्जनो। वे उसके आगे बोल नहीं पाये। उसी समय तिलक अपनी कोई बात कहने की इच्छा से मंच पर चढ़ आये। मालवी[१] ने कहा—"आप इस वक्त कार्य रोकने का कोई प्रस्ताव नहीं कर सकते। मैं आपके इस कार्य को अनुचित करार देता हूँ।" तिलक ने कहा—"मैं सभापति के चुनाव में एक छोटा सा परिवर्तन प्रस्तावित करने आया हूँ और आप सभापति की कुर्सी पर नहीं हैं" सभापति की कुर्सी से घोष ने तिलक से कहा—"मैं आपके इस काम को अनियमित घोषित करता हूँ।"

"मैं आपको अनियमित घोषित करता हूँ।" तिलक ने कहा। "आप इसके लिए नहीं चुने गये हैं।" डॉ० घोष बोले। तिलक ने उत्तर दिया—"मैं प्रतिनिधियों से कुछ कहने आया हूँ।"[२] उसी वक्त एक चीज आसमान में उछली। वह था एक मराठी जूता। लाल चमड़ा, मुड़े हुए नुकीलों मुँहवाला, तल्ले में कीलें जड़ी थीं। जूता सीधे सुरेन्द्रनाथ बैनर्जी के गाल पर आघात करते हुए सर फिरोजशाह मेहता के बगल से निकल गया। मैंने भारतीय राष्ट्रीय कांग्रेस के इस अधिवेशन को गोलमाल में खत्म होते देखा। मैं भी इसी वाल्मी युद्ध (बैटिल आफ वाल्मी) के मौके पर गेटे की तरह रह सकता हूँ—"आज का दिन नये युग का सूत्रपात कर रहा है और तुम कह सकते हो कि तुम तब वहाँ उपस्थित थे।"[३]

असल में गरमागरमी तो पहले से ही थी। तिलक को जब बोलने की अनुमति नहीं दी गई और वे डटे रहे तो उन्हें पीटने के लिए कुछ गुजराती नवयुवक स्वयंसेवकों ने कुर्सियाँ उठा लीं। तभी मराठे ने जूता मारा और अनेक मराठे युवक मंच पर दौड़ पड़े। इस तरह अधिवेशन भंग हो गया। किन्तु यह निश्चय ही एक नये युग की सूचना थी। श्री आर० आर० दिवाकर का कहना ठीक ही है कि "सूरत कांग्रेस हुल्लड़बाजी में खत्म हुई। किन्तु एक इतिहास बना गयी। कांग्रेस का शरीर नरमदल वालों के कब्जे में रहा पर आत्मा गरमदल के पास चली गयी। अगले दस वर्षों तक राष्ट्रीयता का विकास कांग्रेस के भीतर से नहीं, बाहर से हुआ। १९१६ में जब यह पुनः अपना कर्तव्य निभाने चली तो देखा गया कि नरमदल पूर्णतः नष्टप्राय हो गया है, यद्यपि नरमदल वालों ने कांग्रेस के बाहर अपना यत्किंचित् अस्तित्व बनाये रखा; पर ये बिल्कुल प्रभावहीन हो गये।"[४]

गरम और नरम दलों की पृथक्-पृथक् सभायें २८ दिसम्बर को की गयीं। गरम दल के सभापति हुए श्री अरविन्द और मुख्य वक्ता थे तिलक। नेविन्सन ने लिखा है—"गम्भीर और शान्त, मुझे याद है बिना एक शब्द बोले श्री अरविन्द कुर्सी पर बैठे, अचंचल भाव से सुदूर कहीं देखते रहे, मानो वे भविष्यत् पर दृष्टि लगाये हुए थे। बहुत ही स्पष्ट, छोटे वाक्यों में,

---

१. **यहाँ पर किसी को भ्रम न हो कि ये पं० मदनमोहन मालवीय थे। ये सज्जन स्वागत समिति के अध्यक्ष त्रिभुवन दास मालवी थे। घंटी भले ही बनारसी रही हो। देखिए, बी० पट्टाभि सीतारमय्या, द हिस्ट्री ऑफ इण्डियन नेशनल कांग्रेस, प्रथम भाग, पद्मा पब्लिकेशन, बम्बई, १९४६, पृ० ९६-९७।**

२. **हेनरी० डब्ल्यू० नेविन्सन, न्यू स्पिरिट इन इण्डिया, पृ० २५६-२५७।**

३. **वही, पृ० २५८।**

४. **महायोगी, पृ० ६९।**

बिना वाग्मिता या भावुकता के तिलक बोलते रहे। सन्ध्या हो आई। तारे उगने लगे तो किसी ने एक लालटेन जलाकर उनके बगल में रख दी।''[१]

कांग्रेस भंग हो गई। गिरिजा बाबू बड़ी परेशानी से पूछते हैं—कांग्रेस भाँगिले केन? के भाँगिलो? कांग्रेस किसने तोड़ी? अरविन्द ने? तिलक ने?

गिरिजा मोशाय ने बड़ी जासूसी के बाद पता लगाया कि यह कार्य अरविन्द ने किया। जी हाँ, अरविन्द ने ही किया। अरविन्द ने खुद लिखा—''इतिहास उन घटनाओं का उल्लेख कदाचित् ही करता है, जो होती तो हैं निर्णायक; पर घटित होती हैं पर्दे की ओट में। वह पर्दे के सामने के चमकीले भाग का वर्णन करता है। बहुत कम लोग जानते हैं कि मैंने ही (तिलक से सलाह किये बिना) आज्ञा दी थी, जिससे कांग्रेस भंग हो गयी। मेरे ही कारण राष्ट्रवादियों (गरमदल) ने नरमदलीय सम्मेलन में भाग लेने से इनकार कर दिया और सूरत अधिवेशन की ये ही दो निर्णायक घटनाएँ थीं।''[२]

सूरत कांग्रेस की समाप्ति पर श्री अरविन्द ने कई आध्यात्मिक पुरुषों से मुलाकात की। साधना के अनेक अनुभव प्राप्त किये। साथ-साथ राजनीतिक कार्य भी चलते रहे। बम्बई से कलकत्ते लौटते वक्त उन्होंने कई स्थानों पर भाषण किये। उनका पूना का भाषण बहुत ही महत्त्वपूर्ण था, जिसके बारे में धनंजय कौर ने लिखा है—''पूना में श्री अरविन्द घोष का अद्भुत स्वागत हुआ। पूना ने एक महान् बंगाली का भाषण सुना जिनकी पूर्ण स्वराज्य की माँग का तेवर तिलक को भी लाँघ गया था।''[३] श्री अरविन्द फरवरी १९०८ में कलकत्ते लौट आये।

सूरत कांग्रेस से लौटने के बाद की राजनीतिक गतिविधि

सूरत से, जैसा पहले कहा गया, लौटते हुए श्री अरविन्द ने लेले के साथ साधना करते हुए तीन दिन के भीतर ही निर्वाण-स्थिति का बोध कर लिया। १९ जनवरी, १९०८ को उन्होंने महाजनवाडी, बम्बई में नेशनल यूनियन के सम्मुख नीरव और रिक्त मस्तिष्क से आन्तरिक चैतन्य की सहायता द्वारा सुप्रसिद्ध भाषण दिया। लौटते वक्त पूना, नासिक, धूलिया, अमरावती, नागपुर आदि स्थानों पर भाषण देते हुए ये फरवरी के आरंभिक सप्ताहान्त में कलकत्ते पहुँचे।

इसी समय क्रान्तिकारी वारीन्द्र ने लेले महाराज को पत्र लिखकर कलकत्ते में आमंत्रित किया। तब तक लेले को यह पता नहीं था कि उनके शिष्य किस प्रकार की राजनीतिक गतिविधि में मशगूल हैं। लेले कलकत्ते आये और सील्स लॉज में ठहरे। श्री नलिनीकान्त गुप्त ने वारीन्द्र द्वारा लेले को बुलाने का कारण बताते हुए लिखा है कि यद्यपि हमने बम बनाने के उद्देश्य से इस एकान्त जगह को चुना था; पर हम एकदम से हृदयहीन मनुष्य नहीं थे, यानी न तो भौतिकतावादी थे और न तो नास्तिक ही। यह हमारी योजना का एक अंग था कि हम कुछ समय प्रतिदिन अपने आन्तरिक जीवन के संस्कार में भी लगायेंगे।[४] इसी उद्देश्य से वारीन्द्र ने

---

१. नेविन्सन, न्यू स्पिरिट इन इंडिया, पृ० २५९।

२. श्री अरविन्द : अपने तथा श्री माताजी के विषय में, पृ० ४४।

३. लोकमान्य तिलक, पापुलर प्रकाशन, बम्बई, पृ० २८६।

४. बंगाल के अधिकांश क्रान्तिकारी शचीन्द्रनाथ सान्याल आदि विवेकानन्द से और अरविन्द के अध्यात्म से प्रभावित थे, मार्क्स और लेनिन से नहीं। मन्मथनाथ गुप्त, दे

लेले महाराज को बुलाया। लेले मानिकतल्ला बगान पहुँचे। जब लेले महाराज को पता लगा कि हम लोग बम-सम्प्रदाय में शामिल हो गये हैं तो उन्होंने घनघोर आपत्ति की। बोले—''साधना और बम एक साथ नहीं चल सकते। जिस तरह का राजसिक हिंसक कार्य तुम लोगों ने अपनाया है, उससे हृदय के पवित्रीकरण में सहायता नहीं मिल सकती।'' उन्होंने यह भी कहा कि यद्यपि भारत की स्वतंत्रता एक अभीष्ट वस्तु है, सबके लिए आवश्यक और अभीसिप्त है, पर वह एकदम भिन्न किसी दूसरे तरीके से प्राप्त होगी। स्वतंत्रता मिलेगी, मिलकर रहेगी, पर वह शान्ति के तरीकों से आयेगी। उसके लिए रक्तपात की आवश्यकता नहीं होगी। हम बहुत निराश हुए और अविश्वस्त भाव से, शायद कुछ उपेक्षा से भी उनकी ओर देखते, मुस्कराते रहे। हम वैष्णव नहीं थे। हमारी इष्टदेवता मृत्यु की देवी, खप्परों का जयमाल पहनने वाली काली थी जिसके हम निरन्तर गीत गाते थे—

ओ बहादुर बेटो ओ रे मनुष्यो
माँ के भाल को अपने रक्त की बिन्दी से
सुशोभित करो—

लेले महाराज ने हमें एक दूसरी चेतावनी से भी भयभीत किया। बोले—''यदि तुम लोग यह सब छोड़ नहीं देते, तो न सिर्फ असफल होगे बल्कि भयानक खतरों में भी पड़ोगे। भले ही वह पूर्ण ध्वंस न हो।''[१] लेले की दोनों ही भविष्यवाणियाँ सच निकलीं।

लेले ने श्री अरविन्द को भी समझाया। वहाँ प्रसंग दूसरा था। उन्होंने १० फरवरी को अरविन्द को पत्र लिखा। लेले से वे मिले। लेले ने उनसे कहा—''उस रास्ते को छोड़ दो, जिस पर चल रहे हो। तुम्हारे भीतर से जो आदेश आता है वह आसुरी है। उन्होंने कहा कि यदि तुम ऐसा ही करते रहे तो उससे होनेवाले नतीजे के लिए वे कतई जिम्मेदार न होंगे। श्री अरविन्द ने उन्हें अपना उत्तरदायित्व लेने से मुक्त कर दिया। वे तब से सिर्फ अपने आन्तरिक आदेश में ही विश्वास करके सब कुछ करते रहे। इसी तिथि से श्री अरविन्द का लेले के साथ शिष्य-गुरु का सम्बन्ध समाप्त हो गया। हालाँकि वे निरन्तर उनके प्रति हार्दिक कृतज्ञता का भाव रखते रहे और उनका सदा आभार मानते रहे।''[२]

बंगाल की स्थिति दिन-प्रतिदिन भयावह होती जा रही थी। सूरत कांग्रेस में गरमपंथियों की सफलता अंग्रेज सरकार को पसन्द नहीं आयी। कलकत्ते तथा बंगाल के दूसरे स्थानों में उनके विरुद्ध दमनचक्र शुरू हुआ, जिसका किंचित् परिचय हम क्रान्तिकारियों के भीतर उत्पन्न प्रतिकार भावना के कारणों की खोज के सिलसिले में पीछे दे चुके हैं। कर्जन की जगह मिण्टो वायसराय बने। उनका तरीका इतना बर्बर और उच्छृंखलतापूर्ण था कि विलायत में भारत के मामलों को देखनेवाले सचिव लार्ड मोरले ने मिंटो को चेतावनी देते हुए लिखा—''मैं यह स्वीकार करूँगा कि देशद्रोह आदि के लिए दिए जा रहे वज्रपात जैसे दण्ड मुझे काफी

लिव्ड डेंजरसली, पीपुल्स पब्लिशिंग हाउस, दिल्ली, पृ० ७०। इसी लेखक ने राजेन लाहिड़ी के नास्तिक से आस्तिक होने का श्रेय भी अरविन्द दर्शन को दिया है। पृ० १८८।

१. रेमिनिसैंसेज, गुप्त-अमृता, पृ० २७-२९।

२. लाइफ ऑफ श्री अरविन्दो, पृ० ११५।

विचलित और चिन्तित कर रहे हैं। कानून बनाये रखना है, किन्तु दण्ड में इस तरह की कठोरता कानून और शान्ति के रास्ते की ओर हमें नहीं ले जा सकती। ठीक इसके विपरीत यह रास्ता 'बमबाजी' को प्रेरित करने वाला है।''[१]

एक ओर अंग्रेज सचिव इस दमन की निन्दा कर रहा था। दूसरी ओर सुरेन्द्रनाथ बैनर्जी जैसे लोग सारा दोष क्रान्तिकारियों के मत्थे मढ़ रहे थे। इन्हीं में पाँचवें सवार के रूप में श्री गिरिजाशंकर राय चौधुरी भी यदि सम्मिलित होने के लिए पसीने-पसीने नजर आते हैं, तो इसे बहुत महत्त्व देना शायद ठीक न होगा। ब्रह्मबान्धव उपाध्याय, भूपेन्द्रदत्त आदि देशद्रोह के अपराध में कैद किये गये। उपाध्याय ने अपने अखबार 'सन्ध्या' के माध्यम से बंगाल में गरमपंथी विचारधारा को फैलाने का महत्त्वपूर्ण कार्य किया था। उनके मामले की अभी सुनवाई भी पूरी न हो सकी थी कि उनकी कैम्पवेल अस्पताल में मृत्यु हो गयी।

४ अप्रैल, १९०८ को चन्द्रनगर में गरमदल वालों का अधिवेशन होने को था जिसे टार्डवेल ने अवैध घोषित करके बन्द करा दिया। ११ अप्रैल को टार्डवेल के घर पर बम फेंका गया जिसका विस्फोट नहीं हो सका।

इन्हीं दिनों श्री अरविन्द ने कुछ स्थानों पर भाषण दिये। श्री गिरिजाशंकर ने उनके एक भाषण का अंश उद्धृत करके यह सिद्ध करने का प्रयत्न किया है कि श्री अरविन्द का 'माया-ईश्वर' तत्त्व उनका अपना नहीं है।

''कुछ लोग कहते हैं कि हमारे पास अपने पैरों खड़े होने की शक्ति नहीं है। इसीलिए हमें विदेशियों के सहयोग से कार्य करना चाहिए। दूसरी ओर उनका विरोध भी करना है। किन्तु क्या आप एक साथ ईश्वर और माया दोनों पर निर्भर कर सकते हैं। आप जिस अनुपात में विदेशियों पर निर्भर करेंगे, उसी अनुपात में माया आपको अपने बन्धनों में बाँधती जायेगी। किसी भी राष्ट्र का अपनी स्वतंत्रता प्राप्त करना पहला उद्देश्य होना चाहिए। यह स्वतंत्रता कहीं बाहर नहीं, हमारे राष्ट्र के भीतर ही है। और जब आप भीतर से स्वतंत्रता का अनुभव करेंगे तो बाहर से भी स्वतंत्र होंगे। तभी आप सचमुच स्वतंत्र हो सकेंगे। इसीलिए हम पूर्ण स्वराज्य में मंत्र का उपदेश करना चाहते हैं।''[२]

गिरिजाशंकर ने यदि उनके बम्बई नेशनल यूनियन के समक्ष दिये भाषण को ठीक से पढ़ा होता तो उन्हें ऐसा कहने का आधार न मिलता। सभी जानते हैं कि बम्बई का भाषण एक खास मन:स्थिति में स्वत: स्फूर्त हुआ था। डॉ० कर्णसिंह ने ठीक ही लिखा है—''बम्बई का भाषण जो 'आज की स्थिति' पर दिया गया, इस बात का सबूत है कि वक्ता किसी आंतरिक शक्ति से परिचालित था। यह वही भाषण है जिसमें उन्होंने भारतीय राष्ट्रीयता के विषय में वह सुप्रसिद्ध वाक्य कहा था कि राष्ट्रीयता, ईश्वरप्रदत्त एक धर्म है, इसीलिए वह दिव्य, अमर और अपराजेय धर्म है। इसी भाषण में उन्होंने घोषणा की कि उनका यह दृढ़ विश्वास है कि राष्ट्रीय आन्दोलनों के पीछे दिव्यशक्ति कार्य कर रही है। एक ऐसी महाशक्ति, जो किसी प्रकार की बाधा को कभी भी स्वीकार नहीं करेगी और वह अन्तत: विजयी होकर रहेगी। यह सत्य

---

१. लाइफ एण्ड टाइम ऑफ सी० आर० दास, लेखक, पी० सी० राय, उद्धृत, पृ० ५८, पाद-टिप्पणी।

२. बारुईपुर का भाषण, श्री अरविन्द ओ बांग्लार स्वदेशी युग, पृ० ७२२।

कि वह वाग्मिता-पूर्ण भाषण, जिसने आध्यात्मिक राष्ट्रीयता का उद्घोष किया, लेले के साथ की गई यौगिक साधना के ठीक बाद दिया गया, अतः यह अपना एक अलग वैशिष्ट्य रखता है। कलकत्ते लौटने के बाद के उनके सभी भाषण इसी आध्यात्मिकता से प्रेरित थे।''[1]

कलकत्ते में पान्तिस मठ में दिया गया, १० अप्रैल, १९०८ का भाषण भी आध्यात्मिक राष्ट्रीयता के रंग में रँगा है।

मोरले द्वारा चेतावनी देने पर भी मिंटो का रवैया नहीं बदला। उन्हीं दिनों तिलक द्वारा सम्पादित केशरी में 'वामचे रहस्य' नामक लेख निकला। यह लेख मुजफ्फरपुर में खुदीराम द्वारा फेंके गये बम के बाद लिखा गया था, जिसके लिए तिलक को छह वर्षों का कारावास मिला।

गिरिजाशंकर राय चौधुरी ने 'श्री अरविन्द और अन्धकार की राजनीति' में यह दिखाने की कोशिश की है कि अंग्रेजों की हत्याओं के पीछे उनका नेतृत्व था, इसलिए वे अन्धकार के राजनीतिज्ञ थे। चूँकि अलीपुर केस में वे निरपराधी घोषित करके छोड़ दिये गये, इसलिए गिरिजा बाबू को कहना पड़ा—''अदालत ओ आइनके अतिक्रम करिया आमरा इतिहासेर विचारालये उपस्थित हइयाछि। इहा सत्य जे इतिहासेर विपल्लवी अरविन्द के अन्धकारेर राजनीतिते जे मूर्तिते देखा जाइबे ताहा आईन ओ अदालतेर मूर्ति हइते भिन्न।''[2]

इतिहासकार गिरिजाशंकर के लिए न्यस्त अभिप्राय वाली अपनी बुद्धि की अदालत सर्वोपरि है; किंतु इतिहास की विराट् कालधारा ऐसे विचारकों को कूड़े-कतवार की तरह तट पर फेंक कर निरन्तर आगे बढ़ती जाती है। ऐसा न होता तो श्री जवाहरलाल नेहरू ने यह न कहा होता—''सक्रिय राजनीति का उनका जीवन बहुत छोटा था। केवल १९०५ से १९१० तक। और उसके बाद ही वे पांडिचेरी में यौगिक साधना और अभ्यास के लिए चले गये। किन्तु सिर्फ इन पाँच वर्षों का तेजोद्दीप्त उल्का की तरह उन्होंने उद्भासित कर दिया और भारत की युवापीढ़ी पर शक्तिशाली प्रभाव छोड़ गये।''[3] एक अन्य स्थान पर श्री अरविन्द और तिलक के नेतृत्व में चलने वाले गरमदल की कार्यवाहियों की प्रशंसा करते हुए नेहरू ने लिखा—''तिलक की हलचलों और श्री अरविन्द घोष की खबरों और बंगाल की जनता जिस ढंग से स्वदेशी, विदेशी-बहिष्कार आदि की प्रतिज्ञाएँ ले रही थी, उनसे इंग्लैण्ड में रहनेवाले तमाम हिंदुस्तानियों में खलबली मच जाती थी। हम तमाम लोग तिलक-दल या गरमदल के थे।''[4]

सुप्रसिद्ध इतिहासवेत्ता डॉ० क० मा० मुंशी लिखते हैं—

''वे हमारी युयुत्सु राष्ट्रीयता के पुरोधा थे, जिन्होंने उत्साही नवयुवकों के चित्त में शाश्वत और कालातीत भारतमाता का सम्प्रदाय-प्रवर्तन किया। क्रान्तिकारी गुप्त समितियों की स्थापना की। राष्ट्रीय कांग्रेस के मुखर गरमदल का नेतृत्व करके नये साहसपूर्ण कार्य किये,

---

१. **बम्बई के भाषण के लिए देखिए, स्पीचेज, पृ० ५२८ प्राफेट ऑफ इण्डियन नेशनलिज्म, पृ० १५०-५१।**

२. **श्री अरविन्द ओ बांग्लार स्वेदशी युग, पृ० ७२९।**

३. **कर्णसिंह की पुस्तक प्रोफेट ऑफ इण्डियन नेशनलिज्म की भूमिका, पृ० १।**

४. **मेरी कहानी, जवाहरलाल नेहरू, पृ० ३२४।**

यद्यपि उन्होंने कांग्रेस को क्रान्तिकारी कार्यों को पूरा कर सकने वाले संघटन में बदलने की अपनी कोशिश में सफलता प्राप्त नहीं की, तो भी देश को असहयोग, अंग्रेजी सामानों का बहिष्कार, सरकारी संस्थाओं के स्थान पर राष्ट्रीय विद्यालय, अदालतों के पंचायती न्यायालय तथा जनकार्यों के लिए स्वयंसेवक संघटनों का निर्माण—यानी ऐसे कार्यक्रम जिनका आनेवाले दर्शकों में गांधी जी ने सफलतापूर्वक प्रयोग किया।"[१] डॉ० कन्हैयालाल माणिकलाल मुन्शी का उपर्युक्त कथन ध्यान देने योग्य है, क्योंकि वे जानते थे कि —'श्री अरविन्द का जीवन और दर्शन इतना बहुमुखी है कि इस आश्चर्यकारी जिन्दगी के विश्लेषण में ठीक न्याय कर पाना असंभव है। उनके अनेकमुखी गंभीरतम ज्ञान और उपलब्धियों के साथ जो केवल राजनीति, दर्शन और धर्म के क्षेत्र की ही नहीं; बल्कि आत्मा के उच्चतर लोक की उपलब्धियाँ हैं, नापतौल करके साथ न्याय कर पाना कठिन है।"[२] शंकर घोष ने ठीक ही लिखा है कि "अलीपुर के बम-कांड में श्री अरविन्द का हाथ था या नहीं, पर इतना सत्य है कि उन्होंने कभी भी अपने इस विश्वास को छिपाने की कोशिश नहीं की कि स्वतंत्रता प्राप्त करने के लिए हिंसा का सहारा लेना पूर्णत: नैतिक है, उन्होंने कभी भी मात्र अहिंसक रास्ते की बात नहीं कही।"[३]

आचार्य नरेन्द्र देव ने बहुत स्पष्ट ढंग से लिखा है—"कलकत्ते से दैनिक वन्देमातरम् आता था, हम उसे बड़े चाव से पढ़ते। इसके लेख बड़े प्रभावशाली होते थे। श्री अरविन्द घोष इसमें प्राय: लिखा करते थे।"[४]

नेहरू और नरेन्द्रदेव जैसे राजनीतिज्ञ श्री अरविन्द घोष के प्रकाशदायी निबंधों को पढ़ने के लिए बेचैन रहते थे।

कांग्रेस के इतिहास के सुप्रसिद्ध जानकार वी० पट्टाभि सीतारमय्या ने लिखा है—"भारतीय आकाश में श्री अरविन्द वर्षों तक सर्वाधिक चमकदार तारे की तरह प्रकाशित रहे। यद्यपि ये आकाश की इस ऊँचाई पर कुछ वर्षों तक ही रहे, पर कन्याकुमारी से हिमालय तक का सारा क्षेत्र उनकी विस्मयकारी आभा से भर गया।"[५]

श्री मुंशी जैसे इतिहासकार को, जो व्यक्तित्व इतना विराट्, व्यापक और प्रकाशदायी लगता है, वही गिरिजाशंकर के लिए अंधकार का राजनीतिज्ञ प्रतीत होता है? जो नेहरू जैसे विरल राजनीतिज्ञ के लिए उल्का की दीप्ति से भासमान् था, वही गिरिजाशंकर के लिए अंधकाराच्छन्न है। सीतारमय्या जिसे आकाश का सबसे प्रभावान् नक्षत्र कहते हैं, गिरिजाशंकर उसी से मात्र कालिमा ग्रहण कर पाते हैं। इसमें किसे दोषी कहें, प्रकाश को या उसे न सहने वाली आँख को?

शायद यह बताने की जरूरत नहीं कि इतिहास की वेगवती धारा ने नेहरू, नरेन्द्रदेव, सीतारमय्या और मुंशी का ही समर्थन किया। इतिहास कभी भी क्षुद्र अहंग्रस्त तुच्छ बुद्धि के

---

१. महायोगी : भूमिका, पृ० १०।
२. वही, पृ० १।
३. द रिनेसाँ टु मिलिटैंट नेशनलिज्म इन इंडिया, पृ० २२४।
४. संघर्ष, वर्ष २०, अंक २६, नरेन्द्रदेव विशेषांक।
५. द हिस्ट्री ऑफ इंडियन नेशनल कांग्रेस, प्रथम भाग, पृ० ७०।

निष्कर्षों को ढोता नहीं फिरता, क्योंकि वह कभी भी व्यक्तिगत नहीं होता। इतिहास निर्वैयक्तिक (Impersonal) चेतना का ही मानसिक प्रवाह है।

नीरदवरण ने ठीक ही लिखा है कि "सभी राजनीतिक झगड़ों, समझौतों में जिनमें से कुछ उनके भाषणों में संकेतित हैं, उनके व्यक्तित्व में नीचता, प्रवंचना, चालबाजी आदि का, जो आज के राजनीतिज्ञों में बहुत आम चीज़ें हो गई हैं, हल्का स्पर्श भी नहीं मिलेगा। उन्होंने एक ऐसा यश प्राप्त किया जो सबने दिया, शत्रु ने, मित्र ने। नौजवान विद्यार्थी उन्हें प्यार करते थे और बाकी तमाम सच्चरित्रता, ईमानदारी तथा आत्मबलिदानी प्रवृत्ति के कारण सम्मान करते थे।"[१]

मन्मथ नाथ गुप्त जैसे गांधी-विरोधी लेखक ने भी स्वीकार किया है कि गांधी-इरविन पैक्ट के पहले कोई भी स्वतंत्रता का सेनानी समझौतावादी नहीं था। उन्होंने तिलक, अरविन्द और वारीन्द्र को ऐसे ही क्रान्तिकारियों की पंक्ति में रख कर उनकी प्रशंसा की है।[२]

कुछ गरम मिजाज के क्रांतिकारी लड़कों ने ब्रह्मबान्धव उपाध्याय की मृत्यु का बदला लेने का निश्चय किया। उन्होंने मुजफ्फरपुर के जिलाधीश किंग्सफोर्ड को बम से उड़ा देने की तैयारी की। किंग्सफोर्ड के प्रति इस विद्वेष का मूल कारण यह था कि उन्होंने कलकत्ते में एक कम उम्र के युवक सुशील सेन को अदालत में किसी तथाकथित राजद्रोहमूलक अपराध में लगातार कोड़े लगाने का हुक्म दिया था।

१० अप्रैल को दो युवकों ने, जिनमें एक खुदीराम बोस थे, एक घोड़ागाड़ी पर बम फेंका। उनकी धारणा थी कि किंग्सफोर्ड इसी में जा रहा है। पर इस बम-विस्फोट से दो बिलकुल निरपराध स्त्रियाँ मारी गयीं। वे दोनों प्रिंगले केनेडी की पत्नी और पुत्री थीं।

इस घटना से अंग्रेजों का बौखलाना स्वाभाविक था। दमनचक्र और खाना तलाशी का बाजार गर्म हुआ। चारों ओर धर-पकड़ शुरू हुई। मानिकतल्ला के बम बगान का भी पता लग चुका था। पुलिस ने २ मई को छापा मारा। कई क्रांतिकारी गिरफ्तार कर लिए गये। गिरफ्तार किये गये नलिनीकान्त गुप्त ने पुलिस के छापे और क्रान्तिकारियों की गिरफ्तारी का प्रत्यक्ष विवरण प्रस्तुत किया है।

'हमारी गुप्त समिति सिर्फ नाम के लिए गुप्त थी। सारे काम खुले आम होते थे। कोई आदमी कहीं से भी बगान में घुस सकता था, क्योंकि यह एकदम खुला स्थान था, न तो इसमें कंटीले तारों का बाड़ था न चहारदीवारी। गिरफ्तारी के दिन दो-एक स्थानीय लड़के भी घुस आये थे, वे गिड़गिड़ाते रहे—महाशय, हम निर्दोष हैं, हम तो सबेरे घूमने-टहलने आ गये थे। रात में कुछ लोग बातें करते भीतर घुसे। कुछ लालटेनें भी थीं। उन्होंने पूछा—कौन हो तुम लोग, यहाँ क्या कर रहे हो? हम लोगों ने चालू किस्म के उत्तर दे दिये। वे बोले—ठीक है, हम फिर सुबह आयेंगे और इसे ठीक से देखेंगे। हमने इस तरह की हर चीज को, जो शिनाख्त की जा सकती थी, हटाना शुरू किया। जो चीज हमारे दिमाग में अचानक आई, वह यह थी कि दो या तीन रायफलें, जो अविनाश के पास थीं, उसी मकान में थीं, जहाँ श्री अरविन्द रहते थे; क्योंकि अविनाश श्री अरविन्द के घर पर ही रहते थे। वे बन्दूकें तुरन्त लाई

---

१. **श्री अरविन्दो, परफैक्ट जेंटलमैन, मदर इण्डिया, अगस्त १९७०, पृ० ४०८।**

२. **द लिव्ड डैन्जरसली, पृ० ३२१।**

गयीं। सारी चीजें दो बक्सों में रखकर, जिनमें हमारी पिस्तौलें और बम बनाने के सामान वगैरह थे, जमीन में गाड़ दिये गये। कागज-पत्र इकट्ठा करके जला दिये गये, पर पूरे जले नहीं, कुछ नाम बच गये थे, जिनके सहारे पुलिस ने और भी गिरफ्तारियाँ कीं। हम रात में सोये कि दिन निकलते ही भाग चलेंगे, किन्तु तभी चिल्ल-पों की आवाजों ने हमें जगा दिया। हम बिस्तर पर जग कर बैठ गये। चारों तरफ छायाकृतियाँ घूम रही थीं। बूटों की मचर-मचर और तड़-तड़ आवाजें आ रही थीं।

"तुम गिरफ्तार किये गये, तुम्हारा नाम?"

"वारीन्द्रकुमार घोष।"

"अरविन्द घोष?"

"नहीं, वारीन्द्रकुमार घोष।"

"अच्छा, अच्छा देखेंगे।"

"दूसरी चीज, जो मुझे याद है, एक आदमी ने मेरे कंधे पर हाथ रखा और बोला— चलो।"[१]

४ मई को प्रात: श्री अरविन्द भी गिरफ्तार कर लिये गये।

■

---

१. रेमिनिसैंसेज—गुप्त-अमृता, पृ० २१-२३।

कालकोठरी में रोशनी का वातायन

द्वारस्तु सर्वाः पिहिता दुरत्यया वृहत्कपाटायसकीलाश्रृंखलैः।
ताः कृष्णवाहे वसुदेव आगते स्वयं व्यवर्यन्त यथा तमो रवेः।।

श्रीमद्‌भागवत १०/३/४८-४९

कालकोठरी के बन्द दरवाजे, जिनमें श्रृंखलाएँ थीं, कीलें जड़ी थीं, कृष्ण को लिए हुए वसुदेव के सामने स्वयमेव ऐसे खुल गये, जैसे सूर्य के आगे अन्धकार।

नारायण ज्योतिषी की भविष्यवाणी सच निकली। कालकोठरी के काले पंजे का दूसरा आघात बहुत तीव्र था। श्री अरविन्द उसकी गिरफ्त में आ गये।

जेल हमारे देश के राजनीतिज्ञों के लिए अब कोई बहुत भयावह और त्रासद चीज नहीं रह गया है। पर कारागार कोई खेल नहीं है, उनके लिए भी नहीं, जो वहाँ जाकर भविष्य में उसका लाभ बटोरने की इच्छा रखते हैं।

श्री अरविन्द के सामने कारागार सिर्फ कारागार था। न वहाँ से लौटने की आशा थी, न लौटकर उसको भुनाकर लाभ बटोरने का संस्कार।

जेल या मुकदमा एक ऐसा संकट है जिसके भीतर से गुजरते हुए अक्सर लोगों का तन ही नहीं, मन प्राण भी लहू-लुहान हो जाता है। काफ्का और कामू जैसी दृष्टि वाले व्यक्तियों ने कारावास या मुकदमे के भीतर से गुजरने वाले मनुष्यों की मानसिक स्थितियों का विशद वर्णन किया है और अपने संवेदात्मक वर्णन से एक ऐसी दृष्टि पैदा की है जो आजकल के आधुनिक पाठक को बहुत आकृष्ट करती है। कामू की दृष्टि से यह विसंगति का बोध (Philosophy of Absurdity) है। **कामू** के '**मिथ आफ़ सिसिफस**' में अंधघाटी में कैद देवता सिसिफस सोचता है—''विसंगति और खुशी एक ही धरती की जोड़वाँ सन्ततियाँ हैं। वे अविभाज्य हैं। खुशी में विसंगति और विसंगति में खुशी की उपलब्धि ही जीवन दृष्टि है।'' **चार्ल्स रोलाँ** ने ठीक ही लिखा है—''विसंगति पर **सार्त्र**, मालरो आदि ने भी विचार किया, पर कामू उनसे भिन्न है, क्योंकि वह विसंगति से निराश नहीं होता, बल्कि वह उसके लिए एक ऐसा विरोधात्मक साधन है जो जिन्दगी को और अच्छी तरह जानने का मौका देकर उसे निश्चिन्त और खुशगवार बना देता है।''[१] काफ्का इसके ठीक विपरीत दुनिया की गठन से इतना असंतुष्ट है कि वह मानता है कि हर ईमानदार को 'ट्रायल' के भीतर से गुजरना ही पड़ेगा, जहाँ कुत्ते की तरह मरने के अलावा कोई विकल्प नहीं।

---

१. द एटलाण्टिक, मई १९५८, पृ० २७-३३।

श्री अरविन्द योरप के इन दोनों ही अस्तित्ववादियों से भिन्न कारागार को शिक्षा-केन्द्र में और अपनी कैद-जिन्दगी को एक नई अर्थवत्ता प्रदान करने वाली आश्रम-साधना में बदल लेते हैं। वह कामू की तरह विसंगति से खुशी नहीं, कष्ट और पीड़ा से खुशी ढूँढ़ने का प्रयत्न करते हैं और उसमें सफल होते हैं। उनकी 'काराकाहिनी' इसीलिए कारावास की डायरी न होकर सूक्ष्म अन्तर्दृष्टि प्रदान करते वाली मंत्रगुटका बन जाती है। श्री अरविन्द ४ मई १९०८ से ५ मई १९०९ तक यानी पूरे एक वर्ष एक दिन तक अन्वीक्षाधीन (Under Trial) कैदी थे। वे पूरे वर्ष तक जेल में रहेंगे, इसकी उन्हें कल्पना भी न थी।

ऐसा नहीं कि कारावास से उनकी प्रीति थी। आरम्भ में वे भी उसी सदमे के भीतर से गुजरे, जिससे हर कैदी इन्सान गुजरता है—

"मैं यह नहीं जानता था कि आज का दिन मेरे जीवन के एक खंड का अंतिम पृष्ठ है। मेरे सम्मुख एक वर्ष का कारावास है। इस समय से ही मनुष्य जीवन के साथ जो कुछ बन्धन हैं, सब छिन्न-भिन्न होंगे। एक वर्ष के लिए मनुष्य-समाज से बाहर पशुओं के समान पिंजरे में बन्द रहना पड़ेगा और फिर जब कर्मक्षेत्र में लौटकर आऊँगा तो वह पुराना परिचित अरविन्द न रहूँगा। बल्कि एक नया मनुष्य, नया चरित्र, नयी बुद्धि, नया प्राण, नया मन लेकर और एक नये कार्य की अपने ऊपर जिम्मेदारी लेकर अलीपुर के आश्रम से बाहर आऊँगा।"

अलीपुर का जेल श्री अरविन्द के लिए आश्रम हो गया, किन्तु यह सब उस अविजेय आत्मा के संघर्षों का अन्तिम परिणाम कहा जायेगा। उपयोगितावादी दृष्टि से हम भले ही आश्रम के प्रति एक हल्के आकर्षण का अनुभव करें; संघर्षों की लहूलुहान कहानी की दारुणता कहीं से कम नहीं होती। उन्होंने अपनी आत्मशक्ति के द्वारा इस कारावास को बनवास या आश्रमवास में बदल लिया; क्योंकि वे राजनीतिक कार्यों में संलग्न रहते हुए भी निरन्तर हृदयस्थ नारायण के साक्षात्कार के लिए प्रयत्नशील थे और इसी कारण उन्होंने इस दारुण स्थिति को जीवन के परमलाभ का अवसर मान लिया। परन्तु बाहर की परिस्थितियों की विकटता ने उन्हें कम संत्रस्त नहीं किया। उन्हें जेल की कालकोठरी में बैठे-बैठे पिछले दिनों घटी घटनाएँ निरन्तर याद आती रहीं। शुक्रवार की वह रात्रि जिसके खत्म होते-होते सुबह पाँच बजे सरोजिनी घबराई-घबराई उन्हें पुकारे जा रही थी। फिर सुपरिण्टेण्डेण्ट क्रेगन, चौबीस परगना के क्लार्क साहब, पुलिस की दलाली में मग्न विनोदकुमार गुप्त का आगमन, खानातलाशी, सरोजिनी के वक्ष पर सफेदचमड़ी वाले गोरे की अड़ी हुई पिस्तौल—सभी कुछ सिनेमा की छवियों की तरह दिमाग में घूमता रहा। श्री अरविन्द जमीन पर सोते थे। क्रेगन ने पूछा—"मैंने सुना है आपने बी० ए० (कैंटब) पास किया है, फिर ऐसे शिक्षित मनुष्य के लिए ऐसे मकान में शय्याहीन कमरे में जमीन पर सोना क्या लज्जाजनक नहीं है?" अरविन्द ने कहा था—"मैं दरिद्र धनहीन हूँ। दरिद्रों के समान ही रहता हूँ।" साहब गरजकर बोला—"तो क्या आपने धनवान् बनने के लिए यह षड्यन्त्र रचा है?" फिर निर्ममता और बुद्धिहीनतापूर्वक एक-एक चीज की तलाशी, फिर गिरफ्तारी। लाल बाजार थाने के दो मंजिले के एक कमरे में क़ैद, बार-बार पुलिस-दलालों का आकर उलटा-सीधा समझाने का प्रयत्न और उससे उत्पन्न असह्य सिरदर्द—"मैंने अनुमान किया कि जैसे महाराज के मुकदमे में श्रद्धास्पद तिलक को झूठा, पाखंडी, प्रवंचक और अत्याचारी प्रमाणित करने की चेष्टा की गई थी और उस चेष्टा में बम्बई की सरकार ने साँठ-गाँठ करके प्रजा का धन जिस तरह नष्ट किया था, उसी तरह यहाँ पर भी कई एक लोग मिलजुल कर हमें विपद में फँसाने की चेष्टा कर रहे

हैं।''[1] पुन: मजिस्ट्रेट थार्नहिल का इजलास और कारावास में भेजे जाने का हुक्म और अन्त में ९ × ६ फीट की वह कालकोठरी।

''नहाने के प्रबन्ध से पीने के पानी का प्रबन्ध और भी अच्छा था। वह ग्रीष्म ऋतु का समय था, मेरे छोटे से कमरे में वायु के प्रवेश की बिलकुल ही मनाही थी, किन्तु मई के महीने की उग्र और प्रचण्ड धूप बिना किसी रोक-टोक के मेरे कमरे में आ सकती थी। वह मेरा छोटा सा कमरा थोड़ी ही देर में एक जलती हुई भट्ठी के समान हो जाता था। उस भट्ठी में सिद्ध होते-होते जल की उत्कट प्यास को कम करने का एकमात्र उपाय उस टीन की बाल्टी का गरम जल था। मैं बार-बार उसी को पीता था। प्यास तो कहाँ बुझ सकती थी, वरन् पसीना निकलने लगता था और फिर प्यास भड़कती थी, परन्तु किसी-किसी के आँगन में एक मिट्टी का घड़ा रखा हुआ था। वे लोग उसको पूर्व जन्म की तपस्या का फल समझकर अपने को धन्य समझते थे। उस अवस्था में घोर पुरुषार्थवादी को भी अदृष्ट पर विश्वास करना ही पड़ता था।''

इस उत्ताप से संतप्त श्री अरविन्द की दृष्टि में जन्म-जन्मान्तर के भाव उदित होते हैं। 'सत्ता और लोक-लोकान्तर' के विषय में जानने के लिए चेतना प्रयत्न करती है। अदृष्ट क्या है? कर्म और प्रारब्ध क्या है? अब तक यह सब उन्होंने पढ़ा था; अब इसे भोगकर अनुभव करने का अवसर आ गया। एक पत्र में उन्होंने लिखा है—''किसी विशेष जीवन में जो घटित होता है, उसे जब तक अनेक जन्मों के सम्पूर्ण क्रमविकास में न देखा जाये, तब तक उसका आशय और प्रयोजन समझ में नहीं आ सकता। परन्तु जो लोग साधारण मन और भावों के ऊपर उठकर वस्तुओं को समग्र रूप में देखने में समर्थ होते हैं वे यह जान सकते हैं कि भूल-चूक, दुर्भाग्य और संकट भी यात्रा के सोपान होते हैं।''[2] यह यात्रा दोनों ही दिशाओं में होती है। अपने भीतर और अपने बाहर। भीतर की यात्रा दिव्यसत्ता को प्राप्त करने के लिए और बाहर की यात्रा मनुष्य को रूपान्तरित करने के उद्देश्य से। उन्होंने जेल-जीवन में अपनी पहले से ही चली आती युगल यात्रा को और भी तीव्रगति से मंजिल की ओर ले चलने का प्रयत्न किया। दोनों ही यात्रायें अक्सर समानान्तर चलते-चलते नाना बिन्दुओं पर मिलती भी चलती हैं। **भेदबुद्धि का नाश दोनों यात्राओं का प्रथम मिलन बिन्दु है।**

''एकता और जातीयता के भावों का होना यह दो प्रधान अंग हैं। मैंने सोचा कि उसी मत को कार्य में परिणत करने के लिए सूरत जाते समय हम सब मिलकर एक तीसरे दर्जे की गाड़ी में गए थे, कैम्प में नेताओं ने अपना-अपना स्वतंत्र प्रबंध न कर सब किसी के रहन-सहन का प्रबंध साथ ही किया। धनी, दरिद्र, ब्राह्मण, वैश्य, शूद्र, बंगाली, मराठे, पंजाबी, गुजराती, सब भ्रातृभाव से एक साथ मिलकर रहते, सोते तथा खाते थे। पृथ्वी पर सोते थे, दाल-भात-दही खाते थे। सब प्रकार से पूरे स्वदेशी थे। कलकत्ता और बम्बई के विलायत से लौटे हुए लोग और मद्रास के तिलकधारी ब्राह्मण मानो एक साथ दूध-पानी हो गए थे। इस अलीपुर की जेल में रहते समय हमारे देश के कैदी, हमारे देश के कृषक, लोहार, कुम्हार, डोम इत्यादि

---

१. यह विवरण श्री अरविन्द की पुस्तक 'काराकाहिनी' से लिया हुआ है जिसका अनुवाद बहुत पहले श्री झाबरमल्ल ने 'अरविन्द चरित' के परिशिष्ट में प्रस्तुत किया। यह काराकाहिनी का सर्वप्रथम हिन्दी अनुवाद है।

२. श्री अरविन्द के पत्र, पृ० २७५।

सबका समान भोजन, समान रहन, समान कष्ट, समान मानमर्यादा पाकर मैंने समझा कि इस साम्यवाद, इस एकता और देशव्यापी भ्रातृभाव द्वारा सर्वान्तर्यामी नारायण मेरे जीवन को सार्थक कर रहे हैं। अपने साथ के कैदियों और अन्य कैदियों के साथ प्रेमपूर्वक व्यवहार करने को और शासकीय अधिकारियों के इस रहस्य भाव को इस कारावास में देखकर मेरे हृदय में उस शुभ दिन का पूर्वाभास उत्पन्न हुआ, जिस दिन जन्मभूमिरूपिणी जगज्जननी के पवित्र मण्डप में देश की सब श्रेणियों के लोग भ्रातृभाव से एक प्राण होकर जगत् के सम्मुख उन्नत मस्तक होकर खड़े होंगे, उस दिन का चिन्तन कर मैं बार-बार हर्षित और प्रफुल्लित हो जाता था। उसी दिन मैंने याद किया कि पूना के 'इण्डियन सोशल रिफार्मर' नामक एक समाचार पत्र ने मेरी एक साधारण उक्ति को लेकर उस पर हँसी उड़ाई थी—"आजकल जेल में भगवत् प्रेम की कुछ अधिकता देखने में आती है।" हाय, प्रतिष्ठा की लालसा करने वाले अल्पविद्या और थोड़े ही से सद्गुण रखनेवाले ऐसे मनुष्यों के अभिमान और अहंकार पर कितना शोक होता है। जेल में, कुटी में, आश्रम में, दुखियों के हृदय में यदि भगवत् प्रकाश न हो, तो क्या धनियों के विलास-मन्दिर में अथवा अपना सुख ढूँढ़ने वाले स्वार्थ में अन्धे बने हुए सांसारिक मनुष्यों की आराम-शय्या में उनका विशेष प्रकाश होना सम्भव है? भगवान् विद्वान्, प्रतिष्ठा लोकप्रशंसा, बाहर की स्वच्छन्दता और ऊपरी सभ्यता को नहीं देखते। वे दुखियों के निकट दयामयी माता के रूप में प्रकट होते हैं। जो पुरुष मनुष्य मात्र में, जाति में, स्वदेशी में, दुखियों में, धनहीनों में, पतित लोगों में, पापियों में नारायण को देखता और उस नारायण की सेवा में अपने जीवन को अर्पण करता है, उसी के हृदय में नारायण वास करते हैं। और जो लोग किसी पतित जाति को उठाने का उद्योग करते हैं, उन्हीं देश सेवकों के निर्जन कारागार में भगवत् प्रेम के प्रकाश की अधिक सम्भावना है।"

भेदबुद्धि के नाश से समदर्शिता उत्पन्न होती है, यानी नर में नारायण को देखने का दृष्टिकोण। समता स्वयं में एक उपलब्धि है। बहुत थोड़े से लोग समता का अर्थ समझते हैं। "समता पूरे अस्तित्व का एक ऐसा दृष्टिकोण है जिससे संसार और उसमें घटित होनेवाली स्थितियों को खास ढंग से देखा जा सकता है। संसार नाना प्रकार की भयंकर और त्रासद चीजों से भरा है। समता का अर्थ है, इन्हें सम बोध से देखना कि वे हमें विचलित और उद्विग्न न कर सकें। गीता की समता प्रसिद्ध ही है। मनुष्य तो मनुष्य, प्रकृति के भी सभी पदार्थों, जीव-जन्तु वनस्पति में, सर्वत्र समत्वबुद्धि रखना एक महान् उपलब्धि है।"[१] इसी के द्वारा श्री अरविन्द ने एकान्त और निर्जनता को अपने जीवन का चिर-सहचर बना लिया।

आनन्द और पीड़ा क्या सचमुच के वास्तविक विरोधी भाव हैं? श्री अरविन्द ने समूची जीवसृष्टि को अपना सहचर तो बना लिया, पर क्या ये सहचर भी ममत्वबुद्धि रखते थे? एक बार कालकोठरी में उनके ऊपर कुछ जीवों ने भयानक हमला किया। उस हमले से उत्पन्न पीड़ा और आनन्द की भावनाओं पर उनके अनुभूतिपरक दृष्टिकोण की उपलब्धि का हाल उन्हीं से सुनिये—"जहाँ तक दिव्य आनन्द की अनुभूति का प्रश्न है, सिर, पैर या शरीर के किसी हिस्से पर लगने वाली चोट की पीड़ा के शारीरिक आनन्द या मात्र पीड़ा या आनन्द या शुद्ध शारीरिक आनन्द के रूप में अनुभूत किया जा सकता है। मैंने स्वयं स्वेच्छया इस तरह के प्रयोग किये हैं और अपने प्रयोगों में काफी गौरवपूर्ण ढंग से उत्तीर्ण हुआ हूँ। यह

---

१. इविनिंग टाक्स द्वितीय भाग, पृ० ६२।

प्रक्रिया अलीपुर जेल में शुरू हुई। कालकोठरी में बहुत ही भयानक लाल रंग के योद्धा चींटों ने हमला किया और मुझे खूब काटा। बाद में मैंने अनुभव किया कि पीड़ा और आनन्द कुछ नहीं, सिर्फ हमारी इन्द्रियों द्वारा चीजों को अनुभव करने की रूढ़ियाँ हैं।''[१] **इन्द्रियों की रूढ़ियों को तोड़ने वाला ही समत्वदर्शी होता है।**

लाल बाजार के जेलखाने की अपेक्षा यह निर्जन कारावास अधिक अच्छा मालूम होता था। लाल बाजार का वह बड़ा भारी कमरा निर्जनता को और भी अधिक निर्जन बनाने का मानो एक उपाय था। परन्तु इस छोटे से कमरे की दीवारें मेरी साथी बन कर ब्रह्ममय होकर मेरे निकट आकर मुझे आलिंगन करने को उद्यत होती थीं। लाल बाजार के दो मंजिले कमरे की ऊँची-ऊँची खिड़कियों से आकाश भी दिखाई न देता था। कभी-कभी तो यह कल्पना करना भी कठिन हो जाता था। इस स्थान पर आँगन का फाटक खुले रहने के कारण सींखचे के भीतर बैठने से जेल के बाहर खुला मैदान और कैदियों का आना-जाना दिखाई देता था। आँगन की दीवार पर एक पेड़ था उसकी नीलिमा को देखकर मैं अपने नयन और हृदय को तृप्त करता था। छह डिग्री[२] के कमरों के सामने जो सन्तरी घूमा करता था, अनेक समय उसके मुख और पैरों के शब्द परिचित बन्धु के समान प्रिय मालूम होते थे।''

मानव हृदय में समत्व बुद्धि का जन्म होते ही विश्व के तथाकथित जड़ पदार्थ भी चिन्मय सत्ता में बदल जाते हैं। दीवार ब्रह्ममय होकर पिघल जाती है, ''जिस दीवार का तुम्हें अनुभव होता है वह अहं की दीवार है। उसका आधार है बाह्य व्यक्तित्व और उसकी चेष्टाओं के साथ अपने को एकाकार करना। इस दीवार को स्थिरता और धैर्यपूर्वक भूमिसात् करना ही होगा।''[३] कहना न होगा कि श्री अरविन्द के आन्तर और बाह्य को अलग करने वाली दीवार ने ब्रह्ममय होकर उन्हें आलिंगन में लपेट लिया था। फिर क्या, प्रेम का उच्छल समुद्र फूट पड़ा।

''पास की गोशाला के कैदी मेरे कमरे के सामने से गाय चराने को ले जाते थे। मेरे लिए गौ और गोपालकों का दृश्य नित्य प्रिय था। अलीपुर की जेल में मैंने एक अपूर्व प्रेम की शिक्षा प्राप्त की। इस स्थान पर आने से पहले मेरा प्रेम बहुत थोड़े से मनुष्यों में आबद्ध था एवं पशु-पक्षियों की ओर प्रेम का स्रोत बिलकुल बहता ही न था। मुझे याद है कि रवीन्द्र बाबू की एक कविता में भैंस के प्रति ग्राम्य बालकों का गंभीर प्रेम, बड़े सुन्दर भाव से वर्णन किया गया है। उस कविता को पहले पहल पढ़ कर मैं किसी तरह से भी हृदयंगम नहीं कर सकता था, वरन् मुझे उस समय उस भाव में अत्युक्ति और अस्वाभाविकता का दोष दीख पड़ता था, किन्तु अब उस कविता को पढ़ने से मेरे चित्त में कुछ और ही भाव उत्पन्न होते हैं। अलीपुर में रहकर मैंने जान लिया कि हर प्रकार के जीव-जन्तुओं के प्रति मनुष्य के हृदय में कैसा गम्भीर प्रेम उत्पन्न हो सकता है। कभी-कभी गाय, चिड़िया अथवा चींटों तक को देखकर मनुष्य का हृदय कैसे तीव्र आनन्द के साथ फड़क उठता है।''

पर क्या यह आनन्द का भाव सदा कैद में पड़े मनुष्य को प्रसन्न रख सकता है? कैद कैद ही है। अमानवीय अत्याचारों के लिए अंग्रेजी शासन के जमाने की जेलें मशहूर या बदनाम

---

१. **रेमिनिसैंसेज एण्ड एनक्डोट्स, पृ० ८।**

२. **फाँसी पाने वाले कैदियों की श्रेणी।**

३. **श्री अरविन्द के पत्र, पृ० २०७।**

रही हैं। सच तो यह है कि स्वतंत्रता के बाद भी जेल-जीवन में कोई बहुत खास किस्म का अन्तर नहीं आया है, हाँ अब इतना जरूर होता है कि इन बर्बरताओं के प्रति विरोधी दल के लोग संसद में कुछ हाय-तोबा मचा सकते हैं। ऐसी ही स्थितियों में जब सामान्य सुविधाओं के अभाव में प्राणिक सत्ता तड़प उठी, श्री अरविन्द ने लिखा—

"जेल की भाषा में लपसी का अर्थ मांड मिला हुआ भात है। यही कैदियों की छोटी हाजरी है। लपसी के तीन स्वरूप अथवा तीन अवस्थायें हैं। पहले दिन लपसी का प्राज्ञभाव अर्थात् अमिश्रित मूल पदार्थ, शुद्ध शिव मूर्ति दिखाई पड़ी। दूसरे दिन लपसी हिरण्यगर्भ दाल में उबली हुई पीतवर्ण नानाधर्म संकुल—खिचड़ी के नाम से प्रसिद्ध हुई, किन्तु तीसरे दिन धूम्रवर्ण लपसी का विराट् रूप जिसमें कुछ गुड़ मिला हुआ था, दिखाई पड़ा। यह लपसी कुछ-कुछ मनुष्य के खाने योग्य थी। मैंने यह समझकर कि प्राज्ञभाव और हिरण्यगर्भ साधारण मनुष्यों के लिए नहीं हैं, उन्हें न खाया; किन्तु विराट् के कभी-कभी दो-एक कौर पेट में डालकर ब्रिटिश राज्य के सद्‌गुण और पाश्चात्य सभ्यता के मानवतावाद (Humanitarianism) के उच्च आदर्शों को सोचकर मैं आंनन्द में मग्न हो जाता था।"

अत्यन्त कष्ट में भी विनोद यही उनका स्वभाव था और विनोद भी कैसा? मन के अन्तस्थल में तो निरन्तर ब्रह्म के नाना रूपों का विश्लेषण और अनुभावन चल रहा था, परिणामतः सामने रखा कदर्थ भोजन भी ब्रह्म के नाना रूपों शिवमूर्ति, हिरण्यगर्भ, विराट् का प्रतीक बन गया।

जेल में श्री अरविन्द ने अपने को कठोर साधना में डुबा देने का संकल्प लिया। गीता और उपनिषदें उनकी मार्ग-दर्शिकाएँ थीं। इन्हीं दोनों द्वारा सुझाए हुए रास्ते से वे ध्यान करते।

शुरू-शुरू में वह अलग कालकोठरी में रखे गये। बाद में वे सभी बन्दियों के साथ एक बड़े हाल में रखे गए थे। एक साथ रहते हुए कैदियों के बीच भी वे अपनी व्यक्तिगत साधना निर्बाध चलाते रहे। इसी बीच नरेन गोसाईं की हत्या हुई। नरेन गोसाईं मुखबिरी करने लगे थे, इसलिए यह हत्या क्रान्तिकारियों द्वारा जेल में ही की गयी। परिणामतः पुनः सबको अलग-अलग कालकोठरियों में बन्द कर दिया गया।

श्री अरविन्द की साधना बहुत गोपनीय ढंग से चलती रही। हालाँकि कई अभियुक्त यह जानते थे कि वे किसी योगमार्ग का अनुसरण कर रहे हैं, पर उन्हें तथ्यात्मक स्थिति का कोई ज्ञान न था। 'वैसे मैंने अपनी योग साधना १९०४ से शुरू कर दी थी, किन्तु उस समय मेरा कोई गुरु न था। बाद में महाराष्ट्री योगी से सहायता पाकर मैंने अपनी साधना के आधार ढूँढ़ लिए। मेरी साधना पहले या बाद की, पुस्तकों पर आधारित न होकर मुख्यतया अनुभवों पर आधारित रही। जेल में मेरे पास गीता और उपनिषदें थीं। मैं गीतोक्त योग का अभ्यास करता और उपनिषदों द्वारा निर्देशित पद्धति से ध्यान करता। कभी भी किसी समस्या या संकट के उठ खड़े होने पर मैं गीता से ही दिशानिर्देश पाता रहा।'

पंचानन तर्क चूड़ामणि अपने अनेक शिष्यों के साथ उसी जेल में थे। पंचानन संस्कृत के अद्‌भुत विद्वान् थे। एक बार सह अभियुक्त अविनाश भट्टाचार्य ने अरविन्द से किसी उपनिषद् के कुछ अंशों की व्याख्या पूछी। श्री अरविन्द ने अपनी अनुभूतिपरक पद्धति से व्याख्या की। अविनाश ने पंचानन को यह व्याख्या सुनाई। पंचानन ने कहा—"अविनाश, जैसी व्याख्या श्री अरविन्द ने सहज-सरल ढंग से कर दी, मैं उसे उस तरह स्पष्ट करने में कभी समर्थ न होता।"

हेम सेन भी सह-अभियुक्त थे। वे किसी प्रकार बिस्कुटें और दूसरे खाद्य-पदार्थ बाहर से मँगा लेते। वे इन चीजों को अपने तकिये के नीचे छिपाकर रखते। दूसरे अभियुक्त इन चीजों को चुराकर खा जाते। एक दिन जब इन चीजों की चोरी हो रही थी, चोर ने श्री अरविन्द को जाग्रत पाया। चोर यानी अविनाश ने कुछ बिस्कुटें श्री अरविन्द के हाथ पर रख दीं। श्री अरविन्द मुस्कराये और लेटकर चुप-चाप उन्हें खाते रहे।

इन खट्टी-मीठी अनुभूतियों के बीच योग-साधना चलती रही। श्री अरविन्द को साथी अभियुक्तों के कोलाहल के बीच अधनी साधना करनी पड़ती। "मैंने अपने योगाभ्यास को अत्यधिक शोरगुल कोलाहल के बीच करते रहने का तरीका सीख लिया था।"[१]

किन्तु यह सीखना बहुत आसानी से नहीं हुआ। इसके कारण अनेक बार मन को परेशानी हुई। चित्त को एकाग्र करने में मन के भीतर व्याप्त चिन्ताएँ भी बाधा पहुँचातीं। इन सब पर विजय पाए बिना साधना का आगे बढ़ पाना मुश्किल था। उन्होंने अपनी कारा काहिनी में स्पष्ट तौर से इस स्थिति का वर्णन करते हुए लिखा है—

"किन्तु कुछ दिन पीछे वह आलाप रहित चिन्तायें भी जो कि विषय शून्य, असहनीय तथा अकर्मण्य थीं, धीरे-धीरे मेरे मन से लोप होने लगीं, मेरी अवस्था ऐसी हो गयी कि मानो सहस्रों अस्पष्ट चिन्ताएँ मेरे मन के किवाड़ों के चारों ओर घूमती रहतीं, किन्तु उनके प्रवेश करने का द्वार न था। **दो-एक चिन्ताएँ प्रवेश करने में समर्थ भी हुईं, किन्तु हृदय-राज्य को एकदम सुनसान पाकर धीरे-धीरे वे भी भागने लगीं।** मैं बेकारी और लाचारी के कारण बहुत ही मानसिक कष्ट पाने लगा। प्रकृति की शोभा से अपने चित्त की वृत्त को स्निग्ध करने तथा जलते हुए हृदय को ठंडा करने की आशा से मैंने एक बार बाहर की ओर दृष्टि डाली; किन्तु वही एकमात्र वृक्ष, वही थोड़ा सा नीले आकाश का टुकड़ा और वही जेल का निरानन्द दृश्य। इन सबसे मनुष्य का इस अवस्था को पहुँचा हुआ मन कब तक धीरज धर सकता है? दीवारों की ओर दृष्टि डाली। जेल की उन निर्जीव सफेद दीवारों के दर्शन से मेरा मन और भी निरुपाय होकर मस्तिष्क रूपी पिंजरे में छटपटाने लगा। मैं फिर ध्यान करने को बैठा, किन्तु किसी प्रकार भी चित्त एकाग्र न हो सका। उलटे उस तीव्र विफल चेष्टा से मेरा मन और भी सुन्न हो गया और बेकारी के कारण भीतर से जलने लगा।"

पांडिचेरी में एक साधक ने जब मन के अवसाद का कारण पूछा तो उन्होंने लिखा— "निराशा, अंधकार, उदासी के दौरे साधना में एक परम्परा बन गये हैं। सभी योगों में चाहे वे पौरस्त्य हों या पाश्चात्य उनका यही नियम है। किन्तु मेरे अनुभवों ने बताया है कि ये अनावश्यक आदतें हैं जिन्हें हटाया जा सकता है। इसलिए जब तुम्हारे भीतर या दूसरों के भीतर उनके दौरे आते हैं, मैं विश्वास और आस्था के द्वारा उन्हें उखाड़ फेंकने का तरीका बताता हूँ। पर यदि इस पर भी इनका हमला न रुके तो आदमी को चाहिए कि उनके भीतर से गुजरने के तुरन्त बाद आशा की सूर्य ज्योति में चला जाये।"[२] पर क्या जबर्दस्ती लादी हुई निर्जन की उदासी और सामान्य उदासी एक जैसी ही होती है?

---

१. **उपर्युक्त सारा विवरण स्वयं उन्हीं द्वारा कथित है जिसे उन्होंने शिष्यों के पूछने पर १३ सितम्बर १९४६ की सन्ध्या वार्ता में बतलाया था।**

२. **रेमिनिसैंसेज एण्ड एनक्डोट्स, पृ० ४१।**

"स्वेच्छा प्राप्त निर्जनता और इस जबर्दस्ती की निर्जनता में बड़ा भेद है। अंपने घर में अकेले बैठ कर समय बिताना एक बात है और दूसरे की इच्छा से कारागार में निर्जन-वास करना दूसरी बात है। अपने घर में जब मन चाहे तभी मनुष्य का आश्रय लिया जा सकता है। पुस्तकों के ज्ञान और उनकी ललित भाषा, मित्रों के प्रिय सम्भाषण से, रास्ते के कोलाहल तथा जगत् के विविध दृश्यों से मन को तृप्त और हृदय को शीतल किया जा सकता है, किन्तु यहाँ पर कठिन नियमों में रहकर दूसरों की इच्छा के अनुसार समस्त मनुष्य समाज से दूर रहना पड़ता है। कहावत है, जो निर्जनता को सह सकता है वह या तो देवता है और नहीं तो पशु है। यह संयम मनुष्य साधन से बाहर है। पहले मैं इस बात पर विश्वास नहीं कर सकता था, परन्तु अब मैं समझता हूँ कि योग साधन करनेवालों को भी यह सहज नहीं है। इटली देश के राजहत्याकारी ब्रेशी का भयानक परिणाम मुझे इस समय याद आया। उनके निष्ठुर न्यायाधीशों ने उनको प्राणदण्ड न देकर सात वर्ष के लिए निर्जन कारावास का ही दण्ड दिया था। एक वर्ष बीतते-बीतते वे पागल हो गये, परन्तु उन्होंने तो उसे इतने दिन सहन किया ही था। क्या मेरे मन की दृढ़ता इससे भी कम थी? उस समय मेरी समझ में यह न आया कि भगवान् मेरे साथ केवल खेल नहीं कर रहे थे, बल्कि खेल के बहाने वे मुझे कोई प्रयोजनीय अग्नि-शिक्षा दे रहे थे।" इस पूरे कष्टों से भरे रास्ते के भीतर से चलते हुए श्री अरविन्द ने अपनी योग पद्धति का सर्वाधिक महत्वपूर्ण सूत्र पा लिया। **बुद्धि का निग्रह और उसका लोप तथा नीरव शान्त मन के होने पर चैत्यपुरुष के जागरण की प्रक्रिया।** इस पद्धति पर बहुत विस्तार से आगे विचार किया गया है। यहाँ इतना ही कहना पर्याप्त होगा कि **जीवन की अशान्ति का मूल कारण मानवीय बुद्धि की अपूर्णता है और जिस क्षण बौद्धिक निग्रह शिथिल हो जाता है, भीतर में स्वयं प्रकाश ज्ञान अपने आप उदित हो जाता है, जो मानव मन को एक अपूर्व शान्ति और आनन्द से भर देता है।**

"बुद्धि की निग्रहशक्ति मुझे स्पष्ट रूप से लोप होती हुई दिखाई पड़ी। परन्तु मेरा मन जब कुछ ठिकाने आया, तब मुझे याद पड़ा कि बुद्धि की निग्रह-शक्ति के लोप हो जाने पर भी **स्वयं प्रकाश बुद्धि एक मुहूर्त के लिए भी लोप अथवा भ्रष्ट नहीं हुई थी,** वरन् शान्त भाव से मन की इस अपूर्व क्रिया को जाँच रही थी, किन्तु मैं उस समय पागल हो जाने के भय से घबराकर इस बात को न समझ सका। मैंने जी भरकर भगवान् का आह्वान किया और अपनी बुद्धि को भ्रष्ट होने से बचाने के लिए उनसे हृदय से प्रार्थना की। ठीक उसी समय मेरे समस्त अन्तःकरण में एक ऐसी शक्ति फैल गयी कि मेरा समस्त शरीर शीतल हो गया। मेरा जलता हृदय स्निग्ध, प्रसन्न और सुखी हुआ। उस प्रकार के आनन्द का मैंने अपने जीवन में पहले कभी अनुभव न किया था। जिस प्रकार एक बालक बेफिक्र और निडर होकर अपनी माता की गोद में सो जाता है उसी प्रकार मैं भी विश्वजननी की गोद में सोने लगा।"

स्वयं प्रकाश ज्ञान (Intuition) का श्री अरविन्द योग में महत्त्वपूर्ण स्थान है। इस शक्ति को प्राप्त करने में उन्हें अग्नि की लपटों के भीतर से गुजरना पड़ा। अंगारों में तप-तप कर उनका व्यक्तित्व अध्यात्म के सुवर्ण में बदलने लगा। उन्होंने बड़ी कृतज्ञतापूर्वक स्वीकार किया है कि इस स्वयं प्रकाश ज्ञान की बारीकियों को जानने में उन्हें विवेकानन्द से बड़ी सहायता मिली। विवेकानन्द की तो तब तक समाधि हो चुकी थी। असल में साधनावस्था में विवेकानन्द की आत्मा ने यह अद्भुत सहायता प्रदान की। इसका विवरण उन्होंने स्वयं सुनाया था—"मैंने विवेकानन्द की उपस्थिति का बडा प्रत्यक्ष अनुभव किया, जब मैं जेल में

हठयोग का अभ्यास कर रहा था। मैं हमेशा अनुभव करता कि वे मेरे पीछे खड़े होकर मुझे देख रहे हैं। यह विवेकानन्द की आत्मा थी जिसने मुझे उच्चतर चेतना की कुंजी बताई। इससे मुझे स्पष्ट हुआ कि सत् चेतना किस प्रकार प्रत्येक वस्तु में क्रियाशील है।'' शिष्य ने पूछा, क्या उन्होंने आपको अतिमानस के बारे में बताया? श्री अरविन्द बोले—''नहीं, उन्होंने अतिमानस शब्द का प्रयोग नहीं किया। यह तो मेरा अपना आविष्कृत शब्द है। उन्होंने यह ऐसे, वह वैसे, इस तरह समझाया। यानी किस तरह उसकी उपलब्धि के लिए अभ्यास किया जाता है, यह समझाया और संकेत द्वारा बतलाया। वे अलीपुर जेल में लगातार पन्द्रह दिनों तक आते रहे और जब तक मैंने यह पूरा समझ नहीं लिया कि उच्चतर चेतना की सक्रियता कैसी होती है और कैसे वह अतिमानस की ओर ले जाती है, वे लगातार बताते रहे। उन्होंने तब तक मुझे नहीं छोड़ा, जब तक वह बात मेरे मन में अच्छी तरह बैठ नहीं गयी।''[१]

नीरदवरण का उपर्युक्त वार्ता-विवरण 'मदर इंडिया' में धारावाहिक छप रहा था। उस वक्त 'मदर इंडिया' के सम्पादक ने नीरद के रेकर्ड्स पर एक टिप्पणी दी थी, जिसमें उन्होंने इस विषय को और स्पष्ट करने वाला श्री अरविन्द का दूसरा कथन उद्धृत किया—'यह सत्य है कि मैं जेल की एकान्त कालकोठरी में लगातार विवेकानन्द की आवाज सुनता रहा और उनकी उपस्थिति का अनुभव करता रहा। यह आवाज आध्यात्मिक अनुभव के एक अत्यन्त सीमित किन्तु बहुत ही महत्त्वपूर्ण पक्ष पर लगातार बोलती रही और तब अचानक उसे जितना कहना था, कहकर चुप हो गयी (श्री अरविन्दो आन हिमसेल्फ़ एण्ड आन द मदर, पृ० ११५)। शिष्यों को इतने पर भी संतोष न हुआ। श्री नीरदवरण के बार-बार पूछने पर उन्होंने कहा—''विवेकानन्द ने मुझे अतिमानस की ओर जाने के लिए पहले चरण के रूप में स्वयंप्रकाश ज्ञान (Intuition) के बारे में बताया, ऐसा मैंने कहा होगा, पर इसका यह अर्थ नहीं है, जो तुम समझ रहे हो। इसका अर्थ है कि स्वयं प्रकाशित ज्ञान के धरातल से अतिमानस की एक झलक पाई जा सकती है और ऐसी ही एक झलक मेरा पहला चरण बन गयी।''[२] श्री अरविन्द ने एक अन्य स्थान पर इस स्थिति को और भी स्पष्ट किया है। ''श्री विवेकानन्द को यह पद्धति जीवित रहते प्राप्त नहीं थी।''[३]

याद रखना चाहिए कि श्री अरविन्द ने विवेकानन्द की आत्मा की सहायता से जिस अनुभूति को प्राप्त किया, उसके पहले वे विष्णु भास्कर लेले के साथ ध्यान करते हुए शान्त असीम ब्रह्म का साक्षात्कार कर चुके थे तथा अलीपुर जेल में उन्होंने सर्वत्र सभी जीवों में ईश्वर-दर्शन की अनुभूति भी कर ली थी।

श्री अरविन्द ने जेल में रहकर अपने जीवन को आमूल बदल लिया। उन्होंने बड़े आत्मविश्वास के साथ लिखा कि जेल में अग्नि-परीक्षा लेकर भगवान् ने मुझे तीन शिक्षायें दीं—**(१) मन की दृढ़ अवस्था होने में संकट में मनुष्य जन्म-तत्त्व की सही व्याख्या कर सकता है और उस व्याख्या का निष्कर्ष होगा अमानुषिक निठुराई को हटाने का दृढ़ संकल्प (२) भगवान् ने भयानक निर्जन स्थान में रखकर मुझे उसके भय से मुक्त कर दिया। जो आदमी योग-साधना करना चाहता है उसे जनता और निर्जनता एक**

---

१. टाक्स विद श्री अरविन्दो, पृ० २१२।
२. वही, द्वितीय भाग, पृ० २३२-२३३।
३. लाइफ ऑफ श्री अरविन्दो, १० जुलाई १९२६ की वार्ता, पृ० २०४।

समान होनी चाहिए। (३) तीसरी शिक्षा यह मिली कि योग-साधना केवल किसी व्यक्ति के अपने प्रयत्न से ही सफल नहीं हो सकता। इसके लिए भगवान् के चरणों में समर्पित होना आवश्यक है। इस निर्माण के बाद ही पता चलता है कि उसका कोई भी कार्य, अपने लिए दारुण लगने वाला कार्य भी, कोई-न-कोई उत्तम उद्देश्य छिपाये होता है। मैं यदि विक्षिप्तता का अनुभव कर रहा था तो वह भी किसी-न-किसी प्रयोजन के लिये था।

इसी कारण भगवान् ने मेरी यह दशा कर दी थी। उन्होंने मुझे पागल न बनाकर निर्जन कारावास में उन्मत्तता कैसे धीरे-धीरे उत्पन्न होती है, इसी का खेल मेरे हृदय पर करके बुद्धि को उस अभिनय का अविचलित दर्शक बना रखा था। इस सबसे मुझे शक्ति प्राप्त हुई तथा निष्ठुरता और अत्याचार से पीड़ित मनुष्यों पर मेरी दया और सहानुभूति अधिक होने लगी। प्रार्थना करने की असाधारण शक्ति तथा सफलता भी मुझमें बढ़ने लगी। श्री अरविन्द के शरीर में उनकी इस साधना का प्रभाव दिखाई पड़ने लगा। एक बार उनके अत्यन्त चमकीले बालों को देखकर उपेन्द्रनाथ वन्दोपाध्याय ने, जो सह अभियुक्त थे, पूछा—''क्या आपको बालों के लिए तेल मिल जाता है?'' नहीं मैं तो स्नान भी नहीं करता। यह शारीरिक परिवर्तन साधना के कारण हुए हैं। उपेन्द्रनाथ ने शोर-गुल के बीच निरन्तर तटस्थ रहकर साधना करते रहने की उनकी क्षमता की भी चर्चा की है। लोगों के पूछने पर कि मुकदमे का फैसला क्या होगा।' उन्होंने कहा, ''मैं सिर्फ अपने बारे में कह सकता हूँ। वह यह कि मैं छूट जाऊँगा।''[१]

इस साधना से उत्थापन की सिद्धि भी हासिल हुई। उन्होंने खुद लिखा है—''मैं एक दिन उत्थापन के बारे में सोच रहा था कि अचानक शरीर ऊपर उठकर दीवाल से लगा रहा। मैं ऐसा भौतिक ताकत लगा कर नहीं कर सकता था। मैंने यह भी अनुभव किया कि शरीर उसी अवस्था में बिना भौतिक शक्ति लगाये ठहरा रहा।''[२]

''उन्हीं दिनों एक और घटना हुई। मेरी कालकोठरी में डॉ० डाली और सहायक जेल निरीक्षक प्राय: प्रतिदिन आया करते और थोड़ी-बहुत बातें करते। मैं नहीं जान पाया कि किस कारण वे मेरे प्रति इतने उदार हो गये थे। मैं उनसे ज्यादा बातें भी नहीं करता था, सिर्फ उनकी जिज्ञासाओं का उत्तर दे देता, बस। मैं प्राय: मौन रहकर उनकी बातें सुनता और अपनी आलोचना नहीं जड़ता था। वे तब भी आते रहे। एक दिन डॉ० डाली ने कहा—''मैंने सहायक जेल निरीक्षक द्वारा जेल निरीक्षक से कहलवाया है कि वे आपको कोठरी के बाहर कुछ देर घूमने की अनुमति दे दें, नहीं तो इस तरह बन्द रहने से आपके स्वास्थ्य पर बुरा असर पड़ेगा।''

मैंने इसे बहुत पसन्द किया। एक तरफ जेल का कारखाना और दूसरी ओर की गोशाला के बीच में अपने स्वराज्य में विचरण करने लगा। उसी समय आत्मोद्रेकपूर्ण उपनिषद् की ऋचायें पढ़ता या जेल के कार्यकर्ताओं का आना-जाना देखता रहता। ''मैंने सब जगह ईश्वर को देखा। हर मनुष्य में, पक्षी और वृक्षों तक में मैंने उसे देखा। मैं इस मंत्र को दुहराता रहता कि **ईश्वर प्रत्येक धातु में, पृथ्वी में और कीचड़ में विद्यमान है। मैंने इसे बहुत सफलतापूर्वक अनुभूत किया और उसी में खो गया। मेरे लिये उसी दिन से कैदखाना, कैदखाना नहीं**

---

१. मेम्वायर्स ऑफ ए रिवोल्यूशनंरी, पृ० ९२-९४।
२. रेमिनिसैंसेज एण्ड एन्क्डोट्स, पृ० ९३।

रह गया।''[१]

और इन तमाम कष्टों, दु:खों, तितिक्षाओं, साधनों, अभ्यासों के बाद एक दिन ऐसा क्षण आया कि श्री अरविन्द जेल में जाने से पहले वाले अरविन्द से बिलकुल बदल कर नये अरविन्द के रूप में आ गये। उन्होंने जेल को आश्रम माना था, उसी में उनकी साधना की सिद्धि भी मिल गयी। उनका पूरा अस्तित्व जगत् की दृष्टि से सीमित पर उनके स्वाधीन राज्य का स्वामित्व पा गया।

''एक ओर जेल का कारखाना और दूसरी ओर गोशाला यही मेरे स्वाधीन राज्य की सीमा थी। कारखाने से गोशाला और गोशाला से कारखाने की ओर घूमा करता और घूमते-घूमते उपनिषदों के गम्भीर भावोद्दीपक और अक्षय शक्ति देनेवाले मंत्रों की आवृत्ति करता रहता अथवा कैदियों के कार्य और उनका आना-जाना देख इस मूल तत्त्व को समझने की चेष्टा करता कि समस्त घट-घट में नारायण ही व्यापक है। वृक्षों, मकानों, दीवारों, मनुष्यों, पशुओं, पक्षियों, धातु, मिट्टी 'सर्व खल्विदं ब्रह्म' इस मंत्र को मन-ही-मन में उच्चारण करता और उसी प्रकार अनुभव करने की चेष्टा करता। ऐसा करते-करते मेरी यह अवस्था हो जाया करती कि कारागार मुझे कारागार नहीं प्रतीत होता था। वह ऊँची चारदीवारी, वे लोहे के सींखचे, वे सफेद दीवारें, वे सूर्य की किरणों से चमकते हुए वृक्षों के नीचे पत्ते, वे सब छोटी-बड़ी चीजें मानो अब मेरे लिये अचेतन न थीं, किन्तु सर्वव्यापी चैतन्य रूप धारण कर सजीव हो गयी थीं। मुझे ऐसा प्रतीत होने लगा कि वे सब पदार्थ मुझे प्यार करते हैं—और मुझे आलिंगन करने को उद्यत हैं। मनुष्य, गाय, चींटी, चिड़िया सब चलते, उड़ते, गाते तथा बातें करते हैं। किन्तु वह सब प्रकृति का केवल एक खेल है। **इन सबों के भीतर एक महान् निर्मल निर्लिप्त आत्मा शांतिमय आनन्द में निमग्न है। कभी-कभी ऐसा बोध होता था कि मानो भगवान् उन वृक्षों के नीचे आनन्द की बाँसुरी बजाते हैं और उनकी मधुरता में मेरे हृदय को अपनी ओर खींच रहे हैं। मुझे सर्वदा यही प्रतीत होता था कि मानो कोई मुझे आलिंगन किये हुए है, कोई मुझे अपनी गोद में लिए हुए है।''**

उन्होंने भुवन मोहन श्रीकृष्ण का साक्षात्कार कर लिया। सारा जीवन उनकी माधुरी और ऐन्द्रजालिक आनन्द-धारा में निमग्न हो गया। कालकोठरी में परात्पर ज्योति का वातायन खुल गया। यह बाँसुरी, वह रूप उन्हें कभी नहीं भूला। १९३९ में उन्होंने 'कृष्ण' शीर्षक कविता में लिखा—

मैंने अमर वे सुहाने नेत्र देखे हैं प्रिय के
उन्मादकारी बाँसुरी का राग भी सुना है सदा
विस्मय का महानन्द कभी नहीं मरता है
कसक एक उठती है, मौन रह जाती है।
कभी नहीं, कभी नहीं राग बन्द होता है
आश्चर्यभरी खुशियों से जिन्दगी सिहरती है

---

१. रेमिनिसैंसेज एण्ड एन्क्डोट्स, पृ० ८६-८७।

प्रकृति समूची एक विस्तृत प्रतीक्षा है नाथ की
आर्ये वे, छुवें इसे लेकर आलिंगन में इसको कृतार्थ करें।[१]

अदालत का नाटक : प्रथम दृश्य

गिरफ्तारी के समय श्री अरविन्द अपने ४८ ग्रे स्ट्रीट वाले मकान में थे। पुलिस ने सारे मकान की खाना तलाशी ली। कागज पत्र उठा ले गयी। एक लकड़ी के बक्स में दक्षिणेश्वर की मिट्टी थी, जिसे एक क्रांतिकारी वहाँ रख गया था। अफसरों को लगातार भ्रम रहा कि कहीं वह बम बनाने का कोई पदार्थ न हो। मुरारीपोखर बगान से पहले ही वारीन्द्र, उल्लासकर, इन्द्रभूषण, उपेन्द्रनाथ बनर्जी आदि गिरफ्तार हो चुके थे। ५ मई सन् १९०८ को प्रफुल्ल चाकी गिरफ्तार किये गये और खुद गोली मारकर आत्महत्या कर ली, ताकि पार्टी के अन्य लोगों का भेद न खुले। ८ मई को सुबोध मल्लिक के वाराणसी स्थित मकान पर छापा मारा गया। १० मई को सुधीर सरकार की खुलना में गिरफ्तारी हुई। १७ मई को मुकदमा विर्ले के इजलास में लाया गया।

विर्ले एक नवयुवक मजिस्ट्रेट था। उनकी अदालत में मुकदमा शुरू होने पर अरविन्द की ओर से 'मैनुअल एण्ड अगरवाला' ने पैरवी शुरू की। उन्हीं दिनों देशवासियों के नाम सरोजिनी का खुला पत्र प्रचारित हुआ। "मेरे देशवासी जानते हैं कि मेरे सहोदर अरविन्द घोष पर एक गम्भीर मामले को लेकर मुकदमा चल रहा है। लेकिन मैं विश्वास करती हूँ और मैं साधारण रूप से कह सकती हूँ कि देशवासियों का एक बहुत बड़ा समुदाय इस बात में विश्वास करता है कि वे पूर्ण निर्दोष हैं। मैं सोचती हूँ कि यदि एक सुयोग्य वकील उनकी पैरवी कर सकें, तो वे छूट जायेंगे। पर जैसा कि उन्होंने देशसेवा के लिए दरिद्रता के जीवन का व्रत लिया है, वे इस स्थिति में नहीं हैं कि किसी विशिष्ट बैरिस्टर की सेवायें प्राप्त कर सकें। इसलिए दुःख के साथ आवश्यकता को देखते हुए उनकी ओर से मैं जनता से सहायता की अपील करती हूँ। मैं जानती हूँ कि मेरे सभी देशवासी उनकी राजनीतिक धारणाओं को स्वीकार नहीं करते; फिर भी मैं किंचित संकोच से कह सकती हूँ कि संभवतः ऐसे इने-गिने ही भारतीय होंगे जो उनकी महान् सफलताओं, आत्मत्याग, देश के प्रति एकात्म निष्ठा और उनके चरित्र की उच्च आध्यात्मिकता की प्रशंसा न करें। मेरी जैसी नारी को, इन चीजों ने साहस दिया है, कि मैं भारत के प्रत्येक पुत्र और पुत्री से, अपने और उनके भाई की रक्षा के निमित्त सहायता के लिए कहूँ। इस दिशा में सहायता सीधे मुझे ६, कालेज स्क्वेयर कलकत्ता के पते पर या मेसर्स मैनुअल एण्ड अगरवाला, नं० २, हेस्टिंग्स स्ट्रीट के पते पर भेजी जा सकती है।"[२]

'मुकदमे का स्वरूप कुछ विचित्र ही था। मैजिस्ट्रेट, वकील, गवाह, गवाही, सबूत के प्रमाण और अभियुक्त सभी विचित्र थे। प्रतिदिन गवाहों का अविराम स्रोत जारी रहता, वकीलों का अभिनय, बाल स्वभाव मजिस्ट्रेट की बच्चों जैसी चपलता और लघुता, उन अपूर्व अभियुक्तों का अपूर्वभाव देखते-देखते अनेक बार यह कल्पना हृदय में उत्पन्न होती थी कि हम लोग ब्रिटिश न्यायालय में नहीं, वरन् किसी नाटकघर के तमाशे में अथवा कल्पनापूर्ण

---

१. लास्ट पोयम्स, अरविन्द आश्रम, १९५२।
२. वन्देमातरम्, १३ जून, १९०८ के अंक में प्रकाशित।

उपन्यास के राज्य में बैठे हुए हैं।''[१]

श्री अरविन्द को यह पूरा इजलास नाटक जैसा लग रहा था। असल में गलत को सही प्रमाणित करने की कोशिश हमेशा नाटकीय रूप ले ही लेती है। १८ मई को इजलास में अभियुक्त लाये गये। गाड़ी में बैठते ही लगातार १५ दिनों से अलग-अलग निर्जन कालकोठरियों में बन्द अभियुक्तों को एक अर्से के बाद एक दूसरे से मिलकर अद्भुत खुशी हुई। हँसी और दिल्लगी का अजस्र स्रोत फूट पड़ा। दस मिनट के लिए जब तक सार्जेण्टों से चौतरफा घिरी यह गाड़ी इजलास की ओर चलती, भीतर से ठहाके लगते रहते। इसी पिंजड़ेनुमा गाड़ी में बन्द श्री अरविन्द को फेरर ने, जो उनका कैम्ब्रिज का सहपाठी था, देखा। ''फेरर खुद बैरिस्टर थे। उसने मुझे पिंजड़े में बन्द देखा। बहुत दुःखी हुआ पर सोच न पाया कि वह मुझे कैसे छुड़ाये। इसी व्यक्ति ने मुझे 'हेक्सामीटर' छन्द की कुंजी बताई थी।''[२]

श्री अरविन्द की दृष्टि में नाटक के प्रधान अभिनेता सरकारी वकील नार्टन साहब थे। 'नार्टन जैसी विचित्र प्रतिभा के मनुष्य विरले ही होते हैं। उनकी वक्तृता का अनर्गल स्रोत, बातों की चिकनाहट, छोटीं सी गवाही को बड़ी बनाने की अद्भुत शक्ति, अमूलक अथवा अल्पमूलक उक्तियों की दुःसाहसिकता, गवाह तथा छोटे बैरिस्टरों पर तम्वीह तथा सफेद को काला बनाने की उनकी मनमोहिनी अतुलनीय प्रतिभा देख कर कौन मुग्ध नहीं होता।

नार्टन की अद्भुत प्रतिभा ने जिस नाटक का निर्माण किया, उसके मुख्य नायक अरविन्द घोष थे। अरविन्द घोष असाधारण तीक्ष्ण बुद्धिसंपन्न, क्षमतावान् तथा दुःसाहसिक बुरा आदमी था। उनके हिसाब से वही राष्ट्रीय आन्दोलनों का आदि और अन्त, स्रष्टा तथा ब्रिटिश सरकार का संहार करने का प्रयत्न करनेवाला विध्वंसक था। नार्टन ज्यों ही किसी उत्तम अंग्रेजी में लिखे तेजस्वी लेख को देखते,उछल पड़ते, और उच्च स्वर से कहते—'अरविन्द घोष'।

विर्ले व्यक्तित्व में नार्टन से कहीं से भी कम नहीं थे। जितनी लम्बी काठी थी, उतना ही छोटा सिर। वे अभियुक्तों के वकील व्योमकेश चक्रवर्ती को बहुत नापसन्द करते, क्योंकि चक्रवर्ती उनके छोटे से सिर को छोटा ही मानने की लगातार हरकतें करते। पहले वे खुश रहा करते थे। नार्टन के साथ हँसते, उसी के साथ उछलते। नार्टन क्रुद्ध होते तो विर्ले क्रुद्ध होते, पर अचानक जब व्योमकेश चक्रवर्ती ने जिरह शुरू की तो विर्ले उदास हो गये। भुवन चटर्जी अभियुक्तों के बैरिस्टर थे। वे नाटक देखने की कला से अनभिज्ञ एक अरसिक आदमी थे। इसलिए वे प्रत्येक दृश्य, वार्तालाप और अभिनय में दोष निकालते। इसी से अप्रसन्न होकर विर्ले ने एक बार झल्लाकर कहा—''मिस्टर चटर्जी, बैठ जाओ।'' ऐसे में गवाहों की फजीहत का क्या कहना। सभी गवाहों से उनका राजनीतिक विश्वास जानना जरूरी था, क्योंकि मामला राजद्रोह का था। नार्टन पूछते—''आपका क्या मत है, यानी किस दल में आस्था रखते हैं।'' गवाह बिचारा क्या करे? क्या जवाब दे? उसने ऐसे पेचीदे विश्वास पर कभी सोचा हो, तब न। वह चुप रहता। नार्टन चीखते—''तुम क्या समझते हो, उत्तर हाँ में या ना में दो।'' गवाह न तो हाँ ही कह पाता और न तो न ही। लोग नार्टन को समझाते कि इन बेचारों का अपना कोई मत नहीं है, वे केवल सन्देह में झूल रहे हैं। नार्टन को ऐसे उत्तर नहीं चाहिए, इसलिए वे

---

१. काराकाहिनी, झाबरमल्ल कृत अनुवाद, पृ० ६४।

२. इवनिंग टाक्स, प्रथम भाग, पृ० ८०।

गरजते—"बोलो बोलो, क्या है तुम्हारा मत?" नार्टन के वज्रपात जैसे क्रोध से गवाह को पसीना होने लगता। दूसरी ओर विर्ले चिग्घाड़ते—"टोमरा क्या विश्वास है?"

भूखे व्याघ्रों के बीच पड़ा गवाह क्या करता, सिर्फ मन-ही-मन प्रार्थना करता कि किसी तरह छुट्टी मिले और वह भागे। १९ अगस्त, १९०८ को विर्ले ने मुकदमा दौरा जज को सुपुर्द किया।

दूसरा दृश्य

अलीपुर के अतिरिक्त दौरा जज वीचक्राफ्ट की अदालत में नाटक का दूसरा दृश्य शुरू होता है। १९ अक्टूबर, १९०८ में इस इजलास में पेशियाँ हुईं। सी० वी० वीचक्राफ्ट कैम्ब्रिज में श्री अरविन्द का सहपाठी था। वीचक्राफ्ट ग्रीक में द्वितीय स्थान प्राप्त कर सका, जब कि अरविन्द ने प्रथम प्राप्त किया। विजयकृष्ण बोस ने, जो अभियुक्तों के वकील थे, ठीक ही लिखा है कि "अभियुक्त अरविन्द ने जज वीचक्राफ्ट को आई० सी० एस० की परीक्षा में ग्रीक में पराजित किया था।"[१]

नाटक का पहला दृश्य ७६ दिनों तक चलता रहा, जबकि दूसरा दृश्य काफी लम्बा है, क्योंकि वह १३१ दिन चलता रहा। यानी १९ अक्टूबर, १९०८ से १३ अप्रैल, १९०९ तक।

इस बार श्री अरविन्द की ओर से बचाव के बैरिस्टर सुप्रसिद्ध चित्तरंजन दास थे। हालाँकि वे उस वक्त काफी नवयुवक थे; पर उनकी मेधा इतनी बारीक थी कि वे इयर्डले नार्टन की हर पेंच को काटने की क्षमता रखती थी। वे सिर्फ एक बैरिस्टर ही नहीं, राष्ट्रीय भावनाओं से ओत-प्रोत देशभक्त भी थे। बाद में उन्हें राष्ट्र की ओर से दी गई 'देशबन्धु' की उपाधि उनके व्यक्तित्व का पूर्ण परिचायक है।

देशबन्धु चितरंजन दास की जीवनी में इस पूरे मामले के आँकड़े इस प्रकार दिये हुए हैं। २०६ गवाहों से जिरह हुई। ४००० कागजात प्रस्तुत किए गए और सबूत के रूप में शिनाख्त-वस्तुओं में बमों, पिस्तौलों, दूसरे हथियारों, अधिस्फोटित्रों (डिटोनेटर्स), विषैले रसायनों, और दूसरे विस्फोटक सामानों की कुल संख्या ५००० के करीब थी।[२]

जेल में रहते समय श्री अरविन्द एक बार मलेरिया से काफी अस्वस्थ हुए। ज्वर बहुत तीव्र था, वे लड़खड़ाते हुए कालकोठरी के सींखचे के पास गए और उन्होंने पहरेदार से पानी माँगा। उसके पहले वे कुनैन ले चुके थे, पर कोई असर नहीं हुआ था। पहरेदार ने बर्फ जैसा ठंडा पानी दिया, जिसे वे पूरा का पूरा पी गए और निढाल होकर पड़े रहे। १० मिनट के बाद बुखार खत्म हो गया और पुनः वैसा बुखार कभी नहीं आया। उन्होंने दस दिनों का एक लम्बा उपवास भी किया था, पर यह सब कुछ उन्होंने अपनी साधना के रूप में किया।

"अलीपुर में मैंने दस दिनों का उपवास किया; पर तब मैं पूर्णतः यौगिक प्रक्रिया में तल्लीन था। मैं खाद्य सामग्री तसले में डाल देता। सुपरिंटेंडेंट उसे नहीं जानता था। केवल दो वार्डर्स जानते थे और उन्होंने दूसरे से कहा, "ये साहब बीमार लगते हैं। लगता है, ज्यादा दिन नहीं चलेंगे।"[३] मगर मेरी ताकत कहीं से कम नहीं हुई। भरा घड़ा सिर पर उठाकर नहाता था

---

१. श्री अरविन्दो, आयंगर, पृ० १६०-१६१।
२. लाइफ एण्ड टाइम्स ऑफ सी० आर० दास, पृ० ५९।
३. रेमिनिसैंसेज एण्ड एनक्डोट्स, पृ० ५७।

जो पहले नहीं कर पाता था। इस दौरान विरेन गोसाईं की हत्या के अभियोग में कन्हाई को फाँसी हो चुकी थी। पर ये घटनाएँ तथा जेल की यातनाएँ क्रान्तिकारियों का मनोबल कभी भी ध्वस्त न कर सकीं। श्री अरविन्द अपने सह-अभियुक्तों के क्रिया-कलापों को देखते हुए यह कहने से अपने को रोक न सके।

''अदालत के भीतर इन बालकों का आचरण देखकर मुझे यह भली-भाँति प्रतीत होता था कि बंगाल में एक नवीन युग का आरम्भ हुआ है, एक नयी सन्तान माता की गोद में वास करने लगी है। पहले समय के बंगाली लड़के दो प्रकार के हुआ करते थे। एक तो शान्त-शिष्ट, निरीह, सच्चरित्र,भीरु तथा आत्मसम्मान व उच्चाकांक्षाशून्य और दूसरे दुश्चरित्र, दुर्द्दान्त चंचल, ठग तथा संयम व सत्यता-रहित। इन दो चरम अवस्थाओं के बीच में अनेक प्रकार के जीवों ने बंगमाता की गोद में जन्म लिया था, किन्तु आठ-दस भविष्यत् काल के पथ दिखलाने वाले असाधारण प्रतिभावान् तथा शक्तिवान् मनुष्यों को छोड़कर इन दो श्रेणियों से अलग तेजस्वी आर्यसंतानें प्राय: देखने में नहीं आती थीं। बंगालियों में बुद्धि और मेधा थी, किन्तु उनमें शक्ति और मनुष्यत्व नहीं था। परन्तु इन बालकों को देखकर ऐसा बोध होता था कि ये सब लोग किसी दूसरे काल के, अन्य प्रकार की शिक्षा पाए हुए, उदार-चित्त दुर्द्दान्त तथा तेजस्वी पुरुष फिर से भारतवर्ष में लौट आये हैं। उनकी यह निर्भीक तथा सरल दृष्टि व तेज से भरी हुई बातें और वह भावनाशून्य तथा आनन्दमय हँसी इस घोर विपद् के समय में भी उनकी वह अक्षुण्ण तेजस्विता, मन की प्रसन्नता, विषण्ण भावना अथवा सन्ताप की कमी उस समय के तप:क्लिष्ट भारतवासियों की-सी नहीं थी। यह सब नूतन युग, नूतन जाति तथा नूतन कर्मस्रोत के लक्षण हैं। ये लोग यदि हत्याकारी हों भी तो कहना पड़ेगा कि हत्या की रक्तमय छाया उनके स्वभाव पर नहीं पड़ी थी। क्रूरता, उन्मत्तता अथवा पाशविक भाव उन लोगों में बिलकुल ही न थे।''[१] वे स्वयं जेल की यातनाओं को बड़ी खुशी से सह रहे थे। एक बार जरूर उन पर क्रोध का दौरा आया था। ''जब मैं अलीपुर जेल में था, एक बड़ी दुर्घटना होते-होते बची। कालकोठरियों में जाने के पहले कैदियों को कुछ देर रुककर इन्तजार करना पड़ता। हम लोग खड़े थे कि एक स्काच वार्डर ने मुझे धक्का दे दिया। मेरे चारों ओर खड़े नवयुवक कैदी बहुत उत्तेजित हो गए। मैंने कुछ नहीं किया; सिर्फ उसकी ओर ऐसी दृष्टि से देखा कि वह भागा और जाकर जेलर को बुला लाया। जेलर ने, जो एक धार्मिक आदमी था, वार्डर के यह कहने पर कि मैंने उसे नीची दृष्टि से देखा, मुझसे पूछा। मैंने सब बातें बताकर कहा कि ''मैं ऐसे व्यवहार का आदी नहीं हूँ।'' उसने सबको शांत किया और बोला—''हममें से प्रत्येक को अपना क्रूस ढोना ही होगा।''[२] श्री अरविन्द की ऐसी प्रज्वलित आँखों को देखकर बंगाल के गवर्नर एडवर्ड बेकर ने चारुदत्त से कहा, ''क्या तुमने श्री अरविन्द घोष की आँखें देखी हैं। बिल्कुल पागल की आँखों जैसी आँखें हैं।'' बेकर अलीपुर जेल का मुआयना करने आये थे। चारुदत्त को यह समझाने में बड़ी कठिनाई हुई कि ऐसी आँखें पागलपन के कारण नहीं, योग के कारण हुई हैं।[३]

---

१. **काराकाहिनी।**

२. **रेमिनिसैंसेज एण्ड एनक्डोट्स, पृ० ९।**

३. **सन्ध्यावार्ता ३ जनवरी, १९३९, लाइफ श्री अरविन्दो, ० १२०।**

चितरंजनदास ने श्री अरविन्द के मुकदमे में एक नई प्राणशक्ति का संचार कर दिया। मुकदमे की कार्यवाही देश के तमाम समाचार-पत्रों में बड़े विस्तार के साथ छपने लगी। मुकदमे की पेशियों के दिलचस्प बयानों से अखबार भरने लगे।

७२वीं पेशी में नागपुर के हेड कांस्टेबिल की गवाही हुई। उसने कहा कि नागपुर में अरविन्द घोष का स्वागत राजाओं जैसा किया गया। नार्टन के पूछने पर उसने बताया कि अरविन्द घोष गरम दल के हैं। नार्टन इस सफलता पर फूले न समाये। उन्होंने चट पूछा—"नरम दल और गरमदल में क्या अन्तर है?" गवाह ने कहा—"नरमदल वह है जो सरकार की तरफदारी करता है और गरम दल वह है जो सभाओं में जाता है।"

सारी इजलास हँसते-हँसते लोट-पोट हो गयी।

२५ मार्च, १९०९

प्रात:काल इजलास शुरू हुआ। अभियुक्त लाए गए। हाल में घुसते ही एक अभियुक्त ने भैरवी राग में गाना शुरू किया। उसकी पीयूष-वर्षी आवाज से अदालत गूँज उठी। सब पर गाने ने जादू सा असर किया। जज, वकील, दर्शक, पहरेदार सभी मंत्रमुग्ध होकर सुनते रहे—

सार्थक जनम आमार जन्मेछि ए देशे।
सार्थक जनम मागों तोमाय भाल बेशे।
कोन कानने जानिने फूल, गन्धे एत करे आकुल।
कोन गगने उठेरे चाँद एमन हाँशि हेंशे।
सार्थक जनम आमार जन्मेछि ए देशे।
ओ मा! आँखि मेलि तोमार आलो, देख आमार चीख जुड़ालो।
ए आलोके नयन रेखे मुदबो नयन शेषे॥
सार्थक जनम आमार जन्मेछि ए देशे।

इस देश में जन्म लेकर मेरा जीवन सार्थक हुआ। माता जन्मभूमि, तुमसे प्रेम करके जीवन सफल हुआ। नहीं जानता कि किसी और कानन के फूलों की गंध प्राणों को ऐसा व्याकुल कर सकती है, नहीं जानता कि किसी और गगन में चाँद इस तरह की हँसी हँसता है। ओ माँ, तुम्हारे आलोक को आँखों में भरने से मेरे चक्षु जुड़ा जाते हैं। इसी आलोक को आँखों में धारण किये ही अन्तकाल में नयन बन्द करूँगा।

श्री अरविन्द ने अपने बचाव के लिए चितरंजन बाबू को कुछ आदेश देने चाहे, किन्तु आन्तरिक आदेश ने उन्हें कुछ भी करने से मना कर दिया। चितरंजन बाबू ने बड़े विस्तार से उद्धरण दे-देकर यह समझाया कि 'युगान्तर' और 'वन्देमातरम्' दो भिन्न दृष्टिकोण के पत्र थे। श्री अरविन्द ने नि:सन्देह देश की स्वतन्त्रता के लिए जनता को जागृत किया। उन्होंने स्वतंत्रता का शंखनाद किया है। श्री दास ने कहा—"यदि यह माना जा रहा हो कि देश की स्वतंत्रता का संदेश कानून की दृष्टि से अपराध है, तो मैं अपराध स्वीकार करता हूँ। यदि यही यहाँ का कानून है तो मैंने वैसा किया है और मेरी प्रार्थना है कि मुझे दण्ड दिया जाये। स्वतंत्रता की धारणा का प्रचार करना यदि अपराध है, तो मैं स्वीकार करता हूँ कि मैंने यह किया है और इसे कभी अस्वीकार नहीं करता। इसीलिए मैंने अपने जीवन की सारी आशाओं का बलिदान किया है। इसीलिये मैं सब कुछ छोड़कर कलकत्ते आया और इसी के लिए

लगातार प्रयत्नशील रहा। यह मेरी जागृत अवस्था का एकमेव विचार रहा है, सोते वक्त का एकमात्र सपना रहा है। यदि यही अपराध है तो गवाही साक्षी की कोई जरूरत नहीं। मैं यहाँ हूँ और उसे स्वीकार करता हूँ। यदि यही मेरा अपराध है तो खुलेआम कहा जाये, मैं इसके लिए प्रसन्नतापूर्वक हर तरह की सजा भोगने को तैयार हूँ। मैं मानता हूँ कि मैं यहाँ इसलिए जन्मा हूँ कि भारतवासियों से कहूँ कि विश्व के रंगमंच पर भारत को एक महत्त्वपूर्ण भूमिका अदा करनी है, यदि यह कहना अपराध है तो मुझे हथकड़ियों से जकड़ दो, जेल में डाल दो, पर मुझसे इस धारणा से इनकार नहीं करा पाओगे। मैं साहस के साथ कहना चाहता हूँ कि स्वतंत्रता के आदर्श का सन्देश देने का मेरा कार्य कानूनी दण्ड की किसी भी धारा के अन्तर्गत नहीं आता, और न उसके लिए किये गये कार्य ही इसके अन्तर्गत आते हैं।"[१]

जज वीचक्राफ्ट ने पूछा कि क्या अरविन्द ने अंग्रेजी सरकार को उखाड़ फेंकने की सलाह नहीं दी? श्री दास ने कहा—"अरविन्द की भाषा कहती है कि आपने जो सत्ता प्राप्त की है वह देश की जनता और उसकी संरचना ने आपको नहीं दी है, यहाँ की सरकार जनता के भीतर से नहीं उभरी है, जैसा कि अन्य स्वतंत्र देशों की सरकारें होती हैं। मैं सरकार का विरोध इसलिए नहीं करता कि वह लोकतांत्रिक नहीं है, या उसने ऐसे कई कार्य किये हैं जिनकी दूसरों ने निन्दा की है। मेरी आपत्ति तो यह है कि यह सरकार जनता के भीतर से उसके ही अंगभूत संगठन के रूप में पैदा नहीं हुई है।"

अपनी बहस को समाप्त करते हुए चितरंजन दास ने जो पंक्तियाँ कहीं, वे भारतीय इतिहास का अभिन्न अंग बन गई हैं।

उन्होंने कहा—"इसलिए मेरी आपसे अपील है, इस तरह का आदमी, जिसके ऊपर तथाकथित अपराधों का अभियोग लगाया गया है, वह सिर्फ इस न्यायालय के सामने नहीं, इतिहास में सर्वोच्च न्यायालय के सामने खड़ा है और इसलिए मैं कहना चाहता हूँ कि मुद्दत बाद जब यह विवाद नीरवता की गोद में खो जायेगा, यह आन्दोलन खत्म हो जायेगा, मुद्दत बाद जब यह आदमी मर जायेगा और यहाँ नहीं होगा, यह देशभक्ति के कवि के रूप में, राष्ट्रीयता के मसीहा के रूप में, मानवता के प्रेमी के रूप में याद किया जायेगा। उसके न होने के मुद्दत बाद उसके शब्द-ध्वनित-प्रतिध्वनित होते रहेंगे, न केवल भारत में बल्कि समुद्र और देश की सीमाओं के पार, उनकी अनुगूँज उठती रहेगी। इसलिए मैं कहता हूँ कि इस प्रतिष्ठा का यह आदमी सिर्फ यहाँ के न्यायालय के सामने नहीं, इतिहास के सर्वोच्च न्यायालय के सम्मुख खड़ा है।"[२]

डॉ० कर्ण सिंह ने चितरंजन दास के इस कथन को उनकी आत्मा की भविष्य पहचानने की शक्ति का प्रतीक कहा है।[३] इसमें कोई शक नहीं कि चितरंजन दास के शब्दों में एक दिव्यता की झंकार है, एक ऐन्द्रजालिक रहस्यमयी शक्ति का संस्पर्श है, जिसके प्रभाव से कोई अछूता नहीं रह सकता।

१३ अप्रैल, १९०९ को दोनों जूरियों ने श्री अरविन्द की निर्दोषिता घोषित कर दी। गुरुदास बोस ने लिखा—"अरविन्द घोष की पेश की हुई वक्तृताएँ और निबंध हानिकारक नहीं हैं।

---

१. लाइफ वर्क ऑफ श्री अरविन्दो, ज्योतीशचन्द्र घोष, पृ० १८४-१८५।

२. लाइफ एण्ड टाइम्स ऑफ सी० आर० दास०, पृ० ५९-६४।

३. प्राफेट ऑफ इंडियन नेशनलिज्म, पृ० १४५, पाद-टिप्पणी।

क्योंकि वे सरकार से लाठी लेकर लड़ाई करने का परामर्श कहीं नहीं देते। 'वन्देमातरम्' तथा दूसरे पत्रों में राजद्रोहात्मक जो चीजें लिखी गयी हैं,उनसे उसका कोई संबंध प्रमाणित नहीं हो सका।

श्री अरविन्द के समान विद्वान् और बुद्धिमान् पुरुष का बम के लड़क-खेल से अंग्रेजी राज्य को उखाड़ फेंकने के कार्य की सफलता में विश्वास करना सर्वथा असंभव है। इस प्रकार के क्रिया-कलापों में उन्हें फँसाने की कोशिश नाकाम रही, इसलिए मैं उनको निर्दोष समझता हूँ।''

जूरियों के एकमत निर्णय को देखते हुए ५ मई, १९०९ को न्यायाधीश वीचक्राफ्ट ने श्री अरविन्द को रिहाई का हुक्म दे दिया। ६ मई को श्री अरविन्द के साथ देवव्रत वसु, निखिलेश्वर, हेमेन्द्र, शचीन्द्र, नरेन्द्र बक्शी, नलिनी गुप्त, विजयनाग, धरनी गुप्त, नगेन्द्र, विजय भट्टाचार्य आदि रिहा किये गये। वारीन्द्र और उल्लासकर को फाँसी की सजा हुई। उपेन्द्र, हृषीकेश, वीरेन सेन, इन्द्रनाथ, विभूति, सुधीर, इन्दु, अविनाश, शैलेन और हेमचन्द्र को कालेपानी की सजा मिली।

चितरंजन बाबू ने वारीन्द्र और उल्लासकर तथा अन्य अभियुक्तों की ओर से, जिन्हें सजायें दी गयी थीं, हाईकोर्ट में अपील की। १९०९ के नवम्बर में हाईकोर्ट ने वारीन्द्र और उल्लासकर के मृत्युदंड को कालेपानी में बदल दिया। ११ दिसम्बर, १९०९ को कालापानी के सजायाफ्ता अलीपुर से अंडमान भेजे गए।

कारामुक्ति के बाद श्री अरविन्द अपने मौसा कृष्ण कुमार मित्तर के परिवार के साथ रहने लगे।

श्री अरविन्द की रिहाई पर देश के कोने-कोने से तार और पत्रों से बधाई के संदेश आने लगे। उन्होंने कृतज्ञता प्रकट करने के लिए निम्नलिखित वक्तव्य प्रेस को दिया था—''देशकार्य के लिए मैंने जो कुछ कष्ट भोगा है, उसका यथोचित बदला देशवासियों की प्रीति से मिल गया है। मैं अपनी रिहाई को किसी मनुष्य का काम नहीं समझता। जिस जगज्जननी ने सदा दुःख और विपद् में मेरी रक्षा की है, उसी की कृपा और देशवासी हजारों भाइयों की प्रार्थना के बल पर मेरी रिहाई हुई। स्वदेश प्रेम के लिए मैं विपद् में पड़ा, देशवासियों के प्रेम से इस विपद् से मेरी रक्षा हुई''[१] श्री अरविन्द अपनी रिहाई को ईश्वरीय कृपा मानते हैं। ऐसा कहना उनके लिए उपयुक्त ही है। उन्होंने वासुदेव को पा लिया था। पर सच तो यह है कि गुप्त समितियों के अधिकांश कार्यकर्ता अध्यात्म से ओत-प्रोत थे। ''सिर्फ यही चीज़ कि हर पुलिस-छापे में गीता, उपनिषद् और दूसरे धार्मिक ग्रन्थ पाये गये, इस बात का सबूत है। नार्टन ने कहा था कि यह सारा आन्दोलन धार्मिक भावना से प्रेरित था।''[२]

अब जहाँ श्री अरविन्द रहते थे, वह स्थान 'संजीवनी' कार्यालय के नाम से जाना जाता था। श्री अरविन्द ने जेल से निकलने के बाद दो पत्रों का प्रकाशन आरंभ किया, अंग्रेजी में 'कर्मयोगी' और बांग्ला में 'धर्म'। 'कर्मयोगी' का प्रथम अंक १९ जून, १९०९ को प्रकाशित हुआ, जब कि 'धर्म' का प्रथम अंक बहुत बाद में २३ अगस्त, १९०९ को निकला।

---

१. श्री अरविन्द चरित, झावरमल्ल, पृ० ५९-६०।

२. अलीपुर बाम्बकेस, सम्पादक, बी० के० बसु, पृ० २८३।

श्री अरविन्द की मौसी बहुत क्षीणकाय हो गई थीं। उनके मौसा कृष्णकुमारजी आगरा जेल से छूटकर आये थे। उनकी अनुपस्थिति और दुश्चिन्ता ने श्रीमती मित्तर को बुरी तरह तोड़ डाला था। वे डाक्टरों की सलाह से प्रतिदिन गंगा-स्नान के लिए जातीं।

अरविन्द अपने कमरे में बैठे 'कर्मयोगी' या 'धर्म' के लिए लेख लिख रहे होते कि मौसी आकर कहतीं—"आरो, जरा साथ चलो। मैं गंगा-स्नान को जा रही हूँ। श्री अरविन्द लिखना छोड़ कर मौसी के साथ चल देते।" उनकी मौसेरी बहन बसन्ती ने लिखा है—"मैंने कभी भी अरविन्द को गुस्सा करते नहीं देखा। वे हॉल में बैठे लिख रहे हैं। उनकी चप्पलें कुछ दूरी पर पड़ी हैं। अम्मा आतीं और उनकी चप्पल पैरों में डालकर छज्जे पर टहलने चली जातीं। कुछ देर बाद कुछ लोग अरविन्द से मिलने आते। श्री अरविन्द बैठकखाने में जाने के लिए उठते। इधर-उधर ढूँढ़ते पर चप्पलें खोज नहीं पाते। वे अम्मा के पास जाकर कहते—"मौसी, तुमने मेरी चप्पलें तो नहीं पहन ली हैं? बाहर के कुछ लोग मिलने आये हैं।" अम्मा चप्पलें देतीं। श्री अरविन्द को प्रतीक्षा करनी पड़ती, पर इन सब चीजों से उन्हें किंचित भी झुँझलाहट नहीं होती।"[१]

जेल ने श्री अरविन्द को कुछ-का-कुछ बना दिया था।

■

---

१. **लाइफ ऑफ श्री अरविन्दो, पृ० १२३।**

पाँचवाँ क्षितिज

एषा स्या युजानां पराकात्पंचक्षिती: परिसद्यौ जिगाति।

ऋग्वेद—७/७५/३

दूरस्थ होते हुए भी उषा का प्रकाश उद्योगियों के लिए सब कुछ पार करके पाँचवें क्षितिज तक पहुँच जाता है।

बंगाल में ब्रह्मसमाज तथा दूसरे विदेशी-संस्कृति-प्रभावित संगठनों से अपनी रक्षा करने के लिए सनातनी हिन्दुओं ने धर्मरक्षिणी सभा की स्थापना की। जेल से छूटने के बाद श्री अरविन्द का पहला भाषण इसी सभा में हुआ।

सभा की ओर से श्री अरविन्द को ले आने के लिए अमरेन्द्र नाथ चटर्जी को भेजा गया। अमरेन्द्र गुप्त-समितियों के क्रिया-कलाप के सिलसिले में श्री अरविन्द के सम्पर्क में आ चुके थे। श्री अरविन्द ने ही उनको गुप्त समिति की दीक्षा दी थी। अमरेन्द्र ने लिखा है—"मैं संजीवनी कार्यालय में श्री अरविन्द को लाने के लिए गया। मैंने उन्हें पूर्ण नीरव और शान्त देखा, मानो ध्यानस्थ हों। इसलिए मैंने भी कोई खास बातचीत नहीं की। हम रेलगाड़ी से उत्तरपाड़ा के लिए चले। उसी रेलगाड़ी से उत्तरपाड़ा भाषण को सुनने के उत्सुक अनेक लोग भी आये थे। रेलगाड़ी ३ बजे पहुँची। सभा साढ़े पाँच बजे शुरू होने वाली थी। उत्तरपाड़ा के जमींदार पियारी मोहन और उनके पुत्र मिछरी बाबू स्टेशन पर स्वागत के लिए खड़े थे। सुरेन्द्रनाथ चट्टोपाध्याय के निवास पर थोड़ा आराम करके श्री अरविन्द ने चाय पी। गंगा तट पर स्थित पुस्तकालय के प्रांगण के पूरब तरफ खुले मैदान में सभा का आयोजन था। सभा में करीब दस हजार व्यक्ति उपस्थित थे। उनकी आवाज बहुत ऊँची नहीं थी, अत: श्रोता भाषण सुनने के लिए स्वयं पूर्ण और नीरव बने रहे।[१]

उत्तरपाड़ा अभिभाषण

मुझसे जब इस सभा में कुछ कहने के लिए अनुरोध किया गया था, तब मुझको हिन्दूधर्म पर कुछ कहने की इच्छा हुई थी। किन्तु अब मैं बता नहीं सकता कि उस विषय में कुछ कहूँगा कि नहीं, क्योंकि यहाँ मेरे जी में कुछ और ही बात कहने की तरंग उठ रही है। वह बात कारागार में रहते समय मुझसे कही जाती थी। वही बात मुझे सम्पूर्ण भारतीय जाति से

---

१. **उपेन्द्रनाथ बैनर्जी ने अमर को अरविन्द के सम्मुख उपस्थित किया। श्री अरविन्द ने अमर से कहा—"तुम अपने को ईश्वरार्पण कर दो। ईश्वर और जगज्जननी की शपथ लेकर भारत की सेवा में लग जाओ। तुम्हारे लिए यही मेरी दीक्षा है। अमर ने लिखा है—उस दीक्षा ने मेरा जीवन बदल दिया। सारे भय, सारे मोह-बन्धन मुझसे अलग हो गए।"—लाइफ ऑफ श्री आरबिन्द, पृ० १०७।**

कहनी है। वस्तुतः उसी बात को अपनी जाति से कहने के लिए मैं कारागार से छूटकर आया हूँ।

वर्ष भर से कुछ अधिक हुआ, मैं अन्तिम बार जब इस सभा में आया था, तब भारत की राष्ट्रीयता के एक धुरन्धर अग्रदूत मेरी बगल में बैठे हुए थे। वे उस समय अपने भगवत्-निर्दिष्ट एकान्तवास से छूटकर आये थे। भगवान की पवित्र वाणी सुनने के लिए ही उनके उस एकान्त कारागार की व्यवस्था हुई। आप लोगों में से सैकड़ों सहस्रों महाशय सम्मिलित होकर उनका स्वागत करने के लिए उपस्थित हुए थे। अब वे बहुत दूर, हमसे हजारों मील दूर पर विराज रहे हैं। मैंने एक वर्ष एकान्त में बिताया है। अब बाहर आकर देख रहा हूँ कि पहले की सभी बातें बदल गयी हैं। देश एक बड़े भारी तूफान से गुजर रहा है। एक सज्जन जो सदैव मेरे साथ रहते थे, मेरे हर काम में सम्मिलित होते थे, ब्रह्मदेश में देश निकाले की कैद झेल रहे हैं।[१] दूसरे उत्तर भारत में नजरबन्दी का दुःख भोग रहे हैं।[२] जब मैं कारागार से छूटकर आया, तब इधर-उधर देखा, जो लोग सदैव मेरे साथ रहते थे, प्रेरणा और सम्मति के लिए जिनकी ओर मैं ताकता था, उनको देखने के लिए इधर-उधर दृष्टि दौड़ाई, किन्तु वे न मिले। इससे भी कुछ अधिक ही घटा है। जब मैं जेल गया था, तब मैंने सम्पूर्ण देश को वन्देमातरम् की गर्जना से सजीव देखा था। सम्पूर्ण देश में राष्ट्रीयता की सजीव आशा धड़क रही थी। वह आशा अवगति की दशा से उठे हुए करोड़ों मनुष्यों की बड़ी ही प्यारी आशा थी। जब मैं जेल से छूटकर आया, तब पुनः उसी ध्वनि को सुनना चाहा, किन्तु उसकी जगह सर्वत्र मौन का राज्य देखा। एक सकता देश पर छा गया है।

सभी कुछ स्तब्ध प्रतीत हो रहा है। लगता है कि अचानक हमारी आँखों के सामने से भविष्य की आशाओं से भरा ईश्वरीय क्षितिज तिरोहित हो गया है। अब हमारे सामने मानवीय निराशा और क्षोभ के काले बादल मँडरा रहे हैं। कोई भी नहीं जानता कि किधर चलें। सब ओर से एक प्रश्न उठ रहा है कि हम क्या करें, अब क्या करना चाहिए।

मैं नहीं जानता कि अब किधर चलना चाहिए। अब क्या करना चाहिये, किन्तु मैं इतना जानता हूँ कि भगवान् की अनन्तशक्ति ने वह ध्वनि उठाई थी, वह आशा झलकाई थी और यह उन्हीं की इच्छा है जिसके कारण सर्वत्र मौन छा गया है। जो जय-जयकार और नारों के बीच था, वही चुप्पी और मौन के बीच भी है। उसने ऐसा इसलिए किया है कि यह राष्ट्र एक क्षण अन्तरस्थ होकर अपनी और ईश्वरीय इच्छा को ठीक से पहचान सके। इस मौन-साधन को देखकर मैं निराश नहीं हुआ हूँ। क्योंकि मौन-साधन का अभ्यास मुझको है और वर्ष भर की लम्बी कैद ने मौन और चुप्पी के भीतर से इस चीज को देखने की मुझे शिक्षा दी है। जब विपिनचन्द्र पाल जेल से लौटे, वे एक सन्देश लेकर आये। वह सन्देश ईश्वरीय प्रेरणा से भरा था। मुझे वह भाषण याद है। एक ऐसा भाषण था जो उतना राजनीतिक नहीं था जितना धार्मिक था। उन्होंने जेल में अपने ईश्वरीय अनुभवों की बातें कहीं, हम सबके भीतर विद्यमान ईश्वर के विषय में कहा। पूरे राष्ट्र में विद्यमान ईश्वर के विषय में कहा। उन्होंने बाद के अपने अनेक भाषणों में इस आन्दोलन के पीछे क्रियारत किसी महत्तर शक्ति की चर्चा की।

---

१. तिलक।

२. लाला लाजपत राय।

मैं भी वैसे ही आज आपसे जेल से छूटकर मिला हूँ तथा उत्तरपाड़ा के वे ही लोग आज सर्वप्रथम मेरा स्वागत कर रहे हैं। यह राजनीतिक सभा नहीं है। यह हमारे धर्म की रक्षा के लिए है। विपिनचन्द्र पाल को सन्देश बक्सर जेल में मिला। मुझे ईश्वर ने वही अलीपुर जेल में दिया। मुझे अलीपुर जेलखाने में वर्ष भर की लम्बी कैद में भगवान् हर घड़ी सन्देशा देते थे। उसी सन्देशे को उन्होंने मुझे छूट आने पर आपको सुनाने के लिए आज्ञा दी है।

मैं जानता हूँ कि छूटकर जाऊँगा। वर्षभर का एकान्त मेरी शिक्षा का वर्ष था, अन्यथा मुझे जेल में ईश्वरीय प्रयोजन से अधिक समय के लिए बन्द रखने की सामर्थ्य किसमें हो सकती थी। भगवान् ने आपसे कहने के लिए मुझमें अपनी वाणी डाल दी है और यहाँ करने के लिए उन्होंने काम बता दिया है। जब तक मैं उनके वचन सुना न लूँ, किसकी सामर्थ्य है कि मुझे मौन कर दे? जब तक उनका बताया हुआ काम कर न लूँ, किसमें यह सामर्थ्य हो सकती है, उनके माध्यम यंत्र को, चाहे वह कितना भी कमजोर क्यों न हो, कार्य करने से रोक दे? अब जब मैं बाहर आया हूँ, इन कुछ मिनटों में भगवान् ने अपनी वाणी कहने की आज्ञा मुझे दी है, मेरे जी में जो बात चुभी हुई थी, उसे वे भगवान् मेरे मन से निकालकर बाहर कर रहे हैं। उन्हीं की आज्ञा से, उन्हीं के दबाव से मैं यह भाषण कर रहा हूँ।

जब मैं गिरफ्तार हुआ, जब मैं लाल बाजार की हवालात में डाला गया, मैं भगवान् का भीतरी अभिप्राय जान नहीं सका था। क्षणभर के लिए मैं आगा-पीछा करने लगा। मैंने उनसे चिल्लाकर पूछा था कि "भगवान्! यह क्या हुआ?" मुझे विश्वास था कि जब तक मैं उनका काम न कर लूँ, तब तक मैं उनकी रक्षा के अधीन हूँ। फिर मैंने सोचा कि मैं कैसे यहाँ लाया गया। उस समय अन्त में मेरे हृदय में यह वाणी आयी कि चुप होकर देखो कि क्या होता है। बस, मैं शान्त हुआ और चुपचाप सब देखने लगा। मैं लाल बाजार हवालात से अलीपुर जेलखाने पहुँचाया गया। एक मास के लिए मैं और लोगों से अलग कालकोठरी में डाला गया। मैं दिन-रात भगवान् की वाणी सुनने की, मुझे क्या करना होगा, यह जानने की अपेक्षा करने लगा। उस एकान्त में पहले पहल मेरे हृदय में यह वाणी डाली गयी। मुझे आदेश हुआ कि चुपचाप एकान्त में रहो। अपने हृदय में स्थित भगवान् में रमते रहो। मैं दुर्बल था। उस आदेश को मानना मुझसे नहीं बना। जो काम मैं करता था, वही मुझे प्रिय लगता था। इसलिए अहंकारवश मैं विचारने लगा कि उस काम से मेरा अलग होना कतई ठीक नहीं है। भगवान् की वाणी पुनः सुनाई पड़ी। उन्होंने कहा कि जिस बन्धन को तोड़ने की तुझमें सामर्थ्य नहीं है उसे मैंने तोड़ दिया है। क्योंकि उस बन्धन को अधिक दिन स्थिर रख सकना मेरी इच्छा के विरुद्ध है। तेरे इस मोह को तोड़ने के लिए ही मैं तुझे यहाँ ले आया हूँ। तुझसे मुझे एक दूसरा कार्य कराना है, उसी के लिए मैं तुझे यहाँ ले आया; क्योंकि बाहर रखकर अपने से तू वह नहीं सीख सकता था और न तो तू मेरे काम लायक बन सकता था। बस, उन्होंने मेरे हाथ में गीता धर दी। गीतोक्त साधना में लग गया। गीता को बौद्धिक ढंग से समझ लेना ही मेरा काम नहीं था, बल्कि वह अनुभवगत सामर्थ्य पाना, जो श्रीकृष्ण अर्जुन से या भगवान् का कार्य करनेवालों से अपेक्षा रखते हैं।

ईश्वर का कार्य करने के लिए आदमी को आशा-निराशा से अलग होना होगा, उसके लिए सिर्फ निष्काम भाव से बिना फल की इच्छा के कार्य करना होगा, अपनी इच्छाओं को छोड़कर सिर्फ उसकी इच्छा का समर्पित माध्यम बन जाना होगा, उसके हाथ का खरा और सच्चा यंत्र, जो ऊँच और नीच में, शत्रु-मित्र में, सफलता-विफलता में कोई भेद नहीं करता, तो

भी भगवान् के कार्य को पूरा करते रहने में कहीं से भी शिथिलता या लापरवाही नहीं आने देता। मैं अनुभव करने लगा कि हिन्दूधर्म का अर्थ क्या है। हम हिन्दूधर्म, सनातन धर्म की बात कहा करते हैं, किन्तु बहुत थोड़े ही लोग उसका अभिप्राय समझते हैं।

दूसरे धर्म, कौल और विश्वास के धर्म हैं, सनातन धर्म जीवन है। यह उतना विश्वास करने की चीज नहीं है, जितना जीने की चीज है। सनातन धर्म मनुष्यत्व-प्राप्ति और बन्धन से मुक्ति का धर्म है। पृथ्वी भर में फैलाने के लिए वह महान धर्म हमको मिला है। पृथ्वी भर को उसे अर्पण करने के लिए ही हिन्दुस्तान जाग रहा है। उसका जागरण दूसरे देशों के उठ खड़े होने की तरह नहीं है। दूसरे देश उठते हैं, दुर्बल लोगों को पैरों से कुचल डालने के लिए। हिन्दुस्तान उठ रहा है, पृथ्वी भर में धर्म की पवित्र ज्योति फैलाने के लिए। भारत का अस्तित्व हमेशा मानवता के लिए रहा है, अपने लिए नहीं और इसीलिए यह जरूरी है कि वह अपने लिए नहीं, बल्कि मानवता के लिए महान् बने। इसलिए पहले भगवान् के हिन्दूधर्म के केन्द्रस्थित सत्य का अनुभव मेरे हृदय में डाल दिया। उन्होंने मुझे क़ैद करनेवालों का हृदय मेरी ओर फेर दिया। जेलखाने का भार जिस अंग्रेज पर था, उसे मेरे क़ैद करनेवालों ने बताया कि यह आदमी कालकोठरी की यन्त्रणा सह रहा है और न हो तो इसे सबेरे और शाम को आधा घण्टा अपनी कोठरी के बाहर टहलने दो।

उन्होंने वैसा ही प्रबन्ध कर दिया। मैं टहलने लगा। टहलते समय भगवान् की शक्ति मेरे भीतर प्रविष्ट हो गयी। मैंने देखा कि जेल की ऊँची दीवालों में, जिन्होंने मुझे मानव जाति से अलग कर रखा था, मैं क़ैद नहीं हूँ। स्वयं वासुदेव सर्वत्र मुझे घेरे हुए हैं। मैं एक वृक्ष की शाखाओं के नीचे छाया में टहल रहा था, मैंने देखा कि पेड़ नहीं है, वह तो स्वयं वासुदेव हैं।

श्रीकृष्ण वृक्ष बनकर मुझे धूप से बचा रहे हैं। मैंने क़ैदखाने के सींखचों की ओर देखा। पहरा देने वाले को देखा। वह पहरेदार नहीं, वासुदेव थे। वे नारायण ही थे, जो पहरा दे रहे थे और संतरी की तरह मेरे दरवाजे पर खड़े थे। जब मैं जेल में प्राप्त रूखे कम्बलों पर लेटा तो अनुभव हुआ कि मैं श्रीकृष्ण की, अपने प्रेमी और मित्र की भुजाओं में लिपटा हुआ हूँ।

मुझे यह प्रथम दर्शन मिला, प्रतीति मिली। मैंने जेलखाने के कैदियों को देखा, चोरों को, हत्यारों को, ठगों को और जब मैंने उन्हें देखा, वे नारायण थे, वासुदेव थे, जो इन तमस्-पूर्ण ग़लत कार्यों के लिए इस्तेमाल किए गए शरीरों में विद्यमान थे। इन चोरों और डाकुओं में कई ऐसे थे, जो अपनी सहानुभूति, कृपालुता और मानवीयता के द्वारा मुझे लज्जित कर देते थे। उनके भीतर के ये गुण प्रतिकूल परिस्थितियों के भीतर भी विजयी होकर विद्यमान थे। इनमें से एक व्यक्ति को मैंने खासतौर से देखा, जो मुझे महात्मा जैसा लगा। वह अपने राष्ट्र का एक किसान था। वह न लिखना जानता था, न पढ़ना जानता था, वह एक अभियुक्त डाकू था, जो दस वर्ष सख्त कैद की सजा भोग रहा था। वह उन्हीं में से एक था, जिन्हें हम बड़प्पन के अहंकार में ''छोटा लोग'' कहकर दुत्कारते हैं।

एक बार पुनः श्रीकृष्ण ने कहा—''देख, यह है वह जनता, जिसमें तुझे ले आया हूँ। मैंने इन्हीं के बीच तुझे भेजा, ताकि तू मेरा छोटा कार्य कर सके। यही राष्ट्र का सच्चा रूप है, इन्हें देख और उस उद्देश्य को समझ, जिसके लिए मैं इन्हें जगा रहा हूँ।''

जब छोटी अदालत में मुकदमा शुरू हुआ और हम मजिस्ट्रेट के सामने लाए गए, मैं उसी अन्तरदृष्टि में डूब गया। उन्होंने मुझसे कहा—''जब तुम जेल में डाले गये, क्या तुमने हृदय से

निराश होकर नहीं कहा था कि हे ईश्वर, तेरी वह कृपा कहाँ गई? देख, सामने मजिस्ट्रेट को, देख सरकारी वकील को।'' मैंने उन्हें देखा, वहाँ मजिस्ट्रेट नहीं था, वासुदेव थे, वहाँ न्याय-पीठ पर नारायण विराजमान थे।

मैंने सरकारी वकील को देखा, वह सरकारी वकील नहीं, श्रीकृष्ण थे। वहाँ मेरा प्रेमी और मित्र बैठा मुस्करा रहा था—''क्या तुझे अब भी भय है?'' उन्होंने कहा, ''मैं सभी आदमियों में स्थित हूँ, मैं उनके वचन और कार्यों का नियन्ता हूँ। मैं अब भी तेरी रक्षा कर रहा हूँ, तू डर मत। यह मुकदमा जो तेरे खिलाफ लाया गया है, उसे मेरे हाथ में छोड़ दे। यह तेरे बस का नहीं है। मुकदमे के लिए मैं तुझे नहीं लाया, किसी और काम के लिए तुझे यहाँ ले आया हूँ। मुकदमा मेरे कार्य करने का एक तरीका मात्र है। इससे अधिक कुछ नहीं।''

बाद में जब मुकदमा शुरू हुआ, मैंने अपने वकील के लिए बहुत से निर्देश लिखने शुरू किये। गवाहियों में क्या गलत है और किन चीजों के बारे में गवाहों से खोद-विनोद करना चाहिए। तभी एक ऐसी घटना घटी जिसकी मुझे कभी संभावना भी नहीं थी। मेरे बचाव के जो प्रबन्ध किए गए थे, वे अचानक बदल दिए गए। एक दूसरे बैरिस्टर मेरे बचाव के लिए उठ खड़े हुए। अचानक आए, वे मेरे मित्र थे, पर मैं नहीं जानता था कि वे आयेंगे। आप सभी लोग उनका नाम जानते हैं, जिन्होंने उस वक्त हमेशा के लिए दूसरे कार्यों से नाता तोड़ लिया, अपनी प्रैक्टिस छोड़ दी। दिन-प्रतिदिन आधी रात तक जाग-जाग कर काम करके उन्होंने मेरे बचाव के लिए अपनी सेहत बिगाड़ ली। वे थे श्रीयुत चितरंजनदास।

जब मैंने उन्हें देखा, मुझे संतोष हुआ। पर मैंने उन्हें भी जरूरी निर्देश लिखने का विचार किया। तभी अन्तर से आवाज आई, ''यही आदमी है वह, जो तुझे बचाएगा, तुम्हारे पैरों में पड़ी बेड़ियाँ छुड़ायेगा। वे कागज अलग रख दो। वह तुम नहीं हो जो उसे निर्देश दोगे। मैं निर्देश दूँगा।''

उस वक्त से मैंने एक शब्द नहीं कहा और यदि कभी कोई सवाल पूछा गया तो मैंने पाया कि मेरे उत्तर मेरे बचाव में सहायक नहीं हुए। मैंने सारा कुछ उनके हाथ में छोड़ दिया और उन्होंने सारा भार अपने ऊपर ले लिया। नतीजा आप सब लोग जानते हैं। मैं हमेशा जानता था कि ईश्वर मेरे लिए क्या कर रहे हैं, क्योंकि मैं बार-बार भीतर से यह आवाज सुनता—''मैं उसका पथप्रदर्शन कर रहा हूँ, तू चिन्ता न कर। तू अपने काम में लग जा, जिसके लिए मैं तुझे जेल में ले आया। और याद रख, जब तू जेल से बाहर निकले, कभी डरना मत, क्योंकि चाहे जो भी घटाएँ घिरें, चाहे जो भी खतरे और कठिनाइयाँ आएँ, असंभव-से लगते काम हों, तो भी कुछ भी असंभव नहीं है, कुछ भी कठिन नहीं है। याद रख, यह मैं हूँ जो सब कुछ कर रहा हूँ। करने वाला न तू है, न कोई दूसरे हैं। मैं ही राष्ट्र में व्याप्त हूँ। मैं ही उसके जागरण में व्याप्त हूँ। मैं वासुदेव हूँ, मैं नारायण हूँ। मैं जो चाहूँगा, वही होगा, दूसरों का चाहा नहीं होगा। मैं जो कुछ लाने की सोच रहा हूँ, कोई मानवीय शक्ति उसे रोक नहीं सकती।''

इसी बीच वे मुझे एकान्त से हटाकर उन लोगों के बीच ले आए, जो मेरे ही साथ जेल आये थे। आपने आज मेरे आत्म-त्याग की बहुत प्रशंसा की है, मेरी देशभक्ति को बहुत सराहा है। मैं इस तरह की कृपापूर्ण प्रशंसाएँ लगातार सुन रहा हूँ, जब से जेल से आया हूँ। पर मैं इन्हें जभी सुनता हूँ, संकोच का अनुभव करता हूँ, एक पीड़ा का भी। क्योंकि मैं अपनी दुर्बलता को भलीभाँति जानता हूँ। मैं अपनी ही त्रुटियों और अंधवृत्तियों का शिकार होता रहा हूँ। मैं उनसे पहले भी अनजान नहीं था। और जब वे सभी एक साथ कालकोठरी में उठीं, मैंने उन्हें पूरा

का पूरा अनुभव किया। तब मैंने जाना कि मैं एक कमजोरियों का ढेर हूँ। एक त्रुटिपूर्ण और अपूर्ण यन्त्र हूँ। मैं मजबूत तभी लगता हूँ जब एक उच्चतर शक्ति मेरे भीतर उतरती है। जब मैं इन नौजवानों के बीच आया और इनमें से कइयों के भीतर,जब मैंने सशक्त साहस और आत्म-बलिदान का भाव देखा तो मुझे लगा कि उनकी तुलना में मैं कुछ नहीं हूँ। मैंने देखाकि इनमें से दो एक सिर्फ चरित्र और शक्ति में ही नहीं, जिसमें और भी बहुतेरे थे, बल्कि बौद्धिक क्षमता में भी, जिसका मुझे गर्व था, मुझसे बेहतर थे। तभी उन्होंने (श्रीकृष्ण) कहा—"देख, यह है नई पीढ़ी, नया और शक्तिशाली राष्ट्र, जो मेरे आदेश से जाग रहा है। ये तुझसे महान् हैं। फिर तुझे भय किस बात का? यदि तू किनाराकशी कर ले या सो जाए तो भी मेरा काम होकर रहेगा। यदि तू कल एक ओर फेंक दिया जाए, तो यहाँ हैं वे नौजवान जो तुम्हारा काम उठा लेंगे। और जैसा तूने किया है उससे कहीं ज्यादा शक्ति के साथ इसे पूरा करेंगे। तुम्हें मैंने थोड़ी-सी शक्ति दी है राष्ट्र के नाम पर सन्देश पहुँचाने के लिए, जो उनके जागरण में सहायक होगी। यही दूसरी चीज थी, जो उन्होंने मुझसे कही।

तभी अचानक एक घटना घटी और मैं कालकोठरी के अज्ञातवास में डाल दिया गया। उस समय मेरे साथ क्या-क्या घटा, मैं उसे कहने की इच्छा नहीं रखता। पर इतना जरूर कहूँगा, दिन पर दिन भगवान् मुझे अपना चमत्कार दिखाने लगे। उन्होंने मुझे हिन्दू धर्म की सच्चाई अनुभव कराई। तब मेरे मन में अनेक शंकाएँ थीं। मैं इंग्लैण्ड में विदेशी भावों और वातावरण के बीच में पला हूँ। मैं हिन्दू धर्म को कल्पना, स्वप्न और व्यर्थ की सामग्री और माया समझता था। मैं विचारता था कि उसमें कुछ भी सच्चाई नहीं है। मैं एकान्तवास के समय शरीर, मन और हृदय में हिन्दूधर्म की सच्चाई अनुभव करने लगा। वह मेरे लिए सजीव सत्य बन गया। मेरे लिए ऐसे-ऐसे विषय उभारे गये, जिन्हें कोई भी भौतिक विज्ञान समझा नहीं सकता। भगवान् की शरण में पहुँचा तब ठीक-ठीक भक्ति के अनुभव से नहीं पहुँचा और न ज्ञान के अनुभव से ही पहुँचा। बहुत दिन पहले जब स्वदेशी आन्दोलन का आरम्भ भी नहीं हुआ था, मैं बड़ौदा में रहते समय भगवान् की ओर खिंचा; पर तुरन्त जनता के कार्यों में लग गया। उस समय मेरे हृदय में भगवान् पर वैसा विश्वास भी नहीं था। उस समय मेरे व्यक्तित्व में तार्किक था, नास्तिक था और सन्देहालु जीव भी था। मुझे इस बात तक में विश्वास न था कि कोई ईश्वर होता है। मैं उसकी उपस्थिति से अनजान था। फिर भी कोई चीज थी जो मुझे वेदों की ओर, गीता के सत्य की ओर, हिन्दू धर्म के तथ्य की ओर खींच ले गयी। मैंने सोचा कि इस योग-विद्या में कहीं-न-कहीं सत्य होगा। इस धर्म का एक ऐसा शक्तिशाली सत्य, जो वेदान्त पर टिका है। मैं योग की ओर मुड़ा और मैंने प्रण करके अभ्यास शुरू किया; ताकि जान सकूँ कि मेरी धारणाएँ कहाँ तक सही हैं। मैंने यह सब भगवान् के प्रति इस प्रार्थना और भाव के साथ शुरू किया, "यदि तू है तो मेरे हृदय को जानता है। तू जानता है कि मैं मुक्ति नहीं चाहता। मैं वह नहीं माँगता जो दूसरे माँगते हैं। मैं तुझसे केवल वह शक्ति माँगता हूँ जिससे इस राष्ट्र को उन्नत बनाया जा सके। मैं केवल इस जनता के लिए, जिसे मैं प्यार करता हूँ, जीने और कार्य करने की अनुज्ञा चाहता हूँ। मेरी प्रार्थना है कि मेरा सारा जीवन इसकी सेवा में व्यतीत हो।" मैंने योग की संसिद्धि के लिए लम्बा प्रयत्न किया और अन्ततः कुछ पाया भी, किन्तु जिसे मैं अधिक चाहता था, उसी से संतुष्ट न हो सका। जेल की तन्हाई में मैंने पुनः प्रार्थना की, "मुझे अपना आदेश दो, मैं नहीं जानता कि मुझे क्या करना है और कैसे करना है। मुझे सन्देश दो।" योगावस्था में मुझे दो आदेश प्राप्त हुए। पहला आदेश था, मैंने तुम्हें एक कार्य

सौंपा है, वह है इस राष्ट्र को उठाना। थोड़े समय बाद ही तुम जेल से बाहर जाओगे। क्योंकि मेरी इच्छा नहीं है कि इस बार तुम्हें सजा मिले या तुम देश के लिए पीड़ा सहते हुए दूसरों की तरह समय गँवाओ। मैंने तुम्हें एक कार्य के लिए यहाँ बुलाया है। यही मेरा आदेश है कि तुम जाकर मेरा कार्य करो।

दूसरा संदेशा यह आया—''तुम्हारे इस एकांतवास के वर्ष में तुम्हें कुछ दिखाया गया है। कुछ ऐसा जिसमें तुम्हें सन्देह था। वह हिन्दू धर्म की सच्चाई है। उसी सच्चाई को मैं पृथ्वी के सम्मुख प्रकट करना चाहता हूँ। उसी सच्चाई को मैंने ऋषियों, सन्तों और अवतारों के द्वारा पूर्णता को पहुँचा दिया है। अब यह धर्म सभी राष्ट्रों के बीच मेरा कार्य करने के लिए भेजा जायेगा। मैं अपनी वाणी संसार में फैलाने के लिए इस जाति को जगा रहा हूँ। यही सनातन धर्म है, यही अविनाशी धर्म है, जिसे तुम पहले नहीं जानते थे और जिसे मैंने तुम पर प्रकट किया है। मैंने तुम्हें ऐसे प्रमाण दिये हैं जिनसे तुम्हारे भीतर के तार्किक और नास्तिक चुप हो गए हैं; क्योंकि मैंने तुम्हारे भीतर से और तुम्हारे बाहर से ऐसे प्रमाण दिये हैं, भौतिक और व्यक्तिगत दोनों, जिनसे अब तुम पूर्ण रूप से कायल हो गये हो। जाओ, अपनी जाति में जाकर तुम यह वाणी सुनाओ कि सनातन धर्म के लिये ही तुम्हारी जाति जाग रही है। सुनाओ कि पृथ्वी में सनातन धर्म की महिमा प्रचार करने के लिए ही तुम्हारी जाति खड़ी हो रही है। मैं तुम्हें पृथ्वी के उपकार के लिए स्वतन्त्रता देता हूँ। तुम जाओ और संसार को यह संदेशा सुनाओ कि जब हिन्दुस्तान के जागरण की बात कही जाती है तब सनातन-धर्म के जागरण की बात कही जाती है। जब हिन्दुस्तान की बड़ाई की बात कही जाती है, तब सनातन धर्म की बड़ाई ही गायी जाती है। जब हिन्दुस्तान की वृद्धि की बात कही जाती है तब संसार में सनातन धर्म की वृद्धि ही समझाई जाती है। जब भारत के विकास और विस्तार की बात कही जाती है तब सनातन धर्म के विकास और विस्तार की बात कही जाती है। केवल धर्म के लिए और धर्म के द्वारा भारत का अस्तित्व है। धर्म की महिमा से ही भारत की महिमा है। मैं तुम्हें दिखा चुका हूँ कि मैं सर्वत्र विद्यमान हूँ। मैं केवल उन्हीं में काम कर रहा हूँ, जो देश के लिए प्रयत्न कर रहे हैं, मैं उनमें भी काम कर रहा हूँ, जो उनके मार्ग में बाधा डाल रहे हैं। मैं हर आदमी में काम कर रहा हूँ क्योंकि सभी लोग काम करने वाले और बाधा देनेवाले भी मेरा ही काम कर रहे हैं। सभी कार्यों में लगे हुए भी तुम लोग नहीं जानते कि किस पथ से तुम चल रहे हो। करना कुछ चाहते हो, होता कुछ है। तुम परिणाम कुछ चाहते हो उसका उल्टा नतीजा दिखाई पड़ता है। मेरी शक्ति भेजी जा चुकी है और जनता में प्रविष्ट हो गई है। बहुत दिनों से मैं उसकी तैयारी कर रहा था और अब समय आ गया है और यह मैं हूँ जो उन्हें अभीष्ट की ओर ले जाऊँगा। यही संदेश है जो तुम्हें देना चाहता हूँ।

आपकी सभा का नाम धर्म रक्षिणी सभा है। अतः हिन्दू धर्म की रक्षा और विश्व के सामने उसका उदय हमारा अभीष्ट है। हिन्दू धर्म क्या है? सनातन कहा जानेवाला यह धर्म क्या है? यह हिन्दू धर्म है; क्योंकि इसे ही हिन्दू राष्ट्र ने स्वीकार किया है, इस उपमहाद्वीप में समुद्र और हिमालय के बीच के एकान्त क्षेत्र में यही उत्पन्न हुआ है और यही धर्म इस पुराने और पवित्र देश में आर्य जाति को युग-युगांतर तक रक्षा के लिए सौंपा गया है; किन्तु यह किसी एक देश की सीमा में बद्ध होने के लिए नहीं आया है, यह हमेशा-हमेशा के लिए इसी सीमित क्षेत्र में बँधे रहने के लिए नहीं आया है। हम जिसे हिन्दू धर्म कहते हैं वह सनातन धर्म है, क्योंकि वह वैश्विक धर्म है जो सभी को अपने में मिला लेता है। यदि धर्म

वैश्विक नहीं है, तो सनातन नहीं हो सकता। एक संकुचित धर्म, एक साम्प्रदायिक धर्म मात्र, कुछ लोगों में सीमित धर्म, सिर्फ सीमित समय के लिए सीमित प्रयोजन के लिए जीवित रह सकता है। यही एक धर्म है जो भौतिकवाद पर विजय पा सकता है, क्योंकि इसी में वह क्षमता है कि वह विज्ञान की खोजों और आगामी संभावनाओं को और दर्शन की धारणाओं को आत्मसात् कर ले। यही एकमात्र धर्म है जो मानव जाति को ईश्वर के निकट ले जाता है और अपने घेरे में वे सभी भिन्न-भिन्न रास्ते समेट लेता है जो ईश्वर की ओर ले जाते हैं। यह वही धर्म है जो हर क्षण इस सत्य पर जोर देता है, जिस पर सभी धर्मों का विश्वास है कि ईश्वर सभी मनुष्यों में है, पदार्थों में है और हम उसी में अपना जीवन धारण करते और उसी में जीते हैं। यही एकमात्र धर्म है जो सत्य को समझना और उसमें विश्वास करना सिखाता है। यही है जो अपने अस्तित्व के हर हिस्से द्वारा उस सत्य को हृदयंगम करने का उपाय बताता है। यही एकमात्र धर्म है जो संसार को बताता है कि संसार क्या है? संसार वासुदेव की लीला है। यही धर्म है जो सिखाता है कि उस लीला में हम अपनी भूमिका सबसे अच्छे तरीके से किस प्रकार अदा कर सकते हैं। यही धर्म है जो जीवन के छोटे-से-छोटे अंश को भी धर्म से अलग नहीं करता। यही धर्म है जो जानता है कि अमरता क्या है और इसी ने हमारे हृदय से मृत्यु के भय को निकाल बाहर किया है।'' यही वचन थे, जो मुझे दिये गये। ये ही वचन मैं आपको सुनाने आया हूँ।'' जो मुझे कहने को कहा गया, कह चुका, इससे अलग मुझे और कुछ नहीं कहना है। मैंने कभी इसी शक्ति को प्राप्त करके कहा था कि यह आन्दोलन राजनीतिक आन्दोलन नहीं है, राष्ट्रीयता राजनीति नहीं है; धर्म है, कर्म है। मैं आज फिर वही कह रहा हूँ। परन्तु अब मैं इसे दूसरे ढंग से कहना चाहता हूँ। अब मैं यह नहीं कहता कि राष्ट्रीयता धर्म है, कर्म है, विश्वास है। मैं अब कहता हूँ कि राष्ट्रीयता सनातन धर्म है जो हमारे लिए राष्ट्रीयता है। यह हिन्दू राष्ट्र सनातन धर्म के साथ अस्तित्व में आया, वही इसे परिचालित करता है, वही इसे विकसित करता है। जब सनातन धर्म च्युत होता है, तब राष्ट्र च्युत होता है और यदि सनातन धर्म नष्ट होने की चीज होगा तो यह राष्ट्र भी नष्ट हो जायेगा। सनातन धर्म राष्ट्रीयता है। यही वह सन्देशा है, यही कहने मैं आया था।[१]

श्री अरविन्द के भाषण ने उपस्थित जन-समुदाय को मंत्र-विमुग्ध कर लिया। यह भाषण राष्ट्रीयता की नई व्याख्या था और इसने धर्म की नई परिभाषा प्रस्तुत की। इस भाषण ने, सनातनधर्म की युगानुरूप परिवर्तित होने की क्षमता तो दिखायी ही, उसे भारत के सीमित क्षेत्र से यानी अपने चारों क्षितिजों से निकाल कर पाँचवें क्षितिज की यात्रा का नया संदेश भी दिया। यह भाषण ईश्वरीय वचन की पवित्रता से पूर्ण प्रखर और दीप्त तो था ही, कारागार में वासुदेव की सत्ता में निमज्जित वक्ता के व्यक्तित्व से जुड़कर ऐतिहासिक महत्त्व की चीज बन गया।

आध्यात्मिक राष्ट्रवाद का यह पहला दस्तावेज ऊपर-ऊपर से देखने से हिन्दुत्व को जोरदार ढंग से रेखांकित करता प्रतीत होता है, परन्तु इसके मर्म को समझने के इच्छुकों से यह छिपा नहीं रहेगा कि उस हिन्दुत्व को इस भाषण में कहीं अभ्यर्थना नहीं है जो संकुचित साम्प्रदायिकता से ग्रस्त है, जो आत्मखंडित और संकुचित है, जो विश्व को अपनी भुजाओं में

---

१. साप्ताहिक कर्मयोगी में जून, १९०९ में प्रकाशित उत्तरपाड़ा स्पीच, प्रथम संस्करण १९१९, श्री अरविन्द आश्रम। लेखक द्वारा प्रस्तुत अनुवाद। आश्रम ने भी एक अनुवाद छापा है।

समेटने की शक्ति नहीं रखता। यह भाषण उस हिन्दुत्व का विजयगान करता है जो विज्ञान की आधुनिकतम ही नहीं भविष्य उपलब्धियों को आत्मसात् करने की क्षमता रखता हो। जो पूरे विश्व के कल्याण के लिए अपने को समर्पित कर दे, ऐसा हिन्दुत्व जो संक्षेप में समता, विश्वबन्धुत्व और भेदभाव-विहीन मानवता तथा वैश्विक चेतना के बीच पूर्ण सक्षम सेतु का कार्य कर सके। यदि हिन्दू धर्म अपनी समूची अन्तर्निहित विशेषताओं के द्वारा वैश्विक धर्म नहीं बनता, कुछ व्यक्तियों तक सीमित एक साम्प्रदायिक धर्म मात्र रह जाता है, जो दिव्य शक्ति को अभीष्ट नहीं है, तो श्री अरविन्द यह मानते हैं कि यह सीमित समय तक सीमित उद्देश्यों के लिए ही जीवित रह सकता है। यानी ऐसे संकुचित धर्म के लिए जीवित रहने की संभावना नहीं के बराबर है। इसलिए श्री अरविन्द का उत्तरपाड़ा अभिभाषण एक ओर हिन्दूधर्म के भीतर आ गये कूड़ा-करकट को साफ करने की प्रेरणा देता है, जो इसकी शारीरिक बनावट में सदियों की परतंत्रता के कारण घुस गया है, तो दूसरी ओर वह इस धर्म को वैश्विक चेतना से समन्वित होकर विश्वजनीन मानवता के लिए अपनी ईश्वर-प्रदत्त भूमिका निभाने की भी प्रेरणा देता है, इसी दृष्टि से उत्तरपाड़ा का अभिभाषण आध्यात्मिक राष्ट्रीयता का बहुमूल्य दस्तावेज बन गया।

उत्तरपाड़ा की उस सभा में वकील अमरेन्द्र "उन्हें राशिभूत मालायें और हार अर्पित किये गये थे, अधिकांश चमेली की मालायें थीं। उन्होंने स्वभावानुकूल वे मालाएँ भाषण की समाप्ति पर वैसी ही पड़ी छोड़ दीं। एक बहुत ही शानदार और लम्बी माला, जिसे जमींदार के पुत्र मिछरी बाबू ने पहनायी थी, किसी ने चुरा ली। चुराना कहना ठीक न होगा, किसी ने उसे अवसर के प्रतीक के रूप में ले लिया, किसे अरविन्द को अर्पित माला लेने का लोभ न होगा। मिछरी बाबू बहुत क्रुद्ध हो गये। मैंने उन्हें समझाया कि ऐसे मौके पर ऐसा लोभ स्वाभाविक है।

दूसरे दिन मिछरी बाबू माला पा गये। पर अब वे शान्त हो चुके थे। माला ले जाने वाले से उन्होंने कहा—"जाओ और ईश्वर से क्षमा माँगो। मैं तो कब का क्षमा कर चुका हूँ।"

"कल यदि यह पकड़ में आ गया होता तो बुरी तरह पिटता, पर इसे क्या मालूम कि इस बीच लोहा सोने में बदल चुका है।

"तुम ठीक कहते हो," मिछरी बाबू बोले—"श्री अरविन्द के भाषण ने तुरन्त असर डाला।"

श्री अरविन्द के सम्पर्क में आने के बाद अमर को अनेक आध्यात्मिक अनुभूतियाँ प्राप्त हुईं जिन्हें वह 'हितवादी' के सम्पादक पंचकौड़ी बनर्जी को सुना दिया करता। पंचकौड़ी महाशय शास्त्र का वचन उद्धृत कर समझाते कि आध्यात्मिक अनुभूतियाँ किसी को सुनानी नहीं चाहिए। "मेरे गुरु शास्त्र-निर्माता हैं, वे उसके पिछलग्गू नहीं हैं।" अमर कहता।[१]

कर्मयोगी का धर्म

श्याम बाजार के श्यामपुकुर लेन के मकान नं० ४ में 'कर्मयोगी' और 'धर्म' के कार्यालय थे। ये दोनों पत्र परिवर्तित श्री अरविन्द की देन हैं। जैसा कि उनके सहयोगी श्री सुरेशचन्द्र चक्रवर्ती ने लिखा है—"स्पष्ट लगता था कि उनके लिखने के ढंग में एक परिवर्तन आ चुका

---

१. लाइफ ऑफ श्री अरबिन्दो, पृ० १२-१२४।

है। पहले जब वे 'वन्देमातरम्' के लिए लिखते थे, उनका लेखन मुख्यत: राजनीतिक किस्म का होता था। किन्तु 'कर्मयोगी' और 'धर्म ' के निबन्धों में किसी को भी एक गंभीरतर आन्तरिक उद्रेक दिखाई देगा। ऐसा लगता था कि अब वे भारत की अन्तरात्मा को ऊपर लाने की तैयारी कर रहे थे। अंग्रेजियत से प्रभावित माहौल में राजनीतिक पत्रकारिता के चिरपरिचित उथले और सतही रूप को चीरकर वे भारत की शाश्वत आत्मा को बाहर लाने के लिए प्रयत्नशील थे। अब राजनीति उनके लिए एक वसीला थी। किसी को भी इन रचनाओं में ऐसे तत्त्व मिल जायेंगे, जो उनके भविष्यत् पथ की ओर हल्का-सा संकेत देते जैसे दिखते हैं।

'कर्मयोगी' और 'धर्म' उत्तरपाड़ा भाषण में अभिव्यक्त ईश्वरीय आदेशों को पूरा करने के माध्यम थे। ये दोनों ही पत्र एक अंग्रेजी में, दूसरा बांग्ला में, पर जैसे ये एक दूसरे के पूरक हों और दोनों मिलकर भविष्यत् भारत के कर्मयोगियों के लिए धर्म की दीक्षा देने का काम कर रहे हों। इन पत्रों का स्वर राजनीति से रहित नहीं था, हो भी कैसे सकता था, जब कि उन्हें पूर्ण रूप से आश्वस्त किया जा चुका था कि इन समूचे राजनीतिक आन्दोलनों के पीछे वासुदेव ही क्रियारत हैं, तो भी इतना नि:संकोच कहा जा सकता है कि इनका तेवर उग्र राजनीतिज्ञ का न होकर एक गंभीर अन्तर्दृष्टि वाले कर्मयोगी का ही प्रतीत होता है।[१] 'कर्मयोगी' की मुख्य देन थी उग्रवादी दल की राजनीतिक धारणाओं और कार्यक्रमों को अधिक मजबूत और दृढ़ आधार प्रदान करना। राष्ट्रीयता, पूर्ण स्वराज्य, स्वदेशी, राष्ट्रीय शिक्षा और बहिष्कार जैसे कार्यक्रमों पर 'कर्मयोगी' में भी लगातार वे वैसे ही लिखते रहे, पर 'कर्मयोगी', उन्हीं के शब्दों में "एक साप्ताहिक पत्रिका न होकर राष्ट्रीय चिन्तन का पत्र होगा। हम दैनंदिन घटनाओं की उतनी ही नोटिस लेंगे, जितनी वे राष्ट्रीय जीवन के तथा राष्ट्रीय आत्मा के विकास में सहायक या बाधक होंगी। राजनीतिक और सामाजिक समस्याओं पर विचार करते वक्त हम हमेशा उनके आत्मिक स्रोत और आन्तरिक कारणों की जाँच पड़ताल करते हुए उनके आकार-प्रकार को समझने और समाधान प्रस्तुत करने का प्रयत्न करेंगे। उसी प्रकार हम राष्ट्र को शक्ति प्रदान करनेवाले सभी तत्त्वों का, चाहे वे प्राचीन हों या नवीन, समझ में आने योग्य विश्लेषण करेंगे ताकि वे हमारे जीवन का अंग बन सकें। ये तत्त्व निश्चय ही गतिमान होंगे, जड़ नहीं, रचनात्मक होंगे, रूढ़ग्रस्त नहीं, क्यों यदि सृजन नहीं है तो वहाँ विखण्डन होगा ही, यदि प्रगति और विजय नहीं है, तो अवनति और पराजय होगी ही।"[२]

'कर्मयोगी' कुल आठ महीने से अधिक नहीं चला, किन्तु इस छोटी-सी अवधि में ही उसनें पत्रकारिता को अभूतपूर्व दीप्ति से मंडित कर दिया। उपनिषदों के अनुवादों, कालिदास के 'ऋतुसंहार' तथा बंकिम के 'आनन्द-मठ' के कुछ अंशों के अंग्रेजी अनुवाद 'राष्ट्रीय शिक्षा पद्धति पर गंभीर चिन्तन,' 'ब्रेन आफ इंडिया' शीर्षक विचारोत्तेजक निबन्ध, कला का राष्ट्रीय मूल्य तथा 'कर्मयोगी' के आदर्श शीर्षक धारावाहिक निबन्धमाला ने 'कर्मयोगी' को अविस्मरणीय साप्ताहिक बना दिया।

उसी प्रकार 'धर्म' में उन्होंने बांग्ला भाषा में अनेक निबन्ध लिखे। इन बीस निबन्धों में धर्म और राष्ट्रीयता के विभिन्न पक्षों पर बहुत ही प्रेरणादायी और गंभीर चिन्तन प्रस्तुत किया गया, जो श्री अरविन्दाश्रम से 'धर्म और जातीयता' नाम से प्रकाशित हो चुका है। यहीं से श्री

---

१. रेमिनिसैंसेज, गुप्त और अमृता, पृ० १३२।

२. २९ जून, १९०९ के 'कर्मयोगी' के प्रवेशांक का 'हम लोग' शीर्षक सम्पादकीय।

अरविन्द का सक्रिय राजनीतिक जीवन समाप्त होता है।

वे निश्चित रूप से केवल पाँच वर्षों तक सक्रिय राजनीति में रहे। इन पाँच वर्षों में उन्होंने जो कुछ भी कार्य किये, उनका अनेक लोगों ने अनेक दृष्टिकोण से मूल्यांकन किया। प्रायः लोगों ने यह स्वीकार किया है कि वे उन सभी राष्ट्रीय कार्यक्रमों के पुरस्कर्ता और चिन्तक थे, जो बाद में कांग्रेस ने स्वीकार किये और जिनके द्वारा देश को स्वतंत्रता प्राप्त हुई। वे भारतीय राष्ट्रीयता के अग्रदूत थे। डॉ० एम० ए० बुश ने "द डेवेलपमेंट ऑफ़ कान्टम्परेरी इण्डियन थॉट्" में उनके 'राष्ट्रीयता' शीर्षक निबन्ध को गौरव के साथ संकलित किया है।

इस विषय पर विस्तृत शोध करने वालों में डॉ० कर्णसिंह का कार्य सबसे अधिक प्रामाणिक और स्वाध्यायपूर्ण है। डॉ० कर्णसिंह ने श्री अरविन्द के राजनीतिक चिन्तन की विशेषताएँ बताते हुए लिखा है—"उनकी आध्यात्मिक राष्ट्रीयता की धारणा ने भारतीय स्वाधीनता-संघर्ष को विशेष प्रकार की दीक्षा दी। उन्होंने पूर्ण स्वराज्य के आदर्श को प्रस्तुत करके राष्ट्रीय आन्दोलन को अपूर्व शक्ति, प्रेरणा और उग्रतावादी स्वभाव प्रदान किया। उन्होंने अवज्ञात्मक आन्दोलन और बहिष्कार के साथ-साथ ही आवश्यकता पड़ने पर सशस्त्र क्रान्ति का मार्ग खुला रखा। उनको इस विश्वास ने कि चूँकि भारत को स्वाधीन होकर विश्व के लिए लिए महत्त्वपूर्ण भूमिका अदा करनी है तथा मानव एकता के बारे में उनकी धारणाओं ने भारतीय राष्ट्रवाद को राष्ट्रीय सीमाओं को अक्रान्त करने की क्षमता प्रदान की।"[१] डॉ० कर्णसिंह यह स्वीकार करते हैं कि श्री अरविन्द के व्यक्तित्व में राजनीतिक चिन्तन और कार्यक्रमों को व्यवहार में उतारने वाले रणनीति-विशेषज्ञ की क्षमताएँ अपूर्व रूप में समन्वित थीं।[२] औरों की बात जाने दीजिए, एकदम नास्तिक कहे जाने वाले रूसी इतिहासकारों की ओर आइये। सोवियत यूनियन के एकेडमी ऑफ साइंसेज के इंस्टीट्यूट ऑफ़ पीपुल्स आफ़ एशिया' की ओर से आई० एम० रेज़नर और एन० एम० गोल्डबर्ग द्वारा सम्पादित ग्रंथ 'तिलक एण्ड स्ट्रगल फॉर इण्डियन फ्रीडम' बहुत महत्त्वपूर्ण माना जाता है। इस ग्रन्थ में अनेक स्थानों पर श्री अरविन्द के कार्यों को याद किया गया है। वैसे तो इस ग्रन्थ में चाहे तिलक हों, या अरविन्द, दोनों ही बोर्जुवा लोकतंत्रीय नेता ही माने गए हैं, जिन्हें भारत के अधिक मसलों के प्रति आवश्यक रूप से जागरूक नहीं कहा जा सकता; पर ई० एन० कामरोव ने प्रो० हरिदास मुखर्जी और उमा की पुस्तक 'श्री अरविन्दोज़ पोलिटिकल थॉट्स' से अंश उद्धृत किया है—"हम उग्रवादी प्राचीन से लड़ना नहीं चाहते बल्कि उसमें परिवर्तन चाहते हैं। व्यक्ति का परिवर्तन, वर्गगत तानाशाही की जगह वर्गगत शासन, स्वयं का शासन या स्वराज्य, उत्तराधिकार से प्राप्त स्वतोद्भूत लोकतंत्र विरोधी जातिवाद की जगह उदार लोकतंत्रीय वितरण, जो समाजवाद की आवश्यक माँग है।" मुखर्जी की पुस्तक में 'वन्देमातरम्' से लिया गया यह अंश पृ० १२८ पर दिया गया है। इसे 'कामाराव बोजुर्वा लोकतांत्रिक जागरण'[३] कहते हैं। समाजवाद पर आज नाना झगड़े हैं। शुद्ध क्या है, संशोधनवादी क्या है, इसके प्रपंच में जाना बेकार है; पर इतना सत्य है कि भारत में समाजवाद की चर्चा भी अरविन्द ने ही सर्वप्रथम की।

---

१. **प्राफेट ऑफ इण्डियन नेशनलिज्म, पृ० १६९।**

२. **वही, पृ० १४२।**

३. **तिलक एण्ड स्ट्रगल फार इण्डियन फ्रीडम, अंग्रेजी संस्करण, पीपुल्स पब्लिशिंग हाउस, दिल्ली, १९६६, पृ० ३१।**

'कर्मयोगी' और 'धर्म' कार्यालय में अर्थात् ४ श्यामपुकुर लेन के मकान में श्री अरविन्द प्रतिदिन शाम को पहुँचते थे। सुरेश चक्रवर्ती ने लिखा है, हम लोग, जो उस मकान में रहते थे, चाय नहीं पीते थे। किन्तु उनके आने की प्रतीक्षा में चाय के सामान वगैरह तैयार रखते। जब वे आते, एक प्याला चाय तथा उसी के साथ 'ग्रे स्ट्रीट' के नुक्कड़ की दुकान से लाई गई लूची, आलूदम और थोड़ा हल्वा उन्हें दिया जाता। अखबारों से संबंधित अपने कार्यों में वे व्यस्त हो जाते। फिर वहाँ से उठकर हमसे बातचीत करते और स्वत:चालित लेखन का दैनंदिन कार्यक्रम चलता रहता। उस वक्त वे तमिल पढ़ रहे थे। एक दक्षिण भारतीय सज्जन श्यामपुकुर निवास पर आया करते और उन्हें तमिल पढ़ाते। मुझे याद है, एक दिन वे अपना पाठ खत्म करके चौदह वर्षीय लड़के की तरह खिलखिलाते हुए हम लोगों से बोले—"क्या तुम लोग जानते हो कि पिरेन्टर नाट टट्टकोप्टा क्या चीज है?" हम अज्ञ की तरह चुप रहे। वे बोले—"ये हैं वीरेन्द्रनाथ दत्तगुप्त तमिल में। चूँकि तमिल में संस्कृत वर्णमाला के पंच वर्गों में केवल प्रथम और अन्तिम वर्ण ही होते हैं और चूँकि वह संस्कृत के तीन स्वरों को भी स्वीकार नहीं करती और न तो संयुक्त व्यंजनों को ही, इसलिए वीरेन्द्रनाथ दत्तगुप्त, पिरेन्टर नाट टट्टकोप्टा बन जाते हैं।"[१]

तमिल की पढ़ाई क्यों?" नलिनी बाबू ने लिखा है कि "उन्होंने एक दिन अचानक, व्यवस्था कर दी कि एक पंडित आया करेंगे और वे हम लोगों को प्रतिदिन एक घंटा हिन्दी पढ़ाया करेंगे। हिन्दी ने अपना साम्राज्यवादी रूप ले लिया है, संभवत: इसे वे पहले से ही जानते थे, इसलिए उन्होंने बहुत पहले से ही हमें इसके लिए तैयार करना शुरू कर दिया था।"[२]

नलिनी बाबू जिसे हिन्दी का साम्राजी स्वभाव कहते हैं, उसे ही श्री अरविन्द ने देश की एकता को बरकरार रखने वाला एक सर्वसम्मत चुनाव कहा था। उन्होंने लिखा था—"कांग्रेस में हम नाना प्रकार के स्तव स्त्रोतों के द्वारा जिस भारतमाता की पूजा करते थे, वह कल्पित थी, अंग्रेजों की सहचरी और प्रिय दासी थी। म्लेच्छ-भूषा सज्जित दानवी माया थी, वह हमारी माँ नहीं थी, उसके पीछे निविड़ स्पष्ट आलोक में छिपी हुई हमारी सच्ची माँ हमारे प्राणमन को आकर्षित करती थी। जिस दिन हम अखंड रूप से मातृभूमि का दर्शन करेंगे, उसके रूप-लावण्य से मुग्ध होकर उसके कार्य में जीवन उत्सर्ग करने के लिए उन्मत्त हो जायेंगे, उसी दिन यह बाधा तिरोहित हो जायेगी; भारत की एकता, स्वाधीनता और उन्नति सहज साध्य हो जायेगी। उस समय भाषाभेद के कारण कोई बाधा उपस्थित नहीं होगी, सब लोग अपनी-अपनी मातृभाषा की रक्षा करते हुए साधारण भाषा के रूप में हिन्दी भाषा को ग्रहण करेंगे और यह बाधा दूर हो जायेगी।"[३]

श्री अरविन्द ने हिन्दी के भविष्यत् साम्राजी स्वभाव को देखकर नहीं, देश की एकता, स्वाधीनता और उन्नति के लिए हिन्दी को सर्वमान्य भाषा के रूप में स्वीकार करने का आदेश दिया था।

---

१. **रेमिनिसैंसेज : गुप्त-अमृता, पृ० १३०।**

२. **वही, पृ० ३६।**

३. **धर्म और जातीयता, पृ० ९८।**

तमिल की पढ़ाई निश्चित ही निकट भविष्य में घटित होने वाले उनके पांडिचेरी प्रवास के पूर्वाभास का परिणाम थी।

पाँचवें क्षितिज की ओर—काले पंजे का तीसरा आघात

फरवरी, १९१० में श्री अरविन्द को पता चला कि अंग्रेजी सरकार उनकी गिरफ्तारी का वारण्ट जारी कर चुकी है। सुरेश चक्रवर्ती ने लिखा, "स्वतःचालित लेखन का कार्य चल रहा था कि एक नवयुवक, जो अभी तीस की आयु के नीचे ही था, पर साफ-सुथरा रहनेवाला, श्री अरविन्द के कमरे में घुसा। ये थे रामचन्द्र मजुमदार। ज्यों ही ये कमरे में आये, उन्होंने श्री अरविन्द से कहा कि उन लोगों ने गिरफ्तारी के लिये नया वारण्ट जारी किया है। यह सूचना एक प्रामाणिक स्रोत से प्राप्त हुई थी। एक ऊँचे पुलिस अफसर ने सूचना भिजवाई थी। यह कोई आकस्मिक घटना नहीं थी। क्योंकि काफी दिनों से अफवाह चल रही थी कि अंग्रेजी सरकार तब तक चैन से नहीं रहेगी, जब तक उन्हें फिर से जेल में नहीं डाल देती। तो भी पूरे कमरे का वातावरण इस सूचना के मिलते ही बिल्कुल बदल गया। वह जगह जो अभी-अभी तक खिलखिलाहटों से गूँज रही थी, चुप्पी में डूब गयी। हम सभी जिज्ञासा भरे हृदय से उनकी ओर देखते रहे। वे कुछ क्षण सोचते रहे, फिर बोले, "मैं चन्दरनगर जाऊँगा।"

"अभी?" रामबाबू ने पूछा।

"अभी, इसी क्षण", श्री अरविन्द ने कहा।

श्री अरविन्द उठे और रामबाबू के साथ कमरे से बाहर निकल गये। उनसे थोड़ी दूर पर वीरेन चल रहे थे और उनसे भी पीछे मैं इन तीनों का अनुसरण कर रहा था।

जब तक श्री अरविन्द इस मकान में आते रहे, हमेशा सी० आई० डी० इस पर नजर रखती थी। स्वतः चालित लेखन वाली गोष्ठियाँ इनके कारण ऊपर सड़क से लगे कमरे से हटाकर दूसरे कमरे में होने लगी थीं, किन्तु उस विशिष्ट शाम को सी० आई० डी० का वहाँ पता भी न था।

सुरेश चक्रवर्ती इस घटना को ईश्वरीय विधान से जोड़ते हैं और उस सी० आई० डी० अफसर को इस ढील के लिए क्या कुछ भोगना पड़ा, इसकी जिज्ञासा करते हैं। बहरहाल वे यह भी मानते हैं कि यदि वहाँ पुलिस होती भी तो भी कोई खास फर्क नहीं पड़ता। रामबाबू उसी मुहल्ले के थे, इसीलिए वे इसकी हर गली और नुक्कड़ से भली-भाँति परिचित थे। वे जानकर टेढ़े-मेढ़े रास्ते से, मुख्य मार्ग को छोड़कर, भीतर की गलियों से चलते हुए नदीघाट पर पहुँचे। मैं शहर में नया-नया आया था, इसलिए मैं स्पष्ट नहीं जानता कि यह कौन-सा घाट था, शायद बाग बाजार घाट या कोई और। रामबाबू ने एक माझी को बुलाया—"क्यों, भाड़े पर जाओगे?" रामबाबू के ये शब्द आज भी मेरी स्मृति में वैसे ही गूँजते हैं। उसके बाद उन्होंने माझी से धीमी भाषा में बातें कीं। श्री अरविन्द नाव पर बैठे। वीरेन और मैं भी। रामबाबू ने विदाई ली। नाव ज्यों-ज्यों आगे बढ़ती गयी और बीच धारा में पहुँची, यह स्पष्ट हो गया कि यह शुक्ल पक्ष की रात है। लहरें चाँद की रोशनी में नाचतीं-चमकतीं चारों ओर अठखेलियाँ कर रही थीं। रविबाबू के शब्दों में—

आज शुक्ला एकादशी, हेरो निद्राहारा शशी।
ओइ स्वप्न पारावार खेया, एकला चालाय वोसि

उनींदा चाँद पारावार को पार करता अपनी तरी में बैठा चल पड़ा...

सब कुछ अब कितना सुदूर प्रतीत होता है। पुलिस, घृणा, हिंसा और संघर्षभरा शहर, देश की स्वतन्त्रता के वे प्रश्न तक जो हमेशा दिमागों में भरे रहते थे। सभी बंधन शिथिल और व्यर्थ हो गए। हमें लगा मानो मनुष्य-निर्मित सभ्यता के कसे हुए बन्धनों से अलग प्रकृति की शान्त विस्तीर्णता में हमारा पुनर्जन्म हुआ है।[१]

श्री अरविन्द की चन्दरनगर यात्रा को लेकर नाना प्रकार के वाद-विवाद चलते रहे हैं। इन वाद-विवादों का उद्देश्य यदि सत्य की खोज होता तो इनकी तल्खी भी बर्दाश्त करने की चीज होती, पर ये विवाद हमेशा ही न्यस्त अभिप्राय से उन्हें अनावश्यक रूप से इस या उस मठ से जोड़ने के लिए होते रहे।

श्री अरविन्द ने स्वयं भी इन घटनाओं का ब्यौरा दिया है। उनके जीवनीकार पुराणी ने काफी विस्तार से इसकी चर्चा की है।

रामबाबू से गिरफ्तारी की सूचना मिलने के बहुत पहले बहन निवेदिता ने सूचना दी थी कि सरकार ने श्री अरविन्द को देशनिकाला देने का फैसला कर लिया है। तब निवेदिता ने उनसे आग्रह किया था कि वे कहीं बाहर चले जायें और वहीं से देश के लिए कार्य करें। तब श्री अरविन्द ने निवेदिता से कहा कि मेरी समझ से अभी उसकी जरूरत नहीं है। मैं एक ऐसा पत्र लिखूँगा जिससे उनकी योजना स्थगित हो जायेगी। फलतः उन्होंने ३१ जुलाई, १९०९ को 'कर्मयोगी' में देशवासियों के नाम यह खुला पत्र लिखा—

"सभी महान् आंदोलनों को अपने ईश्वर-प्रदत्त नेता की प्रतीक्षा होती है, क्योंकि वही ईश्वरीय शक्ति की अभीप्सित प्रणाली बन सकता है और जब वह सामने आ जाता है तभी उनकी विजयपूर्ण संसिद्धि भी होती है। जिन लोगों ने अब तक नेतृत्व किया वे दृढ़, महान् प्रतिभा-सम्पन्न, नेतृक्षमता से युक्त व्यक्ति थे, फिर भी वे इस विश्वव्यापी आन्दोलन की मूलधारा के लिए पर्याप्त नहीं थे, इसीलिए राष्ट्रीय दल (कांग्रेस) को जिसके हाथों भविष्य की धरोहर सौंपी गई है, निश्चय ही उस व्यक्ति की प्रतीक्षा करनी होगी, जो आनेवाला है।" यह पत्र हम पहले भी उद्धृत कर चुके हैं और बता चुके हैं कि इसे लोग गांधीजी के प्रति उनकी भविष्यवाणी मानते हैं।

जो हो, इस पत्र ने अपना अभीष्ट पूरा किया। देश निकाले की योजना रद्द हो गई। निवेदिता ने स्वयं अरविन्द से कहा कि वह पत्र अपने उद्देश्य में सफल हुआ है।[२]

चन्दरनगर की यात्रा के पीछे निवेदिता की प्रेरणा को ही महत्त्व नहीं दिया गया बल्कि यह भी कहा गया कि चन्दरनगर जाते हुए श्री अरविन्द ने बाग बाजार मठ में श्री शारदा माँ का दर्शन किया। इन आरोपों का उन्होंने अपनी सन्ध्यावार्ता में बहुत विस्तृत स्पष्टीकरण प्रस्तुत किया है।

"गोनेन महाराज ने मुझे संभावित गिरफ्तारी और 'कर्मयोगी'—कार्यालय पर पुलिस हमले की सूचना नहीं दी; बल्कि 'कर्मयोगी' में काम करने वाले एक नवयुवक (रामबाबू) से यह सूचना मिली। उनके पिता को किसी उच्च पुलिस अधिकारी ने चेतावनी दी थी कि

---

१. **स्मृति-कथा, रेमिनिसेंसेज, गुप्ता-अमृता, पृ० १३५-१३८।**
२. **श्री अरविन्द : अपने तथा श्रीमाताजी के विषय में, पृ० ५१-५२।**

जल्दी ही 'कर्मयोगी' पर पुलिस का धावा होने को है और अरविन्द गिरफ्तार किए जायेंगे। इस मामले में बहुत सी दन्तकथाएँ फैलाई गई हैं। इसमें अब यह भी जोड़ा गया है कि मैं हाईकोर्ट में हुई सी० आई० डी० अफसर शम्शुल आलम की हत्या में भागीदार होने के अपराध में पकड़ा जाने को हूँ और बहन निवेदिता ने मुझे बुलाया और हम लोगों ने बातचीत की, जिसके कारण मैंने पलायन किया। यह सब निराधार है। मैंने कभी भी इस कारण से गिरफ्तारी की बात नहीं सुनी। और न तो इस पर हमारी निवेदिता से कोई बातचीत ही हुई। मुकदमा पुनः राजद्रोह के लिए ही चलाया जाने को था। निवेदिता इन चीजों के बारे में मेरे चन्दरनगर जाने के पहले तब कुछ नहीं जानती थी। मैं चन्दरनगर पहुँचा। निवेदिता वा गोनेन मुझे घाट पर पहुँचाने नहीं आये। क्योंकि उन्हें सूचित करने का समय भी नहीं था। क्योंकि सूचना मिलते ही, उसी क्षण, मुझे ऊपर से आदेश मिला—चन्दरनगर जाओ—और मैं चल पड़ा। मुश्किल से दस मिनटों में मैं घाट पहुँचा और वहाँ से एक नाव पर दो नवयुवकों के साथ चन्दरनगर चल पड़ा। यह एक सामान्य नाव थी, जैसी गंगा में चलती हैं, फ्रांसीसी नौका की भव्यता के मनोहारी वर्णन और नाव चलने पर बिजली की रोशनी का धीरे-धीरे कालिमा में डूबना आदि शुद्ध कल्पना मात्र है। मैंने एक आदमी को कार्यालय से निवेदिता के पास भेजा था कि मेरी अनुपस्थिति में वे 'कर्मयोगी' का सम्पादन भार सँभाल लें। उन्होंने स्वीकार कर लिया और सम्पादन संभालने से लेकर पत्र के बन्द होने तक वही उसे चलाती रहीं। मैं अपनी साधना में लगा था इसलिए मैंने 'कर्मयोगी' में फिर कुछ भी नहीं लिखा। कोई हस्ताक्षरित चीज निकली ही नहीं। ''कर्मयोगी' में मेरा अन्तिम लेखन वही पत्र था, जिसने तत्कालीन संभावित मुकदमे को स्थगित कराया। मैं चन्दरनगर में जहाँ रहता था, उस स्थान के चुनाव में निवेदिता का कोई हाथ नहीं था, मैं बिना कोई सूचना दिये चन्दरनगर पहुँचा और मोतीलाल राय के यहाँ रुका। उन्होंने वहाँ ठहरने के लिए गोपनीय प्रबन्ध किये। मेरे और कतिपय मित्रों के अलावा कोई नहीं जानता था कि मैं कहाँ हूँ।[१]

जहाँ तक श्री माँ शारदामणि के दर्शन करने का प्रश्न है, उस विषय में श्री अरविन्द ने लिखा है—''चन्दरनगर जाते समय मैं रास्ते में बाग बाजार मठ नहीं गया, न तो श्री शारदा देवी को मैंने प्रणाम ही किया। सच तो यह है कि अपने जीवन में मैं उनसे कभी नहीं मिला, न कभी उनके दर्शन ही किये। बाग बाजार घाट से नहीं बल्कि गंगाघाट से मैं नौका में बैठकर सीधे चन्दरनगर गया।''[२]

चन्दरनगर में

नौका चन्दरनगर के तट पर लगी। वीरेन और सुरेश उतरे। उन्होंने चारुचन्द्र राय से पूछा कि क्या श्री अरविन्द के ठहरने का इन्तजाम कर सकते हैं? चारुचन्द्र राय भयभीत थे। कुछ बोल न सके। जब वे दोनों लौटकर नाव की ओर जाने को थे कि शिशिर घोष मिले जो उन्हें मोतीलाल राय के यहाँ ले गए। मोतीलाल श्री अरविन्द का आना सुनकर तुरन्त नौका की ओर चल पड़े। नाव को उन्होंने अपने निवास के निकट किनारे लगवाया। श्री अरविन्द मोतीलाल के घर गये। उसके कहने पर मोतीलाल ने उनके गुप्त वास के लिए सारा प्रबन्ध कर दिया। कलकत्ते में किसी तरह की शंका पैदा न हो, इसलिए वीरेन और सुरेश कलकत्ते लौट आये।

---

१. सितम्बर १३, १९४६ की संध्या-वार्ता।

२. श्री अरविन्द : अपने तथा श्रीमाताजी के विषय में, पृ० ५१।

पहले दिन तो मोतीलाल राय ने अपने बैठकखाने में ही उनके रहने का प्रबन्ध किया। वहाँ से उन्हें अपने गोदाम में ले गये, जहाँ अपनी फर्नीचर की दूकान के लिए कुर्सियाँ वगैरह रखा करते थे। इसी मकान की ऊपरी मंजिल में अरविन्द रुके। वे उनके भोजन के लिए कुछ सामान लाने गये। लौटकर देखा कि श्री अरविन्द ध्यानस्थ हैं। उन्होंने वे चीजें मशीनी ढंग से ले लीं। शाम को वे अपने स्नानागार में ले गए जहाँ उन्होंने स्नान किया। मोतीलाल हमेशा उनके लिए बाजार से खरीद कर खाना ले जाते, ताकि किसी को शंका न हो।

रात्रि को मोतीलाल उन्हें एक मित्र के यहाँ सुलाने के लिए ले गए। दूसरा दिन ऐसे ही बीता। शाम को जब मोतीलाल मिले, श्री अरविन्द ने उनसे पृथक् प्रबंध कराने को कहा। उस रात मोतीलाल उन्हें अपने घर पर ही ले गये। तीसरे दिन भी वे मोतीलाल के ही साथ रहे। मोतीलाल निरन्तर योग-विषयक जिज्ञासाएँ करते रहे। उन्होंने कई बातें स्पष्ट कीं और मोतीलाल को सलाह दी कि वे अपने को पूर्णतः ईश्वर के सामने समर्पित कर दें। तीसरे दिन रात्रि में मोतीलाल उन्हें चन्दरनगर के उत्तरी गुंडालपाड़ा अथवा कुली लाइन्स में ले गये। वहीं बलाईचन्द्र के मकान में श्री अरविन्द रहे। चन्दरनगर प्रवास कुल डेढ़ महीने से अधिक का नहीं था।

यहीं उन्होंने मोतीलाल को साधना प्रदान की और इस तरह चन्दरनगर के प्रसिद्ध 'प्रवर्तक संघ' का बीज-वपन हुआ। मोतीलाल ने श्री अरविन्द के बारे में अपनी प्रतिक्रिया इन शब्दों में व्यक्त की—"एक पूर्णतः समर्पित व्यक्ति थे। जब वे बोलते तो लगता कि उनके भीतर से कोई और बोल रहा है। मैंने उनके सामने भोजन की थाली रखी जिसे वे सिर्फ देखते रहे। फिर थोड़ा खाया, वह भी जैसे खाने को है तो खाया जा रहा है। वे हमेशा किसी भाव में खोये रहते। खाते वक्त भी उन्हें ऐसा ही पाया। वे खुली आँखों ध्यान करते थे और आध्यात्मिक प्रतीतियों का साक्षात्कार करते थे।"[१]

श्री अरविन्द से पांडिचेरी में जब 'प्रवर्तक संघ' के बारे में पूछा गया, तो उन्होंने अन्यमनस्कता व्यक्त की और कहा—

"उस वक्त मेरे दिमाग में कुछ निर्माण करने या बनाने का विचार चल रहा था। मैं जानता था कि उन धारणाओं के पीछे कुछ ऐसा है जो सत्य है, फिर भी मुझे विश्वास नहीं था कि क्रियान्वित होने पर वह सफल ही होगा। जो भी हो, मैंने वे विचार मोतीलाल को बताए ताकि इसका प्रयोग करके देखा जाये। जैसा तुम लोग जानते हो, मोतीलाल उस कार्यक्रम पर पूरी प्राणिक शक्ति से टूट पड़े और वह भी अपने अहंपूर्ण तरीके से। परिणामतः प्राणिक शक्तियों ने कार्य और कार्यकर्ताओं पर अधिकार जमाने का प्रयत्न किया। इन्हीं कारणों से मैंने ऐसे (समाज-संगठन जैसे) कार्यों की ओर दौड़ना बन्द कर दिया। यह योग कोई खंडशः पूरा करने की चीज नहीं है। यह अनुभव के विकास से सम्भव होता है। मैंने बाद में कुछ शक्ति का प्रयोग किया कि उसमें से जो किसी कार्य लायक हों, वे यहाँ खींचे जा सकें। अब तो मैं सब भूल गया हूँ। मैंने चन्दरनगर को अपने वातावरण से निकाल दिया है। वहाँ कुछ भी अतिमानसिक नहीं था।"[२] इन्हीं मोतीलाल के पूछने पर कभी श्री अरविन्द ने अपने योग को

---

१. **लाइफ आफ़ श्री अरविन्दो, पृ० १३१-१३३।**

२. **रेमिनिसैंसेज एण्ड एनक्डोट्स, पृ० २७-२८।**

आध्यात्मिक साम्यवाद बताया था।[१] बाद में वे वादों की सीमा को स्वीकार करने के पक्ष में नहीं थे। श्री अरविन्द ने चन्दरनगर में रहते हुए ध्यानावस्था में कुछ शक्तियों का दर्शन किया, जिनकी संख्या चार थी। वे उस समय उन देवियों को अलग-अलग पहचान नहीं पाये। वेदाध्ययन के दौर उन्हें बोध हुआ कि वे शक्तियाँ सुप्रसिद्ध वैदिक देवता इडा (इला), सरस्वती, मही और भारती हैं। ऋग्वेद तीन शक्तियों की ही चर्चा करता है—

इडा सरस्वती मही तिस्रो देवीर्मयोभुवः
वर्हिः सीदन्तु अस्त्रिधः। *(ऋक् (१/१३/९)*

मेधातिथि की इस त्रयी के समानान्तर गृत्समद आंगिरस का यह ऋक् देखा जा सकता है—

सरस्वती साधयन्ती धियं न इला देवौ भारती विश्वतूर्तिः
तिस्रो देवीः स्वधया वर्हिरेदमच्छिद्रंःपान्तु शरणं निषद्य। *[मं० २]*

अगस्त्य का "**भारतीले सरस्वति या वः सर्वा उपब्रुवेः**" [ऋ० [१/१८८/८] भी इस बात की पुष्टि करता है कि मही और भारती एक ही हैं, अथवा एक ही चेतना की देवियाँ हैं। सरस्वती सूर्यमंडल चेतना की अग्नि है, मही और भारती अन्तरिक्ष की अग्नियाँ हैं तथा इला या इडा भौमाग्नि है। देवरात ने भारती को "अन्तरिक्ष-सदने सा भारत वैद्युती" कहा है।[२] ये तीनों क्रमशः मानसिक चेतना के तीनों स्तरों की देवियाँ हैं।

इडा, मही और सरस्वती को क्रमशः भूः, भुवः, स्वः की अधिष्ठात्री माना जाता है।

चन्दरनगर में रहते हुए श्री अरविन्द को अनेक गुमनाम पत्र उनके कलकत्ते के पते से भेजे हुए मिले, जिनमें उन्हें पलायन न करके बाहर आने को कहा गया था। श्री अरविन्द ने लिखा कि "मैं कहीं भागा नहीं हूँ। यदि मेरे नाम वारंट हो तो तुरन्त आने को तैयार हूँ।" श्री अरविन्द जानते थे कि ये पत्र पुलिस एजेंटों के हैं और इसकी सच्चाई की जाँच हो जायेगी यदि सचमुच का वारंट इसकी प्रतिक्रिया में निकल आए और वैसा ही हुआ भी। अरविन्द ने लिखा—"मैंने इसलिए राजनीति नहीं छोड़ी कि मैं निराश हो चुका था कि मैं कुछ नहीं कर पाऊँगा। यह धारणा ही मेरे स्वभाव के प्रतिकूल है। मैं यहाँ इसलिए आया कि मैं अपनी साधना में किसी प्रकार का हस्तक्षेप नहीं चाहता था। मुझे इस विषय में स्पष्ट आदेश मिला था अतः मैंने राजनीति से पूर्णतः सम्बन्ध विच्छेद कर लिया है; क्योंकि मैं जानता हूँ कि मैंने जो कार्य किया है, और जो रास्ते बताये हैं, उन्हीं पर चलते हुए दूसरों द्वारा उसकी सफलता नियत है। मैंने जिस आन्दोलन का सूत्रपात किया है वह बिना मेरी वैयक्तिक उपस्थिति के भी पूरा होकर रहेगा। मेरे राजनीति से हटने के पीछे न तो निराशा का भाव था, न असफलता का।"[३]

वे न तो भय से, न तो निराशा से और न तो असफलता से आक्रांत होकर गये। सारी स्थितियों का विश्लेषण करते हुए डॉ० कर्णसिंह का यह कथन सटीक है कि "जेल से छूटते ही 'कर्मयोगी' का सम्पादन और उस पत्र की सामग्री का पूरा प्रमाण है कि न तो उन्होंने

---

१. **इविनिंग टाक्स, द्वितीय भाग, पृ० १०३।**
२. **वेदार्थ कल्पलता, दैवरातकृत, हिन्दूविश्वविद्यालय वाराणसी, पृ० ४५-५२।**
३. **श्री अरविन्द : अपने तथा श्री माताजी के विषय में, पृ० ४९।**

विश्वास खोया था और न तो साहस। सच तो यह है कि यह सारी सामग्री एक अद्भुत आन्तरिक शक्ति से ओतप्रोत है, जो उनके अन्तर में स्थित गहरे आध्यात्मिक स्रोत से जुड़ी लगती है...इसलिए श्री अरविन्द के राजनीति से हटने को निराशा और भय का परिणाम कहना निराधार है।"[१]

मार्च के अंत में मणि (सुरेश चक्रवर्ती) ने चन्दरनगर से एक पत्र प्राप्त किया। इसमें कहा गया था कि पांडिचेरी जाओ और वहाँ एक मकान ठीक करो। सुरेश २८ मार्च को गए। 'इण्डिया' नामक तमिल साप्ताहिक पांडिचेरी से छपता था। इसे क्रान्तिकारी राष्ट्रभक्त निकालते थे और उस दल के श्री निवासाचारी कलकत्ते के दल से सम्बन्धित थे। सुब्रह्मण्यम् भारती उसमें कार्य करते थे और कृष्णमाचारी उनके सहयोगी थे। मणि को एक परिचय-पत्र दिया गया, जो श्री निवासाचारी के नाम था। कृष्णकुमार मित्तर के पुत्र सुकुमार मित्तर तथा मृणालिनी देवी के चचेरे भाई सौरिन बोस ने सुरेश को हावड़ा जंक्शन पर मद्रास की गाड़ी में द्वितीय श्रेणी के डिब्बे में बैठाया। मणि एंग्लो-इण्डियन पोशाक में कुल तीस रुपये लेकर पांडिचेरी के लिए चल पड़े।

जिस प्रकार श्री अरविन्द की चन्दरनगर-यात्रा विवाद का विषय बनी, उसी प्रकार उनकी पांडिचेरी-यात्रा भी। श्री अम्बालाल पुराणी ने लिखा है कि ऐसे तीन व्यक्तियों द्वारा, जो श्री अरविन्द की पांडिचेरी-यात्रा की व्यवस्था करने वालों में थे, और तब जीवित थे, एक विवरण तैयार किया गया। उस पर नरेन्द्र कुमार गुहाराय ने हस्ताक्षर किया तथा सुकुमार मित्तर ने पूरी तस्दीक की। पुराणी द्वारा प्रस्तुत यह विवरण इस प्रकार है।

श्री अरविन्द ने मोतीलाल से अपनी यात्रा के लिए व्यवस्था करने को कहा। मोतीलाल ने उत्तरपाड़ा के अमर चटर्जी को पत्र लिखा। उस पत्र में लिखा गया था कि श्री अरविन्द ३१ मार्च को चन्दरनगर से चलेंगे। अमर उन्हें दुमरतल्ला घाट से दूसरी नाव पर बैठाकर स्टीमर डुप्ले तक पहुँचायेंगे। दूसरी व्यवस्थाएँ सुकुमार मित्तर करेंगे। सुकुमार कलकत्ता घाट पर उपस्थित मिलेंगे।

मोतीलाल ने दूसरा पत्र सुकुमार मित्तर को लिखा कि श्री अरविन्द पांडिचेरी जाना चाहते हैं और वे चाहते हैं कि सुकुमार मित्तर गोपनीय ढंग से सारी व्यवस्था करें। सुकुमार डुप्ले जहाज के लिए दो टिकट लेकर, एक अरविन्द के लिए और दूसरा उस नवयुवक के लिए जो उनके साथ जायेगा, कलकत्ता घाट पर मिलें। श्री अरविन्द के पत्र को पाते ही सुकुमार मित्तर ने नोआखाली के नगेन्द्रकुमार गुहाराय को बुलाया और उन्हें दो बक्से दिये कि इन्हें वे अपने मेस में, जहाँ रहते थे छिपा कर रखें। गुहाराय ने वे बक्से ४४/१ कालेज स्क्वेयर में रखे। दूसरे दिन सुकुमार ने नगेन को रुपये दिये तथा दो नाम बताये, जिनके लिए डुप्ले में द्वितीय श्रेणी के कोलम्बो के लिए दो टिकट खरीदने थे। ये दोनों नाम उन्होंने 'संजीवनी' पत्रिका के ग्राहकों की तालिका में से चुने थे। कोलम्बो को गन्तव्य स्थान के रूप में चुनना भी पुलिस से बचने के लिए किया गया।

३१ मार्च को सुकुमार ने नगेनगुहा और सुरेन्द्रकुमार चक्रवर्ती से किराये की नाव लेकर बागबाजार घाट से चन्द्रपाल घाट जाने को कहा। नाव में बक्से रखे जायेंगे। ये दोनों अपनी नाव लेकर मध्याह्न बाद जायेंगे और डुप्ले जहाज के केबिन में ये बक्से रख आयेंगे। फिर एक

---

१. **प्रोफेट ऑफ इण्डियन नेशनलिज्म, पृ० १६५।**

दूसरी नाव से दो यात्री आयेंगे, जो उस जहाज से यात्रा करने वाले हैं, उन्हें अपनी नाव में चढ़ाकर उन्हें जहाज में छोड़ना होगा। नगेन इन सब बातों से थोड़ा परेशान हो रहे थे, इसलिए उन्होंने पूछा कि हम उन यात्रियों को पहचानेंगे कैसे? सुकुमार ने कहा कि इसकी बाबत वे सुरेन्द्र को बता चुके हैं। नगेन को अचानक कुछ सूझा और उन्होंने पूछा, "सुकुमार बाबू, क्या ये यात्री श्री अरविन्द तो नहीं हैं, तुम्हारे आरो दा?" सुकुमार ने मुस्कराते हुए कहा—"तुमने बिल्कुल ठीक समझा। पर तुम्हें पता कैसे चला?" नगेन ने कहा—"मुझे भीतर से ऐसा लगा।" सुकुमार ने चेतावनी दी—"यह सही है, इसीलिए बहुत सावधानी की जरूरत है।"

जैसा कि पहले ही तै था, अमरेन्द्र चटर्जी ने दुमरतल्ला घाट से अरविन्द को अपनी नाव में बैठाया। मन्मथ विश्वास भी साथ थे। वे लोग दुमरतल्ला घाट से कलकत्ता की तरफ चले। किन्तु उन्हें तब बड़ा आश्चर्य हुआ, जब देखा कि उनको लेने के लिए न तो सुकुमार आये हैं न तो विजय नाग ही। अमर ने एक ताँगा लिया और ये श्री अरविन्द को लेकर कालेज स्क्वेयर में सुकुमार के आवास की ओर चले। मकान से थोड़ी दूर ताँगा रोका गया। अमर ने जाकर पता लगाया तो मालूम हुआ कि सुकुमार घर पर नहीं हैं। सुकुमार घाट की ओर गए होंगे, इस संभावना से ताँगा पुन: घाट की ओर लौट चला।

गड़बड़ी इसलिए हुई कि नगेन गुहा और सुरेन्द्र को नदी पार करने में देर हुई और वे लोग उस नाव को भेंट नहीं पाये, जिससे अरविन्द आने को थे। उन लोगों ने लौटकर सारी बातें सुकुमार को बतायीं। सुकुमार ने तुरन्त केबिन से बक्से उतरवाये। नगेन को यह भी पता चला कि जहाज के यात्रियों की स्वास्थ्य-परीक्षा करने के बाद डाक्टर अपने घर लौट गया है। नगेन ने जहाज के कैप्टन से डाक्टर के घर का पता पूछ लिया था। अब नगेन ने ताँगा किया और सुकुमार के घर पहुँचे। सुकुमार उनकी प्रतीक्षा कर रहे थे। उन्होंने नगेन को फिर से घाट लौटाया और कहा कि वहाँ एक ताँगे में बैठे श्री अरविन्द और अमर उनकी प्रतीक्षा कर रहे हैं। उन्होंने डाक्टरी परीक्षा की फीस के ३२ रु० भी नगेन को दिए। नगेन ने बक्से अपने ताँगे में लिए और चन्दपाल घाट आ गये। परिचित कुली ने देखते ही कहा कि आपके मुसाफिर सामने ताँगे में बैठे हैं। मैंने उन बाबुओं को बता दिया है कि आप बक्से लेकर गए हैं। नगेन ने बक्से उस ताँगे पर रखवाये, खुद अमर के साथ बैठे, दूसरी ओर अरविन्द विजय नाग बैठे थे। कुली कोचवान के साथ बैठा और ताँगा डाक्टर के निवास चौरंगी की ओर चल पड़ा। कुली ने डाक्टर को पुकारा। नगेन ने टिकट दे दिये और यात्रियों के नाम व पते श्री अरविन्द को बता दिये। श्री अरविन्द, ज्योतीन्द्रनाथ मित्तर और विजय नाग बंकिमचन्द्र वसाक के नाम से यात्रा करने वाले थे।

योरोपीय डाक्टर ने करीब आधा घण्टा इन्तज़ार कराया। कुली को लगा कि श्री अरविन्द घबड़ाये हैं। उसने नगेन गुहा से ऐसा कहा भी। नगेन ने समझाया कि ऐसी बात नहीं है। बाबू बीमार हैं बस। कुली नहीं माना और वह अरविन्द के पास जाकर बोला—"बाबूजी, आप डरते काहे हो? डाक्टर भला आदमी है, डरने की बात नहीं।" उसने अरविन्द का हाथ पकड़ कर हिलाया। कुली के इस व्यवहार पर सभी ताकते रह गये और हँस पड़े।

डाक्टर के नौकर ने आकर दोनों आदमियों को जाँच के लिए भीतर बुलाया। १५ मिनट के भीतर प्रमाणपत्र तैयार हो गया। डाक्टर ने श्री अरविन्द की अंग्रेजी सुनकर कहा कि "आप बहुत चुस्त-दुरुस्त भाषा बोलते हैं।" अरविन्द ने कहा—"मैंने इंग्लैण्ड में शिक्षा पाई है।"

सभी उसी ताँगे से चन्दपाल घाट लौटे। श्री अरविन्द के चेहरे पर घबराहट का नामो-निशान नहीं था। अमर, नगेन वगैहर थोड़े घबड़ाये-घबड़ाये लगते थे, पर अरविन्द जिनके लिए सभी परेशान थे, निश्चिन्त, शान्त, मूर्तिवत् बैठे थे मानो ध्यान-मग्न हों।

११ बजे रात वे चन्दपाल घाट पहुँचे। सभी बक्शों के साथ सुरक्षित केबिन में पहुँच गये। अमर और नगेन हाथ जोड़कर अरविन्द के आगे खड़े हुए। अमर ने उत्तरपाड़ा के जमींदार राजेन्द्रनाथ मुखर्जी द्वारा दिए हुए रुपये अरविन्द को सौंपे। दोनों ने विदाई ली। मोतीलाल राय, सुरेश चक्रवर्ती जो पांडिचेरी जा चुके थे, अमर चटर्जी, मन्मथनाथ विश्वास, सुरेन्द्र कुमार चक्रवर्ती, सुकुमार मित्तर, नगेन्द्रकुमार गुहाराय, विजय कुमार नाग तथा उत्तरपाड़ा के जमींदार राजेन्द्र नाथ मुखर्जी के अलावा इस यात्रा की किसी को जानकारी नहीं थी।[१]

पहली अप्रैल, १९१० को ब्राह्ममुहूर्त में जहाज कलकत्ते से खुल गया । श्री अरविन्द की इस यात्रा के बारे में आँखों देखी कहने वालों की एक पूरी भीड़ है। उनके अलग-अलग उद्देश्य हैं, अलग-अलग विचार और मन्तव्य हैं। श्री अरविन्द के शिष्य पुराणी ने बहुत परिश्रमपूर्वक इन तथ्यों की छानबीन करके सच्ची घटना और उसके प्रत्यक्षदर्शियों की संख्या उपस्थित करके सारे विवाद के जंगल को साफ कर दिया। पर विवाद कभी न मरनेवाली जंगली विष-वेलि है। उससे बचना ही श्रेयस्कर है।

इस विवाद ने पहली अप्रैल १९१० को कलकत्ते के बन्दरगाह से छूटने वाले डुप्ले जहाज की केबिन में बैठे उस आदमी की मनःस्थितियों, उसे छोड़कर लौटे व्यक्तियों की प्रतिक्रियाओं को जानने की न फुर्सत दी और न किसी के अन्दर ऐसी उत्कंठा ही बची। जिस व्यक्ति ने पिछले एक दशक से भारतीय राजनीति को अपने अठपहल व्यक्तित्व से उद्भासित कर दिया, उसके विछोह पर कहीं भी शोक व्यक्त नहीं हुआ। जिसने सारे बंगाल में गुप्त समितियों का जाल बिछा दिया और बंगाली युवा जगत् को गीता और खड्ग की युगपत् दीक्षा दी, उसके महाभिनिष्क्रमण पर एक शब्द भी नहीं कहा गया। वह स्थिति सोचते अचानक रविबाबू की ये पंक्तियाँ बरबस याद आती हैं—

सकाल वेलाय घाटे ये दिन, भासिए दिलेम नोका खानि।
कोथाय आमार जेते हवे से कथा के किछूइ जानि॥
दोसर छाँडा एका देशे, एक वारे एक निमेषे।
लओ रे बुके दुहात मेलि अन्तविहीन अजानाके॥[२]

■

---

१. लाइफ ऑफ श्री अरविन्दो, पृ० १३५-१३९।

२. सबेरे घाट पर जिस दिन नाव छोड़ दी थी, मैं क्या जानता था कि मुझे कहाँ जाना है? उस एकान्त देश में जहाँ दूसरा नहीं है, हृदय पर हाथ रखकर मैं अनन्त अज्ञात से मिलने चल पड़ा।

मृत नगर में दिव्य जीवन का पीठ

जुहुरे विचितयन्तो अनिमिषं नृम्णं पान्ति आ दृढां पुरं विवशुः ॥

ऋग्वेद ५/१९/२

निरभिमानी योगी जिस पुरी में प्रवेश करता है, वह निकृष्ट लोगों के आक्रमण से सुरक्षित दृढ़ नगर में बदल जाती है।

सुरेश चक्रवर्ती यानी मणि बाबू पांडिचेरी आ गये थे। उनके पास परिचय-पत्र भी था। वे श्रीनिवासाचारी से मिले भी। बिचारे ३१ मार्च को ही पहुँच गये थे, मगर किसी तरह वहाँ के क्रांतिकारियों को समझा नहीं पा रहे थे कि सचमुच श्री अरविन्द ४ अप्रैल को पांडिचेरी आ रहे हैं। मणि को जासूस समझ कर वे लोग काफी आशंकित थे। मणि कोई मकान ठीक-ठाक करने की बात करते तो वे लोग यह कहकर टाल देते कि अरविन्द आ जायेंगे तो रहने का इन्तजाम हो जायेगा।

४ अप्रैल को प्रातः ४ बजे डुप्ले जहाज पांडिचेरी पहुँचा। बन्दरगाह पर आशंकित चित्त से सुब्रह्मण्यम् भारती, श्रीनिवासाचारी खड़े थे। मणि भी थे, और निश्चय ही बिचारे की हालत खराब रही होगी। बहरहाल श्री अरविन्द और विजयनाग उतरे। दो बक्से उतारे गये। मणि की जान में जान आयी। श्री अरविन्द ने चाय पी और उन्हें ठहरने के लिए शंकर चेट्टी के मकान पर ले जाया गया। चेट्टी स्ट्रीट अब वैष्यल मार्ग है और वह पुराना मकान ३९ नम्बर का मकान बन गया है। श्री अरविन्द इस मकान में अक्टूबर के अन्त तक रहे।

पांडिचेरी उन दिनों कई दृष्टियों से अपनी तरह का खास शहर था। उसकी कई खसूसतें थीं। भारत में अंग्रेजों की तरह फ्रांसीसियों का कोई बहुत बड़ा साम्राज्य तो था नहीं, इसलिए पांडिचेरी को बहुत समृद्ध नगर के रूप में बदलना उनका उद्देश्य नहीं था। अंग्रेजों की ही तरह एशिया और अफ्रीका में स्वाधीनता-संग्रामों के चलने या शुरू होने से फ्रांसीसियों को भी औपनिवेशिक क्षेत्रों के प्रति विशेष आकर्षण नहीं रह गया था।

पांडिचेरी, जिसे तमिल में पुद्दुचेरी कहते हैं, कभी विद्या का केन्द्र था। पांडिचेरी के कालेज दे फ्रांस के प्रोफेसर जूवो द्यूब्रेइ (Jouveau Dubreuie) ने, जो प्राचीन इतिहास और पुरातात्विक शोध कार्य कर रहे थे, प्राचीन दस्तावेजों और आलेखों के आधार पर एक बड़ी महत्वपूर्ण खोज़ की। उनके अनुसार किसी जमाने में पांडिचेरी देवनगर के रूप में जाना जाता था।[१]

दक्षिण में वेद-विद्या के सर्वप्रथम प्रचारक ऋषि अगस्त्य थे। ऋषि अगस्त्य अपनी दक्षिण यात्रा और निवासकाल में अनेक स्थानों पर रहे होंगे। इसका पता पश्चिमी समुद्रतट के गंगोली बाजार (कुंदापुर गोकर्ण बस-मार्ग) के आगे स्थित अगस्त्याश्रम, श्री रामेश्वरम् के अगस्त्यतीर्थ

---

१. रेमिनिसैंसेज, गुप्त-अमृता, पृ० ४७।

तथा मद्रास-धनुषकोटि रेलवे लाइन पर स्थित मायावरम् के अगस्त्यतीर्थ से चलता है। किन्तु इस तट के स्थानों में निश्चय ही सबसे महत्त्वपूर्ण वेदाचलम् के नैऋत्य कोण में स्थित अगस्त्यतीर्थ है, जो अगस्त्य का सही स्थान प्रतीत होता है। वेदाचलम् मद्रास से ३५ मील दूर चेंगलपट्ट स्टेशन के पास स्थित है। इसी के निकट तिरुअण्णामल्लै के पास अरुणाचलम् है, जिसे पृथ्वी का हृदय और शिव का शिलीभूत रूप कहा गया है। अरुणाचलम्, श्री शैल और वेदाचलम् को कैलास के तीन शिखर भी कहते हैं (स्कन्द पुराण, माहे० अरुणा० या० उत्तर० ३/१०-१४ (। चेंगल पट्ट से २२ मील दूर कांजीवरम् है। ब्रह्माण्ड पुराण के ललितोपाख्यान में इसे शिव का नेत्र कहा गया है—

रहस्यं संप्रवक्ष्यामि लोपामुद्रापते शृणु।
नेत्रद्वयं महेशस्य काशी कांचीपुरी द्वयम्॥ *(ललि० ३५/१५।)*

लोपामुद्रा न केवल अगस्त्य की पत्नी थीं, बल्कि श्रीविद्या की सम्प्रदाय-प्रवर्त्तिका भी। श्री विद्या के दस विश्रुत सम्प्रदायों में मन्मथ और लोपामुद्रा की कादि और हादि विद्यायें ही सम्प्रति प्रचलित हैं। इनमें एक अगस्ति सम्प्रदाय की भी चर्चा है, जो संभवतः बाद में हादिविद्या में ही अन्तर्भुक्त हो गया।

इस तरह यह स्पष्ट हो जाता है कि मद्रास के दक्षिण कांजीवरम्, मायावरम्, चिदम्बरम्, पक्षितीर्थ, वेदगिरि अरुणाचल तथा इन्हीं के मध्य समुद्रतट पर स्थित पांडिचेरी (तमिछ पुद्दुचेरी, नया नगर) अगस्त्य से घनिष्ट रूप से सम्बद्ध रहे हैं। अतीत में यह पूरा क्षेत्र वेद-विद्या का सुप्रसिद्ध अध्ययन-केन्द्र भी था। आज भी वेदाचलम् इसका प्रमाण है।

अगस्त्य के जमाने में या बाद में भी पांडिचेरी जो रहा हो, वेद-विद्या का केन्द्र या जो कह लीजिये, श्री अरविन्द के पहुँचने के समय वह निश्चय ही 'मृत नगर' कहा जाता था। नलिनीकान्त गुप्त ने लिखा है कि "श्री अरविन्द अपनी साधना के लिए किसी शान्त स्थान की खोज में थे, और पांडिचेरी ऐसा शान्त था कि अब हम कल्पना भी करना चाहें तो भी उस पांडिचेरी (१९१० वाले) को समझा नहीं सकते। यह शान्त नहीं था, मृत था। तब लोग इसे 'मृत नगर' कहते ही थे। शायद ही कहीं कोई क्रय-विक्रय, यातायात, आमदरफ्त दिखाई पड़े। खास कर उस हिस्से में, जहाँ हम लोग रहते थे, वहाँ तो साँझ ढले ही सन्नाटा छा जाता है। इसमें कोई आश्चर्य नहीं कि इसीलिए लोग कहते थे कि श्री अरविन्द ने अपनी साधना के लिए एक कब्रगाह चुनी है।"[१]

शंकर चेट्टी के मकान पर रहते हुए श्री अरविन्द ने अपनी साधना जारी रखी। तब उनके साथ विजयनाग और सुरेश ही रहते थे। उधर कलकत्ते में अरविन्द के सम्बन्धी और शुभेच्छु उनकी सकुशल पहुँच की सूचना के लिए तरस रहे थे। एक हफ्ते बाद एक व्यक्ति ने कृष्णकुमार मित्तर को बताया कि उसने सर चार्ल्स क्लीवलैण्ड के नाम, जो उस समय अपराध-वीक्षा विभाग के निर्देशक थे, प्राप्त सांकेतिक सन्देश में सुना कि श्री अरविन्द पांडिचेरी में हैं। श्री पुराणी ने इस स्थल पर ठीक ही लिखा है कि "सुकुमार मित्तर ने, जिन्होंने इस यात्रा की व्यवस्था में अग्रगण्य भूमिका निभायी, अपने पिता तक को भी इसकी सूचना नहीं

---

१. **रेमिनिसैंसेज, पृ० ४२।**

दी।''[१] बहरहाल इस प्रकार उक्त सज्जन की सदाशयता के कारण श्री अरविन्द की नानी श्रीमती राजनारायण बोस तथा मौसा-मौसी आदि जो उनके कुशल समाचार जानने को बहुत उत्सुक थे, निश्चिंत हुए। श्री अरविन्द की नानी ने एक बार ऐसी ही चिन्ता से, जब वे अलीपुर जेल में थे, स्वामी विशुद्धानन्द [गांधी बाबा] से पूछा था—''मेरे आरो का क्या होगा?'' उन्होंने कहा, ''जगज्जननी ने उसे अपनी गोद में ले लिया है। उसे कुछ नहीं होगा। पर अब वह तुम्हारा अरविन्द नहीं है। वह विश्व का अरविन्द हो जायेगा और उसकी सुगंधि से सारा विश्व भर जायेगा।''[२] गांधी बाबा की यह सुगंधित भविष्यवाणी चरितार्थ हुई। मोतीलाल राय ने सुदर्शन नामक एक व्यक्ति को भेजकर श्री अरविन्द की सकुशल पहुँच आदि का व्यौरा प्राप्त किया। मोतीलाल राय थोड़ी बहुत आर्थिक सहायता भी भेजते रहे।

उन दिनों पांडिचेरी गुण्डों, बदमाशों और शराबियों का शरणस्थल था। उनकी उर्वर जन्मभूमि भी कह सकते हैं। विदेशी जहाज पांडिचेरी के बन्दरगाह पर आते रहते। देशी-विदेशी शराबों की सैकड़ों दुकानें थीं। मद्या देवी का अतुल प्रभाव था और जहाँ इनका निवास होता है, अपने आप गुण्डे, बदमाश, चोर, जुआरी जंगली कुकुरमुत्ते की तरह पैदा हो जाते हैं। नलिनीकान्त ने तत्कालीन पांडिचेरी की अभ्यर्थना इन शब्दों में की है—''इन पिशाचों के अग्रिम दस्ते में गुण्डे और बदमाश थे। इस तरह के जीव निश्चित ही महत् तामसिक वातावरण में ही पैदा हो सकते हैं। क्योंकि जितनी गहन जड़ता होती है, उतनी ही अधिक राजसिक उत्तेजता की जरूरत होती है, ताकि सब कुछ सुषुप्ति के मौन में डूब सके। उन दिनों का पांडिचेरी एक और बात के लिए मशहूर था, वे थीं सस्ती शराब की दुकानें। हर हफ्ते के अंत में बाहर से भी नर-पिशाचों का हमला होता रहता। ये गुण्डे स्थानिक रूप से फ्रेंच में बन्दे (Bandes) कहे जाते। पांडिचेरी का फ्रांसीसी शासन केवल सिद्धान्ततः स्वतन्त्रता, समता और बन्धुत्व से सम्बन्धित कहा जा सकता है क्योंकि वस्तुतः वहाँ तब क्रांतिपूर्व फ्रांस की सामन्तशाही का ही पूर्ण प्रभाव था। इसे संभवतः और भी बदतर कहना चाहिए; क्योंकि पांडिचेरी पर तीन-चार फ्रांसीसी अफसरों तथा गलत तरीकों से धन जोड़ने वालों का शासन था। ये 'बन्दे' ऐसे ही लोगों के पालतू कुत्ते थे, जो उनकी आज्ञा का पालन किया करते और पुलिस में इनके कार्यों में हस्तक्षेप करने की न तो शक्ति थी और न इच्छा। राजनीतिक चुनावों के वक्त प्रचार का दौर चलने पर, पूर्ण अराजकता छा जाती, बलवा और हत्या का दौरा हफ्तों चलता रहता और रक्त बहता रहता। लोग-बाग घरों से बाहर निकलने की हिम्मत नहीं करते। हम कभी खुलेआम यहाँ की राजनीति में उलझते नहीं थे, पर हमारे कुछ स्थानीय मित्र इनमें भाग लेते। ऐसे लोगों के पास मिलने-जुलने के लिए हम लोगों में से कुछ को रात ढले श्री अरविन्द भेजा करते। स्थानीय लोग हमारे अनवरुद्ध साहस को दाँतों तले उँगली दबाकर देखा करते।''[३]

पॉल ब्लूसों (Pual Bluson) की ओर से, जो फ्रेंच चेम्बर के प्रतिनिधि के लिए खड़े थे, पॉल रिशार (Paul Richard) पहली बार पांडिचेरी आये। सर नायडू ने, जो पॉल रिशार को जानते थे, श्री अरविन्द से मिलने की व्यवस्था करायी। पांडिचेरी में पॉल रिशार को पता चला

---

१. **लाइफ़ ऑफ श्री अरविन्दो, पृ० १४१।**

२. **टाक्स विद श्री अरविन्दो, प्रथम भाग, पृ० १४।**

३. **रेमिनिसैंसेज, पृ० ४२-४३।**

कि श्री अरविन्द यहीं योग-साधना कर रहे हैं, पॉल रिशार को इन चीजों में बड़ी रुचि थी, अत: वे उनसे मिलने को उत्सुक हुए।

पॉल के मिलने का एक और भी बहुत ही महत्त्वपूर्ण कारण था, जिसका पूर्ण रहस्योद्घाटन १९१४ के बाद ही हुआ। किन्तु उसकी चर्चा यहीं कर देना संगत होगा। पॉल रिशार और मिरा रिशार दोनों ही आध्यात्मिक साधना में रुचि रखते थे। मिरा रिशार ने पाल को एक प्रतीक का रेखांकन दिया था और कहा था कि भारत का जो आध्यात्मिक व्यक्ति इसका अर्थ बता दे, वही वह महान् व्यक्ति है, जिससे वे मिलना चाहती हैं। नलिनीकान्त गुप्त ने लिखा है—"उन्होंने जिस महान् व्यक्ति की बात कही थी, वे श्री अरविन्द ही थे, यह उस प्रतीक से सिद्ध होगा, जिसे वे भेज रही हैं और जिसे वह व्यक्ति समझ सकेगा। यह प्रतीक श्री अरविन्द का अपना आध्यात्मिक प्रतीक ही था, जिसे पश्चिम में 'सोलोमन रिंग' कहा जाता है।"[१]

इस घटना का बहुत ही स्पष्ट वर्णन के० अमृता ने इस प्रकार किया है : "फ्रांस के विशिष्ट विद्वान् और प्राज्ञ श्री पॉल रिशार शंकर चेट्टी के घर श्री अरविन्द से मिले। उन्हें फ्रांस से मिरा ने, जो बाद में श्रीमाँ के रूप में जानी गयीं, भेजा था। उन्होंने पॉल को योगचक्र का एक रेखांकन दिया था और कहा था कि इसका व्याख्याता भारत में मिलेगा और इसकी जो व्याख्या करे, वही योग-साधना में मेरा सहयोगी और गुरु होगा। पॉल रिशार को उस चक्र की व्याख्या श्री अरविन्द से प्राप्त हुई। पॉल रिशार अरविन्द का संदेश लेकर फ्रांस लौट गए और जाते वक्त कह गये कि वे और मिरा १९१४ में भारत आने का प्रयत्न करेंगे।"[२] पाठकों के परिचय के लिए प्रतीक का चित्र और श्रीमाँ द्वारा उद्घाटित इसका अर्थ नीचे दिया जा रहा है।

'अधोमुखी त्रिभुज सत् चित् और आनन्द का प्रतिनिधित्व करता है। ऊर्ध्वमुखी त्रिभुज भौतिक तत्त्व की अभीप्सा का सूचक है। जीवन, प्रकाश और प्रेम का यह प्रतिनिधि है। दोनों के मिलन-स्थल पर केन्द्रीय चतुर्भुज पूर्ण प्रकाट्य का द्योतक है, जिसके बीच का कमल परब्रह्म के अवतार का प्रतीक है। चतुर्भुज के भीतर का जल बहुविधि सृष्टि का सूचक है।"[३]

श्रीमाँ के लिए कमल अवतार का प्रतीक है पर श्री अरविन्द अपनी ओर से इसे दिव्यता

---

१. **रेमिनिसैंसेज, पृ० ७५।**

२. **रेमिनिसैंसेज, ओल्डलांग सिन्स, पृ० १६८। अमृत का दक्षिणी उच्चारण अमृता है।**

३. **द मदर आन श्री अरविन्दो, पृ० १।**

की ओर चेतना के खुलने का प्रतीक मानते थे।[१] इससे अरविन्द के प्रति माँ के भाव और अपने प्रति अरविन्द के भाव का पता चलता है। इसी स्थान पर पॉल रिशार के बारे में कुछ और भी जान लेना उचित होगा। पॉल रिशार से श्री रवीन्द्रनाथ ठाकुर जब जापान में मिले, तो उन्होंने लिखा—"जब मैं जापान में पॉल महाशय से मिला तो मेरे मन में सभ्यता के उच्चतर युग की प्रतिष्ठा के बारे में मेरा यह विश्वास दृढ़तर हो गया, जो संसार में शान्ति-स्थापना के लिए निर्माण की गयी बड़े-बड़े राजनीतिज्ञों की योजना से मुझे प्राप्त न हो सका था। जब विनाश की राक्षसी शक्तियाँ चारों ओर अपना तांडव नृत्य दिखा रही थीं, तब मैंने देखा कि वह अज्ञात फ्रांसीसी युवक अकेला खड़ा हुआ है और उसके मुख पर नवोदित उषा का प्रकाश खिल रहा है। उनकी वाणी नवजीवन का संदेश प्रदान कर रही है। मुझे यह देखकर इस बात का पूर्ण निश्चय हो गया कि महान् नवयुग की उषा का आविर्भाव पहले ही हो चुका है, यद्यपि राजनीतिज्ञों के पंचांग में उसका अभी तक कोई उल्लेख नहीं हुआ है।"[२]

पॉल जापान में प्रथम युद्ध के दौरान गये थे, उसके पहले वे श्री अरविन्द के साथ रहकर 'आर्य' पत्रिका के सम्पादन में सहयोग कर चुके थे। अस्तु।

पॉल श्री अरविन्द से दो दिन लगातार तीन-तीन घण्टे तक मिले। शंकर चेट्टी के निवास पर श्री अरविन्द-साधना-मग्न रहे और उन्होंने प्रायः ही अनावश्यक रूप से मिलने-जुलने के उत्सुक लोगों से अपने को अलग रखा। इसी स्थान पर रहते हुए उन्होंने साधना की आवश्यकता के कारण तेईस दिनों का लम्बा उपवास भी किया। उन्होंने स्वयं ही कहा है—"चेट्टी हाउस में रहते हुए मैंने २३ या इससे भी कुछ अधिक दिनों का उपवास किया। उस वक्त अन्न ग्रहण करने की समस्या का करीब-करीब समाधान जैसा हो गया। मैं करीब-करीब आठ घण्टे तक पैदल पहले ही की तरह टहलता रहा, मानसिक कार्य और साधना भी वैसे ही करता रहा और २३ दिनों के बाद मैंने अपने को कहीं से भी दुर्बल अनुभव नहीं किया। यह जरूर हुआ कि मांस-वृद्धि कम हो गयी और इस खोये हुए तत्त्व को पुनरुपलब्ध करने का कोई तरीका नहीं पा सका। उपवास तोड़ने पर जैसा कि किया जाता है, मैंने शनैः-शनैः भोजन की मात्रा बढ़ाने वाली पद्धति का पालन न करके, सामान्य भोजन लेना शुरू कर दिया।[३]

इन्हीं दिनों उनसे के० वी० रंगास्वामी आयंगर मिले, जो नगाई जप्ता के आदेश से अपनी साधना के लिए गुरु की तलाश कर रहे थे।[४] आयंगर तमिल साहित्य में वा० रा० के संक्षिप्त नाम से बहुत ख्यात हुए।

अक्टूबर १९१० के अन्त में चेट्टी हाउस छोड़कर श्री अरविन्द नये मकान में आये। यह मकान सुन्दर चेट्टी का था। यह मकान पांडिचेरी कस्बे के दक्षिण भाग में था। यहाँ वे अप्रैल १९११ तक रहे। मृणालिनी के चचेरे भाई सौरिन अक्टूबर में पांडिचेरी आये और नवम्बर में नलिनीकान्त गुप्त। शंकर चेट्टी वाले मकान में भोजन का प्रबन्ध कामचलाऊ था। चावल, सब्जी, रसम् और सांभर तथा रात्रि में श्री अरविन्द को एक कप पयस (दूध-चावल) मिल

१. लाइफ़ ऑफ श्री अरविन्दो, पृ० १४१।
२. महापुरुषों के साथ, दिलीप कुमार राय, राजकमल प्रकाशन, पृ० २९०।
३. रेमिनिसैंसेज एण्ड एनक्डोट्स, ऑफ श्री अरविन्दो, पृ० ५७-५८।
४. विस्तार से जानने के लिए प्रथम अध्याय 'उत्तरयोगी' देखें।

जाता। सभी जमीन पर सोते। अरविन्द के लिए एक पतला बिस्तर था, पर मणि और विजय घास की चटाइयों पर सोते। मणि और विजय अरविन्द के लिए कभी कुछ मन-बदलाव की भी कोशिश करते यानी अण्डे का कोई मामूली व्यंजन, अन्यथा, वही एकरस खाना चलता रहता।

३ अप्रैल, १९११ से १९१३ के र्‌यू सैं लुई के राघव चेट्टी के मकान में रहे। इसी समय चन्दरनगर से मोतीलाल पांडिचेरी आये और करीब डेढ़ महीने रहे।

नलिनीकान्त गुप्त यानी मनीन्द्रनाथ राय, संक्षेप में मुसिय (Monsieur) राय और साक्रा (चक्रवर्ती के लिए फ्रेंच में) आस-पास काफी प्रसिद्ध हो गये, क्योंकि दोनों फुटबाल खेलने में बेजोड़ थे। विजय का नाम बंकिम वसाक था और वे फुटबाल टीम के 'हाफ बैक' थे।[१] ज्योतीन्द्रनाथ महाशय (श्री अरविन्द) इस टीम के कप्तान थे, पर वे खेलने कभी नहीं जाते थे, घंटों बरामदे में टहलते रहते थे। मोतीलाल शहर में रुके थे और हफ्ते में दो दिन श्री अरविन्द से मिलने आया करते थे। मोतीलाल ने अपनी पांडिचेरी यात्रा का अनुभव अपनी एक पुस्तक में लिखा है जो श्री पुराणी के अनुसार नितान्त काल्पनिक है।

मोतीलाल के वर्णनों में एक चीज निश्चित सही है, वह यह कि वह घनघोर आर्थिक संकट का काल था। "खाना बारी-बारी से तीनों शिष्य बनाते। सभी लोग नहा-धोकर रसोईघर में खाने की प्रतीक्षा में बैठे रहते; क्योंकि वहीं भोजन-स्थल भी था। श्री अरविन्द सबके बाद स्नान करते, नहाने का एकमात्र तौलिया उनके लिए भी उतना ही उपयोगी था। स्नानोपरांत सीधे रसोईघर में आते। घर में कुल दो बत्तियाँ जलतीं। एक किरासन बत्ती रसोई में और एक मोमबत्ती श्री अरविन्द के कमरे में।"[२] नलिनीकान्त गुप्त ने इस प्रसंग को बहुत ही नाटकीय ढंग से अपने संस्मरण में प्रस्तुत किया है—"आज आश्रम के कमरों में, प्रांगणों में चारों तरफ प्रकाश ही प्रकाश है। मर्करी लाइट, फ्लैश लाइट, स्पाटलाइट, टार्च लाइट और पूरा आश्रम "लाइम-लाइट" (प्रसिद्धि) में आ गया है। आज सर्वत्र प्रकाश है। सभी कुछ प्रकाश में चमक रहा है। सर्वमिदं विभाति। उन दिनों हमारे पास एक बढ़िया किरासन लैम्प या लालटेन भी नहीं थी। केवल मुझे एक मोमबत्ती याद है, जो श्री अरविन्द के कमरे में रहती। हम चाहे जो भी बातचीत या बहस-मुबाहिसा करते, वह रात में ही और वह हमेशा अँधेरे में चलता। अक्सर हम मौन रहने का ही अभ्यास करते।"[३] उस वक्त जो भी कुछ आर्थिक सहायता बंगाल या अन्य स्थानों के मित्रों से प्राप्त होती, श्री अरविन्द की गृहस्थी के लिए एकमात्र सहारा थी। हालत यहाँ तक खराब हो गयी कि एक बार मोतीलाल को, जो पांडिचेरी से लौट गये थे, श्री अरविन्द ने ३/७/१९१२ को लिखा, "आपकी भेजी हुई रकम और कपड़े मिल गये। यहाँ के डाकखाने ने एक आदत (जो अब तक समझ में नहीं आयी) बना ली है कि वे दोपहर के पहले आपके पत्रादि देते नहीं। इसीलिए हम लोगों ने तार दिया कि शायद इस हफ्ते के लिए आपने पैसे नहीं भेजे हैं। पहले हम आपका पत्र मंगलवार को पा जाते थे, फिर ये बुधवार को, फिर गुरुवार को और अब रविवार को पहुँच रहे हैं। यह फ्रांसीसी लोकतंत्र की स्वाभाविक उत्क्रान्ति हो सकती है या शायद कुछ और हो। मैं मुहर आदि तोड़े जाने के कोई

---

१. रेमिनिसैंसेज, पृ० ५२।

२. पुराणी—लाइफ ऑफ श्री अरविन्दो, पृ० १४६।

३. रेमिनिसैंसेज, पृ० ५९।

लक्षण नहीं देख सका, किन्तु यह सुरक्षा का कोई निश्चित प्रमाण तो है नहीं। हो सकता है कि डाकिये को पुलिस कुछ देती हो। व्यक्तिगत रूप से मेरी धारणा है कि इसके पीछे लोकतान्त्रिक सिद्धान्तवाली पूर्वकथित बात ही होगी।

मैं साथ में एक और पत्र अपने मित्र एम० के नाम लिखा भेज रहा हूँ। यदि वे मेरे लिए कुछ दें तो कृपया अविलम्ब उसे भेजने का कष्ट करें। यदि ऐसा न हो पाये तो मैं आग्रह करूँगा कि आप जैसे भी हो, अपनी इच्छाशक्ति से या पृथ्वी या स्वर्ग की किसी भी शक्ति की सहायता से कम से कम ५० रु० उधार दें। यदि कहीं से न मिलें तो बी० बाबू से कहें, स्थिति यह है कि हमारे पास मुश्किल से आठ आने बचे हैं। निःसन्देह ईश्वर कुछ करेगा, किन्तु उसने अन्तिम क्षण तक देखते रहने की आदत बना ली है। मैं सोचता हूँ कि वह यह नहीं चाहता होगा, हम ऋणात्मक परिमाण में जीना सीखें।''—काली।[१] यह पत्र ऊपर से श्री अरविन्द के धैर्य का प्रमाण है, किन्तु अपने आश्रित लोगों की चिन्ता उन्हें कितने कारुणिक ढंग से आर्थिक सहायता की याचना के लिए विवश करती थी। इससे यह भी स्पष्ट हो जाता है कि उस समय एक आदमी के माहवारी खर्च के लिए १५ रुपये काफी होते थे। एक रुपये का चावल महीने भर चलता था। एक पैसे में काफी सब्जी मिल जाती। १९३३ तक आधा सेर चीनी एक आने में, अच्छे सिल्क का कपड़ा १० आने गज, जर्मन घड़ी ३ रु० में मिलती थी। उस वक्त पांडिचेरी कर-मुक्त बंदरगाह था।[२] यह भी आर्थिक स्थिति उस व्यक्ति की, जिसने बड़ौदे की ७१० रु० मासिक की नौकरी छोड़ दी थी। श्रेयस् के लिए प्रेयस् को अग्नि की लपटों में झोंकने के संकल्प का और परिणाम भी क्या हो सकता था।

पांडिचेरी में, अंग्रेजी शासन के भारतीय क्षेत्र से भागे हुए या निष्कासित क्रान्तिकारियों या देश-भक्तों की संख्या बढ़ती जा रही थी। दक्षिण भारत के सुब्रह्मण्यम् भारती, श्री निवासाचारी, बी०सी०एस० अय्यर, नागास्वामी अय्यर आदि तो थे ही, श्री अरविन्द और उनके शिष्य सभी उत्तर भारत से यहाँ शरण खोजते आ गये थे। परिणामतः सी०आई०डी० की कार्यवाही भी तेज होती जा रही थी। अंग्रेजी सरकार स्थानीय गोयन्दों (एजेन्ट्स) के माध्यम से क्रान्तिकारियों को फँसाने की चेष्टा में व्यस्त थी। लार्ड मिण्टो ने कसम ली थी कि बिना अरविन्द घोष को कुचले वे चैन की साँस न लेंगे। श्री अरविन्द के नाम एक वारंट भी जारी किया गया, जिसके उत्तर में उन्होंने 'सण्डे-टाइम्स' में लिखा कि चूँकि वे आत्मिक आदेश को मानकर पांडिचेरी आ गये हैं और चूँकि वारंट उनके फ्रांसीसी क्षेत्र में आ जाने के बाद जारी किया गया है, इसलिए वे अपने को कलकत्ता पुलिस को सौंपने के लिए बाध्य नहीं हैं।

नन्दगोपाल चेट्टी नामक एक मछुवारे ने, जिसका परिवार न केवल पांडिचेरी आने वाले, बल्कि मद्रास, नागपट्टम आदि स्थानों पर भी रुकने वाले जहाजों पर सामान आदि लादने-उतारने का काम करता था, गुंडों की सहायता से श्री अरविन्द का अपहरण करके उन्हें अंग्रेजों को सौंप देने की योजना बनायी। मणि और विजय को इस षड्यन्त्र का सुराग लग गया। इसलिए उन लोगों ने बोतलों में एसिड भर कर अपने को अच्छी तरह तैयार रखा था कि घर में बलात् प्रवेश करने वाले गुंडों से अच्छी तरह निबटा जाय। किन्तु ऐसा कुछ घटित न हुआ।

---

१. **श्री अरविन्दो द होप ऑफ मैन, केशवमूर्ति, पृ० २०७, उस वक्त श्री अरविन्द 'काली' नाम से हस्ताक्षरित पत्र भेजते थे।**

२. **वही, पृ० २०३।**

नन्दगोपाल स्थानीय चुनावों में सक्रिय भाग लेता था। सम्भवत: उसी निश्चित दिन को विरोधी पक्ष के किसी उम्मीदवार द्वारा उसके ऊपर दायर किये गये जालसाजी आदि के सिलसिले में एक वारंट जारी हुआ और वह खुद पांडिचेरी से फरार हो मद्रास भाग गया।

दूसरी घटना बाद में घटी। श्री अरविन्द और दूसरे क्रान्तिकारियों के विरुद्ध सक्रिय अंग्रेजी सरकार के गोयन्दों ने कुछ राजद्रोहमूलक कागज पत्र वगैरह एक टिन में रखकर बी०बी०एस० अय्यर के मकान में स्थित कुएँ में डाल दिया। चूँकि ये गोयन्दे सीधे फ्रांसीसी पुलिस से कुछ करा नहीं सकते थे, अत: उन्होंने मयुरसन नामक स्थानीय नागरिक से पुलिस में शिकायत दर्ज कराई कि सुब्रह्मण्यम् भारती आदि खतरनाक कामों में लगे हैं और यदि उनके मकान की तलाशी ली जाये तो बहुतेरे सबूत मिल जायेंगे। उसने अपनी शिकायत में अरविन्द का नाम नहीं दिया था, पर चूँकि ये सभी अरविन्द के मित्र थे, इसलिए फ्रेंच पुलिस ने उनके घर की तलाशी लेने का भी निर्णय किया था।

किन्तु यह षड्यन्त्र भी असमय भंडाफोड़ हो जाने से नाकाम रहा। अय्यर की नौकरानी कुएँ से पानी लाने गयी और उसने वह टिन देखा। भारती तुरन्त श्री अरविन्द के पास आये और उन्होंने सलाह माँगी। श्री अरविन्द ने पुलिस को तुरन्त खबर करने को कहा, ताकि वे खुद आकर इस टिन की तहकीकात करें कि इसमें क्या है। भारती ने तहकीकात पर जोर देते हुए फ्रेंच पुलिस को खबर कर दी। पुलिस ने टिन अपने कब्जे में ले लिया। उसमें कुछ राजद्रोहात्मक साहित्य, अखबार आदि थे। साथ ही कुछ ऐसे पैम्पलेट भी थे, जिन पर काली का चित्रांकन था और बांग्ला में इबारतें लिखी थीं। तहकीकात करने वाले दल के साथ फ्रेंच भारत के एक मजिस्ट्रेट मुसिय नाँदो (M. Nandot) थे। वे पांडिचेरी के वरिष्ठ पुलिस अधीक्षक और लोकाभियोजक (Public Prosecutor) के साथ अरविन्द के निवास पर पहुँचे। घर में एक मेज और कुर्सी को छोड़कर कोई दूसरा उपकरण नहीं था। कुछ बक्से थे। मेज की दराजें खोलने पर उन्हें केवल किताबें और कुछ लिखे-अधलिखे कागज मिले। कागजों पर ग्रीक लिखी थी। मुसिय नाँदो ने अचंभे से पूछा कि क्या आप ग्रीक जानते हैं? जब उन्हें यह पता चला कि श्री अरविन्द ग्रीक के अलावा बहुत सी दूसरी योरोपीय भाषाएँ भी जानते हैं तो न सिर्फ उनकी शंकाएँ जाती रहीं; बल्कि अरविन्द के प्रति वे अत्यन्त श्रद्धालु हो गये। मयुरसन को पुलिस ने गलत अभियोग के लिए सजा देने की धमकी दी, वह भयभीत होकर पांडिचेरी छोड़कर अंग्रेजी शासन-क्षेत्र में चला गया। मुसिय नाँदो ने श्री अरविन्द को अपने यहाँ बुलाया और वे गये भी। उसी समय भारती आदि ने ऐसी घटनाओं से घबड़ाकर पांडिचेरी छोड़ देने का निश्चय किया। भारती ने श्री अरविन्द से कहा कि संभवत: फ्रांसीसी सरकार अंग्रेजों के दबाव में आकर उन्हें उनके हाथों सौंप देगी। ऐसी हालत में वह कहीं और जाना चाहते हैं। उन्होंने अरविन्द की प्रतिक्रिया जाननी चाही। अरविन्द ने कहा, "भारती, मैं पांडिचेरी से एक इंच भी हिलना नहीं चाहता। मैं जानता हूँ, मेरा कुछ नहीं बिगड़ेगा। जहाँ तक आपका मामला है, आप खुद निर्णय लीजिए कि आपको क्या करना है।" भारती चुपचाप कुर्सी पर काफी देर तक बैठे रहे। बाद में इन लोगों ने भी जिबुती (अफ्रीकी फ्रेंच उपनिवेश), हिन्द-चीन या त्रिपोली जाने की अपनी योजना छोड़ दी।[१]

---

१. लाइफ ऑफ श्री अरविन्दो, पृ० १५१-१५२।

श्री अरविन्द अप्रैल, १९१३ में लुई स्ट्रीट से हटकर मिशन स्ट्रीट के एक १४ रुपये किराये के मकान में आ गये। मकान-तब्दीली का मुख्य कारण आर्थिक तंगी थी। इसी मकान में के० अमृता ने उन्हें पहली बार देखा था। अमृता लिखते हैं—"मिशन स्ट्रीट के मकान में तीन आँगन थे और हर आँगन के चारों ओर बरामदे थे। श्री अरविन्द का कमरा तीसरे भाग में था। पहले में नलिनी, सौरिन और विजय रहते थे। दूसरे में मणि रहते। मैंने सुन रखा था कि श्री अरविन्द शाम ५ बजे से बरामदों में चक्कर पर चक्कर लगाते रहते, जब तक दूसरे लोग खेल के मैदान से आठ साढ़े आठ बजे तक लौट नहीं आते। जब मैं और चेट्टियर मकान के पास पहुँचे, दरवाजा बन्द था। हमने कुछ संकोच से खटखटाया। अचानक दरवाजा खुला और उढ़का छोड़ दिया गया। श्री अरविन्द धीरे से आये थे और दरवाजा खोल कर मुड़कर घूमने लगे थे। मुझे ऐसा लगा कि वे अपने चेहरे की एक झलक भी हमें देखने देना नहीं चाहते थे। उस डूबती हुई गोधूलि बेला में मैंने कन्धे पर लटकते हुए केश और उनके अनिर्वचनीय सुन्दर छोटे-छोटे पैरों को ही देखा। मेरा हृदय उस प्रकार धड़क रहा था, जैसे मैं अचानक देव-भूमि में आ गया हूँ।"[१]

उस देवभूमि यानी मिशन स्ट्रीट के मकान को छोड़ देना पड़ा। अब की बार ये लोग ४१ र्यू फ्रास्वाँ मार्ते में आकर रहने लगे। वहाँ भी एक मजेदार घटना घटी। इस समय के काफी पहले नलिनीकान्त गुप्त आ चुके थे। इसलिए उस घटना का प्रत्यक्षदर्शी विवरण उन्हीं से सुनिए। "कुछ रोज पहले दो और लोग पांडिचेरी आए। एक तो विजय के रिश्तेदार नागेन नाग थे, जो बीमारी का बहाना करके परिवार वालों से छुटकारा पाकर आबोहवा परिवर्तन की बात कह कर यहाँ आ गये। दूसरे सज्जन वीरेन्द्र राय थे, जो उनकी देख-रेख करने के उद्देश्य से सहायक रूप में आए। एक दिन उस वीरेन्द्र ने अपना सर मुड़ा लिया। मणि ने कहा कि वह भी अपना मुंडन करायेगा और कोई कारण नहीं था। वीरेन्द्र के मुंडन से प्रेरित होकर उसने भी मुंडन करा लिया। उस दिन या संभवत: एक दिन बाद जब हम लोग रोज की तरह श्री अरविन्द के चतुर्दिक् बैठे थे, वीरेन्द्र खड़ा हुआ और जोर से बोला, "क्या आप लोग जानते हैं कि मैं कौन हूँ? शायद आप विश्वास न करें, पर मैं जासूस हूँ। अंग्रेजी शासन की पुलिस का जासूस। मैं अब इसे और नहीं छिपा सकता। इसलिए साफ कह देना चाहता हूँ।" वह श्री अरविन्द के पैरों पर गिर पड़ा। हम भौंचक्के रह गये, एकदम गूँगे की तरह अवाक्। हम आश्चर्य से सोचते रहे कि शायद यह झूठ बोल रहा है। भ्रम में पड़ गया है या कोई ऐसा ही दिमागी फितूर। तभी वह फिर बोला, "ओह, आपको विश्वास नहीं होता! तो मुझे कुछ और दिखाना होगा।" वह दूसरे कमरे में गया, अपना बक्स खोलकर सौ रुपये का एक नोट लेकर लौटा, "देखिए, यह है सबूत। मैं भला कहाँ से इतने रुपये पाता। ये मुझे अपने पतित कार्यों के लिए पुरस्कार में मिले हैं, मैं कभी भी अब ऐसा कार्य नहीं करूँगा। मैं वचन देता हूँ, आपसे क्षमायाचना करता हूँ।" हममें से कोई कुछ न बोला।

बात यह हुई कि वीरेन ने अपना सिर एक खास उद्देश्य से मुड़ाया था। कोई पुलिस जासूस उससे मिलने आने वाला था, पहचान के लिए वीरेन ने अपना मुंडन कराया था ताकि हममें से सबसे अलग करके उसे पहचाना जा सके। उसकी सारी योजना मणि के भी मुंडित हो जाने से अकारथ गयी। वीरेन को सन्देह हुआ कि शायद मणि उसके बारे में जान गया है

---

१. ओल्ड लांग सिन्स, रेमिनिसैंसेज, पृ० १४२।

और इसीलिए उसने सोद्देश्य अपना मुंडन कराया है। अतः कुछ तो डरकर, कुछ पश्चात्ताप के कारण और कुछ किसी अदृश्य शक्ति के प्रभाव से वह पाप स्वीकार करने को बाध्य हुआ। इस घटना से हम बहुत चिन्तित हुए। ऐसा चीज का घटित होना संभव कैसे हुआ? एक शत्रु, जो हमी में से कोई भी हो सकता है, हमारे बीच आ सकता है। अब क्या किया जाय? विजय बहुत क्रुद्ध हुआ। उसे रोके रखना भी एक मुश्किल काम हो गया। बहरहाल वीरेन स्वयं चला गया। सुना जाता है, वह द्वितीय विश्वयुद्ध में भारतीय सेना के साथ मैसोपोटामिया के मोर्चे पर गया था।''[१]

इन दिनों श्री अरविन्द वेदों का अध्ययन कर रहे थे। साथ के लोग भी कुछ पढ़ना-लिखना चाहते थे, पर पुस्तकों का नितान्त अभाव था। ''श्री अरविन्द के लिए हम लोग किसी प्रकार ऋग्वेद का मूल दो खण्डों में ले आ सके। उनके पास अपनी भी ढेर सारी किताबें थीं और कागज आदि वे दो-तीन बक्सों में रख़कर लाये थे। तै हुआ कि हम लोग प्रतिमास १०) रु० किताबों पर खर्च कर सकते हैं। हमने अंग्रेजी के मूल क्लैसिक्स खरीदने शुरू किए। आज आश्रम में बहुत बड़ी लाइब्रेरी है। एक नहीं कई। शारीरिक शिक्षण लाइब्रेरी, चिकित्साशास्त्र की लाइब्रेरी, स्कूल की लाइब्रेरी तथा अनेक व्यक्तिगत लाइब्रेरियाँ; किन्तु इन सबका मूल वही छोटा संकलन है, जो हम लोगों ने शुरू किया था।''[२]

मणि, नलिनी और सौरिन बंगाल की यात्रा पर गये। उस बीच की स्थितियों का विवरण के० अमृता के संस्मरणों में बहुत स्पष्ट ढंग से प्रस्तुत है।

ऐसा शायद ही कोई दिन जाय, जब शाम को भारती अरविन्द के पास न पहुँचें। भारती आदि लगातार गप्पें हाँकते, कहानियाँ कहते, व्यंग्य-विनोद चलता। भारती को दिन भर का पढ़ा हुआ, उगल देने में ही शान्ति मिलती। इसलिए वे अखबारों के समाचार, स्थानीय गतिविधियों के विवरण आदि सुना जाते और यदि कहीं श्री अरविन्द एकाध शब्द बोल दें तो क्या कहना, भारती की खुशी का ठिकाना न होता। भारती घर पहुँचते और तमाम लोग उन्हें घेर कर बैठ जाते—''क्या कहा श्री अरविन्द ने आज?'' इस प्रश्न में ऐसी कोशिश थी मानो जीवात्माएँ परमात्मा की इच्छा जानना चाहती हों।[३]

के० अमृता के संस्मरणों में श्री अरविन्द की साधना का कोई उल्लेख नहीं है, अपेक्षा भी नहीं की जाती क्योंकि उन्हें छोड़कर उस रहस्यमय क्षेत्र में किसी और का दखल ही न था, पर धीरे-धीरे लोग उनकी ओर श्रद्धापूर्वक आकृष्ट होने लगे थे। अमृता ने १५ अगस्त, १९१३ को मिशन स्ट्रीट वाले मकान में श्री अरविन्द के जन्मदिन के उत्सव का विवरण दिया है। लगातार कोशिश के बाद उस दिन जब सभी आगन्तुक चले गये, रामस्वामी आयंगर ने, जिन्होंने नगाई जसा के शिष्य रंगस्वामी आयंगर को श्री अरविन्द से मिलवाया था, अमृता से कहा, ''तुम उनकी मेज के पास जाकर दर्शन कर सकते हो। हाथ जोड़े जाना। उनकी दाहिनी तरफ से होते हुए जाते वक्त एक मिनट रुककर प्रणाम कर लेना। बातचीत की अनुमति नहीं है।'' अमृता अक्षरशः आज्ञा का पालन करते हुए अरविन्द के पास पहुँचे। छत से एक लालटेन लटक रही थी, जिसका प्रकाश मुश्किल से कमरे को प्रकाशित किए था। ''मैंने श्री अरविन्द

---

१. रेमिनिसैंसेज, पृ० ५२-५३।

२. वही, पृ० ६९।

३. ओल्ड लांग सिन्स, रेमिनिसैंसेज, पृ० १४६।

को हाथ जोड़कर प्रणाम किया, उन्होंने एक क्षण मेरी ओर देखा। उनकी आँखें लालटेन की रोशनी से कहीं ज्यादा प्रज्ज्वलित थीं, एक क्षण में जैसे भीतर का सारा अन्धकार नष्ट हो गया।''[१]

अमृता ने फ्रांस्वाँ मार्ते स्ट्रीट में नये आवास में आने की घटना को लेकर दक्षिण के क्रान्तिकारी देखभक्तों में, जिन्हें उन्होंने 'स्वदेशियों' कहा है, उत्पन्न विवाद का भी जिक्र किया है। पांडिचेरी शहर को एक नहर दो भागों में विभक्त करती है। पूर्वी भाग योरोपीय खंड और पश्चिमी भाग भारतीय खंड कहा जाता था। पूर्वी भाग में अक्सर गोरे-अधगोरे रहते थे। मिशन स्ट्रीट के मकान का किराया १५ रु० माहवार था, जब कि फ्रांस्वाँ मार्ते के मकान के लिए ३५ रु० देना पड़ रहा था। फिर यह फिजूलखर्ची क्यों? लोगों ने भारती से कहा कि वे श्री अरविन्द से इसके बारे में पूछें। अमृता ने जिक्र तो नहीं किया पर लगता है इसके पीछे तत्कालीन भारतीय आवेश भी मिला-जुला रहा होगा। किसी देशभक्त का अपने निवासियों का मुहल्ला छोड़कर गोरों के बीच बसना भी खटकता रहा होगा। जो भी हो, भारती ने कुछ नहीं पूछा; क्योंकि वे जानते थे कि यदि यह निर्णय श्री अरविन्द ने लिया है तो इसके पीछे कोई न कोई कारण अवश्य होगा।''[२] योगी बनने के इच्छुक अमृता को आर्थिक सहायता देकर श्री अरविन्द ने अग्रिम अध्ययन के लिए मद्रास भेजा।

श्री अरविन्द से मिरा रिशार और पॉल रिशार २९ मार्च, १९१४ को रयू फ्रांस्वाँ मार्ते के मकान पर ठीक साढ़े तीन बजे अपराह्न में मिले। श्री माँ की श्री अरविन्द से यह पहली मुलाकात थी। उन्होंने अपनी ३० मार्च की डायरी में लिखा, ''यदि सैकड़ों जीव अत्यन्त घने अन्धकार में डूबे हैं, तो इससे कुछ आता-जाता नहीं। जिन्हें हमने कल देखा था, वे तो पृथ्वी पर हैं ही। उनकी उपस्थिति यह सिद्ध करने के लिए काफी है कि एक दिन आयेगा, जब अन्धकार ज्योति में रूपान्तरित हो जायेगा। उस वक्त निश्चित ही तेरा राज्य इस पृथ्वी पर स्थापित होगा। हे भगवान्, हे इस आश्चर्य के दिव्य निर्माता! जब मैं इस बात को सोचती हूँ, तब मेरा हृदय हर्ष और कृतज्ञता से भर जाता है। मेरी आशा की कोई सीमा नहीं रहती।''[३]

मिरा रिशार का यह अनुभव एक ऋतावरी प्रज्ञा की सघन अनुभूति जैसा प्रतीत होता है। इन सीधे-सीधे आडम्बरहीन शब्दों में एक ऐसी अप्रतिम दिव्यता है, जो इस बात का प्रमाण है कि २९ मार्च की यह प्रथम भेंट कोई सामान्य घटना नहीं थी। उन्होंने अपनी डायरी में आगे चलकर लिखा, ''मुझे लगता है कि एक समय जो परिणाम जान पड़ता था, वह लगता है कि बस तैयारी है। जो नया काल हमारे सामने खुल रहा है, वह एकाग्रता की बजाय विस्तार का एक काल है।''[४]

श्री अरविन्द की साधना का आन्तरिक रूप किसी को मालूम नहीं था, पर बाहर से यह सभी जानते थे कि वे और उनके सहयोगी प्रबल आर्थिक तनाव के बीच से गुजर रहे हैं। इस बीच मणि, नलिनी और सौरिन बंगाल से लौट आए थे। वे सितम्बर १९१४ में ही आ गये। इसी बीच एक और दुर्घटना हो गई। बंगाल देखने की इच्छा से विजय नाग कलकत्ते के लिए

---

१. ओल्ड लांग सिन्स, रेमिनिसैंसेज, पृ० १३९।

२. वही, पृ० १६१-१६२।

३. प्रेयर्स एण्ड मेडिटेशन्स, पृ० ८९।

४. वही पृ० ८९।

रवाना हुए; पर विलपुरम् में गिरफ्तार कर लिये गये। वे कलकत्ते के एक जेल में युद्ध के अन्त तक बन्दी रहे।

रिशार दम्पत्ति प्राय: अरविन्द के पास भेंटवार्ता के लिये आते रहते। उनके साथ रहने वालों में इस नई उपस्थिति ने तरह-तरह की समस्याएँ जगा दीं। इनमें वरिष्ठतम व्यक्ति श्री नलिनी बाबू लिखते हैं—"जब हमें मालूम हुआ कि एक महान् महिला यहाँ आ रही हैं, और काफी निकट रहेंगी, हमारे सामने बड़ी भारी समस्या खड़ी हो गयी। हमारा उनके प्रति व्यवहार क्या होना चाहिये? क्या हमारे रहन-सहन के तरीकों में परिवर्तन अपेक्षित है? हम एक अराजकतावादी (बोहैमिन) ढंग के जीवन के अभ्यस्त थे। क्योंकि हम कपड़ा पहनने, बातचीत करने, सोने और खाने आदि के मामलों में स्वच्छन्द अप्रवाहित शैली अपनाये हुए थे, जिसे शायद कोई सभ्य समाज पूर्णत: स्वीकार नहीं करता। जो भी हो, तै हुआ कि हम अपनी शैली कायम रखेंगे। हम अपनी स्वतन्त्रता या सुविधा को खंडित क्यों होने दें?"[१]

मिरा रिशार प्रतिदिन चार-साढ़े चार के आस-पास अरविन्द के पास आतीं। वे गरी की बनी हुई मिठाइयाँ ले आतीं। ५ बजे के करीब नलिनी, मणि और दूसरे फुटबाल खेलने जाते। ५ बजे के आस-पास वे श्री अरविन्द के लिए कोको (कहवा) बनातीं, इसी वक्त तक पॉल रिशार भी आ जाते।

पॉल रिशार ने श्री अरविन्द से आग्रह किया कि वे एक पत्रिका निकालें जिसमें न सिर्फ उनके समन्वित योग का पूर्ण सिद्धान्त, बल्कि उनकी अपनी साधना की अनुभूतियों से उपलब्ध स्पष्टीकरण आदि भी जनता के सम्मुख तर्कपूर्ण ढंग से उपस्थित किये जाएँ। श्री अरविन्द ने इसे स्वीकार कर लिया और उन्होंने अंग्रेजी में निकलने वाली इस पत्रिका का नाम 'आर्य' रखा।

१५ अगस्त, १९१४ को 'आर्य' का पहला अंक प्रकाशित हुआ। आर्य का उद्देश्य इन शब्दों में घोषित किया गया : "इसका ध्येय होगा भविष्य की विचारधारा की अनुभूति, उसकी नींव जमाने की प्रक्रिया पर सोच-विचार करना और इसे प्राचीन के सर्वाधिक जीवन्त चिंतन से जोड़ना। यह पृथ्वी जड़ और जीवन से निर्मित संसार है, किन्तु मनुष्य न तो वनर्स्पति है, न तो पशु, वह एक आध्यात्मिक और सोचने-विचारने वाला प्राणी है, वह यहाँ इसलिए आया है कि अपनी पाशविक प्रणालियों को महत्तर उद्देश्यों के लिए रूपान्तरित करे। इस महत् उद्देश्य के लिए उसे एक अपेक्षाकृत अधिक दिव्य यंत्र में बदलना होगा। चिन्तन की समस्या है, सही विचार और उसकी संवादिता का अन्वेषण। आत्मा के बारे में उपलब्ध प्राचीन सत्यों को नये ढंग से प्रस्तुत करना होगा ताकि वे मानसिक और प्राणिक जीवन को अपने में समाहित करने, जीवन्त बनाने और अनुशासित करने का कार्य कर सकें। मनोवैज्ञानिक आत्मानुशासन तथा आत्म-विकास को सर्वाधिक समीचीन पद्धति सामने लाना हमारा उद्देश्य होगा ताकि मनुष्य अपने आध्यात्मिक जीवन को उसकी पूर्ण समृद्धि, विस्तार, शक्ति और सूक्ष्मताओं के साथ अभिव्यक्त कर सके। इसके लिए हमें ऐसे साधनों की खोज करनी होगी, जिनके द्वारा मनुष्य के बाहरी जीवन, सामाजिक संगठन और संस्थान आदि प्रगतिशील ढंग से अपने को बदल सकें ताकि आत्मिक सत्य के प्रकाश में वैयक्तिक स्वतन्त्रता और सामाजिक एकता के बीच सुस्वर सम्वादिता कायम की जा सके।"

---

१. रेमिनिसैंसेज, पृ० ७६।

आरम्भ में 'आर्य' का एक फ्रेंच संस्करण भी "रब्यू द ग्रांद सैंतेज" यानी महान् समन्वय के विचार नाम से प्रकाशित होता था।

रिशार दम्पत्ति इन पत्रिकाओं में पूरी तरह सहयोग कर रहे थे। श्री अरविन्द केवल लेख ही नहीं लिखते थे बल्कि प्रूफ आदि देखने का भी कार्य करते; ताकि हर महीने की १५वीं तारीख को वह निश्चय ही प्रकाशित हो जाय। उस वक्त तक ग्राहकों की संख्या दो सौ ही थी। 'आर्य' माडर्न प्रेस से छपा करता था। कभी-कभी कम्पोजीटर शराब पीकर धुत्त हो जाता, प्रूफ उठना बन्द हो जाता। एक बार जब के० अमृता कम्पोजीटर को शराब पीने के लिये बुरी तरह कोस रहे थे, अरविन्द ने उन्हें रोक कर कहा—"तुम्हें उसके व्यक्तिगत जीवन में हस्तक्षेप करने का कोई अधिकार नहीं है। उसे शराब पीने की पूरी स्वतंत्रता है, तुम सिर्फ इतना कह सकते हो कि अनुबन्ध के मुताबिक वह नियमित प्रूफ दिया करे, बस।"[१] इन्हीं दिनों मिरा रिशार की प्रेरणा से एक 'आर्यस्टोर' खुला, जो काफी दिनों तक चला, बाद में इसे बेच देना पड़ा।[२] मिरा रिशार ने कुछ चुने हुए लोगों को एकत्र करने की इच्छा से एक सोसाइटी भी बनाई, जिसका नाम था लीदे नुबैल (Liddee Nouvelle)। इसे ही हम आश्रम का शिलान्यास कह सकते हैं।

उन दिनों प्रति सप्ताह एक दिन श्री अरविन्द और उनके शिष्यगण रिशार दम्पत्ति के आवास पर भोजन करने के लिये निमंत्रित होते थे। उस वक्त ये लोग मकान नं० ३ डुप्ले स्ट्रीट में रहते थे। 'आर्य' के अंकों को पढ़कर सुभाषचन्द्र बोस ने लिखा था—"इन्हें पढ़कर मुझे विश्वास हुआ कि राष्ट्रसेवा के लिए आध्यात्मिक प्रकाश जरूरी है।"[३]

'आर्य' के प्रकाशन के साथ ही साथ यह चर्चा उठने लगी कि एक नया युग आरम्भ होने को है। यह नया युग पूरी मानव जाति के कल्याण के लिए है। श्री अरविन्द इसके ऋषि हैं। कवि सुब्रह्मण्यम् भारती इस चर्चा के उद्भावक थे। अमृता ने, जो उस समय पांडिचेरी में स्कूली छात्र थे, लिखा है कि—"मेरे स्कूल के छात्र टोलियाँ बनाकर 'मदर' को देखने आया करते। तब हम नहीं जानते थे, 'मदर' क्या हैं? अमृता आमने-सामने कुर्सी पर बैठकर मदर से 'यौगिक साधना' पढ़ते। इसी स्थल पर, अमृता ने, जिन्होंने कि श्री अरविन्द के तात्कालिक शिष्यों की अपेक्षा 'मदर' के ज्यादा निकट पहुँचने की कोशिश की, लिखा है—"सिर्फ मैं ही नहीं, उन दिनों के मेरे कुछ मित्र भी अनुभव करते कि हमारे भीतर कुछ खास तरह का परिवर्तन हो रहा है। उन्हें चाहे हम चाहते हों अथवा नहीं, हमारे बिना जाने के परिवर्तन न केवल हमारी चेतना में बल्कि बाह्य व्यक्ति में भी घटित हो रहे थे। हम नाना प्रकार की परस्पर-विरोधी धारणायें और सन्देहों को लिए-दिए माँ के पास पहुँचते और उनसे वार्ता करने के बाद हममें से प्रत्येक एक अनिर्वचनीय पवित्रता और आनन्द का अनुभव करता।"[४]

मई, १९१४ में मिरा रिशार का स्वास्थ्य गिर गया था। उन्होंने स्वयं ही लिखा है, "कुछ दिनों के लिए मेरे शरीर की सारी शक्तियों ने साथ छोड़ दिया है।" मिरा रिशार के व्यक्तित्व में निरन्तर आध्यात्मिक अनुभूतियों से उत्पन्न परिवर्तन घटते रहते और २१ जुलाई, १९१४ को

---

१. ओल्ड लांग सिन्स, रेमिनिसैंसेज, पृ० ३।
२. लाइफ ऑफ श्री अरविन्दो, पृ० १६९।
३. इन इंडियन पिलिग्रिम-अनफिनिश्ड आटोबायग्राफी एण्ड कलेक्टेड लेटर्स, पृ० ५१।
४. रेमिनिसैंसेज, ओल्ड लांग सिन्स, पृ० १८०।

उन्हें निश्चय ही एक ऐसी अनुभूति हुई, जिसे असीम के साथ एकत्व का बोध कहा जा सकता है—"अब शरीर नहीं था। कोई इन्द्रिय-बोध नहीं था। अब था केवल एक ज्योति-स्तम्भ। जहाँ पर साधारणतया देह का आधार होता है, वहाँ से ऊपर की ओर उठकर वह वहाँ मस्तक होता है, चाँद की तरह प्रकाश की एक थाली जैसा बन गया। फिर वहाँ से स्तम्भ ऊपर की ओर उठता गया और अन्त में फूटकर जाज्वल्यमान बहुवर्णमय एक विशाल सूर्य बन गया, जिसमें सुनहले प्रकाश की वर्षा होने लगी और पृथ्वी में यह प्रकाश फैल गया।"[१]

जर्मनी ने फ्रांस के विरुद्ध ३ अगस्त को और ब्रिटेन ने जर्मनी के विरुद्ध ४ अगस्त, १९१४ को युद्ध की घोषणा कर दी। मिरा रिशार ने २१ अगस्त को अपनी डायरी में लिखा—"हे भगवान्, समूची पृथ्वी आन्दोलित हो गई है। कराह रही है, दु:ख भोग रही है। वह विपत्तियों से गुजर रही है, ऐसा न हो कि उस पर जो कुछ कष्ट आया है, वह व्यर्थ ही चला जाय। इस अंशकारपूर्ण खाई की गहराई से सम्पूर्ण सत्ता तुझसे प्रार्थना कर रही है कि तू उसे वायु और प्रकाश प्रदान कर। उसका दम घुट रहा है। क्या तू सहायता करने नहीं आयेगा?"[२]

२१ फरवरी, १९१५ को मिरा रिशार का जन्मदिन पांडिचेरी में ही मनाया गया और २२ को वे पॉल रिशार के साथ युद्धरत फ्रांस की ओर चल पड़ीं।

'आर्य' का फ्रांसीसी संस्करण बन्द हो गया। अंग्रेजी संस्करण लगातार जनवरी १९२१ तक प्रकाशित होता रहा। सच तो यह है कि श्री अरविन्द के जीवन के ये छह वर्ष लगातार साधना और संबोधि-ज्ञान को सैद्धान्तिक रूप प्रदान करने के वर्ष कहे जा सकते हैं। बाह्य जीवन की विशेष महत्त्वपूर्ण घटनाओं का कोई सन्धान नहीं मिलता। चित्तरंजन दास के काव्य-संकलन 'सागर संगीत' का अंग्रेजी अनुवाद उन्होंने १९१४ में किया था। बदले में दास ने एक हजार रुपये दिये। श्री पुराणी ने लिखा है—"१९१४ से १९२० की घटनाओं को क्रमबद्ध रूप में उपलब्ध कर पाना कठिन है।"[३]

मृणालिनी की मृत्यु

फिर भी एक अत्यन्त दु:खद घटना इसी बीच घटी, इसलिए उसका विवरण देना प्रासंगिक होगा। दिसम्बर, १९१८ में श्रीमती मृणालिनी देवी का इंफ्लूएंजा से देहान्त हो गया। मृणालिनी ने अपने जीवन से हिन्दू नारी की पारम्परिक आत्मविसर्जन क्षमता को चरितार्थ कर दिया। उन्हें पता था कि वे अपने पति के कार्यों में सहयोग देने की क्षमता नहीं रखतीं। उन्होंने अपनी सहनशीलता और पतिभक्ति के कारण हजार दु:खों को सह लेना स्वीकार कर लिया; पर कभी भी पति के मार्ग में प्रत्यवाय नहीं बनीं। राजनीतिक कारणों से व्यस्त रहते हुए श्री अरविन्द चाहते हुए भी मृणालिनी देवी की सुख-सुविधाओं की माकूल व्यवस्था नहीं कर पाये। अलीपुर जेल में जब वे एक वर्ष रहे, मृणालिनी उनकी बहन सरोजिनी के साथ एकाकी जीवन व्यतीत करती रहीं। जेल से छूटने के बाद वे धीरे-धीरे योग-साधना की ओर बढ़ते गये और अंत में पांडिचेरी जाने पर विशिष्ट किस्म की साधना के कारण, जिसमें एकान्त और कठोर संयम की नितान्त आवश्यकता थी, वे मृणालिनी को साथ नहीं रख पाये। १९१८ में मृणालिनी को पांडिचेरी आने की उन्होंने अनुमति दी; किन्तु दैव को यह भी मंजूर न हुआ और पांडिचेरी

---

१. प्रेयर्स एण्ड मेडिटेशंस, पृ० १६०-१६१।

२. वही, पृ० १७०।

३. लाइफ ऑफ श्री अरविन्दो, पृ० १५८।

की यात्रा पर चली मृणालिनी कलकत्ते पहुँच कर बीमार हुईं और वहीं उनकी मृत्यु हो गई। मृणालिनी के भाई डॉ० शिशिर कुमार ने तस्दीक किया है कि पति-वियोग को उन्होंने बड़े धैर्य और गरिमा के साथ सहन किया। उन्हें मालूम था कि यद्यपि वे अपने पति की दृष्टि में बहुत ऊँचा स्थान रखती हैं तो भी वे एक समर्पित पत्नी के रूप में श्री अरविन्द पर दबाव डालकर अपने को उन्हें साथ रखने के लिए मजबूर करके उनकी कोई सहायता नहीं कर पायेंगी।[१]

श्रीमती मृणालिनी देवी ने अन्तिम दिनों में श्री रामकृष्ण की पत्नी श्री शारदामणि से दीक्षा प्राप्त की। श्री अरविन्द को जब यह सूचना मिली तो वे अत्यन्त प्रसन्न हुए और उन्होंने कहा—"मुझे पता चला कि उसे देवव्रत की बहन सुधीरा बोस वहाँ ले गयीं। मुझे पांडिचेरी आने के बहुत समय बाद यह बात मालूम हुई। मुझे बड़ी खुशी हुई कि उसने इतनी महान् आध्यात्मिक शरण प्राप्त की।"[२]

प्रश्न उठता है कि इस बीच श्री अरविन्द कैसी साधना कर रहे थे और क्या उसकी पद्धति का जानना संभव है। श्री अरविन्द ने निश्चय ही अपनी साधना-प्रक्रिया के विषय में बहुत कुछ बताया है, जो अपने शिष्यों के साथ की गई वार्ताओं या पत्राचारों में प्राप्त होता है। इस समय की साधना की ओर संकेत करनेवाला एक बहुमूल्य पत्र अवश्य प्राप्त होता है। वारीन्द्र प्रथम विश्वयुद्ध के बाद की सन्धि के फलस्वरूप १९१९ में अंडमान से मुक्ति पाकर भारत लौटे। उन्होंने श्री अरविन्द को एक पत्र लिखा, जिसमें अनेक प्रश्न पूछे गये थे। वारीन्द्र पहले भी योग-साधना की ओर आकृष्ट थे और वे अपने योग के पथ-प्रदर्शन का भार भी श्री अरविन्द को देना चाहते थे। 'पांडिचेरीर पत्र' वारीन्द्र के नाम लिखा श्री अरविन्द का ऐतिहासिक महत्त्व का पत्र है।

७ अप्रैल, १९२०

स्नेह का—

तुम्हारा पत्र प्राप्त हुआ है। अब तक उत्तर लिखा नहीं गया। यह जो लिखने बैठा हूँ, यह भी एक (Miracle) चमत्कार ही समझो। क्योंकि मेरा चिट्ठी लिखना होता है (Once in a blue moon) शायद ही कभी, विशेष कर बाँग्ला में लिखना तो इन पाँच-सात वर्षों में एक बार भी नहीं हुआ। शेष करके यदि पोस्ट (डाक) में दे सकूँ, तब ही (Miracle) असाध्य साधन पूरा हो।

प्रथम तुम्हारे योग की बात। तुम मुझे ही अपने योग का भार देना चाहते हो, मैं भी लेने को राजी हूँ। इसका अर्थ है, जो मुझको और तुमको, चाहे प्रकाश्य हो चाहे गोपन हो, अपनी भागवती शक्ति द्वारा चला रहा है, उसी को देना। तथापि यह फल अवश्यम्भावी जानना कि उसी का प्रदत्त मेरा योग पन्थ है—जिसको पूर्ण योग कहते हैं—उसी पंथ में चलना होगा—जो लेकर आरंभ किया था—(लेले) वह भी मार्ग ढूँढ़ने की अवस्था, अर्थात् इधर-उधर घूमकर देखना, पुराने सभी योग-खंडों को छूना, उठाना और हाथ में लेकर परीक्षा करना। इसकी एक तरह पूरी अनुभूति पाकर उसको पहचाना जाता है।

---

१. दिवाकर, महायोगी, भारतीय विद्याभवन, बम्बई, पृ० ५०।
२. रेमिनिसैंसेज एण्ड एनक्डोट्स, पृ० ११३।

इसके बाद पांडिचेरी में आकर वह चंचल अवस्था कट गयी। अन्तर्यामी जगद्‌गुरु ने मुझे मेरे पन्थ का पूर्ण निर्देश दिया है। उसके सम्पूर्ण (सिद्धान्त) योग-शरीर के दस अंग हैं, इन दस वर्षों में उन्हीं का अनुभूति द्वारा विकास कर रहा हूँ, यह अब भी शेष नहीं हुआ है। और दो वर्ष लग सकते हैं और जितने दिनों शेष नहीं होता जान पड़ता है बंगाल में लौट न सकूँगा। पांडिचेरी ही मेरी योग-सिद्धि का निर्दिष्ट स्थल है। अवश्य ही एक अंग को छोड़कर, वह है कर्म। मेरे कर्म का केन्द्र है बंगदेश। यद्यपि आशा करता हूँ—समस्त भारत और समस्त पृथ्वी उसकी परिधि होगी।

योग-पन्थ क्या है, यह पीछे लिखूँगा अथवा तुम यहाँ आओ, तभी वह बात होगी। इस विषय में लिखने की अपेक्षा मुख की बात अच्छी है। इस समय केवल यही कह सकता हूँ कि पूर्णज्ञान, पूर्णकर्म और पूर्ण भक्ति के सामंजस्य और ऐक्य को मानसिक (भूमि) Level के ऊपर उठाकर मन को अतीत विज्ञान-भूमि में पूर्ण सिद्ध करना ही उसका मूल तत्त्व है। पुराने योग में दोष यही था कि वह मन-बुद्धि को जानता और आत्मा को जानता, मन के भीतर ही अध्यात्म की अनुभूति पाकर संतुष्ट रहता, किन्तु मन खण्ड को ही आयत्त कर सकता है। वह अनन्त अखंड को सम्पूर्ण पकड़ नहीं सकता। उसे मन द्वारा पकड़ने की समाधि, मोझ निर्वाण इत्यादि ही उपाय हैं, और उपाय नहीं। वह लक्ष्यहीन मोह-लाभ प्रत्येक आदमी कर सकता है, किन्तु लाभ क्या? ब्रह्म, आत्मा, भगवान् तो हैं ही। भगवान् मनुष्य में जो चाहते हैं, वह है उसको इसी जगह मूर्तिमान करना। व्यष्टि में समष्टि में To realise God in life भगवान् को प्राप्त करना।

पुरातन योग-प्रणाली अध्यात्म और जीवन का सामंजस्य अथवा ऐक्य नहीं कर सकीं, जगत् को माया व अनित्य लीला कहकर उड़ा देती हैं। फल यह हुआ है जीवनी-शक्ति का ह्रास, भारत की अवनति। गीता में कहा गया है—"उत्सीदेयूरिमे लोका: न कुर्या कर्म चेदंहम्"—भारत के 'इमे लोक:' सत्य ही उत्पन्न हो गये हैं। कई एक संन्यासी बैरागी साधु-सिद्ध मुक्त हो जायेंगे, कई एक भक्त प्रेम में, भाव में, आनन्द में अधीर होकर नृत्य करेंगे और समस्त जाति प्राणहीन बुद्धिहीन होकर घोर तमोभाव में डूब जायेगी, यह किस प्रकार की अध्यात्म-सिद्धि?

पहले मानसिक स्तर पर अनुभूति पाकर, मन को अध्यात्म-रस में प्लावित कर अध्यात्म-प्रकाश से प्रकाशमान करना होता है। इसके बाद ऊपर उठना, ऊपर अर्थात् विज्ञान-भूमि में बिना उठे, जगत् का शेष रहस्य जानना असम्भव है। जगत् की समस्या सुलझ नहीं पाती। वहीं आत्मा और जगत्, अध्यात्म और जीवन-द्वंद्व की अविद्या नष्ट होती है। उस समय जगत् को माया कहकर नहीं देखा जाता, जगत् भगवान् की सनातन लीला, आत्मा का नित्य विकास है। उसी समय भगवान् को पूर्ण रूप से जान पाना सम्भव होता है। गीता में जिसको कहते हैं, 'समग्रं मां ज्ञातुम्'। अन्नमय देह, प्राण, मन, बुद्धि, विज्ञान और आनन्द—यह हुई आत्मा की पंचभूमि। जितना ही ऊँचा उठता है, मनुष्य के Spiritual evolution (आध्यात्मिक विकास) की चरम सिद्धि की अवस्था उतनी ही निकट आती है। विज्ञान में उठने से आनन्द में उठना सहज हो जाता है। अखंड अनन्त आनन्द की अवस्था में स्थिर प्रतिष्ठा होती है। केवल त्रिकालातीत परब्रह्म में नहीं—देह में, जगत् जीवन में। पूरी सत्ता, पूरा चैतन्य, पूर्ण आनन्द विकसित होकर जो जीवन में मूर्त होता है, वह चेष्टा ही मेरे योग पन्थ का मूल सूत्र—सुराग है।

इस प्रकार होना सहज नहीं। इन पन्द्रह वर्षों के बाद मैं केवल विज्ञान के तीन स्तरों के निम्नतर स्तर में पहुँचकर नीचे की सभी वृत्तियों को उसमें खींचकर लाने के लिए उद्योग में हूँ। जब यह सिद्धि पूर्ण होगी, तब भगवान् मेरे द्वारा दूसरों को अल्प आयाम में विज्ञान सिद्धि देंगे, इसमें कुछ भी सन्देह नहीं। तभी मेरा असली काम आरम्भ होगा। मैं कर्म-सिद्धि के लिये अधीर नहीं हूँ। जो होने को है, भगवान् के निर्दिष्ट समय में होगा। उन्मत्त की तरह दौड़कर क्षुद्र 'अहं' की शक्ति से कर्म-क्षेत्र में कूद पड़ने की प्रवृत्ति नहीं है। यदि कर्म-सिद्धि नहीं हो तो धैर्यच्युत नहीं हूँगा। यह काम मेरा नहीं है, भगवान् का है। मैं और किसी का आह्वान नहीं सुनूँगा, भगवान् जब चलावेंगे, तब चलूँगा।

बंगाल ठीक प्रस्तुत नहीं है, मैं जानता हूँ। जो आध्यात्मिक बाढ़ आयी है, वह है अनेकांश में पुरातन का नूतन रूप, किन्तु असली रूपान्तर नहीं है। तथापि इसकी भी दरकार थी। बंगाल पुरातन योग को अपने में जगाकर उसका संस्कार (क्षय) करके असल सार (खाद) लेकर जमीन को उर्वरा कर रहा है। आगे था वेदाम्त का अखाड़ा-अद्वैतवाद, संन्यास, शंकर की माया इत्यादि। इस समय जो हो रहा है, वह वैष्णव धर्म की बारी है—लीला, प्रेम भाव के आनन्द में मत्त होना। यह सब बड़ा पुराना है, नवीन युग के लिये अनुपयोगी है। यह सब नहीं ठहरेगा, कारण इस प्रकार की उन्मादना टिकने की नहीं। तथापि वैष्णव भाव का यह गुण है कि भगवान् के साथ जगत् का एक संबंध रखता है, जीवन का एक अर्थ होता है। किन्तु खंड भाव होने से इसमें पूर्ण संबंध, पूर्ण अर्थ नहीं है। जो दलबन्दी का भाव देखते हो, वह अनिवार्य है। मन का धर्म है कि एक खंड को पूर्ण कहना और सभी खण्डों का बहिष्कार करना। जो सिद्ध (पुरुष) भाव को ले आते हैं, खंडभाव का अवलम्बन करके भी पूर्ण की कुछेक जानकारी रखते हैं—पूर्ण को मूर्त न कर सकने पर भी। (किन्तु) शिष्य उसको पाने में समर्थ नहीं होता। मूर्त नहीं होने से पोटली बाँधते हैं (उलझाव पैदा करते हैं) बँधने दो, देश में। जिस दिन भगवान् पूर्ण अवतीर्ण होंगे, पोटली आप खुल जायेगी। वह सब अपूर्णता, कच्ची अवस्था के लक्षण हैं। इससे मैं विचलित नहीं होता। अध्यात्मभाव देश में आना चाहिये, जिस तरह से भी हो, जितने दलों से भी हो—पीछे देखा जायेगा। यह नवयुग के शैशव की (गर्भ) अवस्था है, आरम्भ नहीं आभास मात्र है।

इस योग की विशिष्टता यही है कि सिद्धि कुछ ऊपर न जाने से भित्ति भी पक्की नहीं होती। मेरे योग का जो साधन करते हैं, उनके पहले अनेक पुरातन संस्कार थे, कितने ही मिट गये हैं, कितने ही अब भी हैं। आगे (तुम लोगों का) था संन्यास का संस्कार, अरविन्द-मठ बनाना चाहते थे, अब (तुम्हारी) बुद्धि ने मान लिया है—संन्यास नहीं चाहते, किन्तु प्राण पर से वह पुरातन की छाप अब भी पूरी तरह नहीं मिटी है। इसीलिये संसार में रहकर त्यागी संसारी होने को कहते हो। तुमने कामना-त्याग की आवश्यकता समझी है, किन्तु कामना-त्याग और आनन्द-योग के सामंजस्य को पूर्ण रूप से पकड़ नहीं सके हो। और मेरा योग तुम लोगों ने ग्रहण किया था, जैसा कि बंगाली का साधारण स्वभाव है—ज्ञान की ओर से उतना नहीं, जितना भक्ति की ओर से, कर्म की ओर से। ज्ञान कुछ तो हुआ है पर बहुत-सा बाकी पड़ा है और भावुकता की कुहेलिका (dissipated) विच्छिन्न नहीं हुई है। तुम लोग सात्विकता के घेरे को अब भी पूरी तरह से नहीं काट सके हो, अहम् जब भी है। संक्षिप्त में कहने का आशय यह है कि उसका विकास नहीं हुआ है। मुझे भी शीघ्रता नहीं है, मैं तुम लोगों को तुम्हारे स्वभाव के अनुसार विकसित होने देता हूँ। एक ही साँचे में सबको ढालना

नहीं चाहता। असली वस्तु ही सबमें एक होगी, नाना प्रकार से नाना रूप में फूलेगी। सभी भीतर से grow कर रहे हैं (बढ़कर तैयार हो रहे हैं)। मैं बाहर से गढ़ना नहीं चाहता। तुम लोगों ने मूल को प्राप्त कर लिया तो और सब आ जायेगा।

हमें भेदप्रतिष्ठ समाज नहीं चाहिये। हम आत्मप्रतिष्ठ-आत्मा के ऐक्य की मूर्तिसंघ चाहते हैं। इस Idea (भाव) को लेकर ही देवसंघ नाम दिया गया है। जो देव जीवन चाहते हैं, उन्हीं लोगों का संघ, देवसंघ है। इस प्रकार का संघ एक स्थान में स्थापित करके पीछे सारे देश में उसकी स्थापना करनी होगी। इस प्रकार की चेष्टा में जब अहम् की छाया पड़ती है तब संघ दल में परिणत हो जाता है। यह धारणा सहज में हो सकती है कि जो (शुद्ध) संघ अन्त में दिखाई देगा, यह यही है, बाकी होगा इसी एकमात्र केन्द्र की परिधि। जो इसके बाहर हैं, वे भीतर के लोग नहीं हैं, (अथवा भीतर के) होने पर भी वे भ्रान्त हैं, हमारा जो वर्तमान भाव है, उससे वे नहीं मिलते हैं, इसीलिये (भ्रांत हैं)।

तुम कदाचित् कहोगे, संघ की क्या आवश्यकता है? मुक्त होकर सब स्थानों में रहेंगे, सब एकाकार हो जाय, उस बृहत् एकाकार में ही जो कुछ बन जाय। यह सच बात है, किन्तु (वह) सत्य का केवल एक भाग है। हमारा कारोबार केवल निराकार आत्मा को लेकर ही नहीं है, जीवन को भी (उसके साथ-साथ चलाना होगा) और मूर्ति के ठोस रूप से सामने आने के अतिरिक्त जीवन की effective कार्यकारी गति नहीं है। अरूप जो मूर्त हुआ है, वह नामरूप-ग्रहण माया की खामखयाली नहीं है, रूप का प्रयोजन होने से ही रूप ग्रहण होता है। हम लोग संसार का कोई भी काम छोड़ना नहीं चाहते, राजनीति, वाणिज्य, समाज, काव्य, शिल्प, कला, साहित्य इत्यादि सभी रहेगा। इन सबको नूतन प्राण, नूतन आकार देना पड़ेगा।

राजनीति मैंने क्यों छोड़ी है? हमारी राजनीति भारत की असली चीज नहीं होने से, वह विलायती आमदनी है—विलायती ढंग का अनुकरण मात्र है। पर उसकी भी आवश्यकता थी। हमने ही विलायती ढंग की राजनीति चलाई है, न चलाने से देश कदापि न उठता, हम लोगों को अनुभव प्राप्त नहीं होता, तथा पूर्ण विकास भी नहीं होता। अब भी उसकी आवश्यकता है। बंग देश में उतनी नहीं, जितनी भारत के अन्य प्रदेशों में। किन्तु अब समय आया है छाया को विस्तारित न करके वस्तु को पकड़ने का, भारत की प्रकृत आत्मा को जगाकर सब कर्म उसी के अनुरूप करने चाहिये।

लोग अब राजनीति को Spiritualise (अध्यात्म भाव में अनुप्राणित) करना चाहते हैं। उसका फल यदि कोई स्थायी फल हो तो एक प्रकार का भारतीय बोल-शेविज्म होगा। इस प्रकार के कर्म में भी मेरी कोई आपत्ति नहीं है, जिनकी जैसी प्रेरणा है वे वैसा ही करें। लेकिन यह असली वस्तु नहीं है, अशुद्ध रूप में आध्यात्मिक शक्ति ढालने से कच्चे घड़े में कारणोदधि के जल के समान होगा—या तो वह कच्ची वस्तु टूट जायेगी, जल गिरकर नष्ट हो जायेगा या आध्यात्मिक शक्ति को लुप्त करके वही अशुद्ध रूप रह जायेगा। सर्वत्र ऐसा ही होता है। आध्यात्मिक प्रेरणा (Spiritual influence) मैं दे सकता हूँ, पर वह शक्ति व्यर्थ व्यय होगी। शिव-मन्दिर में बन्दर की मूर्ति स्थापित करने में बन्दर कदाचित् प्राण-प्रतिष्ठा से शक्तिमान होकर भक्त हनुमान् बनकर राम के अनेक काम कर देगा, जब तक वह शक्ति रहेगी, परन्तु हम लोग भारत-मन्दिर में हनुमान् को नहीं, देवता, अवतार, स्वयं राम को चाहते हैं।

सबके साथ हम मिल सकते हैं, किन्तु सबको सच्चे पथ में खींचने के लिये ही और वह भी अपने आदर्श के भाव तथा रूप को अक्षुण्ण रखते हुए ही। ऐसा नहीं करने से मुझे भी दिग्भ्रम होगा और अभीष्ट कर्म नहीं हो सकेगा। व्यक्तिगत भाव से सब ओर से कुछ न कुछ अवश्य होगा, पर संघरूप से उसका सौ गुना होता है। अभी वह समय नहीं आया है। शीघ्रता करने से ठीक जैसा चाहिये वैसा नहीं होगा। संघ होगा आदर्श में पले हुए लोगों का पहला रूप। जिन्होंने आदर्श प्राप्त कर लिया है, वे ऐक्यबद्ध होकर नाना स्थानों में काम करेंगे। बाद को Spiritual Commune (धर्म संघ) के समान रूप देकर संघबद्ध हो सब कर्मों को आत्मानुरूप-युगानुरूप आकृति देनी होगी। कठोर बँधा हुआ रूप नहीं, जल अचलातयन नहीं है—स्वाधीनरूप, समुद्र के सामन जो फैल सकता है, जो अनेक ढंग से उसे घेरकर उसे प्लावित कर सबको ऐसा आत्मसात् कर लेगा। ऐसा करते-करते Spiritual Community (देवजाति) बन सकेगी। यह मेरा वर्तमान भाव अब भी पूरा विकसित नहीं हुआ है। सब भगवान् के हाथ में है, वे जो चाहें करायें।

अब तुम्हारे पत्र की कुछ विशेष बातों की आलोचना करूँगा। अपने योग के विषय में तुमने जो लिखा है, उस संबंध में इस पत्र में विशेष लिखना नहीं चाहता, भेंट होने पर ही सुभीता रहेगा। देह को शव देखना, संन्यास के निर्वाण पक्ष का लक्षण है, इस भाव को लेकर सांसारिक बातें नहीं चल सकतीं। सब वस्तुओं में आनन्द चाहिये जैसा आत्मा में वैसा ही देह में। देह चैतन्यमय है, देह भगवान् का रूप है, जगत् में जो कुछ है, उसमें भगवान् को देखने से 'सर्वमिदं ब्रह्म—वासुदेवः सर्वमिति', यह दर्शन पाने से विश्वानन्द होता है, शरीर में भी उस आनन्द की मूर्त्त तरंग दौड़ती है। इस अवस्था में आध्यात्मिक भाव में पूर्ण होकर घर-बार, विवाह इत्यादि सभी कर्म किये जा सकते हैं, सब कर्मों में भगवान् का आनन्दमय विकास पाया जा सकता है। (मैंने अपने भीतर) अनेक दिनों से मानसिक भूमि में मन की इन्द्रियों के सब विषय तथा अनुभूति को आनन्दमय कर लिया है। अब वे सब विज्ञानानन्द (Supramental) का रूप धारण कर रहे हैं, इसी अवस्था में सच्चिदानन्द का पूर्ण दर्शन तथा अनुभूति होती है।

देवसंघ की बात कहते हुए तुम लिखते हो "मैं देवता नहीं हूँ, अनेक प्रकार से पीट-पाटकर तेज किया हुआ लोहा हूँ।" देवता कोई नहीं है, पर प्रत्येक मनुष्य के भीतर देवता वास करते हैं। उन्हीं को प्रकट करना देव-जीवन का लक्ष्य है। ऐसा हम सभी कर सकते हैं। आधार बड़ा होता है, यह बात मैं मानता हूँ, परन्तु तुमने अपने संबंध में जो लिखा है, मैं यथार्थ नहीं समझता। फिर भी आधार चाहे जैसा ही हो, एक बार भगवान् का स्पर्श जब हो जाता है, आत्मा जाग्रत हो जाती है, तो 'बड़े-छोटे' से कोई विशेष बनता-बिगड़ता नहीं। अधिक बाधा हो सकती है, अधिक समय लग सकता है, विकास में तारतम्य हो सकता है, इसका कुछ ठीक नहीं है। भीतर का देवता उन बाधा-विघ्नों का हिसाब नहीं रखता। उन्हें हटाकर आगे बढ़ाता है। मुझमें भी क्या कम दोष थे? मन, चित्त, प्राण तथा देह की कम बाधायें थीं? समय क्या नहीं लगा? भगवान् ने क्या कम पीटा है? दिन पर दिन, मुहूर्त्त पर मुहूर्त; देवता हो रहा हूँ अथवा क्या हो रहा हूँ नहीं जानता, परन्तु कुछ हो गया हूँ या हो रहा हूँ—भगवान् ने जो बनाना चाहा है वही यथेष्ट है। सबके विषय में यही कहा जा सकता है। हमारी शक्ति नहीं, भगवान् की शक्ति ही इस योग की साधिका है।

मैं जो अनेक दिनों से देख रहा हूँ, उसकी दो एक बातें संक्षेप में लिखता हूँ। मेरी यही

धारणा है कि भारत की दुर्बलता का प्रधान कारण पराधीनता नहीं, दारिद्र्य नहीं, अध्यात्मबोध अथवा धर्म का अभाव नहीं, किन्तु चिन्ताशक्ति का ह्रास है। ज्ञान की जन्मभूमि में अज्ञानता का विस्तार है। सर्वत्र अयोग्यता अथवा (Unwillingness to think) चिन्तन की अक्षमता दिखलायी पड़ती है। मध्ययुग में चाहे जैसा रहा हो, किन्तु इस समय तो यह भाव घोर अवनति का लक्षण है। मध्ययुग था—रात्रिकाल, अज्ञानी के जय का दिन। पर आधुनिक जगत् में अब ज्ञान के जय का युग है। जो अधिक चिन्ता करता है, विश्व के सत्य को खोज-खोज कर सीख सकता है, उसकी उतनी ही शक्ति बढ़ती है। यूरोप की ओर देखो तो तुम्हें दो बातें दिखलाई देंगी—अनन्त विशाल चिन्तन का समुद्र तथा प्रकाण्ड वेगवती एवं सुशृंखल शक्ति का खेल। यूरोप की शक्ति उसी स्थान पर है, उसी शक्ति के बल से वह जगत् को ग्रस् लेने में समर्थ है। वह हमारे प्राचीन काल के तपस्वियों के समान है, जिनके प्रभाव से विश्व के देवता भी भीत, संदिग्ध तथा वशीभूत रहते थे। लोग कहते हैं, यूरोप ध्वंस को ओर दौड़ रहा है। मैं ऐसा नहीं समझता। यह जो विप्लव है, यह जो उथल-पुथल मची हुई है—यह सब नयी सृष्टि की पूर्वावस्था है।

इसे छोड़कर भारत की ओर देखो। कुछ एकाध प्रतिभा-सम्पन्न लोगों को छोड़कर सर्वत्र औसत आदमी हैं, अर्थात् अधिकांश लोग जो चिन्तन नहीं करते, कर भी नहीं सकते, जिनमें बिन्दुमात्र शक्ति नहीं है, केवल क्षणिक उत्तेजना है। भारत के लोग चाहते हैं सरल विचार, सहज बात। यूरोप के लोग चाहते हैं, गंभीर चिन्तन, गूढ़ बात। वहाँ साधारण मजूर लोग भी चिन्तन करते हैं, सब कुछ जानना चाहते हैं। अधूरा जानकर सन्तुष्ट नहीं होते। बात की भीतरी तह तक जाना चाहते हैं। प्रभेद केवल इतना ही है कि यूरोप की शक्ति तथा चिन्तन की (Fatal limitation) घातक सीमा है। अध्यात्म क्षेत्र में आकर उसकी सोचने-विचारने की शक्ति काम नहीं कर पाती। वहाँ यूरोप को चारों ओर दिखलाई पड़ता है।—गोरखधन्धा Nebulous Mataphysics (कुहाच्छन्नतत्वशास्त्र) Yogic Hallucination (यौगिक मतिभ्रम), धुएँ में आँख रगड़कर वह कुछ मालूम नहीं कर सकता, पर इस सीमा को Surmount (अतिक्रम) करने की चेष्टा भी अब यूरोप में कम नहीं हो रही है। हममें अध्यात्मबोध है, हमारे पूर्व पुरुषों के गुणवंश और जिसे अध्यात्मबोध है उसके हाथ में ऐसा ज्ञान, ऐसी शक्ति है कि जिसकी एक फूँक से यूरोप की प्रकाण्ड शक्ति तृण के समान उड़ सकती है। किन्तु उस शक्ति को प्राप्त करने के लिए शक्ति की (उपासना की) आवश्यकता है। पर हम लोग शक्ति के उपासक नहीं हैं, सहज के उपासक हैं, सहज में शक्ति नहीं पायी जाती। हमारे पूर्व पुरुषों ने विशाल चिंतन के समुद्र में तैरकर विशाल ज्ञान प्राप्त किया था, विशाल सभ्यता खड़ी की थी, वे मार्ग में जाते-जाते क्लान्त हो पडे, चिंतन का वेग कम हो गया, उसके साथ-साथ शक्ति का वेग भी कम हो गया। हमारी सभ्यता हो गयी है अचलायतन, धर्म बाहर का कट्टरपन, अध्यात्मभाव हो गया है एक क्षीण आलोक अथवा क्षणिक उन्मादना की तरंग। यह अवस्था जितने दिन रहेगी, उतने दिन तक भारत का स्थायी पुनरुत्थान असम्भव है।

बंग देश में ही इस दुर्बलता की चरम अवस्था है, बंगाली की बुद्धि क्षिप्र है, उसमें विचार-शक्ति की योग्यता है, संबोधि ज्ञान (Intuition) है, इन सब गुणों में वह भारत में श्रेष्ठ है। यह सभी गुण आवश्यकीय हैं, पर ये ही यथेष्ट नहीं हैं। इनके साथ यदि चिन्तन की गम्भीरता, धीर शक्ति, वीरोचित साहस, दीर्घ परिश्रम की क्षमता तथा आनन्द भी हो तो बंगाली भारत का ही क्यों, समग्र संसार का नेता हो जायेगा। पर बंगाली यह नहीं चाहता, सहज में

काम चलाना चाहता है। चिन्तन न करके ज्ञान चाहता है, परिश्रम न करके फल चाहता है,सहज साधना कर सिद्धि चाहता है। उसके पास संबल है भाव की उत्तेजना, किन्तु ज्ञानशून्य भावातिशय्य ही इस रोग का लक्षण है। इसके पश्चात् अवसाद और तमोभाव। इधर देश की क्रमशः अवनति तथा जीवनी शक्ति का ह्रास हो रहा है। अन्त में बंगाली अपने देश में किस दशा को पहुँचा है—खाने को पाता नहीं है, कपड़े-लत्ते मिलते नहीं, चारों ओर हाहाकार मचा है। धन, दौलत, व्यवसाय, वाणिज्य, जर-जमीन, खेती-बाड़ी तक का दूसरों के हाथ में जाना आरम्भ हो गया है। शक्ति ने भी हमें छोड़ दिया है। प्रेम की साधना किया करते हैं किन्तु जहाँ ज्ञान तथा शक्ति नहीं हैं (वहाँ) प्रेम भी नहीं रहता। संकीर्णता, क्षुद्रता आती है। क्षुद्र, संकीर्ण मन में, प्राण में प्रेम का स्थान नहीं होता। प्रेम बंग देश में कहाँ है? झगड़ा, मनोमालिन्य, ईर्ष्या, घृणा, फूट इस देश में जितनी भरी पड़ी है, भेद-क्लिष्ट भारत में कहीं भी उतनी नहीं है।

आर्यजाति के उदार वीर युग में इतना गुल-गपाड़ा, इतनी दिखावटी बातें नहीं थीं। पर वे लोग जिस किसी भी चेष्टा का आरम्भ करते थे, वह शताब्दियों तक स्थायी रहता है।

तुम कहतें हो कि हमें भाव उन्मादन तथा देश को जोशीला बनाने की आवश्यकता है। राजनीति क्षेत्र में यह सब मैं कर चुका हूँ। स्वदेशी के दिनों में जो कुछ मैंने किया था, सब धूल में परिणत हो गया है। अध्यात्म क्षेत्र से क्या शुभ्रतर परिणाम होगा? मैं यह नहीं कहता हूँ कि कुछ भी फल नहीं हुआ। हुआ था, जितने भी (आन्दोलन) होते हैं, उनका कुछ न कुछ फल अवश्य होता ही है। पर वह अधिकांशतः संभावना की वृद्धि है, स्थिर होकर कार्य रूप में परिणत करने का यह ठीक ढंग नहीं। इसलिये मैं अब Emotional Excitement (भाव उन्मादना) को आधार नहीं बनाना चाहता। अपने योग की प्रतिष्ठा करने के लिए मैं विशाल वीरसमता चाहता हूँ। उस समता के प्रतिष्ठित आधार में सब धृतियों से पूर्ण, दृढ़ तथा अविचलित शक्ति-समुद्र में उड़ान सूर्य की किरणों का विस्तार है, उस आलोकमय विस्तार में अत्यन्त प्रेम, आनंद तथा ऐक्य की स्थिर Ecstasy (उत्फुल्लता) है। लाख-लाख शिष्य नहीं चाहता, एक सौ अहंकार-वर्जित, पूरे तैयार मनुष्य भगवान् के यन्त्ररूप में यदि पाये जायें, वे ही यथेष्ट हैं। प्रचलित गुरुगिरी पर मेरी आस्था नहीं है, मैं गुरु होना नहीं चाहता। चाहे मेरे स्पर्श से जागकर हो, चाहे दूसरे के स्पर्श से जागकर हो, कोई यदि भीतर से अपने सुप्त देवत्व को प्रकाशित करके भगवत् जीवन लाभ करे, मैं इतना ही चाहता हूँ। इस प्रकार का मनुष्य ही इस देश को उठायेगा।

इस (व्याख्यान) को पढ़कर यह मत समझना कि मैं बंगदेश के भविष्य के सम्बन्ध में निराश हूँ। लोग जो कहते हैं कि बंगदेश में ही इस बार महाज्योति का विकास होगा, मैं भी वही आशा करता हूँ। पर मैंने Other side of the shield (वस्तु के दूसरे पहलू को भी) देखने की चेष्टा की है। दोष, त्रुटि, न्यूनता कहाँ पर है, यह देखने की चेष्टा की है। ये सब रहने से वह ज्योति, महाज्योति भी नहीं होगी, स्थायी भी नहीं होगी।

इस असाधारण लम्बी चिट्ठी का तात्पर्य यह है कि मैं भी पोटली ही बाँध रहा हूँ। पर मेरा विश्वास है कि यह पोटली सेंट पीटर की चादर के समान है। अनन्त के जितने भी शिकार हैं (उपलब्धियाँ हैं), वे सब इसमें खलबली मचा रहे हैं। अभी पोटली नहीं खोलता हूँ, असमय खोलने से शिकार भाग सकते हैं। देश में भी अभी नहीं आना चाहता, इसलिये नहीं कि देश तैयार नहीं हुआ है, बल्कि इसलिए कि मैं तैयार नहीं हुआ हूँ। अपक्व

अपक्व के बीच में जाकर भला क्या काम कर सकता है?

इति—

तुम्हारा—सेजदा[१]

वारीन्द्र के नाम श्री अरविन्द की चिट्ठी उनके तत्कालीन कई क्रिया-कलापों और साधनादि के उद्देश्यों तथा उनकी अपनी साधनोपलब्ध स्थितियों का बहुत अच्छा प्रमाण है। वस्तुतः इस पत्र में उनके दर्शन, योग, साधना-मार्ग तथा भविष्यत् दिव्य-जीवन के लिए किये जाने वाले संघटन और कार्यक्रमों का बीज-बिन्दु है, सार संचयन की संक्षिप्त रूप रेखा है।

इस पत्र से ही पता चलता है कि १९२० तक उनके मन में अधिमानस, अतिमानस, चैत्यपुरुष जैसे शब्द प्रकट नहीं हुए थे, उनके अभाव में वे पुराने पारिभाषिक शब्दों से काम चलाने की कोशिश करते हैं; और जहाँ संभव नहीं हो पाता, अंग्रेजी के टुकड़ों के माध्यम से उसे स्पष्ट करना चाहते हैं।

देह, प्राण, मनबुद्धि, विज्ञान और आनन्द—इन पाँच कोशों की जो चर्चा प्राचीन योगों में है, उसे ही ग्रहण करके वे मन को नीरव शान्त बनाकर विज्ञानमय कोश की साधना में तल्लीन थे। मन को परात्पर सत्ता को समझने में असमर्थ यन्त्र कहकर उसे वे अनुभूति रस से प्लावित बनाने की बात करते हैं, यही उनके चैत्यपुरुष वाले रास्ते का संकेत है। मन को अतिक्रान्त करके 'अतीत विज्ञानभूमि' में प्रवेश करना होता है। अतिमानस के लिए यह शब्द संकेतक लगता है, पर यह बहुत कुछ (Overmental) अधिमानसिक का अर्थ लिए हुए भी है। वे अपनी साधना का मुख्य लक्ष्य स्वर्ग और धरती को जोड़ देना कहते हैं, दोनों का अलगाव नहीं है, जैसा संन्यास और जीवन के बीच था। वे जगत् को स्वीकार करते हैं। पूर्णतः स्वीकार, परन्तु इसके अतिरेक से बचने के लिए भावोन्मादना से अलग रहने की चेतावनी भी देते हैं।

वेद, उपनिषद् और गीता

इन वर्षों में श्री अरविन्द वेदों के अध्ययन में काफी निमग्न रहे। परिणामतः 'हिम्स टू द मिस्टिक फायर' १९४६ में प्रकाशित हुआ। १९५२ में इसके दूसरे संस्करण में और भी अनेक ऋचायें जोड़ी गयीं। यह कहना अतिशयोक्ति नहीं है कि सायण के बाद जिस प्रकार वेद-विद्या के अध्ययन में दयानन्द का नाम लिया जाता है, उसी प्रकार वेदों की नई व्याख्या में श्री अरविन्द के योगदान का अप्रतिम महत्त्व है। डॉ० सम्पूर्णानन्द ने ठीक ही लिखा है—''दयानन्द के बाद अभी तक कोई ऐसा विद्वान् नहीं हुआ, जिसने समूचे वेद या वेद के किसी बड़े भाग का भाष्य किया हो। आजकल इस दिशा में जो प्रयास हुए हैं, उनमें मेरी समझ से श्री अरविन्द घोष का प्रथम स्थान है। उन्हें सायण का 'अनेकार्थत्वम्' सिद्धान्त अभिमत नहीं है। श्री अरविन्द प्रसिद्ध योगी रहे हैं। उन्होंने योगी की दृष्टि से वेदमंत्रों को देखा है। खेद है कि वे अपने कार्य को पूरा न कर सके।''[२] उपनिषदों पर श्री अरविन्द का महत्त्वपूर्ण कार्य सामने आ चुका है। 'एट उपनिषद्स' १९५३ में छपा, जबकि कठोपनिषद् पूना से १९१९ में ही छप चुका था। श्री अरविन्द ने उपनिषदों से अपनी साधना में बहुत बड़ी सहायता प्राप्त की थी।

---

१. बंगाल में मझले भाई को सेजदा कहते हैं।

२. वेदार्थ प्रवेशिका, भारतीय ज्ञानपीठ कांशी, १९६९, पृ० ७३-७४।

डॉ० राधाकृष्णन् ने उपनिषदों के भाष्यकारों में उनको आदरपूर्वक याद किया है।[१]

गीता पर उनकी सुप्रसिद्ध व्याख्या 'एसेज़ ऑन गीता' नाम से उपलब्ध है। हिन्दी में 'गीता प्रबन्ध' शीर्षक से अनुवाद भी आ चुका है।

अलीपुर जेल में ही उपनिषद् पर बताई हुई उनकी व्याख्या से बड़े-बड़े लोग चमत्कृत होते रहे, इसकी हम चर्चा कर चुके हैं। नलिनीकान्त ने लिखा है कि 'तमिल के सुप्रसिद्ध कवि सुब्रह्मण्यम् भारती ने उनके साथ बैठकर वेदों का अध्ययन किया था।''[२]

■

---

१. फिलोसफी ऑफ उपनिषद्स, पृ० २१।

२. रेमिनिसैंसेज, गुप्त-अमृता, पृ० ६२।

नील ध्वजा और पद्मचक्र

उध्र्वा तिष्ठस्यमृतस्य केतु। समानमर्थं चरणीयमाना चक्रमिव नध्यस्या ववृत्स्वा॥ ऋग्वेद २-६१-३

अमृत की ध्वजा ऊपर फहर रही है। समान उद्देश्य से चलने वाली ओ देवि, नव्यता के चक्र का परिचालन करो।

"मेरी साधना का तरीका मेरे भीतर से आदिष्ट हुआ। मैंने उसका अभ्यास किया और उन्नति की, किन्तु इससे दूसरों की सहायता कर पाना संभव नहीं था। जब श्रीमाँ आयीं तो उनके सहयोग से मैंने आवश्यक पद्धति प्राप्त की।"[१]

श्री अरविन्द अत्यन्त भद्र उदारता के साथ स्पष्टत: स्वीकार करते हैं कि यदि श्रीमाँ की सहायता न मिलती तो वे अपनी साधना के फल से दूसरों को लाभान्वित नहीं कर पाते। यही नहीं, बहुत सम्भव था कि वे स्वयं साधना द्वारा सिद्धि की उस उच्चता को उपलब्ध न कर पाते। उनके शिष्यों ने एक बार पूछा—'खुलनावासी' पत्रिका में जो यह लिखा गया है कि आपको जो दस वर्षों में मिलता, उसे आपने श्रीमाँ की सहायता से एक वर्ष में पा लिया, कहाँ तक सही है?" श्री अरविन्द ने कहा—"मैंने इन्हीं शब्दों में कहा था या नहीं, पर जो कथन का सारांश है, वह सही है।"[२] एक शिष्य को श्री अरविन्द ने लिखा था—"यह स्पष्ट नहीं है कि 'मेरे पथ पर बैठे होने से' तुम्हारे गुरु का क्या अभिप्राय था। १९१५-१९२० के समय के बारे में यह कथन सत्य हो सकता था, जब कि मैं 'आर्य' के लिए लिख रहा था और साधना के कार्य श्रीमाँ के आने की प्रतीक्षा कर रहे थे।"[३] उनके एक दूसरे शिष्य बी० चिदानन्दन ने सन्ध्या वार्ता के क्रम में लिखा है कि उन्होंने एक बार कहा था कि "अभ्यन्तर का निर्देशक भी कभी-कभी साधना के बीच सहायक नहीं होता। जब मैं पांडिचेरी आया, मुझे भीतर से सहायता नहीं मिल रही थी। मैं उस समय किसी बाहरी व्यक्ति से प्रकाश पाना चाहता था। तभी मिरा आ गयीं और यदि न आयी होतीं तो शायद मैं वैसे ही लड़खड़ाता होता।"[४] इन संदर्भों से स्पष्ट है कि अरविन्द-योग की क्रियाशक्ति श्रीमाँ हैं।

प्रश्न उठता है कि श्री अरविन्द की सहयोगिनी, सहयात्री ये श्रीमाँ कौन हैं? मिरा रिशार ही श्रीमाँ हैं, यह कहना भौतिक यथातथ्य को भाषा-बद्ध करना है। उनके जीवन का संक्षिप्त रेखांकन शायद उनके व्यक्तित्व को स्पष्ट करने में थोड़ा सहायक हो।

श्रीमाँ का जन्म २१ फरवरी १८७८ ई० में पेरिस (फ्रांस) में हुआ। उनके पिता बैंकर थे। परिवार धनाढ्य था। पर मिरा बचपन से ही आध्यात्मिक अनुभूतियों में डूबी रहतीं। उन्होंने

---

१. **अनिलवरण्स जर्नल, द एडवेंचर ऑफ कानशियसनेस में उद्धृत, पृ० ३०६।**

२. **टाक्स विद श्री अरविन्दो, द्वितीय भाग, पृ० २५०-२५१।**

३. **श्री अरविन्द : अपने तथा श्रीमाताजी के विषय में, पृ० २५१।**

४. **मदर इण्डिया, अगस्त १९७१, पृ० ४५३।**

खुद लिखा है कि "जब मैं प्रत्येक रात बिछौने पर लेटती, मुझे ऐसा मालूम होता कि मैं अपने शरीर से बाहर निकल आयी हूँ और फिर सीधे ऊपर की ओर, अपने मकान के ऊपर, फिर शहर के ऊपर बहुत ऊँचाई पर उठ गयी हूँ। फिर मैं देखती कि मैंने एक चमचमाता सुनहला चोगा पहन रखा है, जो मुझसे बहुत बड़ा है, मैं जैसे-जैसे ऊपर उठती, चोगा भी बढ़ता जाता और मेरे चारों ओर गोलाकार फैलता जाता, मानो शहर के ऊपर एक विशाल छत का रूप ले लेता। फिर मैं देखती कि सभी ओर से मनुष्य, स्त्रियाँ, बच्चे, बूढ़े, बीमार, दुःखी बाहर आते हैं। चोगा प्रत्येक व्यक्ति की ओर अलग-अलग फैल जाता, और ज्यों ही उसे वे छूते आश्वस्त और नीरोग हो जाते। दिन के मेरे सभी कार्य, रात के इस कार्य के मुकाबले नीरस और भद्दे लगते।" श्रीमाँ के इस अनुभव की व्याख्या करते हुए ऋषभचन्द्र ने लिखा है—"सुनहले चोगे का फैलना उस भागवत कृपा-शक्ति की एक अर्थपूर्ण क्रिया है, जो दुःखी मानव जाति के लिए नीचे की ओर झुकती है।"[१]

श्रीमाँ ने १६ वर्ष की उम्र में चित्रकला का अभ्यास शुरू किया और शिक्षण के लिए एक स्टूडियो में जाती रहीं। वहाँ की लड़कियाँ उन्हें 'स्फिंक्स' (मिस्र की पौराणिक देवी) कह कर उनकी रहस्यमयता पर अपनी प्रतिक्रिया व्यक्त करतीं। उन्होंने पेरिस में एक रहस्य-जिज्ञासुओं का दल संघटित किया जिसका नाम था 'कॉस्मीक', जिसकी गतिविधियों का वर्णन "वर्ड्स ऑफ़ लांग एगो" में आश्रम की ओर से प्रकाशित हुआ है। इन चीजों को पढ़कर कीव (रूस) के विद्यार्थियों के एक दल ने इस रहस्यमयी से सलाह लेने के लिए अपने एक साथी को भेजा, वे अत्याचारों से पीड़ित होकर क्रान्ति करना चाहते थे। क्रान्ति में कूदना कोई खेल तो है नहीं, कौन जाने इसका परिणाम विजय हो, दुःख-मुक्ति हो या फिर घोर निराशा और मृत्यु। रहस्यमयी ने कहा—"भला आप अन्याय की सहायता से न्याय, घृणा की सहायता से प्रेम कैसे पा सकते हैं?" युवक सहमा नहीं। उसने एक सच्चे बाजारोव (क्रान्तिकारी) की तरह कहा—"जानता हूँ, पर इन घटनाओं द्वारा परिचालित होने से हम बरी कैसे हो सकते हैं? हममें से प्रत्येक व्यक्ति यदि नष्ट हो जाय, तो भी, जो उत्तरदायित्व हमारे कंधों पर आ गया है, उसके साथ विश्वासघात कैसे कर सकते हैं?" रहस्यमयी थोड़ी देर चुप रहीं, फिर बोलीं—"आपको कुछ दिनों के लिए इसे छोड़ देना होगा। पर्दे के पीछे हट जाना चाहिए। अपने आपको तैयार करना चाहिए। अपनी शक्ति को संगठित करना चाहिए, ताकि समय आने पर संगठनकारी बुद्धि की सहायता से और उस सर्वशक्तिपूर्ण यंत्र की सहायता से विजय पायी जा सके, जो हिंसा से कभी हारता नहीं" युवक की आँखें विश्वास और आशा से चमक उठीं। उसने कहा—"ऐसे लोगों से मिलना कितना अच्छा लगता है, जिन पर विश्वास किया जा सके। ऐसे लोग जो न्याय के आदर्श को सामने रखते हैं और उस आदर्श को पूरा करने की हमारी इच्छा को अपराध या पागलपन नहीं मानते। नमस्कार।"[२] और यह क्रान्तिकारी चला गया। उसे शान्ति मिली, आश्वासन मिला।

इस रहस्यमयी देवी ने तंत्रदीक्षा कब ली, कहना मुश्किल है, पर इतना मालूम है कि अल्जीरिया के सुप्रसिद्ध तांत्रिक तेओं के साथ तंत्र-साधना की। श्री अरविन्द ने रहस्योद्घाटन करते हुए कहा—"वे अल्जीरिया में तेओं से तंत्र सीखने गयी थीं। तेओं महान् तांत्रिक थे।

---

१. **इन द मदर्स लाइट : भाग १, पृ० ६।**

२. **वर्ड्स ऑफ लांग एगो, पृ० ११-१२।**

उनकी पत्नी उनसे भी आगे थीं। वहीं से श्रीमाँ ने फ्रांस की अशरीरी यात्रा की और एक कागज पर कुछ लिखा। वह कागज अभी भी यहाँ है।''[१]

बहुत पहले एक बार आसरविसेकी (Osser Wiceki) की पुस्तक में वर्णित यांत्रिक गुह्य चमत्कारों पर बात चल रही थी। श्री अरविन्द ने कहा—''श्रीमाँ को इसका अनुभव है। वे जब अल्जीरिया में थीं, उन्होंने अपना शरीर वहीं छोड़ दिया और पेरिस में अपने परिचितों के बीच उपस्थित हुईं। एक कागज पर हस्ताक्षरादि किये और कोई चीज भी इधर से उधर हटायी। एक बार उन्होंने अपनी प्राणिक सत्ता से रेलगाड़ी को रोका और चलाया और सब दृश्य देखे। माँ के प्रथम शिक्षक तेओं के पास ऐसी बहुत सी सिद्धियाँ थीं और प्रयोगों की वे पद्धति भी जानते थे।''[२]

श्रीमाँ ने तांत्रिक शक्तियाँ ही नहीं प्राप्त कीं, बल्कि आध्यात्मिक साधना की उच्च भूमियों को भी अवगत किया क्योंकि जब तक तांत्रिक शक्ति शुद्ध आध्यात्मिक शक्ति से जुड़ती नहीं, महान् सात्त्विक क्रियायें और दैवी अनुष्ठान सम्भव नहीं होते। श्री माधव पंडित ने ठीक ही लिखा है, ''तंत्रशास्त्र और उसका प्रयोग सर्वोत्तम रूप से फलप्रद तभी होता है, जब वह आध्यात्मिक चेतना से निर्दिष्ट होता है। अध्यात्म जो कुछ अनुभव करता और समझता है, उसे ही तंत्र रूपाकार वाले इस विश्व में व्यवहार योग्य बनाता है। बिना आध्यात्मिक आधार की तंत्रशक्ति आसानी से खतरनाक अभिचरण का रूप ले लेती है, जिससे अपनी भी हानि हो सकती है और दूसरों की भी। किन्तु ऐसी आध्यात्मिकता, जिसके पास तांत्रिक कौशल न हो, प्राय: ही दूसरों को प्रभावित करनेवाले पक्ष में कमजोर और अनिश्चित साबित होती है।''[३]

कहना न होगा कि ये पंक्तियाँ इस बात को ही संकेतित करती हैं कि श्रीमाँ ने न सिर्फ तंत्र की गूढ़ क्रियाओं को निष्ठापूर्वक शिक्षण द्वारा अर्जित किया, बल्कि उन्होंने इस तांत्रिक क्षमता को वास्तविक आधार प्रदान करने के लिए निरन्तर कठिन तपस्या द्वारा अध्यात्म की सर्वोच्च स्थिति भी उपलब्ध की।

उन्होंने १९१२ में ही यह घोषणा की थी कि ''जिस व्यापक उद्देश्य को हमें प्राप्त करना है वह है एक प्रगतिशील विश्वव्यापी सामंजस्य का आविर्भाव कराना। इस उद्देश्य की सिद्धि का, जहाँ तक पृथ्वी का सम्बन्ध है, साधन है, सबके अंतरस्थ भगवान् को, जो एकमेवाद्वितीय हैं, जाग्रत करके तथा सबके द्वारा उन्हें अभिव्यक्त करके मानव एकता को स्थापित करना। दूसरे शब्दों में ईश्वर के साम्राज्य की, जो हम सबके भीतर विद्यमान हैं, स्थापना करके मानव-एकता को स्थापित करना।''[४]

इस घोषणा को पढ़नेवाला आश्चर्य-चकित हुए बिना नहीं रहेगा। श्री अरविन्द के उद्देश्यों और श्रीमाँ के उद्देश्यों का यह 'समानमर्थम्' किसे विस्मय-विमुग्ध नहीं करता। अरविन्द जिस विकसित मानव को 'अतिमानव' या महामानव कहते हैं, उसी को श्रीमाँ 'भगवान् के पुत्रों की जाति' कहती हैं। १९१२ में ही उन्होंने 'कॉस्मीक' की गोष्ठियों में कुछ निबंध पढ़े। इन निबंधों का इतिहास भी कम दिलचस्प नहीं है। हर गोष्ठी में एक छोटा निबंध

---

१. **टाक्स विद श्री अरविन्दो, द्वितीय भाग, पृ० १६०।**

२. **इवनिंग टाक्स : प्रथम भाग, पृ० ८७।**

३. **द मदर ऑफ लव, प्रथम भाग, पृ० ११२।**

४. **मातृवाणी, भाग १, पृ० ७।**

पढ़ा जाता, वह प्रश्न उठाता, अगली गोष्ठी में इसका उत्तर सबको व्यक्तिगत रूप से देना पड़ता और फिर एक अन्य निबंध पढ़ा जाता। यही क्रम था। विश्व के अन्दर मेरा कार्य क्या है? गोष्ठी का प्रश्न है। माँ कहती हैं—"निःस्वार्थ कर्म के लिए आत्मनिवेदन।"[१] भगवान् के प्रति यह आत्मनिवेदन इस मार्मिक प्रार्थना में व्यक्त है—"शान्तभाव से जलने वाली दीपशिखा की भाँति बिना हिले-डुले ऊपर की ओर उठने वाले अगरबत्ती के धुएँ की भाँति, मेरा प्रेम तेरी ओर जा रहा है और बच्चों की भाँति, जो न तर्क करते हैं न परवाह, मैं अपने आपको तेरे हाथों सौंप रही हूँ, जिससे कि तेरी इच्छा पूर्ण हो, तेरी ज्योति अभिव्यक्त हो। तेरी शान्ति विकीर्ण हो, तेरा प्रेम जगत् पर छा जाय।"[२] किसी दिन उन्हें यह अनुभूति होती है कि दुःखग्रस्त बेचारी पृथ्वी की प्रार्थना भगवान् ने सुन ली है और आश्वासन दिया है कि सब कुछ असीम शान्ति, अन्धकार-रहित ज्योति और चरम सौभाग्य से बदल जायेगा तो वे प्रसन्न होकर भगवान् से कहती हैं—"भारत के सुगन्धित द्रव्यों के धुएँ की तरह मेरी कृतज्ञता तुझे समर्पित है।"[३]

अब वह समय आ जाता है, जब वह अपने हृदय में निरन्तर प्रतिफलित होते 'व्यक्ति' से मिलने के लिए भारत आने को हैं, लिखती हैं—"जैसे-जैसे प्रस्थान का दिन नजदीक आता जा रहा है, मन एकाग्रता में डूब रहा है।"[४] कागामारू जहाज उन्हें १९ मार्च १९१४ को पांडिचेरी ले आता है।

हमने पिछले अध्याय में देखा कि वे किस प्रकार भारत में श्री अरविन्द के रूप में आध्यात्मिक गुरु की प्राप्ति करती हैं और सहसा द्वितीय विश्वयुद्ध में फ्रांस को घिरा देख पुनः स्वदेश लौट जाती हैं। इस बीच वे 'आर्य' पत्रिका को एक जीवन्त रूप देती हैं। पांडिचेरी में उनका स्वास्थ्य टूट जाता है, पर निरन्तर श्री अरविन्द के कार्यक्रमों को साकार करने के लिए प्रयत्नशील रहती हैं।

युद्ध का बिगुल बज रहा है और श्रीमाँ उसमें हस्तक्षेप की मुद्रा में लिखती हैं—"ये प्यारे दुःखी और अज्ञ बच्चो और तू भी ऐ विद्रोहिनी प्रचण्ड प्रकृति! अपने हृदयों को उन्मुक्त करो, यह देखो दिव्य प्रेम अपनी सर्वशक्तिमत्ता के साथ तुम्हारी ओर आ रहा है।"[५]

वे कागामारू जहाज में बैठी भारतीय तट से दूर से दूर होती जा रही हैं। अपनी ३ मार्च १९१५ की डायरी में उन्होंने लिखा कि "एकाकीपन, कठोर गम्भीर एकाकीपन, निरन्तर यह अनुभव कि अन्धकार के नरक में मुझे सिर के बल फेंक दिया गया है। × × क्या तूने अपनी मशाल वहन करने वाले के रूप में इस नरक के भँवर में उतर जाने के लिए मुझे चुना है?"[६] श्रीमाँ पेरिस आ जाती हैं। इस बीच श्रीमाँ के पास अरविन्द के लिखे कुछ पत्रों से न सिर्फ उनकी साधना और कार्यक्रमों आदि पर, बल्कि श्रीमाँ की साधना का भी काफी स्पष्ट संकेत मिलता है। श्री अरविन्द ने अपने ६-५-१९१५ के पत्र में लिखा—"सफल एकान्तवास मेरे भाग्य में नहीं बदा है। मुझे तब तक संसार के साथ सम्पर्क बनाये रखना होगा जब तक मैं

---

१. वर्ड्स ऑफ लांग एगो, पृ० ६७।
२. वही, पृ० ८।
३. वही, पृ० ११।
४. वर्ड्स ऑफ लांग एगो, पृ० ६६।
५. वही, पृ० १४०।
६. वही, पृ० २२६-२२७।

विपरीत परिस्थितियों को जीत न लूँ या मर न मिटूँ या आध्यात्मिक और भौतिक के बीच चलने वाले युद्ध को उतनी दूर तक न ले जाऊँ, जितनी दूर तक ले जाना मेरे लिए दैव-निर्दिष्ट है।" उन्होंने २०-५-१९१५ के पत्र में लिखा—"हमने स्वर्ग को अधिकृत कर लिया है, पर पृथ्वी को नहीं, परन्तु योग की पूर्णता है वेद के अनुसार "स्वर्ग और पृथ्वी को समान और एक बना देना।" ३१-१२-१९१५ को उन्होंने श्रीमाँ का एक पत्र पाकर, जिसमें उन्होंने अपनी एक रहस्यात्मक अनुभूति का जिक्र किया था, लिखा—"तुमने जिस अनुभूति का वर्णन किया था, वह सच्चे अर्थ में वैदिक है, यद्यपि अपने को यौगिक घोषित करने वाली आधुनिक योग-पद्धतियाँ उसे आसानी से स्वीकार नहीं करेंगी। यह वेद और पुराण की पृथ्वी का दिव्य तत्त्व के साथ एकत्व है। उस पृथ्वी का जिसके विषय में कहा जाता है कि वह हमारी पृथ्वी के ऊपर है। अर्थात् जो वह भौतिक सत्ता और चेतना है, जिसकी केवल छाया-प्रतिमाएँ ही यह जगत् और शरीर हैं। परन्तु आधुनिक योग-पद्धतियाँ भगवान् के साथ जड़त्व के एकत्व की सम्भावना को मुश्किल से स्वीकार करती हैं।"[१]

श्रीमाँ कुछ दिनों पेरिस में रहकर युद्ध-जर्जर फ्रांस की विभीषिकाओं का अनुभव करती रहीं। किन्तु यह चाहते हुए भी कि संसार से भागना नहीं होगा, अंधकार और वीभत्सता के बोझ को अन्ततः ढोना होगा, वे लाचार होकर पॉल रिशार के साथ पेरिस छोड़कर जापान चल देती हैं क्योंकि पेरिस रहने लायक स्थान नहीं रह गया था। जापान में वे चार वर्षों तक रहीं। वे चार वर्ष एकदम खाली गये। इन वर्षों का भी शेष जीवन की ही तरह बाह्य क्रिया-कलापों में अंकित चित्रण नहीं मिलता। दो-तीन घटनायें कुछ संकेत देती हैं, सिर्फ ऊपरी संकेत। जापान-यात्रा में रवीन्द्रनाथ पॉल रिशार से मिले थे और उन्होंने उनकी प्रशंसा में वर्चस्व भरे वाक्य भी कहे। १९१९ में जापान में कवि रवीन्द्र और रिशार दम्पत्ति एक ही होटल में रुके थे। श्रीमाँ के व्यक्तित्व से प्रभावित होकर कवि ने माँ से निवेदन किया कि वे शान्तिनिकेतन आयें और पूरी संस्था को अपने हाथ में लेकर मन माफिक ढंग से संगठित करें। श्रीमाँ इसे स्वीकार नहीं कर सकीं, क्योंकि वे जानती थीं कि यद्यपि उनका कार्य-क्षेत्र भारत ही है तो भी क्रिया का केन्द्र कहीं और है। रवीन्द्रसदन, शान्तिनिकेतन में एक समूह फोटोग्राफ है जिसमें श्रीमाँ और कवि की छवियाँ भी सम्मिलित हैं। यह फोटो क्योटो में १९१९ में लिया गया था। रवि बाबू ने अपना टाइपराइटर श्रीमाँ को भेंट किया था, वह अभी आश्रम में स्मृति-वस्तु के रूप में सुरक्षित है।[२]

जापान में रहते हुए माँ की साधना जारी थी। उन्होंने एक बार एक बड़ी ही दिलचस्प कहानी सुनायी। श्री अरविन्द और उनके शिष्य ध्यानावस्था में चेतना-आरोहण की विभिन्न स्थितियों पर बातचीत कर रहे थे, तभी श्रीमाँ आ गयीं। उन्होंने कहा—"हर व्यक्ति अपनी चेतना की सीमा तक ही जाता है। मैं जाने कितने लोगों से योरप, भारत और जापान में मिली, जो विभिन्न गुरुओं के निर्देश में योगाभ्यास कर रहे थे। हर एक दावा करता है कि उसी की अनुभूति चरम है। वह इससे पूर्ण संतुष्ट और निश्चितप्राय होता है। फिर भी हर कोई भिन्न-भिन्न स्तर पर होता है और उसी को सर्वोच्च स्थिति माने बैठा रहता है। और उनसे पूछो कि वह उच्च स्तर क्या है, तो कहेंगे अनिर्वचनीय है। मैं जापान में श्री य से मिली। वे कहते थे

---

१. **श्री अरविन्द : अपने तथा श्री माताजी के विषय में, पृ० ४५१-४५३।**

२. **शिशिरकुमार मित्र, द लिबरेटर, पृ० १७५-१७६।**

कि उन्होंने निर्वाण पा लिया है और उनका चेहरा उस संतोष से उत्फुल्ल था। मैंने सोचा, यह है आदमी जो निर्वाण तक पहुँचने का विश्वस्थ ढंग से दावा करता है। मैंने सोचा, देखना चाहिए। मैंने कहा, आइए, साथ-साथ ध्यान करें। मैंने ध्यानावस्था में उनका अनुसरण शुरू किया। मैंने पाया कि वह मानसिक स्तर के पीछे स्थित एक शून्य में पड़े हैं। मैं प्रतीक्षा करती रही कि वे आगे चलें तो मैं पीछा करूँ। पर वे आगे नहीं चल सके। वे इसी अवस्था को निर्वाण मानकर चरम संतुष्ट थे।''[१] यह योगियों की एक बहुत ही परिचित पद्धति है, एक दूसरे की ऊँचाई नापने की। इसी पद्धति का प्रयोग योगानन्द ने भी किया था, जब वे थेरेस न्यूमन (Therese Newmann) से मिलने गये। पूरा विवरण उनकी आत्मकथा में दिया हुआ है। घटना जून १९३५ की है।[२]

श्रीमाँ की अनेक अनुभूतियाँ और कुछ चामत्कारिक क्रियाएँ जो जापान में घटीं, काफी प्रचारित हैं, अतः मैं उनके विस्तार में नहीं जाना चाहता। सिर्फ एक अनुभूति का वर्णन यहाँ प्रासंगिक होगा, जो श्री अरविन्द के अलीपुर जेल के वासुदेव-दर्शन के समानान्तर कही जा सकती है। ''जापान की एक सड़क थी, जिसे सुस्पष्ट रंगों से सुन्दरतापूर्वक सुसज्जित मनोरम कन्दीलों से आलोकित किया गया था। जैसे-जैसे मेरे अन्दर की सचेतन सत्ता सड़क पर आगे बढ़ी, वैसे-वैसे उसने देखा कि प्रत्येक के अन्दर और सबके अन्दर भगवान् दृष्टिगोचर हो रहे हैं। एक छोटा-सा घर पारदर्शक बन गया था, जिसमें से एक औरत दिखाई पड़ रही थी। वह उस घर में एक टाटमी (गद्दे) पर बैठी थी और बहुमूल्य बैगनी रंग का किमोनो पहने थी, जिस पर सोने तथा गाढ़े रंगों का काम किया हुआ था। वह एक सुनहला 'सामिसेन' यंत्र बजा रही थी। उसके पैरों के पास एक नन्हा बालक था, मैंने उसी के भीतर भगवान को देख लिया।[३]

देवी मरियम के पास शिशु यीशु। मेडोना और ईश्वरीय पुत्र। देवकी और बालकृष्ण। जो चाहे कह लें। श्रीमाँ ने स्पष्ट सुना कि, ''उन्हें शाश्वत काल से इस पृथ्वी पर अपना विशिष्ट प्रतिनिधि बनने के लिए चुना गया है। पृथ्वी और मनुष्यों की ओर मुड़ो।''[४]

ये सारी अनुभूतियाँ अनेक बौद्धिकों और तार्किकों को दृष्टिभ्रम लग सकती हैं। पर दृष्टिभ्रम है क्या चीज? श्री अरविन्द ने लिखा है—''उन्होंने कहा कि ये चीजें दृष्टिभ्रम हैं। मैंने पूछा कि यह क्या होता है और पाया कि वह ऐसी व्यक्तिगत या भौतिक अनुभूति है, जो बहिर्जगत् या भौतिक यथार्थ से मेल नहीं खाती। मैं चुप हो गया और मानवीय तर्क-शक्ति के चमत्कार पर आश्चर्य करने लगा। दृष्टिभ्रम शब्द का ईजाद विज्ञान ने किया। ये अनियमित दृश्य क्या हैं? सत्य की कुछ छवियाँ, जिन्हें भौतिकता में ही केन्द्रित हमारी बुद्धि देख नहीं पाती, जो उसके लिए बन्द हैं। ये उस कलाकार की रचना में आश्चर्यकारी संस्पर्श की तरह हैं, जिसने अपनी परमोच्च बुद्धिमत्ता के द्वारा इस विराट् फलक पर, जो उसकी अपनी ही जागरूक सत्ता है, इस सृष्टि की योजना बनाई और अभिव्यक्त किया जिसे आदमी दृष्टिभ्रम कहता है, वह मन और इन्द्रियों पर पड़ने वाली उस तत्व की छाया है, जो साधारणतः हमारे

---

१. टाक्स विद श्री अरविन्दो, प्रथम भाग, पृ० १११-११२।

२. ऑटोबॉयग्राफी ऑफ ए योगी, जैको एडीशन १९६९, पृ० ३८३।

३. प्रेयर्स एण्ड मेडिटेशन्स, पृ० २५१।

४. वही, पृ० २६०।

इन्द्रिय-बोध और मानसिक क्षमताओं में बाँध नहीं पाता। अन्धविश्वास इसलिए जन्मता है कि बुद्धि इन छायाओं को गलत ढंग से समझती है, इससे भिन्न कोई दूसरा दृष्टिभ्रम नहीं।''[१]

श्रीमाँ २४ अप्रैल, १९२० को सदा के लिए पांडिचेरी आ जाती हैं। कुछ दिन होटलों में रहने के बाद वे 'सेकेण्ड लाइन बीच' के मकान नम्बर एक में रहने लगती हैं।

पांडिचेरी में वात्याचक्र

२४ नवम्बर, १९२० को पांडिचेरी पर भयानक तूफान और झंझा का आक्रमण हुआ। नलिनीकान्त गुप्त ऐसे वात्याचक्रों के प्रत्यक्षदर्शियों में एक हैं। उन्होंने इनका विस्तृत वर्णन भी किया है। ''अचानक भयानक आवाज, चीजों के उलटने-पलटने, गिरने-टूटने का शोर। मतलब यह कि तूफान की शक्ति के सामने दरवाजे-खिड़कियाँ टूटने लगी थीं। इसी के साथ तेज सीटी.की आवाजों सी चीत्कार और तेज बारिश के झोंके शुरू हो गये। श्री अरविन्द के कमरों के दरवाजे और खिड़कियाँ उड़ गयीं। हवा और बारिश के लिए वे कमरे अब खुले मैदान जैसे हो गये थे। वे इनके कमरे में पहुँचे पर वहाँ भी करीब-करीब वही स्थिति थी। ऊपर के हिस्से में रहना असंभव हो गया, हम नीचे तल्लों में भगे। अभी हम नीचे पहुँचे ही थे कि ऊपर का हिस्सा भहरा कर सीढ़ियों पर गिरा। हम बाल-बाल बचे। नीचे के कमरों का भी हाल कोई खास अच्छा नहीं था। हम सभी केन्द्रीय हाल में एक कोने में किसी-न-किसी तरह खड़े रहे।''[२] यह वर्णन १९१२ या १९१३ के तूफान का है। नलिनीकांत लिखते हैं, ''एक तूफान और आया द्वितीय विश्वयुद्ध के ठीक बाद, उतना तेज तो नहीं, पर काफी बड़े पैमाने का। श्रीमाँ उस समय तक हमेशा के लिए भारत रहने आ गई थीं, वे उस वक्त वायु हाऊस (Bayoud House) में रहती थीं। इस मकान में माँ के रहते वह तूफान आया। वह मकान पुराना था और लगता था, गल जायेगा। श्री अरविन्द ने कहा कि श्रीमाँ को उस जगह रहने देना ठीक नहीं होगा, उन्हें यहाँ आ जाना चाहिए। इस तरह श्रीमाँ, हमेशा के लिए हमारे साथ माँ की तरह आकर रहने लगीं।''[३]

श्री अम्बालाल पुराणी ने लिखा है कि २४ नवम्बर, १९२० का तूफान बड़ा प्रबल था। विनायक मन्दिर के सामने के मकान की छत बैठ गयी थी। उसी वक्त श्री अरविन्द को सूचना मिली। किसी आकस्मिक दुर्घटना की आशंका से उन्होंने वहाँ से श्रीमाँ का हट जाना उचित समझा। रात आठ बजे से सामान हटाये जाने लगे और मध्यरात्रि तक ढोये जाते रहे। बाकी सामान दूसरे दिन लाये गये।[४] श्रीमाँ के इस मकान में आने से एक मानवीय वात्याचक्र भी उठ खड़ा हुआ। पुराणी ने बड़ी हमदर्दी से इस वात्याचक्र को समझने की कोशिश की है—''श्रीमाँ का अरविन्द वाले मकान में आना वहाँ रहनेवालों में से अधिकतर के लिए असंतोष का कारण बना। आदमी अपने सामाजिक, धार्मिक और सांस्कृतिक रीति-रिवाजों से ऐसा बँधा होता है कि उन्हें तोड़ पाना मुश्किल होता है। दूसरे दृढ़ राष्ट्रीयता से परिपूर्ण लोगों के लिए एक विदेशी को अपने बीच स्वीकार करना भी कठिन होता है।''[५]

---

१. थाट्स एण्ड अफोरिज्म्स, पृ० ५।
२. साइक्लोन इन पांडिचेरी रेमिनिसैंसेज, पृ०६७।
३. वही, पृ० ६८-६९।
४. लाइफ ऑफ श्री अरविन्दो, पृ०१६९।
५. वही, पृ० १७४।

के० अमृता ने जब पहली बार सुना कि पेरिस के दो फ्रांसीसी प्राज्ञ श्री अरविन्द के पास योगाभ्यास के लिए आ रहे हैं तो उन्हें यह बहुत प्रीतिकर लगा। "योरोपीय विद्वान, उन्होंने हमारे देश के एक नागरिक को इतनी श्रद्धा दी है। यह सुनकर हृदय गद्‌गद होता है।"[१]

किन्तु यह विचित्र भारतीय मनोवृत्ति है, जो किसी विदेशी प्राज्ञ को, यदि वह हमसे बहुत ऊँचा, केवल ज्ञान में नहीं, आध्यात्मिक स्तर पर भी हो, तो भी, हम उसे अपनी श्रद्धा देने में हमेशा ही कूप-मंडूकता का परिचय देते रहे हैं। स्वामी विवेकानन्द ने एक बार कहा था कि "भारत की अधोगति पर उसी दिन मुहर लग गयी, जिस दिन हमने 'म्लेच्छ' शब्द का आविष्कार किया और दूसरों से सम्पर्क तोड़ लिया।"[२] प्रत्येक भारतीय अपने को जगद्‌गुरु मान लेता है और सारे विश्व को अपना शिष्य। स्वयं भारत में यह रूढ़िवादिता जातिभेद के धरातल पर उतर कर योगियों में इसी आधार पर ऊँच-नीच का विभेद करती है। ब्राह्मण गुरु से शिक्षा लेना गौरव की बात मानी जाती है, चाहे वह नितान्त अब्राह्मण ही क्यों न हो, जब कि ब्रह्मतेज से उद्दीप्त शूद्र हमारे लिए हमेशा ही शूद्र बना रहता है।

बहरहाल इस वात्याचक्र के सर्वप्रथम शिकार श्री मोतीलाल राय हुए। वे उन दिनों सपत्नीक श्री अरविन्द के साथ रहते थे। वे अपने ही भीतर की तमस् छाया से भयभीत होकर १० अगस्त की रात को चले गये। यहीं से चन्दरनगर के प्रवर्तक संघ का अरविन्दीय कार्यक्रम से संबंध विच्छिन्न मान लेना चाहिए। इस विषय पर बहुत विस्तार से पुराणी ने 'लाइफ ऑफ श्री अरविन्दो' में लिखा है। पुराणी लिखते हैं, "सितम्बर के अन्त में मणि और नलिनीकान्त बंगाल के लिए चल पड़े। श्री अरविन्द उन्हें विदा करने के लिए स्टेशन तक गये। अरविन्द-गृह में श्रीमाँ के आगमन से एक आन्तरिक उथल-पुथल उत्पन्न हो गयी थी।"[३] श्री अरविन्द का इन्हें विदा करने के लिए स्टेशन जाना ही घटना के भारीपन को प्रकट कर देता है।

इन घटनाओं से श्री अरविन्द के ऊपर क्या असर पड़ा, कुछ कहा नहीं जा सकता। ये घटनायें, व्यक्तिगत घटनायें, कोई विशिष्ट अर्थ भी नहीं रखतीं। इनका अर्थ उस सामूहिक मनोवृत्ति को समझने में जरूर सहायक हो सकता है, जिसके कारण श्री अरविन्द के कार्यक्रमों में शिथिलता और रुकावट पैदा हुई। "यह विरोध उस समय पैदा हुआ, जब आरंभ में यहाँ रहने वाले लोगों में से कुछ जो श्रीमाँ को नहीं पहचानते थे, या उन्हें स्वीकार नही करते थे और फिर उन्हें पहचान लेने के बाद भी वे इस निरर्थक विरोध पर अड़े रहे और उन्होंने अपने आपको और दूसरों को बहुत हानि पहुँचाई।"[४]

श्री अरविन्द समत्व प्राप्त कर चुके थे, पर उपर्युक्त कथन इस बात का प्रमाण है कि एक समय ऐसा था, जब एक मानवीय वात्याचक्र ने पांडिचेरी को अपनी गिरफ्त में लपेट लिया था। पर ज्यों-ज्यों श्रीमाँ के कार्य सामने आने लगते हैं, त्यों-त्यों हम देखते हैं कि वे अपनी उच्चतर मानवीय सदिच्छा, वत्सलता, निःस्वार्थ सहायता आदि के द्वारा अपने विरोध करने वालों पर निरन्तर विजय पाती चली जाती हैं। और इसमें कोई शक नहीं कि जिन लोगों ने उन्हें पहचान कर उनकी सच्चाई में विश्वास किया, वे सदा उनके प्रति अपनी कृतज्ञता का

१. रेमिनिसैंसेज, पृ० १६५।
२. सेलेक्टेड वर्क्स, पृ० १८०।
३. लाइफ ऑफ श्री अरविन्दो, पृ० १७१।
४. श्री अरविन्द : अपने तथा माताजी के विषय में, पृ० २१२।

खुलेआम इजहार करते रहे। जिन्होंने उन्हें स्वीकार करने में विलम्ब किया, उनके प्रति उनके धैर्य और ममत्व में भी कमी नहीं आयी और जो इन दोनों ही कोटियों से अलग थे, उन्हें न तो श्री अरविन्द की जरूरत थी, न श्रीमाँ की, परिणामत: उनके कार्यक्रमों में भी ऐसे लोगों की जरूरत महसूस नहीं की गयी।

परिस्थितियों से चकरा जाना या कुछ देर के लिए किंकर्तव्यविमूढ़ हो जाना सहज मानवीयता है, किन्तु उससे भी बड़ी मानवीयता वह है, जो नि:संकोच अपनी त्रुटि को स्वीकार करती है। यही ईमानदारी व्यक्तित्व के खरेपन का प्रमाण है। नलिनीकान्त गुप्त ऐसे ही ईमानदार खरे व्यक्तित्व वाले मनीषी हैं, इसीलिए उन्होंने नि:संकोच लिखा:—"हम बड़ी उम्र के लोगों को वह विशेषाधिकार नहीं मिला। हमें काफी समय लग गया कि आँखें खुलें और इस सत्य (श्रीमाँ) को जानें। हमने बहुमूल्य समय खो दिया। करीब-करीब निरर्थक गया। किन्तु अपने को सही रास्ते पर लाने के काम में विलम्ब का महत्व नहीं होता, क्योंकि खोये हुए समय की पुनरुपलब्धि और उसकी क्षतिपूर्ति की हमेशा संभावना रहती है। यही समय का मूल रहस्य है। तुम लोग (आश्रम के बच्चे) करीब-करीब उनकी गोद में उत्पन्न हुए, पाले-पोसे गये, और हम एक विमाता की गोद में, जिसका नाम माया है, हालाँकि वह भी उन्हीं का एक रूप है, जन्मे और पले।"[१]

धीरे-धीरे श्री अरविन्द के गृह के वातावरण में सुधार आया, वात्याचक्र दबता गया और उसका प्रभाव जाता रहा। इसी सन्दर्भ में पॉल रिशार के बारे में उठने वाली जिज्ञासा के उत्तर में कुछ कहना पड़ता है। यह जानकर कि एक भारतीय संगीतकार नीस के एक होटल में रुके हैं, पॉल रिशार उनसे मिलने आए, तब तक न तो दिलीप कुमार राय श्री अरविन्द से मिले थे, न उनके शिष्य हुए थे। पॉल रिशार ने स्पष्ट कहा—"श्री अरविन्द ही ऐसे व्यक्ति हैं, जिन्हें मैंने समस्त जीवन में अपने से ऊँचा समझकर उनके चरणों में सिर नवाया। वही एक ऐसे ऋषि हैं, जिन्होंने जीवन में कार्य करनेवाले और खमीर की तरह गुप्त रूप से परिवर्तन लाने वाले दिव्य प्रयोजन में मेरे विश्वास को सुदृढ़ किया, जो प्रयोजन अपने को परिवर्तित न करने वाले व्यक्तियों को एक तरफ छोड़ देता है। मेरे विश्वास ने मेरा साथ नहीं दिया। मैंने इस प्रयोजन के स्रष्टा से इस कारण सहयोग करना छोड़ दिया, क्योंकि उन्होंने मुझे अपना एकमात्र सम्पादक घोषित नहीं किया। भविष्य में प्रकाशित होनेवाली ग्रन्थमाला का सर्वाधिकार मुझे प्रदान नहीं किया। एक शब्द में यह कि मैं इतना स्वेच्छाचारी था कि जीवन की पुस्तक में केवल एक सहलेखक के रूप में अपना अस्तित्व स्वीकार करने को तैयार न था। मेरे अन्दर विनय का अभाव था। यही कारण है कि मुझे उस उपजाऊ नीची जमीन से घृणा करने के कारण, जो श्री अरविन्द मुझे बनाना चाहते थे, ऊँची चोटी का वह दुर्भाग्य वहन करना पड़ा, जहाँ पर बीज नये पौधों की सृष्टि नहीं कर सकते।"[२]

१९२० के अन्त या २१ के आरम्भ में वारीन्द्रकुमार घोष, उल्लासकर दत्त पांडिचेरी आये। शान्तिनिकेतन के डब्ल्यू० डब्ल्यू० पीयर्सन, जो जापान-यात्रा में कवि के साथ गये थे, श्री अरविन्द और श्रीमाँ से मिलने पांडिचेरी आये। १९२१ में यह उनकी दूसरी यात्रा थी। श्रीमाँ से वे जापान में ही परिचित हो चुके थे। उन्हीं के निर्देशन में उन्होंने महीने भर रुक कर

---

१. **रेमिनिसैंसेज, पृ० ७४।**

२. **महापुरुषों के साथ, दिलीप कुमार राय, पृ० २९१।**

योगाभ्यास किया। अपनी पुस्तक 'द डॉन ऑफ ए न्यू एज' में उन्होंने घोषणा की कि उषा हमेशा पूरब से आयेगी और इस बार वह भारत से आने वाली है। भारत जिस नये युग का नेतृत्व अपने हाथों में लेगा,वह युग मानवता की आध्यात्मिक सभ्यता का युग होगा। इस पुस्तक में उन्होंने श्री अरविन्द के विचारों को बहुत ही महत्वपूर्ण ढंग से उपस्थित किया। सुप्रसिद्ध चिन्तक जेम्स एच० कजिन्स, जिनकी पुस्तक 'द रिनेसाँ इन इण्डिया' की पहले हम चर्चा कर चुके हैं, इसी वर्ष श्रीमाँ और श्री अरविन्द से मिले। इस प्रकार हम देखते हैं कि श्रीमाँ का व्यक्तित्व धीरे-धीरे लोगों के बीच उद्घाटित होने लगा था। वे श्री अरविन्द की सहायता करने और एक देवनिर्दिष्ट कार्यक्रम को पूरा करने आयी हैं, इस चर्चा से प्रेरित होकर एक बार चन्दरनगर से एक पत्र ने उनसे प्रश्न किया कि कृपया "मैं अपने मिशन के प्रति कैसे जागरूक हुई" विषय पर कुछ पंक्तियाँ लिखें। श्रीमाँ ने लिखा—"कब और कैसे मिशन के प्रति सचेत हुई? कब और कैसे मैं श्री अरविन्द से मिली?"

ये दो प्रश्न पूछे गये हैं और मैंने इनका उत्तर देने का वचन दिया है, इसलिए संक्षेप में लिख रही हूँ।

"अपने मिशन के प्रति सचेत कब हुई, यह कहना तो कठिन है। यही कहना सही होगा कि मैं इसके साथ ही जन्मी थी। बुद्धि के विकास के साथ ही साथ इसका पूर्ण और सुव्यक्त रूप भी उभरने लगा। ११ और १३ वर्ष की उम्र में नानाविध मानसिक और आध्यात्मिक अनुभव होते रहे जिन्होंने न सिर्फ़ इस तथ्य का उद्घाटन किया कि ईश्वर का अस्तित्व है, बल्कि मनुष्य उन्हें पा सकता है। उन्हें समन्वित रूप से अपनी चेतना और कर्म में अभिव्यक्त करके पृथ्वी पर दिव्यजीवन स्थापित हो सकता है। यह उद्देश्य और इसी के साथ व्यावहारिक साधना और अनुशासन मुझे सुषुप्तावस्था में अनेक गुरुओं द्वारा प्राप्त हुए जिनमें से कुछेक से बाद में मैं भौतिक जगत् में भी मिली। धीरे-धीरे बाह्य और आन्तरिक विकास ज्यों-ज्यों चलता रहा, इनमें से एक के प्रति आध्यात्मिक और भौतिक संबंध प्रगाढ़ होता गया। यद्यपि तब तक मैं भारतीय धर्मों और दर्शनों के बारे में बहुत कम जानती थी। तो भी इस व्यक्ति को मैं कृष्ण कहने लगी और तब से मैं पूर्ण रूप से जागरूक ढंग से जानने लगी कि इन्हीं के साथ, जिनसे मैं कभी इस पृथ्वी पर कहीं मिलूँगी, मुझे दैवी कार्य पूरा करना है। १९१० में मेरे पति अकेले पांडिचेरी आये। बहुत ही दिलचस्प और विचित्र परिस्थितियों के बीच वे श्री अरविन्द से मिले। तब से हम दोनों की यह प्रबल इच्छा रही कि जल्दी भारत आएँ, उस भारत में, जिसे मैंने हमेशा से अपनी सच्ची मातृभूमि के रूप में श्रद्धा दी है। १९१४ में हमें यह आनन्द ईश्वर द्वारा प्रदत्त किया गया। मैंने ज्यों ही श्री अरविन्द को देखा, मैंने पहचान लिया कि वे वही व्यक्ति हैं जिसे मैं कृष्ण कहा करती थी—और मैं समझती हूँ यह स्पष्टीकरण काफी होगा कि मैं क्यों पूर्णत: विश्वस्त हूँ कि मेरा स्थान और कर्म भारत में उन्हीं के साथ-साथ सम्बन्ध रखता है।"[१]

उन्हीं दिनों उत्तर पाड़ा के अमरेन्द्र पांडिचेरी आये। पिछले कई महीनों से दक्षिण भारत के विभिन्न स्थानों तंजौर, त्रिचनापल्ली आदि से ये खबरें आ रही थीं कि कुछ पंजाबी साधु अरविन्द दर्शन का प्रचार करते हुए घूम रहे हैं। श्री अरविन्द ने भी ये समाचार सुने थे, किन्तु कहीं से अपने को पंजाबी साधुओं से जोड़ सकने में सफल नहीं हो पा रहे थे।

१. लाइफ ऑफ श्री अरविन्दो, पृ० १७०।

अचानक एक दिन ये साधु अपने गुरु स्वामी केवलानन्दजी के साथ पांडिचेरी आ पहुँचे। नलिनी दा लिखते हैं—"अचानक अपने आँगन में एक संन्यासी घुस आये। उनका डील-डौल आश्चर्यकारी था। लम्बी काया, गौर वर्ण, माथे पर बँधा हुआ भारी साफा, कुछ घुँघराले बाल कन्धों पर झूल रहे थे। उनके साथ तीन-चार शिष्य भी थे। उन्होंने श्री अरविन्द के दर्शन की प्रार्थना की। दर्शन एक विचित्र दृश्य में बदल गया, जब उन्होंने अपना परिचय दिया। संन्यास के मोटे आवरण के पीछे छिपे थे हमारे साथी, अमरेन्द्र नाथ चटर्जी, विश्रुत आतंकवादी नेता, जिनकी गिरफ्तारी के लिए अंग्रेजी सरकार जमीन-आसमान एक किये थी।"[१]

श्री मोतीलाल राय उन दिनों अभी अरविन्द-गृह में ही सपत्नीक निवास कर रहे थे। उन्होंने अमरेन्द्र को आलिंगन में ले लिया और वैसे ही श्री अरविन्द के कमरे के पास पहुँचे। नाम लेकर पुकारना खतरे से खाली नहीं था। इसलिए उन्होंने दरवाजा खटखटाते हुए कहा, "ग्रेबील आपसे मिलने आये हैं।" अमर को यह नाम क्रांति के दिनों में श्री अरविन्द ने ही दिया था।

"हे ईश्वर!" दरवाजा खोलते ही सामने खड़े संन्यासी को देखकर श्री अरविन्द आश्चर्य से बोले। काफी देर तक बातचीत चली। अब पता चला कि पंजाबी संन्यासी साधु कौन थे। साधुओं को एक धर्मशाला में टिका दिया गया। केवलानन्दजी श्री अरविन्द-गृह में भोजन करते। अमरेन्द्र को क्रान्तिकारी कार्यों से अलग होने की सलाह दी गयी। स्वामीजी ने शिष्यों से कहा, "बच्चा लोगों, चलकर आश्रम पर रहो, मैं कुछ दिनों अज्ञात-वास करूँगा।"[२]

केवलानन्द ने निर्वाण प्राप्त किया और अमरेन्द्र चटर्जी ने उनका स्थान ग्रहण कर लिया। शिष्य लगातार प्रतीक्षा करते रहे। आखिर को वे यहाँ पूछने आए कि "गुरुजी कहाँ हैं?" सचमुच गुरुजी कहाँ थे, कौन बताता। गुरुजी ने कलकत्ते में 'वर्कर्स क्वापरेटिव' नाम से एक दुकान खोल ली थी। नलिनीकांत ने लिखा है—"हमेशा के लिए पांडिचेरी आते वक्त मैं कलकत्ते में आखिरी बार उनसे मिला। अमरेन्द्र ने अपने स्टोर से एक शाल यह कहते हुए भेंट किया, "दाम चुकाना, जब इस लायक होना।" (Payable when able) आज भी वह वाक्य मुझे याद है। अमरेन्द्र अन्तिम समय तक श्री अरविन्द और श्रीमाँ के ईमानदार शिष्य बने रहे।[३]

श्री अरविन्द की बहन सरोजिनी घोष और सुधामयी सेन तथा प्रताप सेन १९२१ में ही आये थे। श्री अरविन्द स्टेशन पर उनके स्वागत के लिए उपस्थित थे। सरोजिनी को "वार एण्ड सेल्फ डिटरमिनेशन" पुस्तक का स्वत्वाधिकार दिया गया ताकि अपनी आर्थिक परेशानियों से मुक्ति पा सकें।

इसी संदर्भ में हम उस चामत्कारिक घटना का भी वर्णन करना चाहते हैं, जो श्रीमाँ की शक्ति के एक पक्ष के उद्घाटन का कारण बनी।

१९२१ के जाड़े का मध्यकाल था। वेट्टल नामक एक रसोइया श्री अरविन्द के यहाँ खाना बनाता था। वह किसी अपराध में काम से अलग कर दिया गया। इससे वह बहुत नाराज हुआ

---

१. रेमिनिसैंसेज, पृ० ५७।

२. वही, पृ० ५८।

३. वही, पृ० ५८।

और उसने धमकी दी कि वह कुछ ऐसा करेगा कि इस मकान में लोगों का रहना असंभव हो जायेगा। वह एक मुसलमान तांत्रिक के पास गया, जो तामसिक तंत्र-प्रयोग में अत्यन्त निपुण था। उसने अभिचार किया और उस मकान पर पत्थरों की वर्षा होने लगी। पहले रसोईघर में ही ये पत्थर गिरते। लगता कि वे सामने वाली मुंडेर से आ रहे हैं। पर वहाँ पर कोई फेंकने वाला दिखाई नहीं पड़ता। पहले ये पत्थर गोधूलि बेला में गिरते और आधे घंटे तक गिरते रहते। धीरे-धीरे पत्थरों की संख्या, फेंकने की तेजी और आकार में वृद्धि होने लगी। कभी-कभी यह पत्थर-बारिश कई घंटे तक चलती। अन्तिम दिनों में तो ये आधी रात से आधा घंटा पहले शुरू होते और लगातार चलते रहते। पत्थरों की यह बरसात अब रसोईघर तक ही सीमित न थी, बल्कि अन्य स्थानों जैसे बरामदे में भी पत्थर गिरने लगे। प्रारंभ में इसे किसी आदमी की करतूत माना गया और पुलिस बुलाई गई। पुलिस नाकाम रही। बल्कि यों कहिए कि जब एक सनसनाता हुआ पत्थर एक सिपाही की टाँगों के बीच से निकला तो वे भयभीत होकर भाग खड़े हुए। अब खुद वहाँ रहने वालों की ओर से छानबीन और बच-बचाव की कोशिश शुरू हुई। लोग लगातार जिस ओर से पत्थर आते; निगरानी करने लगे, पर वहाँ कोई दिखाई नहीं पड़ता।

मुसलमान तांत्रिक को इस मानवीय तर्क योजना पर तरस आ गयी और कृपा करके संदेह दूर करने के लिए उसने बन्द कमरों में पत्थरों की झड़ी लगा दी। श्री अरविन्द आगे कहते हैं—"इनमें से एक पत्थर जो खूब बड़ा था, जिसे मैंने स्वयं देखा कि गिरने के साथ ही एक बेंत की मेज पर सीधा आराम से आ गिरा, मानो वहीं उसका ठीक विश्राम-स्थल था। यह हालत बदस्तूर जारी रही, यहाँ तक कि इस पत्थर-वर्षा ने घातक रूप धारण कर लिया।"[१]

इस घटना के प्रत्यक्षदर्शियों में श्री अरविन्द, उपेन्द्रनाथ बनर्जी, हृषीकेश, कांजीलाल, विजयकुमार नाग, सत्येन और अमृता थे। उपेन्द्रनाथ को अन्ततः इसकी तांत्रिकता पर विश्वास नहीं हो रहा था। लेहाजा वे हाथ में लाठी और लालटेन लेकर अपराधी को पकड़ने की कोशिश में रहे, पर असफल हुए। "पत्थरों की वर्षा ने विजय के कमरे का दरवाजा तोड़ दिया। पत्थर जमीन से कुछ फीट ऊँचाई पर आकाश से आते दीखते थे। वे दूर से आते हुए नहीं दिखाई पड़ते थे, ऐसा मालूम होता था कि वे अतिथिगृह के अहाते से या बरामदे से आ रहे हैं। परन्तु वह सारा स्थान प्रकाश से अच्छी तरह से आलोकित था और मैंने देखा कि वहाँ कोई मानवीय प्राणी उपस्थित न था और न तो वहाँ किसी के होने की संभावना ही थी। अन्त में अधपगले नौकर पर, जो उम्र में अभी लड़का ही था और जिसने विजय के कमरे में शरण ली थी, और जो उस आक्रमण का एकमात्र लक्ष्य था, जोर-शोर से पत्थरों का आक्रमण होने लगा और बन्द कमरे में भी उग्र रूप धारण करने वाली पत्थर-वर्षा से वह लहू-लुहान हो गया। विजय के बुलाने पर मैं कमरे के अन्दर गया और लड़के पर गिरे उस पत्थर को देखने लगे। विजय और वह लड़का एक दूसरे के बगल में बैठे थे और सामने से पत्थर फेंका गया था, पर फेंकने वाला कोई न था। कमरे में केवल वे दो ही थे, अगर वेल्स (एच० जी०) का अदृश्य पुरुष नहीं था तो और कौन था? अब तक हम केवल देखभाल और गश्त लगाने का कार्य कर रहे थे, परन्तु मामला आगे बढ़ गया था और खतरनाक हो चला। इसलिए कुछ उपाय करना आवश्यक था।

---

१. महापुरुषों के साथ, पृ० ३०१-३०२।

श्रीमाँ ने यह मामला हाथ में लिया और इस प्रक्रिया का ज्ञान रखने के कारण निर्णय किया कि लड़के और मकान के सम्बन्ध पर यह तांत्रिक क्रिया निर्भर करती है, यदि इसे तोड़ दिया जाय यानी नौकर को मकान से कहीं अन्यत्र कर दिया जाय तो पत्थर गिरना बन्द हो जायेगा। हमने लड़के को हृषीकेश के कमरे में भेज दिया और सारी घटना एकदम समाप्त हो गयी। उसके बाद एक भी पत्थर कहीं गिरता दिखाई न पड़ा।

अन्त में श्री अरविन्द ने परिणाम निकाला—"इससे यह स्पष्ट है कि तान्त्रिक शक्तियाँ वास्तविक हैं और वैज्ञानिक घटनाओं के समान इनके भी नियम और प्रक्रियायें निश्चित हैं। इन प्रक्रियाओं के ज्ञान द्वारा न केवल उनको उत्पन्न किया जा सकता है, बल्कि विनष्ट भी किया जा सकता है।"[१]

दिलीप कुमार राय ने श्री अरविन्द के मुख से यह विवरण सुनकर के० अमृता से पूछताछ की। उन्होंने पूछा कि क्या वे पत्थर काल्पनिक और भ्रमात्मक नहीं हो सकते? अमृता ने कहा कि उसने उनका संग्रह किया था और कई महीनों तक दर्शनीय वस्तु के रूप में सुरक्षित रखा था। उन सबमें एक बात बड़ी विचित्र थी कि वे काई से ढँके होते थे।

उधर वेट्टल की पत्नी घबराई हुई रोती-कलपती अरविन्द के पास दया-याचना के लिए पहुँची। तब भेद खुला। वेट्टल मरणासन्न था, हो सकता है कि मुसलमान तांत्रिक ने बताया हो या वह खुद यह जानती हो कि प्रयोग जब निष्फल कर दिया जाता है तो वह दूने वेग से चलाने वाले पर ही लौटता है। उसका पति बुरी तरह बीमार था। श्री अरविन्द ने, अमृता की उपस्थिति में ही कहा—"इसके लिए उसके मरने की आवश्यकता नहीं है।" वेट्टल ठीक हो गया। मुसलमान फकीर का क्या हुआ, पता नहीं।

दिलीप कुमार लिखते हैं कि श्री अरविन्द ने अन्त में कहा—"श्रीमाँ ने उत्तरी अफ्रीका में तांत्रिक साधना की थी, अत: वे अपने गम्भीर ज्ञान से सब कुछ समझ गयीं।"[२]

"और आप?" वे हँसे और एक क्षण मौन रहकर बोले—"तांत्रिक शक्तियों के बारे में मेरे भी सैकड़ों अनुभव हैं।"

श्वेत कमलचक्र

१९२२ से ही श्रीमाँ ने श्री अरविन्द-कुल का सारा प्रबंध अपने ऊपर ले लिया। श्री अरविन्द के लिए स्नान-घर ऊपर निर्मित हुआ। भोजनालय का इन्तजाम भी उन्हीं के द्वारा होता, उसके पहले लोग भोजन के बारे में काफी मीनमेख करते। भोजन ठीक से बन नहीं पाता था। सितम्बर १९२२ को ४१ नम्बर रयू फ्रांस्वाँ मार्तें से हट कर श्री अरविन्द अपने शिष्यों के साथ ९ रु द ला मारीन के मकान में आ गए। फ्रांस्वाँ मार्तें वाला मकान अब अतिथि-गृह कहा जाने लगा।

मकान-परिवर्तन के कुछ पहले श्री अम्बालाल पुराणी आश्रमवासी होने के लिए आये। वैसे तो वे पहली बार दिसम्बर १९१८ में ही आ चुके थे। उन्होंने श्रीमाँ के आने के बाद श्री अरविन्द-गृह में कुछ परिवर्तन लक्ष किया—"मैंने पहली बार श्रीमाँ को देखा। वे सीढ़ियों के

---

१. महापुरुषों के साथ, पृ० ३०२।

२. महापुरुषों के साथ, पृ० ३०३। हिन्दी अनुवाद में Occult के लिए सब जगह यौगिक शब्द दिया है, जो गलत है (मूल देखिये, एमंग द ग्रेट, पृ० ३३१-३४)।

पास खड़ी थीं। उस वक्त नाश्ता करके श्री अरविन्द ऊपर जा रहे थे। ऐसा अपार्थिव सौन्दर्य मैंने कभी नहीं देखा था, यद्यपि वे ३५ वर्ष से ऊपर की थीं (करीब ४३ की) पर २० वर्ष से अधिक की नहीं लगती थीं। आश्रम का वातावरण कुछ तनावपूर्ण लगा। श्रीमाँ और दत्ता (मिस हडसन) रयू फ्रांस्वाँ मार्तें में श्री अरविन्द के मकान में आ गई थीं। मकान पूरा बदल गया हो जैसे। खुले आँगन में एक साफ-सुथरी फुलवारी हो गई थी। हर एक कमरे में सादे और सुन्दर उपस्करण (फर्नीचर) रखे गये थे—एक चटाई, एक कुर्सी और एक छोटी मेज। यह निःसन्देह श्रीमाँ की उपस्थिति का ही परिणाम था।''[१]

मुझे इसी सन्दर्भ में नलिनीकान्त गुप्त की भी बातें याद आती हैं। बहुत दिनों बाद आश्रम के बच्चों के बीच बोलते हुए नलिनी दा ने कहा—''आध्यात्मिक शिक्षा की बात रहने दें, इसके अलावा श्रीमाँ ने हमेशा हमें सिखाया है कि किस प्रकार अपनी चीजों को एक तरतीबवार ढंग से साफ-सुथरा रखना चाहिए। हम अक्सर ही नहीं सोचते कि हम कितने बेतरतीब रहते हैं। हमारे कमरों की चीजों में, सामानों में कितनी अनियमितता और गड़बड़झाला रहता। जैसा बेतरतीब हमारा बाहरी जीवन है, वैसा ही बल्कि उससे भी ज्यादा बेतरतीबी हमारी आन्तरिक जिन्दगी में है। हमारे विचार धक्का-मुक्की मचाते बाहर आते हैं, हमारा मस्तिष्क ऊबड़-खाबड़ ढंग से भरा है। जब श्रीमाँ ने कहा कि अपनी वस्तुओं का इस्तेमाल सावधानी से करो, तो यह केवल ऊपर-ऊपर से कही बात भर नहीं है, इसके भीतर कुछ और है।''[२]

यह ऋत् (Order) व्यवस्था, विधान, तरीका, पद्धति थी, जिसके लिए श्री अरविन्द माँ की प्रतीक्षा कर रहे थे। ऋग्वेद के उषस् सूक्त में कहा गया है—''**ऋतावरी दिवो अर्कैरवोध्या रेवती रोदमी चित्रमस्थात्**'' अर्थात् ऋत् की व्यवस्थापिका सूर्य-ज्योति से सबको अपना अभिज्ञान कराती है। यह रेवती यानी समृद्धि की वाहिका है और पृथ्वी और आकाश के भीतर जो कुछ है, उसे यथास्थान, जिससे वह उपयुक्त हो सके, प्रतिष्ठित करती है। रात्रि के अन्धकार में अनृत है, गड़बड़झाला है, बेतरतीबी है। तरतीब और यथास्थान यथायोग्य प्रतिष्ठापन का कार्य उषा करती है, नए युग की उषा। श्रीमाँ न सिर्फ भारत को अपनी जन्मभूमि मानती थीं, बल्कि पांडिचेरी आकर उन्होंने पूरी भारतीयता अपनाने की कोशिश की। वैसे वे पहले ही गीता, उपनिषद, योगसूत्र और नारद भक्तिसूत्र का अध्ययन और अनुवाद कर चुकी थीं। उन्होंने मृणालिनी चट्टोपाध्याय से सीखकर साड़ी पहनना शुरू किया। बंगलाक्षरों को श्री अरविन्द से सीखा; किन्तु भारतीयकरण की इस प्रवृत्ति का चरम बिन्दु उस नयी मनःस्थिति में प्रकट हुआ, जिसे देखकर नलिनी दा ने विस्मय-विमुग्ध होकर लिखा—''एक सद्यःजात शिशु की तरह उन्होंने मान लिया कि उनके पास कुछ नहीं है, उन्हें सब कुछ नये तरीके से आरम्भ करना है मानो जैसे उन्होंने आज तक कुछ सुना और सीखा ही नहीं।'' अपने पूरे अतीत का इस तरह सम्पूर्ण विसर्जन कोई खेल नहीं है और न तो सबके द्वारा सहज शक्य ही है। नलिनीकान्त ने स्वीकार किया है—''अतीत को पूर्णतः अस्वीकृत कर देने की यह क्षमता उनके आध्यात्मिक चैतन्य और अनुभवों की शक्तियों में से एक है। यह मानव के लिए बहुत आसान काम नहीं है, वह अपने सम्पूर्ण व्यतीत के एकत्र सभी तत्वों को इस तरह धो डाले

---

१. **लाइफ ऑफ श्री अरविन्दो, अपेण्डिक्स, पृ० २६३।**

२. **रेमिनिसैंसेज, पृ० ८०।**

और उनसे पूर्ण अछूता हो जाय, चाहे यह बौद्धिक ज्ञान हो, या प्राणिक आदते हों, या शारीरिक माँगें, सबको धो-पोंछकर एकदम अनावृत परिशुद्धता पा लेना सरल नहीं है। श्रीमाँ ने अपने जीवन से हमारे सामने यह उदाहरण प्रस्तुत किया है।[१]

श्रीमाँ की विशेषताएँ सामने आती गयीं। मिथ्या गर्व के अंधकाराच्छन्न बादल छँटते गये। लोगों ने निःस्वार्थ वात्सल्य और करुणा के सामने शीश झुका दिये। सबको पहली बार अनिंद्य सौन्दर्य ने आकृष्ट किया। पुराणी का कथन उद्धृत कर चुका हूँ। नलिनीबाबू लिखते हैं—"हम पुरानों के लिए श्रीमाँ आते ही श्रीमाँ नहीं लगीं, वे सौन्दर्य के आवरण में लिपटी थीं।" दिलीपकुमार जब पहली बार पहुँचे तो यह जानकर कि श्री अरविन्द एकान्तवास में चले गये हैं, घोर निराश हुए। उन्हें बताया गया कि अब सारा काम उन्होंने श्रीमाँ के हाथों सौंप दिया है। वे श्रीमाँ से मिले। "मैं उनके व्यक्तित्व से, जो अत्यन्त उज्ज्वल तथा शांतिप्रद था, बहुत प्रभावित हुआ। उनके व्यक्तित्व से सौन्दर्य फूट रहा था, परन्तु वह पार्थिव सौन्दर्य न था, वे भौतिक और वास्तविक होते हुए भी अनिर्वचनीय थीं।

वे एक साथ ही शब्द और नीरवता थीं
स्वतः विकीर्ण होनेवाली शान्ति का महाद्वीप थीं
वे अकंप क्वाँरी अग्नि का महासमुद्र थीं
उनकी दृष्टि और मुस्कान भौतिक जगत् में
भी एक स्वर्गीय भावना को उद्‌बुद्ध करती थीं
और उनका तीव्र आनन्द मनुष्यों के जीवन में
एक दिव्य सौन्दर्य की वृष्टि कर रहा था।"[२]

श्रीमाँ का यह दिव्य सौन्दर्य सभी को आकृष्ट करता था, किन्तु इस सौन्दर्य के पीछे छिपी शक्ति को समझने की कोशिश बहुत बाद में हुई। श्री अरविन्द को अन्ततः लाचार होकर श्रीमाँ की शक्तियों के समुचित परिचय के लिए "द मदर" नामक पुस्तक लिखनी पड़ी। श्री माधव पंडित ने ठीक ही लिखा है कि "यह मातृ-उपनिषद् श्री अरविन्द के साहित्य में अपना विशिष्ट स्थान रखती है।"[३]

श्री अरविन्द ने स्पष्ट शब्दों में कहा—"श्रीमाँ और मेरी चेतना के बीच का विरोध पुराने दिनों का आविष्कार था (जिसके कारण मुख्यतया क्ष, त्र तथा उस समय के अन्य लोग थे)। यह विरोध उस समय पैदा हुआ, जब आरम्भ में यहाँ रहने वाले लोगों में से कुछ एक श्रीमाँ को पूर्ण रूप से नहीं पहचानते थे या उन्हें स्वीकार नहीं करते थे और फिर उन्हें पहचान लेने के बाद भी वे इस निरर्थक विरोध पर अड़े रहे और उन्होंने अपने आपको और दूसरों को बड़ी हानि पहुँचाई। श्रीमाँ की और मेरी चेतना एक ही है। एक ही भागवत चेतना दोनों में है, क्योंकि लीला के लिए यह आवश्यक है। श्रीमाँ के ज्ञान और बल के बिना, उनकी चेतना के

---

१. **रेमिनिसैंसेज, पृ० ८१-८२।**

२. **महापुरुषों के साथ, पृ० २९४। ये पंक्तियाँ 'सावित्री' पुस्तक १, सर्ग २ से ली गई हैं। किन्तु इन्हें दो स्थानों से अक्रमबद्ध रूप से लिया गया है। एक पंक्ति का अनुवाद गलत था, अतः शुद्ध कर दिया गया है—ले०।**

३. **अभीप्सा और अनुग्रह, माधव पंडित, श्री अरविन्दाश्रम, पृ० २।**

बिना कुछ भी नहीं किया जा सकता।''[१]

श्री अरविन्द ने श्रीमाँ की भागवती शक्ति का पूर्ण विश्लेषण करते हुए लोगों के मन की शंकाओं और भ्रमों के निवारण का प्रयत्न किया और अन्ततः यह निर्णय दिया कि श्री अरविन्द योग-मार्ग की साधना की निर्देशिका एकमात्र श्रीमाँ हैं। उन्होंने लिखा—''तुम समझते हो कि श्रीमाँ तुम्हें कोई मदद नहीं दे सकतीं और उनकी सहायता से तुम्हें कोई लाभ नहीं हो सकता, तो फिर मेरी सहायता से उससे भी कहीं कम लाभ मिलेगा। पर, कुछ भी हो, मैं अपनी इस व्यवस्था में, जिसे मैंने बिना किसी अपवाद के सभी शिष्यों के लिए बनाया है, कोई हेर-फेर नहीं करना चाहता। वह व्यवस्था यह है कि साधकों को श्रीमाँ से ही ज्योति और शक्ति ग्रहण करनी चाहिए, सीधे मुझसे नहीं और अपनी आध्यात्मिक उन्नति के लिए पथ-प्रदर्शन भी उन्हीं से ग्रहण करना चाहिए। यह व्यवस्था मैंने किसी सामयिक उद्देश्य से नहीं की है, बल्कि इस कारण की है (यह देखते हुए कि श्रीमाँ क्या हैं और उनकी शक्ति क्या है)। यही एक तरीका है, जो सच्चा और फलप्रद है, बशर्ते कि शिष्य बराबर खुला रहे और ग्रहण करता रहे।''[२]

ये सारी चीजें १९२६ के बाद लिखी गयीं, जब श्री अरविन्द ने सिद्धि-प्राप्ति के बाद एकान्तवास लिया। उसके पहले उन्हें और श्रीमाँ को जिन परिस्थितियों के बीच से गुजरना पड़ा, उसकी एक झलक पहले ही दे दी गयी है। उन्होंने स्थितियों की ओर अनेकशः संकेत दिये हैं। ''अनुशासन तथा विकास के बिना स्वातंत्र्य प्राप्त करना तो विरलों के ही भाग्य में बदा होता है। श्रीमाँ और मैं वर्षों तक जीवन की स्वेच्छापूर्वक अपनाई गयी दरिद्रता से गुजरे थे।''[३]

सारांश यह कि श्रीमाँ के आने के बाद श्री अरविन्द को न केवल अपनी साधना में प्रबल सहायता मिली; बल्कि उनके इर्द-गिर्द इकट्ठे तमाम लोगों का उत्तरदायित्व श्रीमाँ ने अपने ऊपर ले लिया। श्री माधव पंडित के शब्दों में—''समाज या समूह की आवश्यकताओं की दृष्टि से आश्रम जैसा भी रूप ग्रहण करे, हम साधकों के लिये यह हमेशा मातृगृह रहा है और रहेगा। हम यहाँ आये क्योंकि हमारी माँ यहाँ हैं, यहाँ रहते हैं, क्योंकि वे यहाँ रहती हैं और हम उन्हीं का अनुसरण करेंगे, न सिर्फ इस जन्म में बल्कि आनेवाले जन्मों में भी, वे जहाँ रहेंगी, हम रहेंगे। हमारी सारी जिन्दगियाँ उनके साथ जुड़ी हैं, जैसे आश्रम का पूरा जीवन उनके व्यक्तित्व से जुड़ा है। आश्रम की हर पत्ती, हर ईंट सिर्फ एक शब्द गुनगुनाती हैं—श्रीमाँ, श्रीमाँ, श्रीमाँ।''[४]

यह स्थिति उन दिनों नहीं थी। श्रीमाँ अपनी गूढ़ शक्तियों को छिपाये हुए सिर्फ अपनी मानवीय सीमा में बँध सकने वाले, समझ में आने योग्य गुणों द्वारा सबको संग्रथित करने का प्रयत्न कर रही थीं। नलिनीकान्त और मणि लौट आये थे। नलिनी दा लिखते हैं—''मैं उन दिनों प्रतिवर्ष एक बार बंगाल जाया करता था, उस बार की यह मेरी अन्तिम यात्रा थी। जाने के पहले मेरे मन में इच्छा हुई कि श्रीमाँ से मिल लूँ। श्रीमाँ अपने एकान्त से बाहर नहीं आई थीं और तब तक श्री अरविन्द ने एकान्तवास नहीं लिया था, अतः मैंने श्री अरविन्द को पत्र

---

१. श्री अरविन्द : अपने तथा माताजी के विषय में, पृ० २१२।

२. वही, पृ० २१४।

३. श्री अरविन्द : अपने तथा माताजी के विषय में, पृ० २२०।

४. मदर ऑफ लव, भाग एक, भूमिका, पृ० १।

लिखा कि मैं उनसे मिलना चाहता हूँ। उस वक्त तक हम उन्हें श्रीमाँ नहीं कहते थे। आजकल जिस कमरे में चम्पकलाल रहते हैं, श्रीमाँ रहा करती थीं। मैं प्रोस्पैरिटी रूम (समृद्धिगृह) में उनकी प्रतीक्षा करता रहा। तभी वे आयीं और दरवाजे के सहारे खड़ी हो गयीं। 'मैं जा रहा हूँ', मैंने कहा और साष्टांग उनके चरणों में लोट गया। वह मेरा प्रथम प्रणाम था। 'जल्दी आना', माँ ने कहा। इस 'जल्दी आने का मतलब मेरे लिये 'हमेशा के लिए आ जाना' हो गया।

तब श्री अरविन्द स्पष्टतः माँ को मिरा कहकर बुलाते थे। कुछ वर्षों तक यही चलता रहा, पर बाद में हमने देखा कि वे म कहते-कहते रुक जाते। फिर थोड़े संकोच से मिरा कह देते। हमें यह उस वक्त अजीब लगता। बाद में उसका कारण समझ पाये। श्री अरविन्द के होठों पर माँ शब्द आता था, पर हमें अभी तैयार होना था, इसलिए वे माँ की जगह मिरा ही कहते। कोई नहीं जानता कि किस समय विशेष में, किस शुभ क्षण में श्री अरविन्द के होठों से श्रीमाँ शब्द निकला। किन्तु यह अनिर्धारित क्षण निश्चय ही दिव्यता का क्षण रहा होगा, मनुष्य और पृथ्वी के इतिहास में वह नियति का एक क्षण रहा होगा, क्योंकि उस क्षण भौतिक जगत् में, मनुष्य की बाह्य चेतना में जगज्जनी की प्रतिष्ठा हुई।[१]

उसी क्षण से श्रीमाँ का आध्यात्मिक प्रतीक भी, जो द्वादश दल कमल का चक्र है, प्रतिष्ठित हो गया।

एक बार स्वयं श्री अरविन्द ने इसकी व्याख्या करते हुए लिखा—"१२ दल, १२ शक्तियों के स्पन्दन हैं, जो अभिव्यक्ति के लिए अत्यावश्यक हैं। ये बारहों स्पन्दन अक्सर श्रीमाँ के शिरोमण्डल के इर्द-गिर्द देखे गये हैं। सूर्य से निकलने वाली किरणें १२ होती हैं, ७ नहीं। ग्रह आदि भी १२ हैं।"[२]

श्रीमाँ ने स्वयं इस विस्तृत विराट् उत्तरदायित्व को स्वीकार कर लिया, क्योंकि पृथ्वी चेतना का प्रतीक होने के कारण इसी उद्देश्य को वे अपना ध्येय और अभीष्ट मानती हैं। उन्होंने कहा है—"मैं तुम्हारे साथ जीवन के प्रत्येक स्तर पर, प्रत्येक तल पर, परा चैतन्य से लेकर अत्यन्त शारीरिक स्तर पर यहाँ तुम्हारे साथ विद्यमान हूँ। यहाँ पांडिचेरी में तुम मेरी चेतना में साँस लिये बिना साँस ही नहीं ले सकते। यह सूक्ष्म भौतिक में व्याप्त होकर १० किलोमीटर, झील के पास तक फैली है और फिर मेरी चेतना शारीरिक और प्राणिक स्तरों से ऊँचे उठ कर उच्चतर स्तरों पर सर्वत्र व्याप्त है।"

आश्रम के बच्चों के बीच बोलते हुए सम्बन्धों के बारे में उन्होंने कहा—"मेरे और तुम्हारे

---

१. रेमिनिसैंसेज, गुप्त-अमृता, पृ० ८३।

२. श्री अरविन्द : अपने तथा माताजी के विषय में, पृ० २७५।

बीच वैयक्तिक सम्बन्ध है, उन तमाम लोगों से, जिन्होंने श्री अरविन्द और मेरी शिक्षाओं को स्वीकार किया है। इसमें दूरी की कोई बाधा नहीं, तुम चाहे फ्रांस में हो या विश्व के किसी कोने में, चाहे पांडिचेरी में, यह सम्बन्ध हमेशा सच्चा और जीवन्त है। मैंने जिन्हें शिष्य रूप में स्वीकार किया है, जिन्हें 'हाँ' कह दिया है, वहाँ सम्बन्ध से कुछ अधिक है, वहाँ मेरा अंश हमेशा क्रियाशील है। सच तो यह है कि मैं उस प्रत्येक व्यक्ति के लिए अपने को उत्तरदायी मानती हूँ, जिसे जीवन में मैंने एक सेकेण्ड के लिए भी देखा है।"[१]

साधना-चक्र

जैसा कि पहले कहा गया, श्री पुराणी अरविन्द से १९१८ में ही मिल चुके थे, दुबारा १९२१ में मिलने पर उन्होंने लिखा—"मेरे लिए सबसे आश्चर्यकारी श्री अरविन्द का दर्शन था। केवल दो वर्षों के भीतर उनके शरीर में ऐसा परिवर्तन आ गया था, जिसे चमत्कार कहा जा सकता है। १९१८ में उनके शरीर का रंग एक साधारण बंगाली की तरह श्याम था, यद्यपि चेहरे पर तेज और आँखों में चमक थी। सीढ़ियाँ चढ़ कर ऊपर जाकर उन्हें देखा कि कपोल सेब की तरह ललछौंहे पीताभ हो गये हैं और सारा शरीर अत्यन्त मुलायम श्वेत ज्योति से भरा हुआ है। मैं अपने को रोक न पाया। आश्चर्य से पूछा—"आपको क्या हो गया है?" "तुम्हें क्या हो गया है?" मुस्कराते हुए मेरे सवाल को टालकर उन्होंने मेरी दाढ़ी की ओर संकेत करके कहा। मैंने इस अर्से में दाढ़ी बढ़ा ली थी। बाद में उन्होंने बताया कि जब उच्चतर चेतना मानसिक से प्राणिक स्तर पर तथा उसके भी नीचे (शारीरिक) उतरती है तो स्नायु मंडल और पूरे शरीर में एक रूपान्तरण आ जाता है।"[२] इसी प्रकार की परिवर्तित स्थिति का बोध कपालि शास्त्री ने भी किया। उन्होंने भी उनके शरीर पर एक विचित्र प्रकार की चमक देखी थी।[३] उस समय के आगन्तुकों में श्री जी०जी० सुब्बाराव ने श्री अरविन्द से मुलाकात की और एक भेंट-वार्ता भी प्रकाशित करायी। उन्होंने लिखा है—"अक्टूबर १९२३ में मैं श्री अरविन्द से पांडिचेरी के आश्रम में मिला। वे एक गद्देदार कुर्सी पर बरामदे में बैठे थे। वहाँ करीब एक दर्जन कुर्सियाँ और एक छोटी मेज थी, जिस पर कागज, फूल और पुस्तकें थीं, एक छोटी सी घड़ी भी, क्योंकि यहाँ कोई भी काम निश्चित समय से हटकर आक्रमबद्ध नहीं होता। श्री अरविन्द एक चकाचौंध करनेवाली ज्योति से दीप्त थे। उनका स्वर धीमा, मगर स्पष्ट, और संगीतात्मक था। उनका वक्तव्य धाराप्रवाह और स्पष्टता में पारदर्शी था। सिर्फ १५ मिनट के वार्तालाप में उन्होंने अपने दर्शन को पूर्ण स्पष्ट कर दिया। मुझे लगा, जैसे वे एक नजर में ही किसी भी आदमी को पूर्णतः समझ जाते हैं और लोगों का फोटो देखकर उनकी मानसिक स्थिति का ज्ञान कर लेते हैं। वे समय के बारे में बड़े पाबन्द लगे और पन्द्रह मिनट की निर्धारित अवधि के बाद घड़ी देखते हुए खड़े हो गये। लगातार एक बच्चे की सरलता लिए हुए बोल रहे थे, पर मुझे उनके व्यक्तित्व से यह पूरा भान हुआ कि आवश्यकता पड़ने पर वे बहुत दृढ़ और कठोर भी हो सकते हैं।"[४]

---

१. **श्रीमाँ, प्रश्न और उत्तर, भाग १, पृ० ५-६।**

२. **लाइफ ऑफ श्री अरविन्दो, पृ० २६३।**

३. **वही, पृ० १९३।**

४. **ब्रह्म श्री सुब्बाराव ने काकिनाडा में भाषण दिया था। रिपोर्ट 'सण्डे टाइम्स' के ६ मई १९५१ के अंक में छपी थी।**

श्री अरविन्द अपनी अतिमानसिक अवतरण की साधना में पूर्ण रूप से संलग्न थे। उसका परिणाम भी उनके व्यक्तित्व में नजर आने लगा था, किन्तु यह परिणाम दूसरों के लिए जैसा भी क्रान्तिकारी और चमत्कारपूर्ण लगे, उन्हें इससे कतई संतोष नहीं था। चूँकि वे शुरू से अत्यन्त तर्कपूर्ण सुनियोजित ढंग से कार्य करने के अभ्यस्त थे, इसलिए साधना के क्षेत्र में उनकी प्रक्रिया हमेशा क्रमबद्ध रूप से सोपान पर सोपान पार करते हुए तथा उपलब्धियों की भावुकता-रहित परीक्षा करते हुए निरन्तर आगे की ओर बढ़ते जाने की रही। अब तक भारतीय योग मोक्ष को परमोपलब्धि मानता रहा। उन्होंने अपने अध्ययन और योग से यह जाना कि सारी सृष्टि सच्चिदानन्द की लीला है। लीला की इस प्रक्रिया में कभी भी अतिमानसिक सत्ता भूतत्व से सम्मिलित नहीं हुई है। दूसरे किसी भी योग में परम सत्ता का अनुभव शरीर से बाहर नहीं, ब्रह्मरंध्र के भीतर ही होने की बात कही गई है। "अवतरण के अनुभवों के अभाव की व्याख्या मैं इस प्रकार करता हूँ कि पुराने योग मुख्यत: अनुभव के अन्तर, अध्यात्मगुह्य (Psycho Spiritual Occult) तक ही सीमित रहे, जिसमें उच्चतर अनुभव मानो एक तरह से छनकर या प्रतिबिम्बित होकर निश्चल मन या एकाग्र हृदय के अन्दर आते हैं। इस अनुभव का क्षेत्र ब्रह्मरंध्र के नीचे की ओर ही होता है। उसके ऊपर लोग समाधि या स्थितिशील मुक्ति की अवस्था में ही जाते हैं और उन्होंने किसी प्रकार का क्रियाशील अवतरण साधित नहीं किया। समस्त क्रियाशील अनुभव केवल अध्यात्मीकृत मानसिक और प्राणिक भौतिक चेतना के स्तर में ही हुआ। इस योग में चेतना (थोड़े बहुत अंतर-अध्यात्म-गुह्य अनुभव के द्वारा निरन्तर क्षेत्र.के तैयार हो चुकने के बाद) ब्रह्मरंध्र के ऊपर साक्षात् अध्यात्म-चेतना से सम्बन्ध रखने वाले ऊर्ध्व स्तरों की ओर उठती है और उन स्तरों की वस्तुओं को केवल ग्रहण करने के बदले वहीं निवास करना तथा वहाँ से नीचे की चेतना को पूरी तरह रूपान्तरित करना होता है, क्योंकि अध्यात्म-चेतना की यह निजी क्रिया-शक्ति है, जिसका स्वरूप है, ज्योति, शक्ति, आनन्द, ज्ञान और असीम विशालता, इसे अधिकृत करना होगा और सम्पूर्ण सत्ता में उतारना होगा।"[१]

श्री अरविन्द इसी लक्ष्य के लिए लगातार प्रयत्नशील थे। 'उच्चस्तरीय चेतना' में निवास करने की प्रक्रिया कोई जबानी जमा-खर्च नहीं है कि जब चाहा उसमें निवास करने लगे। सम्पूर्ण जड़, प्राण, मन को लाँघ कर अधिमानस में प्रवेश करना और वहीं रहने का अभ्यास करना एक जटिल साधना है। श्री दिवाकर ने ठीक ही लिखा है कि "बहुत कम लोग समझ पायेंगे कि अपनी उन्नत साधना की अवस्था में भी कितनी आस्था, एकाग्रता और व्यावहारिक प्रयोगशीलता उन्हें अपनी साधना में लगानी पड़ी। एक अदृश्य सत्ता को लक्ष्य बनाकर, एक महान् कलाकार की तरह, जो धैर्य और लगन से निरन्तर पूर्णता ले आना चाहता है, श्री अरविन्द अपनी प्रतीति (Vision) को रूपाकार देने के लिए लगातार श्रम करते रहे, जो पूरा होने पर मानवता के लिए दिव्य अनुग्रह ले आयेगा।"[२]

आवाहन या हस्तक्षेप

इस बीच कई बार महान् देशभक्तों और श्री अरविन्द के साथियों ने, जो निरन्तर इस बात की प्रतीक्षा में थे कि वे शीघ्र ही पांडिचेरी से लौटकर भारतीय राजनीति का कार्य सँभालेंगे,

---

१. श्री अरविन्द, अपने तथा श्रीमाताजी के विषय में, पृ० १००।

२. महायोगी, पृ० २०५।

उनका आवाहन करते रहे। बैपतिस्ता ने, जो प्रसिद्ध बैरिस्टर और तिलक-दल के नेताओं में एक थे, तिलक के कहने पर श्री अरविन्द को पत्र लिखा कि वे शीघ्र पांडिचेरी के एकान्त से बाहर आएँ और गरमदल की निकलने वाली पत्रिका का सम्पादन ग्रहण करें। श्री अरविन्द ने जोजेफ बैपतिस्ता को ५ जनवरी, १९२० को अपनी चिट्ठी में लिखा—

प्रिय बैपतिस्ता,

आपका आग्रह लुभाने वाला है, पर मुझे दु:ख है कि मैं उसे स्वीकार नहीं कर पाऊँगा। आपकी वजह से मुझे इसके कारणों पर विस्तार से लिखना पड़ रहा है। किसी राजनीतिक रुकावट के न होते हुए भी अंग्रेज-शासित भारत में लौटना नहीं चाहता।×× मेरे पास इतने अधिक काम हैं कि मैं सम्राट के होटलों का आतिथ्य स्वीकार नहीं कर सकता। मुझे यदि स्वतन्त्र रूप से रहने और कार्य करने की अनुमति मिल जाय तो भी, मैं नहीं लौटूँगा। मैं पांडिचेरी में स्वतंत्र और शांत-भाव से एक निर्दिष्ट कार्य को पूरा करने के लिए आया हूँ, जिसका राजनीति से कोई सम्बन्ध नहीं हैं, यद्यपि जो कुछ भी मैंने अपने देश के लिए अपने ढंग से कर सकता था, किया है ×× मैं राजनीतिक कार्यों को नीची दृष्टि से नहीं देखता और न ही मानता हूँ कि मैं उनसे ऊपर हूँ। मैंने हमेशा आध्यात्मिक जीवन को अधिक महत्व दिया है। अब उसे पूर्ण महत्त्व देना चाहता हूँ। मेरी आध्यात्मिकता का अर्थ संन्यासियों की तरह जगत् से पलायन नहीं है, न तो अनाध्यात्मिक चीजों के प्रति घृणा या वैराग्य का भाव ही है। मेरे लिए कुछ भी अनाध्यात्मिक नहीं है। मेरे लिए जीवन की हर क्रिया पूर्ण आध्यात्मिक जीवन का एक हिस्सा है और राजनीति का इस दृष्टि से बहुत महत्त्व है। किन्तु मेरी राजनीतिक दृष्टि और तरीके संप्रति चालू दृष्टियों और तरीकों से अब बिल्कुल भिन्न हो गये हैं।×× आप कहेंगे कि आप आकर नया नेतृत्व दे दीजिए। पर मेरे मस्तिष्क की आदत है कि वह चालू तरीकों से भिन्न समय के आगे-आगे दौड़ता है। कुछ लोग आदर्शवादी जगत् में इसे समय-विरुद्ध भी कहते हैं।×× मैं मानता हूँ कि भारत, जिसकी अपनी विशिष्ट आत्मा है जो उसकी संस्कृति का अनुशासन करती है, उसे योरोपीय राजनीति की नकल करके लड़खड़ाने की जरूरत नहीं है।[१]

इसी प्रकार का एक प्रयत्न डॉ० मुंजे ने किया कि श्री अरविन्द नागपुर कांग्रेस की अध्यक्षता स्वीकार करें। उन्होंने स्पष्ट लिखा है—"मैंने कभी भी कांग्रेस के प्रति अपनी आस्था की घोषणा नहीं की है और न अब करना चाहता हूँ, क्योंकि मेरे विचार उससे नहीं मिलते। ×× मैं अब मुख्यत: और प्रधानत: राजनीतिज्ञ नहीं रहा और मैंने अब दूसरे प्रकार का ऐसा कार्य शुरू किया है, जिसका मूलाधार आध्यात्मिक है, एक ऐसा क्रान्तिकारी कार्यक्रम, जो अध्यात्म के द्वारा सामाजिक, सांस्कृतिक, आर्थिक पुनर्निर्माण करेगा और मैं निरन्तर उस दिशा में कार्य कर रहा हूँ या उनका निरीक्षण करता हूँ, जो इतने व्यावहारिक और प्रयोगशाला में किये जाने वाले प्रयोगों की तरह हैं कि मैं उस ओर से एक सेकेण्ड के लिए अपना ध्यान और शक्ति हटा नहीं सकता।"[२]

यह पत्र अगस्त १९२० में लिखा गया था, जो दिवाकर के उस कथन के पहले का है कि

---

१. लाइफ ऑफ श्री अरविन्दो, पृ० १६२-१६३।
२. वही, पृ० ८०।

श्री अरविन्द की साधना वैज्ञानिक की तरह प्रयोगशाला में अपेक्षित जागरूकता और दृढ़ता से संचालित हो रही थी। वस्तुतः वे प्रचलित राजनीति से बिल्कुल संतुष्ट नहीं थे, यद्यपि अहम मसलों पर हमेशा अपने शिष्यों के साथ वार्तालाप में अपनी प्रतिक्रिया व्यक्त करते थे। उसके पहले भी सरला देवी चट्टोपाध्याय ने श्री अरविन्द से मिलकर भारत लौटने के बारे में पूछा, "क्यों नहीं आप चलकर अपनी रेलगाड़ी खुद चलाते?" सरलादेवी ने कहा। "अभी मैं रेल की पटरियाँ बिछा रहा हूँ।" अरविन्द बोले। सरलादेवी निराश होकर लौट गयीं। जून १९२३ में चित्तरंजन दास पांडिचेरी आये थे, पर श्री अरविन्द के लिए अब राजनीति में लौटना असंभव था। इस प्रकार का अन्तिम प्रयत्न लाला लाजपत राय ने किया। उनके साथ डॉ० निहालचन्द, कृष्णदास और पुरुषोत्तम दास टंडन आये थे। यह भेंट ५ फरवरी १९२५ को हुई। श्री अरविन्द और लाजपत राय ४५ मिनट तक एकान्त में वार्ता करते रहे। जब वे दोनों बाहर आये तो देखने से लगा कि उनमें अनेक विचारों पर सहमति हो गई है। एक संदर्भ में श्री अरविन्द ने कहा—"सत्ता का लोभ हमेशा रहेगा। सत्ता में जाने के सभी दरवाजे बन्द करके इसे आप रोक नहीं पायेंगे। हमारे कार्यकर्ताओं को इससे परिचित होना होगा। उन्हें राष्ट्र के लिए किसी पद पर जाकर काम करना सीखना होगा। स्वाराज्य के बाद यह कठिनाई और बढ़ेगी। ये चीजें योरोप में भी हैं, वहाँ के लोग इससे भिन्न नहीं हैं, फिर भी वे जानते हैं कि अनुशासन क्या होता है और उनके पास राष्ट्रीय गौरव का जो बोध है, वह हमारे पास नहीं है।"[१]

स्वतन्त्रता के बाद उनकी यह भविष्यवाणी कितनी यथार्थ साबित हुई, इसे सभी जानते हैं। यह भविष्यवाणी का नहीं, उनकी अनृत को चीर कर सत्य को देखने वाली दृष्टि का परिणाम था, जिससे अनेक बार परिचित होते हुए भी स्वतन्त्रता के बाद कभी उसका उपयोग नहीं किया गया। १९२४ में तो काकिनाडा कांग्रेस से लौटते हुए कई लोग पांडिचेरी आये। उनका श्री अरविन्द के कई शिष्यों से परिचय था। कुछ बातों पर उनका फ्रांसीसी पुलिस से झगड़ा हो गया। श्री अरविन्द को स्वयं हस्तक्षेप करना पड़ा, उन्होंने पुलिस से स्पष्ट कह दिया कि वे अपने कानून के अनुसार जो चाहे व्यवहार करें, उनसे आश्रम का कोई संबंध नहीं है। इसे खीझकर उन्होंने अपने कार्य में विरोधी शक्तियों का उत्पात कहा था। 'महात्मा गाँधी ने आश्रम के साधक हरिभाई अमीन से जुहू में पूछा था—" श्री अरविन्द बाहर कब आ रहे हैं?" श्री अमीन ने यह भी बताया कि "महात्मा गाँधी ने देवदास को भेजा था, पर श्री अरविन्द ने उन सवालों का जो जवाब दिया, उनके बाद मैं उनसे मिलने की इच्छा नहीं रखता।" १७ अगस्त १९२४ को शिष्यों ने देवदास द्वारा पूछे गये प्रश्नों और उनका उत्तर जानना चाहा। श्री अरविन्द ने कहा—"मुझे सिर्फ इतना याद पड़ता है कि उन्होंने अहिंसा पर मेरे विचार जानने चाहे। मैंने कहा—'कल्पना कीजिये, यदि भारत पर अफगानों का आक्रमण होता है, तो आप अहिंसा से इनका सामना कैसे करेंगे?' बस, मुझे इतना ही याद है। कोई दूसरा प्रश्न उन्होंने नहीं पूछा।"[२] और शायद इस पर यह कहने की आवश्यकता नहीं कि अफगानों ने भले ही आक्रमण नहीं किया, पर आक्रमण हुए और उनका प्रतिरोध भारत सरकार ने गाँधीजी के अहिंसा मार्ग से नहीं किया।

---

१. इविनिंग टाक्स, प्रथम भाग, पृ० ६५।

२. वही, पृ० ६४।

जब नन्दन वन उजड़ गया

१९२६ की सिद्धि के पहले की बात है। श्रीमाँ श्री अरविन्द के साथ रहने लगी थीं, सारे क्षुद्र वात्याचक्रों से पांडिचेरी मुक्त हो गया। नलिनीकान्त गुप्त के शब्दों में कहूँ तो यह कि "श्रीमाँ की उपस्थिति ने, लगता है, प्रकृति की जंगली ताकतों को काफी पस्त कर दिया है।"[१] इसमें कोई आश्चर्य नहीं कि साधक मनीषी का यह वाक्य काफी लाक्षणिक अर्थों से भरपूर है। जो हो, अचानक पांडिचेरी में नन्दन वन की हवायें चलने लगीं। चारों ओर खुशी, उल्लास और सात्विक शक्तियों का सुमनस्क वातावरण। किसी जमाने में ऋग्वैदिक ऋषि ने प्रार्थना की थी।

विश्वेदानी सुमनस! स्याम पश्येम नु सूर्यमुच्चरन्तम्। [ऋक्० ९/५२/५]

हम सदा सुमनस, आनन्दित और मुदित रहते हुए उदित होते हुए सूर्य को देखते रहें। कौन कहता है कि पांडिचेरी का सूर्योदय कम आकर्षक होता है। मैंने स्वयं ब्राह्ममुहूर्त के झुटपुटे में समुद्र की नानाभंगियों में नर्तित लहरों की क्रीड़ा देखी है और ज्यों-ज्यों सूर्योदय निकट आता जाता है, समुद्र की ये सर्पिल फुत्कारती लहरें नाना रंग धारण करने लगती हैं, स्याहश्वेत, भूराश्वेत, पीताभश्वेत, अरुणाभश्वेत और अंततः वासन्ती स्वर्णाभश्वेत।

उन दिनों पांडिचेरी में शाश्वत वसन्त का उदय हुआ। अचानक सर्वत्र आनन्द का साम्राज्य छा गया। इस स्थिति का ध्यान आते ही कालिदास के "सद्यः प्रवालोद्गमचारुपत्रे" वसन्त की याद हठात् आ जाती है। साधकों तक ने अनुभव किया कि "यह वातावरण अत्यन्त विशिष्ट, बहुत ही सघन था। उन्हें आश्चर्यजनक अनुभूतियाँ हो रही थीं, मानो वे क्रीड़ारत हों, दिव्य आकृतियों का अवतरण हो रहा था, प्राकृतिक नियमों ने मानो छूट दे दी हो। भौतिक जगत् और चेतना दूसरे लोकों के बीच का पर्दा बहुत झीना हो गया था, जिसके कारण मानसोपरि जगत् की शक्तियाँ, देवगण प्रकट हो सकते थे और प्राकृतिक नियमों को बदल कर चमत्कार उत्पन्न कर सकते थे। यदि चीजें इसी ढंग से भी चलती रहतीं तो श्री अरविन्द और श्रीमाँ बहुत आसानी से एक नया सम्प्रदाय खड़ा कर लेते और इस तरह का एक आश्रम बना लेते, जिसे तथाकथित 'उच्च स्थान' कहा जाता, जहाँ आध्यात्मिक सुगंध बहुत सस्ती ख्याति में बदल जाती है। ऐसी ही उल्लासदायी एक घटना का, जो तुरन्त घटी थी, श्रीमाँ श्री अरविन्द से वर्णन कर रही थीं कि वे विनोदपूर्वक बोले "हाँ, यह बड़ा दिलचस्प है। तुम सांसारिक घटनाओं को अस्त-व्यस्त करने में सफल हो जाओगी।" श्री अरविन्द मुस्कराये— "पर यह एक मानसोपरि सृष्टि है, यह तो सर्वोच्च सत्य नहीं है। यह सफलता हमें नहीं चाहिए। हम तो एक नये जगत् के निर्माण के लिए पृथ्वी पर अतिमानसिक सत्ता को ले आना चाहते हैं।"

सिर्फ आधा घंटे बाद सभी कुछ धूलिसात् कर दिया गया। 'मैंने कुछ नहीं कहा, एक शब्द भी नहीं", श्रीमाँ उस घटना का वर्णन कर रही थीं—"आधे घंटे में मैंने सब कुछ ध्वस्त कर दिया। मैंने शिष्यों और देवताओं के बीच के सम्पर्क-सूत्र को काट दिया, सब कुछ तोड़ डाला। क्योंकि मैं जानती थी कि जब तक ये चीजें यहाँ रहेंगी, इतनी आकर्षक [लोग आश्चर्यकारी घटनाएँ लगातार देख रहे थे] तो लोग इन्हें ही चलाते रहने के लोभ में पड़ेंगे।"[२]

---

१. रेमिनिसैंसेज, गुप्त-अमृता, पृ० ६६।

२. श्री अरविन्दो आर द एडवेंचर ऑफ कांशियसनेस, पृ० ३३३-३३५।

नन्दन वन उजड़ गया। एक धक्के से सारा मंजर हवा हो गया। पुनः पांडिचेरी में समुद्री हवाओं का वही वात्याचक्र शुरू हो गया। नन्दन वन के ऊपर शिव की तृतीय दृष्टि टूट पड़ी हो जैसे—

> **तपः परामर्श विवृद्धमन्योर्भूर्भङ्ग दुष्प्रेक्ष्य मुखस्य तस्य।**
> **स्फुरन्नुदर्चिः सहसा तृतीयादक्ष्णः कृशानुः किल निष्पपात॥**

अधिमानसिक चक्र

२६ मार्च १९२४ की सन्ध्यावार्ता में उन्होंने कहा कि इस योग का कभी भी पहले अभ्यास नहीं किया गया। कुछ यदि हुआ तो हम उसे हल्की तैयारी कह सकते हैं और यदि किसी ने सचमुच इसका प्रयत्न किया हो तो अब उसका क्रमभंग हो चुका है और वह समय के गर्त में खो गया है। जाहिर है कि इस तरह के कथनों पर उनके शिष्य चुप रहनेवाले नहीं थे। उन्होंने पूछा, हालांकि बाद में, और दूसरे संदर्भ में कि क्या ऐसा नहीं हो सकता कि अतीत में कभी अतिमानस का अवतरण हुआ हो और बाद में वह फिर यहाँ से हट कर अपनी सत्ता में लौट गया हो। श्री अरविन्द ने कहा था—''यदि कोई अवतार हुआ, तो अपनी प्रतिज्ञा निभाने आया। सत् को भूतत्व में ल्याना उसका कार्य नहीं था। मैं यह कह सकता हूँ कि शायद इसके लिए कभी कोशिश हुई हा, किन्तु यह कभी भी जगत् में एक सक्रिय तत्त्व नहीं बना। इस सत्य को उच्चतर भौतिक में उतारना उतना मुश्किल नहीं है, जितना सीधे स्थूल भौतिक में। इसके लिए पृथ्वी के नियमों में कुछ परिवर्तन लाना होगा—और वातावरण को इसके योग्य बनाना होगा। सवाल इसका ज्ञान रखने, शक्ति रखने का नहीं, इसे उतार कर लाने का है।'' ''क्या आपका विश्वास है कि ऐसा इस बार हो सकेगा?'' ''हाँ, मैं जानता हूँ कि यह हो सकता है, पर मैं कोई भविष्यवाणी करना नहीं चाहता। मैं यह भी नहीं कह सकता कि यह होगा ही। पर मैं इतना कह सकता हूँ कि इस तरह का 'कुछ न कुछ' जरूर हो सकेगा। सन्देह मेरे मानसिक स्तर पर है, कहीं एक तरह की अनिश्चितता। सब कुछ पर्दे के पीछे तैयार है, यदि मानसिक स्तर पर निश्चितता होती तो यह चीज अब तक जरूर कर ली गयी होती। जहाँ निश्चितता है, वहाँ संघर्षरत रहने की जरूरत नहीं होती। यह अब तक नहीं हुआ। क्योंकि विरोधी शक्तियाँ अत्यन्त प्रबल थीं।''[१]

उपर्युक्त कथन से कि ''मेरे मानसिक स्तर पर कहीं सन्देह है,'' अचानक 'सावित्री' के अश्वपति की याद आ जाती है। आत्मसाक्षात्कार कर विश्वव्यापी, ब्रह्मसत्ता का संपर्क कर लेने पर भी वह अपनी साधना जारी रखता है क्योंकि उसे लगता है कि प्रभु को प्राप्त किये बिना, बाकी सब व्यर्थ है। वह अब नई साधना में लग जाता है। प्रभु को कुछ धोखा देनेवाले हर विचार, भाव, इच्छा को समूल नष्ट करता हुआ, निगूढ़ से निगूढ़ पर्तों के भीतर छिपे सभी अवांछित तत्त्वों को उधेड़-उधेड़ कर बचे हुए सारे कुछ शुद्ध को उसने देवार्पित कर दिया, वह निरन्तर आगे बढ़ता गया। वह उस स्थिति को प्राप्त कर गया था, जहाँ विचार और सत्य के बीच खाई नहीं होती। वह हर जोखम को प्रभु की क्रीड़ा मानकर गढ़ता जा रहा था, तभी महाशक्ति ने उसे सावधान किया :—

---

१. **इविनिंग टाक्स, २९-१२-१९३९।**

अरे आत्मा, अज्ञानी शरीर की महत् अभीप्सा
वाक् जगत् जड़ से उठने वाली।
तू कैसे मानव के हित, मूकहृदय जो, माँग रहा है
अन्धी भू पर ज्योति-आत्मा बसे निरन्तर
जड़ पृथ्वी का, बोध रहित जो, भार कौन अपसरित करेगा
मैं रहस्य हूँ, बोधगम्य जो कभी न होता
नाना सूर्यों के यात्रा पथ का केन्द्र विन्दु मैं.... .
कितना है कमजोर मनुज, क्या वह असीम का भार सहेगा
समय पूर्व अवतरित सत्य पृथ्वी का ध्वंस करेगा।[१]

अपनी साधना के बारे में उन्होंने कहा था कि योगी को उच्चतर चेतना में निवास करना और वहाँ स्थित रहते हुए निम्न स्तरों का परिष्कार करना होगा—इसी बाध्यता के कारण २२ जनवरी १९२४ से सामूहिक ध्यान और शाम की गोष्ठियाँ बन्द कर दी गयीं। इससे साधकों का चिन्तित होना स्वाभाविक था। साधकों की सहायता के लिए मंगलवार और शनिवार दो दिन ध्यान के लिए निर्धारित हुए। बाक़ी दिनों में सुबह लोग निश्चित समूहों में बँट कर प्रश्न आदि पूछ सकते थे। तात्पर्य यह कि श्री अरविन्द अधिक से अधिक अलभ्य होते गये। इससे जहाँ एक ओर निराशा बढ़ी, वहीं यह उत्कंठा भी कि सम्भवत: शीघ्र ही कोई बहुत बड़ी आध्यात्मिक महत्त्व की घटना होने ही वाली है।

१५ अगस्त १९२४ को उन्होंने अपने जन्मदिन के अवसर पर जो भाषण दिया, उसमें भी ऐसे संकेत मिलते हैं, जो उनकी साधना और कठिनाइयों का हल्का-सा परिचय देते हैं। उन्होंने कहा—"हम एक ऐसे योग का अभ्यास कर रहे हैं, जो दूसरी पद्धतियों से बिल्कुल भिन्न है। पुरानी पद्धतियों के हिसाब से आपको ज्ञान, संवेग या इच्छाशक्ति में से किसी एक को चुनना होता था या फिर पुरुष (ब्रह्म) और प्रकृति (माया) को अलग-अलग करने का प्रयत्न करना होता था। इसके माध्यम से हम असीम चैतन्य को या सर्वप्रिय सर्वशक्तिमान् को, ईश्वर को या असीम निर्वैयक्तिक इच्छाशक्ति को या शान्त शून्य ब्रह्म को अपने सीमित ज्ञान, संवेग (भक्ति), भावात्मक सत्ता, या इच्छाशक्ति अथवा व्यक्तिगत पुरुष को अतिक्रान्त करके उपलब्ध कर सकते थे। हमारा योग निर्वैयक्तिक असीम चैतन्य को, इच्छाशक्ति को या आनन्द को अपना लक्ष्य नहीं मानता, बल्कि हम एक ऐसी सर्वोच्च सत्ता को उपलब्ध करना चाहते हैं, जिसका ज्ञान हमारे सीमित असीम मानवीय ज्ञान के परे है, जिसकी असीमशक्ति हमारी समूची इच्छा-शक्तियों का स्रोत है और वह आनन्द, जो कभी भी हमारे संवेगों के समूह के क्रियाशील रहते उपलब्ध नहीं हो सकता।××हमारा प्राणिक शरीर बहुत धैर्यहीन और चतुर होता है, यह चीजों को जल्दी से जल्दी निबटा लेना चाहता है। इससे बड़ी खतरनाक प्रक्रिया होती है। अत: सफलता पाने के लिए जरूरी है कि हम अपनी मानसिक और प्राणिक सत्ता को उच्चतर ज्योति और शक्ति के सामने पूर्णत: समर्पित कर दें।"[२]

वे शारीरिक, प्राणिक और मानसिक उलझनों को लाँघ कर, सब कुछ को विभु को

१. सावित्री, तृतीय संस्करण, प्रथम खंड, पृ० ३०२, लेखक द्वारा अनूदित।
२. लाइफ ऑफ श्री अरविन्दो, पृ० १९४-१९५।

समर्पित करके धैर्यपूर्वक अपने मार्ग में बढ़ रहे थे। अधिमानसिक चैतन्य में निवास करते हुए सभी निचले स्तरों को इस योग्य बना रहे थे कि वे उच्चतर चैतन्य के अवतरण के योग्य बन सकें। शरीर को साधना के लिए उद्यत करना इच्छाशक्ति के वश की बात है, किन्तु उसे अधिमानसिक या अतिमानसिक सत्ता के साथ जोड़ने के लिए तैयार करना कठिन व्यापार है। उन्होंने कहा, "जब मैं मानसिक स्तर पर साधन-रत था, चीजें आसान थीं, बच्चों के खेल जैसी। प्राणिक स्तर पर साधना यद्यपि उतनी आसान नहीं थी, फिर भी मनोरंजक थी। किन्तु शारीरिक स्तर पर साधना बड़ी कठिन है। यह प्राचीन योगियों द्वारा प्राय: छोड़ दिया गया अंश है, ऐसा नहीं कि उन्होंने कोई प्रयत्न ही नहीं किया, किन्तु प्राय: ही शारीरिक और शरीरप्राणिक की अपेक्षा की गयी। यह खन्दक की लड़ाई जैसी प्रक्रिया है, जहाँ कभी सन्धि नहीं हो सकती, या तो हम संघर्ष करें, विजय पायें या ध्वस्त हो जायें, दूसरी कोई गति नहीं।"[१] लोगों ने पूछा कि शरीर के नष्ट हो जाने में हानि ही क्या है? वे बोले, "मेरी साधना में इस ध्वंस का अर्थ है पूर्ण ध्वंस। यदि प्राणिक या मानसिक ध्वंस होता है तो वह उतना खतरनाक नहीं है, जितना शारीरिक ध्वंस। बीमारी या मृत्यु आदि की परवाह नहीं करता, वे अत्यन्त स्वाभाविक प्रक्रियाएँ हैं, पर मुझे उन पर ध्यान देना पड़ता है। क्योंकि इनको स्वीकार करने का अर्थ योग-प्रयत्नों की पराजय स्वीकार करना है। निम्न शक्तियाँ हमेशा से ही भौतिक सत्ता के रूपान्तरण के प्रयत्न को विनष्ट करने के लिए सचेष्ट रही हैं और रहती हैं।

२४ नवम्बर १९२६ : सिद्धि-दिवस

अन्त में बहुप्रतीक्षित दिवस आ गया है। वैसे तो साल दो साल से सभी को लग रहा था कि कुछ महत्त्वपूर्ण घटित होने वाला है। यही नहीं, कुछ विकसित साधकों को लगातार एक खास तरह का दबाव भी महसूस होने लगा था, पर कौन-सी वस्तु किस रूप में घटित होने वाली है, इसे कोई भी नहीं जानता था। अधिकांश लोग सन्देहग्रस्त थे। प्रतिवर्ष 'कुछ होने के' आश्वासन के बावजूद लोगों ने मान लिया था कि यह असम्भव को सम्भव करने का प्रयत्न विनष्ट हो चुका है, अब कोई सम्भावना नहीं है। यह भी मानवीय स्वभाव की विलक्षणता ही है कि वह किसी दूसरे मनुष्य के द्वारा किये जाने वाले ऐसे श्रमसाध्य कार्य के प्रति, जिससे सबका लाभ होता हो, शुरू में बड़ी श्रद्धा और जिज्ञासा व्यक्त करता है, किन्तु असफलता की संभावना मात्र से ही कितनी जल्दी लोग अपने को उस व्यक्ति से अलग कर लेते हैं। लोग जानते थे कि श्री अरविन्द के सम्पर्क मात्र से या सिर्फ ख्याल कर देने भर से कई असाध्य मरीज स्वस्थ हो गये, पर शंकायें व्यक्त की जाती रहीं तो भी श्री अरविन्द इन शुभेच्छा-जन्य कार्यों को यों ही करते हुए अपने लक्ष्य की ओर अडिग बढ़ रहे थे। खन्दकें लाँघी जा रही थीं। पहाड़ी दुर्गम रास्तों को तोड़, वे निरन्तर आगे बढ़ रहे थे। जो प्राप्त किया था, वह ऐसा नहीं था, जो प्रत्यक्ष कराया जा सके—

मैंने चाहा था बनाना एक इन्द्रधनुषी सेतु
जो परिणीता बना दे पृथ्वी की आकाश की
और बो दे इस नाचती हुई तारिका के गर्भ में
शाश्वत की भावावस्थाएँ, मिजाज।

---

१. **लाइफ ऑफ श्री अरविन्दो, पृ० १६६।**

पर हमारे स्वर्ग लोक बहुत दीप्त थे, सुदूर थे
उनका सूक्ष्म ईथरोपकरण बहुत कमजोर था
हमारी ज्योतियाँ बहुत सुन्दर पर अचानक थीं
जो ठहरती न थीं देर तक
जड़ें धँसी न थीं अपनी गहराई में।[१]

उनका श्रम सचमुच किसी भी देवता से कम न था, यह अलग बात थी कि उनकी अपनी उपलब्धियाँ सबको आश्वस्त बना सकने की स्थिति में नहीं थीं, इसलिए यदि लोग अब भी शंकाग्रस्त थे तो इसमें आश्चर्य क्या। पर वे लगातार भूतत्व के पथरीले, जाड्यग्रस्त भोथरे स्तर को तोड़-तोड़ कर जड़ों को गहराई में ले जाने के लिए प्रयत्नशील बने रहे और तब वह समय आया। २४ नवम्बर को श्रीमाँ ने आवाहन की घंटी बजा दी। सूर्यास्त हो रहा था। सभी अपने सन्ध्याकालीन कार्यक्रमों में व्यस्त थे। कुछ लोग समुद्रतट पर घूमने चले गये थे। श्रीमाँ ने सबको कहला दिया कि सभी लोग जल्दी से जल्दी बरामदे में, जहाँ पहले सामूहिक ध्यान हुआ करता था, एकत्र हो जाएँ। समाचार पूरे आश्रम में फैल गया और शाम ६ बजे तक सभी आश्रम वासी शिष्य बरामदे में इकट्ठे हो गये। बरामदे में श्री अरविन्द के कमरे वाले दरवाजे के पास दीवाल पर एक काला रेशमी पर्दा लटक रहा था, जिस पर सुनहले लाख से एक तांत्रिक चित्र बना था। इस चित्र में तीन चीनी ड्रैगन बनाये गये थे, जो एक दूसरे की पूँछ अपने मुँह में दबाए हुए चक्राकार घूमते हुए से लगते थे। ड्रैगन चीनी पौराणिक कथाओं में पाँच शक्तियों का प्रतीक माना गया है। ''ड्रैगन के पंजे की पाँच अँगुलियाँ पाँच शक्तियों की द्योतक हैं। ये सर्वोच्च ज्ञान, गंभीरतम समझदारी, उच्चतम साहस, अदम्य इच्छाशक्ति और अविकृत सद्गुणों की परिचायक हैं।''[२]

ईसाई सर्प से बिल्कुल भिन्न पूर्वी देशों में 'ड्रैगन' या सर्प दिव्यता के संरक्षक और अमरता तथा ज्ञान के प्रतीक माने जाते हैं। भारत के नाग, बौद्ध कथाओं में वर्णित नाग तथा चीनी ड्रैगन, सभी देवशक्ति के अथवा अर्द्धदैविक सत्ता के प्रतीक थे। मिस्र, बेबीलोन तथा इसराइल की पुराणकथाओं में भी ये ज्ञान और ज्योति के प्रतीक माने जाते रहे हैं। मदाम ब्लेवातस्की ने लिखा है कि ड्रैगन सूर्य अथवा परमोच्च देवता से भी संबंधित माना जाता रहा है।[३] भारत में सर्प प्रायः मन्दिरों के द्वार पर अंकित होते हैं और दिव्यशक्ति के द्वारपाल या अंगरक्षक माने जाते हैं।

पुराणी ने लिखा है—''हम लोगों को बाद में पता चला कि चीन में एक भविष्यवाणी प्रचलित है कि सत्य उस दिन पृथ्वी पर अवतरित हो जायेगा, जब तीन ड्रैगन, जो क्रमशः

---

१. **श्री अरविन्द की 'ए गाड्स लेबर' (देवता का श्रम) कविता का अंश, लेखक द्वारा अनूदित।**

२. **एस्ट्रोलोजिकल मैगजीन, मार्च १९६३, पृ० २९३।**

३. **The Dracontia once covered the surface of the Globe and these temples were sacred to the dragon only because it was the symbol of sun which in turn was the symbol of the highest God.**

- Isis Unveiled, New York, 1889
Part I, P. 554.

पृथ्वी, मन और आकाश की क्षेत्रीय शक्तियाँ हैं, एक साथ मिल जायेंगे और आज २४ नवम्बर को चूँकि सत्य पृथ्वी पर अवतरित हो रहा था, इसलिए इस चित्र का एक विशेष अर्थ और महत्व था।''[१]

शिष्य आकर बैठ गये। एक गम्भीर शान्ति चतुर्दिक् फैली हुई थी। अनेक ने स्पष्ट देखा कि ज्योति का समुद्र आकाश से अवतरित हो रहा है। वहाँ पर उपस्थित सभी ने एक विशेष प्रकार के दबाव का अनुभव किया। सारा वातावरण एक प्रकार की विद्युत शक्ति से भरा-भरा था। उस शान्त, शक्तिसंचरित वातावरण में 'टिक' की आवाज हुई और श्री अरविन्द का द्वार खुला। अधखुले द्वार से श्रीमाँ और श्री अरविन्द को स्पष्ट देखा जा सकता था। श्रीमाँ ने श्री अरविन्द को संकेत किया कि वे द्वार से बाहर चलें। श्री अरविन्द ने संकेत से पहले श्रीमाँ से बाहर आने का आग्रह किया। श्रीमाँ अत्यन्त मर्यादित ढंग से द्वार से बाहर निकलीं, उनके पीछे श्री अरविन्द आये। श्री अरविन्द की कुर्सी के सामने की छोटी मेज आज हटा दी गयी थी। श्री अरविन्द अपनी कुर्सी पर बैठे। माँ श्री अरविन्द के दक्षिणी पार्श्व में स्टूल पर बैठीं। एक विचित्र जीवन शान्ति व्याप्त थी। उस दिन करीब ४५ मिनट ध्यान चलता रहा। एक के बाद एक शिष्य उठते और श्रीमाँ को झुककर प्रणाम करते। श्रीमाँ आशीर्वाद देने के लिए हाथ उठातीं। श्री अरविन्द श्रीमाँ के हाथ के पीछे अपना हाथ उठा देते, मानो वे श्रीमाँ के आशीर्वाद के द्वारा अपना आशीर्वाद भी दे रहे हैं। आशीर्वाद की समाप्ति पर पुनः ध्यान का क्रम चला। इस शान्त ध्यानावस्था में कई साधकों को स्पष्ट अनुभूतियाँ हुईं। जब यह उत्सव समाप्त हुआ तो लगा जैसे सभी दिव्य सपने से जाग्रत अवस्था में आ गये हैं। तभी सबने इस अवसर की महत्ता, इसकी कविता और सुन्दरता का बोध किया। ऐसा नहीं कि पृथ्वी के एक कोने में थोड़े से शिष्यों ने अपने सर्वोच्च गुरु और माँ से आशीष पाई, बल्कि उसी क्षण एक उच्चतर दिव्यचेतना पृथ्वी पर अवतरित हो गई और उस शान्ति की क्रोड में महान् आध्यात्मिक क्रिया-कलाप का एक छोटा-सा बट-बिरवा उग आया।''[२]

उसी समय दत्ता आवेश में बोल पड़ी थीं—''भगवान आज भौतिक स्तर पर उतर आये हैं।''

श्री अरविन्द ने १९३५ के अक्टूबर में लिखा था—''२४ नवम्बर, १९२६ को श्रीकृष्ण का भूतत्त्व में अवतरण हुआ था। अतिमानसिक ज्योति का नहीं। श्रीकृष्ण के अवतरण का अर्थ है अधिमानसिक ईश्वरीय सत्ता का अवतरण, जिससे अब अतिमानसिक सत्ता के अवतरण में सहायता मिलेगी। श्रीकृष्ण आनन्दमय हैं; वे अधिमानसिक सत्ता से ऊपर की विकास-प्रक्रिया में सहायक हैं और वे ही अतिमानसिक आनन्द की ओर इस विकास का निर्देशन कर सकते हैं।''

२४ नवम्बर, १९२६ यानी श्री अरविन्द का सिद्धि-दिवस।

२४ नवम्बर, १९२६ को अधिमानसिक चक्र का पृथ्वी पर प्रवर्तन हुआ और एक ऐसा ही २४ नवम्बर था १९२० का, जब श्रीमाँ श्री अरविन्द के गृह में आ गई थीं, जिसे लेकर प्रबल वात्याचक्र उठ खड़ा हुआ था। कौन कहता है कि संख्याओं के पीछे कोई रहस्य नहीं होता।

---

१. **लाइफ ऑफ श्री अरविन्दो, पृ० २११।**

२. **वही, पृ० २११।**

ईश्वरीय विधान कभी-कभी इस प्रकार तिथियों को अपनी रहस्यमयता से नया अर्थ दे दिया करता है।

नई मानवता की प्रयोगशाला

सिद्धि-दिवस के बाद से श्री अरविन्द ने पूर्ण एकान्तवास ग्रहण कर लिया। इस समय से लेकर १९५० के दिसम्बर तक यानी करीब २४ वर्ष उन्होंने एकान्त में ही व्यतीत किये। इन्हीं २४ वर्षों में श्री अरविन्द आश्रम एक महत्त्वपूर्ण संगठित प्रयोगशाला के रूप में सामने आया।

श्री अरविन्द इस साधना-केन्द्र को आश्रम के कहने के पक्ष में नहीं थे। उन्होंने स्वयं लिखा है—"शुरू-शुरू में यहाँ कोई आश्रम नहीं था, केवल कुछ लोग श्री अरविन्द के साथ रहने और योग-साधना करने के लिए आये थे। श्रीमाँ के जापान से आने के कुछ समय बाद ही इसने आश्रम का रूप धारण किया और इसका कारण श्रीमाँ या श्री अरविन्द की कोई योजना नहीं थी, बल्कि उन साधकों की इच्छा थी, जो अपना समस्त आन्तरिक और बाह्य जीवन श्रीमाँ को सौंपना चाहते थे। जब आश्रम का विकास होना प्रारम्भ हुआ, उसके संगठन का भार श्रीमाँ पर आ पड़ा। श्री अरविन्द ने शीघ्र ही एकान्तवास ले लिया और सम्पूर्ण भौतिक तथा आध्यात्मिक कार्य का भार श्रीमाँ पर आ पड़ा।"[१]

श्रीमाँ ने भी अपनी एक बहुत पुरानी इच्छा की पूर्ति के लिए आश्रम को यह रूप दिया। "किसी भी बाहरी साधन से, किसी भौतिक उन्नति या सामाजिक परिवर्तन से, मनुष्य का सच्चा क्रमोन्नत विकास नहीं किया जा सकता, ऐसा विकास जो उसे उस आनन्द की ओर ले जाय, जो उसका जन्मसिद्ध अधिकार है। सच पूछा जाय तो व्यक्ति की आन्तरिक और गम्भीर पूर्णता ही सच्चा विकास ला सकती है, जो वस्तुओं की वर्तमान स्थिति को पूर्णरूप से बदल सकती है तथा दु:ख और दैन्य की अवस्था को एक प्रशान्त और स्थायी तृप्ति की अवस्था में रूपान्तरित कर सकती है।"[२] चूँकि सब प्राणियों के हृदय में प्रज्ज्वलित दिव्यज्योति एक ही है, अत: श्रीमाँ कहती हैं कि "ज्योति को ज्योति ही आकृष्ट करती है और इसका परिणाम होता है समस्त जीवों की मूल-भूत एकता और उनका मेल-मिलाप और भ्रातृभाव।"[३] इस तरह अपने को पहचाने और अपने भीतर की ज्योति से जागृत हो तो एक नये समाज की रचना सम्भव है। इसलिए श्रीमाँ चाहती हैं—"नवीन जाति के, भगवान् के पुत्रों की जाति के फूलने-फलने के लिए किसी अनुकूल स्थान पर आदर्श समाज की स्थापना करना।"[४] श्रीमाँ की सभी इच्छाएँ भारत-आगमन के पूर्व ही व्यक्त हुई थीं। यहाँ आने पर इन्हीं चीजों के परिप्रेक्ष्य में उन्होंने कहा—"अपने इस पार्थिव अस्तित्व की शुरुआत से ही मैं ऐसे लोगों से मिलती रही हूँ, जो कहते रहे हैं कि उनके भीतर उत्कट अभीप्सा है, पर वे विकास नहीं कर पाते क्योंकि वे निरन्तर अपनी जीविका-प्राप्ति की निर्मम आवश्यकता की गुलामी के लिए मजबूर हैं। मैं उस समय बहुत कम वय की थी, तब मैं अपने से ही कहा करती कि यदि संभव हुआ तो एक दिन मैं एक ऐसी छोटी सी दुनिया बनाऊँगी, जहाँ आदमी को अपने को भोजन, वस्त्र और

---

१. **श्री अरविन्द : अपने तथा श्री माताजी के विषय में, पृ० १२०।**

२. **वाइर्स ऑफ लाँग एगो, पृ० ८९।**

३. **मातृवाणी, भाग १, पृ० ७।**

४. **वही।**

शरणस्थल तथा जिन्दगी की दूसरी जरूरतों को खोजने की व्यस्तता से बरी रख सकूँ और देखूँ कि किस तरह उनकी उन्मुक्त की गई शक्ति, भौतिक अस्तित्व को बनाये रखने की चिन्ता से मुक्त होकर, दिव्यजीवन और आन्तरिक संसिद्धि को प्राप्त करने के लिए अपने आप उधर को प्रवाहित हो सके।''[१]

श्रीमाँ ने इन स्वप्नों को साकार करने के लिए अपने को पूर्णतः आश्रम के सारे उत्तरदायित्वों के वहन के लिए समर्पित कर दिया। आरम्भ में कुछ थोड़े से लोग थे, जो श्री अरविन्द के साथ गृहस्थों की तरह रहते थे। १९२० में श्रीमाँ के आने के बाद यह संख्या लगातार बढ़ने लगी। यह संख्या धीरे-धीरे इतनी बढ़ गयी कि एक सामूहिक जीवन रूपायित होने लगा और उसकी आवश्यकताओं के उपयुक्त बड़े पैमाने पर कुछ प्रबन्ध करना आवश्यक हो गया। कुछ और मकान किराये पर लेने पड़े और स्वास्थ्य की दृष्टि से सफाई आदि का प्रबंध करने के लिए और व्यवस्थित जीवन के लिए कई कार्यों का इन्तजाम करना पड़ा। इसे ही श्री अरविन्द आश्रम का आरम्भ कहा जा सकता है। १९२६ की बात है, श्री अरविन्द ने आश्रम का सारा भार श्रीमाँ को सौंपकर पूर्ण अवकाश ग्रहण कर लिया। यह आश्रम ईसाईधर्म, बौद्धधर्म या बाद के हिन्दूमत के संगठित सम्प्रदायों जैसे आन्दोलनों द्वारा प्रसूत धार्मिक संस्थाओं की अपेक्षा प्राचीन काल कें वशिष्ठ, कण्व के आश्रमों से अधिक सादृश्य रखता है, इसमें एक बात और है कि वह आधुनिक समय के अनुकूल भी हुआ है।[२]

श्री अरविन्द और श्रीमाँ के निवास-स्थान ९ रयू दला मारीन को केन्द्र मानकर इसी के इर्द-गिर्द किराये पर या खरीदकर लोगों के आवास और अन्य कार्यों के लिये एक के बाद एक नये मकान जुड़ते गये। वर्तमान आश्रम चार मकानों से बना है, मेडिटेशन हाउस (ध्यान भवन), सेक्रेटेरिएट, रोज़री तथा लाइब्रेरी हाउस। समाधि इन चारों मकानों के बीच प्रांगण में हैं। इसी को अब श्री अरविन्द आश्रम का मूल केन्द्र कहा जाता है।

श्री अरविन्द-योग में जिस प्रकार जीवन से कहीं से भी अलगाव आदिष्ट नहीं है, उसी तरह पांडिचेरी नगर के क्रिया-कलापों से आश्रम के मकान अलग नहीं हैं, बल्कि कहना चाहिये कि पांडिचेरी नगर के विभिन्न मुहल्लों में फैली ये इमारतें जीवन के संघर्ष में श्री अरविन्द की क्रिया-प्रक्रिया के परीक्षण का केन्द्र हैं। सामान्य जीवन में घुले-मिले, पर उसे निरन्तर दिव्यता की ओर रूपान्तरित करनेवाले ये आवास, जीवन के महासमुद्र में अलग-अलग जलयान की तरह दिखाई पड़ते हैं। अधिकांश के लिये विशाल सामूहिक भोजनालय है, जहाँ का सारा कार्य साधक ही करते हैं। इस समय आश्रम दो सौ से अधिक इमारतों में फैला है, जिनमें योग-साधना के केन्द्र, पुस्तकालय, मुद्रणालय, शारीरिक शिक्षण केन्द्र, स्टूडियो, मोटर वर्कशाप, लघु उद्योग-धन्धों के विभिन्न केन्द्र, दुग्धशाला, गोशाला, कुक्कुट पालन केन्द्र, लांड्री, रोटी बनाने का कारखाना, जूता निर्माण का कारखाना तथा अनेक लम्बे-चौड़े खेल-मैदान, प्रेक्षागृह, तैराकी केन्द्र, पुष्प-बागान, कृषि क्षेत्र तथा अतिथिशालायें सम्मिलित हैं। एक नयी प्रकार की शिक्षा की प्रयोगशाला श्री अरविन्द अन्तर्राष्ट्रीय विद्या केन्द्र तथा एक नया नगर 'आरोवील' इसी आश्रम से सम्बद्ध बड़ी विस्तृत योजना के परिणाम हैं। प्रकाशन तथा पुस्तक विक्रय विभाग तो आश्रम की जान हैं ही। एक दर्जन से अधिक पत्रिकाएँ

---

१. **द मदर ऑफ लव, एम० पी० पण्डित, खंड १, पृ० १०।**

२. **श्री अरविन्द और उनके आश्रम का सन्देश, पृ० १७-१९।**

निकलती हैं। बीस से अधिक भाषाओं में प्रकाशन होते रहते हैं। आश्रम का अपना गृह निर्माण विभाग है जिसमें ईंटें और कंक्रीट ब्लाक्स बनाने के कारखाने हैं, इसमें बर्तन बनाने का एक उपविभाग भी है। सिलाई विभाग साधक और साधिकाओं के लिए पोशाक तैयार करने का कार्य करता है। मोटर-वर्क्स में मोटर और मशीनों की मरम्मत, स्टोव और स्प्रे (Stove and spray) पेंटिंग के काम आदि होते हैं। एक फाउण्ड्री और लोहाखाना भी है, जिसमें एक विभाग फिटरों का है। कागज विभाग भिन्न-भिन्न मोटाई के गत्ते तैयार करता है और इस दृष्टि से तमाम रद्दी कागज और चिथड़ों तक को काम में लाया जाता है। काम में आये हुए लिफाफों को इकट्ठा कर उनसे चिटों के पैड बनाए जाते हैं। कई अतिथिशालायें हैं, जिनमें गोलकुण्डा एक चामत्कारिक प्रयोग है। इसका निर्माण संयुक्त राष्ट्रसंघ के विख्यात शिल्पी एम०ए० रेमाँ की अध्यक्षता में हुआ। ७०० से अधिक कमरों वाली यह इमारत एशिया में अपनी कलाकारिता के लिये प्रसिद्ध है।

इस प्रकार हम देखते हैं कि पूरा आश्रम आधुनिक जगत् के सारे क्रिया-कलापों के भीतर से गुजरता हुआ श्री अरविन्द के इस कथन को कि 'पूरा जीवन ही योग है' चरितार्थ करने के लिए प्रयत्नशील है। सम्प्रति आश्रम में करीब १८०० साधक साधिकाएँ निवास करते हैं। इस संख्या में निरन्तर वृद्धि हो रही है, इसमें न तो ८०० से अधिक नियमित वेतन पर कार्य करनेवाले मजूर शामिल हैं और न तो आरोवील से कार्य करने वाले लोग। श्री अरविन्द-आश्रम सही अर्थों में जाति, धर्म, रंग-रूप और राष्ट्रीयता आदि की सीमाओं से अछूता अन्तर्राष्ट्रीय मानवता का, जो नई दिव्य चेतना की उँपलब्धि के लिए प्रयत्नशील है, एक विराट् प्रयोगशाला है। यह श्रीमाँ का ही भौतिक कलेवर है, जिसके एक-एक टुकड़े को उन्होंने पूरा अपनत्व देकर निर्मित किया है। यह सम्पूर्ण क्रिया-कलाप श्वेतकमलचक्र के प्रवर्तन का साकार परिणाम है। ■

समुद्री साँझें और ओस डूबी चिट्ठियाँ

पुरुषो वै समुद्रः, श०ब्रा० ७।४।२५

वाग् वै समुद्रो न वै वाक् क्षीयते, ऐ० ब्रा० ५।१६

वह पुरुष समुद्र है। उसकी वाणी समुद्र है। समुद्र की तरह ही उस वाणी में कुछ घटता नहीं।

श्री अरविन्द का व्यक्तित्व अक्सर लोगों को रहस्यवाद लगता है। यह शायद भारतीय जनता की एक आदत हो गयी है कि वह आध्यात्मिक पुरुषों को रहस्यवादी आवरण में लपेट कर ही अपनी श्रद्धा की अभिव्यक्ति कर पाती है। थोड़ी बहुत ऐसी आदत और देशों की जनता में भी होती है, पर जिस देश ने सभ्यता के आरम्भ से आज तक अनवरत आध्यात्मिक पुरुषों को जन्म देने में ही अपनी सर्जनात्मकता की अटूट शृंखला का प्रमाण दिया, वहाँ ऐसी आदत काफी भावुकतापूर्ण और विचित्र लगती है। कम-से-कम इस देश में, जहाँ नाना प्रकार की रुचियों, स्वभाव और ढंग-ढर्रे वाले आध्यात्मिक लोग जन्मते रहे हैं, जनता को उन्हें सही-सही तरीके से जानने-पहचानने में दिक्कत नहीं होनी चाहिए थी। खैर।

खुद श्री अरविन्द का ही उदाहरण लें तो मालूम होगा कि उनके शारीरिक तत्त्व तक उनकी गहरी साधना के कारण आत्मिक पारदर्शी तत्त्व में बदल गये थे। ये चीजें बाहर से आनेवाले, सूक्ष्मता-ग्राही व्यक्तियों जैसे के०एम० मुंशी, कपालिशास्त्री, रवि बाबू आदि को स्पष्ट प्रतिभासित हो गयीं। मुंशी उनकी प्रकाशदायक उपस्थिति से, चालीस वर्षों के बाद मिलने पर भी बहुत ही अधिक प्रभावित हुए थे।[१]

श्री अरविन्द का राजनीतिक व्यक्तित्व प्रायः प्रकाश में रहा, उस पर बहुत कुछ कहा गया है और कहा जा सकता है, किन्तु उनका योगी वाला व्यक्तित्व प्रायः एकान्तवास में व्यतीत हुआ और इन चालीस वर्षों की महान् अवधि में हुए उनके व्यक्तित्व के परिवर्तनों और उपलब्धियों को आँक पाना कठिन कार्य है। जैसा कि पुराणी ने लिखा है—"उनकी रचनाएँ उनके मानसिक व्यक्तित्व का प्रतिनिधित्व करती हैं। उनकी प्रतिभा की सर्वोन्मुखीनता, बुद्धि की अतल-स्पर्शिनी शक्ति, अभिव्यक्ति की असाधारण क्षमता, उनकी गहरी ईमानदारी, उद्देश्य की एकनिष्ठता आदि उनकी रचनाओं के पाठकों के अनुभव में आ सकती हैं। वह मानसिक स्तर पर यह भी देख सकता है कि वे कैसे ससीम में असीम को उतार लेते हैं। उनके व्यक्तित्व का एक दूसरा गत्यात्मक पक्ष आश्रम को संस्था के रूप में लाने में देखा जा सकता है। किन्तु उनका बाह्य, या यों कहें मानवीय व्यक्तित्व प्रायः ही बाहरी लोगों के लिए अनजाना रह गया है।"[२]

---

१. **इविनिंग टाक्स, प्रथम भाग, भूमिका, पृ० ९।**

२. **वही, पृ० २।**

इसी दृष्टि से सन्ध्या-वार्ताओं का अपना एक बहुत ही विशिष्ट और आकर्षक महत्त्व है। १९१३ में अरविन्द ४१ रयू फ्रांस्वाँ मार्तें में आकर रहने लगे। यहीं पर वे अपने मुलाकातियों से सुबह साढ़े नौ और साढ़े दस बजे के बीच मिलते। यहीं शाम के समय उनके साथ कुछ स्थानीय लोगों, नवागन्तुकों और उनके अंतेवासियों की अनौपचारिक बैठकें जमतीं। उनसे नाना प्रकार के प्रश्न पूछे जाते। बहस-मुबाहिसे होते। १९२२ में जब वे श्रीमाँ के साथ 'रु द ला मारीन' स्थित मकान में रह रहे थे, पुन: सन्ध्या गोष्ठियाँ होने लगीं। ये गोष्ठियाँ १९२६ में उनके एकान्तवास में जाने के बाद बन्द हो गयीं। किन्तु दैवदुर्विपाक कहें या संयोग, १९३८ में नवम्बर दर्शन के कुछ समय पूर्व एक दुर्घटना में उनका पैर टूट गया। परिणामत: उन्हें काफी समय तक बिस्तर पर पड़े रहना पड़ा। अत: शिष्यों के साथ वार्तालाप का कार्यक्रम फिर शुरू हो गया।

जिन दिनों ये गोष्ठियाँ स्थगित रहीं, उन दिनों भी वे लगातार अपने शिष्यों से पत्र-व्यवहार करते रहे। पत्र-व्यवहार भी ऐसा कि सोच कर ही आदमी आश्चर्यचकित हो जाय। वे रात में ३ बजे सुबह तक अपने शिष्यों को पत्रों का उत्तर देते। सुबह यह 'दिव्य डाक' सबको बाँट दी जाती। एक बार उन्होंने मजाक में ही नीरदवरण को लिखा था—"इतनी चिट्ठियों के लिखने वाले को, सिर्फ इसी काम से ही अवतार मान लेना चाहिए था।"[१] उनकी लिखी ये चिट्ठियाँ प्रकाशित होकर सत्तरह सौ पृष्ठों में आई हैं; अभी भी बहुत-सी छपने से रह गई हैं।

श्री अरविन्द अपने साहित्यिक सृजन में, दार्शनिक विश्लेषण और साधनात्मक विवेचन में अबूझ लगें, तो बात समझ में आती है, पर उनका व्यक्तित्व अबूझ नहीं रहना चाहिए था, क्योंकि सौभाग्यवश उन्होंने अपने शिष्यों के साथ इतना खुला बर्ताव किया और चीजों को, चाहे वे बड़ी अटपटी और बेढंगी ही क्यों न रही हों, पूछने का मौका दिया कि न चाहते हुए भी उनके आन्तर व्यक्तित्व का बहुत बड़ा हिस्सा जनता के सामने आ गया है। उनके शिष्य भी अद्‌भुत जीव थे। हमारी जनता की विभिन्न मनोवृत्तियों का प्रतिनिधित्व करने वाले ये शिष्य न सिर्फ पत्र-व्यवहारों और वार्तालापों में बहुत बेझिझक और बेबाक थे बल्कि अपने गुरु से हर चीज पर उनकी प्रतिक्रिया जानने की इनकी मोर्चेबन्दी भी बड़ी बीहड़ और निर्मम हुआ करती थी। नीरदवरण अपनी निकटता और मुँहलगेपन के कारण जिस अपनत्वमूलक आक्रामक भूमिका में आते हैं, उससे पुराणी का अन्दाज भिन्न है। पुराणी में भी सत्य को जानने की वही व्यग्रता और आकांक्षा है, पर संकोच और मर्यादा का निरन्तर ध्यान भी। नीरदवरण वैज्ञानिक शिक्षण के भीतर से आये थे, इसलिए उनकी ठोस वस्तुवादी दृष्टि अपने ऊपर अध्यात्म और साधना के निगूढ़ तत्त्वों को न समझने की अदा में व्यंग्यात्मक मूर्खता का आवरण डालने में संकोच न करते हुए भी सत्य को यथासम्भव नग्न और अनावृत्त करने में निरन्तर तल्लीन दिखाई पड़ती है। पुराणी आरम्भ से ही श्री अरविन्द के प्रति अटूट विश्वास से भरे थे। क्रान्तिकारी आन्दोलन में आस्था रखने वाले पुराणी में एक कार्यकर्ता की आज्ञाकारिता का अद्‌भुत रूप दिखाई पड़ता है। वे एक ओर भारत की पराधीनता से बेहद उद्विग्न और दु:खी थे। उन्हें साधना की बात ठीक लगती थी, पर उन्हें यह कहने में भी संकोच न था—"भारत जब तक आजाद नहीं हो जाता, किसी भी तरह एकाग्र हो पाना कठिन

१. मदर इण्डिया, अगस्त १९७१, पृ० ४५६।

है।''[१] और जब श्री अरविन्द ने कहा कि "मान लो कि तुम्हें आश्वासन मिल जाय कि भारत निश्चित स्वतन्त्र होगा तो?'' तो पुराणी बेझिझक कहते हैं—''कौन दे सकता है यह आश्वासन?'' यहाँ पुराणी का आन्दोलित मन आशंका के चरमबिन्दु पर है और जब श्री अरविन्द अत्यन्त गम्भीर मुद्रा में कहते हैं—''मान लो, तुम्हें मैं यह आश्वासन दे दूँ?'' पुराणी सिर्फ एक-क्षण उनकी ओर देखते हैं और पूर्ण विश्वास से कहते हैं—''यदि आप आश्वासन दें तो मैं मान जाऊँगा।''[२] पुराणी का श्री अरविन्द में यह अटूट विश्वास सन्ध्या-वार्ताओं में सर्वत्र प्रतिफलित है, पर इसके कारण कहीं से भी सत्य को ठीक ढंग से जानने की उनकी प्रवृत्ति दबती नज़र नहीं आती। साथ ही विश्वास और आस्था का भाव उन्हें यह कहने के लिए बाध्य भी करता है—''इन दस्तावेजों के लिए श्री अरविन्द उत्तरदायी नहीं हैं? क्योंकि इनको देखने का उन्हें मौका नहीं मिला। मैं सिर्फ इतना भर कह सकता हूँ कि मैंने अपनी मानवीय क्षमता के अनुसार इन्हें जितना भी प्रामाणिक ढंग से उपस्थित करना संभव था, किया है। पर इससे मेरा व्यक्तिगत उत्तरदायित्व कम नहीं हो जाता, जिसे मैं पूरी तरह से स्वीकार करता हूँ।''[३]

नीरदवरण के विषय में श्री माधव पंडित का यह कथन बहुत ही युक्तियुक्त है कि, ''वे एक डाक्टर हैं, पर चिकित्सा की ओर रुझान नहीं है, एक कवि हैं, पर पूर्वग्रह नहीं है, एक बंगाली हैं, पर भावातिरेक नहीं है। उनकी साहित्यिक क्षमता प्रथम श्रेणी की है और श्री अरविन्द की वार्ताओं पर उनके रिपोर्ताज, जिनमें उन्होंने सक्रिय भाग लिया था, अपनी मृदुता, तथ्यात्मकता और गठी हुई अभिव्यक्ति के कारण बेजोड़ हैं।''[४]

नीरदवरण और पुराणी ही क्यों, इन वार्ताओं में भाग लेने वाले सभी शिष्य अपने ढंग से निराले थे। उनकी विचित्रताओं और विशिष्टताओं में जितनी भी वैयक्तिक अनेकरूपता मिले, अपने गुरु से वार्तालाप करते हुए उन्हें घेरने और चक्कर में डालकर हर मामले पर उनकी मनचाही या अनचाही राय पा लेने के उद्देश्य में उनमें सर्वत्र एकरूपता पायी जाती है। श्री केशवमूर्ति ने इन शिष्यों की विचित्रता और गुरु के साथ इनकी विचित्र छेड़छाड़ पर कौतूहलपूर्ण ढंग से लिखा है। ''हम इन शिष्यों को मौका मिलते ही अपने गुरु के साथ बुरी तरह उलझते देखते हैं। श्री अरविन्द इन्हें इतनी स्वतन्त्रता देते हैं कि वे उनके विरुद्ध धक्कमधुक्की करें, लंघी लगायें, खींचातानी करें। वे अपने इन कष्टदाताओं को चारों तरफ से अपने ऊपर हमला बोलने की छूट दे देते थे। पर अन्त में देखा जाता है कि अकसर शिष्य पटखनियाँ खा गये हैं, अपने ही तर्कों में फँस कर परेशान हो रहे हैं, जो हो, इस प्रक्रिया में योग और साहित्य दोनों को प्रचुर लाभ हुआ।''[५]

इन वार्ताओं और पत्र-व्यवहारों से श्री अरविन्द के योग और उनकी साधना को समझने की इफरात सामग्री बहु-विध कोणों से पूछी जानकर उपलब्ध तो हुई हो, इसी से लगे-लगे, उस महान् व्यक्ति के अनेक नितान्त वैयक्तिक पक्ष भी उभर कर सामने आ गये।

---

१. **इविनिंग टाक्स, प्रथम भाग, पृ० २०।**
२. **वही, पृ० २२।**
३. **वही, टू द रीडर्स।**
४. **आल लाइफ़ इज़ योग, ५वाँ भाग, पृ० ७८।**
५. **श्री अरविन्दो, द होप ऑफ मैन, पृ० २८६।**

इन शिष्यों में सबसे अधिक शैतानी करनेवाले नीरदवरण उनके गुणों को याद करते हुए लिखते हैं—"कितनी वत्सलता, ख्याल, प्रोत्साहन, सहानुभूति, दिव्य धैर्य और सबके ऊपर उनका सूरज की तरह गरमाहट पैदा करने वाला विनोद ताकि मेरे दुःखों का शैतान भाग खड़ा हो। उन्होंने छोटे से छोटे मौके की तलाश की ताकि मुझे हँसा सकें—।"[१] दिव्य स्मृति और अनुताप की ये पंक्तियाँ किस पाठक को द्रवित नहीं कर देतीं।

सभी शिष्य उन्हें अवतार मानते थे, नीरद ने उनको अवतार होने पर संदेह किया। उन्होंने नीरद को शाबाशी दी। अब नीरद ने पैंतरा बदलकर उनके पूर्ण योग के विरोध में यह कहा कि यह तो आप जैसे 'अवतारी' लोग ही कर सकते हैं, हम सामान्य लोगों से सम्भव नहीं। नीरद के इस कथन पर श्री अरविन्द बीसियों पत्र लिखकर उन्हें समझाते हैं कि वे अवतार नहीं हैं, सिर्फ उन्होंने, जैसा कि उन्होंने बताया है, उसी रास्ते का अनुगमन किया है, जिस पर चलकर हरेक आदमी को वह मिल सकता है, जो उन्हें मिला है। कभी उनके कथन में निरभिमान है, कभी पहले दर्जे की नम्रता, कभी अनुरोध, कभी आग्रह और कभी दार्शनिक की चिढ़। "मुझे साफ कहने दो कि मैंने अब तक इस विषय पर जो कुछ लिखा है, वह इसलिए नहीं कि मैं अवतार सिद्ध हो जाऊँ, तुम अपने उस तर्क में व्यस्त हो, जो एकदम वैयक्तिक सवाल को लेकर चलता है। मैं सार्वजनिक प्रश्न को सामने रख कर चलता हूँ। मैं दिव्य सत्ता की अभिव्यक्ति के लिए प्रयत्न कर रहा हूँ, जिसके प्रति मैं जागरूक हूँ और जिसे अनुभव करता हूँ। मुझे तिनके बराबर परवाह नहीं कि इससे मैं अवतार सिद्ध होता हूँ या कुछ और। इस सवाल का मेरे लिए कोई महत्व नहीं। मैं उस चेतना को यहाँ लाना चाहता हूँ और प्रसारित करना चाहता हूँ, जिससे दूसरे भी ऐसा अनुभव कर सकें और उसमें रह सकें।"[२]

असल में नीरदवरण के 'अवतार होनेवाले' कथन को मान लेने का अर्थ था कि अरविन्द-दर्शन केवल उनके अथवा उनके जैसे थोड़े से लोगों के लिए ही है, इसका खुलकर विरोध करना जरूरी था।

वस्तुतः वे व्यवहार में अत्यन्त विनम्र, अहंकारहीन व्यक्ति थे। इसी मनस्थिति में उन्होंने कहा था—"लोग यदि मेरे जीवन को ठीक से जान लें तो शायद ही किसी को विश्वास हो कि ऐसा आदमी कुछ करने लायक भी हो सकता है।"[३] इससे अधिक विनम्रता कहाँ मिलेगी। एक बार अचानक उनका पैर के० अमृता से छू गया 'क्षमा करना' श्री अरविन्द बोले। गुरु का शिष्य के प्रति यह दृष्टिकोण कहाँ मिलता?[४]

वे बार-बार कहते हैं कि मेरे विकास के पीछे कोई विशिष्टता नहीं है और जो कह रहा हूँ, वह अपने लिए नहीं कह रहा हूँ, यह तो मानवमात्र के लिए संगम है, बशर्ते वह ईमानदार और अहंकारहीन हो।

सिद्धि-दिवस के बाद एकान्तवास में जाने से पहले की सन्ध्या-गोष्ठियों में यदा-कदा एक कर्मठ क्रान्तिकारी, रणनीतिविशेषज्ञ, काव्यशास्त्र-मर्मज्ञ व्यक्ति का अपने निर्णय के विषय

---

१. मदर इण्डिया, जुलाई, १९७०, पृ० ३४९।

२. कॉरेस्पांडेन्स विद श्री अरविन्दो, पृ० ५८।

३. रेमेनिसैंसेज एण्ड एनक्डोट्स ऑफ श्री अरविन्दो, पृ० ३७।

४. श्री अरविन्दो द मॉडर्न अवतार, मदर इण्डिया, अगस्त, १९९७, पृ० ४५७।

में थोड़ा-बहुत आग्रह भी दिख सकता है, किन्तु १९३८ की दुर्घटना के बाद की गोष्ठियों में एक नितान्त निर्वैयक्तिक व्यक्तित्व का अद्भुत उन्मेष दिखाई पड़ता है। वे पूर्णतः निर्वैयक्तिक थे, समदर्शी, इसलिए यदि हर साधक को यह भ्रम होता था कि उसी को गुरुदेव सबसे अधिक मानते हैं तो कोई आश्चर्य नहीं। वे ही एकमात्र ऐसे गुरु थे, जो इतनी वत्सलता के साथ प्रत्येक शिष्य की आवश्यकता का ध्यान रखते हुए उसे सब प्रकार से संतुष्ट और प्रसन्न रखने की कोशिश करते थे। एक उदाहरण काफी होगा। नीरदवरण ने लिखा—गुरुदेव,

मेरा सर, मेरा सर।

और यह बेहूदा ज्वर, मैं तो गया आधा मर।

श्री अरविन्द ने लिखा—उठो, ठीक से रहो। सोचो, तुम्हारी कितनी बुरी हालत होती, यदि तुम कहीं मैड्रिड में एक स्पेनवासी होते या कॅन्सन्ट्रेशन कैम्प में एक जर्मन कम्युनिस्ट। यह सब सोचो तो तुम एक हल्के बुखार और मामूली जुकाम के होते हुए भी खुश रह सकोगे।

फेंक दो जुकाम को भूल जाओ ज्वर।

हो मगन व साहसी तुम जिओ निरन्तर।[१]

ऐसा नहीं कि वे अपने आस-पास के शिष्यों के क्रिया-कलापों को देखने और सुलझाने में ही व्यस्त थे, या गजदन्ती मीनार में चुप सो रहे थे। जैसा कि बहुत से लोग समझते हैं कि श्री अरविन्द अध्यात्म की एक ऊँचाई पर पहुँच कर जगत् और जीवन के प्रति दिलचस्पी से अलग हो गये। ऐसा हो ही नहीं सकता था, क्योंकि उनका योग ईश्वर-प्राप्ति या आध्यात्मिक पूर्ण चैतन्य की उपलब्धि भाव को अपना ध्येय नहीं मानता। बल्कि उसका उद्देश्य है सम्पूर्ण जीवन और विश्व के क्रिया-व्यापारों को अति मानसिक चेतना की प्रक्रिया के भीतर समेट कर उन्हें आध्यात्मिक आधार और अर्थ प्रदान करना। इसलिए अलगवास में रहते हुए भी श्री अरविन्द ने विश्व में तथा भारत में घटनेवाली प्रत्येक घटना पर कड़ी दृष्टि रखी और आवश्यकतानुसार उसमें हस्तक्षेप भी किया, अवश्य सिर्फ अपनी आध्यात्मिक शक्ति और उसके मौन कार्यों द्वारा ही उन्होंने यह सब कुछ किया। 'वे, जो योग में प्रगति कर सके हैं, भलीभाँति जानते हैं कि भौतिक मन, जीवन और शरीर की सामान्य शक्तियों से भिन्न कुछ दूसरी शक्तियाँ भी होती हैं, जो पर्दे के पीछे से या ऊपर से कार्य कर सकती हैं और करती हैं। इनसे भी ऊपर एक आध्यात्मिक गत्वर शक्ति है, जिसे आध्यात्मिक चेतना में प्रगति करने वाले प्राप्त कर सकते हैं। यद्यपि सभी इस शक्ति की उपलब्धि की परवाह नहीं करते और न तो सभी, जो उपलब्ध करते हैं, इनके उपभोग की ही जरूरत समझते हैं और कहना न होगा कि सभी शक्तियों से कहीं जोरदार और अपेक्षाकृत अधिक प्रभावशाली होती है यह आध्यात्मिक गत्वर शक्ति। श्री अरविन्द ने इसी शक्ति का, उपलब्धि के ठीक बाद, अपने वैयक्तिक कार्यों के लिए सीमित क्षेत्र में और बाद में विश्वशक्तियों के ऊपर दबाव डालने के लिए सतत सक्रियता के साथ उपयोग किया। पहली बार इसका उपयोग उन्होंने द्वितीय विश्वयुद्ध में किया। आरम्भ में उनकी कोई सक्रिय दिलचस्पी नहीं थी, पर जब उन्होंने देखा कि हिटलर अपनी सभी विरोधी शक्तियों को कुचल देना चाहता है और नाजीवाद सारे विश्व को आक्रान्त कर लेना चाहता है, तो उन्होंने सक्रिय हस्तक्षेप किया। दूसरी बार इसका प्रयोग सर स्टेफर्ड क्रिप्स

---

१. **श्री अरविन्दो द मॉडर्न अवतार, मदर इण्डिया, अगस्त, १९७१, पृ० १५७।**

के प्रस्तावों के सिलसिले में किया गया।"[१]

सन्ध्या-वार्तायें द्वितीय विश्वयुद्ध की प्रतिध्वनि से निरन्तर गूँजती दिखाई पड़ती हैं। कभी वे मित्रराष्ट्रों और कभी धुरीराष्ट्रों की सैन्यशक्ति का तारतम्य समझाते हैं, तो कभी भिन्न-भिन्न सेनापतियों की योग्यता और क्षमता का लेखा-जोखा देते हैं। कभी सैन्य-संचालन की पेचीदगियाँ स्पष्ट करते हैं, तो कभी कूटनीतिक चालों का रहस्योद्घाटन करते हैं।

हिटलर ने द्वितीय विश्वयुद्ध में जो कुछ किया, वह सर्वविदित है। भारत में अनेक लोग उस वक्त उसके समर्थक थे। क्योंकि वे मानते थे कि यदि हिटलर ने इंग्लैण्ड को चकनाचूर कर दिया, तो हमारा बदला चुक जायेगा, अथवा यदि उसका बढ़ाव ऐसे ही जारी रहा तो वह एक न एक दिन हमें मुक्त कराने भारत भी पहुँच सकता है। श्री अरविन्द और श्रीमाँ ने स्पष्ट देखा कि हिटलर, मुसोलिनी आदि आसुरी शक्तियों से आविष्ट हैं। वे प्रजातंत्र, व्यक्ति-स्वातंत्र्य आदि को कुचलने पर आमादा हैं। इसलिए इस आसुरी शक्ति को हर हालत में रोकना है। अत: उन लोगों ने सार्वजनिक रूप से घोषणा की कि वे मित्रराष्ट्रों के पक्ष में हैं। इस घोषणा से बहुतों को असंतोष हुआ। दिलीपकुमार राय ने लिखा—"मुझे 'क' का एक लम्बा पत्र हाल में मिला है, जिसमें वर्तमान युद्ध की कुरुक्षेत्र के युद्ध से, हिटलर की दुर्योधन से, तथा मित्रराष्ट्रों की धर्म के रक्षक पांडवों से की गयी तुलना पर आपत्ति की गयी है। अभी तक मुझे इस विश्वव्यापी महाभारत में कोई अर्जुन नहीं दिखाई पड़ता, कारण मेरे हृदय में एक सन्देह घर कर गया है कि एंग्लो-अमेरिकन वायुयानों का गरजता हुआ शोर क्या गांडीव धनुष की टंकार है? इसके अलावा मुझे गत कुछ दिनों से ऐसे अनेक पत्र मिले हैं, जिनके लेखकों ने यह प्रतिपादन किया है कि पांडवों ने धर्मराज्य की स्थापना के लिए प्रयत्न किया था, जब कि मित्रराष्ट्रों का दृष्टिकोण अब भी मुख्यतया साम्राज्यवादी ही है।"[२]

श्री अरविन्द ने दिलीप की शंका का विस्तृत उत्तर दिया। उन्होंने स्वीकार किया कि "मित्रराष्ट्रों से त्रुटियाँ कम नहीं हैं, पर यह सब केवल उनके काले पक्ष को देखना ही होगा और काला पक्ष कब और कहाँ नहीं रहा है। ये सभी देश साम्राज्यवादी हैं, परन्तु ये ही अग्रिम विकास की सीढ़ी भी हैं।" एक दूसरे शिष्य को उन्होंने लिखा—"तुम्हें इस युद्ध को किन्हीं जातियों या दूसरी जातियों या भारत के विरुद्ध युद्ध नहीं समझना चाहिए। यह उस आदर्श के लिए युद्ध है, जिसे मनुष्य जाति में उसके जीवन-काल में प्रतिष्ठित होना है। यह एक ऐसे सत्य के लिए युद्ध है, जिसे उस अंधकार और असत्य के विरुद्ध, जो इसे जीतने का प्रयत्न कर रहे हैं, अपनी प्रतिष्ठा स्थापित करनी है।"[३] श्री अरविन्द प्राणपण से इस युद्ध में हिटलर को पराजित देखने के लिए लग गये। घंटों युद्ध पर बातचीत, घण्टों बहस-मुबाहिसे।

उन्हें लोगों का फोटो देखकर व्यक्तित्व-विश्लेषण की अद्भुत क्षमता प्राप्त थी। उन्होंने हिटलर, गोवेल्स और गोरिंग का फोटो देखा। शिष्यों द्वारा यह पूछने पर कि ये लोग कैसे आदमी हैं, उन्होंने कहा, "जहाँ तक मुझे मालूम है, मैंने 'ला इलस्ट्रेशन' के एक फोटो चित्र में हिटलर, गोवेल्स और गोरिंग को एक साथ देखा। तीनों का ही स्वभाव यहाँ बहुत साफ ढंग से प्रकट था। दूसरे चित्रों में यह चीज बहुत साफ नहीं उभरी है। उसकी अभिव्यक्ति छिपी रह

---

१. श्री अरविन्दो एण्ड हिज आश्रम, पृ० ४०।

२. महापुरुषों के साथ, पृ० २७९।

३. महापुरुषों के साथ, फुटनोट, पृ० २८१।

गयी है। यहाँ हिटलर पेरिस की किसी गली के गुंडे की तरह लगता है। गोवेल्स के छोटे और नुकीले चेहरे में धोखेबाजी से भरी आँखें स्पष्ट हो जाती हैं। गोरिंग का चेहरा दिमाग के असंतुलन को प्रकट करता है। वह शायद कुछ दिनों तक किसी मानसिक रोग के अस्पताल में रहा भी। ये तीनों भौतिक जीवन-स्तरीय आसुरी शक्ति से ग्रस्त लगते हैं।

हिटलर के चेहरे में सफल गुण्डागर्दी और पैशाचिक प्रवंचकता के पर्दे के पीछे लंदन के किसी भद्दे और अविकसित इक्केवान का अन्तः पुरुष झाँक रहा है। इस मनुष्य का आन्तरिक स्वभाव व्यर्थ और मूढ़ भावातिरेक से भरा है। यही मूढ़ भावातिरेकता उसके चित्रों में अभिव्यक्त हुई है। शायद म्यूनिच संधि के सिलसिले में छपे एक फोटो चित्र में मैंने हिटलर को चैम्बरलेन के साथ देखा। पैशाचिक प्रवंचना से भरी आँखों वाला हिटलर चैम्बरलेन को यों देख रहा है, मानो मकड़े के सामने मक्खी हो, उस स्थिति में कि अब मकड़ा उसे पकड़ने ही वाला हो और ऐसे ही चैम्बरलेन को उसने अधिग्रस्त किया भी।"[१]

हिटलर ने जब घोषणा की कि वह १५ अगस्त, १९४० को लन्दन में होगा, फ्रांस का पतन हो चुका था। श्री अरविन्द ने इसी अवसर पर सीधा हस्तक्षेप किया। उन्होंने स्पष्ट लिखा है—"जब प्रत्येक व्यक्ति यह आशा कर रहा था कि इंग्लैंड का शीघ्र पतन हो जायेगा और हिटलर की निश्चित रूप से जीत होगी, मैं अपनी आध्यात्मिक शक्ति से मित्रराष्ट्रों की सहायता करने लगा और यह देखकर सन्तोष हुआ कि जर्मनी के विजय का वेग लगभग रुक गया और युद्ध का पासा पलट गया।"[२]

हिटलर के असुर-शक्तिग्रस्त होने की साक्षी लोग इस बात में पाते हैं कि उसने १५ अगस्त को अपनी विजय की तिथि के रूप में घोषित किया। १५ अगस्त न सिर्फ अरविन्द का जन्म-दिन है बल्कि यह रामकृष्ण का निर्वाण-दिवस भी है। अनेक और भी आध्यात्मिक क्रियायें इस तिथि से जुड़ी हैं। ईसा के जीवन की एक महत्त्वपूर्ण घटना भी इसी तिथि को हुई। श्री अरविन्द ने कहा—"डन्कर्क के समय से मैंने हस्तक्षेप शुरू किया। मैंने खुले आम घोषणा की और अपना योगदान दिया। मैंने १५ अगस्त और १५ सितम्बर दो तिथियाँ चुनीं कि इन्हीं दिनों जर्मनी को हारना पड़ेगा और वह हारा।....हमारे यहाँ लोग यह नहीं समझ पाते कि यदि कोई ईश्वरीय चेतना या ब्राह्मी चेतना में रहता है, तो उसे युद्ध में किसी का पक्ष क्यों लेना चाहिए। यदि तुम स्थिर ब्रह्मचेतना वाले हो तो ठीक है, तब तुम सबको माया कहकर तटस्थ दृष्टा बन सकते हो। पर मैं तो उस ब्रह्म में विश्वास करता हूँ, जो ब्रह्म के पक्ष में ब्रह्म का विरोध करता है। ब्रह्म हमेशा यही करता आ रहा है।"[३] इस उत्तर में उनके योग का व्यापक क्रियावान् रूप अपने आप स्पष्ट हो जाता है।

व्यक्ति की व्यक्ति

इन संध्या-वार्ताओं में, जैसा पहले ही कहा, श्री अरविन्द के व्यक्ति की खूब व्यक्ति यानी अभिव्यक्ति हुई है। वे दूसरों की, खास तौर से निकटवर्ती लोगों की गलतियों और त्रुटियों पर पूर्ण ध्यान देते थे, हालाँकि उन्हें कहने का तरीका या तो विनोदपूर्ण होता था या वत्सलतापूर्ण। श्री नीरदवरण ने, जिन्हें उन्होंने अम्बालाल की जगह अम्बाला लिखने पर काफी खींचा था,

---

१. टाक्स विद श्री अरविन्दो, प्रथम भाग, १२९-१३०।

२. श्री अरविन्द, अपने तथा श्रीमाताजी के विषय में, पृ० ३९।

३. रेमिनिसैंसेज एण्ड एनक्डोट्स ऑफ श्री अरविन्दो, पृ० २१९-२२०।

एक बार उनके Expect स्थान पर Except लिख देने पर, लिखा—'यह क्या हुआ सर, यह क्या अतिमानसिक फिसलन है, हुर्रा।' श्री अरविन्द ने तुरन्त लिखा—"क्या तुम कहना चाहते हो कि यह पहली गलती है, जो तुम्हें दिखी। जल्दीबाजी से लिखने में पहले हर पन्ने पर ऐसी दस गलतियाँ हुआ करती थीं। अब मैं अतिमानसिक ठीक-ठाकपन की ओर बढ़ रहा हूँ, अर्थात् स्वतन्त्रोद्भूत असावधान पर विद्युत गतिवाले लेखन के बावजूद।"[१]

इन्हीं नीरदवरण को एक बीमार की हल्की उपेक्षा करने पर श्री अरविन्द ने लिखा—"मैं नहीं जानता क्यों, मगर कुछ बात है कि तुम एक भयानक और ज्वलनशील किस्म के डाक्टर के यश से विभूषित होते जा रहे हो, जो बीमारों के बीमार होने को पाप मानता है। तुम सही हो सकते हो, पर परम्परा का तकाजा है कि डाक्टर को मक्खन की तरह मुलायम, ईख के रस की तरह शामक, चीनी की तरह मधुर और जाम (फलपाग) की तरह जौली (रसिक) होना चाहिए।" नीरदवरण ने लिखा—"परम्परा की माँग है तो हम मक्खन से भी अधिक मुलायम बनेंगे, पर शायद इतने लुभाने बन जायें कि बीमार हमें स्वादिष्ट टोस्ट की तरह इस्तेमाल करना चाहें, कृपया बताएँ कि परसेगा कौन?' श्री अरविन्द ने लिखा—"हाँ, यदि तुम इतने 'मधुर' हो, तब तो कोई सीमा बनानी ही पड़ेगी।"[२]

नीरदवरण को लिखे इन पत्रों को पढ़ने से श्री अरविन्द के व्यक्तित्व की हजारों-हजार चीजें सामने आती हैं। सबसे पहली चीज जो हमें आकृष्ट करती है, वह है उनका अद्भुत सूर्याभिमुखी विनोद। इस पर बहुत विस्तार से 'जिन्दगी का नमक' अध्याय में विचार किया गया है। पर यह विनोदी व्यक्ति शिष्यों को प्रोत्साहन देने और उनके भीतर की छिपी क्षमताओं को जगाने और विकसित करने की कला में कितना अद्भुत था, यह पत्रों को देखकर ही जाना जा सकता है। यह नहीं, वे इन शिष्यों के लिए सब कुछ कर सकते थे।

वे टैगोर की कविता पर बार-बार आग्रह करने पर भी भूमिका लिखने को तैयार नहीं हुए जबकि अपने उभरते कवि शिष्यों की कूड़ा कविताओं पर निरन्तर बातचीत ही नहीं, सुधार-परिष्कार के श्रम की वर्षा करते रहे।

प्रमथ चौधुरी ने 'गोल्डेन बुक ऑफ टैगोर' के लिए संदेश माँगा, अरविन्द ने लिखा—"मैं मानता हूँ कि प्रमथ चौधुरी का यह कहना कि मेरे संदेश के बिना "टैगोर की गोल्डेन बुक" अधूरी रहेगी, मात्र अतिशयोक्ति है। स्वर्णिम पुस्तक अपने आप स्वर्णिम रहेगी और टैगोर का यश वैसा ही पुष्ट, न तो पहले के लिये मेरे शब्दों की पालिश चाहिये, न तो दूसरों के लिए कोई भी पौष्टिक मक्खन।"[३] ऐसे रंगीन, प्रेरणाप्रद, विनोद भरे, अद्भुत भाषा और शैली के चमत्कारों से आपूर्ण पत्रों को पाने वाले अपने को 'हवा में उड़ता' अनुभव करें तो कोई आश्चर्य नहीं, पर जब नीरद कहते हैं, 'यह मेरे लिए अब भी एक गीत है, पर दर्दीला गीत' तो लगता है कि इन पत्रों के पीछे कुछ और छिपा है, जो उनके प्राप्तकर्ता को इस तरह एक साथ मोहित और उदास कर जाता है। आखिर यह है क्या चीज? मेरी दृष्टि से वह मानवीय संपृक्ति है, एक ऐसी असंपृक्त मानवीयता और संवेदना, जो मन को मथ जाती है। प्रमोद चटर्जी ने एक बार उनके बचपन के फोटो से, जो धुँधला गया था, एक चित्र बनाया। उसे देखकर श्रीमाँ ने

---

१. मदर इण्डिया, अगस्त १९७१, पृ० ४५९।
२. वही, पृ० ४६५।
३. श्री अरविन्दो केम टू मी, पृ० १३९।

कहा था—"तुम उनके स्वभाव की सहजता, ताजगी तथा उसकी कुछ-कुछ निष्कपटता को पकड़ पाये हो, जो लेकर वे पृथ्वी पर आये थे। उस वक्त उनका आन्तरपुरुष बिल्कुल सतह पर स्पष्ट था। वे इस दुनिया के बारे में कुछ नहीं जानते थे।"[१]

वे किसी पर किसी चीज के लिये बिगड़ना और नाराज होना जानते ही नहीं थे, इसी कारण संभवतः इतनी महत्त्वपूर्ण सन्ध्या-वार्ताएँ और इतनी महत्वपूर्ण ओस डूबी चिट्ठियाँ लिखी जा सकीं। वे बेहूदे सवाल करने वालों से भी कभी चिढ़ते न थे। यही नहीं, जहाँ कुछ बिगड़ने की जरूरत भी हो, या क्रोध का दिखावा मात्र करने से काम बनता हो, वहाँ भी वे विचित्र भद्रता से पेश आते थे। कलकत्ते में रहते वक्त रसोइये के व्यवहार से सरोजिनी इतनी तंग आ गयी कि उसे अरविन्द से कहना पड़ा पर कोई असर नहीं। तब उसने नारी ब्रह्मास्त्र का प्रयोग किया और जोर-जोर से रोने लगी। अब तो अरविन्द को ध्यान देना ही था। रसोइया बुलाया गया। सभी लोग यह देखने के लिये आ जुटे कि रसोइये की कैसी दुर्गत होती है। रसोइया आकर सामने खड़ा हुआ था। श्री अरविन्द ने कहा—"लगता है, तुम इधर अभद्र व्यवहार करने लगे हो। खैर, जाओ आगे ऐसा न करना।" सब लोग बड़े निराश हुए। रसोइया हँसता हुआ चला गया। वे किसी से किसी भी प्रकार की सेवा नहीं लेते थे। पुराणी ने लिखा है कि एक बार श्री अरविन्द हाथ में तार-कागज लिये बाहर आये। बाहर सभी शिष्य उनकी प्रतीक्षा में थे, उन्होंने बिना किसी को देखे, कहा—"मुझे लगता है कि आज यह तार चला जाना चाहिये।" यह था उनका तरीका!

नीरदवरण ने बड़े विस्तार से लिखा है कि एक बार उनके सीने में दर्द हुआ। किसी ने खबर दी कि श्री अरविन्द बुला रहे हैं, वे दौड़े हुए ऊपर गये। पूछने पर बोले—'ओह, कुछ नहीं, कुछ नहीं हुआ है। यहाँ कुछ देर से दर्द हो रहा है, क्या तुम कुछ कर सकते हो?' नीरदवरण ने मालिश करके उनका दर्द ठीक किया पर यह भी लिखा—"श्री अरविन्द किसी को भी इसलिए बुलाने वाले आदमी नहीं थे कि उन्हें कहीं मामूली दर्द है। उन्होंने बाद में मुझसे यह कहकर कि इससे तुम्हें इतना परेशान होना पड़ा, क्षमा याचना भी की।'[२]

गर्मी के दिनों में जब पांडिचेरी में बिजली नहीं थी, या बाद में जब बिजली आ गई पर अपनी तुनुकमिजाजी दिखाया करती, पंखे बन्द हो जाते, उस वक्त लिखते-लिखते वे पसीने से तरबतर हो जाते, धोती डूब जाती थी, पर वे किसी को भी ताड़ का पंखा चलाने को नहीं कहते थे।

एक बार जब वे अस्वस्थ थे, छत से लटके पंखे में गड़बड़ी पैदा हो गयी। उस वक्त डॉ० सत्येन्द्र परिचर्या में थे। उन्हें लगा कि श्री अरविन्द को कुछ जरूरत है। "सर, मैं क्या आपके लिए कुछ कर सकता हूँ? सत्येन्द्र ने पूछा। 'आह, नहीं—क्या नीरद हैं?" श्री अरविन्द ने पूछा। 'वे तो नहीं हैं सर।' सत्येन्द्र बोले! अरविन्द चुप हो गये। सत्येन्द्र ने पूछा—"कोई काम है सर, जो मैं कर सकता हूँ।" श्री अरविन्द ने कहा—"मैं सोच रहा था कि यदि इस पंखे को थोड़ा धीमा कर दिया जाता।' सत्येन्द्र ने कहा—'यह तो मैं भी कर सकता हूँ।', 'ओह, तुम कर सकते हो?' वे हल्के आश्चर्य से बोले।

---

१. **श्री अरविन्दो द परफेक्ट जेन्टलमैन, मदर इण्डिया, अगस्त १९७०, पृ० ४०७।**

२. **वही, पृ० ४०९-४१०।**

नीरद लिखते हैं—'उन्होंने मुझे बुलाने को इसलिए कहा था कि शुरू से ही, जैसी कि श्रीमाँ की व्यवस्था का तरीका है, पंखे आदि का सारा इन्तजाम मेरे ऊपर था। श्री अरविन्द उस नियम को तोड़ नहीं सकते थे।

पैर टूट जाने के कारण उन्हें कई दिनों तक नहाने का अवसर नहीं मिला। वे नहाने के प्रेमी थे। पर छह महीने तक तौलिया भिगो कर पोछ-पाँछ करके ही संतुष्ट होना था। वे प्रतिदिन प्रातःकाल ढाई बजे स्नान किया करते थे, वह भी गर्म पानी से नहीं, खौलते हुए पानी से, पर एक बार भी उन्होंने, उन दिनों में जब स्नान नहीं कर पाते थे, कुछ नहीं कहा।''[१]

ये सन्ध्या-वार्ताएँ उनके व्यक्तित्व की कुछ और भी विशेषताएँ सामने ले आती हैं। राजनीति, योग, दर्शन पश्चिमी काव्यशास्त्र, कविता, ग्रीक-लैटिन साहित्य, तन्त्र, गुह्य विद्यायें, भविष्यवाणियाँ ज्योतिष, इतिहास, अर्थशास्त्र, ग्रामोद्योग, भारतीय राजनीति के विभिन्न पक्ष, हजारों तरह की जागतिक हलचलें, व्यक्ति और उनके क्रिया-कलाप, आयुर्वेद, होमियोपैथी, अध्यात्म और आध्यात्मिक प्रयोग—कहने का मतलब यह कि शायद ही कोई ऐसा विषय हो, जो छूट गया हो, जिस पर उनसे प्रश्न न पूछे गये हों और उन सभी प्रश्नों पर उन्होंने अपनी चिरपरिचित निर्वैयक्तिक तटस्थता के साथ उत्तर न दिया हो। जैसा पहले कहा गया, १९३८ में अचानक दुर्घटना हुई। श्री अरविन्द अपने कमरे में ही बघछले पर बिछल कर फर्श पर गिर पड़े। प्रातः काल २ बजे के करीब यह घटना हुई। श्रीमाँ सोई होई थीं। अचानक उन्हें लगा कि कुछ गड़बड़ हो गया है और वे शय्या से उठकर श्री अरविन्द के कमरे की ओर दौड़ीं। उस वक्त पुराणी स्नान के लिए पानी गरम कर रहे थे। तेज बजने वाली घंटी की आवाज सुनकर वे ऊपर गये। फर्श पर पड़े श्री अरविन्द को उठाकर उनकी शय्या पर रखा गया। डाक्टरों की आमदरफ्त शुरू हुई। दर्शन स्थगित हो गया। उस वर्ष के दर्शनार्थियों में अमेरिका प्रेसिडेंट विल्सन की लड़की मार्गरेट वुड्रू विल्सन भी आयी थीं। वे बाद में श्री अरविन्द की शिष्या हुईं और पांडिचेरी में रहीं।

डॉ० मणिलाल ने एक दिन जब बीमार का हाल कुछ अच्छा था, बचपने के ढंग से पूछा—'सर, यह आपको कैसे हो गया?' श्री अरविन्द ने उसी तरह के स्वर में कहा—'यह मुझको क्यों नहीं होना चाहिए?' श्री अरविन्द और डॉ० मणिलाल की अनेक महत्त्वपूर्ण वार्तायें, 'जिन्दगी का नमक' अध्याय में मिलेंगी, जो काफी सलोनी हैं।

''या निशा सर्वभूतानां तेषां जागर्ति संयमी''। योग करने के लिए नहीं, शिष्यों की चिट्ठियों का जवाब देने के लिये। नीरद ने मिल्टन की एक पंक्ति उद्धृत की है।

उनका दीप जलता रहा मध्यरात्रि के अन्धकार में

चमकता रहा वह किसी एकान्त की मीनार में।

—द्वितीय पैनसेरोसो

ऐसे व्यक्ति के साथ दुर्घटना के बाद उन्हें सहज लभ्य पाकर, बातचीत का पुनः लम्बा अवसर हाथ आया जानकर शिष्य मामूली प्रसन्न नहीं हुए। हालाँकि उन्हें घेर कर बैठे अपने नानाविध प्रश्नों से उन्हें उकेरते हुए उनके कान श्रीमाँ की सीढ़ियों पर उठने वाली पगध्वनि

---

१. **श्री अरविन्दो द परफेक्ट जेन्टलमैन, मदर इण्डिया, अगस्त १९७०, पृ० ४१३।**

की ओर भी लगे रहते।[१]

एक बार ऐसे ही जब शिष्यगण श्री अरविन्द को घेरे थे, श्रीमाँ आ पहुँचीं। नीरद लिखते हैं—"हमने तुरन्त अपनी जगह बदलनी शुरू कर दी। उन्होंने कहा—'हटो मत। बैठे रहो।'[२] इस तरह के अनेक अवसरों का इन वार्ताओं में जिक्र किया गया है। श्रीमाँ नहीं चाहती थीं कि लम्बी गोष्ठियों द्वारा उन्हें थकाते रहा जाय, पर उस सरस, ज्ञानप्रद और ठहाके-भरी वार्ताओं का लोभ छोड़ने को कौन तैयार था। अतः ज्यों ही श्रीमाँ बाहर जातीं, वही क्रम शुरू हो जाता।

श्री अरविन्द के बारे में अपनी भावभीनी श्रद्धांजलि अर्पित करते हुए नीरदवरण ने लिखा—"उन प्रसिद्ध वार्ताओं की याद आती है। उस बक्त निर्वैयक्तिक पुरुष का स्वरूप कितना वैयक्तिक हो गया था। एकदम घनिष्ठ रूप से निकटवर्ती। हम लोगों से नाना विषयों पर बात करते, राजनीति, धर्म, दर्शन ऐसा क्या बचा था, जिस पर बात न हुई हो। बार-बार मामूली चीजों पर मज़ाक करना, जैसे नीरद के खर्राटे, पुराणी के झटके आदि आदि—ये चीजें हमने देखी हैं पर जो हम देख नहीं सके, वह है अगम्य क्षेत्र, जो उनके पहले तक बेपैमाइश पड़ा था (जिसे वे पा चुके थे। जिसे हम नहीं देख सके।[३] शायद यह श्रद्धांजलि मुकम्मल न होगी, यदि एक और अंश न जोड़ा जाय। इसी से पता चलता है कि वे किस प्रकार विष पीकर शिव बने थे। दिलीप कुमार राय लिखते हैं—"उन्होंने कभी हमें रोका नहीं। यदि कोई चाहे तो गत्वर यंत्र पर बैठकर गलत दिशा की यात्रा करने को भी स्वतंत्र था। वे कभी भी सख्त कानून और कायदों की रूढ़ियाँ नहीं लादते थे। उनका धैर्य और औदार्य अविश्वसनीय लगेगा, यदि यह हमारे दैनंदिन अनुभव का अंग न होता। आश्रम में वे अनेक अतुष्ट अग्निभक्षियों को सहते रहे, जो अपने को उनका शिष्य कहते थे। उन्होंने विद्रोहियों को भी खुली छूट दी, जो उन्हें गालियाँ देते, उनकी धारणाओं की गलत व्याख्या करते और जानबूझ कर उन्हें बदनाम करने के लिए झूठ बोलते थे। ऐसे दोषारोपण करने वालों और गद्दारों को भी उन्होंने आश्रम से निकाला नहीं, बल्कि बार-बार क्षमा करते रहे, जब तक मैंने उन्हें टोका नहीं—"आप किसे अधिक चाहते हैं—विश्वासहीनों को प्रोत्साहन देना या विश्वासियों की हिम्मत पस्त करना।"[४] दिलीप कुमार राय का क्षोभ उचित है; पर वे अपने क्षोभ में श्री अरविन्द और उनके मिशन को ही भुला देते हैं। वे इन चीजों से परेशान होने वाले नहीं थे, वे इन चीजों को बदलते हुए विश्व की 'शान्त गड़बड़ी' मान कर क्षमा कर देते रहे होंगे। उनकी कविता 'रात में समुद्र' इसकी साक्षी है।[५] विश्व की जिस गड़बड़ी को दूर करने वे आये थे, उसे सुधारना उनका काम था, अलग हटाकर उसे वैसे ही रहने देना नहीं।

भूरे वर्ण का समुद्र हिलता है आधा खुला खुला आधा अंधेरे में।
अनगिनत अपनी भुजाओं में समेटता है मौन की दीवालों को।
पार मैं देखता हूँ अनन्त एक कुछ-कुछ खुरदुरा सा चमकता हुआ।
लहरों की गर्जनायें सुनता हूँ सीत्कार उठती है तरंगों से।

---

१. मदर इन्डिया, फरवरी, १९७०, पृ० ३२।
२. टाक्स विद श्री अरविन्दो : प्रथम भाग, पृ० ३८।
३. अवर एसोसिएशन विद श्री अरविन्दो, मदर इण्डिया, फरवरी, १९७०, पृ० २९।
४. श्री अरविन्दो केम टू मी, पृ० ४१।
५. कलेक्टेड पोयम्स एण्ड प्लेज, प्रथम भाग, पृ० १३५।

एक दूसरे को धक्का देती लहरें अपने में फुसफुसाती हैं।
किनारे की ओर लम्बी कतार में धुँधली सी बढ़ी आती हैं।
काँपती है गाज राशि, कैसी यह हड़बड़ी है।
बदलते हुए विश्व को शान्त सी गड़बड़ी है।

वस्तुतः उन्होंने धक्कमधुक्की करती हुई समुद्री लहरों के परे का सुवर्ण अनन्त देख लिया था, इसलिये वे दिलीप कुमार की तरह सीत्कार करती, गाज उगलती धुँधली लहरों की फुसफुसाहट से भला क्यों परेशान होते।

आन्तरिक जगत् और अध्यात्म

दिलीप कुमार राय ने आज के सर्वज्ञात वर्गगत बौद्धिक की भाँति रसेल के शब्दों में ही श्री अरविन्द से पूछा—"हम सभी अन्तर्मुखी होने के दुःख से ग्रस्त हैं, जो सामने के विस्तृत फैले हुए जगत् के नाना दृश्यों से अपने को हटाकर अपने भीतर के खालीपन पर ध्यानस्थ हो जाते हैं।"[१] श्री अरविन्द ने इसका उत्तर देते हुए लिखा—"दिलीप, मैं रसेल को भूला नहीं हूँ। पर मैंने उन्हें नजर-अन्दाज किया है, क्योंकि प्रथमतः मेरे पास समय नहीं है, द्वितीयतः तुम्हारा पत्र कहीं दब गया है, तृतीयतः मुझे यह समझ में नहीं आता। बाहरी चीजों में उन्हीं की तईं दिलचस्पी लेना क्या होता है। यह अन्तर्मुखी (Introvert) क्या चीज है? यह शब्द अभी हाल में वजूद में आया है और बहुत कुछ भ्रष्टमुखी (Pervert) का तुक पैदा करता सा लगता है। अक्षरशः इसका अर्थ है शायद वह जो, अन्तर की ओर मुड़ता है। उपनिषद् इन्द्रिय द्वारों के विषय में वर्णन करते हैं, जो बाहर की ओर खुलते हैं और जो मनुष्य को बाहरी पदार्थों में तल्लीन करते हैं (पदार्थों के ही तईं शायद) और उनमें से लाखों में कोई एक ऐसा होता है, जो अपनी दृष्टि अन्तर्मुखी कर पाता है और आत्मसाक्षात्कार करता है। क्या उसे ही अन्तर्मुखी (Introvert) कहा गया है? और क्या रसेल का आदर्श आदमी, जो बाहरी चीजों में उन्हीं के उद्देश्य से दिलचस्पी रखता है, कोई रामस्वामी खानसामा हो या कोई जोजेफ शोफर हो—ये क्या रसेलीय बहिर्मुखी मनुष्य के प्रतिनिधि (Homo externalis Russellius) सचमुच बहिर्मुखी ही हैं? या अन्तर्मुखी वे हैं, जो बहिर्मुखीनता की अपेक्षा कहीं अधिक आन्तरिक समृद्धि और शक्ति रखते हैं, जैसे कोई कवि, संगीतकार या कलाकार। क्या बहरा विठोवीन, जो अपनी अंतरात्मा से संगीत को जगा पाया, रसेल का वाहियात अन्तर्मुखी ही था? क्या अन्तर्मुखी वह नहीं है, जो बाह्य चीजों में दिलचस्पी इसलिए नहीं रखता कि उसे उनमें दिलचस्पी है बल्कि वह अपनी अन्तर्दृष्टि के मानदण्ड से उनके मूल्य को ठीक से जानकर उन्हें अपनी अन्तरात्मा के विकास का साधन बना लेता है या उसकी आन्तरिक, धार्मिक, नैतिक अभिव्यक्ति का माध्यम बना लेता है? क्या तालस्ताय और गांधी रसेल के अन्तर्मुखी के भीतर आयेंगे? या दूसरे क्षेत्र से उदाहरण लें तो गोयते कहाँ रखा जायेगा? बहिर्मुखी चीजें क्या हैं? रसेल गणितज्ञ हैं। क्या गणित के फार्मूले, जो या तो मनुष्य के मन में स्थित हैं या विश्वमन में, बहिर्मुखी कहें जाएँगे? अगर नहीं तो गणितज्ञ रसेल अन्तर्मुखी हैं

---

१. **We are all prone to the malady of the introvert who with the manifold spectacle of the world spread out before him turns away and gazes upon the emptiness within."**
Conquest of Happiness.

या बहिर्मुखी? याज्ञवल्क्य ने कहा था कि कोई अपनी पत्नी को पत्नी के लिए प्यार नहीं करता, अपने लिये करता है—वैसे ही कामना के दूसरे उपकरणों को भी समझा जा सकता है। यहाँ आत्मा का जो अर्थ कर लो, अन्तरात्मा या अहम् (Ego)[१]। दिलीप कुमार राय ने रसेल की वकालत करते हुए दूसरा पत्र लिखा। उन्होंने लिटन स्ट्रैची (Lytton Strachey) की एक पुस्तक से उद्धरण देकर लिखा—"एक दिन सुबह एक कलाकार ने अपनी दुकान में जाकर देखा कि एक बड़ी मूर्ति के गिर जाने से छोटी-छोटी तमाम मूर्तियाँ टूट गई हैं। सिर्फ बड़ी मूर्ति ही साबुत थी। गुरु, आपको कम-से-कम अभी वैसी विजय नहीं मिली, क्योंकि एक मूर्ति इस ध्वंस से बच गई है और वह है बर्टेण्ड रसेल। वह अभी भी बचा है; क्योंकि अन्य बहुप्रचारित योगियों से अलग वह समझदारी की बात करता है। [बच्चों की बेहूदी बकवास नहीं, खासतौर से जब वह जीवन में बुद्धि के, तथा मानवीय संबंधों, विवाह आदि के प्रश्नों पर निर्णय देता है]। भाग्यवश गुरुदेव, आप अन्य योगियों से अलग हैं, पर कृपया मुझे कहने दीजिए कि आप रसेल की क्षमता वाले व्यक्तियों के सामने अपने आध्यात्मिक व्यक्तित्व के कारण नहीं, बल्कि विराट् मेधा, बौद्धिक स्पष्टता और अनिन्द्य चरित्र के कारण खड़े रह जाते हैं। इसलिए कृपया मुझे इस बात पर शंका व्यक्त कर लेने दीजिए कि क्या सचमुच यदि आप एक आध्यात्मिक महान् व्यक्ति के साथ ही एक बौद्धिक बौने होते तो आप इस तरह रसेल की [तर्क के क्षेत्र] माँद में घुस कर उसे इस तरह चित्त करके उसके चेहरे पर दाढ़ी उगा देने [हरा देने] का साहस करते?"

दिलीप कुमार राय ने रसेल की प्रशंसा में बहुत कुछ लिखा। श्री अरविन्द ने उत्तर दिया—"मैं उनकी योग्यता से इनकार नहीं करता। न तो उनके चरित्र पर ही मुझे कुछ कहना है। मैं सिर्फ उनकी धारणाओं पर कहना चाहता हूँ। और वहाँ भी सिर्फ उन धारणाओं पर, जो मेरे क्षेत्र अर्थात् आध्यात्मिक सत्य के क्षेत्र में दखल देती हैं। सभी धर्मों में, अत्यन्त संकुचित और बुद्धूपने से भरे धर्मों या मतों के क्षेत्र में, या फिर बिल्कुल अधार्मिक क्षेत्र में भी, महान् बौद्धिक, उच्च व्यक्ति और सुन्दर चरित्र वाले लोग हैं। मैं रसेल के बारे में ज्यादा नहीं जानता, पर मैंने कभी भी लेनिन की महत्ता में सन्देह नहीं किया, यद्यपि वे पूर्ण नास्तिक थे, ऐसा वही करेगा जो नितान्त मूर्ख होगा। पर लेनिन की महत्ता की स्वीकृति से मुझे कभी भी बोलशेविज्म की रूढ़िवादिता और गलत धारणाओं पर प्रहार करने में बाधा नहीं हुई। किसी नास्तिक के चरित्र की महत्ता यह नहीं साबित कर पाती कि अध्यात्म कल्पना है या झूठ है या कि ईश्वर नहीं है। मैं यह भी कह दूँ कि यदि तुम्हें महान् योगियों के वचन बचपना जैसे लगते हैं, जब वे विवाहादि के बारे में कहते हैं, तो मैं तुम्हें यह भी बता दूँ कि इस बात से तुम्हें शिकायत नहीं होनी चाहिए, जब मैं रसेल की, जिनका आध्यात्मिक क्षेत्र में प्रवेश तक नहीं है, धारणाओं को निस्सार और बुझी हुई पाता हूँ। तुमने उन योगियों के नाम नहीं लिये हैं और जब तक तुम यह काम न कर लो, मैं उनकी आध्यात्मिक उच्चता में सन्देह करने का अधिकार रखता हूँ।"[२] श्री अरविन्द ने स्वभावानुसार बहुत ही तर्कपूर्ण किन्तु मृदु उत्तर दिया। दिलीप जिस कमरे में रहते थे, उसकी ऊपरी चौकठ से उन्हें चोट लग गई। उन्होंने श्री अरविन्द को लिखा। श्री अरविन्द ने उत्तर दिया—"कारीगर चन्द्रलाल वैज्ञानिक ढंग से काम

---

१. **श्री अर विन्दो केम टू मी, जैको पब्लिकेशन, पृ० २५-२६।**

२. **वही, पृ० २९।**

करता है, वह सिर्फ इतना भूल गया कि नाना ऊँचाइयों वाले लोग इस दरवाजे से आये-जायेंगे। तुम दरवाजे को यदि रसेलीय बहिर्मुखता की दृष्टि से देखो, यानी एक बाहरी चीज जिसमें तुम्हें आनन्द लेना चाहिए, तो तुम्हें लगना चाहिए कि जो कुछ हुआ है ठीक है, इसमें कोई खास बात नहीं। यदि तुम वाहियात 'अन्तर्मुखी दृष्टि' से ही सोचना चाहते हो तो झनझनाते हुए सिर और दर्द की बात जरूर उठती है। खैर, दर्शन शास्त्र को छोड़ो, श्रीमाँ चन्द्रलाल से कहेंगी कि वह दार्शनिक रूप से नहीं व्यावहारिक रूप से तुम्हारी दिक्कत दूर करें।"[१] यह है एक जवाब रसेल के भक्त को, जिस पर मौन रह जाने के अलावा बेचारे के पास चारा ही क्या था।

ऐसा भी नहीं कि रसेल आदि मानव सम्बन्धों में स्वतन्त्रता के कायल थे तो श्री अरविन्द नैतिकतावादी थे। उन्होंने सन्ध्या-वार्ता में ही एक स्थान पर थोथी नैतिकता की निन्दा की है, आरम्भिक अध्याय में हम नैतिकता वाले प्रश्न पर उनके दृष्टिकोण से परिचित हो चुके हैं। वे नैतिकता को अध्यात्म से नीचे की चीज़ मानते थे और उसे किसी पूर्वग्रह के रूप में लादने के विरुद्ध थे। हाँ, वे विकृत मन की अतृप्त शारीरिक नैतिकता के घोर विरोधी थे।

गजदन्ती मीनार और योगी

दिलीप कुमार ने उन्हें अपने एक पत्र में 'गजदन्ती मीनार में' या 'पर्दे के भीतर' रहने वाला कहा था। श्री अरविन्द ने कभी भी जीवन को त्याज्य या माया नहीं माना। जैसा अब तक के विश्लेषण से स्पष्ट हो गया होगा। वे जीवन में रहकर जीवन को बदलना चाहते थे, परन्तु किस प्रकार? उन्होंने स्पष्ट लिखा है—"अवश्य ही हमारा योग सामान्य जीवन को स्वीकार करेगा, इसका बहिष्कार नहीं करेगा, पर इसका यह अर्थ नहीं कि जीवन को ज्यों का त्यों स्वीकार करने के लिए हम बाधित हैं। इसके प्रकट स्वरूप को, इसके समस्त स्खलनशील अज्ञान, दुःख-दारिद्र्य एवं मानवीय इच्छा, बुद्धि, आवेग, अंध प्रकृति के गड़बड़झाले को हम स्वीकार नहीं करेंगे। कर्म के समर्थक ऐसा समझते हैं कि नित्य नई महावेग-युक्त गति करने वाले मानवीय बल और बुद्धि के सहारे हरेक इच्छा सुधारी जा सकती है, किन्तु आज बुद्धि की ऐसी अतुल अभिव्यक्ति और शक्ति की ऐसी विपुल उत्पत्ति के बाद भी, जिसके लिए इतिहास में कोई दृष्टान्त ही नहीं, संसार की जो वर्तमान स्थिति है, वह इस बात का उज्ज्वलन्त प्रमाण है कि कर्म के समर्थक जिस भ्रम से अभिभूत हैं, वह कितना सार-शून्य है।"[२]

श्री अरविन्द कभी भी गजदन्ती मीनार में खोये नहीं रहे। अज्ञातवास में निरन्तर एक बौद्धिक की तरह श्रमशील रहे और एक योगी के रूप में प्रयोगशाला के वैज्ञानिक की तरह सतत अभ्यासयुक्त। इसीलिए वे कह सके—'वह व्यक्ति योगस्थिति में है ही नहीं, जो अपने को दिया हुआ कोई भी कार्य, ईश्वरार्पित बुद्धि से नहीं कर सकता। किसी समय ऐसा था कि मैं शारीरिक कार्यों के लिए बिल्कुल अयोग्य था और हमेशा मानसिक कार्यों में ही लगा रहना चाहता था, पर मैंने अपने को शारीरिक श्रम करने के लिए प्रशिक्षित किया, पूरी सावधानी और पूर्णता के साथ ताकि मैं अपने अस्तित्व की इस भयानक त्रुटि को दूर कर सकूँ और शरीर को एक समुचित और अनुकूल यन्त्र बना सकूँ। वह स्वभाव, जो शारीरिक कार्यों को स्वीकार

---

१. **श्री अरविन्द के पत्र, पृ० ५७।**

२. **वही, पृ० १६२। पृ० १६२।**

करने के लिए प्रशिक्षित नहीं होता, मानसिक रूप से उसी के भार से दबा रहता है और शारीरिक रूप से जड़ तथा नष्टप्राय हो जाता है।"[१]

ऐसा था श्री अरविन्द का आग्रह। वे कभी भी, जैसा कि अक्सर पश्चिमी लोग भारतीय योगियों को मान लेते हैं, गजदन्ती मीनार में कैद जीवन की अभ्यर्थना नहीं करते। इसी प्रसंग में दिलीप कुमार राय द्वारा प्रस्तुत एक पश्चिमी बौद्धिक की नोक-झोंक का विवरण दिलचस्प होगा।

दिलीप कुमार राय ने पश्चिम के एक आधुनिक बौद्धिक की शंकाओं का जो नाटकीय रूप श्री अरविन्द के यूनानी शिष्य चैडविक [आर्जव] और एक दूसरे ग्रीक के परस्पर के वार्तालाप के बीच उपस्थित किया है, वे ही शंकायें आधुनिक भारतीय बौद्धिक की भी होती हैं, क्योंकि वे अपना पूरा दृष्टिकोण पश्चिम के वैसे ही बौद्धिकों से प्रभावित रखते हैं। पश्चिमी बौद्धिक, जिसका नाम पौनटिफ रखा गया है, बड़े विश्वासपूर्ण किन्तु शालीन ढंग से कहता है—"फिर भी इतना तो मानना पड़ेगा ही कि अनेक असफलताओं के बावजूद पश्चिम के वैज्ञानिक दृष्टिवाले सक्रियतावादी ही विश्व पर छाये हुए हैं, पूरब के निष्क्रिय वैचारिक या ध्यानी नहीं। ये कभी-कभी हमारी गलत गतिविधियों या त्रुटियों की ओर अवश्य ही हमारा ध्यान आकृष्ट करा सकते हैं, क्योंकि तटस्थ रूप से बाहरी लोग ऐसा करने में समर्थ हो सकते हैं, चौपड़ के खेल को देखने वाले गैर खिलाड़ियों की तरह। पर क्षमा करेंगे, मैं यह नहीं कह रहा कि पूरब की किंचित् भी देन नहीं हो सकती, वह हमेशा बहुत कुछ सिखा सकता है, पर तब उसके चिन्तकों और दार्शनिकों को कुछ अधिक क्रियाशील होकर, हाथीदाँत की उन मीनारों से बाहर आना होगा, जिनमें बैठे-बैठे वे शान्ति, ध्यान के द्वारा आत्म-विजय की चेष्टा कर रहे हैं। इस पूरे तर्क को चैडविक संक्षिप्त ढंग से उपस्थित करते हुए कहते हैं—"मि० पौनटिफ, आपने बहुत सुन्दर ढंग से अपना पक्ष प्रस्तुत किया है, इसमें संदेह नहीं। आप पूर्ण रूप से यह विश्वास करते हैं कि विश्व में सुधार सिर्फ उसी स्थिति में आ सकता है, जब इसकी सर्वोत्तम प्रतिभाएँ सक्रिय रूप से विश्व के मुखर रंगमंच पर सामने आकर खुले आम अपना कार्य करें, पूरब के मौन शान्त आश्रमों से सुधार संभव नहीं। अच्छी बात है। आप यह भी मानते हैं कि पश्चिम के महान् व्यक्ति प्रायः ही पूरब वालों की उपयुक्त त्रुटि से बचे रहे हैं और औद्योगिक और वैज्ञानिक विकास के बाद से तो निश्चित रूप से मुखर रंगमंच पर खुले आम ही निरन्तर सक्रिय रहे हैं—ठीक है न?"

"ठीक है।" मि० पौनटिफ आश्वस्त होकर कहते हैं।

"तो मैं आपसे पूछना चाहता हूँ मिस्टर और कृपया स्पष्ट तौर से मर्द की तरह निःसंकोच उत्तर दीजियेगा कि पश्चिमी सभ्यता उन्नति की रेखा पर आगे बढ़ रही है या पराजय और अवनति की अधोरेखा में नीचे उतर रही है?"

"आपका मतलब?" पौनटिफ कहना चाहते हैं।

"मेरा मतलब साफ है और आप जानते हैं। आप यह मानते हुए भी कि पश्चिमी पद्धति अपेक्षाकृत अधिक सही और दुरुस्त है, आप यहाँ पूरब वालों के पास क्यों आते हैं? क्या आप सचमुच सोचते हैं श्रीमन् कि एक न एक दिन पश्चिमी सभ्यता का गुलाब फिर से खिलेगा,

---

१. रेमिनिसैंसेज एण्ड एनक्डोट्स, पृ० २१७।

जब आप अपने विषैले कीड़े की मदद से सारी समस्यायें सुलझा लेंगे, उसी कीड़े की मदद से, जो आपकी सभ्यता के पौधे को भीतर ही भीतर कुतर रहा है?''

''मान लीजिए मि० चैडविक, यदि मैं पूछूँ, उस कीड़े का नाम क्या है?''

''मान लीजिए मि०, पौनटिफ, यदि मैं कहूँ कि वह उन नाना मतवादों (Isms) से पैदा हुआ, जिनकी सदारत आपकी यह मतान्ध बौद्धिक खुजलाहट करती है, जो निरंतर त्वरा के साथ कुछ ऐसा कर दिखाना चाहती है, जो सबको यथार्थ और संगत लगे; जबकि आप खुद अपने ही भीतर उसके उद्देश्य और उसके किये जाने के तरीके की संगति के प्रति असंदिग्ध नहीं होते। इसीलिये मैं कहता हूँ श्रीमन् कि सही कार्य के लिए सही तरीका पाने के पहले आदमी को सही प्रतीति की जरूरत है।''

''मैं क्षमा चाहता हूँ, मि० चैडविक।''

''क्यों—क्षमा किसलिए....?''

''इसलिए कि मैं अब ठीक से समझ रहा हूँ......।''[१]

इस पूरे नाटकीय दृश्य की प्रामाणिकता पर सोचने की जरूरत मुझे नहीं पड़ी, इसीलिए मैंने उद्धृत किया, क्योंकि घटना का महत्त्व नहीं के बराबर है, जबकि उसके भीतर निहित तर्क और उसके निष्कर्ष उन लोगों को निश्चय ही रुक कर सोचने की प्रेरणा देंगे, जो पश्चिमी बौद्धिकता की नकल करके आधुनिक समस्याओं के समाधान के तुरन्ता नुस्खे (Instant Solution) पाकेट में लिये घूमते रहते हैं। बशर्ते उन्होंने संगत ढंग से सोचने और विचारने से ही छुट्टी न ले ली हो।

दिलीप ने यह पूरा नाटकीय विवरण श्री अरविन्द के पास लिख भेजा, जिस पर उनकी छोटी-सी टिप्पणी इस प्रकार है—''संसार पर जिस दृष्टि से संभवत: पौन्टिफ ने कहा (वे शायद कुछ सतही चीजों पर सरसरी तौर से कह रहे थे) वह मानसिक नहीं है, वह किंचित् प्राणिक है, जो जीवन जैसा है उसी से कुछ अपेक्षा रखती है। उनकी बात अलग है, जो सतही आनन्दों को ही सब कुछ मान लेते हैं। चैडविक का पूरा समर्थन करते हुए श्री अरविन्द ने लिखा—''जीवन का आन्तरिक दृष्टिकोण चेतना के परिवर्तन के बिना संभव ही नहीं। क्योंकि सिर्फ यही चेतना ऊपरी आकृतियों के नीचे गहराई में पड़े भीतरी जीवन को देख सकती है।''[२]

आध्यात्मिक शक्ति का प्रयोग

श्री अरविन्द न सिर्फ आध्यात्मिक शक्ति को सर्वोपरि उपलब्धि मानते हैं बल्कि वे यह भी मानते हैं कि व्यक्तिगत तथा सामाजिक कार्यों के लिए उसका पूरा प्रयोग भी किया जा सकता है। विज्ञान की अग्रिम उपलब्धियाँ ही इसका भौतिक साक्ष्य दे पावेंगी, योगी इस प्रक्रिया को हमेशा से ही व्यावहारिक और उपादेय मानते रहे हैं।

अपने जीवन काल में इस शक्ति का उन्होंने किस प्रकार युद्धकार्य में उपयोग किया, इसका विवरण दिया जा चुका है। व्यक्तिगत लाभों के लिए भी इसका कम प्रयोग नहीं हुआ। सन्ध्या-वार्ताओं तथा उनके शिष्यों के पत्रों में इस क्रिया और उसके उपादेय परिणामों के

---

१. श्री अरविन्दो केम टू मी, पृ० ९१-९२।

२. वही, पृ० ९३।

अनेकशः प्रमाण मिलते हैं। उन्होंने दिलीप कुमार को लिखा—"अदृश्य शक्ति का समझ में आने योग्य आन्तरिक और बाहरी परिणाम ही यौगिक चेतना का एकमात्र अर्थ है।"[१] उनके द्वारा अनेक असाध्य रोगियों के ठीक होने के विवरण मिलते हैं। कभी-कभी ये चमत्कार जैसे लगते हैं।

श्री अरविन्द स्वयं स्वीकार करते हैं कि बीमारियों में आध्यात्मिक शक्ति हमेशा ही प्रभावकारी नहीं होती, क्योंकि इसे कुछ निश्चित स्थितियों के भीतर रहकर कार्य करना होता है, जैसा कि और शक्तियों के साथ होता है। निश्चित प्रभावकारी तो केवल अतिमानसिक शक्ति ही होती है क्योंकि वह अपने लिए अपने अनुसार स्थितियाँ बना लेती है। पर मैं जिस शक्ति का उपयोग करता हूँ, इसे विश्व की आधुनिक स्थितियों के भीतर ही कार्य करना पड़ता है।[२] श्री अरविन्द ने हमेशा ही अपनी असफलताओं को सहज ढंग से स्वीकार किया।

उनके इस तरह के कार्यों पर अपनी चिरपरिचित शैली में नीरदवरण ने लिखा—"श्रीमान्, आपने लोगों को विश्वस्त बनाया है कि दवा और डाक्टर की जरूरत नहीं है। दूसरी ओर आप इनमें अपने प्रति पूर्ण विश्वास भी नहीं पैदा करते, ये बिचारे अँधेरे में लटक रहे हैं। श्री अरविन्द ने लिखा—'कभी टी० और एस० बिना दवा के अच्छे हो जाते थे, अब नहीं होते और उनका यह विकास तुम्हारे लाभ की चीज है, ताकि तुम अब समता का नया-नया अभ्यास शुरू करो। मैंने भी ऐसा करके ही सीखते-सीखते एम०ए० किया है। अब तुम्हारी बारी है।[३] वस्तुतः आध्यात्मिक शक्तियों के क्रियान्वयन का अपना एक तौर-तरीका है, उसमें बीमार का पूर्ण सहयोग आवश्यक है। श्री अरविन्द इसे उसकी आस्था कहते हैं, यह आस्था डोली नहीं कि आध्यात्मिक शक्ति बेकार हो जाती है। मनुष्य का मानसिक जगत् ही उसकी क्रिया से प्रभावित होता है, उसके भीतर जाने का रास्ता बन्द कर दिया तो शक्ति क्या करेगी? बीमार आदमी को अच्छा कर लिया तो कोई बात नहीं, किसी को, जिसमें प्रतिभा नहीं है, कवि कैसे बनाया जा सकता है? डाक्टर नीरदवरण ने चिकित्सा में अरविन्दीय शक्ति के चमत्कारों के आगे बेबसी से घुटने टेक दिये क्योंकि कई बीमारों को चामत्कारिक ढंग से अच्छा होते देखा; पर कविता भी आध्यात्मिक शक्ति से पैदा की जा सकती है, वे मानने को तैयार नहीं थे। श्री अरविन्द ने लिखा, "क्या तुम बता सकते हो कि कैसे दिलीप, जो एक भी अच्छी कविता लिख नहीं सकता था और छन्द तथा तुक पर जिसका कतई अधिकार नहीं था, यहाँ आते ही, अचानक बिना लम्बे अभ्यास के, एक कवि, छन्दज्ञाता और तुक की कला का माहिर बन गया? क्यों टैगोर लंगड़े आदमी की इस करामात को देखकर कि बैसाखी फेंककर, छन्द और तुक के मार्ग पर स्वच्छंद और निश्चिन्तता-पूर्वक चलने लगा है, आश्चर्य से ताकते रह गये? और फिर ऐसा क्यों कर हुआ कि मैं, जिसने कभी न तो चित्रकला का अभ्यास किया, न सीखने की कोशिश की, सहसा मात्र एक घंटे के भीतर, प्रतीति (विजन) के उद्घाटन से, चित्रों के रंग, रेखाओं और डिजाइनों को देखने की आँख और समझने की बुद्धि पा गया? कैसे संभव हुआ कि मैं, जो एक तात्विक तर्क-व्याख्या को समझने में असमर्थ रहा करता था, जिसके लिए कांट, ह्यूम, यहाँ तक कि बर्कले का लिखा एक पृष्ठ भी भौचक्का कर

---

१. **श्री अरविन्दो केम टू मी, पृ० १११।**
२. **रेमिनिसैंसेज एण्ड एनक्डोट्स, पृ० १७६।**
३. **कारेसपांडेंस विद श्री अरविन्दो, पृ० ३५२।**

देनेवाला अबूझ और थका देनेवाला लगता था या जिससे पूर्ण अरुचि हो जाती थी 'आर्य' पत्रिका को शुरू करते ही सहसा इसी प्रकार के पन्नों के पन्ने लिखने लगा और अब तो एक प्रसिद्ध दार्शनिक माना जाने लगा हूँ। मैं पहले गद्य का एक परिच्छेद लिखने में और दो महीनों में एक छोटी अभ्यासपूर्ण कविता लिखने में कठिनाई का अनुभव करता था, फिर कैसे अचानक प्राणायाम के बाद प्रतिदिन पन्ने पर पन्ना लिखता चला गया और तब भी इतनी काफी बुद्धि-क्षमता बच रहती थी कि एक दैनिक पत्र का सम्पादन करता चलूँ और बाद में एक मासिक पत्रिका (आर्य) के लिए दर्शन के साठ पृष्ठ भी लिखता रहूँ। मिहरबानी करके जरा धैर्य से सोचो और आसान और व्यर्थ बकवास मत करो। ईमानदारी और लगन के साथ किये जाने वाले कार्यों को लम्बे समय में पूरा करने की अपेक्षा यदि कुछ क्षणों या दिनों में योग-शक्ति की सहायता से पूरा किया जा सकता है, तो भी यह उस शक्ति को प्रमाणित करने के लिए काफी है। यही नहीं, पहले से अविद्यमान बौद्धिक क्षमता सहसा और शीघ्र उपस्थित हो जाती है, दुर्बलता या बलहीनता सबलता में बदल जाती है। या बाधित प्रतिभा अचानक उसी शीघ्रता से उन्मुक्त होकर सार्वभौम प्रतिभा में बदल जाती है।"[१]

यश और विज्ञापन का विरोध

यह सब कुछ रहते हुए भी उन्हें यश या प्रतिष्ठा की भूख नहीं थी। जैसे आरंभ में 'गुरुगिरी' के विरोधी थे, वैसे ही कोई कार्य प्रचार या यश के लिए करना वे कतई पसन्द नहीं करते थे। एक बार बहुत आग्रहपूर्वक दिलीप कुमार राय ने प्रार्थना की कि राधाकृष्ण के आग्रह को मानकर उनके लिए दार्शनिक निबंध लिख दें क्योंकि एक दार्शनिक के रूप में पश्चिमी जगत् के लोग आपको अभी अच्छी तरह नहीं जानते। श्री अरविन्द ने दिलीप को लिखा—'मुझसे लेख लिखवाने का राधाकृष्ण का आग्रह गलत या सही है, यह प्रश्न नहीं है। पहली बात तो यह कि मेरे लिए किसी की फरमाइश पर दर्शन लिखना असंभव है। जब कोई चीज स्वत: स्फूर्त हो तो समय मिलने पर लिख सकता हूँ। मेरे पास समय नहीं है। अधर दास को कुछ लिखने के लिये सोचा था ताकि उन्हें संकेत कर दूँ कि उन्होंने अन्तश्चेतना और अन्त: स्फूर्त ज्ञान के बारे में समीक्षा करते हुए मेरी धारणाओं को समझने में गलती की है। पर मैं यह भी नहीं कर सका। वैसे तो मैं भी सोचना पसन्द करूँगा कि हनुमान की तरह चन्द्रमा को काँख में दबा कर (हालाँकि उन्होंने सूर्य दबा रखा था) टहलने निकल पड़ूँ। पर चन्द्रमा उपलभ्य नहीं है, इसलिए टहलना भी हो नहीं सकता। इसलिए यदि मैं राधाकृष्णन् को वायदा कर दूँ और वह पूरा न हो तो वह इनकार से भी बुरा होगा।

दूसरी बात यह कि मुझे तिल बराबर भी चाह नहीं है कि मैं किसी बड़ी जगह में अपना नाम छपवाऊँ। मैंने कभी भी, राजनीतिक कार्य के दिनों में भी, यश का आग्रह नहीं किया। मुझे पर्दे के पीछे रहकर लोगों को आगे बढ़ाकर काम करा लेना अच्छा लगता है। यह तो कहो कि यह हतबुद्धि ब्रिटानी सरकार थी, जिसने सारा खेल चौपट कर दिया और मुझ पर मुकदमा चलाकर जनता का नेता बना दिया। मैं पुस्तकों के अलावा किसी चीज के विज्ञापन में तथा राजनीति और पेटेंट दवाओं के अलावा किसी चीज के प्रचार (प्रोपगैंडा) में विश्वास ही नहीं करता। गंभीर कार्य के लिए ये चीजें तो विष की तरह हैं; क्योंकि या तो ये स्टंटबाजी लगती हैं या व्यर्थ का धूम-धड़क्का, ये इन चीजों के सारतत्व को ही धीरे-धीरे खतम कर

---

१. कॉरेसपांडेंस विद श्री अरविन्दो, पृ० १०।

देती हैं और इन्हें न जाने कहाँ ले जाकर निर्जीव और नष्ट-भ्रष्ट करके पटक देती हैं। मैं नहीं चाहता कि इनके लिए कोई आन्दोलन भी खड़ा किया जाय। मेरे कार्यों जैसी चीजों के लिए आन्दोलन का मतलब है कोई सम्प्रदाय या पंथ या कोई ऐसा ही और बेहूदा प्रयत्न। इसका नतीजा होता है कि सैकड़ों हजारों बेकाम लोग इसमें घुस आते हैं और इसे तड़क-भड़क भरा प्रहसन बनाकर रख देते हैं और जो कुछ सत्य उपलब्ध हो भी रहा होता है तो वह न्यून होकर खो जाता है। यही मतवादों के साथ हुआ है और यही उनकी असफलता का कारण रहा है। यदि मैं अपने बारे में अल्प मात्रा में कुछ लिखे-पढ़े जाने की बात सह लेता हूँ तो सिर्फ़ इसलिए कि जनता के मस्तिष्क में, जो बाकायदा गोलमाल का भाव भरा है, उसमें एक समतोल पैदा हो ताकि वह उस अज्ञान में पूर्ण जगत् से उत्पन्न विरोध का, जो हमेशा नये गत्वर सत्य की उपस्थिति से प्रतिक्रिया में पैदा होता है, परिमार्जन कर सके। यहीं उसकी उपयोगिता खत्म हो जाती है। अनावश्यक विज्ञापन उद्देश्य को ही नष्ट करने लगता है। मैं पूर्णत: तर्कपूर्ण ढंग से चलता हूँ, तुम्हें विश्वास दिलाता हूँ कि मैं अपने मार्ग में अपनी पसन्द-नापसन्द या यश से चालित नहीं होता। सत्य के उद्देश्य में नियोजित यत्किंचत् विज्ञापन को मैं सह लेता हूँ, पर विज्ञापन के लिए विज्ञापन को मैं अवांछनीय मानता हूँ।''[१]

सन्ध्या-वार्ताओं और पत्रों को आधार बनाकर श्री अरविन्द के व्यक्तित्व के कुछ अंशों को यहाँ उपस्थित करने का प्रयत्न किया गया, किन्तु यहीं इतना कह देना भी अप्रासंगिक नहीं होगा कि ये सन्ध्यावार्तायें और पत्र भी श्री अरविन्द और उनकी योग-साधना को समझने के लिए न सिर्फ अनिवार्य उपादान हैं; बल्कि अपेक्षाकृत अधिक सुगम और सरल भी। उनके महत् दर्शन-ग्रंथों में जिनका खुला प्रवेश नहीं है और कम ही का होता है, उन्हें इन पत्रों को अनिवार्य सहायक तत्त्व के रूप में हमेशा ध्यान में रखना चाहिए।

■

---

१. श्री अरविन्दो केम टू मी, पृ० ३५-३६।

मनुष्य : प्रकृति की सर्वोच्च प्रयोग-शाला

ताभ्यः पुरुषमानयत्ता अब्रुवन सुकृतं बतेति पुरुषो बाब सुकृतम्
ऐतेरेयोपनिषद् १।३।३

निश्चय ही मनुष्य सुकृत है, खूब बना है।

ऐतेरेयोपनिषद् की इस कथा में गौ-अश्व आदि के निर्माण पर देवताओं की असंतुष्टि की बात कही गई है। उन्होंने पशुशरीर को अपने आयतन के योग्य नहीं माना। मनुष्य का शरीर देखते ही वे उछल पड़े—''वाह, कैसा अद्‌भुत है, बहुत बढ़िया बना है। सभी देवताओं ने मानव शरीर को अपने आवास के रूप में स्वीकार कर लिया। इसी की अनुगूँज 'नाहि मानुषात् श्रेष्ठतरो हि किंचित्' में सुनाई पड़ी। मनुष्य शरीर पाना सौभाग्य की बात मानी जाती रही। इसे दुर्लभ और मुक्ति का द्वार तक कहा गया।[१] इसी की प्रतिध्वनियाँ भक्ति-आन्दोलन के दिनों में निरन्तर उभरती रहीं । 'बड़े भाग मानुष तन पावा', इसी का भाषानुवाद है।'

यह सही है कि इस देश में देह-शुद्धि एक चक्करदार पहेली भी रही है। 'योनेः शरीरम्' मानने वाले भी स्थूल देह के कई स्तर भेद करते थे। गर्भ यंत्र के बिना उत्पन्न होने वाले अयोनिज शरीरों की इस देश में खूब चर्चा रही है। बौद्धों की 'निर्वाण देह', जैनों की 'आहारक देह' और उसी के समान्तर 'औपपादुक देह' की व्याख्याएँ होती रही हैं। ईसाइयों की असंसर्गज देह (Immaculate Concehtion) अथवा पुरुष-स्पर्श-हीन गर्भ की बातों की भी मैं यहाँ मीमांसा करने नहीं चला हूँ। कुमारी मेरी के पुत्र की देह का रहस्य बताना भी मेरा कार्य नहीं है और न ही शक्ति तंत्र में जगदम्बा के कुमारी और धूमावती रूप के पीछे छिपी उनकी 'असंसर्गज सृष्टि-क्षमता' का विश्लेषण मेरा उद्देश्य है। मैं सिर्फ इतना ही कहना चाहता हूँ कि योनिज शरीर वाले मनुष्य की भी इस देश में भूरिशः अभ्यर्थना की गई है और योनिज मानव देह की प्राप्ति को भी जन्म-जन्मान्तर के सुकृत का परिणाम कहा गया है।

योरप में भी मनुष्य को सृष्टि की सर्वोत्तम उपलब्धि के रूप में अभिनन्दित किया जाता रहा है।

बाइबिल में मनुष्य को आश्चर्यजनक रचना कहा गया है।[२] मनुष्य का ईश्वर ने अपने अनुरूप ही निर्माण किया।[३] कभी उसमें कमियाँ देखी गईं तो कहना पड़ा कि ''मनुष्य फरिश्तों

---

१. **जीवा मानुष्यर्ता मन्ये जन्मनामयुतैरपि।**
तदीदृक् दुर्लभं प्राप्य मुक्तिद्वार विचेतसः।।
अग्निपुराण, शुद्धिव्रतनामाध्याय।

२. **ओल्ड टेस्टामेंट, १३९।१४।**

३. **नही जेनिसिस, १।२७।**

से कुछ ही घट कर है।[१] फ्रांसिस क्वारले "मनुष्य को स्वर्ग का (मास्टरपीस) कुशलतम निर्माण कहते हैं।[२] प्रोतागोरस मनुष्य को प्रत्येक वस्तु के निर्णय का मानदण्ड मानते हैं। इमर्सन ने मनुष्य को 'भग्न देवता' कहा। सारांश यह कि सम्पूर्ण विश्व में मानव को सृष्टि की बेहतरीन वस्तु माना गया, पर यह मान्यता अपने ही भीतर की शंका से निरन्तर ग्रस्त भी होती गयी।

मनुष्य की सर्वश्रेष्ठता की यह धारणा सबसे पहले पश्चिम में ही निरस्त हुई। जिस पश्चिम ने मनुष्य को ईश्वर का भी निर्माता कहा,[३] जहाँ ईश्वर की मृत्यु की घोषणा की[४] गई, उसी ने पिछले दो विश्वयुद्धों के दौरान मानव के व्यक्तित्व का घोर अवमूल्यन भी आँख मूँदकर स्वीकार कर लिया। वैसे मनुष्य की वरीयता के विषय में शंकायें और भी पहले से उठने लगी थीं। ब्रितानी कवि वर्न्स ने लिखा....

आह ईश्वर, आदमी क्या है :
वह कैसा सीधा सा लगता है।
लगातार हथकंडों के बल पर
बढ़ने की कोशिश करता है।
गहराई और छिछलेपन के साथ देवता है,
पर वहाँ कल्मषता भी अकेली है।
सब कुछ मिला कर :
वह शैतान के लिए भी भारी पहेली है।

मार्क ट्वेन आदमी को सभी जीवों से घृणित बताते हैं।[५] सैमुएल जानसन ने अपने चिरपरिचित ढर्रे से कहा कि "मैं सारी मानव जाति से घृणा करता हूँ क्योंकि मैं मानता हूँ कि मैं उसमें सर्वश्रेष्ठ हूँ और यह भी बखूबी जानता हूँ, कि मैं कितना निकृष्ट हूँ।" रस्किन ने लिखा कि "आदमी एक हाथहीन जहरीला मकड़ा है, जो खून चूस सकता है, डंक मार सकता है, पर कभी कुछ बुन नहीं सकता।" धीरे-धीरे योरप की परिस्थितियाँ और बिगड़ती गईं। यानी मकड़े से भी बदतर कि दास्तोवस्की को कहना पड़ा कि "मैंने कई बार कोशिश की कि मैं एक अदना कीड़ा हो जाऊँ, पर मैं उसकी बराबरी भी नहीं कर सकता। मैं शपथ खाकर कहता हूँ, श्रीमान् कि बहुत ज्यादा सचेतन होना एक बीमारी है, एक सचमुच ही मुसलसल बीमारी।"

आदमी के खिलाफ इतना लिखा गया है कि यदि सबको पढ़ा जाय तो शायद ही कोई ऐसा मिले, जो एक बार अपने पूरे अस्तित्व से निराश न हो जाए। दास्तोवस्की सिर्फ अदना

---

१. **जेनिसिस, ८।५।**
२. **एम्वेल्म्स, पुस्तक २, संख्या ६।**
३. **मैन क्रिएटेड गाड, प्लेटो ने 'सिसिफस' में लिखा, वह मनुष्य निश्चय ही बुद्धिमान था, जिसने ईश्वर का निर्माण किया।**
४. **'गे सायंस' में नीत्से ने कहा कि 'हमने ईश्वर की हत्या कर दी है।'**
५. **द कैरेक्टर ऑफ मैन।**

कीड़ा बनना चाहता रहा और अभ्यास की कमी से बन न पाया, पर विचारधारा के इस चक्र से काफ्का नहीं बच पाया और उसका ऐसा कायाकल्प (मेटामारफोसिस) हुआ कि वह तिलचट्टे में बदल गया। वस्तुतः काफ्का का तिलचट्टा आज की आधुनिक मानव जाति की नियति बनता जा रहा है और पूर्व और पश्चिम के सभी चिन्तक परेशान हैं कि इस दारुण अवमूल्यन को कैसे रोका जाये। रुक भी सकता है या नहीं, यह समस्या आज समूचे पाश्चात्य चिन्तन को बुरी तरह से डंस रही है और उन्हें कहीं भी निजात पाने का रास्ता दिखाई नहीं पड़ता। पूर्व की स्थिति तो पिछले एक हजार वर्षों से इससे भी अधिक बदतर रही है। अधिकांश देश, जिसे पूर्व के अन्तर्गत माना जाता है, गुलामी के भीतर अन्तिम साँसें गिनते रहे हैं। यहाँ मनुष्य पशु से भी अधिक निकृष्ट ढंग से जीता रहा है।

मनुष्य क्या है, यह पूछने की अपेक्षा यह पूछना ज्यादा संगत है कि मनुष्य कैसे विकसित हुआ। सृष्टि-विकास की प्रक्रिया का निष्पक्ष अध्ययन हमें बताता है कि आरम्भ में अचेतनता है, बीच में अज्ञान है और अन्तिम लक्ष्य ज्ञान है। सर्वमान्य प्रथम सिद्धान्त है जड़। इसी जड़ में विकास-प्रक्रिया क्रियाशील हुई। कहा जाता है कि प्राण और मन इसी से विकसित हुए। यह वैज्ञानिकों की धारणा है। प्राण और मन के इस विकास ने ही इन्हें कहीं न कहीं से सीमित कर रखा है, क्योंकि जड़ से विकसित इन चेतन-संयंत्रों पर जड़ अपनी सीमाएँ लादता है, प्राण और मन पदार्थ को परिवर्तित करने की प्रक्रिया में पदार्थ से प्राकृतिक नियमों से बँध जाते हैं, इसलिए वे कभी भी स्वतंत्र गतिमयता नहीं रख सकते। प्राण उत्पन्न होता है, पर प्राण के सहारे के बिना अस्तित्व बनाये रखना जानता ही नहीं। उसके लिए जड़ और प्राण से बिल्कुल स्वतंत्र हो पाना संभव नहीं।

तो क्या इससे यह ध्वनित नहीं होता कि प्राण और मनस् कोई मौलिक सृजेता नहीं हैं; बल्कि जड़ की तरह ये भी किसी अदृश्य शक्ति के परिणाम मात्र हैं। परिणामतः यह सोचना बिल्कुल स्वाभाविक है कि जड़ चेतना, प्राण और मनस् चेतनाओं से भी व्यापक कोई और ही मौलिक चेतना है, जो सबको नियंत्रित कर रही है। श्री अरविन्द प्राचीन भारतीय ऋषियों की तरह यह स्वीकार करते हैं कि सम्पूर्ण सृष्टि ब्रह्म की अभिव्यक्ति है। सब कुछ उसी परा चैतन्य से प्रस्फुटित होता है और उसी के भीतर उसी के द्वारा संचालित हो रहा है। प्राचीन ऋषियों ने इस परमोच्च दिव्य तत्त्व को सच्चिदानन्द की संज्ञा दी थी। श्री अरविन्द ने इसे और भी स्पष्ट करते हुए कहा—"शुद्ध सत् अनिर्देश्य, अनन्त, कालातीत, देशातीत सत् है तो अनिवार्यतः यह विशुद्ध और निर्विशेष ही होगा। यह किसी परिमाण या किन्हीं भी परिमाणों में समेटा नहीं जा सकता। वह किसी गुण या किन्हीं गुणों के समुच्चय से नहीं बन सकता। वह रूपों का समाहार नहीं है, न तो वह उनका रूप धातुमय अधिष्ठान ही कहा जा सकता है। समस्त रूप, परिमाण और गुण लुप्त हो जाएँ तो भी वह सत् तो रहेगा ही?"[१] इस शुद्ध सत्ता का प्रमाण क्या है? यही टेढ़ा प्रश्न है, जो प्रत्येक डार्विनवादी पूछना चाहता है। श्री अरविन्द बड़े ही अनुभवात्मक ढंग से कहते हैं—"सीमित और अस्थिर विषयों में अहंभावी ढंग से तन्मय रहने वाली अपनी दृष्टि को जब हम उस ओर से हटा लेते हैं और आवेश-रहित भाव से मात्र सत्य को खोजने वाली जिज्ञासु आँखों से देखते हैं तो पहला अनुभव होता है। वह यह कि अनन्त सीमा-रहित अस्तित्व, अनन्त गतिमयता और अपरिमित सक्रियता वाली एक निर्बंध

---

१. द लाइफ डिवाइन, फर्स्ट यूनिवर्सिटी एडीशन, १९५५, पृ० ९०।

शक्ति इस असीम देश-काल के भीतर न सिर्फ उच्छलित हो रही है, बल्कि वह सत्ता निरन्तर हमारे अहं या किसी के अहं या विराट समुदाय-अहं को अतिक्रमित करती जा रही है और जिसके सामने युगान्तर की महती उत्पत्तियाँ क्षणज धूल-कण की तरह हैं और उनके अनगिनत हिसाब के सामने हमारे असंख्य करोड़ अयुत आदि क्षुद्र कीटाणु की तरह प्रतीत होते हैं।''[१] हैकल ने ऐसे सूक्ष्म तत्वों की ओर संकेत करते हुए लिखा था, ''यदि यह न माना जाय कि मानवीय इच्छा की बराबरी करने वाली, किन्तु अस्वयंवेद्य एक शक्ति जड़ पदार्थों में भी होती है तो गुरुत्वाकर्षण या रसायन-प्रक्रिया अथवा लौह चुम्बक के आकर्षण तथा अपसारण प्रभृति केवल जड़ सृष्टि में ही दृष्टिगोचर होने वाले गुणों का कारण ठीक-ठीक बता पाना असंभव हो जायेगा।''[२]

वस्तुवाद को ही सत्य की एकमात्र तुला मानने वाले अपनी ही अनुभूतियों को झुठलाने की निरन्तर मिथ्या कोशिश करते रहे हैं। ऐसे व्यक्तियों को यह अनुभवपरक तथ्य, हो सकता है कि रहस्यवादी लगे, किन्तु क्या सुप्रसिद्ध वैज्ञानिक आइन्स्टीन ने व्यंग्यपूर्वक नहीं कहा था—''अपनी वैज्ञानिक अपेक्षाओं के क्षेत्र में हम बिल्कुल विपरीत दिशाओं में यात्राएँ कर रहे हैं।''[३] आइन्स्टीन को 'बुड्ढा और रहस्यवादी' कहने का युग बीत गया। अब स्वयं भौतिक विज्ञान इस बात से परेशान है कि अनेक भौतिक सी लगने वाली घटनाएँ कुछ इस कदर का स्वभाव रखती हैं कि उन्हें पिटे-पिटाए भौतिक शास्त्रीय शब्दावली में अभिव्यक्त कर पाना मुश्किल है।[४] परिणाम स्पष्ट है कि आणविक शक्ति के अन्वेषण के बाद भौतिक वैज्ञानिक पहले की ही तरह अपने मस्तिष्क की ठोस वस्तुवादिता में सन्देह करने लगा है और उन्हें बुड्ढे रहस्यवादी आइन्स्टीन के इस कथन पर सोचने के लिए बाध्य होना पड़ रहा है कि—''भौतिक चिन्तन अपनी कठिनाइयों को दार्शनिक चिन्तन के बिना दूर नहीं कर पायेगा।''[५] अब फिजिक्स और मेटाफिजिक्स को बिल्कुल विरोधी मानकर अपनी आन्तरिकता को अन्तरात्मा की आवाज को नकार पाना वैज्ञानिकों के लिए भी कठिन होता जा रहा है।

डार्विन मनुष्य को प्रकृति का सर्वश्रेष्ठ प्राणी मानता है, क्योंकि ''बिना अपने श्रम के वह प्राणिक मानदण्ड की सर्वोत्तम ऊँचाई पर है, और उसके ऊँचे उठने का यह तथ्य और शुरू से ही ऊँचाई पर न होने का तथ्य इस बात का सबूत है कि वह सुन्दर भविष्य में और ऊपर उठ सकता है।''[६] डार्विन के इस आशावाद को उनके प्रसंशक हक्सले ने थोड़ा नीचे उतारा। उन्होंने लिखा कि ''सिर्फ मनुष्य में और मनुष्य के द्वारा भविष्यत् प्रगति संभव है, किन्तु उतनी ही आशंका इस बात की भी है कि वह प्रगति की इस प्रक्रिया को ही इतना क्षतिग्रस्त कर दे कि सृष्टि के साथ उसकी भी प्रगति रुक जाय।''[७]

---

१. द लाइफ डिवाइन, फर्स्ट यूनिवर्सिटी एडीशन, १९५५, पृ० ८५।
२. द रिडिल ऑफ द यूनिवर्स, अध्याय ९, पृ० ६३।
३. एम० वार्न, नेचरल फिलासफी ऑफ कॉज एण्ड चांस, पृ० १२२।
४. आइन्स्टीन, जेनेत्सोव, पृ० २८३।
५. फिलास्फर साइन्टिस्ट, पृ० २०९।
६. 'द डिसेन्ट ऑफ मैन', के 'एसेज ऑफ ए ह्यूमनिस्ट' में जूलियन हक्सले द्वारा उद्धृत, पृ० ३८।
७. वही, पृ० ३७।

जूलियन हक्सले सृष्टि में उच्चतर और निम्नतर प्राणियों का अन्तर बताते हुए कहते हैं कि ये विशेषण शारीरिक यंत्र के गठन की श्रेणियों की ओर इशारा करते हैं। जिस प्राणी में जितना ऊँचे स्तर का शरीर संगठन (आर्गनाइजेशन) है, वह उतना ही ऊँचा है। पर इस संगठन का रूप और तत्त्व क्या है? हक्सले ने लिखा है—''कठिनाई यहीं आती है क्योंकि यह शरीर-संगठन वैज्ञानिक ढंग से विश्लेषित और परिभाषित नहीं किया जा सकता।''[१] वस्तुत: मानव के शारीरिक और आन्तरिक संगठन-यंत्र को पूर्णत: विश्लेषित करने में भौतिक पदार्थों को अपना लक्ष्य मानने वाला विज्ञान असफल रहा और यदि आइन्स्टीन और दूसरे भौतिक वैज्ञानिक इसे ही स्पष्ट ढंग से स्वीकार कर लेते हैं तो यह न तो विज्ञान की हार है और न वैज्ञानिक की। इस असफलता को दूर करने का प्रयत्न फ्रायड ने मनोविज्ञान के माध्यम से किया, पर उसने मनुष्य की वैज्ञानिकों द्वारा स्वीकृत स्थूल उच्चता को भी चकनाचूर कर दिया और बाहर की पशुता की अपेक्षा मनुष्य के भीतर के बर्बर पशुत्व का उद्घाटन करके उसने मनुष्य की प्रगति पर ही एक प्रश्न-चिह्न लगा दिया। यह करीब-करीब सर्वमान्य तथ्य है कि फ्रायड और उसके बाद के मनोवैज्ञानिकों से बिल्कुल अलग श्री अरविन्द ने एक नये आध्यात्मिक मनोविज्ञान की स्थापना की। उसे संक्षेप में उपस्थित करना असंभव है।

श्री अरविन्द ने मनुष्य की विकास-प्रक्रिया को स्पष्ट करते हुए बताया है कि यदि हम सृष्टि का मूल जड़ तत्त्व को मान लें तो यह बताना ही मुश्किल हो जायेगा कि भौतिक तत्त्वों से सजीव प्राण कैसे विकसित हुआ। वस्तुत: बिना यह माने कि जड़ के अन्दर प्राण और प्राण के भीतर मन निवर्तित, छिपा-छिपा होकर विद्यमान है, विकास-क्रम को समझना कठिन है। गीता कहती है—

नासतो विद्यते भाव: नाभावो विद्यते सत:

अर्थात् जो नहीं है वह कुछ हो नहीं सकता और जो है, वह नहींत्व में बदल नहीं सकता। जड़ में चेतना छिपी न होती, तो वह आ कैसे सकती है? जड़ में चेतना छिपी थी, इसीलिए जीवन विकसित हुआ, वैसे यदि जीवन या प्राण में मनस् छिपा न होता, तो फिर उसका विकास कैसे होता? मतलब यह कि विकास-प्रक्रिया का अर्थ ही है उपस्थित पदार्थ में निवर्तित या छिपी शक्ति का विकास। इसी बात को आगे बढ़ाकर हम कह सकते हैं कि मनस् अन्तिम तत्त्व नहीं, उसमें अधिमनस् छिपा है और इस अधिमनस् में अतिमनस् का तत्त्व निवर्तित है। विकास उसी तत्त्व का होगा, जो पहले से वहाँ विद्यमान होगा। इस अकाट्य तथ्य को आधार बनाकर उन्होंने निष्कर्ष निकाला कि विकास की प्रक्रिया में पदार्थों के अन्दर अवगुंठित चेतना निरन्तर एक कदम आगे बढ़ने की इच्छा से संचालित होती रहती है। जड़ तत्त्व के विकसित रूपों में प्राण स्तर पर पहुँचने की प्रेरणा, प्राण स्तर की उन्नत वस्तुओं में मन स्तर तक उठने की प्रेरणा अदम्य रूप से अपना कार्य करती रहती है। 'कहा जाता है कि पशु एक ऐसी सजीव प्रयोगशाला रहा है, जिसके अन्दर प्रकृति ने मनुष्य को गढ़ा। उसी तरह संभव है कि मनुष्य एक ऐसी विचारशील और सजीव प्रयोगशाला हो, जिसके अन्दर उसके सचेतन सहयोग से प्रकृति अतिमानस के देवता का निर्माण करना चाहती है।''[२] श्री अरविन्द

१. **'द डिसेन्ट ऑफ मैन', के 'एसेज ऑफ ए ह्युमनिस्ट' में जूलियन हक्सले द्वारा उद्धृत, पृ० ३९।**

२. **द लाइफ डिवाइन, पृ० ४।**

का पूरा दर्शन, मनोविज्ञान, साधनारूप सभी इसी दिव्य प्रेरणाप्रद सूत्र से संचालित हैं। चूँकि मनुष्य एकमात्र सोचने-विचारने वाला प्राणी है, इसलिए उसके विकास की प्रक्रिया स्वाभाविक होते हुए भी बहुत कुछ उसके 'सहयोग' पर निर्भर करती है। यह 'सहयोग' श्री अरविन्द की साधना का मूलमंत्र है। यहाँ आकर मनुष्य सिर्फ एक मशीन की नहीं, उसके संचालन में सहकर्मी की भूमिका में खड़ा हो जाता है।

मनुष्य ही एक ऐसा प्राणी है जो मन-तत्त्व का अधिष्ठाता है। इसलिए मनुष्य को समझने के लिए उसके मानसिक गठन का सर्वांग विश्लेषण अनिवार्य हो जाता है। पहले ही कहा गया कि श्री अरविन्द वेदान्त की उस मान्यता में विश्वास रखते हैं कि सम्पूर्ण सृष्टि ब्रह्म की, जो सच्चिदानन्दात्मक है, अभिव्यक्ति है। यों तो उसकी सभी निरुपाधिक शक्तियाँ पूरी सृष्टि में अनुवर्तित हैं, पर उनका स्फुटन सर्वत्र एक जैसा नहीं हो सकता। चाहें तो हम यों भी कह सकते हैं कि सृष्टि में नामरूप जो वैविध्य दिखाई पड़ता है, वह दिव्य शक्ति के कमोवेश प्रस्फुटन का ही परिणाम है। श्री अरविन्द ने सब कुछ को ब्रह्म माना, इसीलिए संसार को वे उसका उचित महत्त्व दे सके। वे एक ओर वस्तुवादियों की मात्र भौतिकवादी दृष्टि को अस्वीकार करते हैं तो वहीं संन्यासियों के संसार-असार वाली दृष्टि को भी। 'लाइफ डिवाइन' में इस 'जोड़ुवाँ इनकार' को उन्होंने अनुपयोगी माना है। उनकी दृष्टि में भौतिकवादी के इनकार की अपेक्षा संन्यासी का इनकार ज्यादा खतरनाक तथा मनुष्य और समाज के लिए अपेक्षाकृत अधिक हानिकारक सिद्ध हुआ है।[१] श्री अरविन्द भौतिकवादी और संन्यासी—दोनों के इनकारों की यह उपयोगिता भी मानते हैं कि दोनों अतिवादी दृष्टियों ने दिव्यसत्ता के अस्तित्व को ठीक से समझने की भूमिका तैयार की। उन्हीं के शब्दों में, "अंतिम सामंजस्य के लिए उपयोगी होने के कारण भौतिक विज्ञान के तथ्यों को, चाहे उनमें से कुछ या बाद में सभी छोड़ने पड़ें, सुरक्षित रखना होगा और उससे भी ज्यादा सहनशीलता की जरूरत आर्यों की प्राचीन अतीत की उस विरासत को भी सही ढंग से बचाये रखने में है, चाहे वह कितनी भी कम मूल्यवाली या क्षीण क्यों न हो गई हो।"[२]

यह मानी हुई बात है कि चित् शक्ति का सर्वाधिक प्रस्फुटन मनुष्य में हुआ है। अतः यदि मनुष्य के मानसिक गठन अथवा उसकी चेतना के विविध आयामों के विश्लेषण में भी श्री अरविन्द ने अपेक्षा अभिनिवेश प्रकट किया तो इसमें कोई आश्चर्य की बात नहीं।

प्राचीन भारतीय ऋषियों ने अन्नमय, प्राणमय, मनोमय, विज्ञानमय और आनन्दमय कोशों की चर्चा की है। किन्तु यह चर्चा बहुत सूक्ष्म और सविस्तार वैज्ञानिक ढंग से नहीं हुई। श्री अरविन्द ने इस वर्गीकरण से प्रेरणमात्र ली और अपने आन्तरिक उन्मेष के द्वारा मानव के मानस लोक को बड़े विस्तार और सूक्ष्मातिसूक्ष्म विवरणों के तरतीबवार आकलन द्वारा पूर्ण उजागर कर दिया।

प्रश्न उठता है कि यदि मनुष्य सच्चिदानन्द परमेश्वर की ही अभिव्यक्ति है तो वह नाना प्रकार की सीमाओं में आक्रान्त, दुःखों से ग्रस्त, कल्मष से उपहत और जड़िमा, निराशा और जीवन शक्ति से इतना हीन क्यों हो गया। श्री अरविन्द कहते हैं कि इस स्थिति का मूल कारण

---

१. **द लाइफ डिवाइन, पृ० २८।**

२. **वही, पृ० ३०।**

मनुष्य का जाने-अनजाने अपने को मूलस्रोत से विच्छिन्न कर लेना या हो जाना है। मृत्यु, त्रास, अशुभ, कष्ट आदि विराट चेतना-ज्योति की विपरीत अभिधाएँ या छाया रूप मात्र हैं। पर यह ही तत्व हमारे लिए सर्वग्रासिनी दुर्दान्त परिस्थिति का रूप ले लेते हैं, क्योंकि हम अज्ञान और प्रमाद के कारण, अपने अहं के वशीभूत होकर, अपने को जड़ शरीर तक सीमित करके, स्वयं कृत कर्मों के चक्र में पड़कर इनकी अधीनता स्वीकार करने को बाध्य हो जाते हैं।

श्री अरविन्द ने बहुत विस्तार के साथ प्राचीन भारतीय शास्त्र-वेत्ताओं, ऋषियों, दार्शनिकों और नवीन पाश्चात्य वैज्ञानिकों की सृष्टि-विकास विषयक मान्यताओं का विश्लेषण ही नहीं किया है, बल्कि उनका अपने दृष्टिकोण से सत्यासत्य-विचार करके अपना मन्तव्य भी स्पष्ट किया है। मैं यहाँ उस विश्लेषण में नहीं पड़ना चाहता। मैं मनुष्य के आभ्यन्तर को स्पष्ट करने वाले उनके विचारों तक ही अपने को सीमित रखना चाहता हूँ।

श्री अरविन्द चेतना के विषय में व्याप्त इस रूढ़ और असंगत धारणा के पूर्ण विरोधी थे कि शरीर के अधिकतर भाग में सक्रिय मानवीय संवेदन का सुगम भाव ही चेतना है। निद्रा, मूर्च्छा, या मादक वस्तु के प्रभाव में होने पर भी यानी शारीरिक सत्ता की जो अचेतन स्थितियाँ हैं, उनमें भी कुछ न कुछ ऐसा होता है, जो सचेतन रहा करता है। वे कहते हैं—"अब हम निश्चित रूप से मान सकते हैं कि प्राचीन चिन्तकों का यह कहना ठीक था कि अपनी जाग्रत अवस्था में भी, हम जिसे चेतना कहते हैं, वह हमारी समग्र सचेतन-सत्ता में से निर्वाचित किया गया एक छोटा सा भाग ही है। इससे पीछे इससे कहीं विशाल एक अवगूढ़ या अवचेतन मानस है, जो हमारी चेतना का महत्तर भाग है और उसमें ऐसी ऊँचाइयाँ और गंभीरताएँ हैं, जिन्हें कोई मनुष्य अब तक न पा सका है, न थाह सका है।"[१] वे जड़वादी चिन्तकों के इस आग्रह को स्वीकार नहीं करते कि चेतना सिर्फ जड़ का प्रपंच है। उनके इस कट्टरपंथी दुराग्रह को निरस्त करते हुए वे कहते हैं—"उनकी व्याख्याएँ अधिकाधिक अपर्याप्त और कष्ट-कल्पित होती जा रही हैं। यह निरन्तर स्पष्ट होता जा रहा है कि हमारी समवाय चेतना का सामर्थ्य हमारे अंगों, इन्द्रियों, स्नायु-मंडल और मस्तिष्क की क्षमताओं से भी कहीं अधिक है और वही चेतना, जिसकी ऊर्ध्वमुखी विकास-प्रक्रिया ने मस्तिष्क जैसी चीज का निर्माण किया है, उसका उपयोग करती है। मस्तिष्क न तो चेतना को पैदा करता है, न तो उसका इस्तेमाल करता है। हमारे शारीरिक यंत्र विचार-शक्ति और चेतना की प्रक्रियाओं की व्याख्या वैसे ही नहीं कर सकते, जैसे एक इंजन भाप या विद्युत शक्ति की, जिनसे वह संचालित होता है, व्याख्या नहीं कर सकता।"[२]

इसी विराट् चेतना ने लम्बे दौर के बीच ऊर्ध्वमुखी प्रक्रिया के द्वारा मनुष्य का निर्माण किया। मनुष्य क्या है? "यह सचेतन विचारने वाला पशु है, जिसने लम्बी विकास-प्रक्रिया के बीच अपने को सचेतन मानसिक प्राणी के रूप में बदल तो लिया है, पर जो अपने उच्चतम स्तर पर भी पशु-वृत्ति के आदिम ढाँचों को, शरीर के अवचेतन के मुर्दा बोझ को, चिरादिम जड़ता और अज्ञान की ओर निम्नोमुख गुरुत्वाकर्षण को, अपने चैतन्य विकास के ऊपर चेतनामूढ़ भौतिक प्रकृति के शासन को तथा इसके सीमित और संकुचित करने वाले बल को इसके जटिल और कठिन विकासात्मक विधानों को और इसकी अधोमुखी और निराश बनाने

---

१. द लाइफ डिवाइन, पृ० १०१।
२. वही, पृ० १०२।

वाली दुर्वह शक्ति को निरन्तर ढोता चल रहा है।"[१] इन्हीं प्रत्यवायों के बीच डार्विन ने अग्रिम विकास की आशा की थी, भले ही उसकी आशा भौतिक चेतना के नूतन विकास की ही रही हो। 'द डीसेण्ट आफ मैन' उसके भौतिक प्रगति के सपनों का साक्ष्य उपस्थित तो करती ही है। नीत्शे ने कहा था कि "आदमी में महान् वस्तु यह है कि वह मंजिल नहीं, एक पुल है।"[२] सिनेका ने आदमी की दुर्बलताओं के बीच भी देवता का सौम्य चेहरा देखा था। पर ये सभी मात्र आशाएँ ही रहीं। नीत्शे का 'सुपरमैन' नाजी युद्ध में अपने अहं से ही फट कर धूलिसात् हो गया। श्री अरविन्द और नीत्शे के 'महामानव' में आकाश-पाताल का अन्तर है।

श्री अरविन्द ने उपर्युक्त दारुण स्थिति में पड़े हुए मनुष्य के बारे में कोरे आशावाद की अभिव्यक्ति नहीं की। उसके दिव्य रूपान्तर को वे प्रकृति की अन्तर्भूत विकासात्मक चेतना का स्वाभाविक परिणाम मानते हैं। उनकी सबसे बड़ी देन यह है कि उन्होंने अगले लाखों करोड़ों वर्षों में प्रकृति की स्वाभाविक गति से घटित होने वाले विकास की यथासंभव कम से कम समय में घटित हो सकने की विस्तृत विधि का उद्‌घाटन किया। यह एक मनोवैज्ञानिक-आध्यात्मिक विधि है, जिसे हम मानसिक क्षेत्र की परमोच्च ऐतिहासिक घटना भी कह सकते हैं।

श्री अरविन्द ने चेतना को दो भागों में बाँट दिया। "चेतना का वह रूप, जो अब तक विकास के परमोच्च पर है यानी मानसिक और दूसरा वह, जो विकास के माध्यम से भविष्य में पाया जा सकेगा अर्थात अतिमानसिक। मनुष्य ने मानसिक चेतना को विकास के दौर में पा लिया है, पर वह चेतना के विकास की मूलभूत प्रक्रिया को विश्लेषण और हृदयंगम न कर पाने के कारण जानता ही नहीं कि मानसिक चेतना के आगे क्या है?" श्री अरविन्द इसी अज्ञात को, चेतन प्रकृति की प्रक्रिया के विश्लेषण से, उसकी सूक्ष्म पद्धति को जानकर उसी के आधार पर समझाने का प्रयत्न करते हैं। वे लिखते हैं—"हर जीवन-पदार्थ पर चेतना की विजय का एक चरण है, यह तब तक चलता रहेगा, जब तक पदार्थ को अनुशासित करके चेतना उसे पूर्ण आत्मा की अभिव्यक्ति का सीधा साधन और माध्यम नहीं बना देती।"[३] मनुष्य नि:सन्देह पार्थिव सृष्टि के शीर्ष पर स्थित है किन्तु वह अपने स्वभाव और स्वधर्म में इतना सीमित है कि वह नई जाति का निर्माता नहीं हो सकता, किन्तु नई दिव्य जाति, जो संभावित है वह बिना मनुष्य की प्रगति को स्वीकार किये, बल्कि उसी के भीतर के कुछ विकसित तत्त्वों को उपादान के रूप में ग्रहण किये आ ही नहीं सकती है।

मस्तिष्क मनुष्य के लिए सबसे बड़ी शक्ति है, पर अग्रिम विकास में वही सबसे बड़ी बाधा भी है। क्योंकि हमारा मानसयंत्र शरीर या भौतिक जगत् और अतिमानसिक सत्ता के बीच सेतु नहीं बन सकता? मस्तिष्क न तो ज्ञान का समुच्चय है और न तो उसका उत्पादक संयंत्र ही। यह तो मात्र ज्ञान को ढूँढ़ने का औजार है। सापेक्ष्य विचारों के रूप में जो कुछ भी यह पाता है उसका कुछ खास क्रियाओं में उपयोग भर करता रहता है। मस्तिष्क की अपनी आदते हैं। वह हमारे शरीर के भीतर बेड़ियों में जकड़े शासक की तरह स्थित है। वह अदृश विराट को समुच्चय को कभी समझ नहीं सकता, इसलिए वह खंडश: टुकड़े-टुकड़े करके,

---

१. द लाइफ डिवाइन, पृ० ९८४।

२. दस स्पेक जरथुष्ट्र।

३. द लाइफ डिवाइन, पृ० १९४।

रूपाकार प्रदान करके चीजों को अलग-अलग करके समझने और समझाने की कोशिश करता है। मानो यह चीजें अलग-अलग और खंडश: बिना आधार के भी विद्यमान हो सकती हैं। उसकी ये सीमाएँ स्पष्ट हैं। ''मस्तिष्क कभी भी अनन्त को अधिकृत नहीं कर सकता। वह अनन्त के द्वारा भुक्त और अधिकृत ही हो सकता है। बहुत कोशिश करके वह अधिक से अधिक अपनी पहुँच के परे की सत्ता के लोगों को जो ज्योतिमय सत् छाया है, उसके नीचे असहाय सा वह पड़ा रह सकता है। अतिमानस (Super Mind) लोकों में, उनके स्तर पर आरोहण के बिना अनन्त पर अधिकार नहीं हो सकता और इस आरोहण के लिए अतिमानसिक संदेशों के प्रति मस्तिष्क को निस्पंद बनाकर समर्पित कर देने के अलावा कोई रास्ता नहीं है।''[१]

मनुष्य का मन या मस्तिष्क शरीर के साथ एकत्वबोध के कारण और भी स्थूल हो गया है। वह शरीर और स्नायुओं की उत्तेजना में अनुरक्त हो गया है। शरीर यंत्र से थोड़ा ऊपर के स्तर से अपने को जोड़कर वह प्राण पुरुष के रूप में भोक्ता की भूमिका में रखने का अभ्यस्त है। यहाँ से वह शरीरधर्मिता से थोड़ा ऊपर उठकर व्यक्ति-भावापन्न होकर प्रत्येक वस्तु को अपनी दृष्टि से देखने और इस्तेमाल करने का प्रयत्न करता है। यहाँ वह अन्तर्वैयक्तिक धरातल पर प्राणिक टक्कर और समन्वय जोड़ता-बुनता है और अपनी देहगत ऊर्जाओं का नियमन करता रहता है। प्राणिक मन के पीछे एक और चिन्तनशील मन भी है। यहाँ आकर मस्तिष्क अपने को शरीर रूप तथा प्राण रूप के अलावा मन रूप में भी जोड़ने लगता है। यहाँ पर वह शारीरिक और प्राणिक स्तरों से संबंध न रखने वाली चीजों में भी सुख-दुख का अनुभव कर सकता है। वह एक ओर अपने को मन रूप में क्रियान्वित करते हुए, प्राण और शरीर के स्तर पर अपने को जोड़ सकता है, इन दोनों पर अपना शासन भी चला सकता है और उसी सूक्ष्म स्तर पर वह दूसरे लोगों के मन से भी जुड़ने या कटने की कोशिश कर सकता है। यहाँ पर वह शारीरिक, स्नायविक या प्राणिक स्थूल संकेतों के बल पर ही नहीं; बल्कि शुद्ध मनोमय संकेतों, संचरणों का बोध कर सकता है। यद्यपि यह पहले के स्तरों से मस्तिष्क की ऊँची स्थिति है किंतु यहाँ भी वह अपनी भ्रान्तियों से बच नहीं सकता, क्योंकि इस स्तर पर वह अपनी सत्ता को सबसे अलग करके उसे ही अनन्त सत्ता का साक्षी मानकर अहं के आवरण में अपने को जकड़े रहता है। जब यह आवरण कभी विदीर्ण हो जाता है और नाना स्तरों पर विभक्त मन किसी अतिमानसिक क्रिया के द्वारा पराभूत, नीरव और निष्क्रिय हो जाता है, तभी वह व्यापक सत्य की ओर उन्मुख हो सकता है। कहने का तात्पर्य यह कि मनुष्य का मस्तिष्क (Mind) प्राय: शरीर की क्रियाओं, प्राण की आकांक्षाओं और मन की अहम्मन्यता में पूरी तरह लिपटा हुआ है। उसने अभ्यास वश इन्हीं के द्वारा प्राप्त संवेदनाओं में जीने की आदत डाल ली है। और चूँकि मस्तिष्क अपनी अन्तर्निहित सीमा के कारण कभी सत्य का पूर्ण साक्षात्कार कर ही नहीं सकता, इसलिए अर्द्धसत्यों को बटोर-बटोर कर उसने अहं की तुष्टि के लिए, रुचि, धारणा, आदर्श मूल्य आदि के मिथ्या जाल बनाकर उसी में अपने को आबद्ध कर लिया है। आज तक विश्वव्यापी ज्ञान का जो भी रूप है, वह मनुष्य के इसी अहंकेन्द्रित मन की उपज है, परिणाम स्पष्ट है कि उसके द्वारा बटोरे हुए तथाकथित ज्ञान की राशि ज्यों-ज्यों बढ़ रही है, वह शान्ति पाने की अपेक्षा बेचैनी और अस्थिरता का शिकार होता

---

१. द लाइफ डिवाइन, , पृ० १९४।

चला जा रहा है।

तो क्या मनुष्य इससे छूटकर अतिमानसिक सत्ता की ओर अभियान कर सकता है? यदि हाँ तो उसका प्रस्थानविन्दु क्या है और उसका संभावित रूप क्या हो सकता है?

आवरण-विदारण प्रक्रिया के बिना हम ज्योतिर्मय मानस सत्ता का दर्शन नहीं कर सकते। मनुष्य के इस विकसित तृतीय स्तरीय मन और अतिमानस के बीच की खाई को पाटने की प्रक्रिया चैत्यपुरुष से शुरू होती है। यही अतिमानसिक यात्रा का आरंभ विन्दु है। यह चैत्यपुरुष ही वस्तुतः शरीर, प्राण और मन के स्तर पर कार्य करने वाली चेतना का आधार है किन्तु सदा विद्यमान रहने पर भी वह अनुभूत नहीं होता, क्योंकि मन और प्राण उसे ढँके रहते हैं। यानी शुद्ध अतिमानसिक सत्ता के इस पिंडीय प्रतिनिधि को पदच्युत करके अहंविस्फारित मन ने ही उसका स्थान ले लिया है। साधना मनोविज्ञान के क्षेत्र में चैत्यपुरुष की धारणा श्री अरविन्द की महान् देन है। सुप्रसिद्ध संस्कृत विद्वान् श्री **कपालि शास्त्री** ने इस शब्द पर विचार करते हुए लिखा कि "इसे चित या चिति से व्युत्पन्न मानना संदिग्ध है। श्री अरविंद ने बंगाल के वैष्णव साहित्य में प्रचलित इस शब्द को हृदयस्थित पुरुष के रूप में ग्रहण किया। तथापि यह चैत्यपुरुष हृदयदेश में प्रतिष्ठित है, किन्तु यह मनुष्य की हृदय-गुहा में निवास करने वाले ईश्वर की धारणा से भिन्न है। यह ईश्वर की ही एक रश्मि है, उसी का अंश है, पर वही नहीं; यह वस्तुतः यांत्रिक शरीर (मन प्राणयुक्त) पुरुष और ईश्वरीय सत्ता का मध्यस्थ।"[१] अतिमानसिक सत्ता की ओर बढ़ने के लिए जरूरी है कि मनुष्य मानसिक, प्राणिक और शारीरिक संवेदनाओं से उत्पन्न सीमा से अपने को मुक्त करे। आदतों पर आधारित सोचने-विचारने और प्रायः अर्धसत्यात्मक या गलत निर्णय लेने वाले मस्तिष्क की जगह चैत्यपुरुष से अपने को जोड़े। यह कार्य कैसे संभव होगा? श्री अरविन्द ने इस यात्रा की दो मंजिलें स्वीकार की हैं। अधिमानस (Over Mind) और अतिमानस (Super Mind)। अधिमानस अतिमानस का वैश्विक प्रतिनिधि है। यह स्वयं प्रकाशित होते हुए भी, पूर्ण अतिमानसिक ज्योति को हमसे दूर रखता है। यही हिरण्यमय पात्र है, इसी ने सत्य के मुख को बन्द कर रखा है। 'हिरण्मयेन पात्रेण सत्यस्यापिहितं मुखम्।' मस्तिष्क की प्रक्रिया से मुक्त होकर इसकी सीमाओं से अपने को अलग कर, चैत्यपुरुष के रास्ते से अधिमानस (Over Mind) और उनके भीतर से अतिमानस की ओर आरोहण का क्रम है। अधिमानस के नीचे अपरार्ध चेतना, यानी मन, प्राण, शरीर में सक्रिय रहने वाली चेतना का लोक है और उसके ऊपर आनन्द, चित् और सत् का परार्ध चेतना-लोक है।

श्री अरविन्द दर्शन के पाठकों को एक बात ध्यान रखनी चाहिए कि जिस तरह की कठिनाई अपरार्ध चेतना में चैत्यपुरुष को समझने में उत्पन्न होती है, वैसी ही कठिनाई परार्ध चेतना में अधिमानस को लेकर सामने आती है। अधिमानस वस्तुतः अतिमानस की शक्तियों का नियोजक है। एक ओर वह अपने से नीचे के चेतना-लोकों की वस्तुओं का यथातथ्य विधान संपादित करता है, अपनी मायाशक्ति में सब कुछ को आवेष्टित करता रहता है, वहीं चैत्यपुरुष के जागरण के बाद वह जिज्ञासु में वैश्व चेतना का उन्मीलन और स्वयं प्रकाश का ज्ञान का अवदान भी प्रदान करता है।

---

१. **मातृ-तत्व-प्रकाश, पृ० ११३।**

चेतना के विभिन्न स्तरों का यह सामान्य विवरण उसकी नानामुखी सूक्ष्म प्रक्रिया की एक हल्की झलक को उपस्थित करने के उद्देश्य से प्रस्तुत किया गया। मनोमय और विज्ञानमय कोशों की जितनी सूक्ष्म, विस्तृत और व्यापक चर्चा श्री अरविंद ने की, वैसी अब तक किसी भी दार्शनिक या मनोवैज्ञानिक स्कूल द्वारा उपस्थित नहीं की गयी। सवाल है, क्या मनुष्य उच्चतर चेतना के इन स्तरों की ओर बढ़ सकता है और यदि हाँ तो उसके लिए मार्ग क्या है? मार्ग का विस्तृत वर्णन तो श्री अरविन्द के योग समन्वय को देखने से ही मिलेगा, यहाँ संक्षेप में कुछ ऐसी बातों पर विचार करना चाहता हूँ, जो अति व्यावहारिक दृष्टि वाले व्यक्तियों को भी थोड़ा रुक कर सोचने-विचारने की प्रेरणा दे सकती हैं।

मानव के उच्चतर सत्ता में रूपान्तरण के कार्य को श्री अरविन्द चेतना-विकास का अनिवार्य चरण मानते हैं। पर आज तक ऐसा हुआ क्यों नहीं? बड़े-बड़े दार्शनिक पैदा हुए, सिद्ध-संन्यासी उपदेश देते रहे, पर दर्द बढ़ता ही गया, ज्यों-ज्यों दवा होती रही। आखिर क्यों? श्री अरविन्द ने इसका कारण बताते हुए कहा कि—''ऐसा इसलिए हुआ कि अध्यात्म के नाम पर जगत् से उदासीनता का उपदेश और साधना के नाम पर व्यक्तिगत मुक्ति का प्रयत्न ही मुख्य उद्देश्य बन गया। मानव मात्र के विकास पर कभी दृष्टि टिकी ही नहीं। इसीलिए श्री अरविन्द का पूर्ण योग शरीर, प्राण, मन, जीवन-जगत् से अलग होने का नहीं, इन्हीं के बीच उच्चतर क्रिया से इनके रूपान्तर पर बल देता है। यह विकास त्रिधागति से संभव है। विस्तार, आरोहण और अवरोहण। सम्पूर्ण चेतना की विविध क्रियाओं को विस्तृत करना, महत्तर चेतना की उपलब्धि के लिए आरोहण और उच्चतम की प्राप्ति के बाद निम्नतम तक उतर कर सभी स्तरों के परिष्कार और शोधन का प्रयत्न करना और इस प्रयत्न को व्यक्तिगत मुक्ति के लिए नहीं बल्कि मानवता के सामुदायिक विकास के लिए संकल्पित कर देना-- यही श्री अरविन्द के योग का उद्देश्य है। इस समूची प्रक्रिया को श्री अरविन्द ने इतने विस्तृत सुनियोजित और क्रमबद्ध ढंग से व्यावहारिक सूझबूझ के साथ प्रस्तुत किया है कि इसे ''कल्पना-प्रसूत भव्यता'' कह कर टाला नहीं जा सकता। डॉ० शिशिर कुमार मैत्रा ने ठीक ही लिखा है—''इस विकास-प्रक्रिया की हम सैन्य-संचालन की गतिविधि से तुलना कर सकते हैं; जहाँ सभी के सभी दस्ते उस ढंग से बढ़ते हैं कि एक दूसरे के बीच कायम सम्पर्क-सूत्र बिल्कुल चुस्त दुरुस्त बने रहते हैं।''[१]

मनुष्य के भीतर विद्यमान चैत्यपुरुष ''ऐसी शुद्ध और पवित्र अग्निशिखा है, जिसे इसके सम्पर्क में आने वाली कोई भी वस्तु या हमारे कोई भी अनुभव कभी भी अपवित्र नहीं कर सकते या कोई भी चीज इसे बुझा नहीं सकती। यह आत्मिक, अयोनिज और पूर्ण दीप्त तत्व है, अत: यह तुरन्त सगेपन के साथ और सीधे प्रकृति के और अस्तित्व के सत्य को जान लेता है। यह पूरी गहराई से सत्यं शिवं सुन्दरं के प्रति जागरूक होता है क्योंकि ये चीजें इसके मूल स्वभाव से—या इसके तात्विक रूपाकार से बहुत घनिष्ठ रूप से संबंध रखती हैं।[२] यह चैत्यपुरुष तब तक उन्मीलित नहीं हो सकता, जब तक हम आन्तरिक रूप से शान्त नहीं होते; अपने मस्तिष्क की हलचलों और आपाधापी की क्रियाओं को स्थगित नहीं कर देते। वे ही चीजें हमारे प्राणिक अहं के साथ मोटी खोल के आवरण की तरह इस अग्निशिखा को ढँके

१. द फिलॉसफी ऑफ श्री अरविन्दो, पृ० ६७।
२. द लाइफ डिवाइन, पृ० १०६२।

हैं। जब तक मस्तिष्क प्राणिक अहं की माँगों की पूर्ति करता रहेगा, तब तक चैत्यपुरुष के उन्मीलित होने और मानव जीवन के विकास की बागडोर को अपने हाथ में लेने की संभावना नहीं के बराबर रहेगी। ज्यों-ज्यों मन शान्त होकर अपनी पुरानी आदतों के बहाव से उपराम होता है, चैत्यपुरुष का सिंहासन जाग्रत चेतना की ओर उठने लगता है और धीरे-धीरे ज्यादा सक्रिय और समझ में आने लायक ढंग से जीवन का नियंत्रण अपने हाथ में ले लेता है। पवित्र, सुन्दर, शान्त शिव की माँग बढ़ने लगती है, जीवन में तनाव, निराशा, अशान्ति के स्थान पर सत्य के सम्मुख समर्पण और आनन्द में जीने की लालसा बढ़ती जाती है। चैत्यपुरुष के जागरण के ये मूल लक्षण हैं।

चैत्यपुरुष का प्रभाव जीवन की सतह पर बहुत शुद्ध रूप में सहसा उभर आए, ऐसा कम संभव होता है। प्राय: सूक्ष्म मानसिक, प्राणिक, सूक्ष्म भौतिक प्रक्रियाएँ इसमें गड्डमड्ड होकर इसे अपनी अपेक्षाओं के अनुरूप मोड़ने, इस्तेमाल करने की कोशिशें करती रहती हैं। इसलिए जब तक कि व्यक्ति में पूर्ण आत्मिक दिव्य सत्य को पाने, उसके अनुकूल जीवन को ढालने की पूर्ण अभीप्सा नहीं होगी तथा अपने जीवन को स्वयं उस अभीप्सा के अनुकूल अपने नियंत्रण में रखने की चेतना नहीं होगी तब तक चैत्यपुरुष के पुन: विवश होकर पृष्ठभूमि में खिसक जाने की आशंका भी बनी रहती है।

इस प्रत्यवाय से बचने का एक मात्र रास्ता है कि चेतना का यह आरोहण या अभीप्सा अतिमानस के अवरोहण के अनुग्रह से शक्ति प्राप्त करे। चूँकि मानवयंत्र पूर्ण रूप से इन मनोवैज्ञानिक परिवर्तनों के लिए तैयार नहीं है; इसलिए असमय चैत्य आलोड़न से अनेक खतरे भी पैदा हो सकते हैं, जो शारीरिक, प्राणिक या मानसिक स्थितियों के अन्य पक्ष को और भी अधिक भड़का सकते हैं। इसलिए भी अतिमानसिक अवरोहण या अनुग्रह की जरूरत है ताकि उसकी सहायता से धीरे-धीरे सभी स्तर के जीवन का पूर्ण और सही रूपान्तरण हो सके। इसीलिए प्राचीन योग-मार्गों में गुरु की आत्यन्तिक आवश्यकता पर जोर दिया गया था। अतिमानसिक अनुग्रह ही गुरु की भूमिका अदा करता है, किन्तु इसके लिए शुद्ध ईमानदारी और सत्य के प्रति निर्हेतुक समर्पण अनिवार्य शर्त है। अपने जीवन को अधिक से अधिक इस अवरोहण या अनुग्रह के योग्य बनाना भी उतना ही अनिवार्य है। श्री अरविन्द कहते हैं— "आनन्द का यह अवतरण उस यंत्र से पूर्णत: अवधारित नहीं हो पाएगा, जहाँ अत्यधिक काम-वासना की अपवित्रता तथा उससे उत्पन्न नशीली भाव-भूमि होगी। यह वहाँ भी नहीं टिकेगा, जहाँ महत्त्वाकांक्षाएँ होंगी, गर्व होगा या निम्नस्तर के पुरुष की दूसरी आक्रामक वृत्तियाँ होंगी। प्रकाश वहाँ नहीं आएगा, जहाँ अज्ञान या भ्रम के प्रति ललक होगी। यह उपस्थिति वहाँ भी संभव नहीं, जहाँ हृदय का कक्ष इसके स्वागत के लिए पूर्ण स्वच्छ न कर लिया गया हो।[१]

इन कार्यों को त्वरित गति से पूरा न होते देख घबड़ाने की भी आवश्यकता नहीं है। अपने भीतर की आस्था और ईमानदारी से, अतिमानसिक सत्ता के अनुग्रह से पूरे जीवन को योग में बदला जा सकता है; बशर्ते इस रूपान्तरण में हम पूर्ण सहयोगी की भूमिका निभाना चाहें। इस तैयारी के बाद पुन: अतिमानस की ओर आरोहण का तीसरा चरण शुरू होता है। उपर्युक्त स्थिति प्राप्त करके यदि प्राचीन दार्शनिकों और साधकों द्वारा बताये मुक्ति के महाशून्य

---

१. द लाइफ डिवाइन, पृ० १०९०।

में ही खो जाना जीवन का लक्ष्य हो तो पूर्ण योग की ओर आने की जरूरत नहीं। यह योग तो उनके लिए है, जो मानवता के दिव्य रूपान्तर अतिमानस के अवतरण के बाद मनुष्य में वह शक्ति आ जाती है कि वह अधिमानस के परे की सच्चिदानन्द स्थिति की ओर यात्रा कर सके। अतिमानसिक प्रक्रिया क्या होती है, इसे सीमित मानसिक शक्ति रखने वाले मनुष्य के लिए स्पष्ट कर सकना संभव नहीं। सम्पूर्ण प्रकृति में अपनी व्यापकता, विचित्रता और परम रहस्यमयता के साथ कार्य करने वाली दिव्य चेतना की अनुभवगम्य अनिर्वचनीय क्रियाशीलता से इसका कुछ अनुमान मात्र हो सकता है। डॉ० मैत्रा का यह कथन बहुत सटीक है कि "मानस का अतिमानस में परिवर्तन वस्तुतः प्रकृति से पराप्रकृति में परिवर्तन का द्वार है।"[१]

सत्य तो यह है कि श्री अरविन्द का अतिमानसिक दर्शन एक ऐसा उन्नत और विलक्षण पिरामिड है कि उसे देखने में गर्दन बहुत तन जाती है। हर ऊँचाई के साथ ऐसा ही होता है। विराट चैतन्य का यह ऐसा श्रेणीबद्ध प्रकाश-पर्वत है कि प्रायः लोग इसकी विशालता के दर्शन मात्र से चकराने लगते हैं।

दर्शन हमेशा पूर्ण होना चाहिए, चाहे वह कितना भी विराट् क्यों न हो, इसलिए पूर्णता से भयभीत होने की जरूरत नहीं है। यह भी हमारे जागतिक मन की विशेषता ही है और उन्होंने खुद ही कहा है कि विकसित मानस भी चीजों को खण्ड-खण्ड करके ही देख पाता है, इसलिए इस पूरे दर्शन के आरम्भ-विन्दु पर ही दृष्टि केन्द्रित करें और मानव मन के भीतर के चैत्यपुरुष को जानने की अभीप्सा रखें और यदि सम्भव हो तो अपने अन्तर को उनके बताए तरीके से विकसित करें। इसमें भी मानवता का कम कल्याण नहीं है। अतिमानस के विश्लेषण के सम्बन्ध में नीरदवरण के साथ उनकी दिलचस्प चर्चा की याद आती है। नीरदवरण ने श्री अरविन्द को एक पत्र में लिखा—"आप अतिमानस के बारे में तब तक नहीं बताएँगे, जब तक इसका अवतरण नहीं हो जाता। यही महान् रहस्यात्मकता इसके प्रति हमारी श्रद्धा को नत्थी किये हुए है और अतिमानस शब्द सबकी जबान पर घूम रहा है। काश, इसकी एक झलक भी देख पाते!" श्री अरविन्द ने अपने चिर-परिचित अन्दाज में, जो नीरद के लिये ही सुरक्षित था, लिखा—"जबानी-जमा-खर्च का कोई मतलब नहीं होता। यदि लोग सिर्फ चैत्यपुरुष के जागरण, आत्मिक उद्‌घाटन या विकास पर ध्यान दें, तो ज्यादा उपयोगी होगा। यदि मैं अतिमानस को समझने की कोशिश करूँगा तो हो सकता है कि वह उसी के साथ और भी ऊपर टँग जाय।"[२]

एक ओर जहाँ आज के विश्व में मनुष्य की निम्नतम क्षुद्रता की बात कही जा रही है, वहीं दूसरी ओर श्री अरविन्द ने उसकी चेतना की विराट् वर्तुल गरिमा का और उसकी अद्‌भुत

---

१. **द फिलॉसफी ऑफ श्री अरविन्दो, पृ० ८०। श्री अरविन्द ने अतिमानस से अनुभूत तीन स्तर बताये हैं। व्याख्यापरक (Interpretative), जो मानसिक उच्चस्तरीय संभावनाओं की क्षमता को प्रमाणित करता है। प्रतिनिधानात्मक (Representative) इन समताओं की क्रियाशीलता और तरीकों को प्रकट करता है। अबाध सत्यात्मक (Imperative) वह अन्तिम सार है, जो सत्योन्मीलन को प्रकट करता है, इस सत्य को कुछ भी रोक नहीं सकता। इविनिंग टाक्स, दूसरा भाग, पृ० २९८-२९९।**

२. **कारसपांडेन्स विद श्री अरविन्दो, पृ० १३९।**

संभावनाओं के द्वारा उन्मुक्त किया है। इसे कोरा दर्शन मात्र न रखकर इसे अपने कार्यों से प्रमाणित भी किया है। यह सब हमें मनुष्य की नियति पर नये सिरे पर सोचने के लिए प्रेरणा देता है। संसार में कोई भी आन्दोलन, कोई भी विचारधारा, कोई भी सुधार का प्रयत्न या मनुष्य-जीवन को बेहतर बनाने की असंख्य क्रान्तियाँ तब तक सफल न होंगी, जब तक मनुष्य के मानसयंत्र का उच्चस्तरीय रूपान्तरण नहीं होता। पाश्चात्य मनोविज्ञान ने मानव मन की एक बन्द कोठरी के गलीज को ही बिखेर कर अवचेतन की क्षमता की इयत्ता मान ली है। उसी अवचेतन से पराचैतन्य की एक ज्योति-शिखा भी है। इसे श्री अरविन्द दिखाते हैं, और जिन्हें ज्योति से प्यार है, वे इस ओर से आँखें नहीं मूँद सकते।

■

पृथ्वी यात्रा पर है

यः पृथ्वी व्यथमानामदृंहत्

ऋग्वेद २।१२।२

जिसने चलती हुई पृथ्वी को स्थिर किया।

ऋग्वेद में इन्द्र की स्तुति के प्रसंग में ऋषि उनकी प्रशंसा में गाते हैं कि उस इन्द्र को जानो, जिसने चलती हुई पृथ्वी को स्थिर किया। देवताओं ने कभी प्रयत्न किया होगा। देवराज इन्द्र की अध्यक्षता में पृथ्वी को दिव्य बनाने की कोशिश हुई रही होगी ताकि वह 'व्यथमाना' स्थिर हो सके, दृढ़ हो सके किन्तु इतिहास साक्षी है कि देवता आसुरी शक्तियों से लगातार पराजित होते रहे। महिषासुर, तारकासुर आदि ने अनेक बार अमरावती को उजाड़ कर धूलिसात् किया अर्थात इस पृथ्वी पर कभी भी दिव्यजीवन स्थापित न हो सका, इसलिए वह आज भी व्यथमाना ही है, आज भी उसकी यात्रा जारी है।

श्री अरविन्द ने लिखा है—"पृथ्वी यात्रा पर है, ताकि पूरी मानव जाति के लिए एक सर्वमान्य व्यापक, लचीली सभ्यता स्थापित हो सके। एक ऐसी सभ्यता का निर्माण होना चाहिए, जिसमें प्रत्येक आधुनिक और प्राचीन सभ्यता अपना योगदान कर सके और इसे प्रत्येक परिभाषित मानवीय सभ्यता द्वारा इस प्रकार परिपूर्ण बनाया जाय कि विभिन्न सभ्यताओं के वैविध्य के गुण भी बने रहें।"[१]

श्री अरविन्द की इस आकांक्षा को बहुत से पूर्वाग्रह से पीड़ित दार्शनिकों ने, जो समाजशास्त्री नहीं हैं, स्वप्न माना है। **डॉ० आर०सी० जेनर** (R.C. Jaehner) ने इन सिद्धान्तों की सम्भावित असफलता सिद्धान्त और विश्लेषण में न खोजकर उनके अपने मिशन की असफलता में ढूँढ़ा है। चूँकि श्री अरविन्द का मिशन रामकृष्ण मिशन से कम लोकप्रिय हुआ, चूँकि अतिमानसिक सत्ता के अवतरण के बाद भी कोई विशेष परिवर्तन नहीं दिखाई पड़ रहा है, चूँकि उनके शिष्य तक यह कह रहे हैं कि विश्व परिवर्तन के लिए तैयार नहीं था, इसलिए उन्होंने मृत्युवरण किया, इसलिए स्पष्ट है कि ये धारणायें कोई विशेष मूल्य नहीं रखतीं।[२]

शिष्यों के कहने से कि श्री अरविन्द निराश थे, सही मान लेना श्री अरविन्द के साथ अन्याय होगा। इन्हीं शिष्यों ने एक बार श्री अरविन्द से कहा था कि "शायद दुनिया को अपरिवर्तित पाकर आप और श्रीमाँ एक असाधारण समाधि में खो जायेंगे, इस दुष्ट दुनिया को छोड़ कर कि चाहे वह डूबे या तैरे और शायद यही सबसे बुद्धिमत्तापूर्ण भी होगा।" श्री

---

१. **इवोल्यूशन इन रेलिजन्स, ए स्टडी इन श्री अरविन्दो एन्ड पिरार तहार द शार्दां, आक्सफोर्ड, १९७२, पृ० २४-२५।**

२. **Evolution in Religion. A Study in Sri Aurobindo And Pierrie Teilhard De chardin.**

अरविन्द ने लिखा—"मैं ऐसा करने का इरादा नहीं रखता। यदि सब कुछ नष्ट भी हो जाय, तो मैं ध्वंस के भीतर से नये निर्माण का प्रयत्न करूँगा। जो कुछ दुनिया में हो रहा है, उससे मैं कतई निराश नहीं हूँ, क्योंकि मैं लगातार जानता रहा कि ऐसी ही चीजें घटेंगी। जहाँ तक बौद्धिक आदर्शवादियों का सवाल है, मैंने उनका समर्थन कभी नहीं किया, इसलिए मैं उनकी तरह निराश भी नहीं हूँ।"[१] कहना न होगा कि श्री जेनर ऐसे ही आदर्शवादी बौद्धिक हैं, जो चिन्तन के क्षेत्र में तर्कों से अपनी बात सिद्ध करने के स्थान पर व्यक्तिगत क्षेत्र में जाकर आश्रम और उसकी सुनी-सुनाई चर्चाओं आदि के माध्यम से अपनी धारणा की पुष्टि करना चाहते हैं। श्री अरविन्द ने यदि मृत्युवरण किया तो इसलिए नहीं कि वे अपनी धारणाओं की असफलता को स्वीकार कर चुके थे। गुह्य तांत्रिक क्षेत्र में जरूरी नहीं कि हर दार्शनिक का प्रवेश हो ही, पर उसके लिए इतना तो जरूरी है ही कि चिन्तन का उत्तर वह तर्क के धरातल पर खड़ा होकर दे। डॉ० जेनर ने मैदान से हटकर गलत जमीन से बहस करने की कोशिश की है। मिशन सफल हुआ या असफल, इसका निर्णय इतनी जल्दी और इतने झटके में नहीं किया जा सकता। डॉ० जेनर विश्व-एकता के विरुद्ध नहीं हैं, उन्हें श्री अरविन्द से चिढ़ इसलिए है कि वे भावी विश्व-एकता का आधार जेनर की तरह ईसाई धर्म को ही नहीं मानते। जेनर कहते हैं कि "चूँकि यह शक्ति एक ऐसे लचीले धर्म में ही हो सकती है, जो संगठित रूप से मनुष्य की आत्मा को उन्नत बनाकर विश्व में बन्धुत्व ला सके, और ऐसा धर्म ईसाई धर्म ही है, इसलिए भविष्यत् मानवता की वही शरण है।"[२] मैं यहाँ जेनर के तर्कों पर बहस भी नहीं करना चाहता। क्योंकि मुझे लगता है श्री अरविन्द के इस कथन से पीड़ित होकर उन्होंने सारी बातें लिखी हैं—"ईसू इस जगत् को शुद्ध बनाने आये थे। जगत् को चरितार्थ बनाने नहीं। उन्हें अपने मिशन की असफलता का पूर्व ज्ञान था, इसलिए वे तलवार हाथ में लेकर उस जगत् में पुनः लौटे, जिसने उन्हें अस्वीकृत कर दिया था।"[३]

यहाँ श्री अरविन्द का आरोप ईसू पर नहीं, उनके नाम की माला जपने वाले योरोपीय साम्राज्यवादियों पर है, जिन्होंने एशिया और अफ्रीका के अनेक मुल्कों को शताब्दियों तक गुलाम बनाये रखा। श्री अरविन्द इस अर्थ में बहुत स्पष्ट है कि धर्म का कार्य मानव को व्यक्तिगत आत्मप्रकाश प्राप्त करने में सहायता देना है, उसके ऊपर विधान का, नियमों का कटघरा डालना नहीं। जो धर्म मानव को ऐसी स्वतंत्रता नहीं देता, वह उसके द्वारा रद्द किये जाने या अस्वीकृत किये जाने के लिए बाध्य है। उन्होंने लिखा—"धर्म को अध्यात्म में बदलना होगा क्योंकि अध्यात्म मनुष्य की आत्मा में श्रद्धा रखता है, इसलिए वह उसकी स्वतंत्रता की गारंटी देता है, क्योंकि स्वतंत्रता से ही आत्मा को अपनी चरितार्थता प्राप्त होती है। स्वतंत्रता का गंभीरतम अर्थ ही है हर व्यक्ति को आत्मविकास के लिए अपने स्वभाव यानी धर्म के अनुसार मौका देना। धर्म का कार्य है कि वह हमारे दायित्व के सभी पक्षों को विकास की यह स्वतंत्रता प्रदान करे। आत्मा को नकारने तक की स्वतंत्रता जैसा कि प्राचीन भारतीय धर्म देता था, इसलिए वहाँ दर्शन और विज्ञान ने कभी भी धर्म को नकारा नहीं।"[४] श्री

---

१. **लेटर्स, भाग दो, पृ० २३१।**

२. **इवोल्यूशन इन रेलिजन्स, पृ० ५८।**

३. **थाट्स एण्ड एफारिज्म्स, पृ० २८।**

४. **ह्यूमन साइकिल, रेलिजन ऐज द ला ऑफ लाइफ, पृ० २४२-२४३।**

अरविन्द धर्म के विधानों को सख्त कानून के रूप में लादने के विरोधी थे।

श्री अरविन्द ने बहुत स्पष्ट ढंग से मानवता के विकास के अग्रिम चरणों को अपनी भविष्यदर्शी दृष्टि से देखा। उन्हें स्पष्ट प्रतीत हुआ कि भविष्य में मानवता को जाति, राष्ट्रीयता, धर्म, रंग और रूप की संकुचित सीमाओं को तोड़कर नये बन्धुत्व के सूत्र में बँधना होगा। यही विचारधारा उनकी पुस्तक 'मानव एकता का आदर्श' में प्रतिफलित हुई। श्री अरविन्द ने मानव जाति के सामाजिक विकास की समस्याओं पर गंभीर चिन्तन किया और उन तत्वों और ताकतों का, जो आदमी के शारीरिक, संवेगमूलक, मानसिक, नैतिक और आध्यात्मिक संबंधों के आधार और कारण बनती हैं, बड़ा ही व्यापक और स्पष्ट विश्लेषण किया।

श्री अरविन्द ने आज की मानव जाति के सम्मुख उपस्थित संकट को विकास-प्रक्रिया का स्वाभाविक परिणाम कहा। अर्थात आदमी उस स्तर पर विकसित होकर स्थिर हो गया है, जहाँ से उसे आगे विकसित होना चाहिए था, किन्तु ऐसा हो नहीं पाया, इसलिए उनकी बौद्धिक विकास-प्रक्रिया से उत्पन्न समस्यायें अपना समाधान नहीं पा रही हैं। उन्होंने लिखा—''मानव मस्तिष्क ने कुछ दिशाओं में अभूतपूर्व विकास किया है और कुछ में वह एकदम अवरुद्ध और थथम कर रह गया है, परिणामत: उसे सही रास्ता नहीं मिल पा रहा है।''[१] मनुष्य के निरन्तर सक्रिय मस्तिष्क ने बाहरी जीवन के तत्त्वों का ऐसा जंगल खड़ा कर लिया है कि वह उसी में भटक रहा है। यह बाहरी मशीन इतनी विराट् और व्यापक हो गयी है कि इसका निर्माता आदमी इसको ठीक से संभाल नहीं पा रहा है। अपनी शारीरिक और प्राणिक आकांक्षाओं की पूर्ति के लिए उसने उलझी शासन-व्यवस्था, राजनीतिक, आर्थिक और सामाजिक ढाँचे बनाये हैं कि वे उसी के लिए भार हो गये हैं। मानसिक इच्छाओं की पूर्ति के लिए उसने सामूहिक ढर्रे के उत्तेजनामूलक साधनों का अम्बार लगा लिया है, जिसमें वह खुशी और शान्ति पाने के लिए जाता है, पर थककर और परेशान होकर वापस लौटता है।

श्री अरविन्द का कहना है कि इस संकट से उसकी रक्षा बौद्धिक समाधानों से संभव नहीं है। क्योंकि ''तर्कशील बुद्धि और विज्ञान केवल भौतिक जीवन के उपादानों को कृत्रिम ढंग से सजाकर या मशीनी आधार पर वर्गीकृत करके प्रामाणिक आदि बताकर उन्हें एक क्रमबद्धता देने में सहायता पहुँचा सकते हैं, पर इस उत्पन्न संकट से बचने के लिए हमें एक महत्तर, पूर्ण जीवन, पूर्ण ज्ञान और पूर्ण क्षमता की जरूरत है, ताकि आज के जीवन को एक ज्यादा पूर्ण एकता प्रदान की जा सके।''[२]

उनके द्वारा प्रतिपादित समस्या और समाधान को ठीक से समझने के लिए आवश्यक है कि हम उनके द्वारा उपस्थित मानव-विकास की प्रक्रिया के विश्लेषण को ठीक से समझें, जिसे उन्होंने अपने प्रसिद्ध ग्रंथ 'मानवचक्र' में बहुत विस्तार से प्रस्तुत किया है। श्री अरविन्द मानते हैं कि मानवजाति का विकास कुछ चक्रों में, एक के बाद एक प्रवृत्ति की प्रधानता वाले युग-चक्रों में सम्पन्न हुआ है। किसी चक्र में एक खास तरह की प्रवृत्ति या जीवन-पद्धति की प्रधानता रही, तो दूसरे चक्र में किसी दूसरी प्रवृत्ति की। वैसे तो चक्रों की कल्पना किसी न

---

१. द लाइफ डिवाइन, १९५५ संस्करण, पृ० १२५२।

२. वही, पृ० ९५।

किसी रूप में आज के अनेक समाजशास्त्री मानते हैं, परन्तु इसका सबसे पुराना रूप भारत में चार युगों की कल्पना में मिलता है। सतयुग से लेकर कलियुग तक का एक चक्र है। इसकी पुनरावृत्ति होती रहती है। श्री अरविन्द ने लैम्ब्रेख्त के प्रतीकात्मक, आदर्शप्रधान, परम्परा-प्रधान, अनुभव-प्रधान नामक मनोवैज्ञानिक वर्गीकरणों की चर्चा की है, चूँकि आरम्भ के तीनों वर्ग सुदूर अतीत से जुड़े थे और उनके विश्लेषण में तथ्य से अधिक अनुमान का आश्रय लेना पड़ता है, इसीलिए उनका उतना सूक्ष्म विवेचन संभव नहीं है। श्री अरविन्द यह मानते हैं कि "मनुष्य तथा उसके सामाजिक संगठनों का मनोविज्ञान अत्यन्त जटिल है और बहुमुखी तथा परस्पर-मिश्रित प्रवृत्तियों का ऐसा विकट समन्वय हुआ है कि संतोषप्रद रीति से कोई कठोर और नियमबद्ध विश्लेषण नहीं किया जा सकता है।"[१]

लैम्ब्रेख्त के वर्गीकरण से काम चल सकता है। वे अपने हिसाब से पिछले तीन चक्रों का विश्लेषण करते हैं। जहाँ भी समाज में आदिम या प्रारंभिक अवस्था के साक्ष्य देने वाले तत्व मिल सकते हैं, वहाँ आसानी से देखा जा सकता है कि शुरू-शुरू में प्रतीकात्मक चक्र ही रहा। श्री अरविन्द ने प्रतीकवाद को कल्पनात्मक तथा अन्तर्ज्ञानात्मक धार्मिक भावना से मिला-जुला चक्र स्वीकार किया है। इसी दृष्टि से वे प्रतीकात्मक और परम्परा का भी अन्तर करते हैं। उदाहरण के लिए आरम्भिक वर्णव्यवस्था प्रतीकात्मक थी, जब कि उसी का विकसित या विकृत रूप जाति में आकर परम्परा बन गया। ब्रह्म को जानने वाला ब्राह्मण वर्ण का है, किन्तु ब्राह्मण का पुत्र होने से ब्राह्मण कहा जाना जाति का परिणाम है। परम्परा सभी दृष्टियों से विकृति का ही नतीजा नहीं होती, बल्कि वह अपने सर्जनात्मक दौर में एक व्यापक व्यवस्थाविधान को स्थापित करने का महत्त्वपूर्ण कार्य भी करती है। क्योंकि जब तक परम्परा जीवन्त मूल्यों को महत्व देती है, वह व्यवस्था के भीतर भी, सक्रियता कायम रखती है और रूढ़िग्रस्त होकर सृजन से वंचित नहीं होती। किन्तु जब वह रूढ़ियों को नियम मानकर व्यक्ति आत्मा की स्वतंत्रता पर हावी होती है और उसे नवीन की ओर बढ़ने से रोकना ही अपना कर्म मानने लगती है, तब स्वभावतः वह बेकार होकर तिरस्कृत हो जाती है, किन्तु यदि परम्परा के नाम पर बहिरंग आकृति का ही प्रभाव बनाये रखने की कोशिश चलती रहती है तो सुधार भी निरर्थक होते जाते हैं और—"परम्परावादी लौह पंजा नवीन आन्दोलनों पर झपट कर, उनके संस्थापकों के नामों को अपने भीतर जकड़ लेता है, ऐसी ही स्थिति पादरी-परम्परा तथा कैथोलिक समाज में दिखाई पड़ती है।"[२]

अपने सुप्रसिद्ध निबन्ध 'ट्रेडिशन एण्ड इंडिविजुएल टैलेण्ट' में टी०एस० इलियट ने बड़ी साफ बात कही है कि "नई कलाकृति के समावेश से परम्परा में संशोधन होता है। नई कृति की उद्भावना के पूर्व परम्परा का अनुक्रम अपने में पूर्ण होता है, परन्तु उस नई कृति के आ जाने से सम्पूर्ण वर्तमान के अनुक्रम को बदलना पड़ता है। चाहे परिवर्तन कितना भी थोड़ा क्यों न हो। इस प्रकार उस सम्पूर्ण भांडार के प्रति प्रत्येक नई कलाकृति का सम्बन्ध, समानुपात और मूल्य पुनः निर्धारित होता है। वर्तमान के कारण अतीत में परिवर्तन आता है, वैसे ही वर्तमान अतीत से निर्दिष्ट होने लगता है।"[३] टी०एस० इलियट के इस सिद्धान्त को, कि नया से नया

---

१. मानवचक्र, पृ० २-३।
२. वही, पृ० ११।
३. सलेक्टेड ऐसेज, न्यूयार्क, १९३२, पृ० ८।

विद्रोही कलाकार भी अपने मूल्यांकन के लिए परम्परा के विरोध में खड़ा होगा, परम्परा उसकी प्रतिभा के अनुरूप अपने को अनुकूल बनाने के लिए थोड़ी थरथराहट के साथ अपने अन्दर परिवर्तन लायेगी और इस परिवर्तन के कारण वह इतनी लचीली बन जायेगी कि वह नया कवि परम्परा की सामंजसता का हिस्सा हो जायेगा, बड़ा ही मौलिक चिन्तन कहा जाता है। श्री अरविन्द ने इसी के समानान्तर एक बात बहुत पहले नये धार्मिक आन्दोलनों और परम्परा के सम्बन्ध को लेकर कही थी।

इस प्रकार की दमघोंट स्थिति आने पर प्रतिक्रिया-स्वरूप व्यक्तिवाद पनपता है।[१] जब सत्य तथा परम्परा के बीच की खाई अपाटनीय हो जाती है, तब बौद्धिक शक्ति-सम्पन्न व्यक्तियों का उदय होता है। सिद्धान्तों को निगल जाने वाले ये महान् व्यक्ति-प्रतीकों, आदर्शों तथा परम्पराओं का दृढ़तापूर्वक, उग्रतापूर्वक भावना बुद्धि के शान्त प्रकाश के द्वारा वर्जन करते हुए बन्दीगृह की भित्तियों पर प्रहार करते हैं और अपनी वैयक्तिक बुद्धि, नैतिक आदर्श एवं हृदय की भावनाओं की सहायता से उस सत्य की खोज करते हैं, जिसे समाज खो चुका होता है, अथवा अपने धवल समाधि-मंदिरों में गाड़ चुका होता है, यही व्यक्ति प्रधान समाज के चक्र की शुरुआत का कारण है।

व्यक्तिप्रधान समाज का पहला युग तर्कप्रधान युग कहा जा सकता है। व्यक्तिवाद का उषाकाल सदा ही संशय और अस्वीकृत का काल होता है। तमाम रूढ़ियों और अपने स्वीकार योग्य न लगने वाले आवरणों के प्रति वह विद्रोह करता है। श्री अरविन्द के 'मानव चक्र' का महत्त्व व्यक्तिवादी युग के उषाकाल से लेकर आज तक की सामाजिक गतिविधि के विश्लेषण और बौद्धिक धारा के अन्तिम अवरोध तक की स्थिति को स्पष्ट करने में देखा जा सकता है। व्यक्तिप्रधान युग का मूल आधार सैद्धान्तिक और दार्शनिक तर्कशक्ति में निहित होता है।

व्यक्ति प्रधान तथा तर्क प्रधान मानव-चक्र की धुरी विज्ञान है। विज्ञान ने नये सिरे से हमें अपनी पुरानी मान्यताओं पर सोचने के लिए विवश किया है। श्री अरविन्द विज्ञान के विरोधी नहीं हैं, जैसा जेनर उन्हें प्रस्तुत करना चाहते हैं। उन्होंने लिखा है कि "अरविन्द ने विज्ञान में सन्देह किया, विशेषत: चिकित्सा-विज्ञान में, जिसके प्रति उसके मन में सतार्किक और पुरातनवादी दुराग्रह था।"[२] श्री अरविन्द विज्ञान की क्षमता और उसकी देन को कभी अस्वीकार नहीं करते। उन्होंने स्पष्ट लिखा है—"विज्ञान, तमाम मानसिक और बहिर्भूत ज्ञान की ही तरह अपनी प्रक्रिया का सत्य प्रदान करता है।" इससे अधिक विज्ञान को वे महत्त्व देना नहीं चाहते, क्योंकि विज्ञान अपनी प्रक्रिया से प्राप्त पूर्ण सत्य की न प्राप्ति कर सकता है, न अभिव्यक्ति "क्योंकि तुम 'कुछ ऐसा', जिस पर सोचा जा सकता है, उसे तो पकड़ सकते हो, पर वह जो तुम्हारे चिन्तन की सीमा में नही बँधता, प्राय: अछूता रह जाता है।"[३] श्री अरविन्द विज्ञान के विरोधी नहीं थे। सिर्फ वे उसको पूर्ण ज्ञान का अन्तिम माध्यम मानने को तैयार नहीं थे। और क्या डाक्टर जेनर इनकार कर पायेंगे कि विश्व के बड़े से बड़े वैज्ञानिक भी यह दावा नहीं करते कि उनकी वैज्ञानिक उपलब्धियाँ चरम सत्य हैं। यही नहीं, आइन्स्टीन, मादाम क्यूरी तथा अनेक ने तो उस अदृश्य अचिन्तनीय को, जो विज्ञान की सीमा में बँध नहीं पाता,

---

१. मानवचक्र, पृ० १२।

२. इवोल्यूशन ऑफ रेलिजन्स, पृ० ३७।

३. श्री अरविन्द : द रिडिल ऑफ द वर्ल्ड, पृ० २६।

बार-बार स्वीकार किया है और कभी भी इस स्वीकृति को विज्ञान के लिए अतार्किक नहीं कहा है। श्री अरविन्द कुछ भिन्न कारणों से विज्ञान का विरोध करना आवश्यक मानते हैं। उन्होंने कहा, "भौतिक विज्ञान के क्षेत्र में आप बिल्कुल ठीक और चुस्त-दुरुस्त हो सकते हैं। यहाँ चीजें बिल्कुल मशीनी और तैशुदा ढंग की हैं। जहाँ तक भौतिक तत्त्वों का सम्बन्ध है, यह बिल्कुल ठीक है, क्योंकि वहाँ यदि आपने कोई गलती की तो प्रकृति सीधे नाक पर घूसे मारकर आपको तथ्य दिखला देगी। पर जिस क्षण आप ये ही कानून और नियम आदमी के मन और जीवन पर भिड़ाना शुरू करते हैं, आप गलती पर गलती करते चले जायेंगे और कभी सत्य नहीं जान पायेंगे। आप उस सत्य को देखने से ही इनकार कर देंगे, क्योंकि आपकी मानसिक बनावट ऐसी ठोस हो गयी है कि यह हर चीज को उसी में कस देने की कोशिश करती है।"[१]

मैं नहीं समझता कि इसे विज्ञान के प्रति श्री अरविन्द का अतार्किक पूर्वाग्रह कहा जायेगा। यदि ऐसा है तो इसका सबसे बड़ा शिकार प्रसिद्ध जर्मन दार्शनिक **यास्पर्स** होगा, जिसने कहा था—"सिद्धान्ततः विज्ञान वस्तुओं को उनकी पूर्णता में विश्लेषित करने में अक्षम है। यदि इस चीज को स्वीकार कर लिया जाय तो यह दुनिया मानवीय चेतना के लिए ज्यादा अवगम्य हो सकती है। चेतना के अनेक जीवन्त रूप हैं, जो सामान्य जनता के भीतर और बाहर फैले हैं, जिन्हें जनसामान्य की भाषा में रूप या नाम प्रदान कर पाना कठिन है। बहुत कुछ स्पष्ट-अस्पष्ट छिपे हुए संवेग, परिदृश्य, अनुभूति, अन्तर्ज्ञान, अनुकरणधर्मा चेतनाएँ आदि जो जन-सामान्य के ज्ञान का कच्चा माल है, और जो अंशतः कभी भी विज्ञान की पकड़ में नहीं आते, किन्तु जो पदार्थ की अनिर्वचनीय आकृतियों में झलक जाते हैं, स्वतन्त्र व्यक्तित्व में ये अदभुत आत्मनिर्णीत ढंग से रूपायित होते हैं। ये जीवन्त सूक्ष्म तत्त्व विज्ञान की सर्वाधिक सक्षम और बारीक छलनी में भी नहीं फँसते और फिसल कर निकल जाते हैं।"[२] इसीलिए यास्पर्स की घोषणा है कि जहाँ विज्ञान खत्म होता है, दर्शन का जगत् शुरू होता है।

यह एक दार्शनिक की वास्तविक और ईमानदार प्रतिक्रिया है जिसे विज्ञान की सर्वमान्य सत्ता के विरोध में श्री अरविन्द ने व्यक्त किया। इसे पूर्वग्रह कहना, खुद में अपनी कमजोरी को छिपाने के लिए अतार्किक भाषा की शरण लेना है। श्री अरविन्द इसीलिए मानते हैं कि व्यक्तिप्रधान और तर्कप्रधान युग के लिए एक हद तक परम्परा के विरोध में शक्तिशाली भौतिक विज्ञान को स्वीकार करना जरूरी होता है। क्योंकि इसके द्वारा रूढ़ियों को तोड़ने और मृत तत्त्वों को फेंकने में सहायता मिलती है।

कालान्तर में यह तर्कप्रधान युग एक स्थिति में आकर थम जाता है। "जब उसे यह स्पष्ट हो जाता है कि भौतिक जगत् का ज्ञान ही सम्पूर्ण ज्ञान नहीं है, यह भी प्रतीत होने लगता है कि मनुष्य भौतिक और प्राणमय सत्ता के साथ ही साथ मनोमय सत्ता भी है,बल्कि उपर्युक्त दो की तुलना में वह मनोमय कहीं अधिक है, यद्यपि उसकी चेतन-सत्ता और उसकी भौतिक सत्ता परिस्थितियों से अधिक प्रभावित हैं एवं सीमित हैं, परन्तु अपने मूल में वह उनके द्वारा निर्धारित नहीं होती, परंन्तु वह उनके प्रति निरन्तर प्रतिक्रिया करती है, गुप्त रूप में उनकी क्रियाओं का निर्धारण करती है और जीवन के प्रति अपनी मनोवैज्ञानिक माँग की सामर्थ्य के

---

१. टाक्स विद श्री अरविन्दो : प्रथम भाग, पृ० ८५।

२. सिक्स एक्जिस्टैंशिलिस्ट थिंकर्स, एच०जे० ब्लाखम, पृ० ४५-४६।

द्वारा उनके नव निर्माण पर प्रभाव तक डालती है।"[१]

ऐसी स्थिति में तर्क-प्रधान युग बहुत दिनों तक तर्कों के बल पर ही नहीं चल सकता। उसे अपने इस औजार से भिन्न औजार की जरूरत होती है ताकि वह अपने भीतर की अधिक गहराई में पड़ी संभावनाओं से जान-पहचान कर सके। यही वस्तु, यही माँग उसे अनुभववादी मानव चक्र में उतरने के लिए विवश करती है। अनुभववादी या अनुभव-प्रधान युग का आगमन इसी का परिणाम होता है। इसी के द्वारा मनुष्य अपनी आत्मा की, और आगे चलकर सभ्यता और संस्कृतियों की अन्वेषण-प्रक्रिया में 'राष्ट्र आत्मा' की खोज करने में सफल होता है। नाना प्रकार की ललित कलाओं का सृजन इसी अनुभववादी युग-चक्र की देन है। स्पष्ट ही यहाँ श्री अरविन्द विज्ञान और तर्क को समानान्तर रखकर विश्व-प्रक्रिया को स्पष्ट करना चाहते हैं। विज्ञान का अर्थ केवल पश्चिमी विज्ञान नहीं है। उनके हिसाब से तर्कशास्त्र, चिकित्सा, वैद्यक तथा दूसरे शास्त्र सभी इसी की सीमा में आते हैं। यानी भारत में योरोपीय किस्म का भौतिक विज्ञान नहीं था, परीक्षणात्मक प्रायोगिक शास्त्र था; पर विज्ञान और सिद्धान्तों की कमी नहीं थी। अतः अनुभववाद का युग भारत में योरोपीय विज्ञान के प्रवेश के बहुत पहले स्थानीय तर्कविज्ञान की प्रतिक्रिया में उपस्थित हुआ।

अनुभववादी चक्र ज्यादा गहराई से मानव जीवन की संभावनाओं पर सोचने-विचारने की स्थिति कायम करता है, पर यह आवश्यक नहीं कि अनुभव हमेशा सत्य की ओर ही ले जाये। अनुभव सच्चा भी हो सकता है और झूठा भी। झूठा अनुभववाद अहंग्रस्त होता है। "अपनी अहंकारमय बुद्धि का, प्राणशक्ति का, शारीरिक सुख-सम्पत्ति का, चरम विकास तथा अपनी मनोमय भावनामय एवं भौतिक वासनाओं की चरम संतुष्टि ही व्यक्ति के लिए चरम संसिद्धि की अवस्था नहीं है, बल्कि उसके अन्दर की दिव्यता को अपने ज्ञान, शक्ति, प्रेम तथा सार्वभौमिकता की चरम सामर्थ्य तक विकसित करना तथा इस विकास के द्वारा अस्तित्व के समस्त संभव सौन्दर्य तथा आनन्द की चरम संसिद्धि प्राप्त करना ही उसका परम ध्येय है।"[२] श्री अरविन्द यह मानते हैं कि अनुभववाद का पहला खतरा 'व्यक्तिवादी अहंकार की भूल' का समुदायवादी अहंकार की भूल में परिवर्तित होना है। और जब तक हम नहीं सोचते कि सबकी एक ही आत्मसत्ता है और हमारी आत्मा विश्वजनीन भागवत चेतना का एक अंश है, समाज में शान्ति और सौमनस्य संभव नहीं। ऐसा सोचने वाला व्यक्ति आसानी से समझ जाता है कि मानव अस्तित्व का पहला सत्य जानना है कि अहंभाव आत्मा नहीं है। दूसरा सत्य, जो नकली अनुभववाद से हमें मुक्त करता है, वह यह है कि 'अपना आप' ही सब कुछ नहीं है, बल्कि समस्त मानवजाति के साथ उसका ठोस संबंध है। अनुभववाद के अहंवादी स्खलन का शिकार इस युग में जर्मनी हुआ जिसने व्यक्ति-अहं और सामुदायिक अहं का निकृष्टतम रूप जगत् के सामने प्रकट किया।

श्री अरविन्द मानवचक्र के इस विश्लेषण के बाद सभ्यता और संस्कृति को स्पष्ट करने का प्रयत्न करते हैं।

पहली बात जो मालूम होती है, वह यह कि मनुष्य एक मनोमय सत्ता है, इसलिए ज्योंही वह प्राण और शरीर की बाध्यताओं से छुटकारा पा लेता है, जिसे भौतिक प्रकृति हमेशा

---

१. मानवचक्र, पृ० २९।

२. वही, पृ० ४८।

उसके ऊपर लादती रहती है, मनोमय जीवन की समृद्धि उसका ध्येय बन जाती है। जन्म, बुद्धि, विवाह, जीविकोपार्जन, परिवार का पालन-पोषण और फिर मृत्यु....क्या यही मानव अस्तित्व है? यह तो प्राणिक और भौतिक जीवन है। मानव होने का अर्थ ही है मनोमय विकास को उपलब्ध करना। इसमें प्रकृति का दुहरा लक्ष्य है। पाशविक स्थितियों का नियंत्रण और मनोमय का विकास। सामान्यतया संस्कृति का अर्थ है मनोमयजीवन का अनुशीलन। यह अनुशीलन केवल तर्क से नहीं हो सकता। केवल भौतिक विज्ञान इसे नहीं ढूँढ़ सकता। तर्क एक ऐसा न्यायाधीश है, जो हमेशा परस्पर-विरोधी निर्णय देता है, वादी-प्रतिवादी दोनों से घूस लेता है तथा उनके प्रभाव में आकर निर्णय दे देता है। फिर भी उसने कुछ आम सिद्धान्त बना लिये हैं और मोटे तौर पर उन्हें मानकर चलता है। सभ्यता और बर्बरता का भेद इसी का नतीजा है। सभ्यता आंशिक रूप से मनुष्य को पशु धरातल से ऊपर उठाती है। किन्तु इसके कारण मनोमय का बर्बरतावाला पाशविक अंश पूर्णतः नष्ट नहीं होता। बल्कि समूह के साथ जुड़ कर एक बृहद रूप ले लेता है। इस दीर्घकाय असुरमूर्ति की छाया अब तक सब ओर वर्तमान है। यही अध्ययनशील महान् जन-समुदाय है, समाचार-पत्र तथा सप्ताहिक तथा मासिक समालोचना पत्र सब इसी के हैं, उपन्यास, काव्य और कला इसका मनोरंजन करने के लिए हैं, रंगमंच, सिनेमा रेडियो का अस्तित्व इसके लिए ही है।''[१] जब तक इस दीर्घकाय असुर को, जो पाशविक तत्त्वों का सामुदायिक रूप है, नष्ट नहीं किया जाता, यह सौन्दर्यात्मक साधनों को सिर्फ अपनी तृप्ति के लिए गलत ढंग से इस्तेमाल करता चलेगा—''परिणामतः विचार, कला और साहित्य सस्ते हो गये हैं, योग्यता, यहाँ तक कि प्रतिभा भी सामान्य लोगों की सफलता-कुंज में केलि करने लगी है, लेखक, विचारक और वैज्ञानिक बहुत कुछ रोमन घरों में रहने वाले सुसंस्कृत ग्रीक गुलामों की स्थिति को पहुँच गये हैं, जहाँ उन्हें अपने स्वामी के लिए काम करना, उसे प्रसन्न रखना, उसका मनोरंजन करना तथा उसे शिक्षित करना होता था।''[२]

आखिर इस स्थिति से छुटकारा कैसे संभव है? ऐसा नहीं कि बौद्धिकों में ऐसी चेतना का अभाव है, जो इस स्थिति को देख ही न सकें। विश्वास की आँख खुल रही है, पर परिवर्तन अभी आरंभावस्था में है। इससे बचने के लिए हम 'सौन्दर्यात्मक नैतिक संस्कृति' की ओर मुड़ने का प्रयत्न कर रहे हैं। संस्कृति का सूक्ष्म तत्त्व कुछ-कुछ झलकने लगा है। सौन्दर्य और आनन्द की सहायता से संकुचित नैतिकता को विशाल बनाकर एक नया युग लाया जा रहा है, पर यह भी मानवजाति की समस्याओं का पूर्ण समाधान नहीं हो सकता। क्योंकि मनुष्य जब तक अपनी पूर्ण सामर्थ्य को समझकर उस पर स्वाधिकार कायम नहीं करता, वह छोटी सामुदायिक शक्तियों के हाथ का खिलौना ही बना रहेगा। इसके लिए आवश्यक है कि हम अपनी सही सामर्थ्य यानी आध्यात्मिक शक्ति को पहचानें। आध्यात्मिक स्वतंत्रता को ग्रहण करें और सब कुछ को रूपान्तरित करने के लिए प्रयत्नशील हों। यानी मनुष्य महामानव में परिणत हो। कैसे? नीत्शे के अनुसार ''अपने को अतिक्रम करके।'' श्री अरविन्द कहते हैं कि नीत्शे का डिओनिसियस दिव्यत्व एक अव्यवस्थित वस्तु है, जो पूर्णतः प्रक्रिया का विवेचन नहीं करती। उन्होंने लिखा—''नीत्शे ने महामानव को यों देखा, जैसे कोई सिंह ऊँटों की भीड़ में

१. **मानवचक्र, पृ० ९९।**

२. **वही, पृ० १०१।**

से निकल रहा हो, किन्तु सच्चे महामानव की घोषणा का चिह्न है ऊँट की पीठ पर बैठा सिंह, जो समृद्धि की गायों के बल पर खड़ा हो। यदि तुम पूरी मानवजाति के गुलाम नहीं हो सकते, तुम उसके स्वामी होने के योग्य नहीं हो और तुम यदि प्रकृति को वशिष्ठ की समृद्धिदायिनी गाय की तरह नहीं बना सकते, जिससे सारी मानव जाति अपनी इच्छाओं की पूर्ति कर सके तो तुम्हारे सिंहात्मक महामानव से लाभ क्या है?"[१] यहाँ बहुत ही स्पष्ट ढंग से नीत्शे के महामानव के अहंवादी रूप की त्रुटियों को खोलकर रख दिया गया है। नीत्शे के महामानववाद का रूप हिटलर की आसुरी शक्तिमत्ता में दिखाई पड़ता है, श्री अरविन्द का 'महामानव' मानवजाति के लिए समर्पित अतिमानसिक सच्चिदानन्द का यंत्र है, जो पूरी मानवजाति को अपने साथ ले चलने के लिए कृत-संकल्प है। वह प्रकृति का विरोध नहीं, रूपान्तरण चाहते हैं। उनके मत से इस प्रकार से निर्मित आदर्श समाज समस्त मनुष्यों के अन्तरात्मा भगवान् का वाहन है, जगन्नाथ का रथ। ऐक्य, स्वाधीनता, ज्ञान और शक्ति इस रथ के चार पहिये हैं। पर ऐक्य आये कैसे?

आज का संकटग्रस्त मनुष्य नाना प्रकार से अपने उबरने की दिशा खोज रहा है। वह घबड़ा कर जिधर ही रास्ता, हल्का प्रकाश, देखता है, आशा के साथ दौड़ पड़ता है। वह इतना विकल है कि उसे रुक कर सोचने की भी फुर्सत नहीं। यह सम्भावना हो सकती है कि समाज और जीवन के मशीनीकरण से बचने के लिए मानवमन धार्मिकता की ओर या धर्मशासित समाज की ओर लौटने का प्रयत्न करे। किन्तु संगठित धर्म, यद्यपि व्यक्ति के आन्तरिक उत्थान में सहायता के साधन प्रदान कर सकता है, ऐसा भी हो सकता है कि धर्म व्यक्ति में आध्यात्मिक अनुभव के द्वार खोल सकता है या आध्यात्मिक अनुभवों की रक्षा कर सकता है, किन्तु यह समाज और जीवन को परिवर्तित नहीं कर सका है और न ही कर सकता। क्योंकि समाज के नियंत्रण की प्रक्रिया में इसे मनुष्य के निम्नस्तरों से समझौता करना पड़ता है और पूरे मानव अस्तित्व के आन्तरिक परिवर्तन के लिए दबाव नहीं डाल सकता। यह सिर्फ बाहरी कर्मकाण्ड, संस्कार और नैतिक मूल्यों तक अपने को सीमित रखता है। इस प्रकार 'धर्म' समाज को धार्मिक और नैतिक रंग में रंगने का कार्य कर सकता है, एक सतही तब्दीली जैसी चीज,बहुत करके यह आन्तरिक अनुभूति जगाने में कुछ समर्थ होता है, इस प्रकार एक अपूर्ण आध्यात्मिकता की प्रवृत्ति का सामान्यीकरण तो हो सकता है, यह जाति में तब्दीली नहीं ला सकता, न तो मानव अस्तित्व के लिए नये सिद्धान्त ही पैदा कर राकता है।[२]

इससे स्पष्ट हो जाता है कि श्री अरविन्द धर्म मात्र को, खास तौर से संगठित धर्मों को, जैसा कि कैथोलिक धर्म है, समाज के भविष्य के लिए बहुत सहायक नहीं मानते। निश्चय ही उनका लाजवाब विश्लेषण उन दार्शनिकों को, चिढ़ने और खीझने के लिए विवश करता है जो धार्मिक पूर्वग्रहों से मुक्त नहीं हैं। श्री अरविन्द कभी भी धार्मिक व्यक्ति नहीं रहे हैं। वे धर्मों की सीमाओं में बँधने वाले दार्शनिक नहीं थे। लाला हरदयाल ने अपने एक लेख में जोर देकर लिखा था—"भारत को मात्र दार्शनिक और संत, जैसे कि रामकृष्ण और रामतीर्थ हैं नहीं चाहिए। उसे धर्म-निरपेक्ष व्यावहारिक आदमी चाहिए, जैसे कि जगदीशचन्द्र वसु, सयाजीराव

१. थाट्स एण्ड एफारिज्म्स, पृ० २२।

२. द लाइफ डिवाइन, १९५५, पृ० १२५८।

गायकवाड़, तिलक और अरविन्द हैं।''[१] हरदयाल ने धर्मनिरपेक्षता को जिस हद तक खींचा है, वैसे श्री अरविन्द नहीं थे। पर वे धर्म को सब कुछ का समाधान नहीं मानते थे।

इस संकट से बचने के लिए मानव जाति एक दूसरा समाधान सोच सकती है। हो सकता है कि लोग सोचें कि शायद ऐसे लोग, जिन्होंने आध्यात्मिक उपलब्धियाँ प्राप्त कर ली हैं, वे समाज की इस संकट में रक्षा कर सकते हैं। ''सभी धर्मों के भीतर बन्धुत्व का भान, जीवन का अध्यात्मीकरण आदि के द्वारा समस्याओं का समाधान पहले भी सोचा गया और इस दिशा में कोशिश भी हुई, पर कोई सफलता नहीं मिली।''[२]

जाहिर है कि श्री अरविन्द आध्यात्मिक व्यक्तियों के माध्यम से भी कोई मौलिक सुधार की आशा नहीं रखते, क्योंकि इस तरह के आध्यात्मिक व्यक्ति जादू की छड़ी से समाज या मनुष्य जाति के भीतर एकाएक परिवर्तन नहीं ला सकते। यह है श्री अरविन्द की अद्‌भुत तटस्थता, जिसके आग्रह से आध्यात्मिक व्यक्तियों की भी सहज सीमाएँ स्वीकार करते हैं, इसीलिए डॉ० जेनर का यह आरोप कि उनका मिशन फेल हुआ, गलत निशाने पर जाता है, क्योंकि समस्या श्री अरविन्द की महान् आध्यात्मिक उपलब्धि से हल होने वाली नहीं है; बल्कि इसके लिए पूरी जाति का परिवर्तन या कम से कम, उसके काफी बड़े अंश का परिवर्तन जरूरी है।

धर्म और अध्यात्म की इस अक्षमता को देखते हुए दृष्टि सहज ही उस व्यवस्था की ओर जाती है, जो आज के वैश्विक मंच पर सबसे महत्वपूर्ण भूमिका अदा कर रही है यानी शासन; सरकारें आदि। श्री अरविन्द ने लिखा है—''राज्य की धारणा बहुत जोर पकड़ती जा रही है और इसकी ताकत का रथ, हर चीज को, जो इसका विरोध करती है, अथवा मानव की तमाम प्रवृतियों का जो, इसके खिलाफ अपने हक पर जोर देती हैं, कुचल कर रख देता है। जिन दो मुख्य धारणाओं पर राज्य अपने को कायम रखना चाहता है, वे दो मिश्रणों से बनी हैं, जिन्हें सत्य और मिथ्या कहा जाता है, जो हर मानवीय दावे और अधिकार की माँग के पीछे कार्यरत हैं।''[३] श्री अरविन्द के हिसाब से राज्य न तो सर्वोत्तम मस्तिष्कों से संगठित होता है और न तो वह विभिन्न समूहों की ताकतों का योग ही हो पाता है। राज्य हमेशा ही, चिन्तनशील व्यक्तियों को, जो हमेशा अल्पसंख्यक होते हैं, कुचलने का कार्य करता है। व्यक्ति तो कभी-कभी अपने भीतर की आवाज सुनकर नैतिकता आदि के तकाजे से अपने भीतर की त्रुटियों का कम से कम विश्लेषण कर सकता है, भले ही उन्हें पूर्णतः दूर करने में सफल न हो, किन्तु राज्यसत्ता से इस प्रकार की भी आशा नहीं की जा सकती। ''किसी जमाने में राज्यसत्ता का अहं अपने से बाहर लोगों के साथ अपने संबंधों में ऊपर से थोड़ा अच्छा रहा है पर आन्तरिक रूप से कभी भी नहीं। क्रूरता, बलात्कार, अत्याचारिता, सहनशीलता का अभाव, आजाद कर्मों, वचनों, धारणाओं के प्रति असहनशील, यहाँ तक कि धार्मिक ढंग से अन्तरात्मा की स्वतंत्रता तक को न मानना इसका स्वभाव रहा है। वह व्यक्ति और समूह का भीतर से और कमजोर राष्ट्रों का बाहर से हमेशा शिकार करता रहा है। केवल धनी और मजबूत लोगों की रक्षा करने की आवश्यकता का अनुभव करते हुए, जिन पर यह टिका होता है, अंशतः अपने कार्यों को

---

१. **हरदयाल रिज्वाइंडर, माडर्न रिव्यू, १९१२, दिसम्बर अंक, पृ० ६४८।**

२. **द लाइफ डिवाइन, पृ० १२५८।**

३. **आइडियल ऑफ ह्यूमन यूनिटी, ह्यूमन साइकिल, पृ० ३९२।**

भद्दे ढंग से लाभप्रद दिखाता रहता है।[१]

प्रश्न उठता है कि यदि राजकीय गठन से ये त्रुटियाँ दूर कर दी जायें, अर्थात् यदि शासन-संगठन उम्दा किस्म का हो, उच्च मानसिक स्तर और नैतिक आचरण के लोगों द्वारा यह संचालित हो तो शायद यह प्राचीन राज्यों की तरह, जो सभ्यताओं के उत्थान काल में थे, हो जायें। किन्तु राज्य की धारणा इस मकसद को भी पूरा नहीं होने देगी क्योंकि राज्य सामूहिक प्रतिभा के जितने अंश को उभरकर सामने आने देता है और जो इसकी रेलगाड़ी को चलाने का कार्य करते हैं, वे इस सतहीपन से बच नहीं सकते।

बहुत से लोगों को श्री अरविन्द घोर अराजकतावादी लग सकते हैं, किन्तु क्या मूर्ख राजनीतिज्ञों के द्वारा शासित होने की अपेक्षा उस पूरे यंत्र पर ही प्रहार करना उचित नहीं है, जो कहीं से भी बुद्धिमानी को प्रश्रय दे ही नहीं पाता। इस अर्थ में वे निश्चय ही अराजकतावादी थे, वे किसी भी प्रकार के राजकीय शोषण और दमघोंट दबाव को बर्दाश्त करने को तैयार नहीं लगते।

ऐसी स्थिति में उनका यह निष्कर्ष स्वाभाविक लगता है कि "वर्तमान स्थिति में राजकीय प्रयत्नों से मानव जाति में स्वस्थ एकता ले आ पाना असंभव लगता है।"

इस प्रकार पूरे मानव विकास की विभिन्न चक्रों और उनसे उत्पन्न उन्नततम साधनों, विज्ञान, संस्कृति, धर्म, आध्यात्मिक पुरुषों के प्रयत्न और शासन-व्यवस्था तथा राज्य आदि की सारी मशीनरी की जाँच के बाद वे इस नतीजे पर पहुँचे कि इनमें से कोई भी इस पृथ्वी के वर्तमान संकट का समाधान नहीं कर सकते।

इस संकट का समाधान एकमात्र इस बात में निहित है कि आदमी बौद्धिकता की अवरुद्ध धारा को समझ कर, उसे ही अतिक्रान्त करके अतिमानसिक विकास की ओर अग्रसर हो।

श्री अरविन्द का विश्वास है कि ऊपर-ऊपर के नकली समाधान जो विविध वादों के रूप में सामने आते हैं, वे समस्या को और भी जटिल करते हैं। "लोकतंत्र मानवीय आत्मा का संगठित सामन्तों, पुरोहितों और आभिजात्यों की तानाशाही का विरोधी था। समाजवाद, महाजनी निरंकुशता के खिलाफ विद्रोह था और अब अराजकतावाद संभवतः नौकरशाह समाजवाद के विरुद्ध मानवात्मा के विरोध के रूप में आयेगा। एक धोके से दूसरे धोके की ओर मानवता की यह दौड़ योरोपीय प्रगति का उदाहरण है।"[२] क्या ऐसी ही प्रगतियों से हमारी समस्या सुलझेगी? श्री अरविन्द कहते हैं कि जब तक मनुष्य अपने भीतर प्रतिष्ठित चैतन्य को ठीक से समझ कर, जो अतिमानसिक चैतन्य का अंश है, अपने को रूपान्तरित नहीं करता, पृथ्वी की यह पीड़ामय यात्रा ऐसे ही चलती रहेगी।

योगी और कमिस्सार

हो सकता है कि आज की मानवता के सम्मुख खड़े संकट से पार जाने के कुछ लोगों को सिर्फ दो ही रास्ते दिखाई पड़ें। एक आध्यात्मिक और दूसरा राजनीतिक। एक योगी, दूसरा

---

१. **आइडियल ऑफ ह्यूमन यूनिटी, ह्यूमन साइकिल, पृ० ३०७।**

२. **थाट्स एण्ड एफारिज़्म्स, पृ० ५४।**

कम्युनिस्ट लोकसेवाध्यक्ष यानी कमिस्सार। डॉ० जेनर ने जब यह कहा कि तीन प्रमुख रास्ते हो सकते हैं—यानी वेदान्त, मार्क्सवाद और ईसाइयत।[१] तो उन्होंने 'ईसाइयत' को तीन सवारों में गिनने की उदारता बरती है, वस्तुत: इस समाधान को खुद अनेक योरोपीय ईसाई ही मानने को तैयार नहीं हैं। इस दृष्टि से सबसे अधिक प्रचारित पुस्तक **आर्थर कोसलर** (Arthur Koestler) की ''द योगी एण्ड द कमिस्सार'' रही है। कोसलर ने यह स्वीकार किया है कि हमें एक ऐसे रंग-वीक्षक यंत्र, स्पेक्ट्रस्कोप की आवश्यकता है, जिससे हम जीवन को नये सिरे से देख सकें, जिसके द्वारा जीवन का कीचड़ साफ-सुथरा और स्पष्ट रूप से दिखाई पड़े, जिसे हम सुधार कर इन्द्रधनुषी बना सकें।

इस दृश्यावली के एक छोर पर, स्पष्टत: इन्फ्रारेड, टहटह लाल छोर पर हम कमिस्सार को पायेंगे। जो विश्व में बाहर से परिवर्तन ले आने में विश्वास करता है, यह मानता है कि मानवता के सभी कीटाणु, चाहे वे कब्जियत के हों, या एडिपस ग्रंथि के, क्रान्ति द्वारा माने जा सकते हैं, निर्माण की एक खूब चौकस पद्धति और वस्तुओं के वितरण की सुसंगठित मशीनरी—और कहना न होगा कि परिणाम ही माध्यम के औचित्य की गारण्टी हैं और इसके लिए यदि रक्तपात, फांसी, धोका, विष आदि का उपयोग करना पड़े तो कोई हर्ज नहीं। × × कोसलर कहते हैं कि इस छोर पर अन्तर्ध्वनियों की कम से कम गुंजाइश है, यह रंगदर्शक यंत्र का सबसे खुरदरा हिस्सा है, पर यह जरूर है कि यहाँ सबसे अधिक उत्ताप का अनुभव होता है।

इस रंगवीक्षक यंत्र के दूसरे छोर पर, जहाँ तरंगें अत्यन्त गहरी और अन्तर्ध्वनियाँ तीव्र होती हैं, कि आँख उन्हें देख नहीं सकती, रंगहीन, तापहीन, किन्तु जो बहुत गहराई में जाने की कोशिश करता है उस छोर पर पद्मासन में बैठा है योगी, उस छोर की एकदम परमोच्च नीलिमा में खोया हुआ। उसे इस बात के कहे जाने पर कोई आपत्ति नहीं कि दुनिया मशीनी घड़ी है। उसे इसमें इतना ही सत्य नजर आता है, जितना यह कहने पर कि यह संगीतबन्द बक्सा है या मछलियों से भरा तालाब। उसका कहना है, परिणाम के बारे में कुछ कहना मुश्किल है, साधन स्पष्ट है। वह रक्तपात को हर हालत में त्याज्य मानता है, वह मानता है कि तर्क की शक्ति अपनी पकड़ खोने लगती है, ज्यों-ज्यों वह सत्य के चुम्बकीय ध्रुव के निकट पहुँचने लगती है। वह मानता है कि सिर्फ परब्रह्म ही एकमात्र सत्य है। वह मानता है कि बाहरी संगठन और व्यवस्था से दुनिया में कोई परिवर्तन नहीं आ सकता। हर चीज केवल मनुष्य के आन्तरिक प्रयत्न से ही होगी। वह मानता है कि सूदखोर महाजनों ने भारतीय किसानों पर जो कर्जदारी की गुलामी लादी है, वह वैधानिक तरीकों से नहीं, आध्यात्मिक तरीकों से दूर की जानी चाहिए।

कोसलर ने इन दोनों ध्रुवों के बीच ही बाकी सब समाधानों की स्थिति रक्खी है। अब वे बारी-बारी से योगी और कमिस्सार दोनों की असफलता या 'नान्य: पन्था:' वाली बेबसी का वर्णन करते हैं। कमिस्सार का सार प्रयत्न रूस में ही फेल हो गया है। पास्कल ने इस मतवाद की त्रुटियों को ठीक ही समझा था। इससे भी ज्यादा भयानक ढंग से कोसलर 'गाड दैट फ़ेल्ड' में साम्यवाद के विरोध में लिख चुके हैं। योगी की मुश्किल यह है कि ''वह आन्तरिक परिवर्तन को जब समूह की चीज बनाने लगता है तो वैसे ही असफल होता है। जब भी

---

१. **इवोल्यूशन ऑफ रेलीजन्स, पृ० १५।**

साधुता के प्रचार के लिए बाहरी साधनों को संगठित किया गया, संगठन ही इस मुश्किल में फँस गये।"[१]

प्रश्न है कि इन दोनों छोरों के ठहटह लाल और घुलती हुई नीलिमा के बीच कोसलर को क्या और कोई रंग नजर आ रहा है? कोसलर के उपर्युक्त विश्लेषण से बहुत दूर तक सहमत होना अनिवार्य है, पर सवाल है कि 'ततः किम्'—इसके बाद क्या?

कोसलर ने कमिस्सार के अन्दर योगी के कुछ तत्व और योगी के भीतर कमिस्सार की सक्रियता में एक समाधान देखा, मगर ये दोनों ही मिश्रण बड़े बेहूदा साबित हुए। उन्होंने इस सम्मिश्रण का बेहतरीन उदाहरण जिराल्ड हर्ड (Gerald Heard) के 'पेन, सेक्स एण्ड टाइम' में ढूँढ़ा है, जहाँ योगी यानी अंतर्वर्ती और कमिस्सार यानी बहिर्वर्ती को मिलाने के दौरान वज्रोली और समाधि को विवाह और योग को गड्डमगड्ड किया।[२] लाचार बेचारे कोसलर को कहना पड़ा—"हर गाथिक काल के बाद जैसे रिनेसाँ आता है, योगरात्रि और कमिस्सार दिवस भी बारी-बारी से आते हैं, अभी यही स्थिति है। अर्थात् अभी हमारी सभ्यता मरी नहीं है, सो रही है।"[३]

वस्तुतः कोसलर ने बहिर्वर्ती और अन्तर्वर्ती जीवन को ठीक से मिलानेवाले योग का दर्शन किया ही नहीं। उन्हें शायद यह मालूम ही नहीं कि जब उनका निबंध 'द योगी एण्ड द कमिस्सार' जून, १९४२ में 'होराइजन' में छप रहा था, उसी समय ठीक उसी साल श्री अरविन्द ने क्रिप्स मिशन के प्रस्तावों पर गम्भीर विचार करके भारतीय नेताओं से उसे स्वीकार करने का आग्रह किया, जो भारतीय उपमहाद्वीप में शान्ति लाने का एक महत् कार्य होता है और उन्होंने 'लाइफ डिवाइन' के अन्तिम अध्याय पूरे कर दिये थे, जिनमें योगी और कमिस्सार के बेहूदे मिश्रण से उत्पन्न समाधान की नहीं, अध्यात्मवादी कर्म पुरुषों (Gnostic Beings) के उद्भव पर बल दिया गया था, जो रंगवीक्षक के एक छोर पर अकर्मण्य होकर बैठे नहीं रहते बल्कि निरन्तर विश्व के हर संघर्ष की क्रिया-प्रतिक्रिया में सक्रिय रूप से भाग लेते हैं। क्या उन्होंने नहीं कहा था—"आत्मा और भौतिक तत्त्वों के बीच का यह नया सम्बन्ध समूची भौतिक दुनिया को, अस्वीकार करने के स्थान पर स्वतन्त्रतापूर्वक उसे पूर्णतः स्वीकार करने लायक बनाता है।"[४]

जीवन में जब तक यह दिव्य चेतना, उसके सभी हिस्सों में, 'यहाँ तक कि वर्ज्य कह कर छोड़ दिये गये हिस्सों में अपना कार्य नहीं करती, उसके अवतरण का कोई उपयोग ही नहीं है।

श्री अरविन्द ने अपने महाकाव्य 'सावित्री' में, इस संकट से बचने का सिर्फ एक रास्ता स्वीकार किया है। या तो पृथ्वी अपने आप ही, जैसा हम चाहते हैं, बदल कर बन जाये, वह होता नहीं। अतः हमें प्रयत्नपूर्वक प्रत्येक मनुष्य के भीतर छिपी चैत्य चेतना को जाग्रत करके उसे इस लायक बनाना होगा कि वह नाना प्रकार के संघर्षों के बीच अपना कार्य करे। उसे

---

१. द योगी एण्ड द कमिस्सार, द मेकमिलन कम्पनी, न्यूयार्क, १९६५, पृ० १५-१८।
२. द योगी एण्ड द कमिस्सार, पृ० २४, फुटनोट्स।
३. वही, पृ० २५
४. द लाइफ डिवाइन, पृ० ११७३।

सहज और सामान्य प्रकृति में कार्य करना ही होगा। जीवन के हर मोर्चे पर चौकस और जागरूक होकर कार्य करना होगा ही।

पृथ्वी बदले अगर स्वयं को
और बने यह स्वर्ग तुल्य
या कि स्वर्ग ही
पृथ्वी की इन मरणमुखी गतियों में उतरे
लेकिन ऐसा परिबर्तन व्यापक
केवल संभव तब है
अगर मनुज के रहस्गर्भ अन्तस्तल में हृदय देश के
सदा अवस्थित चैत्य चेतना
घूँघट खोले
सहज और सामान्य प्रकृति के भीड़ भरे कमरों में आये
और प्रकृति के हर मोर्चे पर
अनावृत सन्नद्ध खड़ी हो
उसके हर विचार पर शासन करती
तन-जीवन को सदा स्वयं से भरती।[१]

श्री अरविन्द इसी प्रकार सम्पूर्ण व्यथमाना पृथिवी को बदलने की आकांक्षा रखते थे।

विश्व एकता आन्दोलन

उनके इन्हीं सपनों को साकार रूप देने के लिए विश्व एकता आन्दोलन का श्रीगणेश हुआ। १९५८ में इस संस्था की स्थापना हुई। पिछले १२-१३ वर्षों में इस संस्था ने विश्व के कोने-कोने में अनेक केन्द्रों की स्थापना की। यह संस्था किसी प्रकार के राजनीतिक मतवाद, धर्म, विश्वास आदि की संकुचित सीमाओं को स्वीकार नहीं करती। श्रीमाँ ने इसकी स्थापना के अवसर पर अपने सन्देश में कहा था—"विश्व में एकता है। यह हमेशा रही है और हमेशा रहेगी, ऐसा नहीं कि विश्व में एकता नहीं है और हमें उसे कहीं और से ले आना है और इस पर आरोपित करना है। सिर्फ विश्व इस एकता के प्रति जागरूक नहीं है। हमें उसे इस ओर जागरूक बनाना है। हम मानते हैं कि इस समय ऐसा करने का सर्वाधिक उपयुक्त अवसर आ गया है। क्योंकि, चेतना की एक नई शक्ति या ज्योति, इसे आप जो नाम दे लें, अपने को पृथ्वी पर प्रकट कर चुकी है और इसलिए विश्व में अब यह क्षमता आ गई है कि वह अपनी ही एकता के प्रति सचेत हो सके।"

आरोवील-उषानगर

मानव एकता का आदर्श अब तक कोरा आदर्श ही रहा है क्योंकि कभी भी इसे व्यावहारिक प्रयोग का विषय नहीं बनाया गया। २८ फरवरी, १९६८ को प्रातःकाल १० बजे एक नया प्रयोग अस्तित्व में आया। **द इंडियन एक्सप्रेस** ने २८ फरवरी, १९६८ के अंक में

---

१. **सावित्री, द्वितीय खंड, फर्स्ट कम्पलीट एडीशन, १९५१, पृ० १२९।**

लिखा—"आरोवील किसी का नहीं है, यह सारी मानवता का है।" श्री अरविन्द आश्रम की श्रीमाँ की यह आवाज उनके कमरे से छह मील दूर ट्रांसमीटर से समुद्र तट पर बन रहे इस नये नगर के शिलान्यास के अवसर पर गूँज उठी। वे फ्रेंच में बोल रही थीं, उस भाषा में जो स्वतंत्रता, समानता और बन्धुत्व की भाषा है। तीन सौ वर्ष पहले फ्रांसिस मार्ते ने पांडिचेरी शहर की नींव रखी, कल श्रीमाँ ने आरोवील की नींव रखी। आरो श्री अरविन्द का संक्षिप्त नाम है और ग्रीक में इसका अर्थ होता है प्रकाश की देवी, उषा। आरोवील का अर्थ है उषा नगर, इसका अर्थ है अरविन्द नगर। **द टाइम्स ऑफ इण्डिया** ने उसी तारीख के अंक में लिखा—"आरोवील उनका है, जो प्रगति और उच्च तथा सच्चे जीवन के लिए पिपासित हैं।" वह है श्रीमाँ की आवाज। आरोवील नये प्रयोगों का नगर बन रहा है। **द स्टेट्समैन** इसे आधुनिक 'संग्री-ला' कहता है। "आरोवील का, भविष्यत् के नगर का कार्यारंभ हो गया है, जब अति सादगी के समारोह में, सौ देशों के नवयुवक और नवयुवतियों ने अपने-अपने देश की मुट्ठी भर मिट्टी, कमल के आकार के संगमरमर के बने कलश में डालकर, जो विशेष रूप से हवाई जहाजों में लाई गई थी, शिलान्यास का संस्कार पूरा किया। यह पूरा समारोह कभी न भूल सकने वाले संगीत से अनुगुंजित हो रहा था। आरोवील का स्वरूप और उसकी विशेषताओं का विवरण तथा पूरी मानवजाति के लिए उसके समर्पण (डेडिकेशन) के शब्द विश्व की सोलह भाषाओं में एक साथ प्रसारित हुए।"

अक्टूबर-नवम्बर १९६६ में पेरिस में होने वाली यूनेस्को की साधारण सभा में आरोवील पर एक प्रस्ताव उपस्थित करते हुए भारतीय प्रतिनिधि ने कहा—"इसी पांडिचेरी में श्री अरविन्द साधना करते रहे और उन्होंने अपनी महत् कृतियाँ लिखीं। उनके चतुर्दिक्, उनके सूक्ष्म प्रभाव से एक गम्भीर आस्था और हार्दिक शान्ति का वातावरण छा गया। संसार के सभी हिस्सों से लोग 'उस' वस्तु को जानने के लिए उनके पास आने लगे, 'जिसे' जानकर सब कुछ जाना जाता है। गुरुदेव श्री अरविन्द की एक दृष्टि मात्र से जिन्दगियाँ बदल गयीं। १९२६ में जब श्री अरविन्द ने ऋषियों की तरह एकान्तवास में प्रवेश किया, आश्रम का सारा दायित्व उन्होंने अपनी एक आरम्भिक शिष्या, एक फ्रांसीसी महिला को, जो आश्रम में श्रीमाँ बनीं, सौंप दिया। श्रीमाँ के भीतर आश्चर्यजनक संगठन शक्ति है, जिसके कारण आश्रम नानाविध जीवन के क्रिया-कलापों का केन्द्र बन गया है। जहाँ व्यावहारिक वैराग्य का अद्भुत रूप दिखाई पड़ता है, जहाँ लोग अपने हृदय में अविकार्य दीप्ति को सँजोये हुए, जो ऋषियों के चेहरों पर चमकती थी, गम्भीर कार्यों को मिल-जुलकर पूरा कर रहे हैं।"

यूनेस्को ने, अपने अधिवेशन में आरोवील पर यह सर्वसम्मत प्रस्ताव पास किया—"यह जानकर कि यूनेस्को की २०वीं सालगिरह के अवसर पर पांडिचेरी, भारत की श्री अरविन्द सोसायटी, जो एक गैर सरकारी संस्थान है, आरोवील नामक ऐसा नगर बसाने जा रही है; जहाँ विभिन्न देशों के लोग निवास करेंगे, जहाँ सांस्कृतिक शैक्षणिक वैज्ञानिक आदान-प्रदान के द्वारा एक समस्वरता का निर्माण किया जायेगा, यूनेस्को को विश्वास है कि यह योजना अन्तर्राष्ट्रीय सौमनस्य और शान्ति की स्थापना में महत्त्वपूर्ण योगदान देगी।"

२८ फरवरी १९६९ को यूनेस्को के उपमहानिदेशक डॉ० एम० एस० आदि शेषैया ने आकाशवाणी पर मेल्वे डे मेलो से अन्तर्वार्ता में कहा—"मैं आरोवील की अन्तर्राष्ट्रीय नगर-योजना को मानवता की नई आशा मानता हूँ, जो आज की मानवता को संकट और संत्रास से छुड़ाने का एक रास्ता है। राजनीतिक संकट स्पष्ट है, केवल कोई वियतनाम, वियाफ्रा,

पश्चिमी एशिया का नाम ले दे और आप संकट देख लेंगे। पिछले युद्ध के बाद से एक दिन भी ऐसा नहीं गया कि कहीं-न-कहीं युद्ध न चल रहा हो। आर्थिक संकट का सभी अनुभव कर रहे हैं। यूनेस्को के अपने मुख्य क्षेत्र यानी शिक्षा के क्षेत्र में, जो मनुष्य के मस्तिष्क और आत्मा से सम्बन्धित है, लगता है कि शिक्षा हमें शक्ति की ओर नहीं ले जा रही है। जो लोग युद्ध शुरू करते हैं, वे अशिक्षित नहीं हैं और न तो हमारे देश में जो बसें और ट्रामें जलाते हैं, वे ही अशिक्षित हैं। इस समूचे भ्रमात्मक संकट के ध्वजवाहक शिक्षित लोग ही हैं। इसलिए यूनेस्को का दायित्व बढ़ जाता है कि वह देखे कि किस प्रकार की नई शिक्षा विकसित की जाये, जो इस संकट से हमें मुक्त करे। मैं जब आरोवील का नाम लेता हूँ और इसे भविष्य की आशा कहता हूँ तो ये सारी बातें दिमाग में रखकर ही कहता हूँ।''

यूनेस्को में प्रस्ताव रखते हुए भारतीय प्रतिनिधि ने यह भी कहा था—''यह सब कुछ आपको एक मानसिक कल्पना या स्वप्न प्रतीत होगा पर क्या यह हमारी आत्मा के अन्तरतम को कहीं से प्रतिध्वनित नहीं कर रहा है?'' उस वक्त जो स्वप्न लगता है, वह श्रीमाँ के संगठन से १९७२ तक एक साकार रूप ग्रहण कर चुका है और शीघ्र ही पूर्ण विकसित नगर के रूप में हमारे सामने होगा। आरोवील को लोग प्यार से अन्तरिक्ष का पहला नगर भी कहते हैं। आरोवील की पत्रिका इक्वल्स वन (= 1)[१] में माइकेल व्रिज लिखते हैं—''प्यारे स्वप्नदर्शी, लोग हमें स्वप्निल और खफ्तुलहवाश कहते हैं। कहते हैं कि बच्चों, लड़ाई-झगड़ा मत करो, लड़ाई यानी जो हमसे और सबसे बड़ी है। ये चीजें, उन्होंने इसलिए कहीं कि हम उनकी व्यवस्था में दख़ल न दें। उनके पवित्र काम में हम कुछ न करें। उनकी उस व्यवस्था में हम हस्तक्षेप न करें। जो उनसे महत्तम बलिदान और उनके बालपन के सपने छीन रही है। पर हम अपने सपने नहीं छोड़ेंगे। हम इस भयानक जन्तु से अपनी समझदारी, प्रेम और विध्वंसक मुस्कराहट के बल पर लड़ेंगे—अपने सपनों द्वारा लड़ेंगे, उन सपनों से, जो अब पृथ्वी पर गहराई में जड़ें जमा रहे हैं।

आरोवील की एक हास्य कविता सुनिये, जो आपको कुछ सोचने के लिए विवश कर देगी।[२] नौजवान रेडियो आपरेटर की आवाज उभरती है—

हम नीलिमा के शिखर पर पहुँचने वाले थे।
कि ईंधन कम पड़ गया।
हमारी चीनी मिट्टी की भट्टी टूट गई है।
हमें एक विशेषज्ञ की सहायता चाहिए।
''हेलो, हेलो, हम आरोदवनीर से बोल रहे हैं
हमारी बनमानुष क्लारा ने आज बच्चा जना है
हम उसे अपनी शिक्षा के नये कार्यक्रम से
परिचित करा रहे हैं।
हम बहुत व्यस्त हैं।

---

१. **इक्वल्स वन, १९६८-४, पृ० ७२।**
२. **वही, पृ० ५६।**

हेलो, हेलो आरोदवनीर?

''भाई, हमने तुम्हारा सन्देश सुन लिया।

भाई, हमने तुम्हारा सन्देश सुन लिया।''

आरोवील को अन्तरिक्ष में दौड़ मचाने वालों से, जो पृथ्वी की गरीबी, अशिक्षा आदि की उपेक्षा करके अपने शगल में मस्त हैं, कुछ कहना नहीं है। पर उनकी सुनने की यहाँ किसी को फुर्सत भी नहीं है।

■

समूचा जीवन ही योग है

उदुत्तमं मुमुग्धि नो विपाशं मध्यमं चृत अवधामनि जीवसे।

ऋग्वेद ३/१/११५

शिर के, उदर के, पैरों के पाश को काट दो ताकि सारा जीवन मुक्त हो जाय।

ऋग्वेद का ऋषि शिर से मानसिक बन्धन को, उदर से प्राणिक बन्धन को और पैरों से शारीरिक बन्धनों को तोड़ देने की प्रार्थना कर रहा है, ताकि समूचा जीवन बन्धनविहीन परमसत्ता से संयुक्त हो जाये।

प्राय: लोग यह सोचते हैं कि योग या अध्यात्म की ओर वे ही झुकते हैं, जो मस्तिष्क के विकार से ग्रस्त हैं, भावुक हैं या जीवन की कठिनाइयों से संत्रस्त हैं। प्राय: पागलपन या उन्माद को साधना का प्रस्थान-बिन्दु मान लिया जाता है। जैसे कि एक बार श्री अरविन्द के एक शिष्य ने मजाक में कहा—"प्राय: धारणा यह है कि यदि आपके दिमाग का पुर्जा ढीला नहीं है, तो आप योगादि की ओर नहीं झुकेंगे। यानी दिमाग जितना ही ढीला और गड़बड़ हो, साधना की उतनी ही संभावना बढ़ जाती है।"[१]

श्री अरविन्द का योग इस प्रकार के शिथिलपंजर बुद्धि वाले लोगों के लिए नहीं था। बड़े कड़े ढंग से बुद्धि की परीक्षा करके, दिमागी संतुलन की दृष्टि से खूब स्वस्थ लोगों को ही वे अपने योग की ओर आने की अनुमति देते थे। वे स्पष्ट कहते हैं—"मेरा योग मस्तिष्क के पूर्ण सन्तुलन की माँग करता है, इसलिए जिनके मन में ऊपर-ऊपर से हल्की इच्छा जगी हो, वे इधर न आयें क्योंकि इस योग में उच्चतर चेतना के अवतरण के लिए उद्घाटित होने की संभावना के साथ ही प्राणिक स्तर की शक्तियों के भी घुस आने की संभावना रहती है। इसलिए यदि किसी आदमी के पास पूर्ण बौद्धिक सन्तुलन नहीं है, तो उन गलत शक्तियों द्वारा अधिकृत होने की आशंका हो सकती है। अक्सर वे लोग, जो अदृश्य सत्ता में विश्वास नहीं रखते, उनसे जो उसमें या तांत्रिक क्रियाओं में विश्वास रखते हैं, कहीं ज्यादा ठीक और अच्छे रहते हैं।"[२]

श्री अरविन्द द्वारा उपस्थापित योग-साधना के लिए स्वस्थ मस्तिष्क, शक्तिशाली प्राणिक और शारीरिक व्यक्तित्व बहुत ही जरूरी अर्हताएँ हैं। वैसे वे मानवमात्र या यों कहिये, पूरी सृष्टि को आध्यात्मिक आधारों पर अवस्थित देखना चाहते हैं, इसलिए यह कहना कि वे मनुष्यों में विभेद करते थे, गलत होगा। वे जिस प्रकार की साधना के द्वारा अपने उद्देश्य की प्राप्ति करना चाहते हैं, उसमें इच्छापूर्वक भाग लेने वालों में उपर्युक्त क्षमताएँ होना वे जरूरी

---

१. **इवनिंग टाक्स, प्रथम भाग, पृ० १९८।**

२. **वही, पृ० १९८।**

मानते थे। वे केवल दृढ़ और सबल मानसिक क्षमता की ही माँग नहीं करते; बल्कि एक सतत तर्कपूर्ण जागरूक मस्तिष्क की माँग करते हैं, "सत्य की खोज के लिए एक सर्वाधिक महत्वपूर्ण मौलिक आवश्यकता है समीक्षात्मक तर्कक्षमता, करीब-करीब जिद्दी किस्म का ऐसा दिमाग जो हर मुखौटे को चीर सकता हो और चालू बातों, विचारों और मतों को अस्वीकार कर सकता हो। यह एक प्रकार का शोधक्षम (Solvent) तत्व है। आदमी के पास ऐसा साहस होना चाहिए कि वह किसी भी प्रकार के धोखे और आवरण से भिन्न सत्य को देख सके।"[१]

इसीलिए वे निरन्तर सन्तुलन की बात करते हैं। अतिभावुक या मन को पिच्छल बनाने वाली वैष्णव साधना के अतिवाद का इसीलिए वे घोर विरोध करते हैं, भक्ति का विरोध नहीं, भक्ति के साथ जुड़ी हुई उस गलदश्रु भावुकता का विरोध, जो दिमाग को असंतुलित बनाकर छोड़ देती है। ऐसा नहीं कि श्री अरविन्द भक्ति का विरोध करते हैं। वे सिर्फ भक्ति के उस खतरे से सावधान करना चाहते हैं, जो भावातिरेक या संवेगों के उच्छल वेग को जगाने का कारण बनता है और मस्तिष्क को इनसे सुरक्षित रखने वाली कोई प्रक्रिया को नहीं स्वीकार करता। इसीलिए उन्होंने कहा—"जिस क्षण वैष्णव धर्म ने अधिक बहिर्मुखीकरण का यत्न किया, तब जो हुआ हम जानते ही हैं—प्राणावेशमय अधोगति, अत्यधिक भ्रष्टता और ह्रास। चैत्य के दिव्य प्रेम के विरोध में तुम चैतन्य के उदाहरण की दुहाई नहीं दे सकते। उनका प्रेम निरी प्राणिक मानवीय वस्तु नहीं था।"[२] स्पष्ट ही श्री अरविन्द मानते हैं कि वैष्णवधर्म में प्राणावेश और शारीरिक प्रेम की प्रधानता के खतरे विद्यमान हैं। वे भक्ति के उस तत्व को, जो भगवान् के प्रति अनन्य प्रेम से अपने हृदय का रूपान्तर करता है, पूर्णतः स्वीकार करते हैं। उसकी आवश्यकता पर ज़ोर देते हैं।

श्री अरविन्द योग

अभी तक श्री अरविन्द के जीवन के विभिन्न पहलुओं को देखते वक्त उनकी विशिष्ट योग-पद्धति का कुछ न कुछ अंश सामने आता रहा है। लेले के साथ उनका योगाभ्यास, अलीपुर जेल में गीतोक्त योग की साधना, वासुदेव-दर्शन के बाद समदृष्टि और समता की स्थितियाँ, चन्दरनगर में विभिन्न वैदिक देवियों के दर्शन, जो मानव चेतना के विभिन्न स्तरों का प्रतिनिधित्व करती हैं, पांडिचेरी में उनके चालीस वर्ष के विभिन्न पक्षों का विश्लेषण पाठकों को कई ऐसे सूत्र प्रदान करते हैं जिनमें से उनके पूर्णयोग का कुछ न कुछ अनुमान लगाया जा सकता है। सन्ध्या-वार्ताओं और मानव तथा मानवचक्र के सूक्ष्म तत्वों की विवेचना में भी उनकी योमतत्वों की अनेक झलकियाँ अपने आप आ गई हैं। यहाँ मेरा प्रयत्न होगा कि श्री अरविन्द योग और साधना को पारिभाषिक शब्दों के जंगल से निकाल कर यथासंभव सरल और सुगम ढंग से प्रस्तुत कर सकूँ।

उन्होंने स्वयं एक बार अपने योग को अन्य योग-प्रणालियों से अलग करते हुए अपनी शिक्षा को संक्षेप में इस प्रकार प्रस्तुत किया था।

---

१. इवनिंग टाक्स, द्वितीय भाग, पृ० २२४।

२. श्री अरविन्द : अपने तथा श्रीमाताजी के विषय में, पृ० १०७। वैष्णवीय असंतुलन पर इवनिंग टाक्स, भाग २, पृ० २२७ पर भी विचार व्यक्त किये गये हैं।

श्री अरविन्द योग की विशेषताएँ

१. श्री अरविन्दयोग का लक्ष्य संसार से विदा हो जाना और स्वर्ग में जीवन या निर्वाण प्राप्त करना नहीं, बल्कि जीवन और सत्ता का परिवर्तन करना है। किसी गौण या प्रासंगिक कार्य के तौर पर नहीं, बल्कि विशेष और मुख्य उद्देश्य के तौर पर। यदि दूसरे योगों में चेतना के अवरोहण (चेतना का नीचे उतरना) है भी, तो वह पथ में अपने आप आनेवाली या आरोहण (चेतना का ऊपर उठना) की परिणाम स्वरूप घटना मात्र है। वहाँ आरोहण ही मुख्य वस्तु है। यहाँ आरोहण पहला कदम है। वह अवरोहण के लिए साधन है। आरोहण से प्राप्त नई चेतना का अवतरण ही इस साधना का वास्तविक चिह्न तथा मुहर-छाप है। तंत्र और वैष्णव धर्म भी जीवन से छुटकारा पाने में ही अपनी इतिश्री मानते हैं, परन्तु इस योग का ध्येय है जीवन की पूर्ण दिव्यता प्राप्त करना।

२. इस योग में जिस ध्येय की खोज करनी है, वह व्यक्ति के हित के लिए भगवान् के साक्षात्कार की व्यक्तिगत उपलब्धि नहीं, बल्कि एक ऐसी चीज है जो यहाँ पृथ्वी चेतना के लिए प्राप्त करनी है, अर्थात् ऐहलौकिक न कि केवल पारलौकिक उपलब्धि। प्राप्त करने की वस्तु है चेतना की वह शक्ति (विज्ञानमय) जिसे क्रिया क्षेत्र में उतारा जाये, जो अभी पार्थिव प्रकृति में, यहाँ तक कि आध्यात्मिक जीवन तक में संगठित या प्रत्यक्ष क्रियाशील नहीं है, उसे सुसंगठित करना और क्रियाशील करना हमारा उद्देश्य है।

३. इसी उद्देश्य को सिद्ध करने के लिए यह पद्धति खुले तौर पर प्रकट की गई है जो अपने उद्देश्य यानी चेतना और प्रकृति का सर्वांगीण परिवर्तन कर सके। जैसा सर्वांगीण उद्देश्य है वैसी ही सर्वांगीण यह पद्धति है अर्थात् यह पुरानी पद्धतियों को ग्रहण तो करती है, पर केवल आंशिक क्रिया के तौर पर और अपनी विशिष्ट विधियों में विद्यमान सहायक साधन के रूप में; बस। मैंने यह पद्धति (सारी की सारी) या इससे मिलती-जुलती कोई पद्धति पुराने योगों में प्रतिपादित या संसिद्ध नहीं पाई है। अगर मैं पाता तो अपने लिए नया रास्ता बनाने और तीस वर्ष तक अनुसंधान तथा आन्तरिक सर्जन करने में अपना समय व्यर्थ न गँवाता। जब कि मैं पहले से ही उद्घोषित, प्रस्थापित, पूर्ण रूप से अंकित, प्रस्तर निर्मित, सुरक्षित और सर्वसुलभ मार्गों पर आसानी से सरपट दौड़ते हुए शीघ्र ही अपने लक्ष्य पर सकुशल पहुँच सकता था। हमारा योग पुराने रास्तों पर ही दुबारा चलना नहीं है, बल्कि कठिन आध्यात्मिक कार्य है।[1]

श्री अरविन्द मानते हैं कि कोई जाने या न जाने ज़िन्दगी स्वयं में एक योग है ही। वह अपनी योग-यात्रा पर चलती रहती है। प्रकृति की यह विकास-यात्रा स्वतः संचालित ढंग से चल रही है, अब यह मनुष्य पर निर्भर करता है कि वह उसमें सचेतभाव से हिस्सा लेकर उस प्रक्रिया को तेज करके अपने इसी जीवन में विकास की चरम उपलब्धि पाना चाहता है या नहीं। इस योग-यात्रा में प्रकृति ने तीन चरण पार कर लिए हैं। जड़ में चैतन्य का प्रकटीकरण, चैतन्य से प्राण और प्राण से मन तक का विकास वह स्वतः कर चुकी है। चौथे चरण के विकास की ओर बहुत पहले से लोगों की दृष्टि गई थी और हमारे देश में अनेक योग-प्रणालियाँ इसी उद्देश्य से स्थापित हुईं। श्री अरविन्द उन योग-प्रणालियों से संतुष्ट नहीं हैं,

---

१. **श्री अरविन्द : अपने तथा श्रीमाताजी के विषय में, पृ० ९५-९६।**

क्योंकि उनका उद्देश्य व्यक्तिगत मुक्ति रहा, जीवन का उच्चतर रूपान्तर नहीं, जो प्रकृति का सच्चा उद्देश्य मालूम होता है।

योग-सिद्धि के लिए चार तत्वों की जरूरत है—शास्त्र, उत्साह, गुरु और समय। श्री अरविन्द अपने प्राकृतिक योग के बारे में कहते हैं कि इस योग का मूल शास्त्र वेद है, वह वेद जो प्रत्येक मनुष्य के हृदय में छिपा है। गुरु विश्वगुरु स्वयं ईश्वर हैं, जो सभी के हृदय में प्रतिष्ठित हैं। प्रत्यक्ष गुरु उसी का प्रतिनिधि है, जो साधक के जीवन की उलझनों को दूर करने में सहायता देता है। इस समन्वित पूर्ण योग के लिए उत्साह जरूरी है। पर शास्त्र, गुरु और उत्साह मनुष्य की स्वतन्त्रता के रक्षक हैं, बाधक नहीं। क्योंकि अनन्त के लिए किए जाने वाले इस योग में स्वतन्त्रता अन्तिम विधान और संबल है।"[१] यह योग व्यक्ति के लिए नहीं, परमसत्ता के लिए निवेदित है। अत: अहं का विसर्जन इसकी शाश्वत शर्त है। व्यक्ति अहं सारे बन्धनों की जड़ है। योगाभ्यासी को जानना चाहिए कि उसके भीतर सक्रिय शक्ति निर्वैयक्तिक और अनन्त है। जिस दिन वह यह जान लेता है उसे मालूम हो जाता है कि उसकी सारी क्रियाओं के भीतर उसका परम हितू विभु पर्दे के पीछे छिपा कार्य कर रहा है। उसे सामने लाना और सम्पूर्ण जीवन को उसकी क्रीड़ा का क्षेत्र बना देना श्री अरविन्दीय योग का ध्येय है।

वे इसी के साथ यह भी कहते हैं कि यह योग अपने सभी तत्वों में एकदम नया है, ऐसा दावा भी नहीं करता। उन्होंने बहुत ही विस्तार के साथ 'योग-समन्वय' में विभिन्न योगमार्गों का पूर्ण विश्लेषण, चीड़-फाड़, नापजोख की है और उनमें से अपने उद्देश्य के लिए आवश्यक तत्वों को ग्रहण किया है और उन सभी तत्वों और पद्धतियों को अपने स्वयं सिद्ध अनुभवों के आधार पर एक नये योगमार्ग के रूप में उपस्थित किया गया है। उनका पूर्ण योग उनके द्वारा अनुभूत चार सिद्धियों पर आधारित है।

१. देशकालातीत शान्त ब्रह्म की अनुभूति, जो लेले के साथ साधना करते हुए प्राप्त हुई।

२. विश्वचेतना की अर्थात् सर्वत्र भगवान् के दर्शन की अनुभूति, जो अलीपुर जेल में हुई।

३. परमसत् चेतना की अनुभूति, जिसके दो पक्ष हैं, निष्क्रिय ब्रह्म और सक्रिय ब्रह्म। उन्होंने सक्रिय ब्रह्म या अधिमानसिक चैतन्य की उपलब्धि सिद्धि-दिवस पर प्राप्त की, जिसे उन्होंने प्रकृति में श्रीकृष्ण का अवतरण कहा, जो आनन्दमय अतिमानसिक चेतना की ओर ले जाने में पथप्रदर्शन का कार्य करती है।

४. अतिमानसिक चैतन्य की अनुभूति, जो सर्वोच्च सत् की अन्तिम उपलब्धि है।

श्री अरविन्द योग उन्हीं की इन चार अनुभूतियों के चौखंभे पर क़ायम है। इसको प्राप्त करने की सारी विधि और साधना, मार्ग और तरीके, खतरे और खाइयाँ उन्होंने बहुत ही स्पष्टता से समझाने की कोशिश की है। श्री अरविन्द योग या कोई भी योग एक मुसलसल आन्तरिक यात्रा है, एक मनोवैज्ञानिक के आन्तरिक क्षेत्र के अन्वेषण का प्रयत्न है जिसे हम संक्षेप में प्रस्तुत करेंगे। यह एक व्यावहारिक मनोविज्ञान है। अन्त: की यात्रा है।

हमें इस यात्रा के पहले यह जान लेना चाहिए कि योग का अर्थ 'करना' नहीं 'होना' है। यानी यह यात्रा हमसे कहीं बाहर के क्षेत्र में नहीं की जाती, इसलिए इस यात्रा का अर्थ आन्तरिक-रूप से जीने की एक नई विधि को प्राप्त करना है।

---

१. सिन्थिसिस ऑफ योग, पृ० ४९।

इस प्रकार हमने संक्षेप में देखा कि "पूर्ण योग का मुख्य उद्देश्य है सामान्य मानवीय चेतना का व्यापक और उच्च ईश्वरीय चेतना में परिवर्तन तथा दिव्य चेतना के मुख्य उपादान अर्थात् शान्ति, प्रकाश, आनन्द, ज्ञान को मनुष्य के भौतिक जीवन में उतार कर उसकी प्रकृति का उच्चप्रकृति में रूपान्तर करना। इस रूपान्तर का उद्देश्य है जीवन में दिव्यता लाना।"[१]

साधना की शर्तें

इस योग की ओर जाने की पहली शर्त है **अभीप्सा**। क्या आपके भीतर इस संसार की जिन्दगी से भिन्न एक उच्चतर जिन्दगी के लिए इच्छा उत्पन्न हुई है? तो आप इधर आ सकते हैं। इस इच्छानुसार आपको अपने को रूपान्तरित करने की साधना के प्रति ईमानदार होना ही होगा। बीच की स्थिति नहीं चलेगी। यदि अभीप्सा है तो **ईमानदारी** के साथ उसके लिए प्रयत्न करना होगा। अभीप्सा और ईमानदारी से भी कुछ नहीं होगा, यदि आपको ईश्वर, गुरु और मार्ग में **विश्वास** नहीं है। विश्वास डगमगा सकता है। कष्टों या बाधाओं के आगे आप आस्था खो सकते हैं और यदि इस हालत में अहं भाव रहा तो खतरे और बाधायें बढ़ सकती हैं, इसलिए **समर्पण** बहुत जरूरी है। ईश्वर को सब कुछ सौंप देना सभी बाधाओं से बचने की गारंटी है। इन चार कीलक और अर्गलाओं से सुसज्जित होकर आप निधड़क, योग मार्ग में आगे बढ़ सकते हैं, किन्तु अपनी साधना में गफलत आत्मघाती होती है, इसलिए निरन्तर सावधानी और चौकसी रहनी ही चाहिए।[२]

मस्तिष्क की नीरवता और शान्ति

श्री अरविन्द यह मानते हैं कि जब तक मानव मन (माइंड) नीरव और शान्त नहीं होता तब तक किसी भी प्रकार का योगाभ्यास सम्भव नहीं है। यह शान्ति दो प्रकार से प्राप्त की जा सकती है। सक्रिय रूप से मस्तिष्क को खाली करके या तटस्थ रूप से मस्तिष्क में चलने वाली क्रिया का मात्र द्रष्टा रहते हुए। लोगों को ये दोनों ही कार्य बहुत कठिन लगते हैं। हैं भी, पर यह तो प्रकृति को न समझने के कारण इतना कठिन लगता है। श्री अरविन्द ने एक स्थान पर लिखा है, "सभी मानसिक रूप से विकसित लोग, जो औसत से ऊपर हैं, किसी न किसी रूप गें, मस्तिष्क के दो भागों में विभक्त कर लेते हैं। हो सकता है कि ऐसा कुछ समय के लिए और कुछ उद्देश्य के लिए ही हो, पर होता है। सक्रिय अंश और निष्क्रिय अंश। सक्रिय अंश विचारों की एक फैक्टरी है और निष्क्रिय शान्त अंश, जो उसका द्रष्टा और स्वामी है, जो विचारों की गतिविधियों का निरीक्षण करता है, निर्णय करता है, कुछ को अस्वीकार करता है, कुछ को स्वीकार करता है, परिवर्तन करता है, सुधार करता है, मन के इस कमरे का यही स्वामी है, पूरा मन इसी का साम्राज्य है। योगी इससे भी आगे जाता है। वह खुद स्वामी होता है और एक तरह से मस्तिष्क के भीतर की दुहरी प्रक्रिया के भी ऊपर उठकर उससे अलग होकर या पीछे रह कर स्वतंत्र रहते हुए स्थित होता है। उसके लिए विचारों की फैक्टरी के कारनामे कुछ अर्थ नहीं रखते, क्योंकि वह देखता है कि विचार बाहर से आते हैं, विश्वमन से, या विश्वप्रकृति से, कभी साफ आकृति लिए हुए, कभी निराकार ढंग से, जिन्हें मस्तिष्क रूप दे देता है। मन का मुख्य कार्य ही है इन्हें स्वीकृत करना या अस्वीकृत करना

---

१. **माधव पंडित, साधना इन श्री अरविन्दोज योग, पृ० ३१-३२।**

२. **वही, पृ० ३६-४१।**

और रूप प्रदान करना।''[१]

ऐसी स्थिति में नीरवता प्राप्त करने का सीधा रास्ता है जो कुछ भी मन में प्रवेश कर रहा है, उसे पकड़ कर बाहर फेंकना। यही पद्धति श्री अरविन्द ने लेले के साथ साधना करते हुए अपनाई थी। वे खुद लिखते हैं—''इसके लिए मैं लेले का अत्यधिक ऋणी हूँ कि इन्होंने इस सत्य का साक्षात्कार कराया। ध्यान के लिए बैठ जाओ, उन्होंने कहा परन्तु कुछ भी सोचो नहीं, केवल अपने मन का निरीक्षण करो, तुम विचारों को उसके अन्दर आते देखोगे।

उनके प्रवेश कर सकने के पूर्व उन्हें अपने मन से तब तक दूर फेंकते रहो, जब तक तुम्हारा मन पूर्ण नीरवता प्राप्त कर सकने में समर्थ न हो जाये। मैंने यह पहले नहीं सुना था कि विचार प्रत्यक्ष रूप से बाहर से हमारे मन के भीतर आते हैं। पर इस सत्य या संभावना पर शंका करने की बात मेरे मन में नहीं आयी। बस, मैं बैठ गया और वैसा ही किया। क्षण भर में मेरा मन उच्च पर्वत शिखर के निर्वात आकाश की भाँति शान्त हो गया और तब मैंने देखा कि एक विचार, फिर दूसरा विचार बाहर से स्पष्ट रूप से आ रहा है। इसके पूर्व कि वे मेरे मस्तिष्क में घुस कर उसे अपने अधिकार में कर सकें, मैंने इन्हें झटक कर दूर फेंक दिया और तीन दिनों में ही मैं उनसे मुक्त हो गया। उसी क्षण से सिद्धान्तत: मेरे अन्दर का मनोमय पुरुष एक स्वतंत्र प्रज्ञा किंवा विराट् मन बन गया, जो विचारों के कारखाने के एक मजूर की भाँति वैयक्तिक विचार से संकुचित घेरे में बँधा नहीं, बल्कि सत्ता के सैकड़ों स्तरों से ज्ञान ग्रहण करने लगा तथा इस विशाल दर्शन-साम्राज्य और विचार-साम्राज्य में से अपनी इच्छा के अनुसार विषयों और विचारों का चुनाव करने में स्वतन्त्र था।''[२]

श्री अरविन्द की यह साक्षी भी बहुतों की आशंका दूर नहीं कर पाती। क्योंकि हम समझते हैं कि दिमाग को खाली करना एक तरह की खफ्तुलहवाशी को आमंत्रित करना है। वस्तुत: हमें आज तक किसी ठीक-ठाक मनोविज्ञान की जानकारी ही नहीं हुई। मानसिक अस्तित्व का मूल तत्त्व क्या है? वह किस प्रकार संगठित होना चाहिए? श्री अरविन्द कहते हैं कि—''मानसिक सत्ता का मूल पदार्थ एकदम शान्त है। कोई वस्तु उसे आन्दोलित नहीं कर सकती। विचार या वैचारिक क्रियाएँ जब उसमें प्रवेश करती हैं तो वैसा ही होता है मानो वायुहीन आकाश को पक्षी पार कर रहे हैं। यह उड़ता चला जाता है, कहीं कुछ भी हलचल नहीं होती। कोई निशान नहीं पड़ता। चाहे हजार विचार या आन्दोलित करनेवाली घटनायें ही क्यों न घटें, शान्ति वैसे ही बनी रहती है, मानो मस्तिष्क का मूल ढाँचा ही इस कदर के तत्त्व से बना है जो शाश्वत अक्षय शान्ति से निर्मित है। ऐसा मस्तिष्क, जिसने यह नीरवता और शान्ति पाली है, अपनी प्रक्रिया शुरू कर सकता है, यह प्रक्रिया निहायत सघन और शक्तिशाली होती है, तो भी मस्तिष्क अपनी मौलिक शान्ति बरकरार रखता है। अपने से कुछ भी न करता हुआ, वह निरन्तर ऊपरी चेतना से विचार प्राप्त करता है और उसमें बिना अपनी ओर से कुछ जोड़े मानसिक आकार देता रहता है। नीरव, किन्तु सत्य के आनन्द से परिपूर्ण और इसकी शक्ति और दीप्ति से भरपूर। यही शान्त और नीरव मस्तिष्क की क्रिया-प्रणाली है।''[३]

---

१. **श्री अरविन्द : अपने तथा श्रीमाताजी के विषय में, पृ० ७५।**

२. **वही, पृ० ७५।**

३. **आन दी योग, पार्ट २, टोम बन, पृ० ६१५।**

यह है मन को नीरव और शान्त बनाने की प्रक्रिया। इसी प्रक्रिया से श्री अरविन्द योग का आरम्भ होता है। नीरवता और शान्ति के ठोस रूप में विद्यमान हुए बिना चैत्यपुरुष सामने नहीं आ सकता।

इस शान्ति के लिए प्रयत्न आवश्यक है। किन्तु ऐसा नहीं है कि यह प्रयत्न निर्विघ्न और आसान है। अनेक लोग अशान्त जीवन के ही इतने अभ्यस्त होते हैं कि यह शान्ति उनमें भय पैदा करने लगती है। शान्ति को एक ठोस और व्यापक आधार देने के लिए जरूरी है कि यह प्राणिक और शारीरिक स्तरों तक भी उतरे और सम्पूर्ण सत्ता को शान्ति से सराबोर कर दे।

उसे शुचि और पवित्र करे। ऐसा नहीं कि प्रयत्न करते ही शान्ति उतरने लगेगी और इच्छा करते ही वह प्राणिक और शारीरिक शान्ति का रूप ले लेगी। यह भी जरूरी नहीं कि एक बार मानसिक शान्ति लब्ध हो जाये तो उसमें वह सर्वदा विद्यमान ही रहेगी। यह सतत प्रयत्न की क्रिया है। इसमें बसन्त आता है तो पतझड़ और ग्रीष्म भी। लम्बे काल तक रूखे दिन भी आ सकते हैं। एक बार शिष्यों के पूछने पर श्री अरविन्द ने कहा—''यह सही है कि मस्तिष्क के खालीपन के बाद एक शुष्कता का दौर आता है, पर जरूरी नहीं कि सबके साथ ऐसा हो ही। पर हो, तो उसे शान्त भाव से इस समय को गुजार लेना चाहिये। दिमाग को खाली करने से आनन्द का, या भार कम होने से एक तरह के छुटकारे का अनुभव होता है। मुश्किल तो यह है कि बहुत से बर्टेण्ड रसेल जैसे लोग भी इस खालीपन को सह नहीं पाते। वह कहते हैं कि ज्यों ही वे अन्तर में प्रवेश करते हैं, उस शान्ति का अनुभव करने लगते हैं और कोशिश करते हैं कि वहाँ से निकल कर बाहर भागें। यह कितनी बेवकूफी है कि वे वहाँ से निकल भागना चाहते हैं। क्योंकि यदि वे नीरवता का बोध कर सकते हैं तो यह अच्छा है, यह मूल्यवान् क्षमता का सूचक है, पर वे योरोपीय लोग कोई भी चीज बिना बाहरी जीवन के स्वार्थ के कर ही नहीं पाते। वे सोचते हैं चेतना में बहिर्जगत् से तत्त्वों के आने के अलावा और कुछ हो ही नहीं सकता।''[१]

इस खालीपन का अर्थ शून्यता नहीं है। खालीपन का अर्थ है नीरवता, शान्ति। श्री अरविन्द ने अचंचलता से शान्ति को ज्यादा स्थायी और ठोस बताया है। वे कहते हैं, दिमाग को शान्त करने से न केवल वहाँ अनन्त का अवतरण होता है बल्कि आनंद, ज्योति और शक्ति का समुद्र मिलता है। स्वर्ण ढक्कन, जिसे हिरण्यमयपात्र कहा गया है, ऊपर के तत्त्वों और मानसिक के बीच हस्तक्षेप करता है, उसे रोके है। ढक्कन तोड़ दो, वे सब तुम्हारी इच्छा मात्र से अवतरित होने लगेंगे। पर उसके लिए शान्ति जरूरी है। यह सही है कि बिना शान्ति स्थापित किये भी कुछ लोग उन्हें पा सकते हैं, पर यह बहुत कठिन है।''[२]

जिस प्रकार परम चैतन्य को मानसिक चैतन्य से हिरण्यमय पात्र या सुवर्ण ढक्कन अलग किये हैं, उसी प्रकार हृदय देश में भी एक झिल्ली है जिसे प्राणिक तत्त्वों से बने आवरण की संज्ञा दे सकते हैं—तुम्हें ''हृदय के पीछे क्या है यह जानने के लिए इस आवरण को तोड़ना होगा। कुछ लोगों में शक्ति इस आवरण के पीछे से कार्य करती रहती है, क्योंकि यदि ऊपर आ जाये तो उसे बहुत सी मुश्किलों और अवरोधों से टकराना होगा। यह लगातार तोड़ने और

---

१. **टाक्स विद श्री अरविन्दो, प्रथम भाग, पृ० १४३।**

२. **वही, पृ० २५।**

बनाने का कार्य भीतर ही भीतर करती रहती है, जब तक कि वह दिन नहीं आ जाता कि पर्दा हट जाये और व्यक्ति अनन्त में जीना शुरू कर दे।"[१]

इसी अवसर पर श्री अरविन्द से एक शिष्य ने बहुत ही व्यावहारिक प्रश्न किया— "कृपया हमें वह सारा आनन्द, ज्योति और शक्ति पाने का कोई सरल रास्ता बताएँ।"

श्री अरविन्द बोले—"सारा रहस्य तुम्हारी इच्छा में है। चाहना, इसे चाहना। बहुत मुश्किल है न? खैर, कोई बात नहीं। धैर्य रखो। योग के लिए अपार धैर्य चाहिए।"[२]

जब तक अभीप्सा नहीं है, चाहत नहीं है, उस अदृश्य को पाने की सच्ची कामना नहीं है, कुछ नहीं हो सकता। अभीप्सा श्री अरविन्द-योग की साधना की कुंजी है।

यह ध्यान में रखना चाहिए कि इस खालीपन या नीरवता का अर्थ जीवन से निष्क्रिय होना नहीं है। एक महत्तर चेतना को हस्तगत करना है। शान्त होने के लिए कार्य छोड़कर बैठे रहने की जरूरत कतई नहीं है। शान्ति की परीक्षा ही कर्म के भीतर होती है। श्री अरविन्द ने इस खालीपन को प्राप्त करने के बाद न केवल क्रान्तिकारी कार्यों का लगातार संचालन किया, बल्कि सम्पूर्ण राजनीतिक क्रियाकलापों के केन्द्र बने रहे। इसी अवस्था में उन्होंने गुरिल्ला युद्ध की तैयारियाँ कीं, भाषण किये, पत्र सम्पादन किये, लेख लिखे।

चैतन्य उन्मीलन और क्रमिक साधना सोपान

चैत्य केन्द्र के विषय में हम पहले विचार व्यक्त कर चुके हैं। श्री अरविन्द साधना में इसके महत्व पर भी यथास्थान बात की जा चुकी है। मानसिक और प्राणिक शान्ति के बाद ही चैत्यपुरुष उन्मीलित होकर सतह पर आता है और व्यक्ति की सभी क्रियाओं की बागडोर अपने हाथ में ले लेता है। हृदय के पीछे एक झिल्ली में छिपे इस चैत्य पुरुष को आसानी से प्राप्त नहीं किया जा सकता। सत्प्रेम ने श्री अरविन्द की "चैत्य पुरुष-धारणा" को बहुत सरल ढंग से समझाते हुए लिखा है—"यह विश्व की सबसे आसान चीज है पर सबसे मुश्किल भी। सबसे आसान इसलिए कि एक शिशु भी इसे जानता है, या यों कहिये उसी में जीता है, वह स्वामी है, कितनी निर्द्वन्द्वता से हँसता है क्योंकि वह अपने चैत्यपुरुष में ही रहता है। सबसे अधिक कठिन, इसलिए कि ज्यों-ज्यों हम बड़े होते हैं, नाना प्रकार की भावनाओं, विचारों, आदि के द्वारा वह स्वतोद्भूत चैत्य-स्थिति नष्ट होने लगती है और तब हम "अपनी आत्मा" की बात करने लगते हैं। जिसका अर्थ ही है कि अब हम उसके बारे में जानना खो चुके। अब उससे अलग हो गये। कैशोर अवस्था के सारे दुःखों की कहानी ही धीरे-धीरे चैत्य-पुरुष के कैद होने की कहानी है। हम विकास के संकट की बात करते हैं, पर यह तो दम घुटने का संकट है, वयस्क होने का अर्थ ही है दमघोंट स्थिति की पूर्णता।"[३] हमारा कृत्रिम रूप से तथाकथित दिमागी परिपक्वता को प्राप्त करना ही प्रकारान्तर से सहज चैत्य स्थिति से अलग होना है।

जब प्राणिक और मानसिक उद्वेग नष्ट हो जाते हैं, अहं का विसर्जन हो जाता है, मस्तिष्क की सीमाएँ जानकर आदमी परम चेतना के सम्मुख नतशिर समर्पण भाव से खड़ा हो जाता है

---

१. टाक्स विद श्री अरविन्दो, प्रथम भाग, पृ० २५।

२. वही, पृ० २५।

३. श्री अरविन्दो आर द एडवेंचर ऑफ कांशियसनेस, पृ० ९३।

तो हृदय-गुफा में छिपी यह ज्योतिकिरण बाहर आ जाती है। आनन्द इसका प्रथम लक्षण है। एक ऐसा आनन्द जो उद्वेगहीन पर ठोस होता है। शान्त, गंभीर, निरुद्वेग, निःस्वार्थ, यही आनन्द चैत्य पुरुष के जागरण का प्रथम लक्षण है। एक निर्हेतुक आत्माराम की स्थिति, एक सहजानन्द और व्यापकता की भावना। चैत्यपुरुष कैसा होता है? हम नहीं देख सकते इसलिए नहीं जानते कि कैसा होता है। केवल तांत्रिक शक्ति रखने वाले ही इस अदृश्य अभौतिक को देख सकते हैं। जो आँखें उसे देख सकती हैं, उनकी स्वामिनी श्रीमाँ ने कहा है—"सचेत व्यक्ति को देखते ही लगता है कि इसके भीतर, गहरे से गहरे उतरती जा रही हूँ, बहुत दूर, अन्दर की ओर काफी गहरे (बहुत सी आँखें ऐसी होती हैं जो बन्द दरवाजे की तरह होती हैं, उनमें घुसना कठिन होता है, पर अनेक की आँखें खुली होती हैं) तभी कोई चीज मिलती है तो स्पन्दित हो रही होती है, कभी वह चमकती होती है, कहीं उसमें से स्फुलिंग निकलते होते हैं। यदि देखने वाला धोखा खा गया तो कह उठता है—'यह है वह जीवन्त आत्मा'। पर यह वह चीज नहीं है। यह इस व्यक्ति का प्राणिक पुरुष है। आत्मा को देखने के लिए इस तरफ से हटकर दूसरी ओर यात्रा करनी होगी। गहरे में अपने को समेट लो और प्रवेश कर जाओ। भीतर जाओ और भीतर उतरते जाओ, एक बहुत लम्बे छिद्र के भीतर यात्रा करते हुए चलते जाओ और वहाँ एक चीज है, गरमाहट लिए हुए, शान्त, नानातत्वों से समृद्ध और बहुत स्थिर, और बहुत पूर्ण, अत्यन्त मधुर यह है आत्मा। और यदि कोई अभ्यास करता है, और अपने भीतर सचेत है, तो एक प्रकार का ऐसा आधिक्य दिखता है कि लगता है जैसे कोई सभी सम्पूर्णताओं को जो अमापनीय हैं, एकत्र पा गया है। और वह जानने लगता है कि यदि वह किसी तरह वहाँ जीना जान जाये तो नाना रहस्यों को जान जायेगा। यह सब कुछ शाश्वत के शान्त स्थिर जल पर पड़नेवाले स्पष्ट प्रतिबिम्ब की तरह लगता है। यहाँ समय सीमा खत्म हो जाती है। यहाँ सिर्फ शाश्वत के लिए हुए, और होने, या हो रहे का ही बोध रह जाता है।"[१]

चैत्यपुरुष के उन्मीलन के लिए जो द्वार खुलता है, चाहे जिस स्तर से खुले, उसे खुलना (ओपनिंग) कहते हैं। यह खुलना कैसे होगा?

श्री अरविन्द ने लिखा है—"भीतर से उद्घाटन या ऊपर से अवतरण-योग-सिद्धि के लिए ये दो सर्वोपरि रास्ते हैं। दिमाग की ऊपरी सतह, संवेगों आदि को मिला-जुला कर की गई तपस्या वगैरह कुछ-कुछ ऐसी स्थितियाँ पैदा कर सकती हैं, पर नतीजा हमेशा अनिश्चित या अधूरा होता है। इसकी तुलना में उपर्युक्त दोनों रास्तों के नतीजे निश्चित और पूर्ण होते हैं। इसीलिए हम अपने योग में 'खुलने' या उद्घाटन पर बहुत जोर देते हैं। यह खुलना आन्तरिक मन की ओर से, प्राणिक स्तर से या शरीर से लेकर अन्तरतम चैत्य स्तर में कहीं से हो सकता है। मन से ऊपर की सत्ता की ओर खुलना इस साधना की फल-प्राप्ति के लिए अनिवार्य चीज है। इसका कारण यह है कि हमारा छोटा दिमाग, प्राण, शरीर, जिसे मिला-जुलाकर हम अपने को हम कहते हैं, यह एक सतही बात है, ये सतही प्रक्रियाएँ हमारी नहीं हैं।

सच्ची आत्मा कहीं सतह पर नहीं है। वह या तो अन्तरतम की गहराई में है या हमसे ऊपर की ओर स्थित है। अन्तर में वह आत्मा है जो आन्तरिक मन, आन्तरिक प्राण और

---

१. श्री अरविन्दो आर द एडवेंचर ऑफ कांशियसनेस, पृ० ९५।

आन्तर शरीर को कायम किये हुए हैं। जिनमें यह क्षमता है कि वे वैश्विक व्यापकता को प्राप्त कर सकें, जिसके फल की हम आकांक्षा करते हैं, ये सभी आत्मिक सत्य के सीधे सम्पर्क में जाकर दिव्य आनन्द का आस्वादन कर सकते हैं। बशर्ते वे स्थूल भौतिक शरीर की कैद से, दु:खों से अपने को छुड़ा सकें। हमारे मनोविज्ञान के अनुसार यह आन्तर सत्ता क्षुद्र बाह्य व्यक्तित्व से चेतना के कुछ केन्द्रों या चक्रों द्वारा जुड़ी रहती है, जिसका अनुभव योग-प्रक्रिया में होता है। आन्तर सत्ता का अत्यन्त अंश इन चक्रों से छनकर बाहरी व्यक्तित्व में आ पाता है, पर वही अत्यल्प हमारे जीवन का सर्वोत्तम होता है जो कला, कविता, दर्शन, धर्म, अभीप्सा, ज्ञान, प्रयत्न आदि में झलकता है। पर आन्तरिक केन्द्र अधिकतर बन्द ही रहते हैं। उन्हें खोलना और सक्रिय बनाना योग का पहला कार्य है। जैसे ही यह खुलना या उद्घाटन संभव होता है, आन्तरिक सत्ता की शक्ति और संभावनाएँ जग जाती हैं। तभी हम अपने को वृहत्तर चेतना के प्रति और फिर वैश्विक चेतना के प्रति जागरूक कर पाते हैं। तब हम सीमित जीवन के अलग-अलग पड़े क्षुद्र व्यक्ति न रहकर विश्व शक्तियों के क्रियाकलाप के केन्द्र बन जाते हैं। इन शक्तियों के अनजान क्रीड़ा-कन्दुक न रह कर, जैसा हम सीमित जीवन और सतही चेतना वाले व्यक्ति के रूप में रहते हैं, उनकी क्रीड़ा के कुछ हद तक स्वामी बन जाते हैं। किस हद तक हम ऐसा हो सकते हैं, यह हमारे भीतरी आन्तरिक सत्ता के उच्च आध्यात्मिक स्तरों की ओर खुलने या उद्घाटित होने की स्थिति पर निर्भर करता है। इसी के साथ-साथ हृदयस्थ चैत्य केन्द्र के खुलने से हमें अपने भीतर की ईश्वरीय सत्ता और ऊपर के उच्चतम सत्य की जानकारी होने लगती है।

उच्चतम आध्यात्मिक आत्मा हमारे व्यक्तित्व या शारीरिक सत्ता के पीछे स्थिति नहीं है; बल्कि वह इसे अतिक्रान्त करती हुई इसके ऊपर प्रतिष्ठित है। आन्तरिक सत्ता का सर्वोच्च केन्द्र सिर में है, जैसे अन्तरतम का केन्द्र हृदय में है। पर जो केन्द्र सीधे आत्मा की ओर खुलता है वह सिर के ऊपर है, शारीरिक सत्ता से बिलकुल अलग, यह सूक्ष्म शरीर में प्रतिष्ठित है। इसके दो पक्ष हैं और इसीलिए इसके खुलने के परिणाम भी दो प्रकार के होते हैं। एक है निष्क्रिय, विराट शान्ति, स्वतन्त्रता और नीरवता के रूप में अनुभव गम्य, यह कभी भी क्रियाओं और अनुभवों से प्रभावित नहीं होता, यह अंशत: उन्हें आधार प्रदान करता है, पर कभी भी उन्हें उत्पन्न नहीं करता, यह हमेशा तटस्थ और उदासीन रहता है। दूसरा है सक्रिय, जो विश्वात्मा के रूप में अनुभूत होता है, यह वैश्विक क्रियाओं को केवल आधार ही नहीं प्रदान करता; बल्कि उन्हें सम्पादित और समुत्पन्न भी करता है। यह केवल हमारी शारीरिक आत्माओं को ही नहीं, बल्कि जो उनसे ऊपर और अलग है, यह जगत् और दूसरे तमाम जगतों, भौतिक और अतिभौतिक तमाम स्तरों का नियमन करता है। हम अनुभव करते हैं कि आत्मा सबमें विद्यमान है, पर साथ ही यह भी अनुभव करते हैं कि यह सर्वोपरि, अतिक्रान्त करने वाली, सभी वैयक्तिक जन्मों और वैश्विक सत्ताओं के ऊपर है। विश्वात्मा में प्रवेश करने के लिए, जो एक में और सबमें विद्यमान है, हमें अहं से मुक्त होना होगा। अहं या तो एक चेतन यांत्रिक स्थिति मात्र बन जाता है या हमारी चेतना से पूर्णत: निवारित हो जाता है। यही है अहं का लय या निर्वाण। विश्वात्मा में प्रवेश करने की क्रिया द्वारा हम वैश्विक कलापों तक को अतिक्रान्त कर जाते हैं। यह क्रिया ही पूर्ण मुक्ति या पूर्ण सत्ता का लय अथवा निर्वाण कही जाती है।

''पर हमें ध्यान रखना चाहिए कि उच्च सत्ता की ओर उद्घाटन केवल मुक्ति और

निर्वाण या शान्त स्थिति में ही परिसमाप्त नहीं होती। साधक केवल विराट् शान्ति, व्यापकता आदि को ही नहीं, जो सिर के ऊपर अनुभूत होती हैं और पूरे भौतिक और अतिभौतिक को अपने में समेटे रहती हैं, बल्कि वह कुछ अन्य वस्तुओं की भी अनुभूतियाँ करता है। वह है सर्वोपरि शक्ति, ज्योति, परमज्ञान, विराट आनन्द जिसमें दिव्य उल्लास और प्रसन्नता छायी रहती है। आरम्भ में ये चीजें एक आवश्यक पर अनिश्चित, शाश्वत, केवलतत्त्व की तरह लगती हैं, इनमें से किसी में भी साधक निर्वाण ले सकता है। यानी जिस तत्त्व की ओर आकृष्ट हो, उसी में अपनी सत्ता को विसर्जित कर सकता है। पर हम यह भी देखते हैं कि यह सत्ता परमशक्ति, परम ज्योति और आनन्दों का आनन्द लिये हुए है और इनमें से सभी शक्तियाँ हमारे भीतर अवतरित हो सकती हैं। लय न चाह कर इन्हें उतारने का प्रयत्न यहीं से शुरू होता है।

ये सभी, केवल शान्ति ही नहीं, नीचे उतारी जा सकती हैं। हालाँकि सुरक्षा की दृष्टि से सबसे पहले अचंचलता और शान्ति को उतारना ज्यादा उचित है। क्योंकि यह बाकी के अवतरण को बहुत सुरक्षित बना देती है। वरना बाहरी भौतिक प्रकृति का इतने प्रभावपूर्ण शक्ति, आनन्द और ज्योति को धारण करना असंभव हो जायेगा। ये तमाम चीजें मिलकर वह होती हैं, जिसे हम उच्चतर अध्यात्म या दिव्यचेतना कहते हैं। यही है अतिमानसिक चेतना का पहला स्तर।

चैत्य केन्द्र का खुलना प्रधानतः हमें वैयक्तिक ईश्वर से जोड़ता है। यह दिव्यता को आन्तरिक ढंग से सम्बद्ध करता है। यह मुख्यतया प्रेम और भक्ति का स्रोत है। सिर के ऊपर केन्द्र का खुलना हमें पूर्ण दिव्य से सीधे जोड़ता और हमारे भीतर दिव्य चेतना को जन्म देता है जिसे नव जन्म या आध्यात्मिक जन्म कहा जा सकता है।

जब शान्ति खूब अच्छी तरह प्रतिष्ठित हो जाती है तब यह उच्चतर या दिव्य शक्ति अवतरित होकर हमारे भीतर क्रियाशील हो जाती है। यह प्रायः सर्वप्रथम सिर में उतरती है और आन्तरिक मस्तिष्क के केन्द्रों को खोल देती है। पुनः इसका अवतरण हृदय केन्द्र में होता है और यह संवेगात्मक सत्ता को पूर्णतः मुक्त करती है; पुनः यह नाभिचक्र में उतरती है और आन्तरिक प्राणिक सत्ता को मुक्त करती है, पुनः यह मूलाधार चक्र में उतर कर शारीरिक आन्तर सत्ता को स्वतंत्र करती है। स्वतंत्रता या मुक्ति का अर्थ परिशोधन है। वह इन स्तरों को बारी-बारी से निर्बन्ध और परिष्कृत बनाने का कार्य करती है। वह पूरी मानव प्रकृति को खंडशः लेकर उसमें परिवर्तन लाती है। जिस कमी को पूरा करना है, पूरा करती है, जिस चीज को निकालना है, निकालती है। जो गढ़ना है गढ़ती है। यह संयुक्त करती है, समन्वित करती है और पूरी प्रकृति को एक छन्द प्रदान करती है। वह उच्चतर चेतना को अवतरित करके यह सब कार्य करती है, जब तक कि अतिमानसिक चैतन्य का अवतरण संभव नहीं होता। यह सारा कुछ तैयार किया जाता है, तत्पर बनाया जाता है उस चैत्यपुरुष के द्वारा जो हृदय देश में सक्रिय होता है। जितना कि अधिक खुला हुआ, ऊपरी जीवनस्तर पर आकर यह चैत्यपुरुष सक्रिय होता है उतनी ही शीघ्रतापूर्ण, सुरक्षित और आसान शक्ति की प्रक्रिया हो जाती है। जितना ज्यादा प्रेम और भक्ति से हृदय भरता है, जितना अधिक समर्पण होता है, उतनी ही पूर्ण साधना का विकास हो पाता है। क्योंकि अवतरण और रूपान्तर का अर्थ ही है दिव्य चेतना से अधिक से अधिक सम्पर्क एवं सायुज्यता।

यही साधना का मौलिक विचार तत्त्व है। इससे यह स्पष्ट हो जाता है कि इस साधना में हृदय चक्र और सिर के ऊपर के मानसिक चक्रों का खुलना अत्यन्त आवश्यक है क्योंकि हृदय

चैत्यपुरुष के लिए खुलता है और मानसिक चक्र उच्चतर चेतना के लिए। और कहना न होगा कि चैत्यपुरुष और उच्चतर चेतना का यह परस्पर सहयोग सिद्धि के लिए आवश्यक है। पहला उद्‌घाटन या खुलना हृदय में एकाग्र ध्यान से संभव होता है, एक अभीप्सा द्वारा जो ईश्वर से प्रार्थना करती है कि यहाँ अवतरित हों और चैत्यपुरुष के माध्यम से पूरी प्रकृति को निर्दिष्ट दिशा में ले चलें। प्रार्थना, आकांक्षा, भक्ति, प्रेम, समर्पण आदि इस प्रथम चरण की साधना के मुख्य सहायक तत्त्व हैं। इसके साथ ही साथ उस सब कुछ का, जो इस साधना में बाधक हैं, अस्वीकृत करना भी चलता रहना चाहिए। दूसरा उद्‌घाटन या खुलना मस्तिष्क में (भ्रूमध्य) ध्यान की एकाग्रता से संभव है जो बाद में सिर के ऊपर ध्यान में (सूक्ष्म कारण शरीरस्थ सहस्रार चक्र में) बदल जाता है। यहाँ भी वैसी आकांक्षा और अभीप्सा चाहिए, एक इच्छाशक्ति ताकि दिव्य चेतना की शान्ति, शक्ति, ज्योति, ज्ञान और आनन्द का सत्ता में अवतरण हो सके। इसमें पहले शांति उतरती है अथवा शांति और शक्ति साथ-साथ। कुछ को ज्योति पहले मिलती है, कुछ को आनन्द, कुछ पर अचानक ज्ञान का निर्झर बरसने लगता है। कुछ के अन्दर ऐसी 'ओपनिंग' होती है कि वे जान जायें कि अनन्त शान्ति, शक्ति, आनन्द आदि का रूप कैसा है। इस स्थिति में वे या तो प्रयत्न करके वहाँ तक आरोहण करते हैं या चीजें निम्नप्रकृति में अपने आप अवतरित होने लगती हैं। कुछ के साथ मस्तिष्क में अवतरण पहले होता है, फिर हृदय-प्रदेश, नाभि-प्रदेश और फिर समूचे शरीर में वह संचरित होता है। कुछ में अनिर्वचनीय ढंग की ऐसी 'ओपनिंग' होती है, जिसमें अवतरण का कोई रूप नहीं दीखता, न शान्ति, न ज्योति, न व्यापकता, न शक्ति। कुछ में अचानक वैश्विक चेतना में सीधे समस्तरीय 'ओपनिंग' होती है या सहसा व्यापक मन में प्रवेश हो जाता है कि ज्ञान का सर्वत्र प्रस्फुटन होने लगता है। जिस रूप में यह आए, इसका स्वागत करना चाहिए। क्योंकि इसके लिए कोई निर्भ्रान्त और पक्का नियम या क्रम नहीं है। पर यदि शान्ति का अवतरण नहीं हुआ है तो सावधानी की जरूरत है कि कहीं आप आनन्दातिरेक से फट न जायें अथवा दिमाग का सन्तुलन न खो बैठें। सबसे महत्त्वपूर्ण वस्तु है दिव्य शक्ति का अवतरण, श्रीमाँ की शक्ति का आगमन जो चेतना के संगठन का तथा उसे आधार प्रदान करने का कार्य सुगम कर देता है।[१]

सारे जीवन का योग

व्यक्ति की तैयारी जिस स्तर पर हो यह योग वहीं से शुरू हो सकता है। यदि आप मानसिक रूप से तैयार हैं तो ज्ञानयोग द्वारा भावना रूप से तत्पर हैं तो भक्तियोग द्वारा, प्राणिक शक्ति की सहायता से कर्मस्तर पर तैयार हैं तो कर्मयोग द्वारा आप अभ्यास आरम्भ कर सकते हैं। उद्‌घाटन जैसा कहा गया है किसी भी स्तर पर हो सकता है। यह आपकी तैयारी या अभीप्सा और ईश्वरीय अनुग्रह (श्रीमाँ की कृपा) पर निर्भर है कि तैयारी के अनुसार उद्‌घाटन कब और कैसे होता है, श्री अरविन्द ने **'योग समन्वय'** इसलिए नहीं लिखा था कि उसके द्वारा ज्ञानयोग, भक्तियोग, कर्मयोग, हठयोग पर राजयोग अथवा तंत्रयोग का गड्‌डमगड्‌ड एकत्रीकरण कर दिया जाये। योग समन्वय ऐसा तरीका नहीं है जिसे सब योगों के मार्ग के रूप में स्वीकार कर लिया जाता है, प्रत्येक योग पर उन्होंने उनकी अलग-अलग संभावनाओं को दृष्टि में रखकर हर पक्ष पर इस ढंग से विचार किया कि जाना जा सके कि किस प्रकार किसी भी योग द्वारा उद्‌घाटित होकर आप उनके पूर्ण योग की ओर बढ़ सकते हैं। उन्होंने वह

---

१. लाइट्स आन योग, सरेण्डर एण्ड ओपनिंग, पृ० ४९।

प्रक्रिया भी समझाई है जहाँ आकर एक बिन्दु पर ये सभी मिल जाते हैं अर्थात् कोई आदमी ज्ञान से शुरू करके कैसे कर्म और भक्ति को पा लेता है और इसी प्रकार दूसरे में भी यही समन्वय घटित होता है। ''ऐसा इरादा था कि जब 'सेल्फ परफेक्शन पूरा हो जाये तो एक ऐसा रास्ता बताया जाये जिसमें सब समन्वित हो सकें, पर वह कभी लिखा नहीं गया।''[१]

श्री अरविन्द योग कर्म की प्रधानता स्वीकार करता है। कर्मशून्य जीवन भी क्या जीवन है। उन्होंने अपने एक शिष्य को लिखा—''पुराने लोग जीवन से अलग होकर ईश्वर को पाना चाहते हैं। अत: वे कहते हैं कर्म छोड़ दो। इस नये का उद्देश्य ईश्वर तक पहुँचना और वहाँ से प्राप्त पूर्णता को जीवन में उतारना है अत: हमारे लिए कर्म अनिवार्य है।[२]

किन्तु पूरा जीवन योग कैसे है, इसे हम दूसरी दृष्टि से भी देख सकते हैं। श्री अरविन्द जिस चैत्यपुरुष की बात करते हैं, वह ईश्वरीय किरण या ज्योति है। उसके उदय के बाद मनुष्य का बौद्धिक अहं तो नष्ट हो ही जाता है, बल्कि यों कहें, उसके नष्ट होने पर ही चैत्यपुरुष का उदय होता है। इसलिए मस्तिष्क ईश्वरीय सत्य को अभिव्यक्त करने का सिर्फ यंत्र मात्र रह जाता है। उसके माध्यम से प्राप्त सारा ज्ञान दिव्य चेतना के प्रसार-प्रचार का साधन हो जाता है। ज्ञान योग के द्वारा निष्क्रिय ब्रह्म में लय होकर जहाँ पूर्व के ज्ञानयोगी जगत् से संन्यस्त हो जाते थे, अब यह नया योगी दिव्य चेतना वाले ब्रह्म के सक्रिय रूप से जुड़कर अपने समूचे उपलब्ध ज्ञान को मानव प्रकृति के रूपान्तरण के लिए अर्पित कर देता है। उसके ज्ञान का मुख्य प्रयोजन ईश्वरीय विधान को ठीक-ठीक समझना हो जाता है, वह अपने आप संकुचित बुद्धि के गर्व, मात्सर्य, असूया, परनिन्दा, आत्मविस्फारण या आत्मग्लानि से अलग हो जाता है। यानी समता और स्थितप्रज्ञता उसे अपने आप लब्ध हो जाती है। वह पाप-पुण्य, नैतिक-अनैतिक, धर्म-अधर्म, जाति-अजाति की संकुचित सीमायें तोड़कर अपने को ईश्वरीय लीला का सहज पात्र बना लेता है। ऐसे ज्ञानी की दृष्टि क्या होती है, ''यदि ईश्वर ने मुझे नरक में जगह दी है, मैं नहीं जानता कि क्यों मुझे स्वर्ग की चाह करनी चाहिए। क्योंकि वही अच्छी तरह जानता है कि मेरे कल्याण के लिए क्या उचित है।''[३]

''भक्ति क्या है, सिर्फ भगवान् की सेवा ही न। भगवान् को ठीक से समझ लो तो सेवा भी ठीक से होगी। क्योंकि बिना ज्ञान के भक्ति लँगड़ी है और बिना कर्म के वह निष्क्रिय। भक्ति मनुष्य के मन से ईश्वर से भयभीत होना दूर करती है। ईश्वर से डरना अपने को उससे दूर कर लेना है। पर उसकी क्रीड़ा में उससे डरना एक तरह का विचित्र आनन्द प्रदान करता है।''[४] क्रीड़ा में डरने का अर्थ कुछ नहीं है, सिर्फ यह कि हम जिससे प्यार करते हैं वह हमारे खेलने के अर्थात् कार्य करने की त्रुटि से खिन्न न हो। प्रेमास्पद की खिन्नता किस प्रेमी को दु:खी नहीं करती? इसलिए भक्ति का अर्थ ही है सम्पूर्ण दृष्टि को ईश्वरीय लीला मानकर अपने प्रेमास्पद की प्रसन्नता के लिए उचित ढंग से उसके महाभारत का संगी बनना। वह हमारा स्वामी है, सखा है, प्रेमी है, प्रेमास्पद है और यदि यह मान्यता भक्त के हृदय में है तो उसके द्वारा होनेवाली किसी घटना से दु:खी होने का प्रश्न ही नहीं। वहाँ तो सिर्फ सुख ही

---

१. **रेमिनिसैंसेज एण्ड एनक्डोट्स, पृ० १९२।**

२. **लेटर्स, भाग २, पृ० ७।**

३. **थाट्स एण्ड एफारिज्म्स, पृ० ८।**

४. **वही, पृ० ७०।**

सुख है। एक बार राधा-भाव का अर्थ बताते हुए श्रीमाँ ने कहा—''बाँसुरी के दिव्यवादक श्रीकृष्ण अंतरस्थ और विश्वव्यापक भगवान् हैं, उनमें परम आकर्षण-शक्ति है और राधा आत्मा है, आन्तरात्मिक व्यक्तित्व है। वह बाँसुरी के वादक की पुकार का उत्तर देती है। मुझसे यह कहा गया है कि आज सायंकाल में राधा की इस चेतना पर अर्थात् जिस ढंग से एक वैयक्तिक आत्मा भगवान् की पुकार का उत्तर देती है, कुछ कहूँ। यह एकमात्र भागवत उपस्थिति के साथ तादात्म्य करके उसके प्रति अपना पूर्ण समर्पण करके समस्त वस्तुओं में आनन्द खोजने की योग्यता है।''[१] श्री अरविन्द ने इसी तत्त्व की ओर लक्ष्य करके कहा था—''यह प्रेम और स्पृहा अंत में रूप तथा रूपातीत को एक कर देती है। आत्मा तथा जड़ को अभिन्न कर देती है। इसी एकत्व को प्रेमगत भावना यहाँ अज्ञान के अंधकार में खोज रही है और इसी को वह तब प्राप्त भी कर लेती है। वह वैयक्तिक मानवीय प्रेम स्थूल जगत् में प्रकट हुए अन्तर्यामी भगवान् के प्रेम में परिवर्तित हो जाता है।''[२]

कर्म के द्वारा हम सकल सृष्टि में व्याप्त नारायण की अपने ढंग से सेवा करते हैं। कर्म का रहस्य बड़ा गहन है। क्या कुकर्म है क्या सुकर्म? क्या कठिन है क्या सरल? क्या उच्च है क्या नीच? ये सारी चीजें भ्रम हैं। क्योंकि कर्म, कर्म है यदि ठीक दृष्टि से किया जाये। विश्व में केवल सुन्दर ही नहीं है, केवल सृजन ही नहीं है, वहाँ भयानकता और ध्वंस भी है। श्री अरविन्द कहते हैं कि, यदि तुम क़ाली की उपासना नहीं करते तो कृष्ण को नहीं पा सकते। ''कौन है ऐसा, जो काली की ज्वालामयी भयंकर उपस्थिति को झेल सके? केवल वह जिसे कृष्ण ने पूर्णतः अंगीकृत कर लिया है।''[३] काली और कृष्ण का यह समन्वय ही कर्म का रहस्य है। भयमुक्ति योग-साधना की बहुत जरूरी शर्त है। एक बार श्री अरविन्द से पूछा गया कि भय से मुक्ति कैसे मिल सकती है तो उन्होंने कहा, ''मेरा उदाहरण तो यह है कि जब भी मुझे भय लगा, मैं अदबदा कर वही काम करता जिससे भय लगता, मृत्यु तक के खतरे को उठाते हुए और अचानक देखा कि मैं भयमुक्त हूँ।''[४] भयमुक्त वही हो सकता है जो अनन्य रूप से अपने अहं को छोड़कर कार्य करे। श्री अरविन्द ने बार-बार कहा है कि अहं कर्म को पतित करता है। ''कर्म योग का पहला चरण (किसी भी योग का) है धीरे-धीरे अहं को कम करना और अन्ततः उसका समूलोत्पाटन। इस अहं को कर्म के केन्द्रीय बिन्दु से हटाना ही होगा।''[५]

श्री अरविन्द ऐसे उत्तर योगी थे, जो बनी-बनाई परिभाषाओं को स्वीकार कर लेने को तैयार नहीं थे। वे इसीलिए निरन्तर विकसनशील दिव्य चेतना के पूर्ण योग की बात करते हैं ताकि यह दुनिया बदल सके। वे कहते हैं कि, गुरुरूपी ईश्वर की शिष्यता, पितारूपी ईश्वर का पुत्रत्व, मातारूपी ईश्वर का वात्सल्य, ईश्वरीय सखा के हाथों में हाथ डाले रहने की प्रसन्नता, अपने कैशोर मित्र के साथ खेलकूद और हँसी-खुशी, ईश्वर की प्रसन्नता भरी सेवा, अपनी दिव्य प्रेमिका का प्रेम, ये सात मानवीय शरीर के सौन्दर्य हैं। क्या तुम इन्हें एक में

---

१. **श्रीमाँ, प्रश्न और उत्तर, भाग ३, पृ० १।**
२. **योग समन्वय, पृ० ६।**
३. **थाट्स एण्ड एफारिज्म्स, पृ० ३८।**
४. **टाक्स विद श्री अरविन्दो, प्रथम भाग, पृ० ५५।**
५. **लेटर्स आन योग, सेन्टेनेरी वाल्यूम, पृ० ६७३।**

मिलाकर सतरंगी इन्द्रधनुष नहीं बना सकते? तभी तुम्हें स्वर्ग की जरूरत नहीं होगी, तभी तुम अद्वैतवादी की मुक्ति को अतिक्रान्त कर पाओगे।''[१] पहला सौन्दर्य भारतीय साधना का है जिसमें गुरु को ईश्वर माना गया, दूसरा ईसाई धर्म का है जहाँ पैगम्बर ईश्वर का पुत्र था, तीसरी शक्ति-साधना है जहाँ ईश्वर दुर्गा है, चौथी वैष्णव सख्य-भक्ति है जहाँ ईश्वर सखा है, पाँचवीं लीलावादी प्रेम है जहाँ ईश्वर प्रेमास्पद है, छठीं दास्यभक्ति है जहाँ ईश्वर स्वामी है, सातवीं सूफी साधना है जहाँ ईश्वर प्रेमिका है, यह गौड़ीय सहजिया सम्प्रदाय की रामी और राधा भी है। श्री अरविन्द कहते हैं कि ईश्वर सब है, इन सातों रंगों का इन्द्रधनुष है और इसी इन्द्रधनुषी छाया में सच्ची आध्यात्मिकता विकसित होती है। इसीलिए अरविन्द योग की ओर ऐसे निर्बल को नहीं आना चाहिए जो इन सातों में से किसी भी एक के अतिरेक को ही पूर्णता मानता हो या उसी के द्वारा अपना सन्तुलन खो बैठा हो। वे पृथ्वी पर अपने पूर्ण योग द्वारा एक ऐसा स्वर्ग लाना चाहते हैं जहाँ सारी मानव जाति ऐसे लड़के और लड़कियों में बदल जायेगी, ''जहाँ ईश्वर कृष्ण और काली के रूप में उपस्थित होगा। सर्वाधिक प्रसन्न युवक और सर्वशक्तिमान् लड़की के रूप में। दोनों के साथ-साथ नन्दन वन में खेलेंगे। अदन का बगीचा भी बुरा नहीं था, पर आदम और हौवा काफी बड़े हो गये थे (परिपक्व), उनका ईश्वर बुड्ढा हो गया था ऐसा सख्त और गंभीर कि उसने सर्प का उपहार देने से अपने को रोका नहीं।''[२]

प्रकाश का पथ और अंधकार पर विजय

यह संक्षेप में श्री अरविन्द का योग समन्वय पूरे जीवन को योग में बदलने की प्रक्रिया है। पर इसी के साथ-साथ मैं इतना और कह देना चाहता हूँ कि यह कोई बच्चों का खेल नहीं है। इस रास्ते में खन्दकें, खाइयाँ हैं, परेशानियाँ हैं। स्वयं श्री अरविन्द को भी इनका मुकाबला करना पड़ा था।

''मानव व्यापार बहुत कठिन समस्या है। मेरा अपना अनुभव ही लो। मुझे नीरवता और शान्ति और निर्माण के अनुभव हुए; जिन्होंने फिर कभी मुझे छोड़ा नहीं, पर इन शान्ति समता को अपने अस्तित्व के प्रत्येक हिस्से में स्थापित करने के लिए मुझे लगातार प्रयत्न करना पड़ा। तुम जानते हो समता क्या है। समता वह भाव है जिसे कोई भी वस्तु किसी स्थिति में आन्दोलित न कर सके। पिछले अगस्त तक मैं सफल रहा। यह दुर्घटना शायद मेरे समता भाव को परीक्षित करने की अन्तिम घटना है। इसी तरह प्रत्येक व्यक्ति को धीरे-धीरे कार्य करते चलना होगा, जब तक वह अवचेतन में पड़े इसके बीज को उखाड़ न फेंके।''[३]

हालाँकि उन्होंने अपनी चालीस वर्ष की साधना में निरन्तर यह प्रयत्न किया कि यह रास्ता बाद के यात्रियों के लिए सूर्याभिमुख-ज्योतिपथ (Sunlit Path) बन जाए। उन्होंने अनेकानेक पत्रों में, वार्ताओं में साधकों से कहा कि जितनी कठिनाई मुझे और श्रीमाँ को उठानी पड़ी है, वह अब दूसरों को उठानी नहीं पड़ेगी।

उन्होंने बड़े आश्वासन के साथ कहा—''सच पूछो तो भविष्य में दूसरों के लिए सुगमता का मार्ग निश्चित करने के लिए ही हमने यह भार ढोया है। इसी उद्देश्य से श्रीमाँ ने एक बार

---

१. **थाट्स एण्ड एफारिज्म्स, पृ० ७८-७९।**

२. **वही, पृ० ७९।**

३. **टाक्स विद श्री अरविन्दो, प्रथम भाग, पृ० १८४-८५।**

भगवान् से प्रार्थना की थी कि इस पथ के लिए जो भी कठिनाइयाँ, विपत्तियाँ, दु:ख, कष्ट आवश्यक हों, वे दूसरों के बजाय मुझ पर ही लाद दिये जायें। यह अभीष्ट उन्हें वर्षों के दैनिक तथा भीषण संघर्षों के परिणामस्वरूप इस हद तक प्रदान किया गया है कि जो लोग उन पर पूर्ण और सच्चा भरोसा रखते हैं, वे ज्योतिर्मय मार्ग में चलने में समर्थ होते हैं।''[१]

उन्होंने नाना साधकों को यह आश्वासन दिया कि यदि तुम धैर्यपूर्वक और स्वभाव में बिना किसी मौलिक दुष्टता के प्रयत्नशील रहोगे तो नील चाँद निश्चय ही तुम्हारे आकाश में खिलेगा। ''मैं विश्वास करता हूँ कि एक नीला चन्द्रमा हरेक के आकाश में खिलेगा।''[२] परन्तु श्री अरविन्द बहुत स्पष्ट कहना चाहते हैं कि यदि तुम्हारे भीतर से अहंकार दूर नहीं हुआ तो तुम्हें कोई भी मुश्किलों से बचा नहीं सकता। यह अहंकार उनकी साधना में सबसे बड़े शैतान के रूप में माना गया है। सभी बुराइयों की जड़ और दुरन्त। इसे धैर्यपूर्वक हटाने का भी उन्होंने रास्ता बताया है।

''अहंभाव का पूर्ण निराकरण आसान चीज नहीं है। जब तुम सोचते हो कि यह पूर्णत: नष्ट हो चुका है, तो भी यह अचानक तुम्हारे व्यवहारों और क्रिया-कलापों में उपस्थित हो जाता है। सबसे ज्यादा जरूरी है मानसिक और प्राणिक अहंभाव का निराकरण। दूसरे, शारीरिक अैर अवचेतन निहित अहं का कोई खास महत्त्व नहीं है। वे अवकाश पाकर ठीक किये जा सकते हैं।''[३]

श्री अरविन्द और तन्त्र

नलिनीकान्त गुप्त ने अपने 'रेमिनिसैंसेज' में एक स्थान पर लिखा है कि—उन्होंने कुछ वर्ष पीठ-स्थापना में लगाए। जैसे तांत्रिकों का पंचमुंडी आसन होता है रामकृष्ण की पंचवटी थी, पाँच बरगद के पेड़।[४] लेखक ने पंच संख्या पर काफी विस्तार से विचार किया है। उनकी सूचना के लिए निवेदन है कि पंचमुंडी ही नहीं, एकमुंडी से लेकर नवमुंडी आसन तक की चर्चा चलती है। काशी में विशुद्धानन्द का स्थापित नवमुंडी सिद्धासन प्रसिद्ध है।[५] इन चर्चाओं से पाठकों के मन में यह प्रश्न उठना स्वाभाविक है कि क्या श्री अरविन्द के योग में तंत्र का भी स्थान है या नहीं। श्री अरविन्द ने 'सिंथिसिस आफ योग' में तंत्र पर विचार करते हुए लिखा है—''भारत में एक विलक्षण समन्वयमूलक योग पद्धति अभी भी जीवित है जो प्रकृति को केन्द्र बनाकर चलती है और उसकी शक्ति को अपना आधार मानती है। यह एक अलग समन्वयमूलक पद्धति तो है, विभिन्न योग सम्प्रदायों का इसमें समन्वय नहीं पाया जाता। यह तंत्र है। कुछ खास तरह के विकासों के कारण यह पद्धति काफी बदनाम भी हुई है। यह बदनामी मूलत: वाम मार्ग के कारण हुई जो गुण और अवगुण के द्वन्द्व को अतिवाद तक ले जाकर ही संतुष्ट नहीं हुआ; बल्कि कर्मों की शुद्धता से उस अतिवाद को दूर करने के स्थान पर वह आत्मभोग को एक मार्ग मानकर अनवरुद्ध सामूहिक अनैतिकता को बढ़ावा देता है।''

---

१. श्री अरविन्द : अपने तथा श्रीमाताजी के विषय में, पृ० २१८।

२. करेस्पांडेंस विद श्री अरविन्दो , पृ० २३३।

३. टाक्स विद श्री अरविन्दो, प्रथम भाग, पृ० १७१।

४. रेमिनिसैंसेज, गुप्त-अमृता, पृ० ४८।

५. तांत्रिक वाङ्मय में शाक्त दृष्टि, पटना, १९६३, पृ० २६१-२७१।

उन्होंने इस पद्धति की अच्छाइयाँ भी बतायीं। वे मानते हैं कि तांत्रिक योगी प्रकृति से पलायन के स्थान पर उसकी बाधाओं से जूझता है और कठिनाइयों पर विजय पाने का प्रयत्न करता है। वह अपनी इच्छा-शक्ति के द्वारा अनुशासन के रास्ते पूर्णता, मुक्ति, सौन्दर्य आदि की उपलब्धि कर सका, पर बाद में तंत्र अपनी मशीनी पद्धति में फार्मूलाबद्ध होकर अपने मूल सिद्धांतों को खो बैठा, जो सही ढंग से इस्तेमाल किये जाने पर शक्ति देते हैं और गलत ढंग से प्रयुक्त होने पर अपने शुद्ध उद्देश्य से च्युत हो जाते हैं।[१]

श्री अरविन्द तंत्र मार्ग के अनुयायी नहीं थे; किन्तु उनके योग में तंत्र को एकदम अलग रखा गया, ऐसा भी नहीं कहा जा सकता। सत्य तो यह है कि कोई भी योग व्यावहारिक स्तर पर तंत्र के बिना निष्क्रिय हो जाता है। अध्यात्म की व्यावहारिक शक्ति तंत्र के शुद्ध रूप द्वारा ही प्रकट हो सकती है। श्री अरविन्द ने स्वयं लिखा—"**कृष्णप्रेम*** को इस बात का सही ज्ञान है कि योग में किस प्रकार मनोवैज्ञानिक और तांत्रिक शक्तियों की क्रिया होती है। जो कुछ उन्होंने कहा है मेरे अनुभवों से मेल खाता है।"[२] वे आवश्यक सहायक तत्त्व के रूप में तंत्र को स्वीकार करते हैं। तंत्र सूक्ष्म तत्त्वों को पकड़ने का तरीका है। जैसा कि माधव पंडित ने लिखा है—"तंत्र वह विज्ञान है जो छिपे हुए अभौतिक तत्त्वों के बारे में बताता है।"[३] ऐसी हालत में यह कहना कि श्री अरविन्द ज्ञान की इस पद्धति से अपरिचित थे, उचित नहीं होगा। इतना सत्य है कि श्रीमाँ ने जो आध्यात्मिक शक्ति के व्यावहारिक प्रयोग में ज्यादा सिद्धहस्त थीं, यह उत्तरदायित्व अपने ऊपर ले लिया और दीक्षा तथा साधना आदि के कार्य उनके निर्देशन में चलने लगे और इससे कौन इनकार करेगा कि तांत्रिक विद्या में श्रीमाँ की गति अप्रतिहत है। इसीलिए श्री अरविन्द ने साधकों से हर प्रकार की कठिनाई में श्रीमाँ से सहायता लेने और उनके द्वारा संचालित होने का आदेश दिया। सुप्रसिद्ध तांत्रिक साधक श्री **कपालि शास्त्री** ने लिखा है कि—'श्री अरविन्दीय योग में वेदान्त और तन्त्र का बहुत ही सुन्दर समन्वय हुआ है, यह मिश्रण की बात नहीं है बल्कि परम सत्य की प्रतीति और अनुभव की दार्शनिक अभिव्यक्ति है। श्री अरविन्द के अतिमानसिक योग की साधना हर चरण पर श्रीमाँ की क्रिया से ही सम्पन्न होती है।'[४] श्री **कपालि शास्त्री** ने बड़े विस्तार से श्रीमाँ की क्रियाओं

---

१. सिंथिसिस ऑफ योग, पृ० ३५-३६।

२. श्री अरविन्दो केम टू मी, पृ० २३२।

***कृष्णप्रेम का दीक्षापूर्व नाम रोनाल्ड निक्सन था। उन्होंने कैम्ब्रिज में शिक्षा पायी। भारतीय अध्यात्म से प्रभावित होने के कारण भारत आये और लखनऊ विश्वविद्यालय में अंग्रेजी के प्रोफेसर रहे। कुछ समय तक काशी हिन्दू विश्वविद्यालय में भी काम करते रहे। बाद में उन्होंने सुप्रसिद्ध कृष्णभक्त योगिनी यशोदा माँ से दीक्षा ली। अल्मोड़ा में एक निर्धन वैष्णव के रूप में योगाभ्यास किया। श्री अरविन्द को दिलीपकुमार राय रोनाल्ड से प्राप्त पत्रों को प्रायः दिखाया करते। श्री अरविन्द ने कृष्णप्रेम के बारे में लिखा था—"उसके पत्रों को पढ़ने से लगता है जैसे सत्य के स्रोत से सीधा धारा प्रवाहित होती चली आ रही है जिसका मिलना साधारणतया दुर्लभ है।"**

—महापुरुषों के साथ, पृ० २५५।

३. द मदर ऑफ लव, प्र० भा०, पृ० ११०।

४. कपालि शास्त्री, श्री अरविन्दो, लाइट्स ऑन टीचिंग, पृ० ३६।

का उद्घाटन किया है।

इन सभी चीजों के बावजूद मानवीय प्रकृति अपना कार्य करती ही है। उदासी, मायूसी, ऊब, रुकावट, यात्रा की थकान, बीमारियाँ, घबड़ाहट, भय, विरोधी शक्तियों के हमले आदि नाना प्रकार की बाधायें आती ही रहती हैं। पर लोगों ने उनसे प्रश्न पूछे थे और उन्होंने उनका स्पष्टीकरण और समाधान प्रस्तुत किया।

भीतर की **संकल्प शक्ति** और **ईश्वरीय अनुग्रह** ये दो ही सिर्फ इस योग मार्ग के कवच और कीलक हैं। बिना इनकी सहायता के यह यात्रा सुगम नहीं। इस विषय पर गम्भीरता से सोचने पर मालूम होगा कि योग मूलतः एक मनोवैज्ञानिक अनुशासन है। पश्चिमी मनोविज्ञान अपूर्ण इसीलिए है कि वह आन्तरिक यात्रा की पद्धति जानता ही नहीं जिसे भारतीय योगियों ने शताब्दियों की साधना से अन्वेषित किया था। श्री अरविन्द ने कहा था—"मनोविज्ञान के लिए दो चीजें निहायत जरूरी हैं। अन्तर यात्रा और वहाँ के तत्त्वों की सही पहचान, यह बिना योगाभ्यास के संभव नहीं है।"[१] यात्रा चाहे जैसी कठिन हो, पश्चिमी मनोविज्ञान उस पथ को देख सका हो या न देख सका हो, यात्रा का आवाहन इतना प्रभावपूर्ण है कि मनुष्य अपने को इधर जाने से रोक नहीं पायेगा। "यदि मानवजाति को उसकी एक झलक भी मिल जाय कि कितना असीम आनन्द, कितनी पूर्ण शक्तियाँ, सद्योत्पन्न ज्ञान के कितने अद्भुत भांडार तथा हमारे अस्तित्व की कितनी बड़ी शान्ति, उन क्षेत्रों में दबी पड़ी हमारी प्रतीक्षा कर रही है, जिन्हें हमारे पाशविक विकास ने अभी तक हस्तगत भी नहीं किया, तो उस खजाने को पाये बिना वे कभी भी अपने को रोक नहीं पायेंगे? पर रास्ता बहुत सँकरा है, दरवाजे कठिनाई से खुलते हैं, भय, आशंका और अविश्वास वहाँ खड़े हैं, प्रकृति के पहरुवे जो हमारे पैरों को उस रास्ते की ओर जाने से रोकते हैं ताकि हम हमेशा अपने मामूली चरागाहों में ही फँसे रहें।"[२]

श्री अरविन्द की योग-साधना की निर्देशिका, संरक्षिका और साधिका स्वयं श्रीमाँ हैं। जो लोग इस मार्ग पर चलना चाहते हैं उन्हें श्री **कपालि शास्त्री** के इस अनुभूत सत्यमय श्लोक को हमेशा ध्यान में रखना चाहिए—[३]

वीक्षया दधते दीक्षां रक्षां संकल्पमात्रतः।
शक्तेर्मातुः प्रसादेन शिक्षां वितरतेऽद्भुताम्॥

दृष्टि दीक्षा देती है, संकल्प मात्र से रक्षा होती है, तुम्हारी शक्ति जो श्रीमाँ की कृपा में निहित है आश्चर्य भरी शिक्षाएँ प्रदान करती हैं।

तीन चीजों की जरूरत

आप इन अपेक्षाओं को '**भवानी मंदिर**' में पहले ही देख चुके हैं। असल में भवानी मंदिर कहीं बाहर नहीं, सबके भीतर है। अपने भीतर की शक्ति को जगाने के लिए उन्हीं तीन चीजों की जरूरत है जिसे श्री अरविन्द ने राष्ट्र में शक्ति जागरण का आधार बताया था।

१. शारीरिक **वासनाओं से मुक्ति** ताकि सारी क्षमता को उद्देश्य पर केन्द्रित कर सकें।

---

१. **इविनिंग टाक्स, तृतीय भाग, पृ० ९४।**
२. **थाट्स एण्ड एफारिज्म्स, पृ० ७३।**
३. **प्रेयर्स, कपालि शास्त्री, श्री अरविन्दाश्रम, पृ० १५।**

२. **एकाग्रता**—हमें अपने उद्देश्य की ओर इस तरह परिचालित होना चाहिए जैसे क्षिप्त कुन्त निशाने की ओर जाता है। ध्यान गड़बड़ हुआ कि निशाना चूक जायेगा।

३. **उपासना** मृत होती है यदि वह कार्य में उतारी न जा सके।

वासनामुक्ति, एकाग्रता और उपासना से पूर्ण कर्म द्वारा जीवन का रूपांतरण—यही भवानी मंदिर का संक्षिप्त संदेश था। क्या यहाँ यह बताने की भी जरूरत होगी कि 'भवानी मंदिर' पुस्तिका पांडिचेरी के योगीराज अरविन्द ने नहीं क्रान्तिकारी युवा पीढ़ी के गुरिल्लायुद्ध संचालक अरविन्द ने लिखी? पर व्यक्तित्व की महिमा क्या यदि बीज में ही भविष्यत् पूर्ण वृक्ष का रूप न देखा जा सके।

■

ज़िन्दगी का नमक

तद्यथा लवणेन सुवर्ण सन्दध्यात्
छान्दोग्योपनिषद्, ४।१७।७
नमक से ही सुवर्ण की संसिद्धि होती है।

योगी और विनोदी, शायद बहुतों को यह विरोधाभास लगे। आज की दुनिया से हास-परिहास अचानक कपूर की तरह उड़ गया है। जिधर देखिए भिंची हुई मुट्ठियाँ, तनी हुई नसें, आँखों के नीचे काली रेखा और ललाट पर सलवटों की ढेर दिखाई पड़ेगी। शायद इस हुलिया को ही आधुनिक मनुष्य की पहचान मान लिया गया है। प्राचीन काल के हमारे पुरखे इस तरह के तनाव में नहीं जीते थे। आप कहेंगे कि इसीलिए तो पुराने और 'आउट आफ डेट' अर्थात् इस समय के लिए बेकार हो गए हैं। वे बेकार या साकार किन्हीं और कारणों से हुए हैं, 'क्योंकि आज का आधुनिक मनुष्य अपनी तनावपूर्ण स्थिति से छूटने और जीवन का सन्तुलन कायम रख सकने के लिए बहुत छटपटा रहा है। वह जानता है कि हास-परिहास आज के संत्रस्त जीवन के लिए पौष्टिक आसव है, पर उसे प्राप्त करने में वह प्राय: असफल हो रहा है। यह कहना तो उचित न होगा कि चूँकि **काव्यशास्त्र विनोदेन कालो गच्छति धीमताम्** की स्थिति का अभाव हो गया है और व्यसन और कलह बढ़ा है, इसलिए युग मूर्खता से आक्रान्त है; फिर भी यह मानने में कोई एतराज नहीं होना चाहिए कि हास-परिहास और व्यंग्य-विनोद के दारुण दारिद्र्य ने हमारे जीवन को काफी असन्तुलित बना रखा है। हम आधुनिक तनाव के कारण पागलपन के शिकार हो सकते हैं, यदि इस हास-परिहास का तत्त्व न हो। सर वाल्टर स्काट का यह कथन कितना सही है—"आह कैसा सुन्दर अलंकरण और कवच है यह हास-विनोद का तत्त्व। कवि और लेखक के लिए तो वाग्वैदग्ध से भी अधिक महत्वपूर्ण वस्तु है। पागलपन से यह हमारी कितनी रक्षा करता है।"[१]

श्री अरविन्द इस अर्थ में सचमुच में उत्तर योगी थे कि उन्होंने कृत्रिम मौन और नकली संन्यास की उपलब्धि आडम्बरपूर्ण गुरु गंभीरता को नहीं, व्यंग्य-विनोद और हास-परिहास को जीवन का आवश्यक तत्व बताया। बहुत पहले सिसरो ने कहा था, "हास-परिहास और व्यंग्य-विनोद बहुत आनन्ददायक चीज है और प्राय: अतिशय उपयोगी होता है।[२]

उनका शिष्ट हास-परिहास दूसरों को ठहाके लगाने के लिए विवश कर देता था, पर उनके मुख पर एक हल्की स्मिति ही उभर कर रह जाती थी। कार्लाइल ने अपने एक निबन्ध में लिखा था कि—"यह ठहाकों में उतना नहीं व्यक्त होता जितना मुस्कराहट में, क्योंकि यह अन्तर की बहुत गहराई में स्थित होता है।" इसी से मिलती-जुलती बात हेमचन्द्राचार्य ने

---

१. **इमर्सन द्वारा अपने 'मिसिलेनीज' में उद्धृत।**
२. **द ओरेतोर, बुक २, परि० ५४।**

काव्यानुशासन में कही थी कि **ज्येष्ठानां स्मित हसिते** अर्थात् पुरुषों में यह मात्र स्मिति के रूप में उभरता है।

वस्तुतः व्यंग्य-विनोद और हास-परिहास अपने शुद्ध रूप में केवल अतिशय सज्जन व्यक्ति के भीतर ही उभरता है। कार्लाइल ने ठीक ही लिखा था कि—"हास-परिहास का मूल तत्व उच्चकोटि की ऐसी समझदारी में निहित है जो सृष्टि के प्रत्येक आकार वाले प्राणियों के प्रति उत्पन्न सहानुभूति की गरमाहट और मृदुता से भरी होती है इसका मूल तत्व प्रेम है, नफरत का भाव नहीं।"[१]

मैनचेस्टर गार्जियन के सम्वाददाता और 'न्यू स्पिरिट इन इण्डिया' के बहुचर्चित लेखक हेनरी डब्ल्यू० नैविन्सन ने श्री अरविन्द पर टिप्पणी की, "अरविन्द घोष भारत के अत्यन्त खतरनाक व्यक्ति हैं, जो कभी नहीं मुस्कराते।"[२] उसे इतना और जोड़ देना चाहिए था—"किन्तु जो सदा मजाक करते रहते हैं।"[३] श्री अरविन्द के गम्भीर दार्शनिक और साधक व्यक्तित्व के ऊपरी आवरण से ही चकरा जाने वाले शायद ही जान पायें कि श्री अरविन्द हँसने और हँसाने की कला में नितान्त पटु ही नहीं थे, बल्कि यह उनके व्यक्तित्व का अभिन्न तत्व था। उनका विनोदी स्वभाव उनके व्यक्तित्व में एक अद्‌भुत चमक और जीवन्त आत्मीयता का भाव पैदा कर देता है। उन्होंने एक स्थान पर लिखा है—'विनोदी स्वभाव तो जीवन का नमक है। इसके बिना जगत् अपने को बिल्कुल भी संतुलित नहीं रख सकता। ऐसे भी वह पहले से ही काफी असंतुलित हैं, इसके बिना तो जाने कब का वह भस्म हो गया होता। ऐसा कोई नियम तो नहीं है कि बुद्धिमत्ता कठोर, गंभीर तथा स्मिति-शून्य वस्तु ही होनी चाहिए।'[४] श्री अरविन्द बड़ी मासूमियत के साथ अपने साथ घटी स्थितियों का भी खुलकर मजा लेते थे।

"किसी कारण उस दिन मेरा भोजन गायब था और एक आदमी मेरे पड़ोसी मराठा प्रोफेसर के यहाँ से खाना ले आया। मैंने एक कौर मुँह में डाला, बस एक ही। राम रे, यदि मुँह में आग लग जाती तो भी उससे अधिक आश्चर्य न होता। सम्पूर्ण लन्दन को एक ही लहर की प्रचण्ड दुखदायी चपेट से भूमिसात् कर देने के लिए पर्याप्त था वह ग्रास।"[५] जीवन के आरम्भिक वर्षों में अंग्रेजी सत्ता से निरन्तर लोहा लेने वाले क्रान्तिकारी को ही यह मजाक सूझ सकता है। लन्दन को मिर्चे से उड़ा देने के व्यंग्य गें अद्‌भुत तिक्तता है। जब वे बड़ौदा में कालेज के वाइस प्रिंसिपल थे राज कुमार की शादी हुई। बड़े-बड़े लोग जुटे थे। गुरु-गंभीर वाइस प्रिंसिपल ने बेझिझक राजकुमार को बधाई देते हुए कहा—"ईश्वर करे, ऐसे मौके बार-बार आएँ।" अनेक लोग वाइस प्रिंसिपल की ओर घूरने लगे।[६]

सच्ची विनोद वृत्ति यह नहीं है कि आप दूसरों पर कैसे और कितना हँसते हैं, बल्कि दूसरों को अपने पर हँसने और मजाक करने का कितना अवसर देते हैं। इससे भी बड़ी बात है

---

१. **एसेज, रिचर।**
२. **टाक्स विद श्री अरविन्दो, प्रथम भाग, पृ० १४७।**
३. **श्री अरविन्द : अपने तथा श्री माताजी के विषय में, पृ० १८४।**
४. **श्री अरविन्द के पत्र, पृ० १३५।**
५. **श्री अरविन्द : अपने तथा श्रीमाताजी के विषय में, पृ० १८४।**
६. **श्री अरविन्दो केम टू मी, दिलीप कुमार राय, पृ० १६२।**

खुद निर्ममता से अपने आपको ही अपने व्यंग्य का विषय बना लेने में आप कितने नि:संकोची हैं। श्री अरविन्द में ये दोनों ही विशेषताएँ पर्याप्त मात्रा में थीं।

एक बार उनके एक शिष्य ने लिखा, "एक बार की बात है गुरुदेव कि एक बुद्धिमान योगी के निकट एक बेवकूफ गधा रहता था। एक दिन अचानक पास की नदी में बाढ़ आई और आस-पास का सारा क्षेत्र डूब गया। बुद्धिमान् योगी, क्योंकि वे बुद्धिमान थे, दौड़कर उस पहाड़ी की चोटी पर चढ़ गये, जिसकी तलहटी की एक गुफा में रहकर वे ध्यान किया करते थे। किन्तु गधा—क्योंकि वह बेवकूफ था, हालांकि उसे निर्ध्यानी नहीं कह सकते, बाढ़ की चपेट में बहने लगा।

"आह", वह रेंका—"दुनिया बही जा रही है।"

"कैसी गधों-सी बात करता है।" योगी ने कहा—"अरे मूर्ख, सिर्फ तू बहा जा रहा है। यह विराट दुनिया कहाँ बही जा रही है भला।" लेकिन महाशय, गधे ने कहा—"यदि मैं ही बहा जा रहा हूँ तो मुझे विश्वास कैसे होगा कि दुनिया बची रहेगी?"[१]

यह सुनकर योगी आश्चर्य से स्तब्ध रह गए और सोचने लगे कि कौन सा गंभीर ज्ञान है, मानवीय या गर्दभीय?

मैं भी अब अपने गुरु पर आश्चर्य करने लगा हूँ। इसलिए निवेदन है कि कृपया आप ही बतायें कि इनमें से किसकी अपेक्षाकृत अधिक दारुण स्थिति है? योगी की या गधे की? और चलते-चलते इस पर भी कुछ कहें कि कहीं मेरा दिमाग पकड़ से बाहर तो नहीं हो रहा है, क्योंकि मुझे बेवकूफ गधे के तर्क करीब-करीब उतने ही बुद्धिपूर्ण लगते हैं जितने योगी के।

श्री अरविन्द ने अपने प्रिय शिष्य को लिखा—"तुम्हारे बुद्धिमान, किन्तु अभिन्न गधे ने ऐसा सवाल किया है जिसका दो पंक्तियों में उत्तर देना कठिन है। फिर भी मुझे, इतने अधिक दुत्कारे गये जानवर की ओर से यह कहने दो कि वह बहुत व्यावहारिक और चतुर जानवर होता है और उसके प्रति मनुष्य की दुत्कारभरी मूर्खता का आरोप मानवीय मूर्खता की इंतहा प्रकट करता है। मनुष्य डण्डे के जोर से गधे से जब वह नहीं करा पाता जो चाहता है तब वह उसे मूर्ख कहकर उत्पीड़ित करता है।

पर जानते हो गधा वैसा इसलिए करता है क्योंकि अव्वल तो वह विनोदी वृत्ति रखता है और दो पैर वाले जानवर को अपनी तथाकथित बुद्धि के तमाशे दिखाने के लिए उत्तेजित करता है क्योंकि उनमें उसे खूब मजा आता है। दूसरे वह देखता है कि मनुष्य उससे एक उबा देने वाली वाहियात चीज की अपेक्षा करता है, जिसे कोई भी स्वाभिमानी गधा स्वीकार नहीं कर सकता। यह भी ध्यान रखो कि गधा दार्शनिक था और जब वह रेंक-राँक करता होता है तो जान लो कि वह सारे संसार के प्रति आमतौर से और मनुष्य की मूर्खता के प्रति खास तौर से घृणा का प्रदर्शन करता है। मुझे किंचित् भी सन्देह नहीं है कि गर्दभीय भाषा में मनुष्य की वही महत्ता बखानी गई होगी जो उसके लिए हमारी भाषा में। ये गम्भीर और मौलिक विचार, चलते-चलते सिर्फ इसलिए लिखे गये कि तुम जान सको कि बुद्धिमान मनुष्य और बुद्धिमान् गधे के बीच तुम्हारी-सन्तुलन की कोशिश किसी खतरनाक स्थिति का लक्षण नहीं है।"

---

१. **श्री अरविन्दो केम टू मी, दिलीप कुमार राय, पृ० १६३-१६४।**

नौजवान शिष्य के पत्र में व्यंग्य और आक्रमण की एक तुर्शी है तो गुरु के उत्तर में एक ऐसी मर्यादित किन्तु तीखी मार कि दोनों का दंगल देखते ही बनता है। इस तरह के आक्रामक प्रश्न ही नहीं, लटके, लतीफे और व्यंग्यात्मक तुकबाजियाँ भी पेश की जातीं। जब 'लाइफ डिवाइन' पुस्तक छपी तब दारा ने एक व्यंग्य कविता लिखी—**दिव्य जीवन किताब। माँ की शराब॥ छप गई गावें आओ चिल्लावें॥** पुराणी ने धीरे में अरविन्द से कहा—"दारा ने एक बड़ी अच्छी कविता लिखी है।" उन्हें बड़ी आशा थी कि श्री अरविन्द जो अपने शिष्यों की कूड़ा कविताओं को भी सुनने और सुधारने को हमेशा तैयार रहते थे, तुरन्त जिज्ञासा करेंगे और फिर उन्हें हँसने का मौका मिलेगा। "कौन सी कविता? दिव्य जीवन किताब, माँ की शराब वाली?" निशाना असफल रहा सोच कर पुराणी चुप हो गये।[१] श्री अरविन्द को अपने ऊपर किये जाने वाले व्यंग्यों की योजनाओं तक की पूरी वाकफियत रहती थी।

उन दिनों आश्रम में भी श्री अरविन्द का 'अतिमानस' किसी को समझ में नहीं आता था। लाख सर पटकने पर भी जो चीज अबूझ रहती है वह सहज ही व्यंग्य का विषय बन जाती है। इस अतिमानस को लेकर बड़ी मजेदार वार्ताएँ और चिट्ठियाँ गुरु और शिष्यों के बीच चलती रहीं। इन पात्रों में अतिमानस की जैसी रहस्यवादी आलोचना है वह किसी भी बुजुर्ग को, जिसने अपनी जिन्दगी को दाँव पर लगाकर उस चीज की उपलब्धि की थी, तिलमिलाने के लिए बाध्य कर सकती है, पर श्री अरविन्द बड़े विनोदपूर्ण ढंग से इन हमलों का सामना करते हैं और मौका लगते ही वे ऐसी उस्तादी लंघी मारते हैं कि चेले आसमान ताकते रह जाते हैं।

उनके अति नजदीकी शिष्य नीरदवरण ने लिखा—"मैं बहुत दुखी हूँ, पता नहीं क्यों? चिकित्सा की भाषा में कहूँ तो पूरे शरीर में कुछ अदृश्य कीटाणुओं का छुतहा प्रभाव बढ़ रहा है जो धीरे-धीरे दुःख का जहर (टाक्सिन) फैलाता जा रहा है। अतिमानस काफी दूर है और आपकी हिमालय धर्मी गम्भीरता और भव्यता देखकर मेरी साँस टंग ज़ाती है और दिल की धड़कनें बढ़ जाती हैं।" जाहिर है कि यह पत्र अतिमानसिक वातावरण और आबोहवा पर व्यंग्य लिये हुए लिखा गया। श्री अरविन्द ने इसका उत्तर देते हुए लिखा—"होश में आओ और अपने भीतर एक निरोदियन मस्ती पैदा करो (कोई जरूरी नहीं कि वह मार्क ट्वेन हो, वैसे भी वह किसी से ज्यादा अच्छी ही है, ऐसी बात नहीं) हँसो और मोटे हो जाओ, फिर नाचो ताकि चर्बी थोड़ी कम हो जाय। मैं गम्भीर और भव्य हूँ, निराशाजनक और सख्त हूँ—यह सब वाहियात है। मैं ऐसा कभी नहीं था। मैं जब यह सब सुनता हूँ तो अनरविन्दीय निराशा से कराह उठता हूँ। तुम लोगों का मामूली होश हवाश कहाँ गुम हो गया—इस अतिमानस को पाने के लिए कम से कम इस उपयोगी चीज मामूली होश हवाश को गुम कर देना तो जरूरी नहीं है। मामूली होश हवाश दुरुस्त का मतलब तर्क नहीं है (जो मामूली होश हवाश दुरुस्त-जैसी चीज से कतई मेल नहीं खाता) यह सिर्फ चीजों के प्रति, बिना किसी अतिमूल्यन-अवमूल्यन के, जैसी वे हैं, जागरूक रहना है। यह निराधार कल्पनाओं की कल्पना नहीं है और न तो उसे बिलावजह 'नहीं जानता क्यूँ' वाली शैली में उदास होते रहना है।"[२]

---

१. **टाक्स विद श्री अरविन्दो, द्वितीय भाग, पृ० ७।**

२. **करेसपांडेंस विद श्री अरविन्दो, पृ० २१७।**

कितनी उदारता, वत्सलता और प्रोत्साहन से भरा है उत्तर। इन शिष्यों के हमलों को कभी हँसी में, कभी उनसे भी तेज व्यंग्य के साथ, पर अक्सर वात्सल्य और स्नेह से उन्हीं की ओर ठेल देना उनके व्यक्तित्व का लक्षण था।

शिष्यों के द्वारा अपनी साधना के अबूझ उच्च स्तरों पर व्यंग्य किये जाने पर भी, वे ही थे जो यह कह सकते थे—"आह कैसे खुशख्वार, किस्मतवार जाला बुनकर अज्ञान में सुखकर ढंग से रहने वाले हो तुम लोग। तुम शान्ति, चेतना अधिमानस, अतिमानस आदि की यों बातें करते हो, मानो ये बिजली के बटन हों कि दबाया नहीं कि बस चारों ओर प्रकाश।"[१]

कभी इस बात पर बहस छिड़ती है कि क्या गंजेपन की भी कोई दवा है। सभी यह स्वीकार करते हैं कि जितनी दवाएँ विज्ञप्त होती हैं, प्रायः प्रभावहीन हैं। उनका विज्ञापन झूठा होता है। तब तक एक शिष्य टुभकते हैं—"हो सकता है, जब आपका अतिमानस उतर आये तो गंजापन दूर करना आसान हो जायेगा।"[२] बात अतिमानस के अवतरण के योग्य शरीर-निर्माण के विषय में चल रही थी। श्री अरविन्द ने कहा कि मैं नहीं समझता कि शारीरिक प्रक्रियाएँ बदल जायेंगी, हाँ उनमें रूपान्तरण जरूर होगा। अन्यथा मनुष्य का यह बुद्धू शरीर अतिमानसिक शक्ति को सँभालने में असफल होगा। तभी शिष्य बोल पड़ा—"हाँ साहब, शरीर को अक्सर कब्ज की शिकायत हो जाया करती है।"[३]

अतिमानस के बारे में एक ऐसी ही चर्चा दिलीप कुमार राय के साथ वार्तालाप में भी आई है। दिलीप कुमार राय ने पूछा—'क्या यह अतिमानस हम मानवों के लिए भी नीचे आयेगा?' श्री अरविन्द बोले—'नीचे तो आएगा, पर जब वह उनका मन पसन्द कार्य नहीं करेगा तो बड़े निराश होंगे।' इस प्रसंग में अतिमानस के बारे के उनके बहुत प्रसिद्ध इस मजाक का भी जिक्र है कि 'यह योरोपीय महाद्वीप में (उन दिनों यूरोप में दूसरा विश्वयुद्ध चल रहा था) युद्ध का दूसरा मोर्चा खोलने के शाश्वत वायदे के समान ही संदिग्ध है, जिस पर कि रूसियों के सिवा सभी विश्वास करते थे।"[४] (रूसियों ने ही, जो इस पर विश्वास नहीं करते थे, या जो उसके बारे में व्यर्थ घोषणाएँ नहीं करते थे, दूसरा मोर्चा खोला और हिटलर को करारी शिकस्त दी।)

नीरदवरण का ही एक और उलाहना भरा पत्र देखिए जिसमें अपनी दीनता का इजहार भी है पर कहीं से अतिमानस पर व्यंग्य की तिताई कम नहीं हुई है। गम्भीरता के लिए पक्षी-विशेष का जिक्र आक्रमण को और भी तेवर दे देता है, "एक और संदेह मेरे मन में मँडरा रहा है। मुझे लगता और मैं अनुभव करता हूँ कि आजकल आपके पत्रों का स्वर अचानक बड़ा भारी, खुरदरा, सख्त और कर्कश हो गया है—बिल्कुल उल्लूनुमा गंभीरता वाला, जिसकी आपने धमकी दी थी। मैंने क्या कुछ ऐसा काम किया है जो इस सजा के काबिल हूँ। या कहीं ऐसा तो नहीं कि आप प्रतिदिन जो अतिमानसिक होते जा रहे हैं; अतः सब चीजों से अपने को अलग करने लगे हैं। कुछ न कुछ कारण तो होगा ही, यदि मेरा अनुभव सही है। खैर, यदि आप दो पाटों के बीच डालकर मुझे चूरन (नीरद डाक्टर हैं) ही बनाना चाहते हैं तो मैं उसे पसन्द करूँगा।"

---

१. करेसपांडेंस विद श्री अरविन्दो, पृ० २८९।
२. टाक्स विद श्री अरविन्दो, पृ० २७७।
३. इविनिंग टाक्स, फर्स्ट सीरीज, पृ० १६८।
४. महापुरुषों के साथ, पृ० २२।

श्री अरविन्द ने लिखा—"तुम्हारा इन्द्रियबोध व्यर्थ की कल्पना में तुम्हें फँसा रहा है शायद इसीलिए कि इससे तुम्हारी कल्पनाशक्ति में विकास हो और तुम अबूझ तत्त्वों को ठीक से समझ सको। चूँकि तुम्हें रहस्यवादी कविता के क्षेत्र में काफी कुछ करना है, इसलिए शायद यह जरूरी हो। वैसे भी तुम्हें चूरन बनने में एतराज क्यों होना चाहिए? चूरन बन जाने पर वह दवा के लिए भी काफी मुफीद होगा। "नीरद चूर्ण २ ग्राम।" बहरहाल, तुम राहत की साँस लो, मैं अभी तक 'उलूकित' नहीं हुआ और मेरा अतिमानसीकरण भी इतनी मंथर गति से चल रहा है कि उससे भय की कोई बात नहीं। इसलिए प्रसन्न हो जाओ और अपने 'दुःखी इन्सान' को उसको पाटों के साथ शैतान को सौंप दो।"[१]

अतिमानस जैसे तत्व की व्याख्या कठिन है, यह सभी मानते थे और चाहते थे कि श्री अरविन्द किसी न किसी प्रकार कुछ संकेत देने के लिए प्रेरित हों, बाध्य हों, पर जब वे कोई व्याख्या देने लगते तो भी शिष्यों का व्यंग्यात्मक स्वभाव बीच में ही छेड़छाड़ करने लगता और ऐसे मौकों पर पाठक एक विचित्र प्रकार की खीझ का अनुभव करे तो आश्चर्य नहीं। उदाहरण के लिए १५ अगस्त की शाम को प्रतिवर्ष वे, यह पूछने पर कि उनकी साधना कहाँ तक बढ़ी, कहा करते थे—"पिछले वर्ष की अपेक्षा यह वर्ष अच्छा था।" १५ अगस्त, १९२५ की शाम शिष्यों के बहुत आग्रह पर उन्होंने अतिमानस के कुछ ठोस तत्वों की ओर संकेत करते हुए कहा—"अतिमानसिक सत्ता में परस्पर विरोधी तत्वों का अद्‌भुत समन्वय होता है जैसे पूर्ण मौन और पूर्ण अभिव्यक्ति का—क्या तुम इस स्थिति को किसी एक शब्द में बाँध सकते हो?" तभी एक शिष्य ने पूछा—"क्या अतिमानस की अपनी अलग भाषा होगी?" श्री अरविन्द ने कहा, वहाँ भाषा की आवश्यकता ही नहीं होगी। शिष्य बोला—"तब क्या हमें लगातार चुपचाप बैठे रहना होगा?" श्री अरविन्द ने व्यंग्य से कहा—"तब तो यह बड़ी मुश्किल चीज ही होगी तुम्हारे लिए, क्यों?"[२]

जाहिर है कि श्री अरविन्द के ये शिष्य चुप रहने की मुश्किल को ढोना कतई नापसन्द करते थे। अतः उनके द्वारा अतिमानस पर किये गये व्यंग्यों और मजाकों में श्री अरविन्द यदि पाठकों को अपेक्षाकृत अधिक सहनशील लगें तो आश्चर्य नहीं, क्योंकि वे अतिमानस के प्रश्न पर मानवीय अज्ञान से उत्पन्न व्यंग्य को पर्याप्त क्षम्य मानते थे। दूसरे स्थलों पर उनकी चोट बीस ही प्रतीत होगी।

अपने बारे में स्वयं भी उनका स्वर काफी व्यंग्यात्मक और विनोदपूर्ण रहा करता था।

एक शिष्य ने उनकी सार्वभौमिकता की चर्चा करते हुए पूछा—"मैं विचारों को अपने भीतर आने से रोक सकता हूँ। जैसा कि मैंने अभी-अभी किया था।" श्री अरविन्द बोले—"इसे तो भई तुम्हीं ठीक से समझ सकते हो कि तुम रोक पाते हो या नहीं।"

"आप नहीं जान सकते?" शिष्य ने भौंचक्का होकर पूछा—"हम तो आपको सार्वदेशिक मानते थे।"

श्री अरविन्द ने ठहाका लगाते हुए कहा—"क्या तुम सचमुच ऐसी आशा करते हो? क्या मुझसे तुम जानना चाहते हो कि पांडिचेरी के मछुओं ने अब तक कितनी मछलियाँ पकड़ी हैं

---

१. कॉरेस्पांडेंस विद श्री अरविन्दो, पृ० २३९।
२. इविनिंग टाक्स, दूसरा भाग, पृ० ३२३।

और उनसे कितना पैसा कमाया है? बम्बई के कुछ लोग पूछते हैं कि क्या इस साल रूई का भाव चढ़ेगा? अथवा रेस में यह घोड़ा जीतेगा या वह? या क्या उनका खोया हुआ लड़का मिल जायेगा या नहीं? क्या तुमने रामकृष्ण की एक संन्यासी द्वारा अपनी तांत्रिक शक्ति से नदी पार करने वाली कहानी सुनी है?''[१] शिष्य ने पता नहीं वह कहानी सुनी थी या नहीं पर हिन्दी क्षेत्र में ऐसी ही एक कहानी चलती है। एक शिष्य ने साधना करके सिद्धि पाई और अपने गुरु से मिलने चले। रास्ते में नदी पड़ी, वे खड़ाऊँ-पहने लहरों को रौंदते इस पार आ गये। गुरु के आश्रम पर एक पेड़ में बहुत ऊँचे फले आम को उन्होंने हाथ को बाँस की तरह लम्बा करके सर्वोच्च टहनी से तोड़ लिया। वे बहुत खुश थे कि यह सब देख-सुनकर गुरुदेव उनकी सिद्धि से चमत्कृत हो जायेंगे। गुरुदेव कुटिया से निकले और अपना चिमटा उठाकर दनादन पीटते हुए बोले—''नदी पार करने की खेवाई कितनी होती है—एक दमड़ी, खटिक एक आम को तोड़ने की मजदूरी क्या पायेगा? एक दमड़ी, और तूने बारह साल की साधना से दो ही दमड़ी की सिद्धि पाई है वही सबको दिखाता फिर रहा है! क्यों यही है तेरी साधना?'' ऐसी कहानियों से परिचित व्यक्ति भी श्री अरविन्द से ऐसे ही चमत्कारों की आशा करते हैं तो आश्चर्य होता है।

अपने बारे में प्रचारित गलत धारणाओं का, चाहे वे ऊपर से उनकी प्रशंसा जैसी ही प्रतीत होती हों, निराश करते वक्त भी वे व्यंग्य और विनोद का आस्वादन करने से नहीं चूकते थे। श्री प्रमोद सेन ने उनकी जीवनी लिखी जिसमें कहा गया कि वे हिब्रू जानते हैं। इस सम्बन्ध में पूछे जाने पर उन्होंने कहा—''इतना और क्यों नहीं कहा कि मैं अम्हेरी तथा दूसरी अफ्रीकी भाषायें भी जानता हूँ।'' शिष्य ने कहा कि आपके चमत्कारों की बड़ी चर्चा है। श्री अरविन्द बोले—''पर मोतीलाल मेहता की पुस्तक में जिस चमत्कार का वर्णन है वह तो बेजोड़ है। उसमें से एक ऐसा अद्‌भुत है जो मुझे कभी न भूलेगा। उसमें कहा गया है कि एक बार रयू साँ लुई में जहाँ मेरा आवास था, अंग्रेजी सरकार ने मेरी गिरफ्तारी के लिए पुलिस भेजी। उस समय कहा गया है कि मैं सीढ़ी के ऊपरी भाग में, जहाँ वह खत्म होती थी, खड़ा था। पुलिस वाले सीढ़ियाँ चढ़ने लगे और उसके बाद क्या देखते हैं कि चढ़ते-चढ़ते वहीं पहुँच गये, जहाँ से चढ़ना शुरू किया था। कई बार कोशिश की, पर जब हर बार यही हुआ तो लाचार होकर वे लौट गये।''[२]

इस प्रसंग में श्री अरविन्द से उनके एक शिष्य ने कलकत्ते के एक श्रद्धालु मारवाड़ी की बात बतायी। वह चमत्कारों से काफी प्रभावित था। व्यापार के सिलसिले में पांडिचेरी जाने पर वह रयू दा ला मारीन स्थित आवास पर श्री अरविन्द से मिलने गया और एक शिष्य से उसने कहा—''कहाँ हैं श्री अरविन्द? मैं उनसे मिलना चाहता हूँ।''

'आप उनसे नहीं मिल (You can not see him) सकते।' शिष्य ने कहा। मारवाड़ी ने 'कैन नाट सी' का सीधा अर्थ लगाया कि 'देख नहीं सकते' और बड़े आश्चर्य से पूछा—'तो वे उड़ते हैं? हैं न?' यह भारतीय सेठ की ही विशेषता हो ऐसा नहीं। भारतीय बौद्धिक भी योगियों से ऐसे ही सस्ते चमत्कारों की आशा करता है और घना आश्चर्य तो तब होता है जब अत्यन्त तर्कपटु बुद्धिवादिता ऐसे चमत्कारों के सामने घुटने टेक देती है। परिणाम यह होता है

---

१. **टाक्स विद श्री अरविन्दो, प्रथम भाग, पृ० ४१-४२।**

२. **इविनिंग टाक्स, दूसरा भाग, पृ० ३२३।**

कि हम सूक्ष्म साधना और सस्ती चमत्कारिक बाह्य सिद्धि या इन्द्रजाल में कभी अन्तर ही नहीं कर पाते।

नीरदवरण ने श्री अरविन्द को १३-३-३४ के पत्र में लिखा—"श्रीमाँ क्या हैं? श्री अरविन्द कौन हैं? और यह जनाब कौन हैं जिन्हें आप विश्व-ब्रह्म कहा करते हैं?...मैं जानता हूँ कि आप अवतार हैं, पर कभी-कभी यह अजब लगता है कि आपको सर्वोच्च सत्ता मान लिया जाए।" निश्चय ही ऐसे प्रश्न और ऐसे तेवर श्री अरविन्द के शिष्य में ही दिखाई पड़ सकते हैं।

श्री अरविन्द ने उत्तर में लिखा—"मेरे सर्वोच्च-सत्ता होने का तो सवाल ही नहीं उठता। फिर भी मैं समझ नहीं पाता कि क्यों मुझे ऐसा मानने (अवतार) में किसी प्रकार के आन्तरिक विरोध के अभाव के बावजूद तुम्हें यह सब अजब लगता है? क्यों? तुम खुद क्या सर्वोच्च (सुप्रीम) सत्ता नहीं हो? नहीं हो क्या?? सोऽहम्, तत्त्वमसि, नीरद! ईश्वर कौन बेटा। आमि इ ईश्वर (विवेकानन्द) यहाँ 'आमि' का अर्थ वि० नहीं है बल्कि कोई भी अर्थात् नीरद भी, के, भी, हाँ। अतः मैं उस अजबता को जानना चाहता हूँ। जब सभी के बारे में कहा जा सकता है कि वह ईश्वर है, तो सिर्फ मुझे ही ईश्वर कहे जाने से तुम इतना परेशान क्यों होते हो?"[१]

नीरदवरण ने श्री अरविन्द को अवतार मान लिया इसलिए अगला व्यंग्य अवतार की शक्ति पर अनिवार्यतः करना था। उन्होंने बड़ी मासूमियत से लिखा—"मैं समझता हूँ कि अवतारी पुरुष अच्छी तरह बनाई और खूब सुसज्जित रौल्स रायस मोटर गाड़ी की तरह होते हैं, यद्यपि उन्हें भी अपनी यात्रा में काफी कठिनाइयों का सामना करना पड़ता है, परन्तु अन्ततः वे, क्योंकि वे रौल्स रायस हैं, विजय पा ही लेते हैं। जबकि शेष मानव या तो शिथिर-पंजर छकड़े की तरह होते हैं अथवा गाड़ी के डब्बे की तरह, जिन्हें अवतार या बड़े लोग खींच कर ले जाते हैं। अतिमानस की ऊँचाई पर रहने वाले आपने नज़र अन्दाज कर दिया है कि निचले पठार पर पृथ्वीबद्ध ढुलकते रोड़ों की क्या स्थिति होती है?"

शिष्य के इस गूढ़ व्यंग्य को, जिसमें एक तरफ तो अरविन्द को अवतारी पुरुष की महिमा दी जा रही थी, दूसरी ओर दुनिया की बिना चिन्ता किये कल्पना की ऊँचाइयों पर उड़ते रहने का आरोप था, गुरु ने चिरपरिचित वात्सल्य भाव से ग्रहण किया। उन्होंने लिखा—"सबके सब अच्छी तरह बने और आरम्भ से ही सुसज्जित, "जस्ट रौल रायस एण्ड रिपिल ग्रेट स्काट।" ['भाई वाह! कुछ तो सही बोलो चाहे जैसे भी लुढ़को] महान् लोगों और अवतारों के लिए कैसी सजा तै की है तुमने? और कहाँ लिए जा रहे हैं उन्हें? शायद उस बेहूदे और निरर्थक स्वर्ग की ओर?....यदि शिथिल-पंजर मशीनें दुरुस्त नहीं की जा सकतीं तो उन्हें लम्बर शेड के नीचे छोड़कर बढ़ जाना ज्यादा आसान था। मैं अवतारों के बारे में नहीं जानता, पर अपने बारे में जानता हूँ कि जब मैंने साधना शुरू की तो अपेक्षित क्षमताएँ मुझमें कतई नहीं थीं। मुझे योग द्वारा इन्हें विकसित करना पड़ा। भू-तत्व के विषय में मेरी ऐसी धारणा ही है जो इसे सिद्ध करती है कि अवतार के जीवन और कर्म चमत्कार नहीं होते। अगर ऐसा होता तो उसका अस्तित्व निरर्थक और प्रकृति के निष्प्रयोजन और आकस्मिक सनक का प्रमाण बन जाता।"[२]

---

१. कॉरेस्पांडेंस विद श्री अरविन्दो, पृ० २८।
२. वही, पृ० ४९-५०।

उपर्युक्त व्यंग्य में कहीं भी आत्मश्लाघा का हल्का-सा स्पर्श भी नहीं दिखेगा। यह श्री अरविन्द की अपनी खास विशेषता थी जो उन्हें सुख और दुख दोनों ही स्थितियों में निर्वैयक्तिक बनाये रहती थी।

एक बार श्रीमाँ ने कहा था कि इस आश्रम में पूर्ण निरभिमानी सिर्फ एक ही व्यक्ति है, तो लोगों ने स्वाभाविक जिज्ञासा से उसका नाम जानना चाहा। श्रीमाँ ने कहा था—"वे व्यक्ति हैं श्री अरविन्द।" उनके निरभिमानी व्यक्तित्व की एक खास विशेषता यह थी कि वे सहज ढंग से अपने ऊपर आरोपित प्रशंसा और स्तुतियों को भी एक तरफ अलगा देते थे। श्री दिलीप कुमार ने लिखा—"गुरुदेव, श्री असंयत ने, जो आपके प्रशंसक हैं, बंगाली कविता भेजी है और आग्रह किया है कि मैं उसे आपके सामने गाकर प्रस्तुत कर दूँ। मैं नहीं जानता, आप पर इसकी प्रतिक्रिया क्या होगी—क्योंकि उन्होंने ऋषि-परम्परा की समाप्ति की घोषणा की है और आपको उसकी अन्तिम इकाई माना है। मैं आरम्भिक दो पंक्तियों का अनुवाद भेज रहा हूँ ताकि श्रीमाँ भी अग्रिम चेतावनी के रूप में इसे जान लें।" श्री अरविन्द ने लिखा—"दिलीप, तुम कुछ नहीं समझते। उनका कहना है कि मेरे शिष्यगण महामानव में बदल जायेंगे, अतः ऋषि जैसी छोटी चीज की अब सम्भावना ही नहीं रहेगी। मैं निश्चय ही उस ऋषि-भीड़ का अन्तिम व्यक्ति हूँ। तुम निश्चय ही उन्हें मेरा आशीर्वाद भेज दो, जो उन्होंने माँगा है, क्योंकि इतनी महान् सम्भावना की घोषणा करने के लिए वे उसे पाने के हक़दार हैं।"[१] दिलीप द्वारा उद्धृत एक दूसरी घटना भी उनके व्यक्तित्व की इस विशेषता को कई कोणों से उपस्थित करती है। दिलीप और चैडविक "श्री अरविन्द द्वारा घोषित कार्यों की व्यस्तता" पर निराश ढंग से ऊहापोह कर रहे थे, खासतौर से इस उदासी के साथ कि अब मजेदार चिट्ठियाँ पढ़ने को नहीं मिला करेंगी। तभी श्री अरविन्द ने अपने सचिव से दिलीप के पास एक कागज भेजा, वह तार था, जिसमें लिखा था—"तार से ही १५ अगस्त को दर्शन की अनुमति भेजिए। मेरे मित्र दिलीप इसकी संस्तुति करेंगे"—अरविन्दो। श्री अरविन्द के पास उनके दर्शन की इच्छा से किसी अरविन्द ने तार भेजा था। हाशिए पर श्री अरविन्द ने लिखा—"कृपा करके संस्तुत करें और कुछ ज्ञान लाभ कराएँ।" जाहिर है कि यह पूरा कांड दोनों ही शिष्यों के लिए भयानक चक्रव्यूह के रूप में उपस्थित हो गया। बड़े चिन्तन के बाद दिलीप ने एक लम्बी कविता भेजी, जिसमें अरविन्द नामधारी चार व्यक्तियों का काव्यात्मक विवरण था, जिनमें एक अभिजात अरविन्द थे जो शृंगार और प्रसाधन में मशगूल रहते, काम करने से घृणा करते और निरन्तर गीत गुंजार करते रहते जिन्हें एक मिल की मैनेजरी करनी पड़ी। दूसरे कोई प्रेमी अरविंद थे जो प्रणय में गेटे की तरह निराश हुए, तीसरे पेरिस में रहते थे, जो गप्पी और वाचाल थे, और चौथे बड़े वीर थे और एक बेल्जियन महिला को पटाते रहे और बाद में शादी के मौके पर पटखनियाँ खा गये। इस वर्णन के बाद दिलीप ने लिखा—मैं आपके समनामियों की महत्ता पहचान नहीं पाया, इसलिए जानने का अवसर दें कि वही नाम रखते हुए भी ये इस हालत में कैसे रह गये? चैडविक ने यह कविता सुनी तो निराशा से मुस्कराये—"यह उन्हें व्यस्तता से छुड़ा नहीं पायेगी दिलीप! उम्मीद कम है, पर भेजकर देखो, मेरी शुभकामनाएँ ।" श्री अरविन्द ने उत्तर दिया और बड़ा विस्तृत। खूब विनोद से भरा हुआ, और उनके व्यक्तित्व के नाना पहलुओं को प्रकाशित करने वाला।

---

१. श्री अरविन्दो केम टू मी, पृ० १०२।

उन्होंने लिखा—"चार अरविन्दो का तुम्हारा महाकाव्य बड़ा प्रकाशदायक, सूचनात्मक और रोंगटे खड़ा कर देने वाला है।....इनका पता है अरविन्दो बम्बई—जैसे मेरा अरविन्दो पांडिचेरी। उन्होंने अपने एक पत्र में पहले लिखा था कि वे बम्बई जा रहे हैं। वहाँ से पांडिचेरी पधारेंगे। उन्होंने अपना बम्बई का पता लिखा नहीं है। नलिनी के पास पहले वाला पत्र है जिससे शायद तुम्हें कुछ जानकारी मिल सके। मैं नहीं जानता कि अपने ठहरने आदि की व्यवस्था के बारे में इनकी क्या मंशा है, हालाँकि ये अरविन्दो हैं, पर अरविन्दो इन्हें आदम के बाद से कभी जाना नहीं। मैं यह जवाबी तार भी तुम्हें लौटा रहा हूँ और अपनी जिम्मेदारी तुम पर फेंक रहा हूँ। तुम अनेक अरविन्दो के बारे में प्राप्त अपने महान् और पक्के अनुभवों से उत्पन्न बुद्धिमत्ता से निर्णय कर सकोगे। तुम चाहो तो तार दे दो—"आइए और धन्य होइए" या "कृपा करके अपने नन्दन वन में जहाँ हैं, वहीं रुक जाइए।" मैं अब इससे अलग होता हूँ। यानी सारांश निम्नलिखित दो अलैक्जेण्ड्रीय द्विपदियों में इस प्रकार समझो—

लिखो तार दे कर—"आइए दयापूर्वक" स्वीकारात्मक अपने ही हाथ।
या छोड़ दो वैसे ही करते रहें यात्रा वे ईश्वर या शैतान के साथ॥
उस अरविन्द के बारे में वही करो निर्णय लो उस काम में।
समनामियों की बाढ़ से भरे इस अरविन्द को छोड़ दो आश्रम में॥

सच पूछो तो मेरा अतिमानस इन और ऐसे ही दूसरे अरविन्दों के भार के नीचे बेचारे की तरह तड़पड़ा रहा है। मुझसे बताया गया कि करीब ४०० अरविन्दो तो परिवारों के साथ आ गये हैं और २०० के करीब यहाँ अकेले आ चुके हैं और यदि ईश्वरीय कृपा मामूली ओस से कुछ अधिक मात्रा में अवतरित नहीं होती तो हमें दोपहर बाद तीन बजे तक इनका स्वागत करते रहना होगा। ऐसी स्थिति में एक और अरविन्द के आने से हमारी स्थिति में कोई फरक नहीं पड़ता। यह तुम्हें सोचना है कि इनके आ पड़ने से तुम्हें एक टन ईंटों के भार के नीचे दबने की पीड़ा का अनुभव करना पड़ेगा या उस खुशी का, जो वसन्त की राहत-बख्श धीमी हवा में तैरते लिफाफों के पाने की होती है, जिन्हें तुम बहुत पसन्द करते हो।

मैं तो मानवीय निर्णयों और आशाओं की विडम्बना पर सोच रहा हूँ। मेरे बाप ने जो अपने सभी पुत्रों को महान् देखना चाहते थे और तीन को ऐसा बनाने में कुछ सफल भी हुए; आकस्मिक प्रेरणा से मेरा नाम अरविन्द रख दिया, क्योंकि तब तक भारत में किसी ने इसे अपने लिए धारण नहीं किया था और न तो संसार में ही ऐसा हुआ था, अतः वे सोचते थे कि मैं अपने नाम की अद्वितीय श्रेष्ठता के बल पर ही महानों के बीच भी विशिष्ट बना रह सकूँगा और अब देखो, अरविन्दों की विराट कतार और उनके इंग्लैंड, जर्मनी या अन्यत्र किये गये महान् कारनामे। कृपा करके यह मत कहना कि मैंने अपनी औचित्यपूर्ण बुद्धि से काम न लेकर प्रसिद्धि पा ली, इसलिए ऐसा हुआ। स्वदेशी युग में जब मैं कलकत्ते के नेशनल कॉलेज में पहुँचा था, यानी अभी प्रसिद्धि पथ पर पहला पैर ही रखा था कि अरविन्द प्रकाश से मुलाकात हुई, जो अपने बुद्धिमत्तापूर्ण चेहरे पर देवताओं की सारी तीखी और कराल समीक्षा के चिह्न [चेचक के दाग] लिए मेरी प्रतीक्षा कर रहे थे।

अनेक अरविन्दों पर लिखे तुम्हारे महाकाव्य ने अचानक इस तथ्य का उद्घाटन कर दिया है कि क्यों इस तरह अरविन्द नाम इतना प्रचारित हुआ है और क्यों ये सभी पांडिचेरी की ओर ही चल पड़े हैं। आह; जान गया! जान गया!! और अब मैं अपने भौंचक्केपन से मुक्त

हो गया। अपने सर्वथा अद्वितीय नाम के माहात्मय के खंडित होने के क्षोभ से भी छुटकारा पा गया।"[१] इस पूरे पत्र में दिलीप ने अनजाने ही अरविन्दों के जो कारनामे चिढ़ाने की गरज से लिखे, उनका खूब कसकर जवाब मिला। रोंगटे खड़े करनेवाले काव्य के कवि दिलीप बाहर से आनेवाली चिट्ठियों के इन्तजार में बेकरार रहते थे। उन पर तो व्यंग्य जो है, सो है, प्रकारान्तर से अपने ऊपर भी। खफ्तुलहवाशी लिए पांडिचेरी चल देनेवालों पर भी। यानी चौतरफा मज़ाक का यह खत किसे नहीं गुदगुदाता।

शिष्यों और परिचितों के प्रति स्नेह-भाव रखते हुए भी वे कभी भावुक नहीं होते थे। आश्चर्य होता है यह देखकर कि वे उन क्षणों में भी, जो उनके लिए निश्चित रूप से व्यक्तिगत पीड़ा के क्षण होते थे, अपना सन्तुलन पूर्ववत् बनाये रहते थे और अपनी दु:खद स्थितियों में भी व्यंग्य-विनोद के द्वारा अपनी अद्‌भुत तटस्थता कायम रखते थे। १९३८ की दुर्घटना में, पैर टूट जाने के वक्त और बाद की उनकी अनेक बातें, हमें विस्मित कर जाती हैं।

उनके चिकित्सक डॉ० एस० राव ने कहा कि "श्री अरविन्द असामान्य रोगी हैं इसलिए उनसे पूरी आशा की जाती है कि वे डाक्टरी सलाह पर अमल करेंगे। श्री अरविन्द ने हँसते हुए कहा—"तब तो मुझे असामान्य सावधानी बरतनी पड़ेगी।"[२]

२६ दिसम्बर, १९३८ की सन्ध्या को सिरहाने बैठे शिष्यों के बीच से अचानक चम्पकलाल खिलखिला कर हँसे। पूछने पर उन्होंने कहा—"पता नहीं, मैं कैसे इस तरह हँस पड़ा, पहले तो मामूली छेड़छाड़ से ही मैं रोने लगता था।" डॉ० वेचर लाल ने बड़ी लम्बी साँस लेकर पूछा—"आत्मसमर्पण का क्या अर्थ है? यह कैसे किया जाता है?" श्री अरविन्द ने मुस्कराते हुए जँभाई ली—"कैसे? मैं भी नहीं जानता कि कैसे? कोई जब चाहे आसानी से कर लेता है बस।" तभी चम्पकलाल ने कहा—"मेरी आँखें हमेशा छलछलाई रहती हैं।"

श्री अरविन्द ने कहा—"वर्जिल की आँखें भी ऐसी ही थीं जब कि होरेस बहुत लंबी साँसें लिया करता था। एक बार साहित्य संरक्षक मेकेनास ने, जो इन दोनों के बीच बैठा था, कहा—"मैं आहों और आँसुओं के बीच घिर गया हूँ।"[३] शिष्यों के ठहाकों से कमरा गूँज उठा। आश्चर्य तब होता है जब हम देखते हैं कि अभी पैर का प्लास्टर छूटा भी न था और श्री अरविन्द उधर से कतई चिन्तामुक्त नहीं हुए थे।

डॉ० मणिलाल की आज्ञा से नीरदवरण वगैरह उनके चुटीले पैर की मालिश किया करते थे। जाहिर है कि यह मालिश बड़ी कष्टदायक होती थी। मालिश करने वालों में प्राय: वे ही थे, जो उनके 'सुप्रामेंटल' पर अनेक व्यंग्य कस चुके थे। एक बार ऐसी ही मालिश के वक्त आदतन प्रश्नोत्तर शुरू हुए। उस दिन श्री अरविन्द हर प्रश्न के उत्तर में कहते—'शायद'।

एक शिष्य ने पूछा—"आप हर सवाल के उत्तर में एक ही शब्द कहते हैं—शायद। क्या आप कोई निश्चित प्रामाणिक उत्तर नहीं दे सकते?"

---

१. **श्री अरविन्दो केम टू मी, पृ० १९५-१९७।**
२. **टाक्स विद श्री अरविन्दो, भाग १, पृ० ८३।**
३. **वही, प्रथम भाग, पृ० ९२।**

"क्यों नहीं।" श्री अरविन्द बोले—"जब सुप्रामेंटल उत्तर आयेगा तो निश्चित और प्रामाणिक उत्तर भी दूँगा।"[१]

एक बार शिष्यों की हँसी निश्चय ही पिटी और हारी हुई रही होगी, पर नीरदवरण ने इसका जिक्र नहीं किया है।

अपने भ्राता मनमोहन घोष के निधन के समाचार से भी उनकी तटस्थता भंग न हुई थी। १९-१-१९२४ की सन्ध्या-वार्ता में उनके सामने 'फार्वर्ड' की एक प्रति रखी गई, जिसमें मनमोहन घोष के निधन पर एक निबन्ध था, जिसमें कहा गया था, "वे अपने पीछे वारीन्द्र कुमार और श्री अरविन्द को छोड़ गये हैं।" श्री अरविन्द खूब हँसते रहे, बोले—"लोग प्रायः समझते ही नहीं कि 'पीछे छोड़ जाने' का सम्बन्ध सन्तति से होता है, भाइयों से नहीं। मनमोहन की उम्र भी गलत बताई गई है। लिखा है कि उनकी और हमारी उम्र एक ही थी, तब तो हम जुड़वाँ हुए?" उसी वक्त पुदुकोटा के किसी भारती ने श्री अरविन्द के पास एक सम्वेदनासूचक पत्र लिखा, जिसमें अन्तिम पंक्ति थी—"भगवान् उन्हें वहाँ लम्बी जिन्दगी का सुख दें।" श्री अरविन्द ने हँसते हुए कहा—"इन सज्जन को काफी आशंका है कि शायद मनमोहन वहाँ भी जल्दी मर जायेंगे! जानते हो, मेरी ज़िन्दगी के बारे में कुछ नहीं जानते हुए भी यह आदमी "अरविन्द विजयम्" नाम से मेरी जीवनी लिख रहा है। लगता है, इस जीवनी का अन्तिम वाक्य यही होगा कि मैं मनमोहन की मृत्यु के दुःख से बिल्कुल पराभूत हो गया।"[२]

उनके जीवन में जाने कितनी ऐसी दुःखद स्थितियाँ आई होंगी, पर उनकी दिनचर्या से सम्बन्धित विवरणों में कहीं भी आप उन्हें वैयक्तिक धरातल पर उतरकर कातर होते नहीं पायेंगे।

जीवन के महान् कष्टपूर्ण क्षणों में उनकी विनोद वृत्ति का मैं एक और उदाहरण प्रस्तुत करना चाहूँगा। डॉ० मणिलाल ने श्री अरविन्द से कहा था कि वे शय्या के किनारे पर अपने घायल पैर को लटकाये रहा करें, ताकि उसमें लचीलापन आ जाये। श्री अरविन्द ने सिर्फ एक दिन ऐसा किया और फिर बन्द कर दिया—"दिव्य जीवन पूरा करने के बाद मैं पैर लटकाये रखने का काम करूँगा!" इसी बीच डॉ० मणिलाल ने गुजरात से पत्र लिखकर पूछा कि श्री अरविन्द पैर लटकाये रखने वाली हिदायत पूरी कर रहे हैं या नहीं। इस पर श्री अरविन्द ने हँसते हुए कहा—"दिव्य जीवन वैसे ही लटक रहा है।" तभी नीरदवरण ने कहा कि मणिलाल १९ या २० फरवरी को पहुँच रहे हैं। श्री अरविन्द मासूमियत से बोले—"मैं कल से फिर अपना पैर लटकाने जा रहा हूँ। दिव्य जीवन के अन्तिम दो अध्याय लगता है लटक ही जायेंगे।"

इस बार मणिलाल एक मदरासी महिला से, जो ट्रांस में जाया करती थी, अनेक चमत्कारी नुस्खे लेकर आये थे—उन्हें देखते ही श्री अरविन्द ने कहा, पैर ठीक से लटक रहा है। मणिलाल ने कहा कि "उस महिला को ट्रांस में एक ऋषि ने दवा बताई है। मैंने आपके पैर के लिए खासतौर से पूछा था। बिल्कुल निरापद दवा यानी सफेद सरसों और लाल मिर्च

---

१. **श्री अरविन्दो : परफेक्ट जेंटलमैन, मदर इंडिया, अगस्त, १९७०, पृ० ४१२।**

२. **इविनिंग टाक्स प्रथम भाग, पृ० १४५।**

का लेप। सिर्फ छह दिनों में सब ठीक। उसने मेरे सिर-दर्द और रक्तचाप के लिए भी दवा बतायी। यानी सिर पर मांड़ और बेसन का लेप करना। "बड़ी कृपा है ऋषि की।" श्री अरविन्द ने कहा। तभी दूसरे शिष्य भी आ गये। डॉ० सत्येन्द्र ने पूछा—"मणिलाल के लिए क्या दवा बताई गई?" नीरद बोले—"चावल का माँड़।"

सत्येन्द्र ने फिर पूछा—"कहाँ लगाया जायेगा?"

श्री अरविन्द बोले—"सिर पर मगर बाल के लिए नहीं। दवा प्लेनचेट के माध्यम से एक ऋषि ने बताई है, जिससे मणिलाल का सिर दर्द और रक्तचाप दूर होगा।"[१]

उपर्युक्त प्रकरण से स्पष्ट हो जाता है कि वे स्वयं योगी होते हुए भी पूर्ण व्यावहारिक और तर्कपूर्ण ढंग से ही चीजों को स्वीकार करते थे। उन्हें मिथ्या क़िस्म के चमत्कार कभी आकृष्ट नहीं करते थे। उन्होंने मणिलाल की बताई दवा पर ध्यान भी नहीं दिया। उलटे मणिलाल विनोद के विषय बन गये। वे इस तरह की सिद्धियों तक पर मजाक करने में नहीं चूकते थे। यदि साधना का अर्थ पागलपन या दिमागी सन्तुलन का अभाव है तो श्री अरविन्द को ऐसे लोगों की कत्तई जरूरत नहीं।

तिनवेल्ली से आया हुआ एक व्यक्ति, जो संस्कृत जानता था, श्री अरविन्द से मिलना चाहता था। उसने कहा कि उसे पराशक्ति से प्रेरणा मिली है कि श्री अरविन्द से, जो भगवान् हैं, जाकर मिलो। वह बिना किसी से पूछे सीढ़ियाँ चढ़ता हुआ उनके कक्ष की ओर बढ़ा। एक शिष्य ने उसे रोका और श्री अरविन्द से पूछा—"पहले वालों जैसे ही इस व्यक्ति को रमण महर्षि के यहाँ भेज दूँ?"

"वह नहीं जायेगा।" श्री अरविन्द ने हँसते हुए कहा—"क्योंकि पराशक्ति ने उसे वहाँ जाने को तो कहा नहीं है। कितनी मुश्किल में डालने वाली है पराशक्ति। उसने इसे यहाँ आने को कह दिया।"

श्री अरविन्द दूसरे दिन उससे मिले और अपनी साधना-पद्धति के लिए अनुपयुक्त पाकर उसे लौटा दिया। एक दिन शिष्यों ने कहा कि पराशक्ति वाला व्यक्ति अभी यहीं है और प्रत्येक दिन अपना एक न एक वस्त्र किसी न किसी को बाँट रहा है।

"जरा ख्याल रखना।" श्री अरविन्द ने मुस्कराते हुए कहा, "वह कल बिना किसी कपड़े के यहाँ न चला आए।"

तभी एक शिष्य ने कहा—"लगता है, पागलपन को साधना बहुत आकृष्ट करती है। मैंने कलकत्ते के श्री 'क्ष' के साथ आठ पागल देखे।"

श्री अरविन्द फिर मुस्कराए—"मैंने अभी उतनी प्रगति नहीं की है, इसलिए यहाँ अभी संख्या उतनी नहीं बढ़ी है।"[२]

साधना के क्षेत्र में कार्य करने वालों से, जो विभिन्न प्रकार की रुचियाँ और जिदें रखते थे, उनके मजाक के तरीके भिन्न थे। ऐसे व्यक्तियों के प्रति आवश्यक आत्मीयता की उनमें कमी न थी, पर वे कभी भी गलत ढंग से सोचने और घबड़ाने वालों के कार्यों, स्थितियों से रस लेने में भी नहीं चूकते थे।

---

१. टाक्स विद श्री अरविन्दो : प्रथम भाग, पृ० १७५-२००।
२. इविनिंग टाक्स, प्रथम भाग, पृ० ५७-५८।

एक बार एक व्यक्ति ने उनसे पूछा कि योग कैसे शुरू किया जाय। उन्होंने कहा कि तुम पहले अपने मस्तिष्क को शान्त करना सीखो। उसने वैसा ही किया। उसका मस्तिष्क एकदम शान्त, मौन और रिक्त हो गया। तभी वह दौड़ा-दौड़ा उनके पास आया और बोला—"मेरा मस्तिष्क विचारशून्य हो गया। मैं कुछ भी सोच नहीं सकता। मैं गावदी हो रहा हूँ।" इस पर अरविन्द कहते हैं—"उसने जरा भी रुककर सोचने की कोशिश नहीं की कि यदि मस्तिष्क विचारशून्य हो गया है तो जो बातें बोल रहा है, कहाँ से आ रही हैं। मैं तो यही सोच सका कि जो गावदी है ही, वह फिर से क्या गावदी होगा भला। मुझमें तब ऐसा धैर्य नहीं था। मैंने उसे इस अद्‌भुत ढंग से उत्पन्न नीरवता का मजा लेने के लिए छोड़ दिया।"[१]

वे साधना और योग से सम्बन्धित व्यक्तियों को जीवन की सामान्य आदतों से एकदम बरी और महान् व्यक्तित्व वाले मानने की प्रक्रिया को ही अनाध्यात्मिक कहते थे। इसी कारण अच्छे-अच्छे साधकों को भी परस्पर एक दूसरे पर व्यंग्य-विनोद और आरोप-प्रत्यारोप करने की पूरी छूट देते थे। एक सन्ध्या का निम्नलिखित वार्तालाप सुनने लायक है।

श्री अरविन्द—"जीवन में कई बार सफलताएँ आन्तरिक प्रगति के लिए सहायक ही नहीं होतीं, हाँ, यदि तुम बाहरी सफलता की बात कर रहे हो तो सवाल दूसरा है।"

शिष्य—(दूसरे शिष्य से) "मान लो, तुम मंत्री हो गये होते, तो बाह्य दृष्टि से सफल कहे जाते, पर तब तुम्हारे आध्यात्मिक विकास का क्या होता?"

श्री अरविन्द—"बिल्कुल। तब हमारे 'क्ष' बहुत बड़े अफसर होते और अब तक लम्बी पेंशन पाकर सेवा-निवृत्त हो गये होते।" (कहकहे)

शिष्य—"और 'य' तब डायविटीज से पीड़ित प्रोफेसर होते।" (जोर से हँसी)

दूसरा शिष्य—"शायद बदहजमी से पीड़ित योगी की जगह।"

श्री अरविन्द—"तब 'ज्ञ' एक विराट् पहलवान होते राममूर्ति की तरह।"

दूसरा शिष्य—"शायद एक वात-पीड़ित साधक की जगह।"

दूसरा शिष्य अपनी भंगिमा से ही बता देता है कि वह डाक्टर नीरदवरण के अतिरिक्त कोई और नहीं हो सकता, जो श्री अरविन्द की तरह ही चुभती हुई चिकोटियाँ काटने में दक्ष हैं।

एक शिष्य ने पूछा कि कुछ लोग समाधि में चतुर्थ स्थिति तुरीय में पहुँचने की बात करते हैं। तभी दूसरा बोल पड़ा—"मेरे लिए तो पहली स्थिति ही उतनी आनन्ददायक है कि नींद आ जाती है।" पहले शिष्य ने फिर पूछा—"ब्रह्म-स्थिति का अनुभव कर लेने पर प्राकृतिक स्वभाव (शरीर आदि) पर क्या असर पड़ता है?" श्री अरविन्द ने कहा—"वे लोग प्राकृतिक स्वभाव आदि की परवाह नहीं करते थे।" शिष्य जानना चाहता था कि प्रकृति पहले बदलती है या ब्रह्मप्राप्ति पहले होती है। उसने फिर पूछा, "शंकराचार्य ने तो ब्रह्मस्थिति पा ली थी...?" श्री अरविन्द इस प्रश्न पर मुस्करा कर बोले—"अच्छा हो, यदि यह सवाल तुम ब्रह्म से ही पूछो। मेरे लिए तो बड़ा टेढ़ा है। हो सकता है कि 'ब्रह्म' कहें कि तुम्हें अपने भीतर

---

१. **इविनिंग टाक्स, प्रथम भाग, पृ० ११४।**

आने देना कठिन है क्योंकि तुम बहुत घुमावदार तर्क करते हो।"[१]

नारी-पुरुष के सम्बन्धों पर या उनके अन्तर पर श्लेषात्मक और राजनीतिक शब्दावली में गुंफित व्यंग्य शायद ही कहीं देखने में आए। नीरदवरण ने लिखा—"क्या यह सही है कि औरतें पुरुषों की अपेक्षा ज्यादा ग्रहणशील (रिसेप्टिव) और आन्तरिक (साइकिक) होती हैं?"

श्री अरविन्द ने उत्तर दिया—"वाहियात। न तो ज्यादा ग्रहणशील ही, न ज्यादा प्रलापपूर्ण (हिस्टीरिकल) होती हैं। पुरुष यहाँ भी, मैं समझता हूँ कि उन्हें मात दे सकता है। यह सही है कि वे ज्यादा आसानी से भूख-हड़ताल का ऐलान कर सकती हैं, क्या इसे ही गाँधी के साथ तुम भी उनकी आन्तरिक शक्ति (साइकिक फोर्स) का चिह्न समझते हो? और अब तो 'असहयोग' (नान-क्वापरेशन) ने पुरुष की इस न्यूनता को भी उससे अलग कर दिया है।"[२] (यानी यहाँ भी पुरुष नारी जैसा ही हो गया है)

श्री अरविन्द के शिष्यों में एक से एक तबीयतदार लोग रहे। श्री बिन्दु उनके प्रिय शिष्य थे। चिट्ठी-पत्री तक सीमित न रहकर, उन्होंने श्री अरविन्द और श्रीमाँ को अपनी पाकशास्त्र-प्रवीणता का परिचय देने के लिए कुछ व्यंजन बनाने और उन्हें अरविन्द के पास भेजने की अनुमति पा ली। वह प्रसाद थोड़ा-बहुत खाया गया, शेष बिन्दु के पास लौट आया। बिन्दु ने चौतरफा हमला करते हुए अपना दुःख लिख भेजा, "गुरुदेव, नलिनी सब सामान लौटा गये। मैं भौंचक्का रह गया यह देखकर कि आपने शायद ही कोई चीज ली। मैंने गहरी पीड़ा, कड़वी निराशा, मुकम्मल नाउम्मीदी और घातक वेदना का अनुभव किया। मैं कभी सोच भी नहीं सकता कि आप मेरे प्रति इतने सहानुभूतिहीन हो सकते हैं।" श्री अरविन्द ने लिखा—"बिन्दु, बेवकूफी की बात मत सोचो। तुम्हारे प्रति हमारी सहानुभूति गहरी और पूर्ण है। हाँ, यह सहानुभूति भोज्य पदार्थों के प्रति व्यक्त सहानुभूति से नापी नहीं जा सकती। प्रसाद, जो भेजा जाता है, उसे हम थोड़ा ही लेते हैं। कभी-कभी ज्यादा भी, बशर्ते वह बहुत मधुर न हो। तुम्हारी सिवैयाँ तो ऐसी थीं कि उनके लिए वैसे ही कहना होगा जैसे प्रेमी अपनी प्रेमिका को कहता है—"हाय, तुम कितनी मीठी हो, बहुत-बहुत मीठी। [इसका मतलब यह नहीं कि अच्छी नहीं थीं] तुम्हारी सब्जी थोड़े पानी में देर तक पकाई हुई सब्जी (Stew) अलबत्ता असाधारण थी। पहला चम्मच खाते वक्त कुतूहल था, दूसरा लेते वक्त आश्चर्यकारी भय हुआ और तीसरा उठाया तो साहस ही न हुआ कि अज्ञात देशों की यात्रा करूँ। तुम्हारी सिवैयाँ जरूर ज्यादा खा गया। इसलिए तुम्हारा सोचना नामुनासिब है कि हमारी सहानुभूति नहीं है।"[३]

यह सब लिखते हुए दिलीप कुमार राय ने बार-बार कहा है कि हमने उन्हें कितना परेशान किया। "आह, कैसे गुरु के हम कैसे शिष्य थे!" इस "कैसे' की 'कैसे' व्यवस्था की जाय?

वे इन शिष्यों की मामूली फरमाइसों को भी पूरा करने में कितनी उदारता बरतते थे।

---

१. **इविनिंग टाक्स, प्रथम भाग दो, पृ० १३२।**

२. **कॉरस्पांडेंस विद श्री अरविन्दो, पृ० १२६।**

३. **अरविन्दो केम टू मी, पृ० १६६-१६७।**

दिलीप कुमार ने लिखा—"ओ गुरु, इधर मैं ध्यान नहीं कर पा रहा हूँ। प्रूफ का पहाड़ लगा है, मगर जल्दी ही पहाड़ी बाबा की तरह शुरू करने वाला हूँ। सावधान!"

श्री अरविन्द ने उत्तर दिया—प्रूफ के पहाड़ के बाद, ध्यान का पहाड़ और इन सबके ऊपर चोटी पर बैठे **बाबा**—ठीक है, भाई, मैं तैयार हूँ।[१]

व्यंग्य-विनोद का अर्थ केवल चुभते हुए मजाक ही नहीं हैं। जो व्यंग्य-विनोद हास-परिहास के साथ मन को ज्यादा विशाल और उन्नत नहीं बना पाता, उसे हम वन्ध्या विनोद मात्र कहेंगे। हास-परिहास के बीच श्री अरविन्द अक्सर मानव जीवन की त्रुटियों की ओर संकेत करते हैं और सहानुभूतिपूर्वक इन्हें ठीक से समझाते हुए इनके निराकरण का उपाय भी बताते हैं। आत्मोन्नति के लिए सतत प्रयत्न और अटूट धैर्य की आवश्यकता होती है। अतिमानसिक सत्ता के अत्यन्त सुदूर होने की आशंका से प्रयत्न छोड़ बैठने वालों को सम्बोधित करते हुए उन्होंने कहा—निराशा की बार-बार रट लगाते रहने का बाधा के सिवा और परिणाम ही क्या होगा? व्यक्ति को कभी-कभी इससे गुजरना तो होता ही है जैसे पथिक की प्रगति [Pilgrim's Progress] कथा के क्रिश्चियन नायक को निराशा के दलदल से गुजरना पड़ा था। साधना में असीम धैर्य की आवश्यकता है। विलम्ब की शिकायत करने वालों के प्रश्नों के उत्तर में श्री अरविन्द रामकृष्ण परमहंस द्वारा कथित इस दृष्टान्त को सुनाया करते थे—'बैकुण्ठ जाते हुए नारद रास्ते में एक योगी से मिले, जो पर्वत पर रहकर कठिन तपस्या में लीन थे। 'नारद जी, आप बैकुण्ठ जा रहे हैं। वहाँ विष्णु भगवान् मिलेंगे। मैं जिन्दगी भर कठिन तपस्या करता रहा, पर उन्हें पा न सका, कृपया उनसे पूछियेगा कि मैं उन्हें कब प्राप्त कर सकूँगा।' नारद आगे बढ़े। रास्ते में एक भक्त से मिले, जो 'हरि-हरि' गाता नाच रहा था। उसने नारद से कहा—"आप मेरे प्रभु को देखेंगे। कृपया पूछियेगा कि कब मैं वहाँ पहुँचूँगा और कब प्रभु के मुखचन्द्र के दर्शन होंगे।" लौटते वक्त नारद पहले योगी के पास पहुँचे और कहा—"विष्णु ने कहा है कि तुम अगले छह जन्मों के बाद उन्हें प्राप्त करोगे।" योगी कराह उठा—'क्या? अभी इतनी लम्बी तपस्या के बाद? इतना विराट प्रयत्न अभी और? हे भगवान्, तुम कितने कठोर हो!"

नारद भक्त के पास पहुँचे और बोले—'तुम्हारे लिए बुरी खबर है। भगवान् ने कहा कि एक लाख जन्मों के बाद ही तुम उन्हें देख सकोगे।' इतना सुनना था कि भक्त उछलकर आनन्द के मारे झूम-झूम कर नाचने लगा—'आह, मैं एक लाख जन्मों के बाद अपने हरि को देखूँगा, मैं अपने हरि को देखूँगा। आह, कितने दयालु हैं मेरे भगवान्।' वह आनन्दातिरेक में दूने उत्साह से कीर्तन में मगन हो गया। नारद ने पुकारकर कहा—'सुनो, तुमने उन्हें पा लिया। आज ही देखोगे उन्हें।'[२]

साधना में धैर्य अपेक्षित है। कभी-कभी तीव्र विकास के बाद ठहराव आ जाता है। ऐसी ही स्थिति में नीरद ने शंकालु चित्त से लिखा—'मुझे बचपन की एक घटना याद आती है। हम लोग खाना खा रहे थे कि किसी ने मुझे बाहर से बुलाया। चलते वक्त खाने पर बैठे पिता से मैंने कहा—'पापा, जरा ख्याल रखियेगा, आप मेरी मछलियाँ मत खा जाइयेगा।' हो सकता

---

१. **अरविन्दो केम टू मी, पृ० १६९।**

२. **रेमिनिसैंसेज एण्ड एनकडोट्स, पृ० २२-२३।**

है कि पिता ऐसा न करें, पर गुरुओं की कौन जाने?' करारा आघात था, पर श्री अरविन्द ने लिखा—"नहीं महाशय, खातिर जमा रखें, मैं आपकी मछली नहीं खाता। मेरे लिए समुद्र भरी मछलियाँ हैं, मैं तुम्हारी सिधरी (छोटी मछली) क्यों खाने लगा? यह तो मि० एच०एफ० (विरोधी शक्तियाँ) हो सकते हैं, दस्यु, डाकू।"[१]

उपर्युक्त विवरण से स्पष्ट हो जाता है कि श्री अरविन्द के व्यंग्य-विनोद की एक विशेष पद्धति थी। वे जानते थे कि इस महत् विशेषता के बिना कोई व्यक्तित्व पूर्ण नहीं होता। उन्होंने लिखा भी है—"मुझे मालूम नहीं कि अत्युन्नत महापुरुषों में विनोदवृत्ति का अभाव होता है। या कि जब किसी व्यक्ति में यह वृत्ति न हो तो उसे कैसे सर्वांगपूर्ण कहा जा सकता है। 'उच्छृंखलता' शब्द केवल उस ओछे परिहास पर ठीक घटता है, जिसके पीछे कोई सार न हो। ऐसा कोई नियम नहीं कि बुद्धिमत्ता कठोर, गम्भीर तथा स्थितिशून्य वस्तु ही होनी चाहिए।"[२]

श्री अरविन्द के व्यक्तित्व में तो इस वृत्ति का होना और भी अधिक महत्त्वपूर्ण हो जाता है। उनके जैसा अत्यन्त तर्कपूर्ण, भावुकता-रहित नितान्त निर्वैयक्तिक व्यक्तित्व शायद बहुतों के लिए इतना भारी होता कि संभालना मुश्किल हो जाता। विभूतियों की यह विशेषता होती है कि वे परस्पर-विरोधी लगने वाले तत्वों के रासायनिक मेल से एक ऐसी वस्तु को जन्म देते हैं, जो अभूतपूर्व आकर्षण का कारण बन जाती है। श्री अरविन्द का संघर्ष और साधना में तपाया व्यक्तित्व, विनोद के क्षार या लवण से संयुक्त होकर दीप्तिमय सुवर्णमय सुवर्ण में बदल गया था—**यद्यथा लवणेन सुवर्ण संदध्यात्।**

■

१. श्री अरविन्दो केम टू मी, पृ० ३२-३३।

२. श्री अरविन्द के पत्र, पृ० १३५।

भविष्यत् कविता के मांत्रिक

दर्शं नु विश्व दर्शतं दर्श रथमपि क्षमि
एता जुषत मे गिरः।

ऋग्वेद १।२५।१८

मैंने उस अदृश्य को देखा है। पृथ्वी पर अवतरित उसके सुवर्ण रथ को देखा है। उसने मेरी कविता स्वीकार कर ली है।

क्रांतिकारी राजनेता और पूर्ण योगी अरविन्द आन्तरिक रूप से हमेशा कवि थे।[१] कवि शब्द आज जिस भावुकता और बहेतूवृत्ति के अतिरेक के लिए विशेषण जैसा बन गया है, उससे अरविन्द के कवि को कहीं से भी जोड़ा नहीं जा सकता। क्योंकि उनकी कविता अपनी आत्मा में हमेशा क्लैसिक, कलेवर में हमेशा अलौकिक सौन्दर्य से पूर्ण और गति में गम्भीर नद की तरह ऊपर से किंचित् आन्दोलित, पर भीतर से एकोन्मुखी और गम्भीर रूप से शान्त पर प्रवाहपूर्ण रही है। उन्होंने न केवल मानव प्रकृति के रूपान्तर के लिए एक दिव्य चेतना के अवतरण के लिए साधना की, बल्कि कविता के क्षेत्र में भी वे ऐसे भगीरथ थे, जिन्होंने अंग्रेजी कविता की टेम्स (तमस) में दिव्य चेतना की गंगा को उतारने का प्रयत्न किया। उन्होंने लिखा—"भविष्यत् कविता में उस तत्त्व से एक ऐसी सादृश्य-मूलक निकटता की सम्भावना है, जिसे हम कविता में मंत्र का तत्त्व कहना चाहेंगे। मंत्र छन्दमय भाषा है, जो वेदों के अनुसार ऋषि के हृदय और सत्य के सुदूर आवास से उद्भूत होती है। वाक् की स्वतः स्फूर्त सम्प्राप्ति उसकी दिव्यगति, यथार्थ को सही ढंग से व्यक्त करनेवाले विचार, जिनके बारे में कजिन्स ने बहुत ठीक कहा है कि—वे अस्थिर नश्वर के भीतर छिपे स्थिर और अनश्वर को प्रतिफलित करते हैं। कुछ ऐसा, जो मानवता के मौलिक संवेगों की छाया लिए हुए मानवता के परे के सत्य को अभिव्यक्त करता हो। कुछ ऐसा, जो उस अबूझ दिव्य चेतना के क्रिया-कलापों को समझ सके, जो पूरी सृष्टि के पीछे प्रयोक्ता रूप में विद्यमान है और जो अब इस सृष्टि को अपनी सीमायें तोड़कर ईश्वरीय संभावनाओं को प्राप्त करने के लिए निरन्तर प्रेरित कर रहा है।'[२] श्री अरविन्द कहते हैं कि अब तक कविता ने मधुमती भूमिका में जाकर कभी-कभी यह कार्य किया है, भविष्य में संभावना है कि वह क्रिया और ज्यादा सचेत ढंग से अपने इस उद्देश्य के प्रति जागरूक हो सकेगी।'[३]

श्री अरविन्द इसी ऋचा काव्य या मांत्रिक कविता के प्रयोक्ता थे। यह सही है कि यह विशेषता पूर्णतः उनके महाकाव्य 'सावित्री' में ही उपलब्ध होती है, पर उनकी आरम्भिक कविताओं में भी इस तत्त्व के बीज-बिन्दु अवश्य दिखाई पड़ते हैं।

---

१. कलेक्टेट पोयम्स की भूमिका में नलिनीकान्त गुप्त ने लिखा है कि वे प्रधानतः कवि थे।

२. वही।

३. फ्यूचर पोयट्री, प्रथम संस्करण १९५३, श्री अरविन्दाश्रम, पृ० ११।

उन्होंने बहुत पहले ही कविताएँ लिखनी शुरू कर दी थीं। ''जब हम तीनों भाई मैनचेस्टर में रहते थे, मैंने 'फाक्स फेमिली मैगज़ीन' के लिए लिखना शुरू किया। वह किसी का भयानक अनुकरण था। किसका, मुझे याद नहीं। फिर मैं लन्दन गया, जहाँ मैंने कविताएँ लिखनी शुरू कीं। उस वक्त की लिखी कविताओं में से कुछ 'सांग्यस आफ मिर्टिला' में संकलित हैं।[१]

असल में उनके मांत्रिक कवि का निर्माण बड़ी श्रमसाध्य तपश्चर्या से संभव हुआ। भारत में आने के बाद बड़ौदे के आवासकाल में उन्होंने भारतीय वाङ्मय विशेषतः संस्कृत के कालजयी साहित्य को पूर्णतः आत्मसात् करने का प्रयत्न किया। इस साधना के पहले चरण में उन्होंने संस्कृत की कुछ अत्यन्त प्रसिद्ध कृतियों का अनुवाद किया। भर्तृहरि के नीतिशतक का अनुवाद 'सेंचुरी आफ लाइफ' नाम से १९२४ में प्रकाशित हुआ, पर इसके अनेक अंश बड़ौदा कालेज मैगज़ीन में उन्नीसवीं शती के अन्तिम दशक में छपते रहे।[२]

मेघदूत का उनका अनुवाद, जिसे अंग्रेजी के तेर्जा रीमा (Terza Rima) छन्द में किया गया, अपने ढंग का अद्भुत अनुवाद है। यह अद्भुतता संभवतः इसलिए आयी है कि वे कभी भी शाब्दिक अनुवाद नहीं करते थे। कविता का जो अर्थ उनके मन में प्रस्फुटित होता था, उसे ही वे अपनी विशिष्ट अंग्रेजी शैली में उपस्थित कर देते थे। ये अनुवाद मूल की शुद्ध प्रतिलिपि कहीं नहीं लगते। इनमें भी अनुवादक की अपनी सर्जनात्मकता स्पष्ट परिलक्षित होती है। चाहे अनुवाद विक्रमोर्वशीय का हो, चण्डीदास या विद्यापति की पदावलियों का हो, चित्तरंजनदास के 'सागर संगीत' का हो, सभी में उनकी अपनी विशिष्ट मुहरछाप दिखाई पड़ेगी। उन्होंने इनके अलावा कुछ और भी अनुवाद किये, पर अब वे उपलब्ध नहीं हैं।

उनकी प्राचीन वस्तु का आभास देने वाली पर पूर्णतः मौलिक कृतियों में 'लव एण्ड डेथ', जो भृगु के पौत्र रुरु और मेनका की पुत्री प्रियंवदा की कथा पर आधारित है, बहुत ही महत्त्वपूर्ण रचना है। प्रियंवदा गन्धर्व कन्या है, उसका बाह्य और आन्तरिक सौन्दर्य रुरु के लिए सर्वथा निवेदित है। वह सर्वतोभावेन अपने जीवन का सर्वोत्तम रुरु को समर्पित कर चुकी है।

ताजे कपोल और ओस डूबी आँखों वाली गौरांगी प्रियंवदा ने
अपने हृदय की कली को खोल दिया जो थी सिन्दूरी अरुणाभ
प्रेम के सामने, रुरु के हित
रुरु तो उल्लास का समुद्र था
कमल कलिका के चतुर्दिक् प्रेम की तरंगों का विह्वल सा नर्तन वह
आत्मा की लहरों से बेसुध प्रियंवदा की आँखें एकदम मुकुलित थीं
रुरु के लिए समूची वसुन्धरा पूर्णता के पुष्प की शय्या थी
प्रियंवदा को लगता था विश्व जैसे मधु आलिंगनों से भरा-भरा।३

---

१. इविनिंग टाक्स, प्रथम भाग , पृ० २८१।
२. कलेक्टेड पोयम्स एण्ड प्लेज, प्रथम भाग, प्रकाशकीय भूमिका।
३. कलेक्टेड पोयम्स एण्ड प्लेज, प्रथम भाग, पृ० ८५।

निश्चय ही यह प्रेम का उन्मुक्त सौन्दर्य पूर्णतः रूमानी है, पर इस रूमानियत के बीच में पार्थिव भार एकदम तिरोहित हो गया है और उसके स्थान पर आत्मिक मिलने के उल्लास ने एक नई शान्तिपूर्ण खुशी से दोनों को अपने में समेट लिया है।

तभी मृत्यु प्रियंवदा को अपने आगोश में ले लेती है। पृथ्वी पर जन्मे प्राणियों की दुर्निवार नियति उसे जकड़ लेती है और प्रियंवदा के रूप में जिन्दगी आहें भरती बोल उठती है—

कितना कम पाया मैंने
वहशी दिनों की खुशी औ लरजती हुई रात की हँसी
सहलाती हुई, दुःख और आँसू, हाय अभी तो मैं
गिन भी न पाई थी चमकती हुई चिड़ियों को आधा भी
जो उस एक हरे जंगल में रहती थीं। सूर्य का उगना
और डूबना भी देखा था कितना अभी, गाते हुए कोकिल औ
पपीहों से दोस्ती भी कितना कर पाई थी।[१]

कितनी प्राकृतिक और सहज चीजों की चाह है, जो जिन्दगी को सचमुच सौंदर्य से समृद्ध करती है। पर यह उसके भाग्य में नहीं था। प्रियंवदा चली जाती है। रुरु के जीवन में अँधेरा छा जाता है। वह पागल की तरह प्रलाप नहीं करता। बिल्कुल चुप हो जाता है। महान् मौन सर्वत्र छा जाता है। इसी सन्नाटे में प्रेम का देवता प्रकट होता है और कहता है कि तुम अपने बचे हुए जीवन का आधा देकर प्रियवंदा को पाताल से ले आ सकते हो। नाना प्रकार की भयंकर प्राकृतिक बाधाओं को पार करता हुआ रुरु पाताल में प्रवेश करता है। यम रुरु को समझाते हैं। "अपनी आयु के वर्ष क्यों गँवा रहे हो? इनकी मदद से तुम ऋषि बन सकते हो। ऋषि के पौत्र को ऋषि बनना ही चाहिए। तुम शान्त भाव से आध्यात्मिक यात्रा के दौरान तपस्या से उस प्रकाश को पा सकते हो, जिसे पाकर ऋषि अनन्त के निकट पहुँचता है। असीम शिखर के उन्नततम माथे पर आसीन होकर तुम उस विराटता के दर्शन कर सकते हो, जिसे छोटी-मोटी खुशियाँ कभी डिगा नहीं सकतीं।" रुरु एक क्षण के लिए अपनी आँखों के सामने सारे सौन्दर्य को समन्वित करने वाले उस आध्यात्मिक प्रकाश की हल्की-सी झलक भी पा लेता है, पर वह ऋषित्व नहीं, प्रियंवदा का जीवन माँगता है। प्रियंवदा का मृत शरीर सजीव हो सकता है। मृत्यु की दुर्निवार सीमा के टूटते ही प्रेम का असीम प्रवाह प्राण-मन पर छा जाता है—

अनगिनत क्षणों तक वह उसकी चमेली गंध काया से
जो धूप में नहाई हुई लगती थी, मन को सहलाता रहा
पीती रहीं आँखें पियासी सी रूप के समुद्र को
अपने ही शिशुओं के चारों ओर घूमती हुई पृथ्वी उच्छ्वसित थी
कोकिला की कुहू कुहू गूँजती थी विश्व के प्रभात में।[२]

विक्रमोर्वशीय भी अनुवाद कहा जाता है। है भी। पर जैसा पहले ही कहा गया, श्री अरविन्द के अनुवादों में भी मौलिकता का आग्रह सर्वत्र विद्यमान है। शुद्ध शाब्दिक अनुवाद के

---

१. **कलेक्टेड पोयम्स एण्ड प्लेज, प्रथम भाग, पृ० ८९-९०।**
२. **वही, भाग १, पृ० ११३।**

आग्रही इसे बुरा भी कह सकते हैं, किन्तु उनका उद्देश्य अनुवाद नहीं, इन आख्यानों की नई व्याख्या प्रतीत होता है। 'द हीरो एण्ड द निम्फ' में भी मानव-नियति से उत्पन्न संकट आता है, जब उर्वशी पुरूरवा से बिछुड़ जाती है। प्राणों की बाजी लगाकर सौन्दर्य की जिस अप्सरा को उसने पाया था और जिसके गान्धर्वी प्रेम की मादकता ने उसके सम्पूर्ण व्यक्तित्व को छन्दोबद्ध कर दिया था, उसे माया के अन्धकार में खो देना, उसके पौरुष के लिए चुनौती थी। उसी अँधेरी रात में थक्के-के-थक्के जमे अन्धकार में वह उसकी प्रतिध्वनि को पीला करते हुए दौड़ता है। उसकी पीड़ा भरी पुकार से पर्वत और निर्झर झंकृत होने लगते हैं। वह विछोह के दु:ख की इन्तहा से मर्माहत होकर तड़पने लगता है। अन्तत: वह उसके पास पहुँच जाता है। वह उसके बगल में खड़ी है। पुन: एक बार प्रेम की नियति क़ी क्रूरता पर विजय होती है—

आह, ऐसी ही खड़ी रही, ओ प्रिया पारदर्शी तुम
माणिक की अरुण आभा से अपने मुख को नहलाती हुई
कैसी अद्‌भुत सौन्दर्य की लपटें उभरती हैं।
खिलते हुए कमल की अरुणाई समूची मानो
भिनुसार के आगोश को ललछौंही रोशनी से भरती है।[१]

श्री आयंगर लिखते हैं—"प्रेम की विजय हुई, पर वह विजय ही मानव की हार है। इसी मोह ने क्षत्रिय पुरूरवा और ब्राह्मण रुरु को असफल बनाया। वे अपने ही भीतर के असत्य से प्रवंचित हुए।"[२]

मैं नहीं समझता कि श्री आयंगर का यह निष्कर्ष सही और सटीक है। उनके निर्णय को मान लेने का अर्थ होगा वैयक्तिक, ऋषित्व की अभ्यर्थना, जो श्री अरविन्द को कभी काम्य न थी। दोनों ही कविताओं के अन्त में बिछुड़े प्रेमियों के मिलन को अभिव्यक्त करते वक्त क्या कवि श्री अरविन्द ने 'विश्व के प्रभात में' या 'नये विहान या भिनुसार' में जैसे प्रयोग निरुद्देश्य किए हैं? ये कविताएँ मोह की निन्दा करने के उद्देश्य से नहीं, मृत्यु और तमस् पर मानवीय प्रयत्नों की विजय का साक्ष्य उपस्थित करने के लिए लिखी जान पड़ती हैं। क्योंकि यदि ऐसा न होता तो वे अपने इन विजयी पुत्रों के चतुर्दिक् आनन्दातिरेक से उच्छ्वसित धरती को रेखांकित न करते। दूसरी बात भी ध्यान देने की है कि ये दोनों कविताएँ 'सावित्री' काव्य के आरम्भिक भावबिन्दु भी अपने में समेटे हुए हैं। दोनों कविताएँ १९०० के पहले लिखी गयीं, इसलिए इनमें दिव्य-चेतना के अवतरण और मृत्यु पर मानव की विजय का वह स्पष्ट स्वर नहीं सुनाई पड़ सकता, जैसा 'सावित्री' में है, किन्तु यदि इन कविताओं को, जो प्रिय को मृत्युमुख या तमस्लोक से लौटा ले आने वाली मानव शक्ति की अभ्यर्थना करती हैं, मोह की निन्दा का काव्य मान लें, तो सावित्री और सत्यवान को पूरा 'लीजेण्ड और सिम्बल' निरर्थक हो जाता है। क्या सत्यवान को मृत्युमुख से छुड़ाने का सावित्री द्वारा किया प्रयत्न मोह कहा जायेगा? अत: मुझे खेद के साथ श्री आयंगर के निष्कर्ष का प्रत्याख्यान करना आवश्यक प्रतीत होता है।

---

१. **कलेक्टेड पोयम्स एण्ड प्लेज, भाग १, भाग २, पृ० ७९।**
२. **श्री अरविन्दो, कलकत्ता १९४०, पृ० ७०-७१।**

कवि अरविन्द और योगी कवि अरविन्द की रचनाओं का अन्तर बड़ा स्पष्ट है और उनके काव्य के विद्यार्थी को इन अन्तरों की प्रक्रिया को ठीक से समझ लेने की जरूरत है। तभी वह आसानी से सावित्री के उलझे हुए से लगते किन्तु शुद्ध रत्नों की प्रभा से भास्वर बिम्बों, प्रतीकों और उनके अपने समुज्ज्वल प्रवाह में समेटती मांत्रिक भावधारा का ठीक से बोध कर पायेगा! आरम्भिक कविताओं का स्वर भी क्लैसिक है, किन्तु वे रूमानियत से सर्वथा मुक्त नहीं हैं। यह सत्य है कि उनकी रूमानियत अंग्रेजी स्वच्छन्दतावादी कवियों की तरह लिजलिजी और भावुकतापूर्ण नहीं है, उसमें शेली, कीट्स, की मृदुता नहीं, भारतीय आर्य कवि का पौरुष सर्वत्र प्रतिच्छायित है। यही पौरुष अश्वपति की साधना में निष्ठा, दृढ़ता और समदर्शी सहनशीलता की शक्तियों में बदल जाता है। श्री अरविन्द इसी पौरुष के कवि थे। उनके चरित्र बाजीप्रभु, परिसियस सभी इस दीप्ति से पूर्ण हैं, किन्तु पौरुष एकांकी नहीं है, इसमें भी कलात्मक मानवीय लचीलापन और संस्कारिता भी है। नारी चरित्रों में विदुला को भुलाया नहीं जा सकता। नारी की सम्पूर्ण मृदुता, सौन्दर्य और माधुर्य के बावजूद वह एक दृढ़ इच्छा-शक्ति की नारी है। यह एक प्रसिद्ध पौराणिक चरित्र है, किन्तु अरविंदीय भावलोक में नई आकृति लेकर उपस्थित होता है। अपने युद्धभीत पुत्र को अपहृत राज्य के लिए युद्ध करने को वह राजस्थानी चारणी की तरह जागती है। विधवा राजमाता के रूप में नहीं। विदेशी सत्ता को उखाड़ फेंकने का आह्वान करनेवाली शक्ति के रूप में वह अविस्मरणीय चरित्र बन जाती है। अपनी पूरी प्रकृति में, रक्त संस्कार, स्त्री-स्वभाव और कर्त्तव्य में नारी-सुलभ कोमलता को रखते हुए भी वह लौह स्नायुवाली प्रदीप्त अग्निशिखा की तरह दमकती है—

आर्य कर्म से कभी न च्युत हो, कभी न करना कार्य अनार्य
भय से झुकना व्यर्थ सदा है और स्वर्ग दुष्प्राप्य, सफलता
मिल न सकेगी, संघर्षों से जूझो विजयलब्ध होकर कृतकार्य
मानूँगी मैं तभी पुत्र हो और मिलेगी माँ की ममता।[1]

विदुला जैसी नारियों में एक साथ मृदुता और संघर्षों से जूझने की अपूर्व शक्ति, पुरूरवा, रुरु, बाजी प्रभु और परसियस जैसे पौरुषवान् लोगों में प्रेम की लरजती हुई सौन्दर्यपूर्ण कलात्मकता या पृथ्वी को दिव्य बना सकने की अभीप्सा का समन्वय श्री अरविन्द की कविताओं में एक ऐसी क्षमता पैदा करता है, जो तत्कालीन अंग्रेजी कवियों से भिन्न है। वहीं वह तत्कालीन भारतीय कवियों की नारेबाजी भरी राष्ट्रीयता अथवा गीतात्मक रूमान केन्द्रिता से भी अलग है। इसी अद्‌भुत समन्विता को रेखांकित करते हुए के० डी० सेठना ने लिखा था—"इतनी अधिक छन्दमधुरिमा और इतनी अधिक गत्वरता एक साथ एल० एवरक्रॉम्बे और गार्डन वॉटम्ले की कलाओं को एकाकार कर देती है। ये कवि निश्चय ही भाषा की सार्वजनीनता और मुहावरेदानी में सिद्धहस्त हैं, श्री अरविन्द, यद्यपि वे समासशैली को रूढ़ बनाने के दोष से सर्वथा मुक्त थे, उनकी उपेक्षा निश्चय ही कम घरू और सहज लगेंगे, किन्तु उन्हीं की तरह वे ज्यादा साहस के साथ अपने माध्यम का एक और उद्देश्य से प्रयोग करते हैं। वे उनसे वहाँ भिन्न होकर ही उत्कृष्ट हो जाते हैं, क्योंकि वे अत्यन्त सार्वजनीन भाषा के भदेसपन से मुक्त रहते हैं। उनके भीतर कहीं ज्यादा पूर्णता के साथ समन्वय साधित होता

---

१. कलेक्टेड पोयम्स एण्ड प्लेज, भाग २, पृ० २४२।

दिखाई पड़ता है।''[१]

सावित्री

श्री अरविन्द के लिए कविता उसी दिन मांत्रिक या ऋचा-माध्यम बन गयी, जिस दिन उन्होंने इस जगत् से परे के 'कुछ' को, जिसके होने पर ही जगत् का होना होता है, देखा और अनुभव किया। अनुभूति की प्रामाणिकता के लिए यह आवश्यक था कि वे इस प्रकार के माध्यम को उपलब्ध करें, जो उसे ज्यों का त्यों अभिव्यक्त कर सके। उसके लिए उन्हें भगीरथ प्रयत्न करने पड़े—

खोद रहा मैं त्रासभरे इस कीच बीच में
लम्बी गहरी एक डगर।
उतरे जिससे स्वर्णनदी का गीत मनोहर
मृत्यु हीन ज्वाला का घर।[२]

श्री अरविन्द के योग की शर्त ही है, पाताल की यात्रा। कीचड़ के बीच निरन्तर गहरे उतर कर मधुरिमा के स्रोत को पाना। रुरु ने इसी पाताल की यात्रा की। पुरूरवा ने इसी अन्ध तमस् को चीरने की कोशिश की। पर श्री अरविन्द पाताल और परमधाम को जोड़ना चाहते हैं। वे इनके बीच सतरंगी सेतु बनाने को निकले थे। यह खाला का नहीं ज्वाला का घर है, इसीलिए इसके बीच रहना आसान नहीं और उससे भी अधिक कठिन है, इसके बीच समता का भाव बनाकर दुःखातीत होना। सत्य को देखने की लगातार साधना और उसे निरावृत्त अभिव्यक्त करने की कोशिश। 'सावित्री' इसी प्रयत्न का फल है। वह मांत्रिक कविता का महाकाव्य है, साधना का स्तवराज है और पूर्णयोग का द्वादश कर्पूरवर्तिकामहास्तोत्र है, जिसके विषय में श्रीमाँ ने लिखा है—'सावित्री' पढ़ने का अर्थ है योगाभ्यास। इसके लिए आध्यात्मिक एकाग्रता चाहिए। किसी को भी यहाँ वह सब कुछ मिलेगा, जो ईश्वर को पाने के लिए जरूरी होता है। योग का प्रत्येक चरण यहाँ अंकित है। यही नहीं, इसमें अन्य योगों का रहस्य भी समाहित है। वस्तुतः यदि कोई एक-एक छन्द में व्यक्त सत्य का अनुसरण करे, तो वह निश्चय ही अन्त में पूर्ण रूपान्तर के द्वारा अतिमानसिक सिद्धि को प्राप्त कर सकता है। यह एक ऐसा सच्चा निर्देशक है, जो कभी भी साधक का साथ नहीं छोड़ता, उसकी सहायता हमेशा प्राप्त होती है, जो इस पथ पर चलना चाहता है। 'सावित्री' का प्रत्येक छन्द मन्त्रदर्शन है, जो उस सब कुछ को अतिक्रान्त कर जाता है जिसे अब तक मनुष्य ने ज्ञान के रूप में प्राप्त किया है। और मैं जोर देकर कहना चाहती हूँ, इससे शब्द इस ढंग से नियोजित किये गये हैं कि उनसे उत्पन्न पवित्र लयात्मकता तुम्हें वहाँ ले जाती है, जो वाक् का उद्गम है अर्थात् ओ३म्।''[३]

यह है 'सावित्री' का माहात्म्य। यह सब कुछ उनके लिए है, जो साधना के पथिक हैं। कविता के पाठकों के लिए 'सावित्री' का अपना अनूठा महत्त्व है। इसमें महाकाव्य की नवीन से नवीन बिम्बयोजना और शैली-शिल्प का अद्भुत संयोजन है।

---

१. **पोटिक जीनियस ऑफ श्री अरविन्दो, पृ० १५।**
२. **'गाइड्स लेबर' कविता का अंश।**
३. **श्री अरविन्दो द होप ऑफ मैन में उद्धृत, पृ० ४६६-४६७।**

'सावित्री' २३,८१३ पंक्तियों में लिखा हुआ वैश्विक चेतना का महाकाव्य है। सिराक्यूज विश्वविद्यालय के प्रोफेसर रेमाँ एफ० पाइपर (Raymond Frank Piper) ने लिखा है कि मुक्तवृत्त में लिखा हुआ यह काव्य संभवत: विश्व की सभी भाषाओं में लिखे हुए काव्यों में सर्वश्रेष्ठ है।[१]

श्री अरविन्द की कविताओं को समझने और उनका रसास्वादन करने के लिए काव्य को, विश्व की विभिन्न भाषाओं के काव्य के सर्वश्रेष्ठ को समझने की एक संस्कारिता अत्यन्त आवश्यक है। वे वाल्मीकि को सर्वश्रेष्ठ कवि मानते हैं, कालिदास को कलात्मकता का प्रतीक। होमर और वर्जिल उनके लिए सहज बोधगम्य थे, आत्मीय थे। शेक्सपियर को उन्होंने आत्मसात् कर लिया था। उन्होंने आधुनिक अंग्रेजी कविता की उस धारा का स्पष्ट संकेत दिया है, जो उनकी मांत्रिक कविता का आधार बनी। उन्होंने लिखा है—''वाल्ट ह्विटमैन और उसके उत्तराधिकारियों की कविता जीवन की कविता है, किन्तु यह जीवन मनुष्य की आत्मा तथा मानवता की सामूहिक अन्तरात्मा की महत्ता तथा बौद्धिक अन्तर्ज्ञान के द्वारा विस्तारित, प्रकाशित और उन्नीत है। इसी मानवता की सूक्ष्मता उच्चतम पर स्थित अन्तरिक्ष में, जो अब भी अप्राप्य है, टैगोर की कविता अपनी उड़ान भरती है। यह भी आध्यात्मिकता के पूर्ण प्रकाश में नहीं जा सकी; बल्कि एक ऐसे वायुमंडल में तैरती रही, जिसमें अपने अन्वेषण से उसने सूक्ष्मता और मृदुता का मनोमूलक आध्यात्मिक दिव्यलोक पा लिया था, जिसमें परासत्ता की झलकियाँ दिखाई पड़ती हैं। उनकी कविता की विस्तृत लोकप्रियता इस बात का सबूत है कि आज के मनुष्य का मन किस दिशा की चाहत से भरा है।''[२]

स्पष्ट ही श्री अरविन्द रवीन्द्रनाथ के काव्य को आध्यात्मिकता की ओर उन्मुख मानते हैं और यह प्रयत्न करने के पक्ष में दीखते हैं कि अगले कदम के रूप में आध्यात्मिक काव्य को आना चाहिए। सत्य तो यह है कि श्री अरविन्द को आश्चर्यकारी रूप में विश्व की कई समृद्धतम भाषाओं का ज्ञान होने से, उसमें लिखे हुए महत्तम और समृद्ध साहित्य का बड़ा सूक्ष्म स्तरीय परिचय था। संस्कृत, बांग्ला, फ्रांसीसी, ग्रीक, लैटिन और अंग्रेजी का पूर्ण ज्ञान उनके लिए एक अभूतपूर्व और उर्वर आधार साबित हुआ। चीली की विश्वकवयित्री मदाम ग्रैब्रील मिस्त्राल ने ठीक ही लिखा है—''उनकी आश्चर्यकारी विशेषता यह अभिव्यक्ति-क्षमता है, जो निर्दोष पारदर्शी हीरे की तरह सुन्दर और स्पष्ट है, जिसके कारण कोई काव्यशास्त्र से अपरिचित व्यक्ति की कठिनाई में नहीं फँसता। विश्व की छह भाषाओं के ज्ञान ने पांडिचेरी के गुरुदेव को समन्वय की अद्भुत क्षमता, सब प्रकार के अवरोधों से मुक्त स्पष्टता तथा एक ऐसा सौन्दर्य प्रदान किया है, जो जादुई लोक की सीमाएँ छू लेता है। हमारे सामने उन्होंने ऐसा गद्य प्रस्तुत किया, जो जर्मन कालजयी लेखक और योरोपीय रहस्यवाद के मूल स्रोत एखर्ट (Eckhart) के समानान्तर है। ये उच्च तरंगें हमारे सामने हैं और अब हम जान गये हैं कि विश्व में एक ऐसी भी जगह है, वहाँ संस्कृति ने अपनी प्रतिष्ठा भरी आवाज पा ली है, जहाँ एक व्यक्ति के भीतर अतिमानसिक जीवन, और उसको व्यक्त करने की अद्भुत शैली प्राप्त है, जो अपने सुन्दर और संयत क्लैसिक गद्य को आत्मा के कार्य के साधन के रूप में

---

१. **इण्टग्रल फिलॉसफी ऑफ श्री अरविन्दो, जार्ज एलन एण्ड अनविन, पृ० १२५।**

२. **फ्यूचर पोयट्री, पृ० ४००।**

इस्तेमाल करता है।"[१]

मिस्त्राल की ये पंक्तियाँ संभवत: एक महान् प्रतिभाशालिनी काव्यस्त्रष्टा की ओर से अभिव्यक्त सच्ची किन्तु आज के विश्व में विरल ईमानदारी से भरी श्रद्धांजलि की प्रतीक हैं।

श्री अरविन्द का महाकाव्य सृष्टि के पहले विद्यमान् शाश्वत तमिस्त्र अथवा जड़ तमस् के अनुभूतिपरक वर्णन से शुरू होता है। ऋग्वैदिक ऋषि इस स्थिति को **तमासीत्तमसा गूढ़मग्रे** अर्थात् **गूढ़तमस् से आच्छन्न तमस्** कहा करते थे, किन्तु अरविन्द का यह मांत्रिक काव्य इस स्थिति को अपनी प्रतीति और अन्तर्दर्शन के आधार पर बहुत स्पष्ट करके उपस्थित करता है। तमस् की नाना मुद्राओं का स्पष्टीकरण किया गया है। पूरा ब्रह्मांड अशेष तमस् में डूबा है। यह सही है कि देवताओं का जो सृष्टि विभिन्न स्तरों का शासन और नियमन करते हैं, जागरणकाल आनेवाला था, शाश्वत उषा के प्रतीक सूर्य उदित होने को था किन्तु प्रकाशदायी रास्ता तब जड़ तमस् से ढँका हुआ था। महारात्रि, शाश्वत के मंदिर में, जो बिल्कुल प्रकाशहीन था, इस तरह लेटी थी कि देवताओं के जागने और सक्रिय होने के सभी रास्ते रूँध दिये थे।

'अप्रकेत', चिह्नों से रहित यह सूक्ष्म कारण सलिल सर्वत्र तमस् के रूप में विद्यमान था। **तमासीत्तमसा गूढ़मग्रेऽप्रकेतं सलिलं सर्वमा इदम्**। ऋ० १०/१२९/३।

महारात्रि का मानस, संविराट् आच्छादक

उस दीपहीन मंदिर में, शाश्वत के

घनकुहाच्छन्न दुर्भेद्य तमस् के

महामौन की सीमा पर विस्तृत हो पड़ा हुआ था।

एक अमनस्क चक्षुहीन शून्य का महागर्त सारे ब्रह्माण्ड को अपने में समेटे हुए था। कवि को लगता है कि वह तमस् और कुछ नहीं है बल्कि विगत सृष्टि की वह सीमाहीन निष्फल ऊर्जा ही है, जो जन्म और मरण की पहेली को सुलझाने में असफल थक कर चूर और श्लथ होकर चतुर्दिक् फैल गई है। उस कुहरे और अंधकार के बीच वह विस्मृत सत्ता वैसा ही एक अभिशप्त विश्व पुन: रचने की प्रक्रिया में कुछ न कर पाती हुई सी भटक रही है।

उस रूपरहित चेतना की यह हल्की इच्छा अन्धतमस् की झिल्ली को तोड़ने लगती है। यही ईश्वरीय 'तपसस्तन्महिना' यानी सृष्टि को उत्पन्न करने की हल्की इच्छा है। इसे ही ऋषि आदि इच्छा अथवा **एकोऽहं बहुस्याम:** का बोध कहते हैं। यही 'कारण जलधि' है, जिसमें से सृष्टि का नाभिकमल उत्पन्न होता है। इस बोध को, जो बोध न होकर पूर्वज्ञान जैसी कोई चीज था, परिणाम हुआ, यानी अचानक उस गूँगी गहराई के ऊपर किसी अनजान देवता का चक्षु झलक उठा। यह प्रकाशदायी चक्षु आदि सूर्य का टोह लगाने निकला हुआ बालचर हो मानो। लग रहा था कि पुन: सृष्टि की प्रक्रिया शुरू करने के लिए कोई महाशक्ति हस्तक्षेप करने लगी है। उसका वह सन्देश, वह संकेत दिग्भ्रमित प्रकृति के महावक्ष को अधिकृत करके, उसको पुन: सृष्टि के लिए तैयार होने को बाध्य करता हुआ-सा उसी शून्य में, बो दिया गया।

महाकाल के वक्ष:स्थल में स्मृति काँपी

मानो जैसे बहुत काल की मरी आत्मा जीवित हो उठी

---

१. श्री अरविन्दो केम टू मी, पृ० ११४।

पर विनाश जो प्रत्येक पतन के बाद उभरता
भूतकाल के सभी क्रिया-कलापों से सज्जित मंचों को
तोड़ चुका था और नष्ट को फिर से निर्मित करना होगा
अतः पुराकाल के अनुभव सारे फिर प्रयत्न कर उठे
सब कुछ हो सकता है वहाँ,
जहाँ प्रभु के हाथों का हल्का सा स्पर्श मिले। *(१/१)*

श्री अरविन्द सृष्टि की प्रक्रिया का, जो सदा से बड़े से बड़े क्रान्तदर्शी के लिए भी अबूझ पहेली रही है, अत्यन्त स्पष्ट, नाना, अनजान और अदृष्ट रंगों में रंजित अद्‌भुत और उद्‌भासक वर्णन उपस्थित करते हैं। किस प्रकार अन्धतमस् टूटा? कैसे देवपथ पुनः उन्मुक्त हुआ? कैसे वनस्पति जगत् उत्पन्न हुआ? किस प्रकार चिरादिम पशुलोक से विकसित होकर सृष्टि के मंच पर मनुष्य ने प्रवेश किया, किस प्रकार वह मानवीय ज्ञान के उस कुहाच्छन्न आरंभिक काल में श्रमिक के रूप में अपनी मामूली शारीरिक आवश्यकताओं की पूर्ति से संघर्ष करता हुआ अपने अस्तित्व की रक्षा में लगा हुआ था?

इसी प्रकार के एक कबीले के भीतर सावित्री ने जन्म लिया। सावित्री का जन्म सामान्य नहीं है। वह मानवी काया में ईश्वरीय सत्ता की प्रतिनिधि है, इसीलिए उसे सभी सीमाओं से, जो यथार्थ होतीं, हटाकर कवि उसे तांत्रिक स्तर पर ले जाता है। सावित्री अपने दैवीस्थान से पृथ्वी की ओर चलती है—

शाश्वत स्थिर और परिवर्तन की राजदूतिका
देवी सर्वज्ञा वह झुकी सहारा लिये हुए विस्तार बंध का
जो घेरे था नियति-बद्ध यात्रायें करते नक्षत्रों को।
देखा उसने दिक् प्रान्तर प्रस्तुत था उसके चरणों के हित
एक बार वह तिरछे मुड़ी देखने अपना सूरज जो आवृत था
रुकी रही सोचती हुई कुछ, और चल पड़ी।

स्पष्ट ही दिव्य लोकमंडल से पृथ्वी की ओर चलते हुए क्षण के लिए सावित्री भी ठिठक गयी। इस कर्दमपूर्ण पृथ्वी पर, जहाँ अविश्वास, प्रवंचना, छल-छद्म और असत्य का भयानक अंधकार छाया हुआ है, आने के पहले सावित्री का भी एक क्षण के लिए असमंजस में पड़ जाना अस्वाभाविक नहीं है—

यहाँ जहाँ अज्ञान हमारा
अर्द्धदीप्त सा महागर्त के तट पर चलता
भ्रान्त जगत् के मूकवक्ष पर
यहाँ जहाँ कोई अपने आगे का एक कदम भी नहीं जानता
और सत्य कंटकित पृष्ट पर सन्देहों के आसीन जहाँ है।
श्रम के त्रासद परायत्त इस क्रिया क्षेत्र में
जो कि किसी व्यापक उदासीन के नीचे विवश पड़ा है।

ऐसे ही विश्व में, जो अपने उद्धारक सन्देशवाहकों की निरन्तर उपेक्षा करता है, वे तो मुकुट पहनाने आते हैं, और बदले में कंटकों का उपहार पाते हैं, क्रूस पर लटकाये जाते हैं। वह आयी थी, सिर्फ मानव को दुःखों से मुक्त कराने, सिर्फ उनकी सहायता करने। सावित्री के अवतरण का अध्याय बड़े नाटकीय ढंग से अन्त में यह सूचना देता है कि वह वही दिन था, जिस दिन सत्यवान् मरने वाला था।

जाहिर है कि पाठक के मन में यह जिज्ञासा पैदा कर देने के बाद कि सावित्री दुःखी मानवता के उद्धार के लिए आयी थी और विश्व की निर्मम नियति का स्वयं शिकार हो गयी, कवि को यह बताना जरूरी लगा कि सावित्री क्यों और कैसे आयी।

महाभारत की सावित्री में भी अलौकिकता थी। आरण्यक पर्व में सावित्री की कथा में मद्रदेश का राजा अश्वपति पुत्रहीन दिखाया गया है। उसने तपस्या और ब्रह्मचर्य का जीवन व्यतीत किया है। प्रत्येक छठें दिन व्रत रहता। वह एक लाख गायत्री मंत्रों से प्रतिदिन हवन करता था। अट्ठारह वर्षों की इस तपस्या से सावित्री प्रसन्न होकर उपस्थित हुई। उसी की कृपा के प्रसाद से राजा को कन्या प्राप्त हुई—

सावित्र्या प्रीतया दत्ता सावित्र्याहुता ह्यपि
सावित्रीत्येव नामास्याश्चक्रुर्विप्रास्तथा पिता

सावित्री की प्रसन्नता से, सावित्री-हवन के उत्पन्न कन्या को पिता और ब्राह्मणों ने सावित्री नाम दिया।

महाभारत की सावित्री भी कोई कम दीप्तिवती नहीं थी। उसका तेज भी अमोघ और अनिवार्य था—

तां सुमध्यमां रथुश्रोणीं प्रतिमां कांचनामिव।
प्राप्तेयं कन्येति दृष्ट्वा सम्मेनिरे जनाः॥
तां तु पद्मपलाशाक्षीं ज्वलन्तीमिव तेजसा।
न कश्चित वरयामास तेजसा प्रतिवारितः॥

—*वनपर्व, पतिव्रत, : २६/२७।*

महाभारत की यह सुवर्ण-वर्णी तेजोद्दीप सावित्री है, जिसके तेज को सहने में कोई भी राजकुमार समर्थ नहीं हुआ। इसलिए उसने नारद के मना करने पर भी द्युमत्सेन के पुत्र सत्यवान् से विवाह किया, यह जानते हुए भी कि उसकी केवल एक वर्ष मात्र आयु शेष है।

श्री अरविन्द ने सावित्री को एक नवीन प्रतीकात्मक अर्थवत्ता प्रदान कर दी है। महाभारत की सावित्री आधुनिक विश्व में एक महान् साधक की आकांक्षाओं की पूर्ति के लिए मानव-चेतना के रूपान्तरण के लिए नया रूपाकार और शक्ति लेकर आध्यात्मिक राज्य की सन्देशवाहिका के रूप में यहाँ उपस्थित हुई है। महाभारत की सावित्री ने अपने अखंड पातिव्रत और तेज से यम को प्रसन्न करके मृत पति के लिए जीवन-दान पाया था। श्री अरविन्द की सावित्री इससे बिल्कुल भिन्न है। वह दिव्यशक्ति है। पराशक्ति ही योगीराजा अश्वपति की प्रार्थना पर पृथ्वी के मनुष्यों के कल्याण के लिए यहाँ अवतरित होती है।

अश्वपति की साधना श्री अरविन्द की ही साधना है। उसका समूचा काव्यसंभार इसी कारण कवि को संबोधिमूलक अनुभूतियों पर आधारित है। महाभारत में अश्वपति ने पुत्रेष्टि

व्रत अवश्य किया, पर कोई विशिष्ट साधना नहीं की थी, जिससे आत्मोपलब्धि प्राप्त हो सके। श्री अरविन्द ने अश्वपति की इष्टापूर्ति के लिए की गई तपस्या को एक नया अर्थ दे दिया है। अश्वपति अर्थात् शक्तिशाली मानवात्मा (अश्व शक्ति का प्रतीक है), जो परा चैतन्य से ही उत्पन्न होती है, निरन्तर उसी की उपलब्धि के लिए तपश्चरण कर रही है। इसी कारण दूसरा पर्व श्री अरविन्द द्वारा योग की व्याख्या और साधना-क्रमों में उपलब्ध एक के बाद एक उच्चस्तर लोकों के विश्लेषण से भरा हुआ है। अश्वपति परम्परा-प्राप्त वैदिक मार्ग से अपनी तपस्या द्वारा उच्च से उच्च लोकों को प्राप्त करता हुआ सोचता है कि क्या इस पृथ्वी पर पूर्णता को उतारा जा सकता है। उसकी अभीप्सा अनन्य है, उसकी तितिक्षा अनिर्वचनीय और उसकी निष्ठा अपरिमेय है।

उसने अपनी साधना से जान लिया कि पृथ्वी से मनुष्य मानसिक बन्धनों द्वारा जकड़ा हुआ है, इसलिए उसने मन के बन्धनों को तोड़कर पार्थिवता से मुक्ति पा ली। अश्वपति मानव विकास की प्रक्रिया का प्रतीक है—

तांत्रिक गुह्य प्रक्रिया की उस मौनशक्ति से
पूर्वनियत आकार-क्रिया को पूरा करता
एक जन्म से अपर जन्म का यात्री होता
तल से तल करता रहा पार वह
सतत् बदलता आत्मा की मूर्तिमती आकृतियाँ
अपनी ही दृष्टि तले संमूर्तन लेतीं
देख रहा था। तुच्छ कीट में आने वाले दिव्य तत्त्व को
और अंत में महाकाल के पथ का यात्री
शाश्वत की सीमा पर पहुँचा। १/३

अश्वपति अचानक ही इस स्थिति को प्राप्त नहीं हो गया। इसे प्राप्त करने के लिए उसे क्या नहीं करना पड़ा। वह पहले अचेतना के पाताल लोक में, पुनः भौतिकता के विभिन्न स्तरों पर बार-बार प्रवेश करके अपने को आजमाता रहा। उसने निम्नतर प्राणिक स्तरों के परिशोधन के लिए यात्रायें कीं, उसने नरक और स्वर्ग सभी देखे। और अन्त में वह मानसिक स्तर से सीधे उठकर आदर्शों और समुज्ज्वल मानसिक लोकों में पहुँचा। ये लोग कैसे थे—

''जहाँ पर विचार सभी आधृत हैं विचारातीत तत्त्व में
अनिर्वचनीय वह गढ़ता है वचनीय विश्व को'',

यह विचारों के उद्‌गम का लोक था। हमारे समूचे विचार यहीं से आते हैं, किन्तु इस प्रक्रिया का ज्ञान मनुष्य को तब तक नहीं होता, जब तक वह अपने ज्ञान के अहं को ढोता रहता है। मानसोपरि लोकों का दूसरा स्तर विश्वात्मा का है, जिसका बहुत ही अद्‌भुत वर्णन किया गया है—

रात की चाँदहीन चुप्पी से भरा हुआ
किन्तु एक अद्‌भुत गीतमयता से गुंजरित
रहसगर्भ निद्रा के स्नायुओं को देता हुआ थपकी सा
ऊँघता हुआ जादुई मंजर वह आग्रह से भरा हुआ

पायल के घुँघुरुओं से झनकता था
एकाकी दिल की डगर पर चलता हुआ
जहाँ इन्तहा तन्हाई का नर्तन ही देता आश्वासन था
अथवा लगता था ऐसा कहीं दूर जाते हुए कारवाँ की
टुन-टुन आवाजें उभरती हों।

अश्वपति के चतुर्दिक फैले वातावरण और एक से एक उच्च चेतना के स्तरों पर चलती उसकी यात्रा इतनी अद्‌भुत ढंग से वर्णित है, चित्रित है कि नितान्त सूक्ष्म अनिर्वचनीय शून्यता के प्रदेशों को कवि ने अपनी सम्पूर्ण सच्ची रहस् अनुभूतियों द्वारा साकार कर दिया। उसने इन्हें इस ढंग से ऐसे उपस्थित किया है कि साधना के इस संघर्ष, तड़प, मौन, घूर्णन और अप्रतिहत अवस्था के आगे इस विश्व के तमाम दृश्य और संघर्ष नितान्त फीके और नकली लगते हैं। अंत में अज्ञेय को ज्ञेय बनाने की अपनी महत् यात्रा के दौरान अश्वपति भगवती माता के लोकों में प्रवेश करता है। गोया कि वह जानता है कि अपने दुरन्त संयम और तपश्चरण से उसने जिस चोटी को अतिक्रान्त किया है, वह सबसे ऊँचा शिखर नहीं है। इसलिए वह सृष्टि के उस उद्‌गम की ओर चलता है क्योंकि उसके रहस्य को जानकर ही वह पृथ्वी पर आह्लाद और मौन में, मोह और सौन्दर्य में, अर्थात् तमाम विरोधमूलक तत्त्वों के बीच समन्वय पा सकने में समर्थ होगा। यही यात्रा उसे ''आत्मधाम और नई सृष्टि के रहस्य लोक'' तक पहुँचाती है। उसने विचारहीन विचारों के रहस्य के भीतर से उठने वाले गुह्य इशारों पर अपने को केन्द्रित किया और अग्रिम आरोहण पर चल पड़ा। इस विराट् संकल्प में मानो उसके भीतर सोये देवता का स्पन्दन जग उठा हो। ज्ञानदीप्त सत्य के लोक की देहरी सामने थी।

एक साथ अपने सूर्यों से उद्‌भासित
त्रिपुर स्वर्ग हो उठे प्रज्ज्वलित
रहस्‌गर्भ में सोया कृत वह त्रास भरा
सहसा हो उठा अनावृत्त।

इससे भी आगे वह अनजान महत्ता के क्षेत्र को आयत करता बढ़ता गया और तब इस लम्बी और विराट संघर्ष-साधना का अन्त करीब आया। सावित्री की तीसरी पुस्तक का चौथा सर्ग 'दर्शन और वरदान' का सर्ग बन गया—

सहसा लगी सुनाई पड़ने उस अनन्त शून्य में अतिपावन
पैरों की ध्वनि, एकाकीपन की गहराई को चीरती हुई मनभावन
एक परस ने उसके शरीर की शिरा-शिरा कर दी झंकृत
सीमित हृदय लगा भेंटने एक हृदय उल्लसित असीमित।
नीरवता टूटी, आत्मा और शरीर आनन्दातिरेक से होते पुलकित
मन की गति औ' जीवन सारा हो उठा सुधा वर्षण से प्लावित।
शक्तिपुत्र, ओ सृष्टि-शिखर के यात्री, ओ आरोहण तत्पर।
तू एकाकी, साथ न कोई, शाश्वत के इस स्वर्ण-द्वार पर?
जीत चुका जो सब तेरा है, पर इससे आगे बढ़ने की कोशिश मत कर।

आविर्भाव सत्य का समयपूर्व कर देगा पृथ्वी का अस्तित्व विकल
यह अमेय अवतरण सहन करने योग्य नहीं है अभी मनुज दुर्बल।[१]

अश्वपति मर्माहत सा खड़ा रह जाता है। उसे लगता है कि क्या वर्षों की साधना और तपश्चर्या से उसने जो किया, वह निष्फल जायेगा? फिर भी वह विश्वास नहीं हारता। भागवती महाशक्ति ने सारे मानवीय विकास की त्रुटियाँ बताकर उसे पहले से अधिक समृद्ध कर दिया है। वह अब अपने और अपने सरीखे मनुष्यों की सारी दुर्बलताएँ और क्षमताएँ स्वयं आद्याशक्ति के द्वारा जानकर ही तुष्ट है। वह जानता है कि मानवीय ज्ञान के ये तम्बू निहायत क्षुद्र और अस्थायी हैं। वह जानता है कि जीवन का पंक बहुत गहरा और अतलव्यापी है। मनुष्य जो है, वह सामने है। ईश्वरीय कृपा और दैव सहायता के बिना वह क्या कर पायेगा? अश्वपति अपने लिए कुछ नहीं चाहता। किन्तु मनुष्य जाति के लिए किए गए स्वेद और रक्त को एकाकार करके की गई अपनी इस साधना को निष्फल होते वह नहीं देख सकता। अत: वह अन्तिम प्रयत्न के लिए तैयार होता है और महाशक्ति से प्रार्थना करता है—

ओ ऋतावरी अन्तरतम में सूर्य छिपाये,
नाना स्वर्गों में बन्द, ज्योति की गहराई को
भास्वर करने वाली, वाचा पश्यन्ती, ओ अमोघ ज्ञानेश्वरि,
जगज्जननि, प्रज्ञाशोभा, ओ त्रिपुरसुन्दरी
शाश्वत कलाकार की कौल वधू ओ
अब न विलम कर रख दे कर तू स्वर्ण यष्टि पर महाकाल की
जो लगता है कर न रहा साहस कि खोल दे
हृदय देश वह शाश्वत प्रभु का।
अरे विश्व की दीप्तानन्द निर्झरी
अपने रचे विश्व से मुक्ते, ओ अप्राप्य
लोकों की निर्बन्ध शक्ति तू, अन्तरतम की ओ सुवासिनी
महालास तू। तुझे ढूँढ़ कर बाहर-बाहर मानव हारा
हे रहस्यमयी संगीते, तू वेदवाक् सी सदा प्रतीकित
अपनी शुभ्र दया को आकृति देकर पृथ्वी पर अवतरित करो
तेरा ही कोई एक रूप आ जाये जग का समुद्धार करने को
भर दे तेरा एकाकी क्षण इस अनन्त को।[२]

अश्वपति की प्रार्थना निष्फल नहीं गई। राजराजेश्वरी महाशक्ति ललिता त्रिपुर सुन्दरी ने या कह लें भागवती महाशक्ति ने मानव जाति के उस अग्रगण्य यात्री को पूर्ण आश्वस्त करते हुए कहा—

'निस्सीम व्यापक एक मन जो विश्व सारा बाँध लेता
हृदय मधुरिम और दोलित शक्ति ईप्सित माप लेता
देवगण की भावनाओं से द्रवित हो, ''जायेगी''।

---

१. **सावित्री, प्रथम खंड, पृ० ३०१-३०६।**
२. **वही, पृ० ३११।**

अश्वपति इस वरदान को सुनकर परम प्रसन्न हुआ। महाशक्ति अपने इस प्रतिनिधि का व्यक्तित्व और लक्षण बताती रहीं। उसकी शक्तियों का परिचय देती रहीं, जिनके समन्वय से वह इस पृथ्वी का रूपान्तरण कर सकेंगी।

ताकतें सब उच्चताएँ निहित होगीं, एक सुन्दरता।
निसर्गी यहाँ पृथ्वी पर चलेगी, बादलों के पाश जैसे
कुन्तलों में सदा उसके खुशी सोयेगी और उसकी देह
मानों कि जैसे घरू तरु पर प्यार का पंछी मनोहर
पंख अपने फड़फड़ायेगा। दुःख-हीना वस्तुओं से
जागता संगीत जो उसको सजायेगा।
पूर्णता की बीन स्वर उसका सँवारेगी
और उसकी खिलखिलाती हँसी में स्वर्ग की स्त्रोतस्विनी
कलानन्द करती ही रहेगी। अधर वे मधुचक्र
होंगे परमविभु के और उसकी छलछलाती खुशी
दैवी अंग औ' प्रत्यंग में जो स्वर्णिम पात्र जैसे हैं
बसेगी, और देवनन्दन के प्रफुल्लित पुष्प जैसे वक्ष उसके,
मौन हिय में धरेगी वह परम गरिमा ज्ञान की
बल असीमित साथ होगा खड्ग जैसे
युद्धकर्त्ता की निरन्तर और उसके चक्षुओं से
शाश्वती खुशियाँ निहारेंगी, अपरिमित
मृत्यु के भय-क्रान्त क्षण में बीज बोया जायेगा।
स्वर्ग की टहनी मनुज की भूमि में आरोपिता होगी
प्रकृति अपने मर्त्य चरणों की उलँघ कर शान्त
होगी नियति उसकी अडिग इच्छा-शक्ति के
आगे बदलने को विवश होगी।[१]

और सावित्री पृथ्वी पर अवतरित हो गयी। महाभारत की सावित्री ने अकृतकार्य किया अर्थात् यमपाश से अपने पति के प्राण मुक्त कराये तो आश्चर्य से गौतम ऋषि ने पूछा था—

श्रोतुमिच्छामि सावित्रि त्वं! हि वेत्थ वरावरम्
त्वां हि जानामि सावित्रि! सावित्रीमिव तेजसा

सिर्फ एक ऋषि को यह भासमान् हुआ था कि सावित्री सामान्य स्त्री नहीं, देवी सावित्री ही है और श्री अरविन्द ने पहली बार यह प्रकट किया कि यह सम्पूर्ण मुमूर्षु मानवजाति रूपी सत्यवान् को पुनरुज्जीवित करने के लिए उनकी साधना के वरदान रूप में प्राप्त हुई। सावित्री और कोई नहीं श्रीमाँ हैं।

---

१. सावित्री, प्रथम खंड, पृ० ३११।

'सावित्री' महाकाव्य के अगले भाग काफी आसान लगेंगे। यहाँ आकर पाठक चैन की साँस ले सकता है क्योंकि यह भाग मानवीय अनुभूतियों के चिरपरिचित चढ़ाव-उतार से भरे हैं। चौथी पुस्तक में सावित्री का जन्म, विकास, पति की खोज, सत्यवान् से उसकी भेंट आदि का वर्णन है, जो काफी वृत्तात्मक होने से कथासूत्र की सघनता के कारण बोधगम्य हो गया है। सावित्री और सत्यवान् के मिलन और प्रेम का अद्‌भुत वर्णन किस पाठक को मुग्ध नहीं कर लेता। प्रेम का परिपार्श्व ही अविस्मरणीय है—

नीचे फैला था जंगल वह मरकत मणि सा स्वप्न मगन
क्षितिज चमकता लगता था जैसे सोया एकाकीपन
धुँधले नाले बहते थे मोती-माला के ज्यों सूत्र सघन।
निःश्वास भटकती थी प्रसन्न जंगली पत्तियों के दल में
शान्त, सुगंधित धीमे-धीमे आनन्द लपेटे पदतल में
बेहोश लुढ़कती हवा वहाँ फूल गंध से हो पागल
श्वेत हंस चुपचाप खड़ा था चंचु उठाये शुभ्र विमल
शुक मयूर थे रत्लिम करते वृक्ष और वसुधातल
आनन्द सिन्धु में तिरती सी सावित्री आई उपवन में
प्रेम गीत गुंजरित हो रहे व्याप रहे थे कण कण में।[१]

सावित्री और सत्यवान् के प्रेम में रुरु या पुरूरवा का मादक उच्छ्‌वास नहीं फूटता क्योंकि सावित्री को निरन्तर मालूम था कि नियति उसके ऊपर वज्रपात करने ही वाली है इसलिए नियत स्थान का यह मिलन नियति की पूर्व सूचना से आक्रान्त है। 'सावित्री' की छठीं पुस्तक इस नियति का ही विवेचन है।

मृत सत्यवान् को पुनरुज्जीवित करने के लिए सावित्री की योगसाधना ही कवि का मूल विषय है, इसीलिए उसका पूरा ध्यान इसी ओर केन्द्रित रहा है। 'सावित्री' महाकाव्य के आरंभ में महारात्रि की तमिस्रा से ही सावित्री का अवतरण दिखाया गया था। मृत्यु की महारात्रि में पुनः प्रवेश उसकी नियति दिखाई गई है। यह प्रवेश जरूरी है क्योंकि वह शाश्वत रात्रि का रहस्य जाने बिना प्रकाश का सूर्य ला भी कैसे सकती है? महाकाव्य का तीसरा खण्ड इसी शाश्वतरात्रि के वर्णन से शुरू होता है। नारद ने कहा था—"नियति कुछ नहीं, सत्य की ही एक क्रिया है, जिसे सामान्य व्यक्ति देख नहीं पाता। वह दिव्यशक्ति की पूर्व निश्चित घटना के अलावा और क्या है?" रानी ने पूछा था कि "क्या मानवात्मा इस नियति से छुटकारा नहीं पा सकती है?" सावित्री की माता को नारद ने उत्तर दिया था—"यद्यपि सावित्री में दैवी अंश है, पर उसे पीड़ा की घाटियों से गुजरना ही होगा, क्योंकि यह समस्या एक व्यक्ति की मृत्यु की नहीं, मृत्यु-तत्त्व को जानने की है।" समस्या बड़ी और जटिल है और कहना न होगा कि जटिल समस्या को सुलझाने में सावित्री पूर्णतः अपने को विसर्जित कर देती है।

सावित्री इस दुस्सह दुःख से भी घबड़ाती नहीं, सत्यवान् की मृत्यु उसे अचानक उदासी और पीड़ा के भीतर अपूर्व एकाग्रता से भर देती है। सहसा ऊपर से आवाज उभरती है—

---

१. सावित्री, द्वितीय खंड, पृ० ३९-४०।

"अपने मिशन को पूरा करने के लिए तैयार हो जा। उस दैवी आवाहन ने उसके भीतर सोयी हुई तमाम दिव्य शक्तियों को सन्नद्ध कर दिया। वह अपनी चेतना में डूबती चली गई और अबाध प्राणिक, निम्न प्राणिक स्तरों को अतिक्रान्त करती गयी। वह साक्षी-भाव से इनकी गतिविधियों को देखती रही। तब वह उस स्तर पर पहुँची—जहाँ उसने देखा कि जीवनी शक्ति रस्सियों से बँधी है और मन सब कुछ पर शासन करने की कोशिश करता रहता है। अपनी आत्मा को ढूँढ़ती वह एक दूसरे क्षेत्र में पहुँची, जहाँ उसने देखा कि शक्ति की तीन वैश्विक शक्तियाँ समासीन हैं। वे उसे रोकना चाहती हैं पर वह उनकी उपेक्षा करके आगे बढ़ जाती है; क्योंकि वह जानती है कि महान् होते हुए भी ये तीनों शक्तियाँ विश्व का रूपान्तरण नहीं कर पायेंगी।

इन तीनों शक्तियों में पहली को 'दुखों की देवी', जो असीम आन्तरिक सहानुभूति और प्रेम की देवी भी है, दूसरी को 'शक्ति की कुमारी' जिसे ऋत और अनुशासन की देवी कहा गया है और तीसरी 'ज्योति की माँ' अर्थात् मानसिक और बौद्धिक ज्ञान की देवी कहा गया है। ये तीन शक्तियाँ महेश्वरी, काली और सरस्वती से कुछ साम्य रखती-सी प्रतीत होती हैं।

इन तीनों को पार करती हुई वह एक रहस्यमय रास्ते से अपनी आत्मा को उपलब्ध कर लेती है। वह जीवन के दो नकारों को भी देखती है। निर्वैयक्तिक होने के लिए अपने व्यक्तित्व का नकार, क्योंकि उसे बोध हुआ कि परम सत्य को पाने के लिए अपने को उसमें लय करना होगा, अपने वैयक्तिक जीवन का नकार क्योंकि व्यक्ति क्या है, सिर्फ वैश्विक सत्ता से निकला एक बिन्दु ही न? फिर क्यों न बिन्दु विसर्जित हो जाये। दोनों ही नकार नाकाफी हैं, क्योंकि दोनों ही स्थितियों में मृत्यु की सत्ता स्वतः स्वीकृत हो जाती है। अतः यदि मृत्यु पर विजय पानी है, तो उनसे भी आगे जाना होगा।

तभी महत् आवाज गूँजती है—'तू सत्य को देखेगी।' और सहसा सावित्री जीवित देवताओं के देश में प्रवेश करती है। यहाँ उसे ऐसी अमोघ शान्ति की उपलब्धि होती है कि उसे लगता है कि वह कभी भी मृत्यु का सामना करने को तैयार है। इस संकल्प के साथ ही सावित्री की साधना और पृथ्वी पर आने का उसका प्रयोजन एकाकार हो गये। वह तुरन्त अपने प्रयोजन को दृष्टि में रखते हुए शाश्वत रात्रि के लोक में प्रवेश करती है, इस लोक में वह मानव आकृति में नहीं जाती, क्योंकि आज तक यहाँ कोई मनुष्य प्रवेश नहीं पा सका। वहाँ पर वह देखती है कि यह एक विचित्र माया-लोक है, जो मात्र नकारों से भरा है। यहाँ कुछ भी असली नहीं है। मनुष्य का, सत्ता का, ईश्वर का, सबका नकार। सिर्फ ध्वंस और मृत्यु के ईश्वर के अलावा सबकी अस्वीकृति, सबका नकार। यम उसे समझाता है कि मनुष्य को दिये गये सभी आदर्श और मूल्य व्यर्थ हैं। वह कहता है कि सिर्फ जीवन को खा जाने वाले देव के अलावा बाकी सब नाशवान् हैं। यम उसे रोकता है और कहता है कि यहाँ सबको झुकना पड़ता है। सावित्री उत्तर देती है—

मैं न झुकूँगी आगे तेरे अरे मृत्यु के महा मुखौटे
रजनी के काले झूठ, मनुज पर छाने वाले
ओ चीजों के नकली ध्वंस जताने वाले
अमर आत्मा से हारा तू करता रहता छेड़-छाड़ नित
मैं अपने आत्म तत्व की सहज अमरता से परिचित हूँ

और जानकर ही आई हूँ क्षमता अपनी विजयी जैसी
मैं तेरे द्वारे याचक बनकर नहीं खड़ी हूँ।''[१]

मृत्यु देव और सावित्री का कथोपकथन बड़ा नाटकीय है। सावित्री उसकी बातों को नहीं मानती और कहती है कि अमरता हमारा उत्तराधिकार है। परमविभु का ज्ञान अपनी इच्छाशक्ति और प्रेम का ज्ञान है। यह वही विभु है, जिसने मृत्यु-देवता का निर्माण किया है। मृत्यु-देवता स्वीकार करता है कि उसका निर्माता कोई और है, पर यदि वह है तो इतना उदासीन है कि उसे सावित्री की बात सुनने की फुर्सत नहीं है और यदि वह उस उदासीन विभु को पाना ही चाहती है तो पाये, पर उसमें लय होने के बाद उसे सत्यवान् का प्रेम नहीं मिल सकता। सावित्री यम द्वारा परिभाषित हृदयहीन ईश्वर का उपहास करती हुई कहती है—

कल्पित तुम्हारी कालिमा से कौन है वह देवता
घृणा से रचे ऐसे विश्व को वह देखता
गर्व से जिसने रचे हैं ये चमकते ग्रह सितारे?
निश्चय रचे उसने नहीं मेरे हृदय के भाव सारे
हृदय मंदिर का हमारे फर्श है जिसने बनाया
वह ईश इच्छा शक्ति मेरी, रास्ता उसने दिखाया
ईश मेरा प्रेम है जो सुखी मन सब कुछ सहेगा
कामनायें सब समर्पित हैं उसे, स्वीकार पूजा को करेगा।
ज्योति-संस्कृत किया उसने है सकल संकल्प मेरा
स्वर्ण पंखी प्रेम मेरा बाँध लेगा शून्य तेरा।[२]

वस्तुतः यही वह ग्रन्थि स्पष्ट की गई है, जिसे ठीक से न समझने के कारण लोग प्रेम के सही और नकली रूप में अन्तर नहीं कर पाते। सावित्री कहती है—''सत्य के ज्ञान में प्रेम समाहित है क्योंकि प्रेम के बिना ज्ञान पूरा हो ही नहीं सकता।''

यदि मैंने शाश्वत प्यार किया है, तो ही मैं जान सकूँगी।
मेरे अन्दर का प्रेम जानता है सही सत्य,
बाकी परिवर्तित होते सभी मुखौटे
और जानती हूँ कि ज्ञान का आलिंगन कितना विस्तृत है।[३]

वह आगे बढ़ती है और द्वाभालोक, गोधूलि वेला में लोक में प्रवेश करती है। उसे अब अपनी अमरता और शाश्वत सत्ता का पूर्ण विश्वास हो जाता है। उसे अपने दिव्य प्रेम की अमरता का भी पूर्ण भान होता है। उसके सामने यम एक नया आकर्षक माया जाल फैलाता है। वह जान जाती है कि उसे सिर्फ अन्धकार को ही नहीं, अर्ध प्रकाश को भी नकारना होगा; क्योंकि यह ज्यादा खतरनाक वस्तु है। अर्ध प्रकाश एक ऐसा आश्वस्तकारी भाव है, जो आगे बढ़ने की प्रेरणा ही छीन लेता है। तब वह इस कुहेलिका को भी तेज धार से चीर देती है और

---

१. **सावित्री, द्वितीय खंड, पृ० २२२।**
२. **वही, पृ० २२६।**
३. **वही, पृ० २२८।**

पाती है कि सारी प्रकृति अपने से बेहतर बनने की लीला में तल्लीन है। मृत्यु प्रेम में बदल रही है, विराट, हिरण्यगर्भ, चैतन्य और आनन्द जो परम सत्ता के चार पक्ष हैं, निरन्तर समन्वित ढंग से इसी प्रक्रिया में तल्लीन हैं। वह परासत्ता के पास पहुँच जाती हैं। और तब सावित्री की परीक्षा शुरू होती है। उससे कहा जाता है कि वह चाहे तो अकेले परमानन्द का धाम उसे प्राप्त हो सकता है। वह इस लुभाने वरदान को ठुकरा देती है। नहीं, मैं महादिवस का प्रकाश बनकर यहाँ नहीं सिर्फ ज्योति बनकर पृथ्वी पर रहना चाहती हूँ। मैं सत्यवान् के बिना अपना प्रयोजन, अपना 'मिशन' पूरा नहीं कर पाऊँगी—

व्यर्थ में तुम क्यों मुझे सिर्फ मेरी खुशी का लोभ देकर
ठग रहे हो, दुःखी जग में युगल आत्मायें बचीं तो क्या?
सुनो, मेरी और उसकी आत्मायें एक हैं, अविभाज्य जैसी
और हम आये यहाँ हैं विश्व को अमरत्व देने।
परमविभु को विश्व में लाकर प्रतिष्ठित करेंगे।
विश्व-जीवन को बदलना दिव्यता में ध्येय अपना
मनुज के उद्धार के निज कर्म को मैं छोड़ सकती हूँ नहीं
ये लुभाने शब्द और वरदान तेरे व्यर्थ हैं।
खुशियों-भरे इन दिव्य लोकों के लिए
बलिदान पृथ्वी का नहीं स्वीकार मुझको।[1]

और तब आरम्भ होता है 'सावित्री' काव्य की अन्तिम पुस्तक यानी द्वादश पर्व जिसका कवि ने उचित ही नाम रखा है पृथ्वी की ओर प्रत्यावर्तन।

सावित्री को सत्यवान् मिल गया है और दोनों आत्माएँ हाथ में हाथ डाले नीचे उतरती हैं। इधर पृथ्वी पर सत्यवान् के मृत शरीर के पास सावित्री ट्रांस में डूबी है—

''वह रहस् समाधि से जागी अचानक
और देखा जगत् की थिर शान्त गोदी में अवस्थित है।
कि शाखें हरित सुन्दर झुक गई हैं शीश ऊपर
मानों कि रक्षा कर रही थीं नींद में
खोई हुई की, जादुई आँचल उढ़ाकर

सत्यवान् को जीवनदान मिला। वे दोनों इस पृथ्वी को रूपान्तरित करने की अपनी महत् योजना में लग गये।

यही है 'सावित्री' महाकाव्य, यही है अतिमानसिक योग का द्वादश वर्तिका कर्कूर स्तोत्र।

श्री अरविन्द ने इस काव्य के बारे में एक बार अपने एक शिष्य को पत्र में लिखा था—''यह कविता एक आनवरतिक धारा की तरह प्रथम पंक्ति से अंतिम पंक्ति तक अवतरित हुई। 'सावित्री' मेरी दूसरी कृतियों से भिन्न एक खुद में महान् कार्य था। पुरानी प्रेरणा से ही मैंने

---

१. सावित्री, द्वितीय खंड, पृ० ३१६।

अपने मूल की आठ या नौ बार आवृत्ति की होगी। हर बार नवीनीकरण। इसके बाद मैंने इसे दुबारा नये सिरे से लिखना शुरू किया। पहले प्रथम पुस्तक पर एकाग्र हुआ और बार-बार एक ही अंश पर कार्य करता रहा, इस आशा से कि प्रत्येक पंक्ति पूर्णता में सब तरह से पूर्ण होनी चाहिए। किन्तु अब ऐसे कार्यों के लिए शायद ही समय प्राप्त हो सके।"[१]

कहा तो यहाँ तक जाता है कि 'सावित्री' उनके पूरे जीवन की तपस्या का फल है। इसका बीजांकुरण बड़ौदे में ही हो गया था और जैसा कि नीरदवरण ने लिखा है, मृत्यु के कुछ रोज पहले अन्तिम अंश पूरा करके उन्होंने अद्‌भुत निश्चिन्तता का अनुभव किया। अर्थात् 'सावित्री' को लिखने में उन्होंने पचास वर्षों का समय लगाया था, पूरी अर्द्धशताब्दी।

श्री अरविन्द के साहित्यिक व्यक्तित्व का इस निबंध में एक संक्षिप्त रेखांकन ही किया जा सकता है। उनकी कविताएँ, नाटक तथा काव्यशास्त्र और अन्य कलाशास्त्रों पर उनके विचार इतने महत्त्वपूर्ण और विविध-आयामी हैं कि उन्हें पूर्णतः उपस्थित करने के लिए अलग से प्रयत्न करना होगा। मैंने उनके साहित्यिक, सांस्कृतिक योगदान को यथासंभव विस्तृत ढंग से परिचित-परीक्षित करने का इरादा किया था और उसके लिए सामग्री भी एकत्र की थी, किन्तु स्थानाभाव से वह इस पुस्तक में अँट नहीं पा रही है। उस पक्ष पर कभी फिर। 'अहना' शीर्षक उनकी प्रसिद्ध कविता का एक अंश उद्‌धृत करके मैं उनके महान् प्रेरणादायी और कालजयी व्यक्तित्व के प्रति अपनी श्रद्धांजलि अर्पित करता हूँ—

ऊँचे पहाड़ों से आयी इस कपोती के साथ-साथ,
भय हीन होकर मैं रास रचाऊँगा।
खुशियों से भरी-भरी खिल-खिलाहटों को पीता हुआ,
यूनानी द्वीपों में देवता सा विचरूँगा॥
जीवन इन रंगों में अमरता को उतारेगा,
मांस-पेशियों को ईश्वरीय रंग में डुबाऊँगा।
स्वर्ग की आबदार चमक से धरती के प्रकाश की
शादी रचा कर मैं दोनों को एक में मिलाऊँगा॥

■

---

१. **लेटर्स आन सावित्री, १९३४ का पत्र।**

भारत : नयी मानवता का अन्तरिक्ष यान

सुपर्णो सि गरुत्मान् पृष्ठे पृथिव्याः
दीसदभासान्तरिक्षमापृण
यजु० १७/२७

ओ रे सुन्दर पंखों वाले, महिमाशाली, पृथ्वी की पीठ पर तू आसीन होकर सम्पूर्ण अन्तरिक्ष को अपनी प्रभा से भर दे।

श्री अरविन्द का पूरा जीवन भारत के प्रति अनन्य निष्ठा और बलिदान का प्रतीक है। उन्होंने भारत को कभी भी भूमिखण्ड मात्र नहीं माना। वे इसे सर्वदा विश्व का हृदय और विराट पृथ्वी चेतना का केन्द्र कहा करते थे। उन्होंने १९१० ई० तक, पांडिचेरी-प्रस्थान के पहले तक, अपने जीवन के सर्वोत्तम युवाकालीन वर्ष भारत की स्वाधीनता के लिए उत्सर्ग किये। उन्होंने 'स्वराज्य' का मंत्र दिया, वे भारती राष्ट्रीयता के अग्रदूत थे, मसीहा थे। उन्होंने भारत को पुनरन्वेषित किया। उसकी आत्मा, मन, प्राण और शरीर को परिभाषित किया, एक वाक्य में कहें तो यह कि उन्होंने शताब्दियों से पराधीन मृतप्राय देश को संजीवनी प्रदान की।

उन्होंने अपने नाना भाषणों में 'भारतीय पुनर्जागरण' पुस्तिका में तथा अलीपुर जेल से मुक्त होने पर उत्तरपाड़ा अभिभाषण में भारतीय आत्मा, उसकी जागृति उसके भविष्यत् कर्तव्य और लक्ष्य को स्पष्ट किया। 'धर्म' पत्रिका में उन्होंने देश और जातीयता के सूक्ष्म तत्त्वों को स्पष्ट करने के लिए अनेक निबन्ध लिखे। वे मानते थे कि—''व्यक्ति के समान राष्ट्र अथवा समाज का भी अपना एक शरीर होता है, एक सुघटित जीवन, एक नैतिक और सौन्दर्यग्राही स्वभाव होता है, और इन सभी प्रतीकों एवं शक्तियों के पीछे एक विकसनशील मन और एक ऐसी आत्मा होती है, जिसके लिए ही इनका अस्तित्व होता है।''[१] इस प्रकार राष्ट्र आत्मा अथवा चिति का सिद्धान्त स्पष्ट करने के बाद वे भारत की आत्मा का विश्लेषण करते हैं और कहते हैं—''भारतवर्ष भारतशक्ति है, एक महान् आध्यात्मिक कल्पना की जीवंत शक्ति और उसके प्रति निष्ठावान् रहना ही भारतीय जीवन का मूल सिद्धान्त है। क्योंकि उसी के बल पर अपर राष्ट्रों में उसकी गणना रही है। यही उसके आश्चर्यजनक स्थायित्व तथा उसके दीर्घ जीवन तथा पुनरुज्जीवन की शाश्वत शक्ति का रहस्य रहा है।''[२]

हम लगातार देखते आ रहे हैं कि श्री अरविन्द आध्यात्मिकता को ही भारत का मूल प्राण मानते रहे हैं। उनकी राष्ट्रीयता आध्यात्मिक थी। उनकी क्रान्तिकारी गतिविधियाँ अध्यात्म से संयुक्त थीं। उनकी जेलयात्रा आध्यात्मिक यात्रा में बदल गयी। उनकी पूरी पत्रकारिता आध्यात्मिक दीप्ति से ओत-प्रोत थी। उनका सारा व्यक्तित्व इसी आध्यात्मिकता की

---

१. **मानव चक्र, पृ० ३५।**
२. **भारतीय संस्कृति के आधार, पृ० ६।**

विभिन्न पहलुओं को प्रकट करनेवाला रंगवीक्षक यंत्र है। वे मानते हैं कि भारतीय आत्मा का अर्थ ही है आध्यात्मिकता। सुभाषचन्द्र बोस ने ठीक ही लिखा है कि "श्री अरविन्द के व्यक्तित्व में आध्यात्मिकता और राजनीति दोनों परिणय-सूत्र में बँधे थे। उन्होंने अपनी बड़ौदा की नौकरी छोड़कर देश-सेवा के लिए राजनीति का पथ चुना। वे उन दिनों पूर्ण स्वराज्य का उद्घोष कर रहे थे, जब बाकी नेता औपनिवेशिक स्वशासन की माँग रहे थे।" सुभाष ने इन्हीं गुणों से आकृष्ट होकर अपने भाई को लिखा था—"श्री अरविन्द का पथ मेरी प्रेरणा है, मेरा आदर्श है, यद्यपि मैं जानता हूँ कि वह काँटों से भरा है।"[१] आखिर ऐसे काँटों वाले पथ पर श्री अरविन्द चले क्यों? क्योंकि वे भारत को, भारत की महान् संस्कृति को अनन्य प्यार करते थे।

उन्होंने अपने सुप्रसिद्ध 'भारतीय संस्कृति के आधार' में बड़े विस्तार से मूल भारतीय दृष्टि और उसकी सर्जनात्मक शक्ति का विश्लेषण किया है। भारतीय संस्कृति, भारतीय कला, भारतीय साहित्य और भारतीय शासन-प्रणाली का इतना विशद और सूक्ष्म विश्लेषण कम ही मिलेगा। यह सत्य है कि इस विश्लेषण में अनेक स्थानों पर लेखक से सहमत होने में कठिनाई हो सकती है, पर इतना मानने से किसी को इन्कार नहीं होगा कि यह पुस्तक भारतीय संस्कृति को समझानेवाली पुस्तकों में अपना विशिष्ट स्थान रखती है। भारतीय संस्कृति के बारे में उन्होंने लिखा है—"भला ऐसी कौन-सी सभ्यता रही है, जो सर्वांगपूर्ण रही हो, जिस पर गहरे कलंक न लगे हों, जिसमें निष्ठुर नाटक न रहे हों। इसमें भी (भारतीय सभ्यता में) बड़े-बड़े छल-छिद्र और अनेक अंधगलियाँ रही हैं, बहुत-सी अधजुती या अनजुती जमीन भी रही है, पर कौन-सी सभ्यता खाई-खन्दकों एवं अभावात्मक पहलुओं से खाली रही है। तथापि हमारी प्राचीन सभ्यता किन्हीं भी प्राचीन युग किंवा मध्ययुग की सभ्यताओं के साथ तुलना में भी टिक सकती है। यूनानी सभ्यता से कहीं अधिक उच्चाकांक्षी, अधिक सूक्ष्म, बहुमुखी, अनुसंधानप्रिय और गम्भीर, रोमन सभ्यता की अपेक्षा कहीं अधिक उच्च और कोमल, पुरानी मिश्री सभ्यता से कहीं अधिक उदार और आध्यात्मिक, अन्य किसी भी एशियाई सभ्यता से कहीं अधिक विशाल और भौतिक, अठारहवीं सदी से पहले के योरप की सभ्यता से कहीं अधिक बौद्धिक, इन सब सभ्यताओं में जो कुछ था, उस सबकी तथा उससे भी अधिक की स्वामिनी यह भारतीय सभ्यता अतीत मानव-संस्कृतियों से अधिक शक्तिशाली, आत्मस्थित, प्रेरणादात्री और महाप्रतापशाली रही है।"[२]

पर सैकड़ों वर्षों की पराधीनता ने इस सभ्यता को विकृत, रूढ़िग्रस्त और अपंग बना दिया है। आज का भारतीय किस बात पर गर्व करे? एक बार श्री अरविन्द ने ही कहा था—"आज के हिन्दुस्तानी के पास अपने अतीत पर गर्व करने के लिए कुछ भी नहीं रहा। आज की भारतीय संस्कृति अत्यन्त दारुण स्थिति में है। जिंजी के किले की तरह कोई खंभा यहाँ, टूटी हुई छत वहाँ और पहचान में न आ सकनेवाला कोई कमरा वहाँ।"[३]

उपर्युक्त कथन सत्य ही नहीं, दारुण अनुभव की चीज है, जिस पर प्रत्येक भारतीय बौद्धिक सोचते-सोचते उदास हो जाता है। आखिर इस सांस्कृतिक विनिपात का कारण क्या

---

१. **एन इंडियन पिलग्रिम, पृ० ५४।**

२. **भारतीय संस्कृति के आधार, पृ० २३-२४।**

३. **इविनिंग टाक्स, द्वितीय भाग, पृ० ५१।**

है? और क्या कुछ ऐसा हो सकता है कि भारत इस पतन की गुंजलक से मुक्त होकर पुनः अपनी भविष्यत् यात्रा पर चल पड़े?

जैसा कि सभी जानते हैं, इस पतन का मूल कारण वर्षों की पराधीनता है। श्री अरविन्द यह मानते हैं कि स्वाधीनता सारी तब्दीली की पहली शर्त है। हम पहले ही देख चुके हैं कि स्वराज्य के लिए संघर्ष करते हुए उन्होंने निरन्तर भारतीय पुनर्निर्माण के लिए पूर्ण स्वराज्य को सर्वप्रमुख ध्येय और लक्ष्य माना। उस स्वराज्य की प्राप्ति के लिए उन्होंने नाना प्रकार से संघर्ष किये और पांडिचेरी जाने के समय देश को आश्वस्त किया कि स्वराज्य मिलकर रहेगा। आखिर को वह शुभ दिन आया और भारत स्वतन्त्र हुआ। स्वराज्य के मंत्रदाता का संकल्प पूरा हुआ। वे बार-बार कहते थे कि भारत की स्वतन्त्रता की दैवी आज्ञा जारी हो चुकी है। तब लोग विश्वास नहीं करते थे। पर अचानक भारत की स्वतन्त्रता उन्हीं के जन्म-दिन से जुड़ गयी। यह क्या मात्र आकस्मिक था?

जो भी हो, उन्होंने आकाशवाणी से प्रसारित अपने संदेश में कहा—"**१५ अगस्त, १९४७ स्वाधीन भारत का जन्म-दिन है। यह दिन भारत के लिए पुराने युग की समाप्ति और नये प्रभात के उदय को सूचित करता है।** परन्तु हम एक स्वाधीन राष्ट्र के रूप में अपने जीवन और कार्यों के द्वारा इसे ऐसा महत्वपूर्ण दिन भी बना सकते हैं, जो सम्पूर्ण जगत् के लिए, सारी मानव जाति के लिए, सारी मानव जाति के राजनीतिक, सामाजिक, सांस्कृतिक तथा आध्यात्मिक भविष्य के लिए, नवयुग लानेवाला सिद्ध हो।

१५ अगस्त मेरा अपना दिन है और स्वभावतः ही यह मेरे लिए प्रसन्नता की बात है कि इस दिन ने इतना विशाल अर्थ तथा महत्व प्राप्त कर लिया है। परन्तु इसके भारतीय स्वाधीनता-दिवस भी हो जाने को मैं कोई आकस्मिक संयोग नहीं मानता, बल्कि यह मानता हूँ कि जिस अर्थ को लेकर मैंने अपना जीवन आरम्भ किया था, उसको मेरा पथप्रदर्शन करने वाली भागवत शक्ति ने इस तरह मंजूर कर लिया है और उस पर अपनी मुहर-छाप भी लगा दी है और इस कार्य का पूर्णरूप में सफल होना आरम्भ हो गया है। निःसंदेह, आज के दिन मैं प्रायः उन सभी जागतिक आन्दोलनों को, जिन्हें मैंने अपने जीवनकाल में ही सफल देखने की आशा की थी, यद्यपि उस समय वे असंभव स्वप्न जैसे ही दिखायी देते थे, सफल होते हुए या अपनी सफलता के मार्ग पर जाते हुए देख सकता हूँ। इन सभी आन्दोलनों में स्वाधीन भारत एक बड़ा पार्ट अच्छी तरह अदा कर सकता है और एक प्रमुख स्थान ग्रहण कर सकता है।

इन स्वप्नों में पहला था एक क्रान्तिकारी आन्दोलन, जो स्वाधीन और एकीभूत भारत को जन्म दे। भारत अब स्वाधीन हो गया है, पर उसने एकता नहीं प्राप्त की है। एक समय प्रायः ऐसा ही दिखता मानो अपने स्वाधीन होने की प्रक्रिया में ही वह फिर से उस पृथक्-पृथक् राज्यों की अव्यवस्थापूर्ण स्थिति में जा गिरेगा, जो ब्रिटिश विजय से पहले विद्यमान थी। परन्तु सौभाग्य से अब ऐसी प्रबल संभावना हो गयी है कि यह संकट टल जायेगा और **अभी पूर्ण न सही, पर एक विशाल तथा शक्तिशाली एकत्व अवश्य स्थापित हो जायेगा।** विधान-परिषद् की दूरदर्शितापूर्ण प्रबल नीति ने इस बात को संभव बना दिया है कि दलित वर्गों की समस्या बिना तोड़-फोड़ के हल हो जायेगी। परन्तु हिन्दुओं और मुसलमानों का पुराना साम्प्रदायिक भेद देश में स्थायी राजनीतिक विभाजन के रूप में सुदृढ़ हो गया दीखता है। यह आशा करनी चाहिए कि **इस तय किये गये विभाजन को पत्थर की लकीर नहीं मान**

लिया जायेगा और इसे एक कामचलाऊ अस्थायी उपाय से बढ़कर और कुछ न माना जायेगा क्योंकि, यदि यह कायम रहे तो भारत भयानक रूप से दुर्बल और अपंग हो सकता है, यहाँ तक कि नये आक्रमण और विदेशी विजय की भी संभावना उत्पन्न हो सकती है। भारत की आन्तरिक उन्नति और समृद्धि रुक सकती है, राष्ट्रों के बीच उसकी स्थिति दुर्बल हो सकती है, उसका भविष्य कुंठित अथवा व्यर्थ तक हो सकता है। यह नहीं होना चाहिये, देश का विभाजन अवश्य दूर होना चाहिए। हम आशा करें कि यह कार्य स्वाभाविक रूप में हो जायेगा, न केवल शान्ति और मेल-मिलाप से, बल्कि मिल-जुलकर काम करने के अभ्यास और उसके लिये साधनों को उत्पन्न कर लेने से सम्पन्न हो जायेगा। इस प्रकार अन्त में एकता चाहे किसी भी रूप में आ सकती है—उसके ठीक-ठीक रूप का व्यावहारिक महत्त्व भले ही हो, पर कोई प्रधान महत्व नहीं; परन्तु चाहे किसी भी उपाय से हो, चाहे किसी भी प्रकार से हो, **विभाजन अवश्य दूर होना चाहिए, एकता अवश्य स्थापित होनी चाहिए और स्थापित होगी ही; क्योंकि भारत के भविष्य की महानता के लिये यह आवश्यक है।**

दूसरा स्वप्न था एशिया की जातियों का पुनरुत्थान तथा स्वातंत्र्य और मानव-सभ्यता की उन्नति के कार्य में एशिया का जो महान स्थान पहले था, उसी स्थान पर उसका लौट आना। एशिया जग गया है, उसमें बड़े-बड़े भाग स्वतन्त्र हो गये हैं या इस समय बन्धनमुक्त हो रहे हैं। इसके अन्य भाग, जो अभी परतन्त्र या अंशतः परतन्त्र हैं, वे भी चाहे कैसे भी घोर संघर्ष में से गुजरते हुए स्वतन्त्रता की ओर बढ़ रहे हैं। बस, अब थोड़ा-सा ही काम और करने को बाकी है और वह भी आज या कल सम्पन्न हो जायेगा। यहाँ भी भारत को अपना पार्ट अदा करना है। और उससे शक्तिशालिता और योग्यता के साथ उसे अदा करना आरम्भ कर दिया है, जिससे अब यह सूचित होने लगा है कि भारत की संभावनाओं का परिणाम क्या है और वह राष्ट्रों की सभा में कौन-सा स्थान ग्रहण कर सकता है।

तीसरा स्वप्न था एक विश्व-संघ, जो समस्त मानवजाति के लिए एक सुन्दरतर, उज्ज्वलतर और महत्तर जीवन का बाहरी आधार निर्मित करे। मानव-संसार का वह एकीकरण प्रगति के पथ पर है। एक अधूरा प्रारम्भ संगठित किया गया है, पर वह बड़ी भारी कठिनाइयों के विरुद्ध संघर्ष कर रहा है। किन्तु उसमें एक वेग है और वह अनिवार्य रूप से बढ़ता चला जाएगा और विजयी होगा। इस कार्य में भी भारतवर्ष ने प्रमुख भाग लेना प्रारम्भ कर दिया है और यदि वह उस **विशालतर राजनीतिज्ञता का विकास कर सके, जो वर्तमान तत्त्वों और तात्कालिक भावनाओं से सीमित नहीं होती, बल्कि भविष्य को देख लेती और उसे अधिक निकट लाती है,** तो भारत की उपस्थिति मन्द एवं भीरुतापूर्ण विकास और द्रुत एवं साहसपूर्ण विकास में जो महान् भेद हैं, उसे प्रदर्शित कर सकती है। जो कार्य किया जा रहा है, उसमें महान् विपत्ति आ सकती है और वह उसमें बाधा डाल सकती है या उसे नष्ट कर सकती है, **किन्तु तो भी अन्तिम परिणाम सुनिश्चित है। क्योंकि एकीकरण प्रकृति की एक आवश्यकता है, अनिवार्य गति है। इसकी आवश्यकता राष्ट्रों के लिए भी सुस्पष्ट है, क्योंकि इसके बिना छोटे-छोटे राष्ट्रों की स्वाधीनता किसी भी क्षण खतरे में पड़ सकती है और बड़े तथा शक्तिशाली राष्ट्रों का भी जीवन असुरक्षित हो सकता है।** इसलिये इस एकीकरण में ही सबका हित है और केवल मानवीय

नि:शक्तता तथा मूर्खतापूर्ण स्वार्थपरता ही इसे रोक सकती है, परन्तु ये भी प्रकृति की आवश्यकता और भगवान् के संकल्प के विरुद्ध हमेशा नहीं ठहर सकतीं। परन्तु एक बाहरी आधार भी पर्याप्त नहीं है, अन्तर्राष्ट्रीय भाव और दृष्टिकोण भी अवश्य विकसित होना चाहिए, अन्तर्राष्ट्रीय पद्धतियाँ तथा संस्थायें भी अवश्य प्रादुर्भूत होनी चाहिये, शायद इस प्रकार की प्रगतियाँ भी पैदा हों, जैसे कि दो या अनेक देशों का एक संग नागरिक होना, संस्कृतियों का आपस में ऐच्छिक दान-प्रतिदान या उनका स्वेच्छापूर्वक घुलना-मिलना। राष्ट्रीयता तब अपने-आपको चरितार्थ कर चुकी होगी और अपनी युद्धप्रियता को छोड़ चुकी होगी और तब वह ऐसी चीजों को आत्मसंरक्षण तथा अपनी दृष्टि की अखंडता से असंगत नहीं अनुभव करेगी। एकत्व की एक नयी भावना मनुष्य-जाति पर आधिपत्य जमा लेगी।

चौथा स्वप्न, संसार को भारत का आध्यात्मिक दान पहले से ही प्रारंभ हो चुका है। भारत की आध्यात्मिकता योरप और अमेरिका में नित्य बढ़ती हुई मात्रा में प्रवेश कर रही है। यह आन्दोलन बढ़ेगा, वर्तमान काल की विपदाओं के बीच अधिकाधिक लोगों की आँखें आशा के साथ भारत की ओर मुड़ रही हैं और न केवल उसकी शिक्षाओं का अपितु उसकी आन्तरात्मिक और आध्यात्मिक साधना का भी उत्तरोत्तर आश्रय लिया जा रहा है।

अन्तिम स्वप्न था क्रम-विकास में अगला कदम, जो मनुष्य को उच्चतर और विशालतर चेतना में उठा ले जायेगा और उन समस्याओं का हल करना प्रारम्भ कर देगा, जिन समस्याओं ने मनुष्य को तभी से हैरान-परेशान कर रखा है, जब से कि उसने वैयक्तिक पूर्णता और पूर्ण समाज के विषय में सोचना-विचारना सबसे पहले शुरू किया था। वह तभी तक एक व्यक्तिगत आशा और विचार, एक आदर्श मात्र है, जिसने भारत और पश्चिम में दोनों जगह दूरदर्शी विचारों को वश में करना शुरू कर दिया है। इस मार्ग की कठिनाइयाँ प्रयास के किसी भी अन्य क्षेत्र की अपेक्षा बहुत अधिक जबर्दस्त हैं, परन्तु कठिनाइयाँ जीती जाने के लिए ही बनी हैं और यदि दिव्य परम इच्छा का अस्तित्व है, तो वे दूर होंगी ही। यहाँ भी यदि इस विकास को घटित होना है तो, चूँकि यह आत्मा और आन्तर चेतना की अभिवृद्धि द्वारा ही होगा, **इसका प्रारम्भ भारतवर्ष ही कर सकता है और यद्यपि इसका क्षेत्र सार्वभौम होगा, तथापि केन्द्रीय आन्दोलन भारत ही करेगा।**

ये ही हैं वे भाव और भावनाएँ, जिनको मैं भारतीय स्वाधीनता की इस तिथि के साथ संबद्ध करता आया हूँ। ये आशाएँ ठीक सिद्ध होंगी या किसी हद तक सिद्ध होंगी, यह बात नये और स्वाधीन भारत पर निर्भर करती है।

श्री अरविन्द के सन्देश से स्पष्ट है कि रेडियो पर प्रसारित यह भाषण मात्र औपचारिकता की पूर्ति नहीं है बल्कि इस भाषण में योगिराज अरविन्द ने भारत के लिए पाँच ध्येयों की घोषणा की है। यही था असली पंचशील। १. भारत को पुन: एक होना होगा, क्योंकि खंडित रहकर वह अपना दैव-निर्दिष्ट कार्य नहीं कर पायेगा। २. भारत की स्वतंत्रता अफ्रीका और एशिया के परतंत्र देशों के लिए स्वाधीनता का द्वार बनेगी। अर्थात् प्रत्येक स्वातंत्र्य-संग्राम में भारत की जूझती हुई जनता को साथ देना होगा। ३. एक विराट् मानवसंघ की स्थापना, जो समस्त मानव जाति को एक सूत्र में बाँध सके। ४. भारत जगत् को अपनी आध्यात्मिकता का उपहार देने में समर्थ होगा और ५. मानव चेतना के विकास का नया चरण। इन्हें उन्होंने अपने सपने कहा। पर ये सपने नहीं संकल्प हैं। श्रीमाँ ने स्वतंत्रता दिवस पर अपने सन्देश में कहा—

'हे हमारी माँ! हे भारत की आत्मशक्ति! हे जननी! तूने कभी अत्यन्त अन्धकारपूर्ण

अवसाद के दिनों में भी, यहाँ तक कि जब तेरे बच्चों ने तेरी वाणी अनसुनी कर दी, अन्य प्रभुओं की सेवा की और तुझे अस्वीकार कर दिया, तब भी, तूने उनका साथ नहीं छोड़ा! हे माँ! आज, इस महान् घड़ी में, जबकि वे जग पड़े हैं और तेरी स्वतंत्रता के इस उषाकाल में तेरे मुखमंडल पर ज्योति पड़ रही है, हम तुझे नमस्कार कर रहे हैं। हमें पथ दिखा, जिसमें स्वतंत्रता का जो विशाल क्षितिज हमारे सामने उन्मुक्त हुआ है, वह तेरी सच्ची महानता का तथा विश्व के राष्ट्र-समाज के अन्दर तेरे सच्चे जीवन का क्षितिज बने। हमें पथ दिखा, जिसमें हम सर्वदा महान् आदर्शों के पक्ष में ही खड़े हों और अध्यात्म-मार्ग के नेता के रूप में तेरा सच्चा स्वरूप मनुष्य जाति को दिखा सकें।''

स्वतंत्र होने पर ही श्रीमाँ ने अपने को भारतमाता से इस तरह जुड़ी हुई पाया, ऐसी बात नहीं। जिन दिनों स्वतंत्रता की चर्चा चल रही थी, और लगने लगा था कि अब एक विभक्त भारत ही हमें प्राप्त होगा, उससे श्री अरविन्द को तो दुःख हुआ ही, जिसे उन्होंने अपने स्वतंत्रता-दिवस वाले भाषण में व्यक्त किया और कहा कि यह विभाजन गलत है और जाना चाहिए, इसके भी पहले २ जून १९४७ को जब श्रीमाँ ने रेडियो पर वायसराय की वह घोषणा सुनी, जो भारत के विभिन्न राजनीतिक दलों के नेताओं के लिए की गयी थी, तब उन्हें यह वाणी सुनायी पड़ी—

''भारत की स्वाधीनता को सुसंगठित करने में हमारे सामने जो कठिनाइयाँ दिखायी दे रही हैं, उनका समाधान करने के लिए एक प्रस्ताव रखा गया है और भारत के नेता उसे काफी दुःख के साथ और हृदय को टटोलते हुए स्वीकार कर रहे हैं। परन्तु क्या तुम जानती हो कि यह प्रस्ताव हमारे सामने क्यों रखा गया है? यह हमें दिखाने के लिए रखा गया है कि हमारे झगड़े कितने हास्यास्पद हैं और क्या तुम जानती हो कि इस प्रस्ताव को हमें क्यों स्वीकार करना होगा? हमें अपने सामने यह साबित करने के लिए इसे स्वीकार करना होगा कि हमारे झगड़े कितने हास्यास्पद हैं। यह स्पष्ट ही है कि यह कोई समाधान नहीं है। यह एक प्रकार की परीक्षा है, एक अग्नि-परीक्षा है, जो, अगर हम इसे पूरी सच्चाई के साथ स्वीकार करें और अपने जीवन में उतारें तो हमें यह सिद्ध करके दिखा देगी कि किसी देश के टुकड़े-टुकड़े करके हम उसमें एकता नहीं स्थापित कर सकते, उसे महान् नहीं बना सकते, विभिन्न विरोधी स्वार्थों को एक दूसरे के विरुद्ध खड़ा करके उसे हम समृद्ध नहीं बना सकते, एक मतवाद को दूसरे मतवाद के विरोध में उपस्थित कर हम सत्य की सेवा नहीं कर सकते। जो हो, भारत की एक ही आत्मा है और जब तक ऐसी अवस्था नहीं आ जाती कि हम एक भारत की, एक और अखंड भारत की बात कह सकें, तब तक हमें बराबर बस यही रट लगानी चाहिये—''भारत की आत्मा चिरंजीवी हो।''

२५ अप्रैल, १९५४ को श्रीमाँ ने अपने संदेश में कहा—'श्री अरविन्द ने सर्वदा अपनी जन्मभूमि को बहुत अधिक प्यार किया। परंतु उन्होंने चाहा कि वह महान् हो, श्रेष्ठ हो, पवित्र हो और विश्व में भगवद्दत्त अपने विराट कार्य के उपयुक्त हो। उन्होंने यह स्वीकार नहीं किया कि वह अंध स्वार्थों और अज्ञानपूर्ण पक्षपातों के नीच और जघन्य गर्त में डूब जाए। यही कारण है कि उनकी इच्छा से पूर्ण मेल रखते हुए हम मनुष्य जाति के सत्य, प्रगति और रूपान्तर का झंडा ऊँचा उठाये हुए हैं।''

इस संदेश से स्पष्ट है कि वह श्री अरविन्द के इस विश्वास को कि एक दिन भारत पूरे विश्व में शान्ति और सत्य के स्थापन के लिए अपने भगवद्-निर्दिष्ट कार्य को पूरा करेगा मानती थीं। श्री अरविन्द की सहयात्री श्रीमाँ ने उनके इस संकल्प को भी पूरा करने का सारा

उत्तरदायित्व उसी प्रकार ले लिया, जिस तरह उन्होंने उनके द्वारा स्थापित योग और दर्शन को चरितार्थ करने का सारा भार अपने ऊपर ले लिया था। श्रीमाँ के चित्त में हमेशा यह आकांक्षा रही कि वे भी, जो मन से भारत को अपनी मातृभूमि मानती हैं, उसकी नियमित नागरिक बन सकें। उन्होंने १५ अगस्त, १९५४ को इस इच्छा को एक और भी वृहत्तर अर्थ देकर अनिच्छा में बदल दिया। ऐसा उन्हें इसलिए भी करना पड़ा कि उन्हें अपनी इच्छा-पूर्ति में इस देश के शासन की ओर से कोई सहयोग नहीं मिला। वे कहती हैं, "अपनी एक दीर्घकाल से पोषित इच्छा को व्यक्त करके आज के दिन को मनाना चाहती हूँ, वह इच्छा है एक भारतीय नागरिक बनने की। जब मैं पहले पहल भारत आयी—सन् १९१४ में—तभी मैंने यह अनुभव किया था कि भारत मेरा सच्चा देश है, मेरी अन्तरात्मा और आत्मा का देश है। मैंने निर्णय किया था कि जैसे ही भारत स्वतन्त्र होगा, वैसे ही मैं यह इच्छा पूरी करूँगी। परन्तु मुझे प्रतीक्षा करनी पड़ी...।

मैं जन्म से और प्राथमिक शिक्षण की दृष्टि से फ्रांसीसी हूँ और अपने चुनाव और पुरानी अभिरुचि के कारण एक भारतीय हूँ। मेरी चेतना में इन दोनों के बीच कोई विरोध नहीं है, बल्कि इसके विपरीत, ये एक-दूसरे के साथ अच्छी तरह संयुक्त हैं और एक-दूसरे को पूर्णता प्रदान करते हैं। मैं यह भी जानती हूँ कि मैं एक समान दोनों की सेवा कर सकती हूँ, क्योंकि जीवन में मेरा एकमात्र लक्ष्य है श्री अरविन्द की महान् शिक्षा को एक ठोस रूप देना और अपनी शिक्षा में उन्होंने प्रकट किया है कि सभी राष्ट्र मूलतः एक हैं और वे एक सुसंगठित और सुसमंजस बहुत्व के भीतर एक दिव्य एकत्व को पृथ्वी पर अभिव्यक्त करने के लिए अभिप्रेत हैं।"

"भारतीय स्वतन्त्रता हथियारों से नहीं, बिना हथियार के आयेगी। संन्यासियों में एक भविष्यवाणी प्रचलित है कि भारतीय स्वतन्त्रता को हथियारों के बल पर प्राप्त करने की संभावना नहीं के बराबर है।"[१] श्री अरविन्द यह जानते थे और उन्होंने पांडिचेरी जाने के पहले अनेक बार कहा कि भारत को स्वतन्त्रता के पास ले जाने वाला व्यक्ति आ रहा है। उसने यह कार्य किया और भारत स्वतन्त्र हुआ।

१५ अगस्त, १९४७ को श्रीमाँ ने आश्रम का नील रंग वाला कमल चक्रांकित झंडा फहराया। याद रखना चाहिये कि माँ का प्रतीक चिह्न बहुत कुछ भारतीय राष्ट्रध्वज पर अंकित चक्र जैसा ही है। अध्यात्म का झंडा फहर उठा। श्री अरविन्द की पुरानी पंक्तियाँ याद आती हैं—"स्टैंडर्ड बेअरर आज एक खास मिशन की जिम्मेदारी लिये आता है और एक आदर्श तथा संदेश का वाहक है। यह झण्डा किसी बाहरी युद्ध का नहीं बल्कि आध्यात्मिक आदर्श का, उस आदर्श की अभिव्यक्ति और उसकी वास्तविकता के विकसनशील शरीर का प्रतीक है। हमारा प्रयास यह होगा कि हम मार्ग तैयार करें और महान् और उच्च परिवर्तन की तैयारी शुरू कर दें और जाति तथा भारत के भविष्य को बनाने का लक्ष्य अपने सामने रखें। मानवता का आत्मा में नया जन्म ही हमारा आदर्श है। हमारा जीवन उस महान् नव जन्म और सर्जन के लिए कर्मशील शरीर उत्पन्न करने का आध्यात्मिकता के द्वारा प्रेरित प्रयास हो।"[२] किन्तु

---

१. इविनिंग टाक्स, तृतीय भाग, पृ० ११६।

२. यह निबंध इसी नाम के पत्र के लिए उन्होंने १९२० में लिखा था। पुरोधा, अगस्त १९७१।

क्या मात्र आध्यात्मिकता की माला जपने से भारतीय समाज में फैली दीनता, गरीबी, जहालत आदि सभी दूर हो जायेंगी? क्या भारत केवल अन्तर्मुखी आध्यात्मिकता पर केन्द्रित रहकर राष्ट्रव्यापी नाना उलझी हुई समस्याओं का समाधान कर पायेगा? जिस देश में लोग भरपेट रोटी भी नहीं पाते, उन्हें ईश्वर की ओर जाने की फुर्सत कहाँ? श्री अरविन्द के पास देश के पुनर्निर्माण का कोई कार्यक्रम है अथवा नहीं? क्योंकि शक्तिशाली, समृद्ध भारत ही उनके सपनों को साकार कर सकता है। इसलिए इस संदर्भ में इस प्रकार के प्रश्नों को उठाना स्वाभाविक है।

गरीबी और बेकारी

अनेक लोगों को भ्रम है कि पांडिचेरी के योगी को देश की जनता की गरीबी और बेकारी से क्या वास्ता हो सकता है। याद रखना चाहिए कि कलकत्ता कांग्रेस के समय तथा बाद में गरम दल के मुख्य कार्यक्रमों में उन्होंने देशनिर्माण और दूसरी अनेक समस्याओं पर बहुत विस्तार से अपने विचार व्यक्त किये थे। गरीबी को आध्यात्मिकता की शर्त या साधन मानने वाले वे संन्यासी नहीं थे। वे गरीबी को अध्यात्म का विरोधी तत्त्व मानते हैं। वे साफ लिखते हैं—गरीबी का अस्तित्व पक्का सबूत है कि समाज अन्यायपूर्ण गलत ढंग से संगठित है। दान देने की बात डाकू के हृदय में उठने वाली आन्तरिक चेतना (आत्मग्लानि) की पहली अलसाई जागृति भर है।''[१] वे इन दो वाक्यों में समाज के अन्दर फैले वैषम्य को रेखांकित कर देते हैं। समाज में जब तक शोषक और शोषित वर्ग रहेंगे, यही चलता रहेगा। चोरी करे निहाय की, करै सुई को दान। यह वर्ग डाकू है, जो गरीब का शोषण करके दान देने का पुण्य लूटने का प्रयत्न करता है। 'गरीबों की सहायता करो, यदि वे तुम्हारे बीच हैं, पर इसके साथ ही जानने की कोशिश करो कि गरीबी क्यों है और उसे दूर करो ताकि न गरीबी रहे और न सहायता देने की जरूरत पड़े।[२] हमारे देश में जाने कब से यह शिक्षा दी जाती रही है कि गरीबी भगवान् का वरदान है क्योंकि तभी हम उसे याद करते हैं या उसका स्मरण करते हैं। श्री अरविन्द को ऐसे कथनों पर सख्त एतराज है क्योंकि वे जानते थे कि 'किसी वर्ग या व्यक्ति के लिए गरीबी स्वीकार करना लाभप्रद और महान् वस्तु हो सकती है, किन्तु यदि यह राष्ट्र के आदर्श या सामान्य धारणा के रूप में मूर्खतापूर्ण प्रचारित की जाती है, तब वह न सिर्फ घातक हो जाती है बल्कि जीवन को समृद्धि और विकास से वंचित होने के लिए मजबूर करती है। गरीबी सामाजिक जीवन की जरूरत नहीं है, वैसे ही जैसे शरीर के लिए बीमारी। जीवन की गलत आदतों और अज्ञान ने हमें ऐसे ढंग से संगठित किया है कि दोनों निकृष्ट चीजें अनिवार्य उच्छृंखलता भरे तत्त्व के रूप में स्वीकृत हो गई हैं। एथेन्स हमारा प्रगतिशील आदर्श होना चाहिये, स्पार्टा नहीं। प्राचीन भारत अपनी महान् समृद्धि और महान् खर्चों के कारण देशों में सबसे महान् देश बना। आधुनिक भारत, अपनी संन्यासवादी, जागतिक वैराग्य की प्रवृत्ति के कारण जीवन में दरिद्र हुआ और पतन और दुर्बलता के पंक में डूबता गया।''

बहुत से लोग सोचते हैं कि जो व्यक्ति प्राचीन भारतीयता में इतना आसक्त है, उसे नवीन समस्याओं पर सोचने की फुर्सत कहाँ है। श्री अरविन्द प्राचीन के जीर्ण-शीर्ण कलेवर से चिपके रहने वाले व्यक्ति नहीं थे। वे स्पष्ट रूप से प्राचीन के अन्दर से उन्हीं तत्वों को चुनना

---

१. थाट्स एण्ड एफोरिज्म्स, पृ० ३२।

२. वही, पृ० ३२।

चाहते हैं, जो हमारी आज की समस्याओं का समाधान दे सकें।

उन्होंने इस गरीबी और जहालत को दूर करने के लिए ही नयी शिक्षा की आवश्यकता बतायी थी। आज की शिक्षा में ही कुछ ऐसा है, जो शिक्षित लोगों को बेकार बनाने का कार्य करता है। इसीलिए श्री अरविन्द ने नई शिक्षा-प्रणाली का खुलेआम समर्थन किया। उसके स्वरूप का निर्धारण किया। कलकत्ते के राष्ट्रीय महाविद्यालय में रहते वक्त यह शिक्षा-रूप बहुत स्पष्ट नहीं हो सका था, पर पांडिचेरी में रहकर उन्होंने आधुनिक भारत के योग्य नूतन शिक्षा-प्रणाली पर चिन्तन किया और उसे श्रीमाँ ने साकार प्रायोगिक रूप प्रदान किया।

नई शिक्षा प्रणाली

ओरोवील एक नई शिक्षा-प्रणाली का आरम्भ करने जा रहा है। यह शिक्षा-प्रणाली अब तक की समूची शिक्षा-प्रणालियों से अलग किस्म की है। इस शिक्षा-प्रणाली की मूलभूत मान्यता यह है कि शिशु की आधी से अधिक शिक्षा भ्रूणस्थ रहते ही पूरी हो जाती है। यह कोई नई मान्यता नहीं है। कहा जाता है कि अभिमन्यु ने मातृगर्भ में रहते ही चक्रव्यूह-भेदन का ज्ञान प्राप्त किया था। श्रीमाँ ने कहा—"शिक्षा इस बात पर आधारित होगी कि हम भविष्य में क्या पाना चाहते हैं, इस बात पर नहीं कि अतीत के बारे में हमारी जानकारी क्या है।"[१] इसी सूत्र का विस्तार करते हुए 'इक्वल्स वन' के सम्पादकों ने 'हमारा लक्ष्य' बताते हुए लिखा—"क्या कोई जानता है कि हम अपनी शिक्षा के लिए किस प्रकार का शिशु चाहते हैं? यदि नहीं तो बिना लक्ष्य की शिक्षा क्या होगी? जब तक दिशा नहीं मालूम है, शिशु को किधर ले जाना होगा? प्रकृति ने तो बहुत पहले तै कर लिया है कि वह किस प्रकर का शिशु पसन्द करती है? पाषाणकालीन सभ्यता[२] के समय से ही प्रकृति का निर्देश स्पष्ट हो गया था। जब चिरादिम ट्रिलोवाइट्स (त्रिभंगी मानवपूर्व जीव) को, जो प्राचीन समुद्रों के कीचड़ में पड़े थे, उसने आँखें प्राप्त करने के लिए विवश किया। हालाँकि आँखें मिलने पर भी वे नहीं जानते थे कि इनका उपयोग क्या है। देखने की प्रक्रिया तभी से शुरू हुई। प्रकृति चाहती है कि मानवीय मेधा निरन्तर अदृष्टपूर्व क्षेत्रों का अन्वेषण करती चले, वह निरन्तर वृहत्तर चेतना की ओर मनुष्य का विकास देखना चाहती है। इसलिए शिक्षा का अर्थ ही है विकास (Evolution)। एक योग्य अध्यापक विकास का विरोध नहीं करता, हमेशा संभावना करता है, क्योंकि संभावना से ही मनुष्य हुआ जाता है।

इसलिए शिशु की शिक्षा ओरोवील में मातृ-शिक्षा से शुरू होगी। क्योंकि शिशु-शिक्षा इस बात पर निर्भर है कि माँ का वातावरण, उसकी आकांक्षा और इच्छा क्या है।

शिशु की शिक्षा का दूसरा चरण क्रीड़ा में शिक्षा' के रूप में शुरू होगा। इस समय शिशु की क्रीड़ा, कर्म और गतिविधि को स्वतंत्र छोड़कर उसे निरन्तर देखते रहना होगा कि उसकी रुचि क्या है। उसकी रुचियों, अनुभवों आदि के बारे में प्रेम और स्नेह से पूछताछ करना और प्रोत्साहन देना होगा और इसी प्रक्रिया में वह कई भाषाएँ सीख लेगा। उसे बौद्धिक पाठ्यक्रम में ठूँसना गलत है। उसे आवश्यक भाषाओं का ज्ञान करना तथा उसके भीतर ईमानदारी, साहस, बन्धुत्व, संवेदना, रुचि, सही दृष्टिकोण और सत्य के प्रति अभीप्सा पैदा करना हमारा

---

१. इक्वल्स वन, १९६८-४।

२. वेल्स और कम्बरलैंड की आदिम शिलाओं पर आधारित।

उद्देश्य होना चाहिए।

जब वह बड़ा हो जायेगा, तो वह अपने से बड़े लोगों की सहायता से, जो अध्यापक की अपेक्षा मित्र जैसे होने चाहिये, निर्णय कर सकेगा कि उसकी अपनी विशेष रुचि किस प्रकार के ज्ञानार्जन में है। इसे ही स्वतंत्र शिक्षण की पद्धति कहते हैं। इसका मुख्य उद्देश्य बालक के भीतर के निर्देशक को उद्बुद्ध कर देना है ताकि वह अपने बारे में अन्तरस्थ अध्यापक से सही आदेश और निर्देशन प्राप्त कर सके।

ओरोवील की शिक्षा-पद्धति को पूर्ण शिक्षण (Integral) का नाम दिया गया है। ऐसी पद्धति में कोई नियमित पाठ्यक्रम नहीं होगा, कोई परीक्षा नहीं होगी। परिणामतः आज की तरह नौकरी पाने आदि के लिए आवश्यक प्रमाणपत्र आदि भी नहीं होंगे।

संक्षेप में ओरोवील शिक्षा की मुख्य परियोजनाएँ होंगी—जीवन और प्रकृति के रहस्य जानना, अपने भीतर की तमाम दुर्बलताओं से मुक्त होना और पूर्णता और सत्य को प्राप्त करना, दुःख और बीमारी आदि पर विजय पाने का ज्ञान लब्ध करना, युद्ध और दूसरे उपद्रवों को समझना और इन पर विजय पाना, आदमी की प्रतिष्ठा और उसके अधिकारों को ठीक से समझना और उसकी सहायता करना ताकि वह अर्ध ज्ञान के कारण ठोकरें खाने की विवशता से उबर सके, सत्य के विभिन्न क्षितिजों का उद्घाटन और उनसे प्राप्त बोध को आत्मसात् करना, संकुचित नैतिकता, मूल्य तथा विश्वास और मतवालों को दलदल से निकल कर उच्चतर मानवता को समझ सकना, संस्कृतियों का ज्ञान और उनके परस्परावलम्बन को समझते हुए मानव एकता के आदर्श को प्राप्त करना, प्रत्येक राष्ट्र की मौलिक क्षमता और विशेषता को जानना और विश्वसंघ में उसके अपने दायित्व के प्रति सचेत करना ताकि मानव एकता का सही आधार प्राप्त हो, सभी साधनों का जिन्हें विज्ञान और तकनीकी तथा प्राविधिक ज्ञान से उत्पन्न किया है, सही इस्तेमाल करना ताकि मानवजाति समृद्ध हो तथा निरंतर खोजों द्वारा नये ज्ञान-विज्ञान को उपलब्ध करना और उनके द्वारा मानव की भौतिक स्तर की आवश्यकताओं की पूर्ति में सहायक होकर उसे उच्चतर समृद्धि की ओर ले जाना और अन्ततः इन सारी प्रगतियों को समन्वित करके भविष्य में ज्ञान, शक्ति और ज्योति से परिपूर्ण एक ऐसे मानव जीवन का निर्माण करना जो प्रेम, एकता, सौन्दर्य और आनन्द से परिपूर्ण हो।"[१]

यही संक्षेप में ओरोवील की शिक्षा-प्रणाली है, जिसको व्यावहारिक रूप देने का कार्य अभी अन्तर्राष्ट्रीय शिक्षा-केन्द्र कर रहा है। श्री अरविन्द ने कहा था कि सच्ची शिक्षा का पहला सिद्धान्त यह है कि कुछ भी सिखाया नहीं जा सकता। अध्यापक उपदेशक नहीं और न काम कराने वाला अधिकारी। वह केवल सहायक है, पथ-प्रदर्शक है, बस, उसका कार्य सम्मति देना है, आरोपित करना नहीं। वह वस्तुतः शिष्य-मन को शिक्षित नहीं करता, वह केवल तरीका बताता है कि किस प्रकार शिष्य अपने ज्ञानयंत्र को पूर्ण बना सकता है और इसी प्रक्रिया में उसकी सहायता करता है। वह उसे ज्ञान-प्रदान नहीं करता, वह बताता है कि शिष्य कैसे अपने लिए ज्ञान उपलब्ध कर सकता है। वह आन्तरिक ज्ञान को कहीं बाहर से लाता नहीं बल्कि वह बताता है कि वह ज्ञान भीतर वहाँ पड़ा है और किस प्रकार उसका कौशल जानकर उसे ऊपर लाया जा सकता है।"[२]

---

१. **एजूकेशन इन आरोविल, मदर इण्डिया, जुलाई १९७०।**

२. **इक्वल्स वन, १९६८-४, पृ० ५३।**

श्री अरविन्द के इसी सिद्धान्त को केन्द्र में रखकर नई शिक्षा-प्रणाली अपना कार्य कर रही है और सम्प्रति ढाई सौ से अधिक शोध-कार्यों पर कार्यरत है—स्वदोद्भूत शिक्षा : एक कविता—

स्कूल एक जगह नहीं है
वह जीने का एक तरीका है
वहीं स्कूल है जहाँ प्रगति की अभीप्सा है
यह खुला जगत् है मिलने और विचार विनिमय का
जहाँ आसान है अस्तित्व और चीजों और
तथ्य के पहलुओं के सम्पर्क का होना
यहाँ अध्यापक या प्राध्यापक नहीं होते
होते हैं सहायक—यदि कोई चाहे
होते हैं विशेषज्ञ जो रखते हैं योजनाबद्ध
ज्ञान मानवता के नाम पर अर्पित।[१]

भारत और लोकतंत्र का भविष्य

श्री अरविन्द भारतीय लोकतंत्र की प्रचलित व्यवस्था से पूर्ण संतुष्ट नहीं लगते, उनका कहना है कि प्रजातंत्र के लाभ का अर्थ है व्यक्ति के जीवन की स्वतंत्रता और सम्पत्ति की कुछ अत्याचारियों या उनके गिरोह की लालच से सुरक्षा। इसका दोष है मानवता में महत्ता की पदच्युति। योरप में प्रजातंत्र का अर्थ है, मंत्रियों का या भ्रष्ट उपमंत्रियों का या स्वार्थलिप्त पूँजीपतियों की सत्ता, जो अस्थिर जनता के शासन का मुखौटा लगाये रहते हैं। योरप में समाजवाद एक भाववाचक राज्य के सैद्धान्तिक सत्ता के मुखौटे के भीतर छिपे अफ़सरों और पुलिस के लोगों का शासन है। यह बेहूदापन है कि पूछा जाये कि इनमें से कौन अच्छा है, क्योंकि यह निर्णय करना कठिन होगा कि इनमें से कौन बदतर है।[२] यद्यपि यह मत योरोपीय लोकतंत्र और समाजवाद के विरुद्ध व्यक्त किया गया है, पर भारत में स्थिति इससे भिन्न नहीं है। पूछा जा सकता है कि क्या श्री अरविन्द लोकतंत्र और समाजवाद से असंतुष्ट होकर कहीं साम्यवाद तो नहीं चाहते हैं? ऐसा भी नहीं है। साम्यवाद की उन्होंने प्रशंसा की थी, क्योंकि वह अपेक्षाकृत ज्यादा बुरे वैयक्तिक अहं को दबाता है। पर उनकी दृष्टि में साम्यवाद के खतरे भी स्पष्ट थे—साम्यवाद के सिद्धान्त अन्तर्निहित गुणों के कारण व्यक्तिवाद में वैसे ही श्रेष्ठ हैं, जैसे बन्धुत्व परस्पर द्वेष और एक दूसरे की हत्या की स्थिति से। पर साम्यवाद के नाम पर पश्चिम में बनी हर योजना एक जुआ है, एक अत्याचार है, एक कैदखाना है। यदि कभी इस पृथ्वी पर साम्यवाद सफलतापूर्वक प्रतिस्थापित होता है, तो वह आत्मिक बन्धुत्व के आधार पर ही हो सकता है, जिसमें अहंकार का विनाश हो जायेगा। बलात् लादी हुई संघबद्धता और मशीनी कामरेडवाद एक न एक दिन विश्वव्यापी टांय-टांय फिस में समाप्त हो जायेगा।[३]

---

१. **इक्वल्स वन, १९६८-४, पृ० ४४।**
२. **थाट्स एण्ड एफारिज्म्स, पृ० ५५।**
३. **वही, पृ० ५१।**

वस्तुतः अपने राजनैतिक जीवन के आरम्भ से ही श्री अरविन्द एक खास प्रकार की शासन-व्यवस्था के हामी रहे हैं। उन्होंने हमेशा ही शासन की अत्यन्त उग्र कायदे-कानूनवाद पर आधारित व्यवस्था को नापसन्द किया। वे एक भद्र अर्थ में अराजकतावादी थे, पर उच्छृंखलतावादी नहीं। वे मनुष्य पर शासन के अत्यन्त आवश्यक और कम से कम आधिपत्य की हिमायत करते हैं क्योंकि उनकी धारणा थी, शासन चाहे कैसा भी हो, कुछ न कुछ बुराई उसमें होगी ही। एक बार तो उन्होंने यहाँ तक कहा था—"सभी सरकारें जनता को लूटती हैं, कुछ कानूनी तौर से कुछ बिना कानून के।"[१] वे सत्ता के विकेन्द्रीकरण के पक्ष में थे। उनसे एक बार पूछा गया कि आप भारत में किस प्रकार का शासन चाहते हैं, तो उन्होंने कहा था—"मेरी धारणा वही है, जो टैगोर ने एक बार कही थी। एक राष्ट्रपति होना चाहिए, जिसे पर्याप्त अधिकार हो कि वह नीतियों को लगातार लागू करा सके। एक जनता की चुनी हुई प्रतिनिधि सभा होनी चाहिए। राज्यों को महासंघ को निश्चित योगदान देना चाहिए। यह सब कुछ एकदम ऊपरी सत्ता में संयुक्त हो, किन्तु नीचे जनता और स्थानीय निकायों को पर्याप्त स्वाधीनता होनी चाहिए कि वे अपनी क्षेत्रीय समस्याओं को दृष्टि में रखकर सीधे विधानादि बना सकें। मुसोलिनी ने प्राचीन भारतीय पद्धति के इसी मूल सिद्धान्त को लेकर शासन आरम्भ किया, बाद में साम्राज्यवादी प्रवृत्ति के कारण दूसरे राष्ट्रों को धमकाने और धोखा देने का कार्य करने लगा। यदि वह अपनी मूल योजना में ही लगा रहता, तो वह बहुत बड़ा निर्माता हुआ होता।"[२] इससे यह समझने की गलती नहीं करनी चाहिए कि वे लोकतंत्र के विरोधी थे। उनका कहना यह था कि शासन-व्यवस्था दो मूलभूत सिद्धान्तों पर आधारित होती है—(१) राजनीतिक यानी शासन के अधिकारी, (२) जाति की मौलिक आकांक्षा और उसकी बनावट यानी समाज की स्थिति। जहाँ तक भारत के राजनीतिकों का सम्बन्ध है, इस पर कुछ न कहना ही ठीक है। अदना से अदना अनपढ़ हिन्दुस्तानी भी आसानी से कह सकता है कि इनमें से अधिकांश भ्रष्ट हैं। उन्होंने श्री सी० आर० दास के शब्दों को उद्धृत करते हुए कहा—"अपने पूरे अदालती जीवन में मुझे इतना निकृष्ट किस्म के जघन्य अपराधी नहीं मिले जितने राजनीतिक क्षेत्र में।"[३] राजनीतिक पूछ सकता है कि क्या श्री अरविन्द योगी और राजनीतिक का भेद नहीं समझते। क्या राजनीतिक ध्यान लगाकर बैठा रहता है? इसमें बीस तरह की दिक्कतें आती हैं। श्री अरविन्द यह जानते थे, वे खुद राजनीति में रह चुके थे। उन्होंने कहा—"तुम भूल जाते हो कि सुभाष राजनीतिक हैं और राजनीतिक की बौद्धिक कारगुजारी, लाचार होकर, एक सीमा में बँधी रहने के लिए बाध्य है। यदि ये अपने को रसेल की तरह स्पष्ट मस्तिष्क का बना लें, तो उनकी सत्ता ही छिन जायेगी और सब लोग न तो विरकेनहेड की तरह इतने जिद्दी हो सकते हैं, न सी० आर० दास की तरह दार्शनिक ही कि तर्कपूर्ण राजनीति अथवा राजनीतिक बहाने की बात करें क्योंकि वे जानते हैं, कि महत्त्वाकांक्षी की या राष्ट्रीयता की खाई कहाँ होती है।"[४] वे इन सारी स्थितियों से पूर्णतः परिचित थे, इसीलिए वे चाहते थे कि भारतीय जनता को पश्चिमी शासन-पद्धतियों की नकल नहीं करनी चाहिए। क्योंकि न तो

---

१. इविनिंग टाक्स, तृतीय भाग, पृ० १०१।

२. रेमिनिसैंसेज एण्ड एनक्डोट्स ऑफ श्री अरविन्दो, पृ० ४०।

३. वही, पृ० १३८।

४. वही, पृ० १३७-१३८।

हमारी जनता इंग्लैण्ड की तरह इतनी शिक्षित है कि विभिन्न दलों के कार्यक्रमों और उनको पूरा करने की उनकी क्षमताओं का सही अन्दाज लगा सकती है और न तो योरोपीय जनता की तरह इतनी कार्यकुशल है कि टुच्चे स्वार्थों के लिए लड़ना छोड़कर देश को सर्वोपरि वस्तु मानकर निःस्वार्थ भाव से कार्य कर सकती है। इसलिए श्री अरविन्द का कहना था कि—"भारत आज पश्चिम की नकल कर रहा है। लोकतन्त्रीय सरकार भारत के लिए उपयुक्त नहीं है, हम उसी चीज को स्वीकार कर लेते हैं जिसे पश्चिम फेंक देता है।" इससे स्पष्ट है श्री अरविन्द संघीय शासन चाहते हैं, जिसमें देश की सुरक्षा के लिए केन्द्रीय शासन हो और बाकी सत्ता पंचायती राज्यों की तरह विकेन्द्रित कर दी जाय। इसका यह अर्थ नहीं कि वे गाँधीजी की तरह विकेन्द्रीकरण को मानने के बाद मशीनों का विरोध करते थे। नहीं, वे चर्खा के, जो सर्वोदयी कार्यक्रम का प्रतीक है, सख्त खिलाफ थे। उन्होंने ग्रामोद्योग की बात करते हुए स्पष्ट कहा था—"अकाल की स्थिति में तो चर्खा का कार्यक्रम कुछ सहायक हो सकता है, पर जब इसे अखिल भारतीय कार्यक्रम का रूप दिया जाता है, तो यह बिल्कुल निरर्थक लगता है। आपको एक ऐसा कार्यक्रम बनाना होगा, जो इस कृषि प्रधान देश के किसानों की स्थिति के अनुकूल हो। उन्हें शिक्षा दो। तकनीकी जानकारी दो, उन्हें खूब संगठित करो, राजनीतिक रूप से नहीं, कारबार की दृष्टि से, पर गाँधी ऐसा औद्योगिक किसान-संघटन नहीं चाहते, बस 'कातो कातो कातो' किये जा रहे हैं।"[१]

यह बड़ी गहराई से सोचने की बात है कि सामुदायिक विकास-योजनाओं के बावजूद किसानों को अभी भी औद्योगिक ढंग से संगठित करने का कार्य नहीं किया गया। हरित क्रान्ति के जमाने में सरकार को अचम्भा हुआ था कि प्राचीन परम्परा के अन्धभक्त किसानों ने नये तकनीकी तरीके इतनी जल्दी कैसे अपनाए। सरकार का विकेन्द्रीकरण होता, तो यह बात आसानी से समझ में आ जाती। दिल्ली में बैठकर तमिलनाडु या गुजरात के किसानों के लिए योजनाएँ बनेंगी, तो ऐसी ही गलतफहमी होगी। असल में सरकार ने भारतीय किसान या जनता को कभी ठीक से समझा ही नहीं। श्री अरविन्द ने अपने अल्पकालिक राजनीति जीवन के अनुभव के बल पर कहा था—"मैं भारतीय जनता के सम्पर्क में आया हूँ, वे अपने ही वर्ग के योरोपीयों की अपेक्षा श्रेष्ठ हैं, वही हाल यहाँ के श्रमिक वर्ग का है, वे योरोपीय श्रमिक से बेहतर हैं।"[२] वस्तुतः जब तक शासन का हाथ जनता की नब्ज पर नहीं रहता और जब तक एक दूसरे में एक दूसरे के प्रति भरोसे की भावना नहीं जगती, समस्याएँ बढ़ती जायेंगी।

भारत का भविष्य और उसका कर्तव्य

श्री अरविन्द हमेशा ही भारत के लिए एक भविष्यत् मिशन की बात करते हैं, उन्होंने ३ मई १९०८ में 'वन्देमातरम्' में लिखे अपने सम्पादकीय में कहा था कि विश्व में जब भी आध्यात्मिक अग्नि बुझ जाती है, पतन और संकट का दौर शुरू होता है। ऐसे ही अवसरों पर यह दैव-निर्दिष्ट है कि "भारत अपने शाश्वत ज्योति और नवीकरण के आध्यात्मिक स्रोत से विश्व को पुनर्जीवन प्रदान करे।" इससे स्पष्ट हो जाता है कि वे भारत का मुख्य कार्य यही आध्यात्मिक अवदान मानते हैं। भारत उनकी दृष्टि से जगद्गुरु ही नहीं, नई मानवता का ध्वज-वाहक है। "पुराने युग की इस वर्तमान सन्ध्या-बेला में भारत ही, जो प्राचीनकाल से

---

१. **इविनिंग टाक्स, तृतीय भाग, पृ० ५९-६०।**

२. **टाक्स विद श्री अरविन्दो, प्रथम भाग, पृ० ८१।**

इस रहस्य को ग्रहण किये हुए है, इस महान् रूपान्तर का नेतृत्व कर सकता है। यही भारत का उद्देश्य है। यही मानव-सेवा उसे करनी है। व्यक्ति के लिए जैसे उसने आन्तरिक आध्यात्मिक जीवन की खोज की थी, वैसे ही अब सारी जाति के लिए सर्वांगीण साामूहिक अभिव्यक्ति की खोज करनी होगी और मानवमात्र के लिए सामूहिक पद्धति और नई आध्यात्मिकता का आधार बनना होगा।''[१]

प्रश्न है अपनी ही नाना समस्याओं में जकड़ा हुआ भारत क्या उनके सपनों को साकार करने की स्थिति में है? भारत पर आजादी के बाद चार बार आक्रमण हो चुके हैं। अनेक प्रयत्नों के बावजूद उसकी आर्थिक स्थिति अच्छी नहीं है। देश में फूट और द्वेष का साम्राज्य है। फिर यह सब कैसे होगा?

श्री अरविन्द ने १९५० में ही भारत पर होने वाले चीनी आक्रमण की भविष्यवाणी कर दी थी। उन्होंने 'आइडियल आफ ह्यमन यूनिटी' के 'पोस्टस्क्रिप्ट' में स्पष्ट लिखा था—''एशिया में ज्यादा संकटपूर्ण स्थिति आ गई है। विश्व के इस हिस्से में संभावित महाद्वीपीय एकता के विरुद्ध कम्युनिस्ट चीन के उदय ने यह स्थिति पैदा कर दी है। यह एक महान् गुट खड़ा हो रहा है, जो सम्पूर्ण उत्तरी एशिया को दो कम्युनिस्ट राष्ट्रों रूस और चीन के कब्जे में डाल देगा। दक्षिण-पश्चिम एशिया को निगल जाने की आशंका बढ़ गई है। तिब्बत इस छाया के भीतर आ गया है और संभावना है कि भारत की सम्पूर्ण उत्तरी सीमा पर ये हमला बोल दें और उसकी सुरक्षा के लिए खतरा पैदा हो जाये।''[२]

पाकिस्तानी हमले के बारे में तो वे १९४७ के स्वतन्त्रता-सन्देश में ही कह चुके थे कि यदि भारत और पाकिस्तान का गलत विभाजन दूर नहीं होता, तो देश की सुरक्षा हमेशा संकट में रहेगी।

इन भविष्यवाणियों के संदर्श में साम्प्रतिक बांग्लादेश की समस्या को देखने से सम्भावना की जा सकती है कि पाठकों को एक नई रोशनी मिलेगी।

श्री अरविन्द भारत के लिए एक उद्देश्य, एक कर्म का रिक्थ छोड़ गये हैं। वे भारत की आन्तरिक विशेषता का स्पष्ट रूप हमारे सामने प्रस्तुत कर गये हैं। एक आध्यात्मिक आदेश ही हमेशा भारत का विशिष्ट भाव और प्रेरणा रहा है, किन्तु काल का प्रवाह और मानवता की आवश्यकता उस आदर्श के लिए एक नये दिशामान और नये रूप की माँग करती है। काल-पुरुष के प्रयोजन के लिए अब पुराने रूप और तरीके पर्याप्त नहीं हैं। भारत को भविष्य में जो महान् कदम उठाने हैं, उनकी परिपूर्ति उन लकीरों पर चलकर नहीं हो सकती, जो अति संकीर्ण हैं। हमारी आध्यात्मिकता एक ऐसे जीवन की आध्यात्मिकता नहीं है, जो बूढ़ा, दुनिया से थका-माँदा और माया के तथा ईश्वरीय सृष्टि के दयनीय दारिद्र्य के भाव से लदा हुआ हो। हमारा आदर्श वह आध्यात्मिकता नहीं है, जो जीवन से मुँह मोड़ती है, बल्कि वह है, जो आत्मा की शक्ति से जीवन पर विजय प्राप्त करती है। हमारा आदर्श संसार को भगवान् के आविर्भाव से प्रयास के रूप में स्वीकारना ही नहीं बल्कि अभी तक जो आविर्भाव हुआ है, उससे अधिक के लिए प्रयास करके मानवता का रूपान्तर करना तथा मनुष्य और ईश्वर से बीच के परदे को हटाना है। तब ही जिस मनुष्यत्व की क्षमता हमारे अन्दर है, उसका जन्म

---

१. **स्टैंडर्ड बेयरर में १९२० में लिखा निबन्ध, पुरोधा, अगस्त १९७१, पृ० २८।**

२. **आइडियल ऑफ ह्यूमन यूनिटी, पोस्टस्क्रिप्ट, १९५० आश्रम संस्करण, पृ० २९५।**

होगा और हमारा जीवन आत्मा के सत्य, ज्योति और शक्ति से पुनःगठित होगा। हमें अपने कार्य के स्वामी को अपनी सब क्रियाओं की आहुति देनी होगी, मानव के अन्दर उसकी महत्तर आत्मा की अभिव्यक्ति करनी होगी और समस्त जीवन को योग का रूप देना होगा।

''पश्चिम ने मनुष्य की बुद्धि, भावना, प्राण और भौतिक जीवन के विकास को अपना आदर्श माना है, लेकिन उसने मनुष्य के आध्यात्मिक अस्तित्व की महत्तर शक्यताओं को एक ओर छोड़ दिया है। उसके उच्चतम आदर्श के मानदण्ड हैं प्रगति, स्वतन्त्रता, समानता, भ्रातृत्व, बुद्धि और विज्ञान, हर तरह की निपुणता, एक अधिक अच्छी राजनीतिक, सामाजिक और आर्थिक स्थिति, जाति की एकता और सांसारिक सुख। ये महान् प्रयास हैं, परन्तु अनेक परीक्षणों ने दिखाया है कि इन आदर्शों को सच्चे व्यावहारिक रूप में चरितार्थ नहीं किया जा सकता, इनकी नींव आत्मा में ही जम सकती है। पश्चिम ने विज्ञान और कल-पुर्जों पर ही विश्वास किया है और अब वह अपने विज्ञान से ही नष्ट हो रहा है और अपने कल-पुर्जों के भार से ही कुचला जा रहा है। पश्चिम ने अभी तक यह नहीं समझा है कि इन आदर्शों की परिपूर्णता के लिए आध्यात्मिक परिवर्तन आवश्यक है। पूर्व के पास उस आध्यात्मिक परिवर्तन का रहस्य है, किन्तु उसने बहुत अरसे से अपनी दृष्टि धरती से फेर रखी है।''[१] हमें धरती से विमुख नहीं होना है। धरती पर सत्य चेतना को प्रतिष्ठित करना है। मानवीय समृद्धि और आलोक का नया वातावरण बनाना है। विश्व एकता को साकार रूप देना है। क्योंकि यह सब कुछ भारत को ही करना है। वही कर सकता है। उसी से कराया जाना है। इसीलिए श्री अरविन्द भारत को सावधान और इसके लिए भारत के नौजवानों का आह्वान करते हैं।

हमारा पहला ध्येय होगा इस आदर्श की घोषणा करना, पहले आवश्यक कदम के रूप में आध्यात्मिक परिवर्तन पर जोर देना, और जो उसे स्वीकार करते हैं तथा उसे परिपूर्ण करने के लिए सच्चाई से प्रयास करते हैं, उन्हें इकट्ठा करना। दूसरा ध्येय होगा—सिर्फ वैयक्तिक ही नहीं वरन् इस सिद्धान्त पर आधारित सामूहिक जीवन का निर्माण करना। इतना ही नहीं, हमारी प्रत्येक बाह्य गतिविधि के साथ-साथ एक आंतरिक परिवर्तन की भी आवश्यकता है और वह एक ही साथ आध्यात्मिक, सांस्कृतिक, शैक्षणिक, सामाजिक और आर्थिक क्रिया होनी चाहिये। उसका कार्यक्षेत्र एक ही साथ वैयक्तिक और सामूहिक, प्रादेशिक और राष्ट्रीय होगा, और अन्त में यह कार्य न केवल देश के लिए वरन् समस्त मानवजाति के लिए होगा। इसका पहला परिणाम होगा नव-सर्जन, एक आध्यात्मिक शिक्षा और संस्कृति, एक विशालतर सामाजिक शक्ति, जो विभाजन पर आधारित नहीं बल्कि एकता पर आधारित होगी, फिर व्यक्ति की स्वतंत्रता और उनका सम्पूर्ण विकास, इतना ही नहीं, दूसरों के साथ उसका ऐक्य और समूह की विशालतर आत्मा और मानवता के प्रति उसका समर्पण। आर्थिक समस्या के हल की ओर पहला प्रयास होगा, जो पश्चिमी नमूने पर आधारित न होकर सामुदायिक सिद्धान्त पर आधारित होगा, जो भारत के लिए स्वाभाविक होगा।

हमारी पुकार तरुण भारत के लिये है। नयी सृष्टि के निर्माता युवक ही होने चाहिये, वे नहीं जो वैयक्तिक स्पर्धा को स्वीकार करते हैं, या भारत का भावी आदर्श के रूप में पूँजीवादी या पश्चिम के जड़वादी कम्युनिज्म को अपनाते हैं, वे भी नहीं जो पुरानी धार्मिक रूढ़ियों में जकड़े हुए हैं, और आत्मा द्वारा जीवन की स्वीकृति और उसके रूपान्तर को नहीं स्वीकार कर

---

१. पुरोधा, अगस्त १९७१, पृ० २७।

सकते, बल्कि वे सब, जो मन में और हृदय में पूर्णतर सत्य को स्वीकार करने के लिए स्वतन्त्र हैं और महत्तर आदर्श के लिए श्रम करने को तैयार हैं। वे ऐसे मानव होंगे, जो अपने-आपको भूत या वर्तमान को नहीं बल्कि भविष्य को समर्पित करेंगे। उन्हें अपने समस्त जीवन को अपनी निम्न सत्ता से ऊपर उठाने के लिए एकाग्रचित होना होगा। अपने अन्दर और सब मानव प्राणियों में भगवान् को पाना होगा, और देश तथा मानवता के लिए समस्त मन-प्राण से अथक श्रम करना होगा। अभी तक यह आदर्श एक छोटा-सा बीजमात्र है और जो जीवन इसे मूर्त रूप देता है, वह स्वयं एक नन्हा-सा केन्द्रमात्र है, किन्तु हमारी ध्रुव आशा है कि यह बीज एक महान वृक्ष बनेगा और केन्द्र एक सदा विस्तृत होती हुई रचना का हृदय होगा। इस विसर्जित होते हुए जगत् की अस्त-व्यस्तता में जन्म लेने के लिए नयी मानवता संघर्ष कर रही है। जो भावना हमें प्रेरणा दे रही है, उसमें दृढ़ विश्वास के साथ हम उस नयी मानवता के; भावी भारत के ध्वज-वाहकों में अपना स्थान लेते हैं। वह महत्तर भारत हमारी प्राचीन माँ के विराट किन्तु थके-माँदे शरीर का काया-कल्प करके उसे नया जीवन देगा।[१]

यह आवाज है स्वतन्त्रता के ऋषि की, राष्ट्रीयता के पुरोधा की और भविष्य-मानवता के पथ-प्रदर्शक की। इस आवाज को सुनिये, यदि इसमें सत्य दिखे तो स्वीकार कीजिए, न दिखे तो इन्कार कीजिये, पर सुनना अस्वीकार न कीजिये, क्योंकि यह बुद्धि का तकाजा नहीं है। सुप्रसिद्ध दाक्षिणात्य विद्वान् कवि कपालि शास्त्री ने अपने 'भारती स्तवः' में लिखा है—

अद्य श्रीदिनमद्य भारतकुल-स्वातंत्र्यदीक्षागुरोः
स्वाराज्यार्थं दृशोऽरविन्दभगवत्सूरेर्जयन्तीदिनम्
अद्यास्तंगतमंग भंग बहुक्लेश च पूर्वं युगं
नूत्नं संगतमद्य मंगलयुगं जेजीयतां भूतले।

श्री अरविन्द कर्मधारा

इन्हीं परिस्थितियों में २९ जुलाई, १९७० को श्रीमाँ ने **श्री अरविन्दोज एक्शन** नामक क्रान्तिकारी कार्यक्रम की घोषणा की। मूल घोषणा के कुछ अंश नीचे प्रस्तुत किये जा रहे हैं—

''परिवर्तनकारी भागवत मुहूर्त में सभी चीजें बदलेंगी ही। भारत के पुनर्जागरण का मुहूर्त आ गया है और जो वचन दिये थे, वे अब पूरे होंगे।'' क्या वचन दिये गये थे? पाँच सपने, पाँच वचन, जो १५ अगस्त, १९४७ के सन्देश में श्री अरविन्द ने दिये थे, अब पूरे होंगे। यही है श्री अरविन्द कर्मधारा का उद्देश्य।

''भारत आज अपनी नियति के चौराहे पर खड़ा है। वर्षों की गुलामी के बाद भारत की आत्मा श्री अरविन्द के कर्मों से पुनर्जाग्रत हुई और उसने १५ अगस्त, १९४७ को उन्हीं के जन्म-दिन पर आजादी प्राप्त की। पर उस जागरण ने भारत के भीतर चेतना उत्पन्न नहीं की और आज जब हम भारत की ओर देखते हैं, तो पाते हैं कि —''गुलामी के बन्धन और भी जकड़ गये हैं और गहराई में चोट कर रहे हैं। केवल ऊपर-ऊपर से सतह पर इन घावों को भरने की कोशिश की जा रही है। काफी कुछ जन-कल्याण के लिए किया है, पर वह भी सतही ही है। कारखाने, मिलें, बाँध-नहरें, मशीनी औजारों के क्रियाकलाप, जो जमीन हमवार कर रहे हैं, या खेतों में इस्तेमाल हो रहे हैं, आणविक ऊर्जा उपलब्ध की गई है और

---

१. **पुरोधा, अगस्त १९७०, पृ० २८-२९।**

जन-सेवा के लिए प्रयुक्त हो रही है, अपने पड़ोसियों से होड़ लेने का शोर-शराबा बहुत तेज हुआ है...पर भारत कहीं गहराई में तड़प भी रहा है। भारत दु:खों की घाटियों में छटपटा रहा है। वह भ्रमित और कर्तव्यमूढ़ लगता है। आर्थिक, सामाजिक और नैतिक दृष्टि से तनावों के भीतर से गुजर रहा है, राजनीतिक दृष्टि से चहुँ ओर गड़बड़झाला की स्थिति है, आध्यात्मिक दृष्टि जैसे वह खो चुका है। उसे चारों ओर से धमकाया जा रहा है, अणुबम बनाने की बात ही भौतिक अस्तित्व की समाप्ति का निमंत्रण है। उसके सारे प्रयत्न उसे कहीं ले जा नहीं पा रहे हैं, आखिर क्यों?

क्योंकि सारे समाधान सतह पर लागू किये जा रहे हैं, उस अंतरतम में नहीं, जहाँ से ही नई शक्ति का उदय हो सकता है। इसी आन्तरिक स्वरूप की ओर श्री अरविन्द ने हमारा ध्यान आकृष्ट कराया था, वहाँ तक पहुँचने का रास्ता बताया था ताकि भारत को शक्तिशाली, स्वस्थ और देशों के बीच अपनी दैव-निर्दिष्ट भूमिका निभाने के योग्य बनाया जा सके।

विश्व के लिए भारत का जागरण आवश्यक है, इसलिये पहला कार्य यह है कि भारत अपनी सही आत्मा को पहचाने। १५ अगस्त, १९७२ श्री अरविन्द का शताब्दी वर्ष, भारत के जागरण का वर्ष होना ही चाहिये।

यही है श्री अरविन्द कर्मधारा का उद्देश्य। समय बहुत कम है। सिर्फ दो वर्ष। इसलिये प्रक्रिया बड़ी तीव्र और आकस्मिक ढंग से कार्य करेगी। इस क्रिया की शक्ति का अवतरण हो गया है और वह बड़ी तीव्रता से और बड़े सघन रूप से कार्य करने लगी है। इस शक्ति को समझ कर इसका सही उपयोग करने की आवश्यकता है।''

श्रीमाँ का कथन साक्षी है कि इन सपनों या वचनों को साकार रूप देने में तांत्रिक शक्ति बड़ी तीव्रता से क्रियारत है।

श्री अरविन्द कर्मधारा की अदृश्य शक्ति निरन्तर सक्रिय है। श्रीमाँ ने इस अवसर पर सन्देश दिया—''ठीक से बोलना अच्छा है। ठीक से करना उससे भी अच्छा। ध्यान रखो, तुम्हारे कर्म तुम्हारे वचन से घटकर न हों।'' इसके भी पूर्व ६ अक्टूबर, १९६९ को जब श्रीमती इन्दिरा गाँधी श्रीमती नन्दिनी सत्पथी के साथ श्रीमाँ का दर्शन करने गयीं, श्रीमाँ ने भारत की प्रधानमन्त्री के नाम कुछ सन्देश दिये। ये सन्देश श्री अरविन्द कर्मधारा की शुरुआत से पहले व्यक्तिगत दर्शन के अवसर पर दिये गये थे। यदि कुछ लोगों को इनमें भारत के भविष्यत् कार्यक्रमों का हल्का संकेत भी दिखे, तो आश्चर्य नहीं।

''भारत को अब भविष्य को दृष्टि में रखकर कर्म करना चाहिए। उसे नेतृत्व करना है। इसी माध्यम से वह विश्व के रंगमंच पर अपना सच्चा स्थान प्राप्त कर सकेगा।''

''अरसा हुआ कि यह आदत हो गई है कि शासन अनैक्य और विरोध के द्वारा चलाया जाता रहा। अब समय आ गया है कि शासन एका, पारस्परिक समझ-बूझ और सहयोग द्वारा होना चाहिए।''[१] भारत के लिए संगठित, एकता पर आधारित भविष्योन्मुखी शासन की

१. **Let India work for the future and take the lead.
Thus she will recover her true place in the world.
Since long it was the habit to govern through division and opposition.
The time has come to govern through union, mutual under-standing and collaboration.**

आवश्यकता है ताकि वह इस दैव-निर्दिष्ट समय पर अपने कार्यों द्वारा विश्व का नेतृत्व करने की अपनी भूमिका निभा सके और विश्व में अपना उचित महत्त्वपूर्ण स्थान पुनः उपलब्ध कर सके।

यही था सन्देश। इसके बाद चुनाव हुआ। बांग्लादेश की समस्या आयी। लड़ाई हुई। बांग्लादेश बना। नाना प्रकार की उथल-पुथल जारी है। परिणाम भविष्य बतायेगा। मैं इस पर कुछ नहीं कहना चाहता। आगामी वर्ष इन सपनों की साक्षी देंगे। इनकी पूर्ति की खुलेआम घोषणा करने वाली श्रीमाँ के लिए क्या संभव और क्या असंभव है, इसे जानने का लोगों को मौका मिलेगा।

■

मृत्यु-साम्पराय के लिए मृत्यु का वरण

यस्मिन्निदं विचिकित्सन्ति मृत्योः
यत्साम्पराये महति ब्रूहि नस्तत्।
कठ० २/२९

हे यमराज, मृत्यु के रहस्य और उसके स्वरूप-ज्ञान के विषय में लोगों के मन में इतनी बड़ी आश्चर्यकारी शंका है, हमें वही स्वानुभूत ज्ञान चाहिए।

५ दिसम्बर, १९५० को श्री अरविन्द ने मृत्यु का वरण किया। सारा देश इस समाचार से अवसन्न हो गया।

तत्कालीन राष्ट्रपति डॉ० राजेन्द्र प्रसाद ने इस अवसर पर अपनी श्रद्धांजलि अर्पित करते हुए कहा—"प्राचीन ऋषियों के समान एक निर्भीक और साहसी चिन्तक के साथ ही श्री अरविन्द महत् कार्य करने वाले व्यक्ति भी थे। पश्चिमी साहित्य का उन्होंने पूर्ण अवगाहन किया था। वैसे ही उन्होंने अपनी जन्मभूमि के प्राचीन समृद्ध ज्ञान-विज्ञान का भी गहरा अध्ययन किया, किन्तु वे सिर्फ अध्येता शब्द के सामान्य अर्थ में अध्यवसायी नहीं थे। लिखित और कंठाग्र शास्त्रों के अपने इस अध्ययन को उन्होंने अपनी आनवरतिक और लम्बी साधना से पुनः परीक्षित करके और भी अधिक सशक्त बनाया। उनका शरीर, वर्ष के कुछ नियत दिनों पर, अब कतिपय सौभाग्यशालियों के लिए भी देखने को न मिलेगा, किन्तु उन्होंने जो सन्देश दिये हैं और वे आध्यात्मिकता की जो सुरभि छोड़ गये हैं, वे सिर्फ इस देश की ही नहीं; बल्कि विस्तृत विश्व की उस पीढ़ी तक को; जिसका अभी जन्म भी नहीं हुआ है, प्रेरणा देते रहेंगे। भारत उनकी स्मृति की पूजा करेगा और अपने देश के महान् तत्वदर्शियों और धर्मदूतों की पवित्र परम्परा में प्रतिष्ठापित करेगा।"[१]

राजेन्द्रबाबू की यह भावभीनी श्रद्धांजलि राष्ट्र के जनगण-मन में इस समाचार से उत्पन्न पीड़ा, श्रद्धा और शोकाकुलता का जैसे प्रतीक है। उस समय के समाचार-पत्रों में छपे काली पट्टी वाले शीर्षक इस स्थिति को शायद स्पष्ट कर सकें।

अमृत बाजार पत्रिका, सोमवार—५/१२/५०

श्री अरविन्द चले गए। अचानक और अनपेक्षित अन्त।

हिन्दुस्तान स्टैण्डर्ड, मंगलवार ५/१२/५०

पूरा भारतवर्ष बिलख रहा है ५ दिसम्बर, १९५०—पी० टी० आई० का समाचार है—श्री अरविन्द का शरीर कल १२ बजे शव-वस्त्र में लपेटा जायेगा और उन्हें समाधि दी जायेगी। यह समाधि आश्रम के मुख्य प्रांगण में शाम ५ बजे दी जाने को है। आश्रम की ओर से कहा

---

१. हिन्दुस्तान स्टैंडर्ड, ६ दिसम्बर, १९५०।

गया है कि श्री अरविन्द का शरीर चिता को नहीं सौंपा जायेगा बल्कि समाधिस्थ होगा।

६/१२/५० श्री अरविन्द का शरीर आश्रम में सबके दर्शनार्थ रखा गया है। शाम ६ बजे तक करीब साठ हजार व्यक्ति पंक्तिबद्ध होकर, पूर्ण शान्ति के बीच, उनके शरीर की परिक्रमा कर चुके हैं। श्री अरविन्द के कुछ शिष्य, जो उनकी तीमारदारी में थे, घुटने पर सिर झुकाये शव के पास शोकमग्न बैठे हैं।

भगवान् बुद्ध का अजन्ता शैली का एक चित्र, कक्ष की पूर्वी दीवाल पर लटक रहा है, जिस पर माला चढ़ी हुई है। श्री अरविन्द का शरीर श्वेत रेशमी वस्त्र से ढ़ँका है। लकड़ी की चौकी पर बिछे मुलायम गद्दे पर, जिस पर दागहीन सफेद रेशमी चादर बिछी है, यह शरीर पड़ा हुआ है। उनके शान्त मुखमण्डल को देखकर मृत्यु का नहीं; बल्कि निद्रा का आभास होता है। एक बड़ी विशिष्ट ध्यान देने योग्य वस्तु है यहाँ की नीरवता और शान्ति, जो आश्रम में सर्वत्र छाई हुई है। जिन लोगों ने आज श्री अरविन्द को श्रद्धांजलि अर्पित की, उनमें पांडिचेरी-स्थित भारतीय आयुक्त, फ्रांसीसी भारत के मंत्रीगण, अफसर तथा मद्रास तथा निकटवर्ती क्षेत्रों के भक्त और शिष्य गण थे।

अमृत बाजार पत्रिका ७ दिसम्बर, १९५०

श्री अरविन्द आश्रम के सचिव ने आज सुबह संवाददाताओं को बताया कि डॉ० पी० सान्याल, एफ० आर० सी० एस० कलकत्ता मेडिकल कालेज, डॉ० एस० सेन एफ० आर० सी० एस० और डॉ० एन० तालुकार एम० बी० (एडिनबारा) ने, जिन्होंने श्री अरविन्द की चिकित्सा की थी, उनके शरीर की, मृत्यु के ५४ घण्टे बाद आज सुबह परीक्षा की और उसे ज्यों का त्यों पाया। शरीर पर निष्प्राणताजन्य परिवर्तन के कोई चिह्न नहीं पाये गये। अत: अन्तिम संस्कार आज नहीं किया जायेगा।

फ्रांसीसी भारत के प्रधान चिकित्साधिकारी श्री बार्वे ने भी, जिन्होंने आज प्रात: शरीर की परीक्षा की, प्रमाणित किया कि वह निर्विकार है और इसमें निष्प्राणता से उत्पन्न कोई परिवर्तन दिखाई नहीं पड़ रहे हैं। दिल्ली के इर्विन अस्पताल के डॉ० सेन ने, जिन्होंने श्री अरविन्द की अन्तिम दिनों चिकित्सा की थी, ताईद की कि शरीर में ऐसा कोई भी परिवर्तन नहीं हुआ है।

अमृत बाजार पत्रिका ९/१२/१९५०

१११ घण्टे के बाद समाधि—अन्तिम संस्कार सम्पूर्ण

आज मृत्यु के १११ घण्टे बाद श्री अरविन्द को समाधि दी गई। श्री अरविन्द की रोजवुड (एक बढ़िया लकड़ी) की बनी शव-पेटिका, जिस पर उनका अध्यात्म-प्रतीक सुनहले रंग में अंकित था, उनके कक्ष से प्रांगण में लायी गयी। इस बीच उनके शिष्यों ने एक भूकक्ष, जो दस फीट गहरा, पाँच फीट चौड़ा और बारह फीट लम्बा है, तैयार कर लिया था। यह भूकक्ष उस वृक्ष के नीचे बना है, जिसके छोटे-छोटे पीले फूल को श्रीकृष्ण की चूड़ा की पीतमणि कहते हैं, शव-पेटिका इसमें रखी गयी। उसे कांक्रीट के तख्तों से ढँक दिया गया और वहाँ उपस्थित सभी लोगों ने भूकक्ष को बालू से भर दिया। श्रीमाँ दो तल्ले की खिड़की से अंतिम संस्कार को देख रही थीं।

अपने ५-१२-५० के अंक में **अमृत बाजार पत्रिका** ने श्री अरविन्द के निधन को आकस्मिक और अनपेक्षित बताया। **हिन्दुस्तान स्टैण्डर्ड** के संवाददाता ने दिल्ली में संसद-

भवन की वीथिका में संसद-सदस्यों द्वारा श्री अरविन्द के निधन का समाचार सुनकर उनके स्तब्ध रह जाने की चर्चा की है। "भयानक क्षति, महत्तम त्रासदी" जैसे वाक्य अचानक स्वत: स्फूर्त ढंग से उनके होंठों से फूट पड़ते थे।

श्री अरविन्द का यह आकस्मिक निधन कई दृष्टियों से विचार का विषय बना। उनके शरीर की अविकृति पर भी सारे देश में कुतूहल और चमत्कारिक आश्चर्य व्यक्त किया गया।

अनेक डॉक्टरों ने, जो वैज्ञानिक तथ्य-परकता से तिल बराबर भी इधर-उधर हटने को तैयार नहीं होते, इस चमत्कार की पुष्टि की। इन डाक्टरों में सर्वाधिक महत्त्वपूर्ण संस्मरण, डॉ० प्रभात सान्याल का है, जो "ए कॉल फ्राम पांडिचेरी" शीर्षक से प्रकाशित हुआ है।

२९ नवम्बर, १९५० को डॉ० सान्याल को कलकत्ते में उनके निवास-स्थान पर एक तार मिला—"वायुयान से शीघ्र आएँ—अत्यावश्यक—श्रीमाँ।"

३० नवम्बर को सान्याल मद्रास पहुँचे और वहाँ से किराये की टैक्सी लेकर पांडिचेरी के लिए चल पड़े। शाम को वे आश्रम पहुँच गये। सान्याल लिखते हैं—"वहीं आश्रम के डॉ० नीरद और मेरे सहयोगी डॉ० सत्य सेन से श्री अरविन्द के स्वास्थ्य पर बातचीत हुई। मैं धीरे-धीरे सीढ़ियाँ चढ़ते हुए उनके कक्ष में पहुँचा। वहाँ मैंने श्री अरविन्द को, अपने ईश्वरीय बीमार (Patient) को, शय्या पर, सब कुछ से तटस्थ, शान्ति की एक महान् मूर्ति की तरह, आँखें बन्द किये, अर्द्धनिद्रित अवस्था में देखा।"[१]

श्री अरविन्द की किडनी में दोष आ गया था। सभी डाक्टर इस बात पर सहमत थे कि लगातार सलाई देकर सफाई करने और एण्टीबॉयोटिक्स का प्रयोग करने से स्थिति काबू में आ जायेगी। पहली दिसम्बर को उनके स्वास्थ्य में कुछ सुधार भी दिखाई पड़ा। श्री अरविन्द उस दिन काफी ठीक-ठाक थे और शरीर का तापमान भी औसत रहा। शरीर को गीले वस्त्र से पोंछा गया। उन्होंने थोड़ा बहुत नाश्ता भी किया और व्यंग्य-विनोद करते रहे।

डॉ० सान्याल लिखते हैं—"मैं उनके सर को सहला रहा था। मैंने पूछा, कहिए, कैसा लग रहा है?"

"मैंने सुना था कि तुम चिकित्सा-विज्ञान के फेलो के रूप में इंग्लैण्ड गये थे; पर तुमने मालिश कहाँ से सीखी?" मौका पाकर मैंने कहा कि हम आपके रक्त की परीक्षा करना चाहते हैं। इस पर वे मुस्कराये और व्यंग्य से कहा—"तुम डाक्टर लोग बीमारी और दवा के अलावा कुछ सोच ही नहीं सकते। किन्तु ऊपर से लक्षित होने वाली बातों के अलावा उनसे अलग और उनसे ऊपर और भी कुछ होता है। मुझे किसी चीज़ की जरूरत नहीं है।"[२]

डॉ० सान्याल के इस बयान से स्पष्ट हो जाता है कि श्री अरविन्द अपनी बीमारी को सामान्य बीमारी नहीं मानते थे। उसके साथ जुड़े हुए अनेक तत्त्वों की उन्हें जानकारी थी, जिसे वे गुप्त ही रखना चाहते थे। इन चीजों का उल्लेख आगे किया जायेगा।

चूँकि स्थिति सुधरती जा रही थी, अत: डॉ० सान्याल ने निर्णय किया कि वे विदा लेकर कलकत्ता के लिए प्रस्थान करेंगे। उन दिनों स्कूल-समारोह चल रहा था। वह दूसरा दिन था और माँ खेल के मैदान से सामूहिक खेलकूद का निरीक्षण करने के बाद लौटी थीं। इसलिए

---

१. दिसम्बर १९५३, मदर इण्डिया रिप्रिंट, पृ० १।

२. वही, पृ० २-३।

सान्याल कुछ कह न पाये। दिसम्बर तीन को श्री अरविन्द का स्वास्थ्य काफी अच्छा था। उस दिन नीरदवरण ने उनको फल का रस दिया था और उन्होंने उसको प्रसन्नतापूर्वक ग्रहण किया था। ११ बजे के करीब डॉ० सान्याल ने श्रीमाँ से कहा—"चूँकि गुरुदेव का स्वास्थ्य ठीक हो रहा है, अतः मैं इस सन्ध्या को जाने की सोच रहा हूँ।" श्रीमाँ यह सुनकर बहुत गम्भीर हो गयीं। "मैंने उनकी आँखों को देखा और मेरे सारे शरीर में कंप दौड़ गई। मैं सोचने लगा कि मैंने अपने जाने की बात इस तरह क्यों कह दी। मुझे श्रीमाँ की आज्ञा की प्रतीक्षा करनी चाहिए थी। मुझे हार्दिक पीड़ा हुई और मैं बोल पड़ा—"मैं कुछ दिन और रुक जाऊँगा।" यह सुनकर श्रीमाँ के चेहरे पर हल्की सी हँसी छा गई। वे आश्वस्त हुईं।

दोपहर के बाद सहसा स्थिति बदलने लगी। तापमान १०१ डिग्री हो गया। श्वास लेने में निश्चय ही कष्ट हो रहा था। श्रीमाँ कमरे में चार बजे आ गयीं और उन्हें देखती खड़ी रहीं। पूरी दोपहरी हम उन्हें पानी या फल का रस या कुछ भी पिला सकने में असफल रहे थे। इसलिए हमने श्रीमाँ की सहायता चाही। इन्होंने चम्मच उनके मुँह से लगाया। उन्होंने आँखें खोलीं। एकाध चुस्की लेकर वे पुनः निष्क्रिय ढंग से पड़ गये। श्रीमाँ हमें लेकर बगल के कमरे में आयीं और उन्होंने स्पष्ट कहा—"वे पूरी तरह भीतर से सचेत हैं, पर अपने में रुचि लेना छोड़ रहे हैं।"

डॉ० सान्याल के लिए एक चीज़ बहुत अजीब लगती कि "श्री अरविन्द ऊपर से बेहोश जैसे लगते हुए भी, जब कोई पथ्य दिया जाता, ग्रहण कर लेते और अपने रूमाल से स्वयं अपना मुँह पोंछ लेते। फिर वे लेटते और पुनः वैसे ही बेहोश जैसे हो जाते। हम सबको ऐसा लगता कि चेतना कहीं बाहर से आती, तब वे क़रीब-क़रीब सामान्य ढंग से कार्य करते और फिर वह लौट जाती, शरीर काँपता और पीड़ा में डूब जाता।"[१]

इसी स्थिति में एक बार श्री अरविन्द ने सान्याल से पूछा—"बंगाल का क्या हाल है? खास तौर से शरणार्थियों का?"

डॉ० सान्याल ने सविस्तार उनकी दारुण कथा सुनाई और कहा—"निश्चय ही भगवान् उनकी मदद करेंगे।"

"निश्चय ही", श्री अरविन्द बोले—"यदि बंगाल ईश्वर को चाहे।" वे पुनः उसी तरह निश्चेष्ट पड़ गये।

५ बजे के करीब श्री अरविन्द की हालत कुछ ठीक थी। वे शय्या से उठे। आराम-कुर्सी पर जाकर बैठे। एक क्षण के लिए जैसे वे बिलकुल भिन्न व्यक्ति हो गये हों। आँखें बन्द किये पूर्ण शान्त भाव से बैठे रहे। किन्तु वैदिक ऋषि के सदृश दीख पड़ने वाली यह शान्त, महान् आकृति बहुत देर तक नहीं बनी रही। करीब पौन घंटे के बाद ही घबड़ाहट बढ़ने लगी और

---

१. दिसम्बर १९५१, मदर इण्डिया रिप्रिंट, पृ० ५। इस सम्बन्ध में श्री नीरदवरण ने सान्याल के इस कथन को भी उद्धृत किया है—"एक बीमार, जो कोमा (चेतनाशून्यता) की स्थिति से घंटे या दो घंटे बाद बाहर आ जाता है, पान माँगता है, समय के बारे में पूछता है, उसका यह 'कोमा' बहुत विचित्र लगता है। कम से कम मैंने अपने चिकित्सानुभवकाल में कोमा की ऐसी स्थिति कभी नहीं देखी। "आई एम हीयर, आई एम हीयर"—पृ० १९।

उन्होंने शय्या पर जाने की इच्छा व्यक्त की। श्वासप्रक्रिया का अवरोध दूने वेग से कष्ट देने लगा। पेशाब में रुकावट आ गयी और तकलीफ बेहद बढ़ गयी। यद्यपि अचेत लगते थे, पर थे नहीं, उन्होंने चम्पकलाल को खींचकर सीने से लगा लिया और चुम्बन दिया। यह दिव्य वात्सल्यपूर्ण प्रतिदान नीरदवरण और मुझे भी प्राप्त हुआ। इस तरह का व्यवहार उन्होंने कभी नहीं किया था। श्रीमाँ प्रतिदिन की भाँति खेल के मैदान से लौटीं। प्रतिदिन की तरह उन्होंने शय्या पर चरणों की ओर मालायें रख दीं। वे आज बहुत ज्यादा गम्भीर और शान्त लग रही थीं, जिसके कारण हमें परेशानी होने लगी। बगल के कमरे में जाकर हमलोगों ने प्रार्थना की—''नसों से ग्लूकोश वगैरह चढ़ाने की अनुमति दें।'' श्रीमाँ ने कहा—''मैंने तुम लोगों से कहा कि अब इसकी आवश्यकता नहीं। उनकी अपने में अब कोई दिलचस्पी नहीं रह गई है। वे जाने की तैयारी कर रहे हैं।''

हम उनकी शय्या के इर्द-गिर्द बैठे सोचते रहे कि क्यों वे अपने में दिलचस्पी नहीं ले रहे हैं। डॉ० नीरद ने उन्हें अनेक लोगों की बीमारियाँ दूर करते देखा था। अत: स्वाभाविक प्रश्न उठता है कि इस संकटमय क्षण में वे अपने प्रति ऐसे उदासीन क्यों हैं? क्या वे अपना बलिदान करने जा रहे हैं?

रात ग्यारह बजे माँ आयीं और उन्होंने श्री अरविन्द को एक प्याला टमाटर का रस पिलाया। एक अद्‌भुत घटना—वह शरीर जो अब तक पीड़ा में डूबा था, निश्चेष्ट था, साँस लेने के लिए तड़प रहा था, सहसा शान्त हो गया, चेतना शरीर में प्रवेश कर गई हो जैसे, वे जगे हुए थे, सहज सामान्य भाव से उन्होंने टमाटर का रस पी लिया, चेतना पुन: लौट गई और शरीर पुन: पीड़ा में तड़पने लगा।

रात्रि को १ बजे (५ दिसम्बर) माँ पुन: आयीं। उन्होंने गुरुदेव को देखा। श्रीमाँ के चेहरे पर दु:ख, भय, चिन्ता का कोई चिह्न भी न था। उन्होंने आँख के इशारे से मुझे बगल के कमरे में बुलाया—''तुम्हारा क्या ख्याल है? क्या मैं एक घण्टे के लिए 'एकान्त' में जा सकती हूँ।'' यह एक बहुत विशेष बात है। जब माँ 'एकान्त' में जाती हैं, तो उसका अर्थ है उनके शरीर से चेतना बाहर आ जाती है। उस वक्त कोई न तो उन्हें पुकार सकता है, न कमरे के भीतर जा सकता है। मैंने संकेत में धीरे से कहा—''माँ, यह मुझसे सँभलने के बाहर की चीज है।'' वे बोलीं—''जब वक्त आ जाये, मुझे बुलाना?''

मैं गुरुदेव के सिरहाने खड़ा होकर उनके बालों को सहलाने लगा, जो उन्हें हमेशा अच्छा लगता था। नीरद और चम्पकलाल पैताने बैठे पैरों को सहला रहे थे। अचानक शरीर में कंप हुआ। उन्होंने अपनी दोनों भुजाओं को छाती पर एक के ऊपर एक रख लिया। तभी सब कुछ खत्म हो गया। श्वास बन्द हो गया। उस वक्त रात्रि के १ बजकर २० मिनट हुए थे। मैंने नीरद से कहा कि माँ को बुला लो। तभी क्या देखता हूँ कि माँ कमरे में घुसीं। वे श्री अरविन्द के पैताने खड़ी थीं। उनके सारे केश खुले थे और कन्धे पर बिखरे हुए थे। उनकी आँखें इतनी भयानक लगती थीं, मैं उधर देख नहीं पाया। वैसे ही एकाग्र आँखों से वे उन्हें देखती रहीं। १ बजकर २६ मिनट पर मैंने कहा—''सब समाप्त हो गया।'' चम्पकलाल के धैर्य का बाँध टूट गया। वे सिसकते हुए माँ से बोले—''माँ, सच-सच कह दो कि डॉ० सान्याल गलत कह रहे हैं। वे अभी जीवित हैं।'' श्रीमाँ ने चम्पकलाल की ओर देखा, वे अचानक शान्त हो गये, जैसे किसी ने उन पर जादू की छड़ी छुला दी हो। श्रीमाँ वैसे ही आधे घंटे तक खड़ी रहीं। मैंने बहुत देर तक इस आकस्मिक धक्के से बाहर होने पर माँ से कहा—''अब क्या करना है?

हमें अन्तिम संस्कार का प्रबन्ध करना होगा।'' श्रीमाँ बोलीं—''उन्हें 'सर्विस ट्री' के नीचे समाधि दी जायेगी, उसी जगह जहाँ लम्बे बालछड़ (maiden hair) के पौधे खड़े हैं।'' डॉ० सान्याल इस उत्तर से स्तब्ध रह जाते हैं—''तो यह जगह पहले से ही उस कार्य के लिए चुनी हुई थी। यह है ईश्वरीय कार्य-पद्धति।''[१]

सारे आश्रम में समाचार विद्युत्-गति से दौड़ गया। नलिनीकान्त गुप्त और पवित्र (पी० वी० सेंट हिलेयर) इस दृश्य को देखकर स्तब्ध रह गये। पवित्र पैरों के पास खड़े थे और उनकी आँखों से आँसुओं की धारा उमड़ रही थी। डॉ० सुकुमारन और डॉ० सान्याल ने मृत्यु के प्रमाण-पत्र पर हस्ताक्षर किये। गोलकुण्ड के अपने कमरे में बैठे डॉ० सान्याल खिड़की से पूरब के ललछोंहें आकाश को देखते अपने ही देखे पर विश्वास न करते हुए-से बड़बड़ा रहे थे—''श्री अरविन्द चले गये। श्री अरविन्द चले गये!!''

ऐसे ही दारुण मनोभाव ने पूरे देश को झिंझोंड़ कर रख दिया। श्री अरविन्द के इस आकस्मिक निधन का समाचार सुनकर प्रधानमन्त्री जवाहरलाल नेहरू ने कहा, ''श्री अरविन्द के निधन की आकस्मिकता के समाचार ने हम सभी को गहरा धक्का पहुँचाया है। वे एक महान् व्यक्ति से भी अधिक (महत्त्वपूर्ण) थे। वे स्वयं में एक संस्था हो गये थे और किसी को कल्पना भी नहीं थी कि वे इतनी जल्दी हमें छोड़ जायेंगे। पुरानी पीढ़ी के लोग उन्हें भारतीय स्वतन्त्रता की जलती हुई मशाल के रूप में याद करते हैं। बाद के दिनों में उन्होंने राजनीतिक क्षेत्र से बहुत अलग होकर एकान्त में रहकर पूर्णतः अपने को दर्शन और धर्म के लिए सौंप दिया था। उनकी आश्चर्यकारी बौद्धिक दीप्ति उनकी रचनाओं और विचारणाओं में अभिव्यक्त हुई है। यद्यपि अपेक्षाकृत बहुत थोड़े से लोग इस एकान्त में उनसे मिल सके, पर उनकी पुस्तकों ने उनके विचारों को दूर-दूर तक फैलाया। आज के सर्वोच्च मेधावियों में से एक हमारे बीच से चला गया है। और हम सभी इस क्षति से शोकाकुल हैं।''[२]

सरदार वल्लभ भाई पटेल अपने व्यक्तित्व और कार्यप्रणाली में श्री अरविन्द के एक पक्ष में बहुत निकटता रखते थे, इसलिए उनके शोकोद्गार में एक अद्भुत श्रद्धा और पीड़ा का समन्वय दिखाई पड़ता है—श्री अरविन्द के निधन से मेरे दिमाग में भारतीय स्वतंत्रता की लड़ाई की शुरुआत की यादें ताजा हो जाती हैं। एक निर्भीक देशभक्त और आज़ादी के एक वीर और साहसिक योद्धा के रूप में उन्होंने अपने युवाकाल का सर्वोत्तम देश को सौंप दिया। वे ज्यों-ज्यों प्रेरणादायी नेता के रूप में उभरते गये, उन्होंने अपने अनेकानेक प्रशंसकों के मन में देश के लिए बलिदान और आत्मोत्सर्ग की भावनाएँ जगायीं, जिसके वे खुद एक बेहतरीन उदाहरण थे। इन चीज़ों के बिना किसी भी राष्ट्र का न तो निर्माण हो सकता है और न तो वह अपने को चरितार्थ ही कर सकता है। मैंने सबसे पहले उनको तब जाना, जब वे बड़ौदा में प्रोफेसर थे। मैंने उनमें एक चुम्बकीय आकर्षण वाले व्यक्तित्व का अनुभव किया, जो अपने देश के प्रति प्रेम-भावना से खिलने-खिलने को था। वही प्रेम उन्हें कालान्तर में आध्यात्मिक योग और साधना के दिलचस्प प्रयोगों की ओर ले गया। आत्मा और भौतिक शरीर के रहस्यपूर्ण संघर्ष के उस क्षेत्र में भी उन्होंने भौतिकता पर आत्मा की असामान्य विजय प्राप्त की और उस क्षेत्र में भी उनका ऐसा महत्त्वपूर्ण योगदान रहा कि उससे खिंचकर निकट और दूर

---

१. **ए कॉल फ्रॉम पांडिचेरी।**

२. **हिन्दुस्तान स्टैंडर्ड, ७, १२, १९५०।**

के विभिन्न क्षेत्रों में कार्य करने वाले लोग उनके अनुयायी बने। किन्तु हमारी समस्याओं और नियति के प्रति उनकी दिलचस्पी वैसी ही गहरी बनी रही, जैसी पहले थी। हमारी समस्याओं के प्रति उनके आध्यात्मिक दृष्टिकोण ने एक जीवन्तता और नई ताजगी पैदा की, जो हमारे लिए सीख और प्रेरणा दोनों ही देने वाली थी। उनकी मृत्यु के कारण भारत ने एक बहादुर और विशिष्ट पुत्र खो दिया है और आध्यात्मिक जगत् एक यशस्वी और सिद्धि-लब्ध ऋषि से वंचित हो गया है।"[१]

श्री अरविन्द के इस निधन से सम्पूर्ण देश अपने को दयनीयता और बेचारेपन की हालत में अनुभव कर रहा था। संकट और संत्रास की इस घड़ी में उनके प्रेरणादायी पथप्रदर्शन के अभाव के कारण सभी विजड़ित और स्तब्ध थे।

हिन्दुस्तान स्टैंडर्ड के ६/१२/५० के अंक में प्रकाशित सम्पादकीय श्रद्धांजलि काफी विचारपूर्ण और तथ्यात्मक है : "हमारी मानवजाति के इतिहास के इस क्षण में, जो गहरे अँधेरे और उलट-पुलट कर देने वाली नियति से आक्रान्त है, पूरब की एक और कृपालु और प्रकाशदायनी ज्योति बुझ गयी है। इस अनाध्यात्मिक युग के महत्तम ऋषियों में एक, श्री अरविन्द हमारे बीच नहीं रहे। शाश्वत का वह वातायन, जिसने आज के दिग्भ्रमित और संकटों से घिरे हमारे जीवनेतिहास पर दिव्यता की ज्योति फैलाई थी, बन्द हो गया। विद्वान्, प्राध्यापक, दार्शनिक, कवि, देशभक्त, क्रान्तिकारी और एक ऋषि के रूप में श्री अरविन्द ने अपनी एक ज़िन्दगी में बीस जिन्दगियों को समेट लिया था और वे अन्त में अठहत्तर वर्ष के युवाकाल में मृत्यु को प्राप्त हुए।"

सम्पादकीय के अन्त में तात्कालिक विश्व की दारुण स्थिति का वर्णन करते हुए कहा गया है—"उस युग में, जो केवल भौतिक सफलताओं और खुशियों की ही परवाह करता है, श्री अरविन्द जो दिव्य-जीवन के आदर्श का प्रतिनिधित्व करते थे, हमारे लिए चुनौती हैं। वे आत्मिक जीवन के पक्षपाती थे तथा मनुष्य के सामाजिक जीवन को आध्यात्मिक सौहार्द पर प्रतिष्ठित देखना चाहते थे। पहले की अपेक्षा कहीं अधिक, आज हमारे बीच श्री अरविन्द जैसे आध्यात्मिक नेताओं की जरूरत है, ताकि मानवता के क्रिया-कलापो के ज्वारभाटे को, जो हमें ऐसे सर्वनाश की ओर ले जा रहा है, जिसका अन्दाजा भी नहीं लगाया जा सकता, सँभाला जा सके।"

भारतीय सम्पादक की अपेक्षा 'स्टेट्समैन' का अंग्रेज सम्पादक इस निधन से किसी भी तरह कम शोकाकुल और हतप्रभ नहीं दीखता। उस तारीख के सम्पादकीय में स्टेट्समैन के सम्पादक ने लिखा—"पिछले वर्षों कुछ खास मौकों पर उन्होंने राजनीतिक समस्याओं पर खुलेआम अपने विचार व्यक्त किये, जो अद्‌भुत सूझ-बूझ से भरे हुए थे। उनके पांडिचेरी में एकांतवास के बाद से लगातार अंतर्राष्ट्रीय संकट की ऐसी घटनाएँ होती रहीं कि उन्हें विश्व एकता के लिए आध्यात्मिक आधार की विचारधारा को सामने लाना पड़ा। उनका निधन ऐसे वक्त हुआ है, जब मानव-जाति एक और जघन्य युद्ध की विभीषिका में घिरने जा रही है। तथापि ऋषि और महात्माओं के शब्द केवल किसी खास क्षण के लिए ही नहीं होते और न तो वे बालू की परत पर लिखे-जैसे ही होते हैं [अर्थात् वे सदा के लिए मार्ग-दर्शक बनते हैं।]

---

१. हिन्दुस्तान स्टैंडर्ड, ६/१२/१९५०।

उपर्युक्त विवरणों से दो बातें स्पष्ट रूप से सामने आती हैं। पहली यह कि श्री अरविन्द की मृत्यु का समाचार सबको आकस्मिक लगा। स्वयं डॉ० सान्याल के विवरण से भी इसकी पुष्टि होती है। यही नहीं, ऐसा लगता है कि उन्होंने जानकर मृत्यु का वरण किया। डॉ० नीरदवरण ने अपनी एक पुस्तिका में, जिसने उस निराशाभरी स्थिति में प्रकाश-स्तम्भ की तरह जाने कितनी-कितनी बिलखती आत्माओं को रोशनी और सहारा दिया, लिखा है—"श्री अरविन्द के जीवन का अध्ययन इस बात का प्रमाण देता है कि एकाधिक बार वहाँ कोई-न-कोई ऐसी आकस्मिकता घटती जा रही है, जो उनके निर्णय का परिणाम प्रतीत होती है। हम देखते हैं कि सहसा ऊर्ध्वमुखी उठती हुई जीवन-रेखा मुड़कर एक नया रूप ले लेती है, जब वे सहसा आई० सी० एस० में अद्‌भुत सफलता पाकर भी उस रुतबे को एक तरफ फेंककर बड़ौदा की एक गर्वहीन नौकरी में आ जाते हैं। वहाँ उनके भाग्य का सूर्य जब पुनः ऊपर उठने लगता है और वे जनता के आकर्षण और प्रशंसा का केन्द्र बनने लगते हैं, वे सहसा उस विशिष्टता की चोटी से स्वयं उतर आते हैं। कुछ दिनों के लिए यह सूर्य घटाओं में घिर जाता है। पर्दे के पीछे कार्य चलता रहता है। सहसा एक दिन वह राजनीतिक क्षितिज पर चकाचौंध कर देने वाली रोशनी के साथ पुनः उदित हो जाता है। और जब प्रत्येक व्यक्ति की आँखें आश्चर्य और आनन्द से इस प्रकाश को देखने लगती हैं, कि रोशनी अपने को जेलखाने की कालिमा में कैद कर लेती है, जहाँ वे अपनी जिन्दगी की सर्वोच्च आध्यात्मिक अनुभूति को प्राप्त करते हैं। जेल से बाहर आने पर, उनके द्वारे खड़ी उन्हें अखिल भारतीय नेतृत्व प्रदान करने के लिए उत्सुक रहती है कि वे अचानक एक रात को गायब हो जाते हैं और अनेक वर्षों के लिए पांडिचेरी में अज्ञातवास में लुप्त हो जाते हैं। यह जैसे काफी न हो। १९२६ में अपनी साधना की प्रधानतम विजय प्राप्त कर लेने पर, जब हम यह आशा लगाये थे, कि वे विश्व के सर्वोच्च शिखर पर आत्मा की विजय-ध्वजा फहरायेंगे, वे और भी गूढ़ अज्ञातवास यानी एकांतवास में चले गये और अब आया है यह अन्तिम अज्ञातवास, जो यद्यपि पहले के अज्ञातवासों की ही तर्कपूर्ण परिणति है, फिर भी इस आश्चर्यकारी ढंग से घटा है कि ज्वालामुखी के विस्फोट की तरह इसके प्रभाव से कोई बच नहीं पाया है।"[१] नीरदवरण भी इस घटना को स्वयंकृत वरण ही मानते हैं यानी आत्मनिर्णय से स्वीकृत अद्‌भुत अज्ञातवास। दूसरी बात जो पत्रकारों ने सम्पादकीय में लिखी यानी विश्व पर आसन्न संकट के समय उनकी अनुपस्थिति का शोक।

क्या ये दोनों बातें परस्पर अलग-अलग हैं? जब हम विश्व की परिस्थिति का विश्लेषण करते हैं, तो लगता है, उस वक्त सबसे भयानक संकट के बादल कोरिया पर मंडरा रहे थे। मैंने श्री अरविन्द के निधन के पहले के 'अमृत बाजार पत्रिका' के कुछ अंक उलट-पुलट कर देखे। मुझे एक बड़ी विचित्र-सी रहस्यों भरी स्थिति अखबारी पृष्ठों पर तैरती हुई नजर आयी। मैं आपको उन तारीखों की ओर पीछे लौटा ले चलना चाहता हूँ।

२८-८-५०

कलकत्ते के दमदम हवाई अड्डे पर अमृत बाजार पत्रिका के विशेष प्रतिनिधि से अपनी अन्तर्वार्ता में बर्टेण्ड रसेल ने कहा कि "अमेरिका और रूस के युद्ध में एशिया को नहीं फँसना चाहिए। इस दृष्टि से मैं नेहरू का समर्थन करता हूँ।...मैं जानता हूँ कि कोरिया में उत्तरी

---

१. **आई एम हीयर, आई एम हीयर, पृ० १-२।**

कोरिया ही (कम्युनिस्ट) मूल आक्रामक है। ऐसे आक्रमणों का, चाहे वे जहाँ भी किये जायें, जवाब मिलना ही चाहिए। कोरिया के विभाजन को मैं गलत मानता हूँ। यह एक मूर्खतापूर्ण नीति है कि कोरिया को दो टुकड़ों में बाँट दिया जाये।''

२७-८-५०

कराची के हवाई अड्डे पर पत्र-प्रतिनिधियों के सामने श्री रसेल नें कहा कि ''आज के विश्व की समस्याओं का एकमात्र समाधान '**विश्व सरकार**' ही हो सकती है।'' उन्होंने आगे कहा कि ''इस युद्ध के खतरे से बचने का एकमात्र रास्ता है कि पश्चिमी देश अपनी सुरक्षा-व्यवस्था को मजबूत करें।'' कोरिया-युद्ध के संदर्भ में उन्होंने कहा कि ''रूस अनेक स्थानों पर ध्यान बँटाये रखने की अपनी रणनीति अपना रहा है। जब वह देखेगा कि पश्चिमी शक्तियों की सेनायें कोरिया में बुरी तरह फँस गई हैं, तो वह अपनी इच्छा से ज्यादा उपयुक्त जगह चुनकर हमला करेगा। इस विश्वयुद्ध में किसी को भी विजय नहीं मिलेगी।''

४-९-५०

श्री जवाहरलाल नेहरू ने प्रशान्त महासागरीय वैदेशिक संस्थान के ग्यारहवें अधिवेशन का उद्घाटन करते हुए कहा कि ''हमें ऐसे दुस्साहसिक कार्यों से बचना चाहिए, जो विश्व को तृतीय विश्वयुद्ध के कगार पर ले जा रहे हैं। क्योंकि तृतीय विश्वयुद्ध जैसा कि हर व्यक्ति जानता है, मनुष्य जाति के लिए असीम ध्वंस और दारुण संकट का कारण बनेगा।

२८-११-५०

संयुक्त राष्ट्रसंघ में अमेरिकी प्रतिनिधि श्री वारेन ऑस्टिन ने कहा कि ''कोरिया में चीन ने हमला किया है।'' कम्युनिस्ट चीन के प्रतिनिधि श्री ऊ (Wu) ने अमेरिका को चेतावनी दी कि ''वह कोरिया और फारमोसा से अमेरिकी फौजों को तुरन्त हटा ले, वरना परिणामों की सारी जिम्मेदारी उसी पर होगी।''

२-१२-५०

ब्रिटिश प्रधानमन्त्री एटली ने अमेरिकी प्रेसिडेण्ट ट्रूमन से कोरिया के मसले पर तुरन्त बातचीत करने के लिए अमेरिका जाने की घोषणा की है। फ्रांस के प्रधानमन्त्री अपने विदेश सचिव के साथ ३ दिसम्बर, १९५० को इंग्लैण्ड पहुँच रहे हैं, ताकि वे एटली से कोरिया के मामले पर बातचीत करें। हो सकता है कि वे भी अमेरिका जायें।

उपर्युक्त समाचारों को गम्भीरता को देखते हुए पाठक सहज अनुमान लगा सकता है कि कोरिया-युद्ध विश्वयुद्ध में परिणत होने की अन्तिम स्थिति में आ गया था। इस विराट ध्वंस और संकट को टालने के लिए बेशुमार दौड़-धूप चल रही थी। २९ नवम्बर, १९५० को डॉ० सान्याल के पास भेजे श्रीमाँ के पत्र से श्री अरविन्द के अस्वस्थ होने का समाचार ज्ञात हुआ।

श्री अरविन्द कोरिया-युद्ध के बदलते हुए रुख से बहुत चिन्तित थे। उन्होंने एक बार शिष्यों से कहा भी था कि यदि यह विश्वयुद्ध में बदल जाता है तो मेरे कार्यों को बहुत क्षति पहुँचेगी। 'मदर इण्डिया' के सम्पादक श्री के० डी० सेठना ने कोरिया की समस्या पर एक पत्र लिखकर उनके निर्देशन की प्रार्थना की। उन्होंने २० जून, १९५० को सेठना के पत्र का उत्तर दिया। पत्र की आरम्भिक पंक्ति से स्पष्ट है कि वे कोरिया-समस्या पर अपने निर्णय को सार्वजनिक रूप से उद्घाटित करना नहीं चाहते थे। ''मैं नहीं जानता कि क्यों तुम चाहते हो कि तुम्हारे पथ-निर्देशन के लिए कोरिया-समस्या के बारे में अपने विचारों की पद्धति तुम्हें

स्पष्ट करूँ। कुछ ऐसा भी नहीं है कि संकोच किया जाये। वहाँ की सारी स्थिति नितान्त स्पष्ट है। साम्यवादी योजना का पहला कदम है, जिसका उद्देश्य पहले उत्तरी हिस्सों को वश में करना और हड़पना होगा, फिर दक्षिण एशिया को, जो पूरे एशिया महाद्वीप को आक्रान्त करने की उनकी योजना की शुरुआत कहा जा सकता है—फिर तिब्बत को, जो उनके भारत-प्रवेश का द्वार होगा।

यदि वे इसमें सफल हो जाते हैं, तो कोई कारण नहीं कि क्यों वे पूरे विश्व पर क़दम-ब-क़दम कब्जा करने की अपनी योजना को आगे न बढ़ायें?[१] ऐसा वे तब तक करते रहेंगे, जब तक वे सीधे अमेरिका से भी समझ लेने की स्थिति में नहीं हो जाते। अमेरिका से लड़ाई बचाने का यह प्रयत्न तब तक चलेगा, जब तक स्तालिन सही मौके का ठीक से चुनाव नहीं कर लेते। ट्रुमन संभवतः इस स्थिति को समझते हैं, जैसा कि उनकी कोरिया में चल रही पहल से लगता है। पर यह देखना बाकी है कि क्या वे इतने मजबूत हैं कि अपने इरादों को वहाँ पूरा करने का प्रयत्न करते हैं? ट्रुमन ने जो तरीके अपनाये हैं, वे शायद अधूरे और असफल होंगे; क्योंकि उनमें सीधे सैनिक हस्तक्षेप को नहीं अपनाया गया है। बहुत करके समुद्रीय और हवाई हस्तक्षेप मात्र ही हो रहा है। अभी तो यही स्थिति है हमें देखना है कि यह आगे क्या रूप लेती है। एक चीज़ निश्चित है। अगर बहुत ज्यादा ढुलमुल और द्विविधा-ग्रस्त स्थिति बनी रहती है और अमेरिका यहाँ कोरिया की रक्षा करने से पीछे हट जाता है, तो वह एक के बाद एक धक्के से अपने मोर्चों से पीछे हटने के लिए विवश किया जायेगा और तब बहुत देर हो चुकी रहेगी, कहीं न कहीं उसे जमकर अपनी रक्षा करनी ही होगी। चाहे इस कठिन निर्णय से युद्ध की ही नौबत क्यों न आ जाये। स्तालिन खुद अभी एकदम से विश्वयुद्ध के खतरे में पड़ने को तैयार नहीं हैं। इसलिए ट्रुमन इस स्थिति का फायदा उठाकर पासा पलट सकते हैं। ऐसा वे तभी कर सकते हैं, जब वे लगातार युद्ध के खतरे को स्वीकार करते हुए स्तालिन को अमेरिका के सामने मोर्चे पर मोर्चा छोड़ने के लिए विवश कर दें। इस समय मैं सिर्फ इतना ही कह सकता हूँ। स्थिति जितनी गंभीर हो सकती थी, हो गई है।'' बर्टेण्ड रसेल ने जो बात २७ अगस्त, १९५० को कही थी, यानी रूस मौके के चुनाव में है, वही बात श्री अरविन्द ने २० जून को कही थी।

इन्हीं स्थितियों को देखते हुए अनेक लोगों की धारणा है कि श्री अरविन्द ने ऐसी दुःखद घटना को रोकने और विश्व को तृतीय विश्वयुद्ध से बचाने के लिए अपना बलिदान किया।

डॉ० नीरदवरण ने अपनी प्रसिद्ध पुस्तिका ''आई एम हीयर, आई एम हीयर'' में वस्तुस्थिति को एक दूसरे पहलू से देखा है।

श्री अरविन्द योगी थे। योगी इच्छाजीवी होता है। मृत्यु भी उसकी इच्छा की ही अनुगामिनी होती है। एक बार कुछ स्त्रियों ने उनसे पूछा—''अपनी साम्प्रतिक साधना की अवस्था में मृत्यु के संदर्भ में आपकी क्या स्थिति है?''

''तीन चीजें हैं, जो मेरी मृत्यु का कारण बन सकती हैं।'' श्री अरविन्द ने कहा—''(१) कोई ध्वंसात्मक आश्चर्यकारी दुर्घटना, (२) उम्र का प्रभाव, (३) मेरी अपनी इच्छा—यानी यह बोध कि मैं इस बार वह नहीं कर पाऊँगा, जो करना चाहता हूँ अथवा कोई संकेत, जो मुझे

---

१. २० जून, १९५० को लिखा पत्र, जो बाद में, 'मदर इंडिया' में छपा भी था। इस दृष्टि से सेठना के निबन्ध 'पासिंग ऑफ श्री अरविन्दो' को पढ़ा जा सकता है।

अपने कार्य को इस बार पूरा न कर पाने का प्रमाण है।''[१]

उनकी मृत्यु के पीछे न तो किसी दुर्घटना का हाथ था, न उम्र का प्रभाव ही कहा जायेगा। क्योंकि उसके आस-पास के वर्षों में उनसे मिलने वालों ने एकमत से कहा था कि उनका सारा शरीर प्रभादीप्त और तेजोपूर्ण था। जाहिर है कि वे स्वस्थ थे। फिर तीसरा कारण ही शेष रहता है। वह है अपनी इच्छा से मृत्यु-वरण। उन्हें अन्त तक अपने कार्य को पूरा कर लेने का विश्वास था, जैसे कि पहले दिखाया जा चुका है। फिर यह मृत्यु क्यों?

डॉ० नीरदवरण पूछते हैं—''मानव अस्तित्व के इस अन्तिम पीड़ादायी द्वार से जाने का उन्होंने चुनाव क्यों किया, जबकि योगियों की तरह वे अपने शारीरिक आवरण को इच्छा-शक्ति से एक झटके से अलग कर सकते थे? और फिर इस चुनाव के पीछे प्रयोजन क्या था? क्योंकि श्री अरविन्द कोई भी कार्य बिना किसी प्रयोजन के करेंगे, यह सोचना अन्तिम दर्जे की निरर्थकता होगी। यदि उन्होंने कभी अपने शत्रु के सम्मुख पलायन भी स्वीकार किया तो उन्हीं के शब्दों में, ''एक न एक निश्चित प्रयोजन से ही।'' उन्होंने अपनी महान् कष्टसाध्य साधना से आत्मा और जीवन के समूचे रहस्य जान लिये थे, आत्मोपलब्धि करने वाले योगियों ने उन्हें योगेश्वर के रूप में स्वीकार किया था, उनके लिए मृत्यु न तो भय थी, न रहस्य न तो अनिवार्य आवश्यकता ही हो सकती थी। अत: वे ऐसा तभी कर सकते थे, यानी सामान्य मनुष्य के मृत्युद्वार से जाने का सारा मूल्य चुकाते हुए समूची पीड़ा सहने का कार्य वे तभी स्वीकार कर सकते थे, यदि उन्हें विश्वास हुआ हो कि ऐसा न करने से उनका जीवन उनका 'योग' परिपूर्ण न हो पायेगा और मानव जाति की इस 'नियति' (मृत्यु) को अपने देवोपम कन्धे पर धारण करने के लिए, उन्हें तामसिक शक्ति की, जो मानव नियति पर शासन कर रही है, गुफा में जाकर वहीं उसका सामना करना होगा। तभी वे उसके सारे रहस्यों का भेदन कर सकते हैं। वे इस अतिवादी निर्णय को तब तक स्वीकार नहीं कर सकते थे, जब तब उन्हें पूर्ण विश्वास न हो गया हो कि इस प्रक्रिया में वे अन्तिम विजय प्राप्त करेंगे और कहेंगे—''ओ मनुष्यो, अन्धतमस् के सम्राट् के पीठस्थल से मैं तुम्हारे लिए वह चीज छीन लाया हूँ, जिसका मैंने वचन दिया था यानी 'अमरता के सुवर्ण बीज'।''[२] श्री अरविन्द ने सावित्री में स्वयं लिखा है—

''उसे रात की अन्तहीनता में जाना ही होगा
ईश्वर के तमस् को देखने, जैसे देखा है उसने उनका सूर्य
उसे उस खड्ड में उतरना पड़ेगा, दुखदायी विराट् को
जानने के लिए, उसका भेदन करना ही होगा।
अविनाशी, बुद्धिमान् औ असीम है तो भी उसे
विश्वरक्षा के उद्देश्य से नरक की यात्रा करनी ही होगी
तब वह अनंत प्रकाश में पुन: उदित होगा
वहाँ जहाँ अनेक विश्वों की सीमाएँ मिलती हैं
तभी दु:खों का भवचक्र टूटेगा

---

१. इविनिंग टाक्स, सेकेण्ड सीरीज, पृ० ३१०।
२. आई एम हीयर, आई एम हीयर, पृ० २-३।

मृत्युशील यह जीवन, शाश्वत आनन्द को,
शरीर की अमरता के स्वाद को, अपने में समेटेगा।
तभी विश्व उद्‌बोधक के कार्यों का होगा उद्यापन।[१]

श्री नीरदवरण ने, जो उनके व्यक्तिगत सचिव का कार्य कर रहे थे, मृत्यु के पहले की दिनचर्या, मनोभावों आदि का सविस्तार वर्णन किया है। उस वक्त वे अपने ख्यातिप्राप्त काव्य 'सावित्री' पर कार्य कर रहे थे। अध्याय पर अध्याय लिखे जाते, दुहराये जाते और प्रकाशन के लिए भेज दिये जाते। एक-एक बैठक में वे ४०० से ५०० पंक्तियाँ धारा-प्रवाह बोल जाते जिनकी वैश्विक प्रतीति और जादुई भाषा किसे आनन्दित नहीं कर पाती। 'सावित्री' के अलावा अखबारों का वाचन, अनेक पत्र-पत्रिकाओं का, जिनमें साप्ताहिक, पाक्षिक, त्रैमासिक भी होते, जो उन दिनों आश्रम से निकलते थे, निरीक्षण, चार-पाँच भाषाओं में लिखी कविताएँ, निबन्ध, पत्र, प्रश्नों के उत्तरों का डिक्टेशन, अपनी स्वयं की पुस्तकों की रचना, अपनी और दूसरों की पाण्डुलिपियों की जाँच और प्रूफ-शोधन का कार्य-उनकी दैनन्दिन चर्या का अंग था। 'सावित्री' पूरी हुई तो वे लम्बी साँस लेकर बोले—'हो गयी। अब क्या है? ''मृत्यु का अध्याय और उपसंहार'।—अच्छा वह। उसके बारे में बाद में सोचेंगे।''[२]

श्री नीरद लिखते हैं—मैं इस उत्तर से संतुष्ट नहीं हुआ क्योंकि अनेक पुनरावृत्तियाँ, जो उन्होंने जल्दी में जोड़-जाड़ रखी थीं, मेरे कानों को कटु लगती थीं। फिर भी मैंने मौन रहना ही उचित समझा क्योंकि मुझे स्पष्ट था कि जब वे इसे दुहराने लगेंगे तो त्रुटियाँ स्वयं उनकी गिद्ध-दृष्टि से बच नहीं पायेंगी। उसी रात अचानक जब रात्रि के पीड़ामयी क्षणों ने मेरी पूरी चेतना को अपने भीतर समेट लिया, अचानक मुझे लगा कि जिन्हें मैं त्रुटियाँ और पुनरावृत्तियाँ सोच रहा हूँ, इनमें तो एक नया अर्थ छिपा है—

एक दिन आयेगा जब उसे बिना सहायता के
अपने पैरों खड़ा होना होगा
विश्व के और अपने विनाश के भयानक कगार पर
इस विराट् चुप्पी में अकेले और खोये हुए[३]
ईश्वर को पुकारो मत, क्योंकि सिर्फ वही कर सकेगी सहायता
यही अपने को बचा सकेगी और इस विश्व को भी॥[४]

क्या यही उनका अन्तिम सन्देश नहीं है? उस अध्याय का दुहराया जाना कभी सम्भव नहीं हुआ। नाटक के पूर्वार्द्ध का पटाक्षेप हो गया है। किन्तु उत्तरार्द्ध पर्दे के पीछे चल रहा है। अन्तिम विराट् शत्रु (मृत्यु के रहस्य के नियन्ता) के साथ उनका युद्ध जारी है। यह पृथ्वी-स्तर पर ऐसा लगता है कि असफलता में समाप्त हुआ है, किन्तु तांत्रिक स्तरों पर वह युद्ध पहले की अपेक्षा कहीं अधिक भयंकर रूप में नारी है। इस द्वन्द्व-युद्ध के अन्त में जब पुनः पर्दा उठेगा, तभी हम चामत्कारिक स्तरों में 'मृत्यु के अध्याय' का पाठ सुन पायेंगे और

---

१. सावित्री, द्वितीय खंड, पुस्तक ६, अध्याय २, पृ० ९५।
२. आई एम हीयर, आई एम हीयर, पृ० २३-२५।
३. सावित्री, द्वितीय खंड, पृ० १०४।
४. वही, पृ० १०५।

'सावित्री' के उपसंहार में वर्णित नये विश्व की कल्पना को साकार होते देख सकेंगे और तभी समूचे विश्व में जय-जयकार की प्रतिध्वनि गूँजेगी—"मैं यहाँ हूँ, मैं यहाँ हूँ।"[१]

डॉ० सांन्याल इस निधन को ईश्वरीय कार्यपद्धति का एक रूप, नीरदवरण मृत्यु के रहस्य को जानने के लिए पर्दे की आड़ में चल रहा युद्ध, अनेक लोग कोरियाई युद्ध को विश्वयुद्ध में बदलने से रोकने का प्रयत्न और जाने क्या-क्या कहना चाहते हैं। स्वयं बीमारी की तीव्रता की स्थिति में जब बहुत साहस करके चम्पकलाल ने उनसे पूछा—"आप अपनी शक्ति का प्रयोग करके अपने को स्वस्थ क्यों नहीं करना चाहते?" वे चुप रह गये और ऐसे प्रश्न पर अपनी नापसन्दी भी जाहिर की।[२] एक और निकटवर्ती शिष्य के बार-बार आग्रह पर कि आप अपने को स्वस्थ क्यों नहीं कर लेते, उन्होंने कहा—"कह नहीं सकता। तुम समझ नहीं पाओगे।"[३] इस सन्दर्भ में एक और घटना का भी उल्लेख मिलता है। १९५० अप्रैल में दर्शन के अवसर पर प्रसिद्ध फ्रांसीसी फोटोग्राफर हेनरी कार्तिए ब्रेसों (Henri Carter Bresson) पांडिचेरी आये। पिछले चालीस वर्षों से किसी को भी प्राय: फोटो लेने की अनुमति नहीं दी गई थी, पर ब्रेसों को श्री अरविन्द, श्री माँ—यहाँ तक कि दर्शन के दृश्यों की भी छवियाँ लेने की अनुमति दे दी गई।[४] इन सभी कारणों को देखते हुए यह अनुमान करना कि उन्हें अपने निधन के समय का पूर्वज्ञान था, उचित लगता है, उन्होंने आत्मबलिदान किया, पर किस उद्देश्य से? इसके बारे में अटकलबाजियाँ लगाना सामान्य मानव बुद्धि की ही एक क्रिया है। जिस चीज को आदमी नहीं जान सकता, उसके लिए कोशिश करना व्यर्थ है। श्रीमाँ ने कहा—"लोग नहीं जानते कि विश्व के लिए उन्होंने कितना बड़ा बलिदान किया है। एक साल पहले मैंने उनसे कहा था कि मैं अनुभव करती हूँ कि मुझे यह शरीर छोड़ना है। वे बहुत दृढ़ स्वर में बोले—"नहीं. ऐसा क़भी नहीं हो सकता। यदि वैश्विक परिवर्तन के लिए ऐसा जरूरी हुआ तो मैं जाऊँगा। तुम्हें अतिमानसिक अवतरण और वैश्विक परिवर्तन की इस यौगिक साधना का कार्य पूरा करना है।"[५]

एक अन्य स्थान पर भी श्रीमाँ ने कहा—"पृथ्वी और मानव जाति में समझ का अभाव ही उनके द्वारा शरीर छोड़ने के निर्णय लेने का मुख्य कारण था। —हमारे गुरुदेव ने सिर्फ हमारे लिए अपना बलिदान किया है। वे शरीर छोड़ने को (प्राकृतिक कारणों से) मजबूर नहीं थे। उन्होंने ऐसा कुछ अतिशय महान् उद्देश्य के लिए किया है, जिसे पकड़ पाना मानव बुद्धि की क्षमता से परे है।...और जब कोई किसी चीज को ठीक से समझ न सके तो उसके लिए सिर्फ श्रद्धापूर्वक मौन रह जाना ही उचित है।"[६]

आश्रमवासी, डाक्टर, दर्शनार्थी प्राय: सभी इस बात की साक्षी देते हैं कि उनके मृत शरीर पर १११ घंटे तक अतिमानसिक चैतन्य की सुवर्णज्योति लगातार छाई रही। डॉ० सान्याल ने श्रीमाँ के यह कहने पर कि जब तक यह ज्योति हटती नहीं, अन्तिम संस्कार नहीं होगा, एक

---

१. आई एम हीयर, आई एम हीयर, पृ० २३-२५।
२. ए कॉल फ्राम पांडिचेरी, पृ० २।
३. श्री अरविन्दो द होप ऑफ मैन, पृ० ३२७।
४. द लिबरेटर, शिशिरकुमार मित्र, पृ० २९५।
५. ए कॉल फ्राम पांडिचेरी, पृ० ९।
६. ८ दिसम्बर, १९५० की घोषणा। 'श्री अरविन्दो द होप ऑफ मैन, पृ० ३३१।

मानवोचित्त शंका सामने रखी। शरीर अविकृत है, यह तो वे मानते थे, परीक्षा करके देख चुके थे पर सुवर्ण-ज्योति उन्हें कहीं दिखायी नहीं पड़ती। सान्याल ने श्रीमाँ से कहा—"कहाँ है वह ज्योति, जिसके बारे में आप कह रही हैं, क्या मैं उसे नहीं देख सकता?" वे वात्सल्य से मुस्करायीं और उन्होंने अपना हाथ मेरे सिर पर रख दिया—"आह, यह है वह। उनके समूचे शरीर को घेरे हुए किंचित् नीलिमा लिए स्वर्ण प्रभा मंडल।"[१]

श्री अरविन्द का निधन पूरे विश्व को मर्माहत कर गया। इस प्रकरण के विस्तार में न जाकर मैं सिर्फ इसराइल के बौद्धिकों की प्रतिक्रिया उद्धृत करना चाहता हूँ। यहूदी संभवत: आधुनिक विश्व की एक काल विशेष के सर्वाधिक प्रताड़ित जाति रही है। जर्मनी में हिटलर के समय उनके साथ जो कुछ हुआ, वह सर्वविदित है। इस जाति ने, उनकी सरकार के अनेक कार्यों के अनौचित्य के बावजूद, अपने को समूल विध्वंस से बचाकर आज एक छोटे; किन्तु सशक्त राष्ट्र के रूप में जिस तरह बदल लिया है, इसे नजरअन्दाज करना ऐतिहासिक भूल होगी।

श्री अरविन्द के निधन के समाचार पर इस देश में जैसी शोकाकुल प्रतिक्रिया हुई, वह बड़ी विलक्षण घटना है। अमृत बाजार पत्रिका ने अपने ४ जनवरी, १९५१ के अंक में समाचार दिया—

हिब्रू विश्वविद्यालय शोक में बन्द। वहाँ के प्राध्यापकों ने समुद्री तार भेजकर श्री अरविन्द को अपनी सामूहिक श्रद्धांजलि अर्पित की। उसमें कहा गया है कि 'हिब्रू विश्वकोश में श्री अरविन्द दर्शन का बहुत विस्तार से विश्लेषण किया गया है क्योंकि वे एकमात्र ऐसे व्यक्ति थे, जिनके चिन्तन से आधुनिक इसराइल का बौद्धिक वर्ग बहुत ही प्रभावित हुआ है।'

जेरुसलम ने हिब्रू विश्वविद्यालय के दर्शन के प्राध्यापक डॉ० ह्यूगो वर्गमन ने श्री पोलक के नाम एक पत्र में लिखा—

"आपके समुद्री तार से श्री अरविन्द के निधन का दु:खद समाचार मिला। आपने मुझसे 'भारत-इसराइल, पत्रिका के लिए इस महान् आध्यात्मिक नेता पर, जिसे विश्व ने खो दिया, कुछ लिखने का आग्रह किया है। मैं खुद ऐसा करने का बहुत इच्छुक हूँ। परन्तु इस समाचार ने ऐसा हार्दिक आघात पहुँचाया है कि मैं अपने को गूँगा जैसा महसूस कर रहा हूँ। इस स्थिति में मैं शायद ही श्री अरविन्द के उपदेशों और आधुनिक तथा भविष्यत् जगत् के लिए उनके महत्त्वों को विश्लेषित करने में पूरा न्याय कर पाऊँगा। 'मानवीय शरीर के यन्त्र के भीतर से ही ईश्वर भविष्यत् महान् मानवता का निर्माण करेगा'—यहूदियों की इस पैगम्बरीय आशा को श्री अरविन्द ने महत् चिन्तनात्मक पृष्ठभूमि प्रदान की—उनका १५ अगस्त, १९४७ का स्वतन्त्र भारत के नाम प्रसारित सन्देश सिर्फ भारत के लिए ही नहीं, इसराइल के लिए भी उतना ही महत्त्वपूर्ण है।"[२]

आश्रमवासी और भक्तजन यह कभी स्वीकार नहीं करते कि श्री अरविन्द नहीं रहे। वे माँ के इस कथन में पूर्ण विश्वास करते हैं—

'प्रभु, आज सुबह तूने मुझे आश्वासन दिया है कि तू तब तक यहाँ रहेगा, जब तक तेरा कार्य पूरा नहीं हो जाता, एक पथप्रदर्शक प्रकाशदायी चेतना के रूप में ही नहीं, बल्कि कर्मों में

---

१. ए कॉल फ्राम पांडिचेरी, पृ० ८।

२. अमृतबाजार पत्रिका, ४-१-१९५१ का अंक।

जीवंत सक्रिय उपस्थिति के रूप में। तूने असंदिग्ध शब्दों में प्रतिज्ञा की है कि तेरा सब कुछ यहीं रहेगा और तब तक पृथ्वी के वातावरण से अलग नहीं होगा जब तक पृथ्वी रूपान्तरित नहीं हो जाती। शक्ति दो कि हम इस अद्भुत उपस्थिति के योग्य हो सकें और अब से हमारे भीतर का हर पदार्थ सिर्फ इस संकल्प पर केन्द्रित हो और अधिक पूर्णता के साथ तेरे महान् कार्यों की संसिद्धि के लिए उत्सर्ग हो सके।''[१]

श्रीमाँ ने आश्रमवासियों, शिष्यों, भक्तों को सम्बोधित करते हुए कहा—''शोक मनाना श्री अरविन्द का अपमान करना है, क्योंकि वे हमारे साथ पूर्ण सचेतन और जीवित विद्यमान हैं।[२] रूपों के परिवर्तन से हमें आश्चर्यचकित नहीं होना है। श्री अरविन्द हमें छोड़कर कहीं नहीं गये हैं। सदा की ही भाँति वे जीवित रूप में यहीं रह रहे हैं। अब यह हमारा दायित्व है कि उनके कार्यों को ईमानदारी, तत्परता और एकाग्रता द्वारा पूरा करें।''[३]

श्रीमाँ ने एक सूत्र में उपर्युक्त कथनों की प्रामाणिकता को अपने इस वाक्य से रेखांकित कर दिया—

''उनके बिना मेरा अस्तित्व नहीं है।
मेरे बिना वे निराकार हैं।''

श्री अरविन्द की समाधि विश्वव्यापी श्रद्धालुओं के लिए एक जादुई आकर्षण का केन्द्र है। प्रतिदिन प्रातःकाल यह समाधि आश्रम के निजी फूल-बगानों से लाये हुए नाना रंगों के पुष्पों से अत्यन्त कलात्मक ढंग से सजायी जाती है। पुष्पों का श्री अरविन्द आश्रम में बड़ा ही गूढ़ और सौन्दर्यात्मक महत्व है। नाना पुष्प मानव के व्यक्तित्व की विभिन्न सद्वृत्तियों के साथ जुड़कर भावार्चन के अद्भुत प्रतीक हो जाते हैं। समाधि पर आप जब भी पहुँचें, आपको चतुर्दिक खड़े, घुटने मोड़े बैठे हुए, समाधि को अपनी भुजाओं में लपेटने की कोशिश करते हुए, उस पर सिर रखकर रोते हुए, इर्द-गिर्द ध्यान करते हुए नाना देशों, धर्मों, जातियों के लोग दिखाई पड़ेंगे। समुद्री उषाकाल से लेकर रात्रि के ग्यारह बजे तक यह समाधि कभी भी निर्जन नहीं होती। अगरबत्ती का लरजता हुआ सुगन्धित धूम इसके ऊपर एक कुहरीला चँदोवा तान देता है। समुद्र तट पर घूमते हुए लोग, मैदानों में खेलते स्कूली बच्चे, दूर-दूर से आये हुए दर्शनार्थी यहाँ आकर इस प्रज्वलित अतिमानसिक अग्निशिखा की प्रदक्षिणा करते हुए जिस शान्ति और श्रद्धा का अनुभव करते हैं, वह केवल देखकर ही जाना जा सकता है। समाधि पर अंकित अंग्रेजी के श्रद्धा-स्तोत्र को हिन्दी में इस प्रकार रखा जा सकता है—

तुझे **जो हमारे गुरुदेव के भौतिक कलेवर थे।**
तुझे **हमारी अनन्त कृतज्ञतायें।**
तेरे **सम्मुख, जिसने हमारे लिए इतना किया**
इतने कार्य किये, संघर्ष किये, दुःख सहे, इतना
विश्वास बनाये रखा, इतना सहन किया
तेरे **सम्मुख जिसने हमारे लिए सब संकल्प किया**

---

१. द मदर आन श्री अरविन्दो, पृ० १५।
२. वही, पृ० १९।
३. वही, पृ० २१।

सब प्रयत्न किया, सब तैयार किया, सब उपलब्ध किया
तेरे **सम्मुख हम सादर शीश झुकाते हैं और सामर्थ्ययाचना**
करते हैं कि हम कभी भी, एक क्षण के लिए भी
तेरे **प्रति अपने प्रदेय को विस्मृत न करें।**

आश्रमवासियों के भावलोक में यह समाधि अतिमानसिक महाचैतन्य के ज्योति स्रोत का प्रतीक है, वे वार्तालाप तक में कभी भी श्री अरविन्द को अलग करके, गया हुआ मानकर चर्चा नहीं करते। श्री कपालिशास्त्री ने इसी भाव को एक दूसरे ढंग से कहा—

हिरण्यवर्णां परमस्य धाम्नः संज्ञापयित्रीमरविन्दनाथः।
प्रभां कटाक्षे प्राणिधाय मातुः शक्तेरूपास्ते महसाऽद्य देही॥

स्वर्णवर्णी परमधाम की ज्ञानदायिनी ज्योति को श्री अरविन्द ने श्रीमाँ के कृपाकटाक्ष में सन्निहित कर दिया है और अब वे ज्योतिरूप में इन्हीं महाशक्ति के साथ निवास करते हैं।

यह सब यदि कोरी भावुकता भी है तो बड़ी अद्‌भुत निष्ठा और लगन से परिपुष्ट है अन्यथा दो हजार से अधिक व्यक्ति ने, जो विभिन्न क्षेत्रों में भौतिक सफलता की दृष्टि से काफी उन्नत और अग्रगण्य थे, अपने पूरे जीवन को श्री अरविन्द कर्मधारा में विसर्जित कैसे कर दिया? वह कौन से मूल्य हैं, जो इन व्यक्तियों को यहाँ खींच कर ले आये, जिनके कारण वे इस आध्यात्मिक साम्यवादी शिविर (कम्यून) में इतने सौहार्दपूर्ण ढंग से रहते हैं?

■

मैंने श्री अरविन्द को नकारने की कोशिश की; किन्तु....

बहुत पहले मेरे एक विद्यार्थी और अनुजतुल्य डॉ० कृष्णबिहारी मिश्र ने मुझे "द लाइफ डिवाइन" पुस्तक भेंट की थी। बात शायद १९५७ की है। यह पुस्तक मैंने पढ़ी नहीं। या यों कहिए कि पढ़ना शुरू किया, पर चल न सकी। श्री अरविन्द के विषय में मेरे मन में कोई कशिश न थी। मैं उनके द्वारा प्रभावित हिन्दी कवियों की रचनाएँ पढ़ता और नाक-भौं सिकोड़ता। वह मैं आज भी करता हूँ। क्योंकि इन्होंने अक्सर श्री अरविन्द के वाक्यों को विकृत (Vulgarized) किया है। मैं जानता हूँ कि श्री अरविन्द से न सिर्फ हिन्दी के; बल्कि दूसरी भारतीय भाषाओं के अनेकानेक लेखक और कवि प्रभावित हुए हैं। कई ने अपनी पुस्तकें उन्हें समर्पित की हैं। बांग्ला के दिलीप, निशिकान्त, शिशिर कुमार घोष, गुजराती के पुराणी, त्रिभुवन दास लुहार 'सुन्दरम्', पूजा लाल, उमाशंकर जोशी, पन्नालाल पटेल, मराठी के बी० वी० वोरकर, ज्योत्स्ना देवधर, ओडिया में नंदिनी सत्पथी, कंगाली चरण पति, मनोज दास, हरेकृष्ण महताब, कन्नड़ के बेन्द्रे, भुगली, गोकाक, प्रहलाद, मधुर चेन्न, के० वी० पुटप्पा, तमिल के सुब्रह्मण्यम् भारती, वा० रा० योगी शुद्धानन्द भारती, हिन्दी के सुमित्रानन्दन पंत, रामधारी सिंह दिनकर, कोकिल तथा तेलुगु के बौद्धिक चन्द्रशेखर अय्या, संस्कृत के कवि कपालि शास्त्री आदि उनसे प्रभावित हुए। अंग्रेजी में नीरदवरण, डॉ० के० आर० श्री निवास आयंगर, के० डी० सेठ्ना [अमल किरण] के नाम प्रसिद्ध हैं, जो सभी उनके शिष्य हैं। चिन्मय, रौमेन, आर्जव (चैडविक) पृथ्विन् मुखर्जी, मधुसूदन रेड्डी, समीरकान्त गुप्त, पृथ्वी सिंह नाहर सीधे उनके सम्पर्क से कवि बने। अनेक विदेशी साहित्यकारों के लिए वे प्रेरणा के केन्द्र रहे हैं। लातिनी, अमेरिका, इसराइल तथा फ्रांस के अनेक विद्वानों ने उनसे प्रेरणा पायी है। सरोकिन स्पीलवर्ग, रोमारोलाँ, एल्डुअस हक्सले, चीली की विश्व कवयित्री मदाम ग्रेवील मिस्राल, फ्रांसिस यंग हस्बैंड, आयरिश साहित्यकार डोन्ले आदि ने उनकी प्रशंसा की है। किसी ने रहस्यविद् के रूप में, किसी ने योगी के रूप में तो किसी ने दार्शनिक के रूप में उनके अप्रतिम योगदान को सराहा है। रवि बाबू, सिल्वाँ लेवी, कन्हैयालाल मुंशी, कपालिशास्त्री आदि अनेक लोगों ने, जिन्हें एकान्तवास में उनसे मिलने का सौभाग्य मिला, उनके चेहरे की दीप्ति, आँखों के तेज और आध्यात्मिक उपलब्धि की गरिमा के साक्ष्य दिये हैं। फ्रांसीसी कवि और उपन्यासकार मेरिश माग्र (Maurice Margre) ने १९३५ ई० में पांडिचेरी की यात्रा की और वहीं रुक कर योगाभ्यास किया। उन्होंने अपनी पुस्तक "इन सर्च आफ विज़डम" में लिखा—मेरे लिए इतना ही काफ़ी है कि मैंने एक ऐसा व्यक्ति पाया, जिसने उत्तरी से दक्षिणी ध्रुव तक के पूरे क्षेत्र को अधिकृत कर लिया, यद्यपि उसने कभी भी अपनी राजकीय सत्ता की घोषणा नहीं की। उनका चेहरा ऐसा पारदर्शी है कि जो चाहे उनमें

उनकी आत्मा का दर्शन कर सकता है। हे गुरुदेव, आप पूर्णतः शान्ति और एकान्त में, दिव्य मरमरी प्रकाश में, आनन्दानुभूति में प्रतिष्ठित हैं, रात्रि के सन्नाटे में मेरी प्रार्थनायें उठकर आपकी ओर, जिसने पूर्णता की सीमाएँ लाँघ ली हैं, निवेदिन हो रही हैं।''[१]

जिनेवा विश्वविद्यालय के प्रोफेसर जीन हर्बर्ट, जो रहस्यवादी स्वप्नदर्शी नहीं हैं, बल्कि सख्त भौतिक महत्त्व को स्वीकार करने वाले व्यक्ति हैं, जो आरम्भ में 'लीग आफ नेशन्स' और बाद में संयुक्त राष्ट्रसंघ से सम्बद्ध रहे, लिखते हैं—''हजारों लोग, जो श्री अरविन्द का दर्शन पा चुके हैं, वे इस अनुभव को नकार नहीं सकते कि वे एक महान् ऋषि और संत के सम्मुख खड़े हैं। चाहे वे भले ही इस बात का कोई स्पष्ट अनुमान न लगा सकें कि श्री अरविन्द ने किस ढंग से और कितने ऊँचे स्तर की आध्यात्मिक सिद्धि प्राप्त की है। उनकी दृष्टि में स्पष्ट ही कुछ ऐसा है, जो महामानवीय है, यह दृष्टि कहना चाहें तो कह सकते हैं, मनुष्य दृष्टि से वैसे ही ऊपर है जैसे वह कुत्ते-बिल्ली की दृष्टि से ऊपर होती है और वे, जिनमें अनेक पाश्चात्य बौद्धिक भी शामिल हैं, जिन्होंने उनके हाथों का स्पर्श प्राप्त किया है या उनसे पत्र पाये हैं, निश्चय ही अनुभव करते हैं कि एक उच्च शक्ति उनके भीतर कार्य करने लगी है और सम्पर्क खत्म होने के बहुत बाद तक अन्तरतम में उसकी क्रिया जारी रहती है।''[२] १९६८ में 'पायनियर आफ सुप्रामेंटल एज' जिसे जय स्मिथ ने संकलित-सम्पादित किया है, लाइब्रेरी से ले आया। पुस्तक ने मुझे खींचा। इसलिए कि इस पुस्तक में नाना पूर्वी-पश्चिमी विद्वानों की श्री अरविन्द को अर्पित न सिर्फ प्रशस्तियाँ थीं, बल्कि उनके दर्शन और साधना को भी, उन्हीं की पुस्तकों से चुने हुए अंश लेकर स्पष्ट करने की कोशिश की गयी थी।

मैं पुस्तक से प्रभावित हुआ। शायद यह भारतीय बौद्धिक की खासियत है कि वह अपने देश की बड़ी-से-बड़ी विभूति को तब तक स्वीकार करने की स्थिति में नहीं होता, जब तक उसकी प्रशंसा में विदेशी बौद्धिकों की एक कतार न खड़ी कर दी जाये। प्रभावित तो हुआ; पर एक आन्तरिक दिक्कत परेशान किये रही। मुझे लगा कि कहीं मैं रहस्यवादी चीजों से अनायास पराजित तो नहीं हो रहा हूँ। मैंने उसी वक्त तै किया कि मैं श्री अरविन्द को ठीक से पढ़कर भावुकता-रहित होकर उन्हें नकारने की कोशिश करूँगा।

मेरे अनेक पाठकों की इधर गुप-चुप शिकायत भी मेरे पास पहुँचती रही कि मैं आध्यात्मिक होता जा रहा हूँ। असल में इस शिकायत से मुझे खुशी हुई; क्योंकि मैं मानता हूँ कि कलाकार या कवि-कथाकार आन्तरिक प्रक्रियाओं से अपेक्षाकृत ज्यादा संचालित होने के कारण आध्यात्मिक होता ही है। उसका यह पेशा ही है। जिस साहित्यकार के पास अपनी ही चेतना के आन्तरिक क्षेत्र में यात्रा करने की क्षमता नहीं है, वह साहित्यकार हो ही नहीं सकता। आधुनिक अर्थ में यह आध्यात्मिक क्रिया नहीं तो फिर और क्या है? शिकायत इस अर्थ में नहीं थी, शिकायत रहस्यवादी या गुह्य चमत्कारों के सामने घुटने टेकने वाले तथाकथित आध्यात्मिक होने के मुद्दे पर हो सकती थी, पर मुझे चिन्ता नहीं हुई; क्योंकि मैं जानता था कि भले ही मैं आध्यात्मिकता का सच्चा अर्थ समझाने में असफल हो जाऊँ एक-न-एक दिन इस शब्द का सही अर्थ, हर मनुष्य की बुद्धि में, यदि वह ठहर नहीं गयी है और प्रौढ़ता के भुलावे में पड़कर विकसित होने से कतरा नहीं रही है, तो खुल ही जायेगा।

---

१. द लिबरेटर में उद्धृत, पृ० १६५-१६६।

२. पायनियर ऑफ सुप्रामेंटल एज, पृ० ६३-६४।

इसलिए बहरहाल सफाई देने का न अवसर है, न जरूरत ही।

तो मैंने श्री अरविन्द के जादुई माहौल को तोड़ने की गरज से उनके मानसिक जगत् में प्रवेश करने का निश्चय किया। ऐसा साहस करने की क्षमता या विश्वास या पागलपन मेरे भीतर शुरू से रहा है और उसे श्री अरविन्द के इन शब्दों से और भी बल मिला है। उन्होंने मौलिक चिन्तन पर अपने विचार व्यक्त करते हुए लिखा था—"हमें किसी भी चीज़ को, चाहे वह कोई भी कह रहा हो, स्वीकार नहीं करना है, हमें हर चीज़ पर प्रश्नवाचक चिह्न लगाना ही है, तभी हम अपना मत निर्धारित कर सकते हैं। हमें इससे डरने की जरूरत नहीं कि इस प्रकार की क्रिया में हम शायद भारतीय रह ही न जायें? ऐसा तब होगा जब हम अपने लिए चाहेंगे कि योरप चिंतन करे, तभी हम योरप की ग़लत और मूर्खतापूर्ण कार्बन-कापी बनने के खतरे से ग्रस्त होंगे। हमें किसी का भी पक्षधर नहीं होना है। मौलिक चिन्तकों के रूप में हमारा पहला दायित्व यह होना चाहिए कि हमें हर चीज की तथ्यता पर सन्देह करना है, हम उसे ज्यों का त्यों स्वीकार करने को तैयार नहीं हैं? इसका अर्थ हुआ पहले और आज की प्रत्येक अपरीक्षित धारणा से अपने को मुक्त करना, अपने को आदतन बने संस्कारों से मुक्त करना, किसी भी पूर्वग्रह को स्वीकार न करना।"[१]

यह है इस व्यक्ति का सन्देश, जिसे स्वीकार करने वाले को पूरा अधिकार है कि वह उनके दर्शन को, साधना-पद्धति को जैसे भी चाहे आजमाये और परीक्षित करे।

यदि मैं यह कह दूँ कि मैं दुर्भाग्यवश हिन्दी का ऐसा साहित्यकार रहा हूँ, जो साहित्य को एक सर्वसत्ता-संपन्न क्षेत्र मानकर अपने कूप को ही मंडूक की तरह समुद्र नहीं मान लेता। मैं शुरू से दर्शन का विद्यार्थी रहा हूँ और तर्कशास्त्र में कभी विशेष योग्यता भी प्राप्त की थी, इसलिए जो औरों के लिए फैशन हो सकता है, अस्तित्ववाद, सार्त्र, कामू, काफ्का आदि या फिर रसेल, ह्वाइटहेड, वगैरह या फिर एंजेल्स, कांट, हीगेल या सरोकिन, ममफोर्ड, काम्टे आदि वे मेरे लिए सहचर रहे हैं, व्यक्तित्व की खोल या खाल नहीं। मैंने कभी यह दावा नहीं किया कि मैं इनका विशेषज्ञ हूँ। पर मुझे अपना सहयात्री या सहचर चुनने की स्वतन्त्रता देने में शायद ही किसी को आपत्ति हो।

अस्तित्ववादी दर्शन को जानने के दौराम भीतर ही भीतर रह-रह कर शंका उठती रही कि क्या जिन्दगी एक बेमानी दुर्घटना ही है? क्या वह नितान्त आकस्मिक संयोग (Contingency) मात्र है? मैं अस्तित्ववाद के उस पक्ष से निश्चय ही प्रभावित हुआ, जो आदमी में अपनी निपट वैयक्तिक नि:संगता और अकेलेपन के भीतर से अपनी जिन्दगी को एक अर्थ दे सकने की तड़प जगाता है, या जो इस समूहबद्ध भीड़-धर्मा समाज के नकली आदर्शों के विरुद्ध अपनी ईमानदारी के लिए सजा पाते हुए भी उसे अपनी नितान्त वैयक्तिक स्वतंत्रता को किसी भी मूल्य पर नीलाम या गिरवी न होने देने की चाहत पैदा करता है।

अस्तित्ववाद शाश्वत निरर्थकता का विजयगान गाने वाला नारा हो सकता है, बहुत दिनों तक किसी इन्सान को जिन्दा रखने की प्रेरणा नहीं बन सकता। अस्तित्ववादी दर्शन अपनी जड़ में ही घुन लिये पैदा हुआ है और घुन किसी भी अध्येता की जिन्दगी को, जो उसे पढ़ता ही नहीं, जीना भी चाहता है, चाटे बिना छोड़ नहीं सकते। खुद पश्चिम में इसी कारण अस्तित्ववाद का उफान दबने लगा है। चाहे कोई भी दर्शन, सिद्धान्त या मतवाद हो, वह चूँकि

---

१. **श्री अरविन्द आन ओरिजिनल थिंकिंग, श्री अरविन्दो-पाठ मंदिर एनुएल, १९३५।**

औरों से अलग विशेष बनने की कोशिश है, इसलिए उसकी एक अलग हद और अनिवार्य बाड़े-बन्दी होती ही है। सच्चे बौद्धिक का यह दायित्व है, शायद पहचान भी कि वह इस बाड़े-बन्दी में फँस न जाये बल्कि उसमें से जो अच्छा है, उसे सम्बल के रूप में ग्रहण करके अपनी अग्रिम यात्रा पर चल पड़े।

श्री अरविन्द के जगत् में प्रवेश करते ही जो पहली टक्कर हुई, उसने मेरे पैरों के नीचे से दरी ही खींच दी। तर्कशास्त्र की योग्यता हवा होने-होने को हो आयी। "आदमी के पास दो सयुज शक्तियाँ हैं। जानकारी और ज्ञान। जानकारी सत्य का वह भाग है, जिसे विकृत माध्यम में बुद्धि की टटोलने की क्रिया से पाया जाता है, जब कि ज्ञान आत्मा में देखा हुआ, दिव्य दृष्टि की उपलब्धि है। बहुत बाद में मैंने जाना कि जब तर्क मर जाता है, तब ज्ञान का जन्म होता है। उससे छूटने के पहले तक मेरे पास जो था, वह जानकारी थी।"[१] मुझे लगा कि यहाँ है वह आदमी, जो बुद्धि विरोधी बात कर रहा है। मैंने इसे श्री अरविन्द की सीधी कमजोरी मानकर मन को तुष्ट करना चाहा, पर मैं ज्यों-ज्यों इस पर सोचने लगा, मुझे स्पष्ट आभास हुआ कि वाकई जिसे हम ज्ञान कहते हैं, अपनी बुद्धि का करिश्मा समझते हैं और जिसके बूते दूसरे आदमी की बात, धारणा या मत को ग़लत कहते हैं, वह क्या—ग़लत चीजों की तर्कपूर्ण स्वीकृति नहीं है? चूँकि मेरे मन ने किसी चीज़ को तै कर लिया है और वैसा तै किये जाने से संतुष्ट होना सीख लिया है, इसीलिए उसके निष्कर्ष क्या सत्य भी हो सकते हैं? श्री अरविन्द ने बड़े स्पष्ट ढंग से कहा कि मानव-मन (बुद्धि आदि) चीजों को खंड-खंड करके ही देख सकता है और अधिक से अधिक इन खंडशः देखे हुए को जोड़-जाड़कर पूर्ण को पकड़ने की कोशिश कर सकता है या ग़लत दर्प के साथ कह सकता है कि यह जोड़-जाड़कर तैयार की हुई चीज़ ही पूर्ण सत्य है, किन्तु सत्य यह है कि मानव जीवन की अनुभूति की पूर्णता की पकड़ मन की शक्ति के बाहर की चीज है। बहुत से लोग बुद्धि की अक्षमता के इस कथन का अर्थ लगा लेते हैं कि श्री अरविन्द बुद्धू बनने के लिए कह रहे हैं।

श्री अरविन्द इतनी आसानी से पकड़ में आने वाले चिन्तक नहीं थे। वे कहते कि जिस प्रकार जड़ से जीवन, जीवन से प्राण, प्राण से मन तक सृष्टि पहुँची है, उसी प्रकार मन से ऊपर अधिमन और अधिमन से ऊपर अतिमन की स्थिति है। जैसे आप शरीर में लिप्त रहकर मन की क्रियाओं को नहीं पकड़ सकते। प्राणिक आवेश में हों, तो बुद्धि के निर्णय को या तो सुन नहीं पाते या उन पर अमल नहीं कर सकते, वैसे ही बुद्धि में लिप्त रहकर उसके ऊपर की यात्रा नहीं कर सकते। कवि, कलाकार, वैज्ञानिक सभी अनुभव करते हैं कि उनकी रचना में अचानक कोई स्पर्श, कोई किरण, कोई ज्योतिरेखा ऐसी आ गयी है या आ जाती है, जिसके बारे में उन्होंने सोचा भी नहीं था। यह तेजोदीप्त स्पर्श ही उन रचनाओं को जीवन्त और कालजयी भी बनाता है; पर हम इसे यों ही कहीं से अचानक आ गयी या सूझ गयी चीज़ मानकर तुष्ट हो जाते हैं। श्री अरविन्द कहते हैं कि ऐसा तब होता है, जब मन की क्रिया शान्त और नीरव हो जाती है। इस ऐसी एकाग्रता-जिसमें मन कुछ समय के लिए बिल्कुल निर्विकार हो जाता है, उसी वक्त यह झलक, यह किरण, यह छुवन पकड़ में आ जाती है। यह अतिमन के प्रतिनिधि चैत्यपुरुष (Psychic Being) का ही हल्का सा स्पर्श है। इसलिए श्री अरविन्द के दर्शन और योग और उनकी साधना का पहला बिन्दु है मन को अतिक्रान्त करना।

---

१. **थांट्स एण्ड एफारिज्म्स, पृ० ३-४।**

यह कार्य कल्पना की चीज नहीं है, न जादूगरी है बल्कि यह सब कुछ उनका अनुभूत है, उपलब्ध है, जिसका तरीका वे बहुत ही स्पष्ट ढंग से बताते और समझाते हैं। यानी श्री अरविन्द का पूरा चिंतन मानव-चेतना के अब तक के अदृष्ट ज्योतिक्षेत्र में साहसिक यात्रा का आह्वान है। उन्होंने इस क्षेत्र की पैमाइश की है, उसके विभिन्न स्तरों के नक्शे और चार्ट बनाये हैं, यात्रा के तरीके, पड़ावों और खतरों का ब्योरा दिया है और पूर्ण आश्वासन के साथ कहा है—आदमी ठीक से प्रयत्न करे तो अतिमानसिक चेतना को पा सकता है। उनके एक अत्यन्त बौद्धिक शिष्य नीरदवरण ने पूछा कि क्या दिमाग को खाली करने से यह सब करिश्मा हो जायेगा? और क्या इस प्रकार की रिक्तता विचारों के सृजन की क्षमता को ही नष्ट नहीं कर देगी, और क्या इस प्रकार की प्रक्रिया में बौद्धिकों की पूरी पीढ़ी बेकार नहीं हो जायेगी? नीरदवरण के ये सवाल मेरे भी सवाल हो सकते हैं और जानता हूँ आपके भी। श्री अरविन्द कहते हैं, ''पहली चीज़ यह जान लो कि जैसे कहावत है कि कवि पैदा होते हैं, बनाये नहीं जाते, वैसे ही विचार पैदा होते हैं, किये या बनाये नहीं जाते। यही सही है कि जब तुम विचार करने बैठते हो, तो एक तरह का श्रम जान पड़ता है, जब तुम किसी चीज पर सोचते हो, तो भी ऐसा ही लगता है, पर यह एकाग्रता विचार पैदा करने की नहीं; बल्कि 'जाओ' उतरो, 'निकलो' आदि के ढंग की चीज़ होती है—अर्थात् तुम विचारों को गढ़ते नहीं, बल्कि यों कहना चाहिए कि विचार तुममें आते हैं। यह ख्याल कि तुम विचारों को पैदा करते और एक रूप देते हो, केवल अहंवादी भ्रम है। यह तो प्रकृति तुम्हारे लिये कर रही है। तुम प्रकृति को ठोंक-पीट कर यह काम कराते हो और कभी-कभी अनुभव कर सकते हो कि बहुत ठोंक-पीट करने पर भी कुछ नहीं निकला।''[१] प्रकृति विचार-तरंगों से भरी है, जिसे हीगेल ने विश्वमन कहा था, व्यक्तिमन में उसी प्रक्रिया की छायाएँ उभरती हैं और मनुष्य इन्हीं को पकड़कर, इन्हें तर्कपूर्ण बनाकर, जोड़-जाड़ करके सत्य को परिभाषित करने की कोशिश करता है। इसे ही बौद्धिकता कहा जाता है, ''विचारधारणाएँ, आविष्कार आदि-आदि निरन्तर तरंगित होते हुए घूम रहे हैं शायद ऐसे मस्तिष्कों की खोज में, जो उन्हें पकड़ कर रूपायित करने की कोशिश कर सकें। मस्तिष्क एक ही विचार-तरंग को पकड़ते हैं, पर अपनी मानसिक प्रक्रिया की भिन्नता के कारण दो प्रकार का विश्लेषण और दो प्रकार के नतीजे निकालते हैं। एक मस्तिष्क पकड़ता है, देखता है, अस्वीकार कर देता है। दूसरा पकड़ता है, देखता और स्वीकार कर लेता है या फिर वह किसी तीसरे के पास पहुँचती है और वह कुछ नहीं करता। लाचार वह तरंग आगे चलती है, और वह चौथा झट से पकड़कर, अभिव्यक्ति में बाँधकर उसे आनन्दातिरेक की प्रेरणा के बुलबुलों से सजाकर उत्साहपूर्वक मौलिक खोज कह कर जगत् में प्रकट करता है और चिल्लाकर कहता है—''देखिए 'यह कह कर दिया मैंने? अहंकार, श्रीमन्, बिल्कुल अहंकार और कुछ नहीं, तुम एक पकड़ने वाले माध्यम के अलावा कुछ नहीं हो।''[२]

क्या दिमाग को खाली बनाने से उच्चतर मन से शक्ति उतरने लगेगी? श्री अरविन्द कहते हैं कि खाली मन का अर्थ निष्क्रिय है, जड़ नहीं, ऐसे मस्तिष्क में सहजस्फूर्त ज्ञान किसी न किसी रूप में उतरेगा, किन्तु कभी भी इस भ्रम में मत पड़ो कि खाली मस्तिष्क में जो उतर

---

१. **कॉरस्पांडेंस विद श्री अरविन्दो, पृ० १०६।**

२. **वही, पृ० १०७।**

रहा है, वह सहजस्फूर्त ज्ञान ही है। यहाँ आदमी को जागरूक रहकर आगन्तुक का परिचय पाने और प्रमाणपत्र देखने की जरूरत है। दूसरे शब्दों में मानसिक पुरुष को वहाँ रहना ही है, शान्त किन्तु जागरूक, निष्पक्ष और सदा विवेकपूर्ण निर्णय लेने को उद्यत।[१]

ऐसी स्थिति में दूसरा प्रश्न उठता है कि उतनी सावधानी और मन की नीरवता के इन प्रयत्नों से होगा क्या? क्या बुद्धि को नीरव और निष्क्रिय बना दिया जाये तो मानव जाति के सम्मुख उठने वाली समस्याओं का समाधान हो जायेगा? श्री अरविन्द का कहना है कि बौद्धिकता का युग समाप्त हो गया है। कोई भी बौद्धिक् अब किसी बहुत तेजोद्दीप्त विचारणा द्वारा मनुष्य में कोई गुणात्मक परिवर्तन ले आने में सफल नहीं होगा। बौद्धिक यात्रा खत्म हो गयी है। अतिमानसिक यात्रा के बिना मानव-जीवन की समस्याओं के सारे समाधान बेकार और निष्फल होने के लिए अभिशप्त हैं। आप आज के विश्व में समस्याओं का रूप और उनके समाधानों के नतीजे देखिए। समस्याओं से कहीं अधिक समाधान प्रस्तुत किये जा रहे हैं, पर परिणाम सिर्फ गड़बड़झाला, सिर्फ भ्रमजाल, सिर्फ निरर्थकता और 'नान्यः पन्थाः' वाली स्थिति। कोई समाधान मानवीय बुद्धि से संभव है ही नहीं, यदि पूरे मानवयंत्र के ही रूपान्तरण का प्रयत्न नहीं किया जाता। मस्तिष्क की नीरवता से नहीं, उसके द्वारा उपलब्ध अतिमानसिक (Supra mental) शक्ति से समाधान मिलेगा।

एक साहित्यकार के नाते मैंने अनेकशः अनुभव किया है कि कुछ ऐसा पकड़ में न आ सकने वाला तत्त्व जरूर है, जो लिखते समय या बोलते समय, कुछ इस ढंग से कार्य करता है, अपने को ही संतोष और खुशी देनेवाली कोई ऐसी बात सूझ जाती है, कोई अभिव्यक्ति इस भंगिमा से उतर आती है कि लगता है कि ऐसा करने का न तो मैंने प्रयत्न ही किया था, न इस परिणाम की उम्मीद ही थी। इसलिए श्री अरविन्द द्वारा आन्तरिक यात्रा का जब निमंत्रण प्राप्त हुआ, तो मैंने उसे अपने प्रति ही ईमानदार रहने के लिए स्वीकार किया।

तभी एक दूसरा कक्ष दिखाई पड़ा—**सर्वं खल्विदं ब्रह्म**। श्री अरविन्द के लिए पूरी सृष्टि सच्चिदानन्द की ही लीला है। ये सच्चिदानन्द क्या हैं? नीरदवरण की तरह इच्छा हुई कि पूछें कि श्रीमान् ये सच्चिदानन्द साहब कौन हैं? पर मैं जानता हूँ कि यह आदमी इस तरह का विनोदी है कि चट कहेगा—सुभान अल्ला, मेरे पास तुम्हें भारतीय दर्शन का ककहरा पढ़ाने की फुर्सत नहीं है। या जाइए और सच्चिदानन्द से ही उनका परिचय पूछिए। अपनी धारणाओं को सब तरह से ठोंक-बजाकर उनसे आश्वस्त होकर उन पर पूरी तरह दृढ़ रहने वाले ऐसे बौद्धिक महामानव से मेरा पहले साक्षात्कार नहीं हुआ था। लोगों ने उन्हीं के शिष्यों ने कौन-कौन से दाँव नहीं लगाये। कभी उनके सामने रसेल को खड़ा किया, कभी हैगेल को, कभी हक्सले को और इस आदमी ने कहा—"उन्होंने बिल्कुल चुन कर देने वाले तर्कों से सिद्ध कर दिया कि ईश्वर नहीं होता। मैंने मान लिया बाद में मैंने ईश्वर को देखा; क्योंकि उसने खुद आकर मुझे आलिंगनबद्ध कर लिया और अब मैं किसे सत्य मानूँ, उनके तर्कों को या अपने प्रत्यक्ष अनुभव को।"[२] पर हक्सले और हैगेल क्या आपके अनुभव को मानने को तैयार हैं? वे तमाम लोग 'जो खुले आम' जाने-अनजाने चाहे-अनचाहे अपने को नास्तिक कहते हैं या दिखलाते हैं या कह-दिखाकर आधुनिक बनने के फैशन को ढोते हैं,

---

१. **कॉरस्पांडेंस विद श्री अरविन्दो, पृ० १०७।**

२. **थाट्स एण्ड एफारिज़्म्स, पृ० ४।**

आपके अनुभव को सत्य क्यों मान लें? वह आदमी इस सवाल से ज़रा भी प्रभावित नहीं होगा क्योंकि उसने बार-बार कहा है बिना अपने से परखे, बिना पूर्णतः आश्वस्त हुए, बिना हर चीज पर अविश्वास के कुछ भी कभी स्वीकार मत करो। आँख मूँदकर किसी चीज को मान लेने की मूर्खता मत करो। नास्तिकता से घबड़ाने की जरूरत क्या है क्योंकि "नास्तिकता ईश्वर की सर्वोच्च समझ की ही छाया ही है या उसका कालापक्ष है। ईश्वर के बारे में बनाये हमारे सभी फार्मूले, यद्यपि वे प्रतीकार्थ में सही हैं, गलत साबित हो जाते हैं, जब हम उन्हें पूर्ण मान लेते हैं, नास्तिक और ईश्वर-विरोधी हमेशा ही हमें उसकी याद दिलाने के लिए आते रहते हैं। ईश्वर की अस्वीकृति हमारे लिए उतनी ही महत्त्वपूर्ण है, जितनी उसकी स्वीकृति। ईश्वर वही है, जो नास्तिक के रूप में अपने ही अस्तित्व को नकारता है ताकि मानवीय ज्ञान पूर्णता की ओर बढ़ सके। ईसा और रामकृष्ण में ईश्वर देखना और उनके वचन सुनना ही काफी नहीं है। हमें हक्सले और हैगेल में उसे देखना होगा, और उसके वचन सुनना होगा।"[१]

यह वेदान्ती दर्शन का पुराना हथकंडा है, हालाँकि कथन की भंगिमा गॉस्पेल के टक्कर की है और नकारवादी के लिए इस मुद्दे पर टिक पाना, जहाँ नकार को विवेच्य का ही एक पक्ष मान लिया जाता है, बड़ा कठिन होता है। मैं यहाँ श्री अरविन्द की अपील को अनसुनी करके रसेल के पास पहुँचता हूँ, यह जानते हुए कि उनके अन्तर्मुखी और बहिर्मुखी वाले तर्क की श्री अरविन्द ने बखिया उधेड़ कर रख दी थी। हालाँकि मैं यहीं कह दूँ कि रसेल कोई सामान्य चिन्तक नहीं है। उसके बारे में कृष्णप्रेम का यह कथन अक्षरशः सही है कि—"वह गड़बड़झाला-भरे मस्तिष्क वाला आदमी नहीं है, जिसके निष्कर्ष अपनी प्रतिपत्तियों के खिलाफ जायें ठीक इसके उल्टे वह ऐसा चरखीदार यंत्र है कि यदि तुम उस पर पाँव रखोगे तो वह तुम्हें अपने आप उस तर्क से उत्पन्न शिखर पर ले जायेगा। फिर उस पर पैर रखो ही क्यों, यदि जानते हो कि यह गलत दिशा में ले जाता है। वैसे ही किसी को भी, जो रसेल का समर्थक है, यह आशा नहीं करनी चाहिए कि उसकी शंकाग्रस्त पलायनवादी नास्तिकता के प्रश्नों को दूसरा उत्तर देने योग्य मानेगा ही।"[२] तो भी सहायता की आशा से दिलीप की तरह मैं भी रसेल से जानना चाहता था कि ईश्वर को नकारने के लिए कितनी ताकत चाहिये और आपसे यह कहते मुझे रंज और खुशी दोनों होती है कि जब मैंने रसेल की पुस्तक "मिस्टिसिज्म और लाजिक" पढ़ी, मुझे लगा कि लोग अब रसेल को बुड्ढा मान लेंगे। उसका तेवर कहाँ गया? उसका निबंध "एक फ्री मैन्स वर्शिप" पढ़कर आँखें भर आती हैं— "मनुष्य का जीवन, बाहर से देखें तो प्रकृति की विराट् शक्तियों के सामने कितना क्षुद्र है। यह गुलाम है। उसे काल, भाग्य और मृत्यु की पूजा करनी ही होगी, क्योंकि ये उसके भीतर उपलब्ध किसी भी चीज से बड़ी ताकतें हैं, क्योंकि उसका सोचना सिर्फ उन्हीं चीजों तक होता है, जिन्हें ये ताकतें निगल जाती हैं। फिर भी चाहे ये कितनी भी बड़ी हों, उनके "निर्मम सौन्दर्य" का अनुभव करना उनसे भी बड़ी चीज है। और ये विचार हमें स्वतन्त्र करते हैं। हम पूरब वालों की तरह इस अवश्यंभावी के सामने घुटने नहीं टेकते, हम इन्हें आत्मसात् करते हैं और इन्हें अपने व्यक्तित्व का एक हिस्सा बना लेते हैं। व्यक्तिगत खुशी के

---

१. थाट्स एण्ड एफारिज्म्स, पृ० ८९।

२. श्री अरविन्दो केम टू मी, पृ० ४०-४१।

लिए संघर्ष करना छोड़कर, छोटी-मोटी इच्छाओं को अलग करके, शाश्वत वस्तुओं के प्रेम में जलना मुक्ति है और यही स्वतन्त्र आदमी की पूजा है। यह मुक्ति नियति पर चिन्तन से प्राप्त होती है, क्योंकि नियति या भाग्य बुद्धि के सामने झुक जाते हैं; क्योंकि बुद्धि बताती है कि काल की महाग्नि में कुछ भी बच नहीं सकता।''[१]

यह रसेल के निबंध का सबसे ओजस्वी अंश है, किन्तु जीवन के अवश्यंभावी विनाश के प्रति निर्मम होकर चिंतन कर लेना क्या इतना आसान है? और यदि अंततः यह मानना पड़ ही गया कि ''काल, भाग्य और मृत्यु के सामने कुछ नहीं है तो उनके निर्मम सौन्दर्य का अनुभव जो मनुष्य को महत्तर बनाता है क्या अन्तर्वर्ती जगत् में प्रवेश करना नहीं है? क्या अपने से भिन्न सत्ता के सौन्दर्य को भले ही वह निर्मम हो, स्वीकार करके आत्मसात् करना क्या उन तत्त्वों की महत्ता के रहस्य की स्वीकृति नहीं है? रसेल ने ठीक ही कहा है कि इन चीजों पर हमारा वश नहीं, इन्हें हम जीत नहीं सकते, इसलिये इनके सर्वक्षारक रूप को देखना ही पड़ेगा।

इस आदमी की बात पर दूसरे ढंग से सोचो। मृत्यु ऐसा हौवा नहीं है, जैसा अश्रुगद्गद भाव से रसेल साहब बता रहे हैं। मुझे अचानक श्री अरविन्द टोकते हैं—''यह दुनिया मृत्यु से ही बनी है, ताकि वह जी सके। क्या तू मृत्यु को हटा देगा? तब जीवन भी खत्म हो जायेगा। तू मृत्यु को खत्म नहीं कर सकता, पर तू मृत्यु को एक महत्तर जिन्दगी में जरूर बदल सकता है। यदि यहाँ जीवन ही होता मृत्यु न होती, तो कहीं अमरता होती ही नहीं।''[२]

पूरब वाले बुद्धि के चिन्तन से यह जानकर कि मृत्यु से कुछ भी नहीं बचता, उससे भयभीत नहीं होते रसेल साहब, वे तो मृत्यु को केवल पुराने कपड़े बदलने वाली छोटी-सी घटना-भर मानते हैं और मुझे यहाँ निर्मम होकर यह कहना पड़ता है कि मृत्यु का भय विदेशी संस्कृति से प्रभावित पढ़े-लिखे लोगों को जितना है, उतना शुद्ध पूरबी जीवन में जीने वाले भारतीय किसान को नहीं। श्री अरविन्द मानते हैं कि मृत्यु, क्रूरता, अज्ञान, गलती जिन्दगी में है और उसे होना चाहिये क्योंकि इनके न होने पर जीवन, प्रेम, ज्ञान और सत्य की पहचान के लिए संघर्ष करने का आधार ही नहीं मिलता।

पर क्या श्री अरविन्द योग और दिव्य जीवन आदि लुभावने शब्दों के माध्यम से एक सब्जबाग दिखाकर गरीब को संघर्ष-विरत या समाज को संन्यस्त होने का उपदेश नहीं देते? आधुनिक चित्त शंकालु होकर पूछता है। वह नहीं जानता कि कोई योगी और आध्यात्मिक होकर विश्व की समस्याओं से क्या वास्ता रखेगा। उसने अब तक जितने साधु-संन्यासी देखे हैं उन्होंने जगत् को माया मानकर उसे छोड़ दिया। राख में मिलने वाले शरीर से मोह क्यों? माया के इस बाजार में वे क्यों फँसे। तुलसी बाबा के शब्दों में—

नारि मुई घर सम्पत्ति नासी। मूड़ मुड़ाइ भये संन्यासी।

पर श्री अरविन्द बिल्कुल भिन्न किस्म के योगी थे। उत्तर योगी। वे कहते हैं—''वे दार्शनिक जो विश्व को माया मान लेते हैं, वे बहुत बुद्धिमान्, संत और पवित्र हैं, पर मुझे कभी-कभी लगता है कि वे कुछ-कुछ मूर्ख भी हैं कि वे ईश्वर को इस बात का मौका दे देते

---

१. मिस्टिसिज्म एण्ड लाजिक, अनविन्स धुक, लन्दन :१९६३, पृ० ४६।

२. थाट्स एण्ड एफारिज्म्स, पृ० १४-१५।

हैं कि उन्हें वह धोखा दे सके।"[१] क्या व्यंग्य है! तुम यदि सारे विश्व को ईश्वर की लीला न मानकर माया मानोगे तो स्पष्ट ही अपने पतन के लिए माया को जिम्मेदार ठहराओगे और ईश्वर को यह मौका दोगे कि वह मायाचक्र में डालकर तुम्हारी परीक्षा लेता रहे। आज के मनुष्य ने अब तक आधुनिक युग के जिस सबसे बड़े आध्यात्मिक व्यक्ति को देखा है, वे थे विवेकानन्द। यह सही है कि विवेकानन्द ने स्वतन्त्रता की बात कही, निर्भय बनना सिखाया, पर उन्होंने ये भी वाक्य कहे—कोई कुछ भी कहे, तुम शान्त रहो ओ साहसी संन्यासी, कहो **'ओं तत्सत् ओं तत्सत्'**। उन्होंने संन्यासियों की भीड़ लगा दी। क्या संन्यास जीवन की समस्याओं का समाधान हो सकता है? श्री अरविन्द कहते हैं—"विवेकानन्द ने संन्यास की महत्ता बताते हुए कहा था कि सारे भारतीय इतिहास में कुल एक ही जनक पैदा हुए। जनक एक व्यक्ति का नाम नहीं था, बल्कि आत्मानुशासन वाले राजर्षियों की वंश-परम्परा का नाम था, यह एक आदर्श का विजयगान था। लाख-लाख गेरुवा पहनने वालों में कितने संन्यासी सचमुच के संन्यासी हैं? कुछ उपलब्धियाँ और अधिकांश औसत स्थितियाँ मिलकर एक आदर्श का औचित्य प्रमाणित करती हैं। संन्यास औपचारिक परिधान और बाहरी चिह्न धारण करता है, इसलिए पहचान लिया जाता है, किन्तु जनक की स्वतन्त्रता अपनी घोषणा नहीं करती दुनियावी वस्त्रों में लिपटी रहती है, तभी तो नारद जैसे लोग भी उसकी उपस्थिति से धोखा खा जाते हैं। उनकी आँखें अंधी हो जाती हैं। जनक के आदर्श को भी प्रचारित होने की स्वतन्त्रता दो, हमारे पास सैकड़ों जनक निकल आयेंगे।"[२]

श्री अरविन्द दुनिया से हटने या भागने की सलाह नहीं देते। वे संन्यास नहीं, कर्म-प्रकाश चाहते हैं, वे जीवन से मुक्ति नहीं, जीवन का रूपान्तरण चाहते हैं। श्री अरविन्द इस अर्थ में निहायत आधुनिक योगी थे। वे भोजन, वस्त्रादि को बहुत गौण चीज़ मानते थे और किसी प्रकार भी पुरानी रूढ़ि को नहीं ढोते थे। वे सिगार भी पीते थे और मछली और अंडे भी लेते थे। इस विषय में एक मजेदार घटना की भी याद आती है। श्री अरविन्द द्वारा मिलने से इन्कार कर दिये जाने पर नरायन दास संगानी ने महर्षि रमण से पूछा—"क्या मांस-मछली खाने वाला भी योगी हो सकता है।" महर्षि रमण कम ही बोलते थे, पर बार-बार पूछने पर उन्होंने कहा—"यह तो केवल प्रथा और संस्कार की बात है, इससे योग का क्या सम्बन्ध?"[३] श्री अरविन्द ऊपरी आडम्बर में कतई विश्वास नहीं करते थे। जो हो, आज का पाठक पूछना चाहेगा, यह तो हुआ, आर्थिक समस्याओं पर उनके विचार क्या थे। मैं आपकी मंशा समझ रहा हूँ; पर मैं श्री अरविन्द को शायद मार्क्सवादी धरातल पर खड़ा होकर नकार नहीं पाऊँगा; क्योंकि उन्हें छद्म मार्क्सवादी का खिताब डॉ० जेनर जैसे दार्शनिक दे चुके हैं। जेनर ने लिखा है—"यद्यपि वे अंग्रेजी शिक्षा की पूर्णता से सर्वतोभद्र व्यक्ति हो चुके थे, किन्तु वह उनको साम्यवाद में रुचि लेने से रोक न सकी। यह रुचि कभी भी समाप्त नहीं हुई, क्योंकि वे मानते थे कि साम्यवाद ने अपेक्षाकृत ज्यादा सही समाज-निर्माण की दिशा दी है। उन्हें स्पष्ट दिखा कि साम्यवाद में समूह-प्रतिस्पर्धा को बढ़ावा मिलेगा, जिससे व्यक्ति का अहं, जो उनके लिये हमेशा हर समस्या की जड़ लगा, अपने आप समाज के सामने दब

१. थाट्स एण्ड एफारिज्म्स, पृ० ७२।
२. वही, पृ० १७।
३. लाइफ ऑफ श्री अरविन्दो, पृ० १७६।

जायेगा।"[१] मैं डॉ० जेनर के विचारों पर पीछे विस्तार से लिख चुका हूँ कि वह शार्दा या हेपोल्ड या ऐसे ही दूसरे स्वप्नदर्शी ईसाई दार्शनिकों की हिमायत के पूर्वग्रह से ग्रस्त हैं; जिन्हें विश्व के वर्तमान संकट का एकमात्र समाधान नव ईसाईवाद में ही दिखता है जो उनके हिसाब से मनुष्य को ईश्वर से जोड़ने वाला एकमात्र सेतु है। जेनर ने स्वीकार किया है कि "श्री अरविन्द मार्क्सवाद की सफलता के कारणों को भी देख सके थे" तो भी उन्हें मार्क्सवादी घोषित कर देना जरूरी लगा क्योंकि ईसाई जगत् मार्क्सवाद से इतना आतंकित रहा है कि उससे किसी को जोड़ देने मात्र से ही उसे उसकी उपयोगिता के असंदिग्ध होने में संदेह नहीं रहता। श्री अरविन्द ने लेनिन की प्रशंसा और रसेल की निन्दा इसीलिए की थी कि एक में अपने मत पर अडिग रहने की कर्मठता है, दूसरे में दार्शनिक लफ्फाजी। उन्होंने स्पष्ट कहा—"लेनिन को इस सत्य की धारणा थी। उन्होंने कहा था कि हमें अपनी विचारधारा को शुद्ध रखना है। जब तक हमारी डेढ़ लाख सदस्यों की कम्युनिस्ट पार्टी शुद्ध और विचारधारा में विश्वस्त रहती है, कोई ताकत हमारा विरोध नहीं कर सकती। और यह सच है कि जब तक ऐसा रहा, साम्यवाद सचमुच सफल हुआ।"[२] उन्होंने तो यहाँ तक स्वीकार किया है कि उन्होंने, रूसी क्रान्ति की सफलता में आध्यात्मिक सहायता की थी।[३] किन्तु उन्होंने, जब यह देखा कि कम्युनिज्म एक साम्राज्यवादी शक्ल अख्तियार करके मनुष्य की स्वतन्त्रता के लिए भयानक खतरा हो रहा है तो उसका उन्होंने खुलेआम विरोध किया। उन्होंने साम्यवाद के गुण और दोषों को रेखांकित करते हुए लिखा—"समाज का साम्यवादी सिद्धान्त व्यक्तिवाद के विरुद्ध वैसे ही अच्छा है, जैसे बन्धुत्व ईर्ष्या और परस्पर-हत्या के विरुद्ध। किन्तु योरप में साम्यवाद के जो भी व्यावहारिक रूप सामने आए हैं, वे आदमी के लिए भार हैं, अत्याचार हैं और कैदखाने हैं। यदि साम्यवाद को सफलतापूर्वक पृथ्वी पर स्थापित होना है तो उसे आत्मिक बन्धुत्व के आधार पर ही होना होगा, जिसमें अहं मर जाता है। बलात् लादी हुई मशीनी संघबद्धता और साथीवाद विश्व में गड़बड़झाला ही पैदा करेगा।"[४]

मैं श्री अरविन्द के दर्शन से काफी हद तक सहमत हुआ। एक चीज मुझे स्पष्ट लगी कि यह योग या अन्तरतम की दिव्य शक्तियों के ढूँढ़ने का मनोविज्ञान निश्चय ही महत्वपूर्ण है; किन्तु क्या उनके बारे में जो चमत्कार आदि जुड़े हुए हैं, वे भी स्वीकार्य या सत्य हो सकते हैं। उन्होंने एक बार इतनी मात्रा में अफीम खा ली थी, जिससे बहुत से लोग एक साथ मर सकते थे। उन्होंने कभी इसे चमत्कार नहीं माना, बल्कि पूछने पर कहा कि "मैंने किसी से नहीं कहा है। मगर ऐसा हो सकता है, विष लेने के बाद एक खास किस्म की यौगिक क्रिया करनी होती है, ऐसा करने का अभ्यास भी किया जा सकता है, थोड़ी-थोड़ी मात्रा में विष लेकर उनका आदी हुआ जा सकता है।"[५] उनके शरीर से महासमाधि के बाद निकलनेवाली तेज की बड़ी चर्चा रही है। उनके द्वारा रोगियों को ठीक किये जाने की चर्चा नीरद ने, दिलीप

---

१. इवोल्यूशन इन रेलीजन्स, ए स्टडी इन श्री अरविन्दो एण्ड पिंरार तहार द शार्दा, क्लेरेण्डन प्रेस, आक्सफर्ड, पृ० १०।
२. टाक्स विद श्री अरविन्दो, प्रथम भाग, पृ० २६७।
३. इविनिंग टाक्स, द्वितीय भाग, पृ० २६३।
४. थाट्स एण्ड एफारिज्म्स, पृ० ५१।
५. टाक्स विद श्री अरविन्दो, द्वितीय भाग, पृ० [illegible]।

ने की है। आश्रमवासी आज भी यह स्वीकार नहीं करते कि श्री अरविन्द वहाँ नहीं हैं। ये सारे उलझाव पैदा करने वाले प्रश्न थे। मन इन्हें किसी हालत में स्वीकार करने को तैयार नहीं था। इस आदमी के प्रति इसके दर्शन, योग, काव्य, राजनीतिक विचार आदि पढ़कर जो श्रद्धामूलक प्रतिक्रिया होती है, उसमें सबसे अधिक अंश इस व्यक्तित्व का होता है, जो कभी सतह पर नहीं रहा, पर जिसकी विशेषताएँ जैसे निर्मम वैयक्तिकता, समता, अपूर्व चमत्कारी मेधा और विश्व की बड़ी से बड़ी हस्ती से, जिसकी अपूर्व दार्शनिक प्रतिभा का हौवा खड़ा किया जाता है, अप्रभावित रह जाने की अद्‌भुत शक्ति देखकर मैं दंग रह गया। रसेल, हैकल, हक्सले ही नहीं बुद्ध, चैतन्य, रामकृष्ण, विवेकानन्द, गांधी आदि आध्यात्मिक व्यक्तियों के बारे में भी इस तरह की बातें, जैसे ये पूर्ण परिचित और जाने हुए लोग हैं, किसी को भी उत्तेजित कर सकती हैं; कि वह श्री अरविन्द के खिलाफ कुछ कहें। जब वे कहते हैं—"जिन व्यक्तियों का तुमने उल्लेख किया है, वे सभी आध्यात्मिक थे पर भिन्न-भिन्न रूपों में। श्रीकृष्ण का मन अधिमानस स्वभावापन्न (Overmentalised), रामकृष्ण का अन्तर्ज्ञानात्मक (intuitive), चैतन्य का अध्यात्म चैत्य (Spiritual psychic), बुद्ध का प्रबुद्ध उच्चतर मानसिक (Illumined higer Mental), विजय गोस्वामी के बारे में नहीं जानता। ऐसा प्रतीत होता है कि मानसिक उज्ज्वलता तो प्राप्त थी, पर अस्त-व्यस्त ही थे। ये सभी अतिमानसिक रूपान्तर से भिन्न हैं।"[१] इन चीजों को पढ़कर लगता है कि आदमी बहुत अभिमानी है। अपने बराबर किसी को समझता ही नहीं। गांधी के चर्खा के विरुद्ध तो सन्ध्यावार्ताएँ भरी ही हैं। उनकी राजनीति में नैतिकतावादी कार्यक्रमों के भी वे सख्त विरोधी थे। ऐसी हालत में पांडिचेरी में जब नीरदवरण से मिला तो बड़ी प्रसन्नता हुई कि जिस आदमी ने श्री अरविन्द से बेहिचक इतने आरोपमूलक प्रश्न पूछे, उसी से आज इन तमाम चीजों पर खुलकर बात क्यों न करूँ।

इस संदर्भ में दो विशेष बातें हैं। दिलीप श्री अरविन्द को श्रीकृष्ण से ऊँचा मानने को तैय्यार नहीं थे। शिष्य श्री अरविन्द के अतिमानसिक योग के सामने किसी योग को ऊँचा मानने को तैयार नहीं थे। इन दोनों ही समस्याओं पर श्री अरविन्द ने इतने संतुलित, विनोदपूर्ण, अभिमानहीन उत्तर दिये कि कोई भी व्यक्ति श्री अरविन्द की ईमानदारी से प्रभावित हुए बिना नहीं रह सकता। उन्होंने दिलीप को लिखा—मैं किस कृष्ण को चुनौती दूँ? गीता के भी कृष्ण, जो विश्वातीत भगवान्, परमात्मा, परब्रह्म, पुरुषोत्तम, विश्वदेवता, जगत्-स्वामी, सर्वमय वासुदेव और प्राणिमात्र के हृदय में विराजमान् अन्तर्यामी हैं अथवा उन कृष्ण भगवान् को जो वृन्दावन, द्वारका में साकाररूप से अवतरित थे, जो मेरे योग के मार्गदर्शक थे और जिनसे मैंने एकात्मकता प्राप्त कर ली है? यदि तुम कृष्ण के प्रति आत्मदान करते हो तो मेरे प्रति भी करते हो। [१२०-१२१] उन्होंने शिष्यों को लिखा—"पुराने योगों की निन्दा करना मूर्खतापूर्ण है। वह धन्य हैं, जैसे पुराने योगों की सारी चीजें इतनी सुगम हैं और लोग उन्हें पा चुके हैं। [श्री अरविन्द अपने तथा माताजी के विषय में, ११७] एक जगह पर लिखा—"वाह, ये सब लोग अतिमानसिक सत्ता पा जायेंगे, सिर्फ भगवान् कृष्ण नहीं पा सकते? कितनी सख्ती हो रही है भगवान् वासुदेव के साथ।"[२]

---

१. कॉरेस्पांडेंस विद श्री अरविन्दो, पृ० ८७।
२. श्री अरविन्दो केम टू मी, पृ० २२६।

अंतर्वाता नीरदवरण से

२९ जून, १९७१ को जब समाधि के पार्श्व में स्थित नीरदवरण के कमरे में पहुँचा तो मेरे मन में स्पष्ट ही बेलौस प्रतिक्रिया थी। मैंने नीरदवरण से कहा कि "दादा, आप मर्द की तरह मेरे सवालों का सही-सही जवाब दीजिएगा, या साफ कह दीजियेगा कि मैं इनका उत्तर नहीं देना चाहता। चूँकि आपको मैं एक तर्कपूर्ण मेधावाला खरी बात कहने का आदी आदमी समझता हूँ इसलिए यहाँ अन्तर्वार्ता की प्रेरणा से आया हूँ।" नीरदवरण एक क्षण चुप रहे, बोले, ठीक है, पूछो।

"आपको श्री अरविन्द कैसे लगे?"

नीरद बोले—"पूर्ण पौरुषवान्, पर मृदु। राजसिक व्यक्तित्व, पर बिलकुल तटस्थ, लगातार वैयक्तिक व्यंग्य-विनोद में तल्लीन पर एकदम निर्वैयक्तिक। वे बिलकुल अलग और आसक्ति से रहित थे।" मौका पाकर मैंने कहा—"सन्ध्या-वार्ताओं में जगह-जगह व्यक्तियों पर विचार व्यक्त किये गये हैं, वे आक्षेप जैसे लगते हैं, जैसे गांधी पर, चर्खा पर—?"

"असल में यह घेरेबन्दी हम करते थे; वे एक तटस्थ आदमी थे। उनकी जो प्रतिक्रिया होती थी, बेबाक ढंग से व्यक्त कर देते थे। मैंने बहुत से अंश अपने रेकार्ड्स से इसीलिए निकाल भी दिए। छेड़-छाड़ करने पर उन्हें उत्तर देना ही पड़ता था। पर एक बात तुम्हें बता दूँ, वे इतने निर्वैयक्तिक थे कि कभी भी किसी व्यक्ति के प्रति ईर्ष्या, द्वेष या स्तुति-प्रशंसा आदि का भाव उनके मन में आता ही नहीं था।"

"हाँ तो बात उनके व्यक्तित्व की हो रही थी और कैसे लगे आपको?"

"उनकी आँखें कभी नहीं भूलतीं। वे आश्चर्यकारी थीं। अत्यन्त विचित्र। वे हमेशा कहीं और देखते होते। बातचीत करते वक्त भी अन्यत्र देखते हुए लगते थे। किसी की ओर सीधे देखते मैंने शायद ही कभी पाया।"

"अच्छा दादा, आपने क्या मृत्यु के बाद शरीर से निकलती हुई ज्योति देखी थी?"

"हाँ।"

"किस रंग की थी?"

"बिलकुल स्वर्णिम।"

मैंने सत्य की परीक्षा के लिए आधा झूठ कहा—"पर डा० सान्याल ने लिखा कि श्रीमाँ की कृपा से जिस ज्योति को वे देख पाये, वह नीली थी?"

"क्या?" नीरद की आँखें आश्चर्य से भर गयीं—"डा० सान्याल ने लिखा है कि नीली थी?"

मैंने कहा—"हाँ।"

नीरद फिर मौन हुए, बोले—"मैं नहीं जानता, सान्याल ने कैसे लिख दिया ऐसा। पर वह ज्योति बिल्कुल स्वर्णिम थी, खूब मुलायम दीप्त स्वर्णिम।"

मैंने कहा—"सान्याल ने नील स्वर्णिम कहा है।"

नीरद हँसे—"तो तुम भी शैतानी करते हो। हल्की नीलिमा श्वेत से मिलता-जुलता रंग है और उस स्वर्णिम में ऐसी दीप्ति थी कि हल्की सी बारीक सफेदी का आभास हो सकता था।"

"अच्छा दादा, मैं इस बार एक बहुत ही वैयक्तिक सवाल कर रहा हूँ। हो सकता आपको बुरा लगे—"आपने "आई एम हीयर, आई एम हीयर" में जो यह लिखा है कि वे यहीं हैं, क्या सचमुच आप उन्हें देखते हैं? क्या सचमुच आपको उनकी पगध्वनि सुनाई पड़ती है, क्या सचमुच...कहीं ऐसा तो नहीं कि अपने को और आश्रमवासियों को सान्त्वना देने के लिए आपने यह सब कुछ लिख मारा?" मैं चुप हो गया क्योंकि अचानक नीरद की आँखें छलछला आई थीं। मुझे आश्चर्य हुआ कि क्या यह वही आदमी है, जिसने भावुकता के रंचमात्र प्रभाव के बिना श्री अरविन्द को बीसियों बार लंघियाँ मारी थीं, उलझाया था, व्यंग्य किये थे।

नीरद ने कहा, "तो तुम समझते हो कि मैंने वह सब कुछ यों ही भावातिरेक में लिखा। मैं देखने के यंत्र की बनावट और प्रक्रिया जानता हूँ, पर भौतिक और आन्तरिक दर्शन के बिन्दु कब एक हो जाते हैं, इसे चिकित्सा-विज्ञान नहीं बता पायेगा। मैं तुमसे सचमुच कहता हूँ कि मैं देखता हूँ, पगध्वनि सुनता हूँ। मैंने जो-जो लिखा है, अपना अनुभव ही लिखा है।"

बात गड़बड़ा गई थी, मैंने रास्ता बदला हालाँकि निशाना नहीं। "नीरद दा, क्या आपको ऐसा नहीं लगता कि बंगाल की अन्य आध्यात्मिक विभूतियों से बिल्कुल भिन्न वे कतई भावुक नहीं थे?"

"सुनो, बात बिलकुल ठीक है। उनमें रंचमात्र भावुकता नहीं थी। कतई नहीं, पर इस प्रश्न को थोड़ा बदल दो। यों कहो कि बंगाल के कुछ आध्यात्मिक व्यक्तियों में भावुकता भी दीखती है, पर श्री अरविन्द में नहीं थी।"

मैं हँसा, मैंने कहा—"अच्छी बात है। यही सही। इस बार मैं आपसे बहुत व्यक्तिगत सवाल करने जा रहा हूँ।"

"तुम्हारे सभी सवाल तो व्यक्तिगत ही थे। अच्छा चलो, एक और व्यक्तिगत सही।"

"क्या आप उनके आन्तरिक जीवन के बारे में कुछ बता सकते हैं?"

"उनका अन्तर-बाह्य एक जैसा था। वे अद्वितीय कोटि के दार्शनिक थे और इसे ही उन्होंने जीकर दिखाया। महत् रूप से तटस्थ। सहनशीलता और किसी भी चीज के प्रति नितान्त आग्रहहीन। मैंने ऐसा व्यक्ति नहीं देखा जिसका अन्तर-बाह्य, इस कदर समान और एकाकार हो।"

"दिलीप कुमार राय ने जो पॉल रिशार के बारे में लिखा है, यानी जब वे उनसे नीस में मिले, वह कहाँ तक प्रामाणिक है?"[१]

नीरद हल्के ढंग से मुस्कराये—"दिलीप को पढ़ते वक्त थोड़ा सावधान रहने की जरूरत है। लेकिन जिस प्रसंग के बारे में तुम पूछ रहे हो, वह पूर्णतः प्रामाणिक है।"

"अन्तिम प्रश्न नीरद दा! और आशा है, इसका उत्तर भी प्राचीन नीरदीय बेबाकी के साथ ही मिलेगा। क्या आपको ऐसा नहीं लगता कि आश्रम का वातावरण हल्का होता जा रहा है?" सुनो, तुम्हें एक बात बता दूँ। इतना हमेशा याद रखना कि यह पूरा आश्रम और उसके क्रिया-कलाप एक ऐसी अतिमानसिक शक्ति के निरीक्षण में चल रहे हैं, जिसकी प्रक्रिया को सामान्य व्यक्ति ठीक से समझ ही नहीं सकता। मैं क्या समझ सकूँगा, इसलिए जो भी हो रहा

---

१. थाट्स एण्ड एफारिज्मस, पृ० ६६।

है, वह ठीक ही हो रहा है; क्योंकि हो सकता है कि उस कार्य के लिए इसकी जरूरत हो। यहाँ ऐसा कुछ भी नहीं घटित होता, जो श्रीमाँ की दृष्टि से परे हो। इसलिए मुझे कभी चिन्ता नहीं होती।[१] मैं इतना जानता हूँ कि हमारे ऊपर एक ऐसी कृपा है, जो कभी निराश नहीं करती।''

मैं नीरद दा से मिलकर समुद्रतट की ओर घूमने चला गया। एकान्त समुद्र दोपहर के समय एक विचित्र रजत आभा में अपनी चिर-परिचित हलचलों में तल्लीन था। लहरें उठती थीं, पर्वताकार, सब कुछ को तोड़ती,—धकेलती वे किनारे पर आती थीं और स्वयं विसर्जित हो जाती थीं। मेरे मन में किसी ने कहा कि क्या समुद्र अभिमानी है। अनन्त सत्ता को खोजने वाली लहरें सब कुछ को, जो उनके सामने खड़ा होता है, सक्रिय या निष्क्रिय, यदि ढकेलती हुई किनारे पर विसर्जित हो जाती हैं, तो इसमें अभिमान कहाँ? यह तो समुद्र की मर्यादा है, यही उसका स्वभाव है। समुद्र के अन्तस्तल में कोई उद्वेलन नहीं है। किन्तु ऊपर विनोदी गर्जन है, किनारे की ओर दौड़ है, वैसे ही मुक्त आत्मा कर्मों की आपाधापी के बीच निवास करती है। आत्मा कुछ नहीं करती, यह केवल सब कुछ को आक्रान्त करनेवाली क्रियाओं को अपने उच्छ्वास से उत्पन्न करती रहती है—

केवल असीम और शाश्वत है फैला हुआ रूपहीन, व्यापक विमुग्धकारी
शक्ति एक सब कुछ को हटाकर है छायी यहाँ और मैं जो भी था
सिर्फ अब नामहीन रिक्तता का भाव हूँ या तो उस अजाननीय में ही विलीन
मैं, या तो अनन्त के प्रकाशमान सिन्धुवत् आनन्द से तरंगायित-सा सर्वदा॥''

मुझे मेरे मन ने ही धिक्कारा, मैं भी चमत्कार खोज रहा हूँ। मान लो, यदि श्री अरविन्द के मृत शरीर से अतिमानसिक प्रकाश एक सौ ग्यारह घंटों तक नहीं ही निकला, तो? मान लो, उनके व्यक्तित्व के साथ जुड़ी हुई चामंत्कारिक घटनाएँ सब निराधार ही तो हैं? श्री अरविन्द कहते हैं—''चमत्कार के लिए सर्वत्र दिखाई पड़ने वाली ललक ही प्रमाण है कि मनुष्य का विकास पूरा नहीं हुआ है।''[२]

मुझे अपनी अविकसित बुद्धि के कारण चमत्कारों के चक्कर में नहीं पड़ना चाहिए। श्री अरविन्द मुझे बार-बार निमंत्रित करते हैं कि उनके बारे में निर्णय लेने के लिए द्विविधा करने या संकोच में पड़ने की जरूरत नहीं हैं। न तो यही निर्णय लेने की जल्दी पड़ी है कि उनका मिशन सफल हुआ या असफल। यह उत्तर तो समय देगा, आश्रम के भविष्यत् क्रिया-कलाप देंगे। यदि वे न भी दे सकें तो उससे अरविन्द के व्यक्तित्व में कुछ जुड़ता-घटता नहीं। उनका एक ऐसा निर्मोही व्यक्तित्व है जो अपने को अस्वीकृत करने का स्वयं ही रास्ता बताता है। वे भीष्म पितामह की तरह कहते हैं—

''कोई भी धारणा न सही होती न ग़लत, वह केवल जीवन के लिए काम योग्य या अयोग्य होती है, क्योंकि यह समय की उपज है और उसी के साथ ही वह धीरे-धीरे अपना मूल्य और उपयोगिता खो देती है। इसलिए तुम धारणाओं से ऊपर उठो और समयातीत सत्य को खोज निकालो। यदि तुम धारणाओं से प्रवंचित नहीं होना चाहते तो आत्मसमीक्षा करो कि

---

१. **कलेक्टेड पोयम्स एण्ड प्लेज़ : भाग २, पृ० २९८।**
२. **थाट्स एण्ड एफारिज्म्स, पृ० १४।**

क्या तुम्हारी धारणा सही है, तब सोचो कि क्या इसका ठीक उलटा भी सही नहीं है। अन्त में दोनों की तुलना करो और इनके इस अन्तर के कारण जानो और इन्हीं के बीच ईश्वर की वह कुंजी भी, जो दोनों को एक में समन्वित कर देती है।" मैं अभी तक परस्पर-विरोधी धारणाओं के समन्वय की ईश्वरीय कुंजी नहीं पा सका हूँ। मानवीय कुंजी हमेशा समन्वय के नाम पर अनमेल खिचड़ी ही तैयार करती है। इसलिये मैं समन्वय के चक्कर में नहीं पड़ना चाहता। सिर्फ मैं अपनी धारणाओं की निर्मम परीक्षा करना चाहता हूँ। बस।

और मैंने विश्वासपूर्वक इस प्रक्रिया के भीतर गुजरते हुए पाया कि श्री अरविन्द के बारे में मेरी यह धारणा कि "वे कुछ हैं", उतनी ही बेमतलब है जितनी यह कि वे कुछ नहीं हैं। मुझे सीधा लगा कि उनकी धारणाएँ मेरे काम योग्य हैं। उन्होंने मुझे शान्ति दी है, जीवन की राह दी है।

मैं जानता हूँ कि बहुतों के लिए इसका उलटा भी सत्य होगा। पर मेरे लिए इस सत्यासत्य के ऊपर एक ऐसा बिन्दु रहा है जहाँ अचानक वे मुझे खुद-बखुद मिल गये। यानी उन्हीं के शब्दों में कहूँ तो मैंने उन लोगों की बात मानकर कि श्री अरविन्द में ऐसा कुछ नहीं है जो काम का है, विश्वास कर लिया, पर जब स्वयं श्री अरविन्द ने ही मुझे आलिंगन में ले लिया तो मैं किस पर विश्वास करूँ। लोगों के तर्कों पर या उनकी दी हुई शान्ति और आत्मविश्वास की शक्ति पर? अतः ऐसे अवसर पर यह पुस्तक समाप्त करते हुए मुझे बार-बार औपनिषदिक ऋषि की याद आती है जिसने कहा था—**'अनिराकरणमस्त्वनिराकरणं मेऽस्तु।'**

मैंने जब भी श्री अरविन्द को पढ़ा है, उनके मानस-जगत् की यात्रा की है, मुझे लगा है कि मैं पहले से अधिक स्वस्थ, अधिक सम्पन्न होकर निकला हूँ। मुझे बार-बार उन्हें पढ़ते वक्त रविबाबू की ये पंक्तियाँ याद आती रही हैं—

दुःसह दुःखेर दिने।
अक्षत अपराजित आत्मारे लयेछि आमि चिने।
महत्तम मानुषेर स्पर्श हते हइ नि संचित।
ताँदेर अमृतवाणी अन्तरेते करेछि संचित॥
जीवनेर विधातार ये दाक्षिण्य पेयेछि जीवने।
ताहार स्मरण लिंपि राखिलाम सकृतज्ञ मने॥

■

अरविन्द साहित्य

१. हिम्स टू द मिस्टिक फ़ायर
२. ऑन द वेद
३. एट उपनिषद्स
४. एसेज़ ऑन द गीता
५. द मदर
६. इवोल्यूशन
७. द आवर ऑफ़ गॉड
८. आइडीयल्स एण्ड प्रोग्रेस
९. द लाइफ़ डिवाइन
१०. मैन स्लेव आर फ्री
११. द प्रोब्लम आफ़ रीबर्थ
१२. द रिडिल आफ़ दिस वर्ल्ड
१३. द सुपरमैन
१४. द सुप्रामेंटल मेनिफ़ेंस्टेशन अपॉन अर्थ
१५. बेसेज़ आफ़ योग
१६. लेटर्स ऑफ श्री अरविन्दो
१७. लेटर्स ऑन योग (टोम वन)
१८. लाइट्स ऑन योग
१९. मोर लाइट्स ऑन योग
२०. द सिन्थिसिस ऑफ़ योग
२१. द योग एण्ड इट्स ऑब्जेक्ट
२२. उत्तरपाड़ा स्पीच
२३. श्री अरविन्दो : ऑन हिमसेल्फ़ एण्ड ऑन द मदर
२४. ऑफ़्टर द वार
२५. बंकिम-तिलक-दयानन्द
२६. डॉक्टिन आफ़ पैसिव रेसिस्टेंस्
२७. द ह्यूमन साइकिल, आइडियल ऑफ़ ह्यूमन यूनिटी, वार एण्ड सेल्फ़ डिटरमिनेशन
२८. द आइडियल ऑफ़ द कर्मयोगिन्
२९. स्पीचेज़ ऑफ़ श्री अरविन्दो
३०. द स्पिरिट एण्ड फ़ॉर्म ऑफ़ इंडियन पोलिटी
३१. द ब्रेन ऑफ़ इण्डिया
३२. द फ़ॉउण्डेशन ऑफ़ इण्डियन कल्चर
३३. द नेशनल वैल्यू ऑफ़ आर्ट
३४. द रिनेसाँ इन इण्डिया
३५. द सिग्निफ़िकेशन ऑफ़ इण्डियन आर्ट
३६. फ्यूचर पोयॅट्री
३७. कालिदास
३८. व्यास एण्ड वाल्मीकि
३९. सावित्री-ए लीजेंड एण्ड ए सिम्बल
४०. कलेक्टेड पोयम्स एण्ड प्लेज़
४१. मोर पोयम्स
४२. लास्ट पोयम्स
४३. सेंचुरी आफ़ लाइफ़ (भर्तृहरि नीतिशतक)
४४. पोयम्स फ्रान बेंगाली
४५. सांग्स आफ़ विद्यापति
४६. द सिस्टम्स आफ नेशनल एजूकेशन

श्री अरविन्द का यह पूरा साहित्य शताब्दी-समारोह के अवसर पर अंग्रेजी में ३० भागों में प्रकाशित हो रहा है। हिन्दी में उनकी सम्पूर्ण गद्यकृतियाँ भारत् सरकार के शिक्षाविभाग के सहयोग से २० भागों में प्रकाशित हो रही हैं। १५ अगस्त १९७२ तक ये ग्रंथमालायें सम्पूर्णतः सामने होंगी। वैसे भी उनकी अनेक सुप्रसिद्ध कृतियाँ दिव्य जीवन, मानव चक्र, योग समन्वय, श्री अरविन्द के पत्र, गीता प्रबन्ध, भागवत मुहूर्त आदि हिन्दी अनुवादों के रूप में बहुत पहले से उपलब्ध हैं। उपर्युक्त अंग्रेजी ग्रन्थ-सूची पूर्ण नहीं है। कनवरसेशन्स, प्रेयर्स एण्ड मेडिटेशन्स, ह्वाइट रोज़ेज, वर्ड्स ऑफ लाँग एगो, वर्ड्स आफ द मदर, द मदर आन इण्डिया, द मदर ऑन श्री अरविन्दो आदि श्रीमाँ की सुप्रसिद्ध कृतियाँ हैं।

अनुक्रमणिका

[संदर्भानुसार केवल विशिष्ट व्यक्तियों और पुस्तकों के नाम ही दिये गये हैं]

अ

आ

इ

ख

ग

च

ज

ट

ड

त

थ

द

ध

न

य

र